Lackmann

Zwangsvollstreckungsrecht

mit Grundzügen des Insolvenzrechts

ZWANGS-
VOLLSTRECKUNGS-
RECHT

mit Grundzügen des Insolvenzrechts

Eine Einführung in Recht und Praxis

von

ROLF LACKMANN

Vorsitzender Richter am Landgericht
Arbeitsgemeinschaftsleiter für Rechtsreferendare

4., völlig neu bearbeitete Auflage

VERLAG FRANZ VAHLEN MÜNCHEN

Die Deutsche Bibliothek – CIP-Einheitsaufnahme

Lackmann, Rolf:
Zwangsvollstreckungsrecht : mit Grundzügen des Insolvenzrechts ; eine Einführung in Recht und Praxis / von Rolf Lackmann. – 4., völlig neu bearb. Aufl. – München : Vahlen, 1998
ISBN 3 8006 2347 1

ISBN 3 8006 2347 1

Satz und Druck der C. H. Beck'schen Buchdruckerei in Nördlingen
Gedruckt auf säurefreiem, alterungsbeständigem Papier
(hergestellt aus chlorfrei gebleichtem Zellstoff)

Vorwort zur 4. Auflage

In diese Auflage habe ich, veranlaßt durch das Inkrafttreten der InsO zum 1. Januar 1999, erstmals die **Grundzüge des Insolvenzrechts** aufgenommen, um, wie ich hoffe, auch in diesem Bereich vor allem den Referendaren Hilfe auf dem Weg zum zweiten Staatsexamen zu geben.

Das Inkrafttreten der zweiten Zwangsvollstreckungsnovelle, meine zwischenzeitliche Tätigkeit als Vorsitzender einer für Vollstreckungssachen zuständigen Beschwerdekammer und vor allem meine Arbeit als Mitautor des in Kürze neu erscheinenden Kommentars zur ZPO „Musielak“ habe ich zum Anlaß genommen, auch die Darstellung des Zwangsvollstreckungsrechts neu zu bearbeiten und manche Frage neu zu überdenken. Die Ausführungen zu den praktisch und im Examen wichtigen Vollstreckungstiteln notarielle Urkunde und Prozeßvergleich habe ich wesentlich erweitert.

Redaktionell sind erhebliche Änderungen vorgenommen worden, die (neben den zusätzlichen Ausführungen zum Insolvenzrecht) den Umfang des Buches nicht unerheblich erweitert haben. Die Gliederung innerhalb des Textes ist teilweise neu gefaßt worden, um einen schnellen Überblick zu ermöglichen. Die bisher im Text enthaltenen Zitate habe ich in Fußnoten aufgenommen, um den Text besser lesbar zu machen. Dies ermöglichte auch eine wesentliche Erweiterung der Zitate. Der gegen Ende des Jahres erscheinende Kommentar **„Musielak“** ist bereits mit zitiert. Nach Möglichkeit ist jeweils die Ansicht des **„Thomas-Putzo“** angegeben worden, weil dieser in der Klausur des Staatsexamens zur Verfügung steht und (auch eigene) abweichende Auffassungen nicht immer kennzeichnet.

Bis zum 31. August 1998 verabschiedete Gesetze und wichtige veröffentlichte Rechtsprechung sowie Literatur sind berücksichtigt. Bei der Darstellung des **Vollstreckungsrechts** wird vom **Gesetzesstand 1. Januar 1999** ausgegangen; geänderte Vorschriften sind regelmäßig gekennzeichnet, überwiegend durch den Zusatz „nF“. Die **Änderungen** durch die 2. Zwangsvollstreckungsnovelle und weitere Gesetze sind außerdem unter **Rn. 20 zusammengefaßt**.

Ich danke für die vielen Anregungen von Arbeitsgemeinschaftsleitern, Prüfern, Richterkollegen und Referendaren, die ich dankbar aufgenommen habe. Besonderer Dank gilt meinem Essener Kollegen Herrn Vorsitzenden Richter am Landgericht Udo Becker, der mir, auch als Mitautor im „Musielak“, für manche Diskussion zur Verfügung stand.

Vor allem aber danke ich meiner Frau, die vier Jahre lang an den meisten Wochenenden geduldig meine Zusatzarbeit, wenn auch nicht nur für dieses Buch, hingenommen hat.

Essen, im September 1998 *Rolf Lackmann*

Aus dem Vorwort zur 1. Auflage

Dieses Buch ist in erster Linie für den Referendar gedacht, der erfahrungsgemäß von seinem Studium her allenfalls geringe Vorkenntnisse im Zwangsvollstreckungsrecht besitzt und im zweiten Staatsexamen damit rechnen muß, eine Klausuraufgabe aus diesem Rechtsgebiet zu erhalten oder entsprechend mündlich geprüft zu werden.

Der Zielrichtung entsprechend stehen die Rechtsbehelfe des achten Buches der ZPO und typische examensrelevante Bereiche im Vordergrund der Darstellung. Dabei sind auch häufig auftauchende materiell-rechtliche Probleme umfassend mitbehandelt, z.B. die Voraussetzungen der Aufrechnung. Deshalb kann das Buch vielleicht auch dem Zivilrichter eine Hilfe sein, der über materiell-rechtliche Klagen mit Bezug zum Vollstreckungsrecht entscheiden muß, oder dem Rechtsanwalt, der sich über den Weg informieren will, auf dem er seinem Mandanten helfen kann. Dies gilt auch für die Darstellung von Arrest und einstweiliger Verfügung.

Weniger examensrelevante oder praktisch unwichtigere Bereiche werden demgegenüber sehr kurz dargestellt, um insbesondere den Referendar nicht mit überflüssigem Wissen zu befrachten.

In dem Buch wird immer wieder versucht, den Leser mit der Systematik des Vollstreckungsrechts vertraut zu machen. Dies und das Bemühen, wirtschaftliche und praktische Auswirkungen darzustellen, sollen dabei helfen, das Lernen durch Verständnis zu erleichtern. Die wesentlichen Grundlagen der Zwangsvollstreckung sind kurz zusammengefaßt. Examenswichtige Fragen und die Rechtsbehelfe sind um so ausführlicher dargestellt.

Die vollstreckungsinternen Rechtsbehelfe sind nicht isoliert behandelt, sondern innerhalb der einzelnen Vollstreckungsarten dargestellt. Dies macht ihren Sinn verständlicher und dient auch dazu, das Buch parallel zur Referendararbeitsgemeinschaft im Vollstreckungsrecht einzusetzen, die überwiegend in die Besprechung der einzelnen Vollstreckungsgebiete aufgegliedert wird. Kurzzusammenfassungen im Anhang dienen der Wiederholung und der Kontrolle des Lernerfolgs, Klausurbeispiele aus besonders examensrelevanten Bereichen einschließlich vollständiger Lösungsvorschläge mit allgemeinen Ratschlägen zur Klausurbearbeitung der Vertiefung.

Das Ziel des Buchs kann nur durch die Mitarbeit des Lesers erreicht werden. Er sollte sich mit der Systematik des Zwangsvollstreckungsrechts und seinen Zusammenhängen mit dem Erkenntnisverfahren vertraut machen. Dies erleichtert das Finden unbekannter Vorschriften und ihr Verständnis. Genannte Gesetzesvorschriften müssen gelesen werden. Die Klausurbeispiele sind dann hilfreich, wenn der Leser zunächst eine eigene vollständige Lösung entwickelt und sie dann mit den Lösungsvorschlägen im Buch vergleicht.

Gelsenkirchen-Buer, im April 1989 *Rolf Lackmann*

Inhaltsverzeichnis

Literatur- und Abkürzungsverzeichnis

Allgemein bekannte Abkürzungen, insbesondere Gesetze und Zeitschriften betreffend, sind nicht aufgeführt.
Paragraphen ohne Gesetzesangabe sind solche der ZPO.

aA	anderer Ansicht
a. a. O	am angegebenen Ort
aF	alte Fassung
Alt.	Alternative
Anm.	Anmerkung
Baur-Stürner	Zwangsvollstreckungs-, Konkurs- und Vergleichsrecht, 12. Auflage, 1995
BL	Baumbach-Lauterbach-Albers-Hartmann, Zivilprozeßordnung, 56. Auflage, 1998 (zitiert: BL-Bearbeiter)
Brox-Walker	Zwangsvollstreckungsrecht, 5. Auflage, 1996
Bruns/Peters	Zwangsvollstreckungsrecht, 3. Auflage, 1987
b. u. v.	beschlossen und verkündet
bzw.	beziehungsweise
bzgl.	bezüglich
Einf.	Einführung
Einl.	Einleitung
Erman	Handkommentar zum Bürgerlichen Gesetzbuch, 9. Auflage, 1993 (zitiert: Erman-Bearbeiter)
Fn.	Fußnote
gem.	gemäß
ggfls.	gegebenenfalls
Grundz.	Grundzüge
hM	herrschende Meinung
iSd.	im Sinne des/der
iVm.	in Verbindung mit
Jauernig	Bürgerliches Gesetzbuch, 8. Auflage, 1997 (zitiert: Jauernig-Bearbeiter)
Jauernig	Zwangsvollstreckungs- und Insolvenzrecht, 20. Auflage, 1996 (zitiert Jauernig)
Kilger-Huber	Anfechtungsgesetz, 8. Auflage 1995
Kilger-Schmidt	Insolvenzgesetze, 17. Auflage 1997
mE	meines Erachtens
MK	Münchener Kommentar zum Bürgerlichen Gesetzbuch, 3. Auflage, ab 1992 (zitiert: MK-Bearbeiter, § 1 BGB)
MK	Münchener Kommentar zur Zivilprozeßordnung, 1. Auflage 1992 (zitiert: MK-Bearbeiter, § 1 – ohne Gesetzesangabe –)
m. N.	mit Nachweis
m. w. N.	mit weiteren Nachweisen
Musielak	Kommentar zur Zivliprozeßordnung, 1. Auflage 1998 (zitiert: Musielak-Bearbeiter
nF	neue Fassung
Obermüller-Hess	InsO, 2. Auflage 1998
Pal	Palandt, Bürgerliches Gesetzbuch, 57. Auflage, 1998 (zitiert: Palandt-Bearbeiter)

Rn.	Randnummer
Rosenberg/Gaul/ Schilken	Rosenberg/Gaul/Schilken, Zwangsvollstreckungsrecht, 11. Auflage, 1997
s.a.	siehe auch
s.d.	siehe dazu
s.o.	siehe oben
Staudinger	von Staudinger, Kommentar zum Bürgerlichen Gesetzbuch, 13. Auflage, 1993 ff (zitiert: Staudinger-Bearbeiter)
StJ	Stein-Jonas, Kommentar zur Zivilprozeßordnung, 21. Auflage, ab 1993 (zitiert: StJ-Bearbeiter)
Stöber	Forderungspfändung, 11. Auflage, 1995
s.u.	siehe unten
TP	Thomas-Putzo, Zivilprozeßordnung, 21. Auflage, 1998
UdG	Urkundsbeamter der Geschäftsstelle
v.u.g.	vorgelesen und genehmigt
zB	zum Beispiel
Zö	Zöller, Zivilprozeßordnung, 20. Auflage, 1997 (zitiert: Zö-Bearbeiter)
zT	zum Teil

Einführung

§ 1 Begriff und Verfahrensgrundsätze der Zwangsvollstreckung

I. Zweck und Begriff

„RECHT HABEN, RECHT BEKOMMEN, RECHT DURCHSETZEN“

1 Mit diesen kurzen Begriffen läßt sich die ganze Problematik des Zivil-, des Zivilprozeß- und des Zwangsvollstreckungsrechts umreißen. Wenn jemand ein Recht gegen einen anderen hat („Recht haben“), gestattet unsere Rechtsordnung es ihm nicht – von Ausnahmen (zB § 229 BGB) abgesehen –, dieses Recht im Wege der Selbstjustiz durchzusetzen. Er muß sich vielmehr staatlicher Hilfe bedienen. Zunächst muß er vom Staat die Berechtigung erhalten, seinen Anspruch zwangsweise durchzusetzen. Dieses wird ihm bescheinigt durch einen sog. „Vollstreckungstitel“, den er auf unterschiedlichen Wegen erlangen kann. Der im Streitfall gegebene Weg ist das zivilprozessuale Erkenntnisverfahren („Recht bekommen“), das u.a. mit einem Urteil enden kann, das die Vollstreckbarkeit des bejahten Anspruchs anordnet: „Das Urteil ist vorläufig vollstreckbar“. Auch dies berechtigt den Anspruchsinhaber aber nicht, nunmehr selbst zwangsweise seinen Anspruch durchzusetzen. Er hat sich vielmehr nach den Regeln des Zwangsvollstreckungsrechts zu richten, das bestimmte staatliche Organe mit der Durchführung der Zwangsvollstreckung beauftragt hat („Recht durchsetzen“).

Die Zwangsvollstreckung der ZPO ist also die **Durchsetzung privater Ansprüche mit staatlichen Machtmitteln.**

II. Abgrenzung

2 **1.** Hier ist nur das Zwangsvollstreckungsrecht des Privatrechts behandelt. Andere Rechtsgebiete haben eigene Vollstreckungsvorschriften, zB das Verwaltungsvollstreckungsgesetz.

2. Die ZPO trennt grundsätzlich streng zwischen Erkenntnis- und Vollstreckungsverfahren. Im Erkenntnisverfahren wird der Vollstreckungstitel geschaffen, der Voraussetzung der Zwangsvollstreckung ist. Daneben kann ein Titel noch auf anderen Wegen (zB in einer notariellen Urkunde) erlangt werden. Die Regeln des Erkenntnisverfahrens sind auf das Vollstreckungsverfahren zwar grundsätzlich anwendbar; sie werden aber durch zahlreiche Sondervorschriften modifiziert.

3. Das Vollstreckungsrecht selbst trennt grundsätzlich zwischen der „Einzelzwangsvollstreckung“ (der Vollstreckung eines Gläubigers) und der „Gesamtvollstreckung“, dem Insolvenzverfahren (Konkurs).[1] Im Rahmen der Einzelzwangsvollstreckung ist jeder Titelinhaber allein für die Zwangsvollstreckung verantwortlich. Er darf versuchen, im Rahmen des Vollstreckungsrechts seinen Anspruch gegen seinen Gegner, aber auch „im Wettstreit“ mit konkurrierenden Gläubigern durchzusetzen. Es gilt das **Prinzip des ersten Zugriffs auf das gesamte Vermögen des Schuldners,** das auch zu einem Wettrennen zwischen den einzelnen Gläubigern werden kann. Erst wenn der Konkurs – ab 1. 1. 1999 das Insolvenzverfahren – über das Vermögen des Anspruchsgegners angeordnet worden ist, ändert sich dieses. Nunmehr wird das gesamte Vermögen als Zugriffsmasse allen Berechtigten zur Verfügung gestellt, die regelmäßig anteilig befriedigt werden, wenn die Masse nicht zur Erfüllung aller Ansprüche ausreicht.

III. Verfahrensgrundsätze

3 **1. Zwangsvollstreckungsrecht als öffentliches Recht.** Die Zwangsvollstreckung wird auf Antrag des Titelinhabers gegen den Anspruchsgegner durch staatliche Organe durchgeführt. Die Vollstreckungsorgane gehen mit den vorgegebenen staatlichen Machtmitteln des Vollstreckungsrechts gegen den Verpflichteten vor. Damit handeln sie **hoheitlich.** Der Titelinhaber hat seinerseits einen Anspruch gegen den Staat, daß dieser die Zwangsvollstreckung durchführt, den sog. **Vollstreckungsanspruch,** der darauf gerichtet ist, daß der Staat seine Machtmittel zur Durchsetzung des zivilrechtlichen Anspruchs des Gläubigers gegen den Schuldner einsetzt. Hat aber der Gläubiger einen Anspruch gegen den Staat auf Durchsetzung seines titulierten Anspruchs und kann der Staat durch die Vollstreckungsorgane staatliche Machtmittel gegen den Schuldner einsetzen, so folgt daraus, daß **das zivilprozessuale Zwangsvollstreckungsrecht dem öffentlichen Recht angehört.**

Dies wirkt sich rechtlich allerdings kaum aus, da das Vollstreckungsrecht umfassend in der ZPO geregelt ist und grundsätzlich auch die Vorschriften über das zivilprozessuale Erkenntnisverfahren gelten. Soweit allerdings Regelungslücken gerade im Verfahrensrecht bestehen, bietet sich die analoge Anwendung der Vorschriften über das Verwaltungsverfahren an (etwa bei der Frage der Nichtigkeit von Vollstreckungsakten). Auch dürfte aus diesen Gründen der „eingeschränkte Amtsermittlungsgrundsatz“ des öffentlichen Rechts im Vollstreckungsrecht gelten, jedenfalls soweit es um die Überprüfung der Rechtmäßigkeit des Vollstreckungshandelns der Vollstreckungsorgane geht.

4 **2. Parteiherrschaft.** Der Grundsatz der **Parteiherrschaft** gilt im Vollstreckungsrecht nur eingeschränkt. Der Gläubiger kann das Vollstreckungsverfahren in Gang setzen, zum Ruhen bringen und beenden. In gewissem Umfang sind auch Vollstreckungsvereinbarungen zwischen Gläubiger und Schuldner statthaft. Die Grenzen der Parteiherrschaft liegen aber in der öffentlich-rechtlichen Struktur des Vollstreckungsverfahrens. Der Gläubiger darf nur die Vollstreckungsarten wählen, die ihm das Gesetz zur Verfügung

[1] Am 1. 1. 1999 tritt die Insolvenzordnung (InsO) in Kraft.

stellt. Nur in diesem Rahmen kann er Vollstreckungsorganen Weisungen erteilen. Ein großer Teil der Schuldnerschutzvorschriften dient auch dem öffentlichen Interesse, so daß sie einer Parteivereinbarung nicht zugänglich sind.

3. Parteiverfahren. Trotz des öffentlich-rechtlichen Verhältnisses zwi- 5
schen Gläubiger und Staat einerseits und Staat und Schuldner andererseits ist das Vollstreckungsverfahren von der ZPO als **Parteiverfahren zwischen Gläubiger und Schuldner** ausgestaltet. Es handelt sich um ein kontradiktorisches Verfahren zwischen ihnen. Der Staat stellt nur seine Organe zur Durchführung dieses Verfahrens zur Verfügung. Der Streit um die Rechtmäßigkeit der Vollstreckung wird **zwischen Gläubiger und Schuldner** ausgefochten; diese sind auch die **Parteien der zwangsvollstreckungsrechtlichen Rechtsbehelfe.** Dies unterscheidet das Vollstreckungsverfahren vom sonstigen Verfahrensrecht des öffentlichen Rechts. Das Handeln der Vollstreckungsorgane kann allenfalls zu Amtshaftpflichtansprüchen gegen den Staat führen, nicht zu seiner verwaltungsprozessualen Inanspruchnahme.

4. Formalisierung. Das Vollstreckungsverfahren ist stark formalisiert. 6
Den Vollstreckungsorganen ist jeweils nur die Prüfung bestimmter Umstände aufgegeben, die regelmäßig leicht feststellbar sind.

Der Anspruch wird zB durch den Vollstreckungstitel bescheinigt. Das Organ, das eine vollstreckbare Ausfertigung des Titels erteilt, darf die inhaltliche Richtigkeit des Titels nicht untersuchen. Dem Vollstreckungsorgan wird durch die vollstreckbare Ausfertigung die Wirksamkeit und Vollstreckbarkeit des Titels bescheinigt; diese darf es im Regelfall ebenfalls nicht mehr untersuchen. Der Gerichtsvollzieher hat grundsätzlich nur den Gewahrsam des Schuldners an zu pfändenden Sachen zu prüfen, nicht dessen Eigentum. Der Rechtspfleger darf nicht prüfen, ob dem Schuldner der Anspruch gegen einen Dritten wirklich zusteht, den der Gläubiger pfänden will. Diese Prüfung ist Aufgabe des Erkenntnisverfahrens.

Materiell-rechtliche Einwendungen haben alle Vollstreckungsorgane grundsätzlich **nicht zu untersuchen.** Hierfür hat der Gesetzgeber den Betroffenen besondere Rechtsbehelfe an die Hand gegeben.

5. Beginn und Ende der Zwangsvollstreckung. Nach herkömmlicher 7
Definition sind **Beginn und Ende der Zwangsvollstreckung** vor allem bei Rechtsbehelfen im Rahmen der Vollstreckung von Bedeutung, dort besonders für das Rechtsschutzinteresse. Hier sollte schon begrifflich getrennt werden zwischen dem Beginn (dem Ende) der Zwangsvollstreckung bzw. eines **Vollstreckungsaktes.**[1] Wesentlich ist allerdings die Frage, was schon zur Zwangsvollstreckung gehört, so daß deren Voraussetzungen vorliegen müssen, oder aber deren Voraussetzung ist.

a) Die **Zwangsvollstreckung beginnt** mit dem Beginn des ersten Voll- 8
streckungsaktes. Davor und nach dem Titelerlaß liegende erforderliche Akte gehören nicht zur Zwangsvollstreckung, sind vielmehr meist ihre Voraussetzungen, wie die Zustellung (§ 750 I), die Klauselerteilung (§§ 724ff), die Sicherheitsleistung (§§ 708ff, 751 II), die Erteilung des Rechtskraft- oder

---

[1] Musielak-Lackmann vor § 704 Rn. 28; Rosenberg/Gaul/Schilken § 44 II.

Notfristattestes (§ 706), der Vollstreckungsantrag[1] u.ä. Wann die **Zwangsvollstreckung endet,** läßt sich nicht definieren, sondern nur, wann sie enden muß, ohne verfahrensrechtlich oder materiell rechtswidrig zu werden, nämlich mit vollständiger Befriedigung des titulierten Anspruchs einschließlich der Kosten der Zwangsvollstreckung. Es ist nämlich auch nach vollständiger Erfüllung eine Zwangsvollstreckung noch möglich, solange der Gläubiger den Titel (ohne Quittung) in Besitz hat oder sich eine zweite Ausfertigung beschaffen kann, es sei denn, der Schuldner hätte mit einer Vollstreckungsgegenklage (§ 767) dem titulierten Anspruch die Vollstreckbarkeit genommen.

9 **b)** Eine **Vollstreckungshandlung beginnt** mit dem ersten in ihrem Rahmen auf zwangsweise Durchsetzung des Titels gerichteten Akt des Vollstreckungsorgans. Wann die **Vollstreckungshandlung endet,** hängt von dem im Einzelfall maßgeblichen Blickwinkel ab. Allgemein läßt sich nur sagen, daß der Vollstreckungsakt mit dem vollständigen Abschluß endet. Das auf Sachpfändung gerichtete Vorgehen des Gerichtsvollziehers endet zB mit Erteilung der Fruchtlosigkeitsbescheinigung, ein neuer Pfändungsversuch wäre ein neuer Vollstreckungsakt. Kommt es zur Pfändung, kann je nach der konkreten Frage die Durchsuchung der Wohnung, das Anlegen des Pfandsiegels, das Ausfüllen des Protokolls, die Versteigerung oder die Auskehr des Erlöses maßgeblich sein.

10 **c) Beispiele:** Der auf Sachpfändung gerichtete Vollstreckungsakt des **Gerichtsvollziehers** beginnt mit der ersten Zwangshandlung, zB mit dem zwangsweise Öffnen der Wohnungstür (§ 758) oder der Aufforderung, die Wohnungsdurchsuchung zu gestatten,[2] nicht aber mit der Aufforderung zur freiwilligen Leistung (vgl. § 754), die Zwangsmaßnahmen vermeiden soll. Die **Forderungspfändung** beginnt mit der Hinausgabe der unterschriebenen Verfügung des Pfändungsbeschlusses in den Geschäftsgang, nicht erst mit der Zustellung.[3] Die Vollstreckung nach **§ 890** beginnt mit Erlaß des selbständigen Androhungsbeschlusses. Die Parteizustellung des eine Ordnungsmittelandrohung enthaltenen Titels ist ebenso regelmäßig Beginn der Zwangsvollstreckung, anders wenn der Titel keine Androhung enthält.[4] Das **Offenbarungsversicherungsverfahren** beginnt mit der Terminsbestimmung;[5] der Antrag des Gläubigers ist noch keine Zwangshandlung.

§ 2 Beteiligte der Zwangsvollstreckung

Unmittelbar an der Zwangsvollstreckung beteiligt sind die Parteien des Vollstreckungsverfahrens, Gläubiger und Schuldner, und die Vollstreckungsorgane. Aber auch außerhalb des Vollstreckungsverfahrens stehende Dritte können von der Vollstreckung betroffen werden.

---

[1] Anders Rosenberg/Gaul/Schilken § 44 I.
[2] LG Berlin DGVZ 1991, 9; Musielak-Lackmann vor § 704 Rn. 31.
[3] Zö-Stöber vor § 704 Rn. 33.
[4] BGH NJW 1996, 198, 199.
[5] Musielak-Lackmann vor § 704 Rn. 31; TP vor § 704 Rn. 28.

I. Die Vollstreckungsorgane

Vollstreckungsorgane können, je nach Art der Zwangsvollstreckung, der Gerichtsvollzieher, das Vollstreckungsgericht, das Prozeßgericht und das Grundbuchamt sein.

1. Der Gerichtsvollzieher. a) Der Gerichtsvollzieher ist das zuständige Vollstreckungsorgan, wenn die Vollstreckung nicht den Gerichten zugewiesen ist, § 753 I. In erster Linie führt er die Vollstreckung wegen Geldforderungen in bewegliche Sachen sowie die Herausgabevollstreckung durch. Vom 1. 1. 1999 an ist er auch zuständig für das Verfahren auf Abgabe der eidesstattlichen Versicherung. 11

b) Der Gerichtsvollzieher ist Landesbeamter. Seine Rechtsstellung ist in den (bundeseinheitlichen) Gerichtsvollzieherordnungen der Länder und den Beamtengesetzen geregelt. Zudem gibt es eine Geschäftsanweisung für Gerichtsvollzieher, die im einzelnen beschreibt, wie der Gerichtsvollzieher seine Tätigkeit wahrzunehmen hat. Diese Verwaltungsvorschrift ist zwar beamtenrechtlich für den Gerichtsvollzieher bindend; als Verwaltungsvorschrift kann sie aber die Regeln der ZPO nicht außer Kraft setzen, so daß diese im Außenverhältnis allein maßgeblich sind. Neben seinem Gehalt als Beamter des mittleren Dienstes erhält der Gerichtsvollzieher einen bestimmten Teil der von ihm eingenommenen Gebühren.

c) Der Gerichtsvollzieher ist nach inzwischen allgM **selbständiges Organ der Rechtspflege** („Amtstheorie").[1] Zwischen ihm und dem Gläubiger besteht kein privatrechtliches, sondern ein öffentlich-rechtliches Rechtsverhältnis. Er ist nicht Vertreter des Gläubigers und nicht dessen Erfüllungsgehilfe. Für sein evtl. Verschulden haftet nicht der Gläubiger, sondern im Rahmen des Art. 34 GG, § 839 BGB, der Staat. 12

Dies ändert allerdings nichts daran, daß das Vollstreckungsverfahren ein Parteiverfahren zwischen Gläubiger und Schuldner ist (s. Rn. 5). Handelt der Gerichtsvollzieher bei der Vollstreckung fehlerhaft, weil er eine offensichtlich unpfändbare Sache pfändet, wird die Maßnahme vom Vollstreckungsgericht auf eine Erinnerung hin für unzulässig erklärt. Die Kosten des kontradiktorischen Erinnerungsverfahrens trägt nicht etwa der fehlerhaft handelnde Gerichtsvollzieher, sondern der Gläubiger. Dieser kann allenfalls versuchen, einen Schadenersatzanspruch wegen einer Amtspflichtverletzung durch den Gerichtsvollzieher gegen das Land geltend zu machen.

2. Das Vollstreckungsgericht. a) Das Vollstreckungsgericht ist das Amtsgericht, in dessen Bezirk die Zwangsvollstreckung stattgefunden hat oder stattfinden soll, § 764 II. Es wird meistens durch den **Rechtspfleger** (§ 20 Nr. 17 RpflG), zT aber auch durch den Richter (§ 20 Nr. 17a, c RpflG) tätig. 13

b) Der Rechtspfleger ist ein diplomierter Beamter des gehobenen Dienstes, der seine Qualifikation in einem von praktischer Ausbildung begleitetem Studium an einer Fachhochschule für Rechtspflege erlangt hat. Trotz seiner Beamtenstellung ist er nicht weisungsgebunden, sondern entscheidet selbständig, § 9 RpflG.

---

[1] BL-Hartmann § 753 Rn. 1; Musielak-Lackmann § 753 Rn. 3; TP § 753 Rn. 1.

c) Die **funktionelle Zuständigkeit** des Amtsgerichts als Vollstreckungsgericht ist streng zu unterscheiden von der des Amtsgerichts als Prozeßgericht.

Beispiel: Der Richter am Amtsgericht R ist nach dem Geschäftsverteilungsplan zuständig für allgemeine Zivilsachen und für die Vollstreckungssachen. Geht ein Antrag nach § 887 ein, muß er als Prozeßrichter über ihn entscheiden. Entscheidet er als Vollstreckungsrichter, ist er funktionell unzuständig.

In der Praxis ist dies wie folgt zu erkennen: Der Antrag nach § 887 gehört zu der Akte des Erkenntnisverfahrens, die ein „C"-Aktenzeichen hat; er wird unter diesem alten Aktenzeichen bearbeitet. Eine Vollstreckungssache wird demgegenüber als neue Sache eingetragen und erhält ein „M"-Aktenzeichen.

Das Vollstreckungsgericht ist insbesondere zuständig für die Zwangsvollstreckung wegen Geldforderungen in Forderungen und andere Vermögensrechte sowie in das unbewegliche Vermögen (§§ 828 ff, 869, ZVG).

14 **3. Das Prozeßgericht.** Dem Prozeßgericht des ersten Rechtszuges obliegt die Vollstreckung von Handlungen, Duldungen und Unterlassungen (§§ 887 ff). Es entscheidet durch den Richter, also den Amtsrichter bzw. die Kammer beim Landgericht, je nachdem, wo der Prozeß in erster Instanz anhängig war.

15 **4. Das Grundbuchamt.** Das Grundbuchamt ist als Vollstreckungsorgan zuständig für die Eintragung von Zwangshypotheken, §§ 866 ff.

II. Gläubiger und Schuldner

16 Das Vollstreckungsverfahren ist trotz seines öffentlich-rechtlichen Charakters als Parteiverfahren zwischen dem aus einem Vollstreckungstitel Berechtigten und dessen Anspruchsgegner ausgestaltet (s. Rn. 5). Die Parteien dieses Verfahrens werden als (Vollstreckungs-) **Gläubiger** und (Vollstrekkungs-) **Schuldner** bezeichnet. Es handelt sich nicht immer um die Parteien des Erkenntnisverfahrens (Kläger und Beklagter); die Vollstreckung kann unter bestimmten Voraussetzungen auch für oder gegen andere als die im Titel bezeichneten Personen durchgeführt werden.

III. Außerhalb des Verfahrens stehende Dritte

17 Vom Vollstreckungsverfahren zwischen Gläubiger und Schuldner können auch Dritte betroffen sein. So kann etwa der Gerichtsvollzieher, der nur den Gewahrsam des Schuldners zu prüfen hat, beim Schuldner eine im Eigentum eines anderen (Dritten) stehende Sache pfänden. Soweit der Dritte von der Vollstreckung betroffen ist, können im Einzelfall vollstreckungsrechtliche Rechtsbehelfe, wie zB die Vollstreckungserinnerung, vor allem aber bestimmte Klagen gegen den Vollstreckungsgläubiger statthaft sein.

§ 3 Arten der Zwangsvollstreckung

I. Titelinhalt

18 Vollstreckt werden kann nur aus Titeln, die auf eine **Leistung** des Schuldners gerichtet sind. Nähere Bestimmungen dazu sind in den Vor-

schriften über das Erkenntnisverfahren der ZPO nicht enthalten. Aus den Regelungen über die Zwangsvollstreckung wird aber deutlich, daß Leistungstitel inhaltlich nur auf folgende Forderungen gerichtet sein können:

- **Geldforderungen,**
- **Herausgabeforderungen,**
- **Forderungen auf Leistung vertretbarer Sachen,**
- **Forderungen auf Vornahme von Handlungen, wobei unterschieden wird in:**
  - **vertretbare Handlungen,**
  - **unvertretbare Handlungen,**
  - **Abgabe von Willenserklärungen,**
  - **die eidesstattliche Versicherung nach bürgerlichem Recht.**
- **Forderungen auf Duldung und Unterlassung.**

II. Systematik des 8. Buches der ZPO

1. Allgemeine Vorschriften, Titelinhalt. Systematisch am Anfang stehen die **allgemeinen Vollstreckungsvorschriften** (1. Abschnitt), die für das gesamte Verfahren und jede Vollstreckungsart gelten. 19

Es wird schon auf den ersten Blick klar, daß die Vollstreckung wegen der verschiedenen Leistungsansprüche auf unterschiedlichen Wegen erfolgen muß, wenn man nicht den Schuldturm wieder einführen will. Geld, herauszugebende Gegenstände und vertretbare Sachen kann man dem Schuldner wegnehmen. Zu unvertretbaren Handlungen, zur eidesstattlichen Versicherung oder zur Unterlassung kann man ihn nur zu zwingen versuchen. Aus diesem Grund hat der Gesetzgeber beim Aufbau des 8. Buches der ZPO in erster Linie nach dem **Titelinhalt** differenziert.

Nach den allgemeinen Vollstreckungsvorschriften folgen die Vorschriften über

- die Vollstreckung **wegen Geldforderungen** (2. Abschnitt),
- die Vollstreckung wegen der oben I. genannten **anderen als Geldforderungen** (3. Abschnitt).

Es schließen sich an die Vorschriften über

- die **eidesstattliche Versicherung und die Haft** (4. Abschnitt)

und schließlich – systemwidrig, weil es sich eher um ein Erkenntnis- als ein Vollstreckungsverfahren handelt – über

- den **Arrest und die einstweilige Verfügung** (5. Abschnitt).

2. Zugriffsobjekte. In zweiter Linie differenziert das Gesetz nach den **Zugriffsobjekten der Vollstreckung.** Hier sind Unterschiede im wesentlichen aber nur bei der Vollstreckung wegen Geldforderungen angebracht; lediglich die Vollstreckung wegen Herausgabeansprüchen unterscheidet noch zwischen der Herausgabe beweglicher und unbeweglicher Sachen. 20

Die Zwangsvollstreckung wegen Geldforderungen gewährt dem Gläubiger den Zugriff auf das gesamte Vermögen des Schuldners, das bewegliche (1. und 3. Titel des 2. Abschnitts) und das unbewegliche (2. Titel des 2. Abschnitts). Die Vollstreckung in das bewegliche Vermögen ist im einzelnen in der ZPO geregelt; bei der Vollstreckung in das unbewegliche Vermögen beschränkt sich die ZPO auf Vorschriften über die Zwangshypothek;

Zwangsverwaltung und Zwangsversteigerung von Grundstücken sind wegen des Umfangs der notwendigen Vorschriften der Regelung in einem besonderen Gesetz überlassen (Zwangsversteigerungsgesetz), das aber, wie aus § 869 folgt, letztlich als Teil des 8. Buches der ZPO anzusehen ist.

Den systematischen Aufbau des 8. Buches der ZPO im einzelnen zeigt eine Übersicht im Anhang.

3. Änderungen durch die 2. Zwangsvollstreckungsnovelle. a) Allgemeines. Am 1. 1. 1999 treten die durch die die 2. Zwangsvollstreckungsnovelle festgelegten Änderungen des Vollstreckungsrechts in Kraft. Die Änderungen sind in der folgenden Darstellung bereits berücksichtigt. Die neuen Vorschriften sind durch den Zusatz „nF" gekennzeichnet. **Überleitungsvorschriften** gibt es für die §§ 708 Nr. 11, 765 a III, 788 I 3, 794 I Nr. 5, 807 I Nr. 3, 4, 833 II, 866 III 1, 867 II und 888 IV 1 nF.

b) Einzelheiten. Folgende wesentliche Änderungen seien erwähnt: In **§ 708** Nr. 11 ist der Betrag, der eine Vollstreckung ohne Sicherheitsleistung ermöglicht, von 1500,– DM auf 2500,– DM erhöht worden. Der neue **§ 752** ermöglicht eine Teilvollstreckung bei entsprechend nur anteiliger Sicherheitsleistung (s. Rn. 94). **§ 756 II** erleichtert die Zwangsvollstreckung aus Zug-um-Zug-Titeln (s. Rn. 95). Der neue **§ 758a** regelt das Erfordernis einer Durchsuchungserlaubnis (s. Rn. 153ff). § 758 a IV ersetzt den bisherigen § 761 und beschränkt das Erfordernis einer Erlaubnis der Vollstreckung zur Nachtzeit und an Sonn- und Feiertagen auf die Vollstreckung in Wohnungen. **§ 765a III** verlangt, daß Anträge in Räumungssachen grundsätzlich spätestens 2 Wochen vor dem anberaumten Räumungstermin zu stellen sind (s. Rn. 477), wenn die Gründe nicht später entstanden sind oder der Schuldner ohne Verschulden an einer rechtzeitigen Geltendmachung gehindert war. **§ 775 Nr. 5** erklärt als Zahlungsnachweis für die Einstellung der Zwangsvollstreckung entsprechend der schon zuvor hM Bank- oder Sparkassennachweise für ausreichend. **§ 788** I 1 ordnet die gesamtschuldnerische Haftung mehrerer als Gesamtschuldner verurteilter Schuldner für die Vollstreckungskosten an (s. Rn. 480). **§ 794 I Nr. 5** gibt die bisherige Beschränkung der Möglichkeit zur Schaffung vollstreckbarer Urkunden auf Geldansprüche und Ansprüche auf andere vertretbare Sachen oder Wertpapiere auf (s. Rn. 50). **§ 807** erweitert die Verpflichtung zur Abgabe der eidesstattlichen Versicherung um zwei Fälle. Der Schuldner soll auch dann die eidesstattliche Versicherung abgeben, wenn er die Durchsuchung seiner Wohnung verweigert hat oder vom Gerichtsvollzieher nach Vorankündigung wiederholt nicht in seiner Wohnung angetroffen wurde (s. Rn. 423). Der neue **§ 811 II** erklärt nach Abs. 1 Nr. 1, 4, 5 bis 7 unpfändbare Sachen dann für pfändbar, wenn der Gläubiger wegen einer durch Eigentumsvorbehalt gesicherter Geldforderung aus dem Verkauf der Sachen vollstreckt und dies durch Urkunden nachweist (Rn. 133). **§ 825 I** überträgt die Befugnis zu einer anderweitigen Verwertung auf Antrag von Gläubiger oder Schuldner, die bisher vom Vollstreckungsgericht anzuordnen war, auf den Gerichtsvollzieher (Rn. 188). **§ 836 III 2** verpflichtet den Schuldner zur Abgabe der eidesstattlichen Versicherung, wenn er dem Gläubiger die zur Geltendmachung einer gepfändeten Forderung nötige Auskunft nicht erteilt. In **§ 866 III 1** ist der Wert der Forderung, wegen der die Eintragung einer Zwangshypothek beantragt werden kann, von 500,– DM auf 1500,– DM erhöht worden. **§ 867 III** läßt bei Eintragung einer Zwangshypothek für die Befriedigung aus dem Grundstück durch Zwangsversteigerung ausreichen, daß auf dem vollstreckbaren Titel die Eintragung der Sicherungshypothek vermerkt worden ist. Damit bedarf es weder eines Duldungstitels nach § 1147 BGB noch einer neuen Vollstreckungsklausel noch der erneuten Zustellung des Titels mit dem Eintragungsvermerk. In **§ 885** sind die Vorschriften über den Umgang mit Räumungsgut geändert worden. **§ 888 II** verbietet, Zwangsmittel vor ihrer Verhängung zunächst anzudrohen. **§ 891 S. 3** ordnet für Kostenentscheidungen des Prozeßgerichts als Vollstreckungsorgan die Geltung der

Vorschriften des Erkenntnisverfahrens an. **§ 899 I** überträgt die Zuständigkeit für die Abnahme der eidesstattlichen Versicherung dem Gerichtsvollzieher, **§ 900** regelt das Verfahren neu (s. Rn. 428ff).

4. Weitere Gesetzesänderungen. Im Verlauf der Jahre 1997, 1998 sind zahlreiche weitere Vorschriften der ZPO geändert worden. Die Änderungen sind bereits in Kraft. Ein besonderer Hinweis erfolgt nur bei wichtigen Änderungen. Geändert wurde auch das **ZVG**. Die Änderungen dort, die ebenfalls bereits in Kraft sind, sind durch den Zusatz „nF" gekennzeichnet. Schließlich ist durch das 3. Gesetz zur Änderung des Rechtspflegergesetzes vom 6. August 1998 (BGBl. I S. 2030), in Kraft ab 1. 10. 1998, insbesondere **§ 11 RpflG** geändert worden. Gem. § 11 Abs. 1 RpflG entfällt die Rechtspflegererinnerung als eigenständiger Rechtsbehelf. Es gelten statt dessen die normalen Rechtsbehelfe der jeweiligen Verfahrensordnung, hier also der ZPO. Gem. § 39 RpflG nF gilt § 11 RpflG aF nur noch für die Anfechtung von Entscheidungen, die vor dem 1. 10. 98 wirksam geworden sind. Diese Überleitungsvorschrift hat im Vollstreckungsverfahren kaum Bedeutung, weil hier regelmäßig die befristete Rechtspflegeerinnerung in Betracht kam. Deshalb wird die alte Rechtslage im folgenden nicht mehr dargestellt.

§ 4 System der Rechtsbehelfe

Einmal die durch den Gesetzgeber vorgesehene Aufgabentrennung zwischen denjenigen, die im Erkenntnis- bzw. Vollstreckungsverfahren tätig sind, andererseits die bereits geschilderte und noch in anderen Bereichen vorgesehene Anknüpfung an formale Gesichtspunkte machen ein umfangreiches und zunächst undurchsichtig erscheinendes System an Rechtsbehelfen zugunsten von Schuldner und Gläubiger, aber auch Dritten erforderlich. 21

I. Rechtsbehelfe im Klauselerteilungsverfahren

Voraussetzung der Zwangsvollstreckung ist neben einem Titel regelmäßig, daß dem Gläubiger eine vollstreckbare Ausfertigung des Titels, die sogenannte „Klausel" erteilt wird. Die Erteilung der Klausel gehört **noch nicht zum Vollstreckungsverfahren,** sondern geht diesem voraus als ein die Vollstreckung in formeller Hinsicht vorbereitender Akt. Damit ist sie **Voraussetzung der Zwangsvollstreckung.** 22

Das Gesetz erklärt zur Erteilung der Klausel „Organe des Erkenntnisverfahrens" im weiteren Sinne, nämlich den Urkundsbeamten der Geschäftsstelle, den Rechtspfleger und den Notar für zuständig. Nur diese haben die erforderlichen Akten, anhand derer überprüft werden kann, ob ein ordnungsgemäßer Titel vorliegt. Mangels ausdrücklicher gesetzlicher Regelung sind deshalb Rechtsbehelfe **zugunsten des Gläubigers,** wenn die Klausel nicht erteilt wird, diejenigen, die auch sonst gegen Entscheidungen dieser Organe im Erkenntnisverfahren zur Verfügung stehen, nämlich:

- **die Erinnerung gegen die Entscheidung des Urkundsbeamten der Geschäftsstelle (§ 576 I);**

- **die einfache Beschwerde (§ 567) gegen die Entscheidung des Rechtspflegers (s. i. e. Rn. 743);**
- **die Beschwerde gegen die Entscheidung des Notars (§ 54 BeurkG).**

Diese Rechtsbehelfe sind nur insoweit ausreichend, als es nicht um Fragen geht, die über die rein formale Prüfungskompetenz der zuständigen Organe hinausgehen. Bedarf es wegen dieser nicht formell prüfbaren Punkte einer Entscheidung, so steht dem Gläubiger

- **die Klage auf Erteilung der Klausel (§ 731)** zu.

Zugunsten des Schuldners befinden sich im 8. Buch der ZPO Sonderregelungen:

- Formelle Fehler kann er mit der **Klauselerinnerung** (§ 732) angreifen.
- Nur formell geprüfte materielle Fragen (Bedingungseintritt, Rechtsnachfolge) kann er mit der **Klauselgegenklage** (§ 768) zur Entscheidung des Richters im Erkenntnisverfahrens stellen.

II. Vollstreckungsinterne Rechtsbehelfe

23 Zum Schutz von Gläubiger und vor allem Schuldner enthält das 8. Buch der ZPO zahlreiche von den Vollstreckungsorganen zu beachtende Verfahrensvorschriften. Die Nichtbeachtung dieser Vorschriften kann mit folgenden Rechtsbehelfen geltend gemacht werden:

- Die **Vollstreckungserinnerung** (§ 766) richtet sich gegen Vollstreckungsmaßnahmen eines Vollstreckungsorgans, die Weigerung des Gerichtsvollziehers, für den Gläubiger tätig zu werden, oder gegen den Kostenansatz eines Vollstreckungsorgans.
- Die **sofortige Beschwerde** (§ 793) richtet sich gegen Entscheidungen eines Vollstreckungsorgans; nach der Änderung des § 11 RpflG gilt dies jetzt auch für Entscheidungen des Rechtspflegers (s. Rn. 20 unter 4.).
- Mit der **Grundbuchbeschwerde** (§ 71 GBO) kann sich der Schuldner gegen Eintragungen von Zwangshypotheken richten.

Die dargestellten Rechtsbehelfe können, sofern sie beschwert sind, Gläubiger und Schuldner einlegen; aber auch Dritte, wenn durch Vollstreckungshandlungen in deren eigene Rechte eingegriffen wird.

III. Vollstreckungsrechtliche Klagen aus materiellem Recht

24 Die Vollstreckungsverfahrensvorschriften knüpfen vielfach an leicht überschaubare formelle Gesichtspunkte an, um einen schnellen Vollstreckungszugriff zu gewährleisten und die Prüfungspflicht der Vollstreckungsorgane nicht über deren Möglichkeiten hinaus zu erstrecken.

- So muß und kann das Vollstreckungsorgan zwar überprüfen, ob ein Titel vorliegt; nicht aber, ob der Schuldner die titulierte Forderung bereits erfüllt hat, wenn dies nicht iSd. § 775 Nr. 5 nachgewiesen wird. Hier hilft dem Schuldner die **Vollstreckungsgegenklage,** § 767.
- So gebietet § 808 I dem Gerichtsvollzieher nur die Prüfung, ob eine zu pfändende Sache im Gewahrsam des Schuldners steht; die Frage, wer Eigentümer der Sache ist, hat er grundsätzlich nicht zu untersuchen. Fallen

Gewahrsam und Eigentum auseinander, so schützt die **Drittwiderspruchsklage** (§ 771) den Eigentümer.

- Ein vorrangiges Pfandrecht an einer gepfändeten Sache kann der nicht besitzende Pfandrechtsinhaber mit der **Vorzugsklage** (§ 805) geltend machen.
- Schließlich kann die Ausnutzung eines sittenwidrig erlangten Titels oder die vorsätzlich sittenwidrige Vollstreckung aus ihm in die Rechte des Schuldners eingreifen. Hier kann ihm nach hM eine **Schadenersatzklage aus § 826 BGB** helfen. Dabei handelt es sich zwar nicht um einen speziellen „Vollstreckungsrechtsbehelf", sondern um eine normale Leistungsklage; wegen des Zusammenhangs soll sie aber ebenfalls hier dargestellt werden.

IV. Weitere Rechtsbehelfe

Das 8. Buch enthält, neben den Vorschriften über Arrest und einstweilige Verfügung, noch weitere Rechtsbehelfe oder besondere Klageformen, die für das Examen nicht so wichtig sind, so daß hier nur kurz auf sie hingewiesen wird: 25

- Weitere Rechtsmittel:
  - Sofortige Beschwerde nach § 721 VI (Räumungsfristen bei Vollstreckung aus Titeln auf Räumung von Wohnraum) oder § 794a IV (Räumungsvergleiche);
- Weitere Klagen:
  - Widerspruchsklage bei Veräußerungsverboten, § 772 S. 2.
  - Widerspruchsklage des Nacherben, § 773 S. 2.
  - Widerspruchsklage des Ehegatten bei einer Vollstreckung in das Gesamtgut, §§ 774, 741.
  - Vollstreckungsabwehrklagen des Erben oder sonst beschränkt Haftender, §§ 785, 786.
  - Klage auf Hinterlegung pp. durch den Drittschuldner bei mehrfacher Pfändung, § 856.
  - Klage bei Widerspruch gegen den Teilungsplan (§ 874), § 878.
- Als Rechtsbehelf im weiteren Sinne kann man auch noch den in der Praxis sehr wichtigen Vollstreckungsschutzantrag nach § 765a ansehen.

V. Wichtige Hinweise

In aller Regel sind die genannten Rechtsbehelfe des 8. Buches der ZPO: 26

- **in ihrem Anwendungsbereich abschließend;** eine Verletzung des § 726 I zB kann nur mit der Klauselerinnerung nach § 732, nicht mit der Vollstreckungserinnerung nach § 766 angefochten werden; Überschneidungen gibt es nur in seltenen Ausnahmefällen, auf die noch hingewiesen werden wird;
- **bei gleichem Rechtsschutzbegehren** gegenüber den sonstigen Rechtsbehelfen der ZPO, insbesondere des Erkenntnisverfahrens, **ausschließliche Sondervorschriften (leges speciales).**

Übersichten über die Rechtsbehelfe des Klauselerteilungsverfahrens und des Vollstreckungsrechts finden Sie im Anhang.

1. Teil. Die Voraussetzungen der Zwangsvollstreckung

Vor jeder Art von Zwangsvollstreckung muß das Vollstreckungsorgan die im folgenden ersten Teil genannten Voraussetzungen überprüfen, und zwar: 27
- die allgemeinen Verfahrensvoraussetzungen (1. Abschnitt, Rn. 28ff),
- die allgemeinen Vollstreckungsvoraussetzungen (2. Abschnitt, Rn. 38ff),
- die besonderen Vollstreckungsvoraussetzungen (3. Abschnitt, Rn. 89ff),
- das Fehlen von Vollstreckungshindernissen (4. Abschnitt, Rn. 100ff),
- die Vollstreckung in die richtige Vermögensmasse (4. Abschnitt, Rn. 110f).

Nur wenn diese Voraussetzungen gegeben sind, darf die Vollstreckung begonnen und betrieben werden; es ist vom Vollstreckungsorgan dann weiter noch zu untersuchen, ob die Voraussetzungen der konkret beabsichtigten Vollstreckungsart vorliegen (dazu im 2. Teil).

1. Abschnitt

§ 5 Allgemeine Verfahrensvoraussetzungen

Das Vollstreckungsverfahren ist ein Parteiverfahren zwischen Gläubiger und Schuldner (s. Rn. 5). Auf dieses Verfahren sind grundsätzlich die Vorschriften der ZPO über das Erkenntnisverfahren anzuwenden. Es müssen daher die allgemeinen Verfahrensvoraussetzungen (auch Prozeßvoraussetzungen genannt) vorliegen. 28

In Klausuren ist zu beachten: Genau wie im Erkenntnisverfahren darf auf die allgemeinen Verfahrensvoraussetzungen **nur dann** eingegangen werden, **wenn hierfür ein Anhaltspunkt besteht.** Dies ist nur sehr selten der Fall!

I. Vollstreckungsantrag

1. Für jegliche Art der Vollstreckung ist ein **Antrag des Gläubigers** erforderlich. Es wird nicht von Amts wegen vollstreckt. Dies gilt auch etwa für die Vollstreckung von Ordnungsmitteln nach § 890. 29

2. Der Antrag bedarf **keiner Form**, kann daher auch mündlich gestellt werden.

3. Grundsätzlich besteht, weil der Antrag gegenüber dem Gerichtsvollzieher oder dem Vollstreckungsgericht abzugeben ist, **kein Anwaltszwang**.

Ausnahme: Funktionell zuständiges Vollstreckungsorgan ist das Landgericht als Prozeßgericht, das den Titel in erster Instanz geschaffen hat, (hM). Zur Vollmacht siehe §§ 81, 88.

II. Zuständigkeit

30 Der Antrag muß vom Gläubiger bei dem zuständigen Vollstreckungsorgan gestellt werden. Hierbei ist nur zwischen der örtlichen und der funktionellen Zuständigkeit zu unterscheiden:

1. Die **funktionelle Zuständigkeit** des Vollstreckungsorgans richtet sich nach der Art der Zwangsvollstreckung, die der Gläubiger betreiben will. Im einzelnen sind folgende Vollstreckungsorgane für die jeweils genannte Vollstreckungsart zuständig:

31 a) Der **Gerichtsvollzieher** ist zuständig für:
- die Zwangsvollstreckung wegen **Geldforderungen in bewegliche Sachen**, §§ 803–827, 831;
- die Zwangsvollstreckung wegen **Ansprüchen auf Herausgabe** beweglicher (§ 883f) und unbeweglicher **Sachen** (§ 885);
- das Verfahren auf Abgabe der **eidesstattlichen Versicherung,** §§ 807, 899ff;[1]
- Hilfstätigkeiten im Rahmen der Vollstreckung durch andere Organe, zB Wegnahme von Urkunden, § 836 III 2.[2]

b) Das **Vollstreckungsgericht** ist zuständig für:
- die Zwangsvollstreckung wegen **Geldforderungen in Forderungen und andere Vermögensrechte**, §§ 828ff;
- die **Zwangsversteigerung,** § 869, ZVG;
- die **Zwangsverwaltung,** § 869, ZVG.

c) Das **Grundbuchamt** ist zuständig
- für die Eintragung von **Zwangshypotheken**, §§ 866ff.

d) Das **Prozeßgericht** schließlich ist zuständig für:
- die Zwangsvollstreckung zur **Erwirkung vertretbarer** (§ 887) **und unvertretbarer** (§ 888) **Handlungen**;
- die Zwangsvollstreckung aus **Unterlassungs- und Duldungstiteln** (§ 890);
- die Verurteilung zur **Abgabe einer Willenserklärung** (§ 894).

2. Es gibt für die verschiedenen Vollstreckungsorgane hinsichtlich der **örtlichen Zuständigkeit** unterschiedliche Zuständigkeitsvorschriften. In der Regel wird an den Ort der Vollstreckungshandlung angeknüpft; zB § 20 GerichtsvollzieherO, § 764 II.

III. Deutsche Gerichtsbarkeit

32 Unter den Voraussetzungen der §§ 18–20 GVG sind Konsuln oder Regierungsmitglieder fremder Staaten von der deutschen Gerichtsbarkeit befreit. Gegen sie darf die Zwangsvollstreckung daher nicht betrieben werden.

---

[1] Ab 1. 1. 1999.
[2] Ab 1. 1. 1999 § 836 III 3.

IV. Die Zulässigkeit des Rechtswegs

Die Zwangsvollstreckung nach der ZPO findet grundsätzlich nur aus den in den §§ 704, 794 genannten zivilrechtlichen Titeln statt. Aus sonstigen Titeln darf nur dann nach dem 8. Buch der ZPO vollstreckt werden, wenn ein Gesetz die Vorschriften der ZPO für anwendbar erklärt. Dies ist zB in § 62 II ArbGG geregelt. **33**

V. Parteifähigkeit

Auch im Vollstreckungsverfahren müssen Gläubiger und Schuldner parteifähig sein. Fraglich ist allerdings, ob das Vollstreckungsorgan überhaupt die Parteifähigkeit überprüfen darf. **34**

Die hM nimmt zu Recht an, daß das Vollstreckungsorgan die Parteifähigkeit dann zu prüfen hat, wenn dies nicht bereits durch das Prozeßgericht im zugrunde liegenden Prozeß geschehen ist.[1] Letzteres ist dann der Fall, wenn das Gericht die Zulässigkeit der Klage (und sei es nur stillschweigend durch Erlaß eines Sachurteils) bejaht hat, weil dies die Parteifähigkeit voraussetzt. Auch bei Urteilen muß aber das Vollstreckungsorgan dann die Parteifähigkeit erneut prüfen, wenn neue Tatsachen eingetreten sind, etwa der Tod des Gläubigers.

Zur Parteifähigkeit eines nicht rechtsfähigen Vereins, von Arbeitgebervereinigungen und Gewerkschaften, der OHG und der KG s. § 50 II, § 10 ArbGG, §§ 124 I, 161 II HGB.

VI. Prozeßfähigkeit

1. Grundsätze. Einhellig anerkannt ist, daß der **Gläubiger**, wenn er das Vollstreckungsverfahren einleitet, prozeßfähig sein muß. Die nunmehr wohl hM nimmt an, daß auch der **Schuldner** prozeßfähig sein muß.[2] Dies gilt zweifellos dann, wenn er selbst aktiv werden will oder soll, indem er beispielsweise eine Erinnerung einlegt oder zur Offenbarungsversicherung geladen wird. Dagegen soll der Schuldner nicht prozeßfähig sein müssen, solange es auf die Sicherung oder den rangwahrenden Zugriff des Gläubigers ankomme.[3] Dem ist entgegenzuhalten, daß der Schuldner sich in solchen Fällen klar darüber werden können muß, ob er gegen die Zwangsvollstreckung vorgehen soll. **35**

Bei **unvertretbaren Handlungen** (§ 888) ist das Zwangsmittel gegen den einzusetzen, dessen Wille tatsächlich zu beugen ist; dies kann auch der prozeßunfähige Schuldner sein.[4] Dies gilt entsprechend bei der **Unterlassungsvollstreckung** (§ 890), sofern Verschulden vorliegt.[5]

2. Überprüfung. Ist die Prozeßfähigkeit in den zugrunde liegenden Erkenntnisverfahren bereits geprüft worden, ist das Vollstreckungsorgan daran gebunden. Dies gilt aber nur bei einer ausdrücklichen Prüfung; eine stillschweigende Bejahung allein durch den Erlaß eines Sachurteils reicht hier nicht aus.[6]

---

[1] Musielak-Lackmann vor § 704 Rn. 21; Brox-Walker Rn. 23; s.a. TP vor § 704 Rn. 42.

[2] Brox-Walker Rn. 25; Musielak-Lackmann vor § 704 Rn. 22 m.w.N.

[3] TP vor § 704 Rn. 43.

[4] StJ-Brehm § 888 Rn. 43; Musielak-Lackmann § 888 Rn. 10; aA MK-Schilken § 888 Rn. 12; TP § 888 Rn. 16.

[5] Musielak-Lackmann § 890 Rn. 12; Brox-Walker Rn. 1106.

[6] MK-Arnold § 750 Rn. 21 m.w.N.

VII. Prozeßführungsbefugnis

36 Die Prozeßführungsbefugnis kann dann problematisch werden, wenn ein Titel von mehreren Streitgenossen erwirkt worden ist. Stellt nur einer von ihnen einen Vollstreckungsantrag und weigert sich der andere, die Vollstreckung durchführen zu lassen, ist die Prozeßführungsbefugnis des Antragstellers zu überprüfen. Diese wird sich in der Regel aus den materiell-rechtlichen Vorschriften, die auch schon der Streitgenossenschaft zugrunde lagen, ergeben (zB § 2039 BGB für die Miterbengemeinschaft). Zu den Problemen bei der Klauselerteilung s. Rn. 734f.

VIII. Rechtsschutzinteresse

37 Im Einzelfall – dabei handelt es sich aber nur um seltene Ausnahmefälle – kann die Zwangsvollstreckung deshalb unzulässig sein, weil es für den Gläubiger an einem Rechtsschutzinteresse fehlt. Hieran kann zB gedacht werden, wenn der Gerichtsvollzieher bereits ganz kurze Zeit vor einem neuen Vollstreckungsantrag des Gläubigers für diesen erfolglos zu vollstrecken versucht hat. Auch kann das Rechtsschutzbedürfnis fehlen, wenn ein Antrag auf Erlaß eines Pfändungs- und Überweisungsbeschlusses gestellt wird, obwohl feststeht, daß das Einkommen des Schuldners unter der Pfändungsfreigrenze liegt.

Nach hM kann nicht einmal die Vollstreckung wegen „Bagatellbeträgen" abgelehnt werden.[1] Das Rechtsschutzinteresse an der Zwangsvollstreckung fehlt in aller Regel auch dann nicht, wenn der Gläubiger eigene Sachen oder ihm zustehende Forderungen pfänden läßt. Zwar entsteht nach der gemischt privatrechtlich-öffentlich-rechtlichen Theorie (s. Rn. 169ff) kein Pfändungspfandrecht; die Verstrickung jedoch ist wirksam. Der Gläubiger kann aufgrund seines Zahlungstitels eine Verwertung der Sache erreichen, wenn er sie will, und muß sich nicht erst einen Herausgabetitel beschaffen. Bei der Forderungsvollstreckung hat er die Möglichkeit, schon aufgrund des Überweisungsbeschlusses die Herausgabevollstreckung bzgl. der im Besitz des Schuldners befindlichen Urkunden zu betreiben, § 836 III.

---

[1] MK-Arnold § 753 Rn. 56 m.w.N.; TP § 753 Rn. 13.

2. Abschnitt. Allgemeine Voraussetzungen der Zwangsvollstreckung

Als allgemeine Vollstreckungsvoraussetzungen werden

TITEL, KLAUSEL UND ZUSTELLUNG

bezeichnet.

§ 6 Der Vollstreckungstitel

I. Begriff des Titels

Der Titel ist eine öffentliche Urkunde, aus der kraft ausdrücklicher gesetzlicher Vorschrift die Zwangsvollstreckung betrieben werden darf. Er bestimmt: 38

- die – jedenfalls ursprünglichen – Parteien des Vollstreckungsverfahrens, also Gläubiger und Schuldner;
- den Inhalt des Anspruchs und damit die Art der Vollstreckung;
- den Umfang der Vollstreckung.

Schlagwort: **„wer, was, von wem?"**

II. Arten der Titel

1. Die Vollstreckung aus Endurteilen, § 704. Nach § 704 I findet die Zwangsvollstreckung aus Endurteilen statt, die rechtskräftig oder für vorläufig vollstreckbar erklärt sind. 39

a) Endurteile sind:

- „normale", abschließende Urteile iSd. § 300,
- Teilurteile (§ 301),
- Versäumnisurteile (§§ 330, 331),
- Anerkenntnisurteile (§ 307),
- Verzichtsurteile (§ 306),
- Vorbehaltsurteile (§§ 302 III, 599 III).

b) Zur Vollstreckung müssen die Urteile nach § 704 I entweder **rechtskräftig** oder für **vorläufig vollstreckbar** erklärt sein. **Ausnahmen:**

- Urteile, durch die ein Arrest oder eine einstweilige Verfügung angeordnet oder entsprechende Beschlüsse bestätigt werden; hier ergibt sich die Vollstreckbarkeit aus der Natur des einstweiligen Rechtsschutzes.[1]
- Arbeitsgerichtliche Urteile, §§ 62 I 1, 64 VII ArbGG.

- **Rechtskraft** bedeutet formelle Rechtskraft iSd. § 705, also Ablauf der Rechtsmittel- oder Einspruchsfrist. Hierüber wird auf Antrag ein Zeugnis erteilt, § 706. Urteile des BGH oder des Landgerichts in 2. Instanz werden

---

[1] AllgM; MK-Krüger § 704 Rn. 15; Musielak-Lackmann § 704 Rn. 3.

mit ihrer Verkündung rechtskräftig, müssen also nicht für vorläufig vollstreckbar erklärt werden. Urteile, gegen die ein Rechtsmittel statthaft (s. §§ 511, 546), aber wegen Nichterreichens der Berufungs- bzw. Revisionssumme unzulässig ist, werden erst mit Ablauf der Rechtsmittelfrist rechtskräftig,[1] auch (trotz § 546 I) in nicht vermögensrechtlichen Sachen.[2]

- Aus anderen im Zivilprozeß ergangenen Urteilen kann nur vollstreckt werden, wenn sie nach §§ 708ff für **vorläufig vollstreckbar** erklärt worden sind. Dies erfolgt ausschließlich im Erkenntnis-, nicht im Vollstreckungsverfahren.

40 **2. Vollstreckung aus Prozeßvergleichen (§ 794 I Nr. 1).** Nach der zutreffenden herrschenden Lehre von der **Doppelnatur** des Prozeßvergleichs[3] bildet er eine Einheit, die gegenseitige Abhängigkeit der prozessualen und materiell-rechtlichen Regelungen bewirkt.[4] Privatrechtlich ist er nach § 779 BGB zu beurteilen, als Prozeßhandlung nach der ZPO. Er hat, um Vollstreckungstitel sein zu können, gem. § 794 I Nr. 1 folgende Voraussetzungen:

41 **a) Anhängiges Streitverfahren.** Abs. 1 Nr. 1 setzt einen Rechtsstreit voraus, in dem für eine **mündliche Verhandlung** Raum ist.[5] Anhängigkeit reicht aus.[6] Auf die Statthaftigkeit oder Zulässigkeit des Verfahrens oder die Zuständigkeit des Gerichts kommt es nicht an.[7] Das Verfahren darf noch nicht formell rechtskräftig (§ 705) beendet sein. Es muß sich um ein Streitverfahren, also ein kontradiktorisches Verfahren handeln. Es reicht, daß in einem von einer Partei in Gang gesetzten Verfahren der anderen Partei rechtliches Gehör gewährt werden muß. **Zulässig** sind Vergleiche im Arrest-[8] und Verfügungsverfahren, im Zwangsversteigerungs- und Zwangsverwaltungsverfahren, im selbständigen Beweisverfahren (§ 492 III), im Prozeßkostenhilfeverfahren (§ 118 I 3) und im Vollstreckungsverfahren. **Unzulässig** sind sie mangels Dispositionsbefugnis der Parteien zB im Rahmen der Streitwertfestsetzung, im Aufgebotsverfahren und Mahnverfahren vor Überleitung in das streitige Verfahren. Unzulässig ist auch ein Vergleich über die Scheidung; im Verbundverfahren von Scheidungs- und Folgesachen (§ 623, § 630) ist ein Teilvergleich über die der Parteidisposition unterliegenden Gegenstände möglich (zB über den Unterhalt).

42 **b) Deutsches Gericht, Parteien.** Vergleiche sind gem. Abs. 1 Nr. 1 in allen Streitverfahren zulässig, die vor einem deutschen Gericht anhängig sind, also nicht nur vor den Gerichten, für die die ZPO gilt. Dies sind auch Strafgerichte[9] und Gerichte der freiwilligen Gerichtsbarkeit.[10] Der Prozeßver-

---

[1] GmS-OGB BGHZ 88, 353, 357; str., s. Musielak-Lackmann § 705 Rn. 3 m.w.N.
[2] BGHZ 109, 211, 213f; aA OLG Düsseldorf FamRZ 1985, 620, 621.
[3] BGHZ 79, 71, 74; StJ-Münzberg § 794 Rn. 58ff.; TP § 794 Rn. 3.
[4] BGHZ 79, 71, 74.
[5] StJ-Münzberg § 794 Rn. 16.
[6] MK-Wolfsteiner § 794 Rn. 47; TP § 794 Rn. 8.
[7] BGH NJW 1988, 65.
[8] BGH NJW-RR 1991, 1021.
[9] OLG Hamburg MDR 1958, 434.
[10] OLG Stuttgart OLGZ 1984, 131, 132; TP § 794 Rn. 7.

gleich muß zwischen den am kontradiktorischen Verfahren beteiligten **Parteien** geschlossen sein.[1] Daneben können auch **Dritte** in den Vergleich einbezogen werden. Ein Vergleich allein zwischen einer Partei und einem Dritten ist nicht möglich, weil er weder ganz noch teilweise zur Prozeßbeendigung führt; § 794 I Nr. 1 erlaubt es nur, daß neben einem Vergleich zwischen den Parteien Vereinbarungen einer Partei mit einem Dritten getroffen werden können.[2]

c) Prozeßhandlungs- und materiell-rechtliche Voraussetzungen. Die Parteien müssen **prozeßfähig** sein, weil sonst die Verfahrensbeendigung nicht herbeigeführt werden kann. Gem. § 78 Abs. 1 und wegen der prozeßbeendigenden Wirkung unterliegt der Prozeßvergleich dem **Anwaltszwang,** wenn er für das zugrunde liegende Verfahren gilt (s. i. e. Rn. 739).[3] Materiellrechtlich setzt der Vergleich übereinstimmende Willenserklärungen rechts-, geschäftsfähiger und verfügungsberechtigter Parteien voraus, die den Anforderungen des § 779 BGB und etwaiger Formvorschriften entsprechen. § 779 BGB erfordert ein **gegenseitiges Nachgeben,** das damit auch zwingende Voraussetzung für den Prozeßvergleich ist (s. Rn. 46).[4] Der Prozeßvergleich ersetzt grundsätzlich **materielle Form- und Genehmigungsvorschriften** nicht. Eine erforderliche **notarielle Beurkundung** wird allerdings gem. § 127a BGB durch die Aufnahme eines Prozeßvergleichs in ein Protokoll ersetzt. 43

d) Prozessuale Formvorschriften. Der Vergleich ist zu Protokoll zu nehmen, § 160 III Nr. 1. Zwingendes Wirksamkeitserfordernis ist, daß er **vorgelesen** oder zur Durchsicht vorgelegt und **genehmigt** wurde, §§ 162 I 1 u. 2, 160 III Nr. 1.[5] Dies ist im Protokoll zu vermerken, § 162 I 3. Es muß die nach § 163 I 1 erforderlichen Unterschriften enthalten.[6] Die Mißachtung dieser Formvorschriften führt zur Nichtigkeit des Vergleichs.[7] Sie ist im Verfahren um die Erteilung der Klausel zu prüfen (s. Rn. 736ff). 44

e) Widerrufsvorbehalt. Obwohl die Herbeiführung der Prozeßbeendigung Prozeßhandlung ist, die wiederum grundsätzlich bedingungsfeindlich ist, ist aus prozeßökonomischen Gründen allgemein anerkannt, daß Prozeßvergleiche wirksam unter Bedingungen (§§ 158, 163 BGB) oder einem (Rücktritts-, Widerrufs-) Vorbehalt geschlossen werden können.[8] Der Vorbehalt, den Vergleich bis zum Ablauf einer bestimmten Frist zu widerrufen, stellt im Regelfall eine aufschiebende Bedingung für die Wirksamkeit des Vergleichs dar.[9] Wenn sich aus dem Vergleichswortlaut kein anderer Parteiwille ergibt, entstehen bindende Rechtswirkungen erst bei Fristablauf ohne 45

---

[1] MK-Wolfsteiner § 794 Rn. 49; TP § 794 Rn. 9.
[2] Musielak-Lackmann § 794 Rn. 7; StJ-Münzberg § 794 Rn. 20; TP § 794 Rn. 9; aA Zö-Stöber § 794 Rn. 6.
[3] BGH NJW 1991, 1743f.
[4] OLG München Rpfleger 1985, 164.
[5] BGHZ 14, 381, 394ff; TP § 794 Rn. 11.
[6] BGHZ 14, 381, 394ff; TP § 794 Rn. 11.
[7] BGH NJW 1984, 1465; TP § 794 Rn. 11.
[8] BGHZ 88, 364, 367.
[9] BGHZ 88, 364, 367; BVerwG NJW 1993, 2193.

Widerruf.[1] Erst dann liegt ein Vollstreckungstitel vor, der mit der Klausel vorsehen werden kann, und zwar, da aufschiebend bedingt, nach § 726 I.[2]

46 **f) Inhalt.** Der Vergleich muß nach dem Wortlaut des § 794 I Nr. 1 „zur Beilegung eines Rechtsstreits" zwingend die Vereinbarung enthalten, daß der Prozeß seinem ganzen Umfang nach oder in betreff eines Teils des Streitgegenstandes beendet wird.[3] Der Vergleich muß zwingend auch eine Vereinbarung iSd. § 779 BGB enthalten. Ihre Art ist gleichgültig. Sie kann über den Streitgegenstand hinausgehen. Es muß keine materiell-rechtliche Vereinbarung sein; es reicht ein Nachgeben über prozessuale Fragen oder die Kosten des Rechtsstreits. Es genügt sogar ein Verzicht auf das Recht, ein Urteil zu erhalten.

47 **g) Unwirksamkeit.** Ist der Prozeßvergleich aus **materiell-rechtlichen Gründen** unwirksam (zB nichtig gem. § 134, 138 BGB oder wirksam angefochten), ist nicht nur der Vergleich iSd. § 779 BGB unwirksam, sondern auch die auf Verfahrensbeendigung gerichtete Prozeßhandlung.[4] **Prozessuale** (meist formelle) **Fehler,** die zur Unwirksamkeit des Prozeßvergleichs führen (s. Rn. 44), ziehen nicht ohne weiteres die Unwirksamkeit der materiell-rechtlichen Vereinbarung nach sich. Die Vereinbarung kann als außergerichtlicher Vergleich iSd. § 779 BGB gültig sein, wenn dies, was durch Auslegung zu ermitteln ist, dem mutmaßlichen Parteiwillen entspricht. Zur Geltendmachung der Unwirksamkeit s. Rn. 536ff.

48 **3. Vollstreckung aus notariellen Urkunden (§ 794 I Nr. 5). a) Vollstreckungsvoraussetzungen.** Unter § 794 I Nr. 5 fallen Urkunden, die von einem **deutschen Gericht** oder einem **deutschen Notar** innerhalb der Grenzen ihrer Befugnisse in der vorgeschriebenen Form aufgenommen worden sind. Notare sind gem. § 20 I 1 BNotO für Beurkundungen allzuständig, Gerichte nur noch in den in § 62 BeurkG genannten Fällen zuständig. **Gegenstand** der Urkunde kann jeder einer vergleichsweisen Regelung zugänglicher, nicht auf Abgabe einer Willenserklärung oder den Bestand eines Wohnraummietverhältnisses betreffender Anspruch sein (s. Rn. 49). Der Schuldner muß sich in der Urkunde der **sofortigen Zwangsvollstreckung unterworfen** haben (s. Rn. 50f).

49 **b) Anspruchsinhalt.** Im Grundsatz kann nach der zum 1. 1. 1999 in Kraft tretenden Änderung des § 794 I Nr. 5 jeder einer vergleichsweisen Regelung zugängliche Anspruch Gegenstand einer vollstreckbaren Urkunde sein. **Ausnahmen:** Wie im Fall des Anwaltsvergleichs (§ 796a II) können Ansprüche, die auf Abgabe einer Willenserklärung gerichtet sind oder den Bestand eines Wohnraummietverhältnisses betreffen, nicht Gegenstand einer vollstreckbaren Urkunde sein.[5] Der Anspruch muß **inhaltlich bestimmt** sein. Hier gilt nichts anderes als für Urteile und Vergleiche (s. Rn. 56ff). Der Anspruch kann **bedingt** sein. Wenn er soweit konkretisiert ist, daß zumin-

[1] BGHZ 88, 364, 367.
[2] MK-Wolfsteiner Rn. 6; aA wohl TP § 724 Rn. 8.
[3] StJ-Münzberg § 794 Rn. 4.
[4] BGH NJW 1985, 1962, 1963.
[5] S. dazu i. e. Musielak-Lackmann § 794 Rn. 32.

dest der Teil des Entstehungstatbestandes, der den Inhalt des Anspruchs bestimmt, konkret beschrieben werden kann, kann er auch künftig sein.[1] Zur Vereinbarkeit mit dem AGBG s. Rn. 52.

c) Unterwerfungserklärung. Die Unterwerfungserklärung ist eine ausschließlich auf die Schaffung eines Vollstreckungstitels gerichtete einseitige Prozeßhandlung.[2] Enthält eine Urkunde neben der Unterwerfungserklärung privatrechtliche Willenserklärungen, sind anders als beim Prozeßvergleich diese und die Prozeßhandlung unabhängig voneinander zu betrachten.[3] Ist der beurkundete Vertrag nichtig, ist die Unterwerfungserklärung gleichwohl wirksam;[4] einer Vollstreckung aus der Urkunde muß mit der Vollstreckungsgegenklage (§ 767) begegnet werden.[5] **50**

Der Schuldner muß rechts- und geschäftsfähig (nicht prozeßfähig)[6] sein. **51** Er kann sich **vertreten** lassen. Auch Vertretung ohne Vertretungsmacht ist zulässig;[7] die Erklärung erlangt aber erst mit Genehmigung durch den Schuldner oder Vollmachtsnachweis Wirksamkeit. Die Erklärung muß sich auf den bestimmt bezeichneten Anspruch beziehen. Formulierungen, wie der Schuldner unterwerfe sich der Zwangsvollstreckung wegen aller Ansprüche aus der Urkunde, die einer Unterwerfung zugänglich seien, sind nicht ausreichend. Der Schuldner kann in der Erklärung die Zwangsvollstreckung beschränken, und zwar zeitlich, örtlich und gegenständlich. Dies ist vom Vollstreckungsorgan zu beachten. Er kann auf den Nachweis des Entstehens des Anspruchs oder der **Fälligkeit** verzichten (zur Vereinbarkeit mit dem AGBG s. Rn. 52). Unzulässig ist es, anstelle der in § 726 I genannten Urkunden andere Nachweise als ausreichend zu erklären.[8] Da die Unterwerfungserklärung Prozeßhandlung ist, ist eine **Anfechtung ausgeschlossen.**[9]

d) Notarielle Urkunden und das AGBG. Ein Verzicht auf den Nachweis der Fälligkeit in notariellen Urkunden (s. Rn. 51) wird **grundsätzlich** als **zulässig** angesehen.[10] Wenn er in vorformulierten notariellen Verträgen enthalten ist, stellt sich allerdings die Frage nach der Anwendbarkeit des AGBG, und zwar sowohl für die Unterwerfungserklärung als auch für den Nachweisverzicht. **52**

Obwohl die Unterwerfungserklärung eine einseitige Prozeßhandlung ist, wird die Anwendbarkeit des AGBG ganz überwiegend bejaht,[11] ein Verstoß gegen eine Vorschrift des Gesetzes allerdings verneint. § 9 II Nr. 1 AGBG ist

---

[1] RGZ 132, 6, 7f; TP § 794 Rn. 50.
[2] BGH NJW 1990, 258.
[3] BGH NJW 1979, 928.
[4] BGH NJW 1994, 2755, 2756.
[5] BGH NJW 1994, 2755, 2756.
[6] AA StJ-Münzberg § 794 Rn. 92.
[7] RGZ 146, 308, 313f.
[8] MK-Wolfsteiner § 794 Rn. 206; StJ-Münzberg § 797 Rn. 8.
[9] MK-Wolfsteiner § 794 Rn. 177; Musielak-Lackmann § 794 Rn. 39; Brox-Walker Rn. 89; aA BGH DNotZ 1978, 537, 539.
[10] BGH NJW 1981, 2756, 2757; TP § 794 Rn. 53 m. w. N.
[11] OLG Hamm NJW-RR 1991, 1151; StJ-Münzberg § 794 Rn. 93; TP § 794 Rn. 54.

nicht einschlägig, weil das Gesetz das Institut der Unterwerfungserklärung zur Verfügung stellt.[1]

Die Frage ist aber, ob die Bewilligung der sofortigen Erteilung der Klausel und der Verzicht auf den Nachweis der Fälligkeit eine Umkehr der Beweislast bedeuten, so daß insoweit § 11 Nr. 15 AGBG zur Anwendung kommt.[2] ME hat der Nachweisverzicht nur prozessuale Folgen, nämlich die, daß – insoweit nach dem AGBG zulässig – der Schuldner auf die Prüfung des § 726 vor Erteilung der Klausel verzichtet und damit auch Einfluß darauf nimmt, welche Urkunden iSd. § 750 II zugestellt werden müssen (nämlich keine). Es wird aber nicht vereinbart, daß sich materiell die Beweislast – etwa bei einer Vollstreckungsgegenklage – ändert.[3]

53 **4. Weitere Titel des § 794 I.** Weitere in § 794 I aufgezählte Vollstreckungstitel:
- Kostenfestsetzungsbeschlüsse nach § 104 (§ 794 I Nr. 2);
- mit der Beschwerde anfechtbare Entscheidungen (§ 794 I Nr. 3); es ist ausreichend, wenn grundsätzlich eine Beschwerde statthaft ist; auf den konkreten Einzelfall kommt es nicht an;
- einstweilige Anordnungen des Familiengerichts nach §§ 127a, 620 Nr. 4 bis 9, 621f (§ 794 I Nr. 3a);
- Vollstreckungsbescheide (§ 794 I Nr. 4);
- Entscheidungen, die Schiedssprüche oder Anwaltsvergleiche für vollstreckbar erklären (§§ 1060f, 796a, c), § 794 I Nr. 4a, b.

54 **5. Sonstige Titel** (nicht abschließend):
- Auszug aus der Insolvenztabelle (§ 201 II InsO);[4]
- Insolvenzplan (§ 257 I, II InsO);
- Schuldenbereinigungsplan nach § 308 InsO (§ 308 I 2 iVm. § 794 I Nr. 1);
- Zuschlagsbeschluß im Zwangsversteigerungsverfahren (§ 93 I 1 ZVG);
- Entscheidungen und Vergleiche des Arbeitsgerichts (§§ 62, 64 VII, 85 ArbGG);
- Ausländische Urteile oder andere Titel, sofern sie von deutschen Gerichten nach § 722 I oder aufgrund verschiedener Staatsverträge für vollstreckbar erklärt worden sind;
- Titel der früheren DDR, die nicht als ausländische Titel anzusehen sind;[5]
- Urkunden des Jugendamtes über Zahlung des Nichtehelichenunterhalts (§§ 59, 60 SGB VIII);
- Entscheidungen der Freiwilligen Gerichtsbarkeit, zB § 53a IV FGG; § 16 HausratsVO; § 45 III WEG;
- Vermögensrechtliche Entscheidungen im Strafverfahren, §§ 464b, 406, 406b StPO;

---

[1] BGH NJW 1991, 286; Musielak-Lackmann § 794 Rn. 30 m. w. N.

[2] Bej. OLG Düsseldorf NJW-RR 1996, 148; OLG Nürnberg NJW-RR 1990, 1467f; vern. OLG München NJW-RR 1992, 125; OLG Celle NJW-RR 1991, 667; StJ-Münzberg § 794 Rn. 93.

[3] So auch MK-Wolfsteiner § 794 Rn. 202; Musielak-Lackmann § 794 Rn. 30.

[4] Bis 1. 1. 1999 § 164 II KO.

[5] BGHZ 84, 17, 19; s. a. Art. 18 I 1 EinigsV.

– Titel aus anderen Gerichtsbarkeiten können ebenfalls ganz oder teilweise nach der ZPO vollstreckt werden, zB § 167 I VwGO, § 151 I FGO.

III. Vollstreckungsanforderungen an den Titel

1. Vollstreckungsfähiger Inhalt. Ein Titel ist nur dann zur Vollstrek- 55
kung geeignet, wenn er einen vollstreckungsfähigen Inhalt hat. So sind nur auf eine **Leistung** des Schuldners gerichtete Titel vollstreckungsfähig (s. Rn. 18), nicht hingegen klageabweisende, Feststellungs- oder Gestaltungsurteile. Auch ein Urteil, das (obwohl unzulässig) zu einer unmöglichen Leistung verurteilt, ist nicht vollstreckungsfähig.[1] Zu den weiteren Vollstrekkunganforderungen an Prozeßvergleiche und notarielle Urkunden s. Rn. 40ff. Ein Streit über die Reichweite eines Titels ist mit Hilfe einer Feststellungsklage auszutragen.[2]

2. Die Bestimmtheit des Titels. Ein Titel ist nur dann zur Vollstrek- 56
kung geeignet, wenn er inhaltlich hinreichend bestimmt ist. Er muß aus sich heraus verständlich sein und für jeden Dritten erkennen lassen, was der Gläubiger vom Schuldner verlangen kann. Der Tenor darf zwar von den Vollstreckungsorganen ausgelegt werden; die zur Auslegung herangezogenen Umstände müssen sich jedoch aus dem Titel selbst ergeben. Es ist den Vollstreckungsorganen grundsätzlich verwehrt, auf außerhalb des Titels liegende Umstände zurückzugreifen;[3] nur bei Urteilen dürfen Tatbestand und Entscheidungsgründe ergänzend herangezogen werden,[4] bei Urteilen ohne Gründe (Versäumnis-, Anerkenntnisurteile) auch die Klageschrift.[5]

Beispiele:[6]

- **Bestimmt genug sind:** 57
  Bruttolohntitel (hM; es darf auch wegen des Bruttolohns vollstreckt werden.[7] Hat der Schuldner Steuern oder Sozialabgaben abgeführt, muß er dies nach §§ 775 Nr. 4, 5 oder 767 geltend machen.); **Zinsen über dem jeweiligen Diskontsatz;**[8] **Unterwerfung bis zu einem Höchstzinssatz;**[9] **Wertsicherungsklauseln** bei einer Anpassung an den Diskontsatz der Deutschen Bundesbank[10] oder den Lebenshaltungskostenindex.[11] Dies wird damit begründet, daß die maßgeblichen Umstände von jedermann leicht ermittelt werden könnten.
- **Nicht bestimmt genug sind:** 58
  Wertsicherungsklauseln: Unzulässig sein soll die Anpassung an ein Beamtengehalt.[12] Angesichts der Tatsache, daß die Beamtengehälter gesetzlich geregelt sind, ist

---

[1] BGH NJW-RR 1992, 450.
[2] BGH MDR 1997, 863, 864.
[3] OLG Düsseldorf NJW-RR 1988, 698; OLG Hamm NJW 1974, 652; TP vor § 704 Rn. 22.
[4] BGH NJW 1972, 2268, 2269; Musielak-Lackmann § 704 Rn. 6.
[5] BGH NJW 1983, 2032; Musielak-Lackmann § 704 Rn. 6 m. w. N.
[6] Zu weiteren Einzelheiten s. Musielak-Lackmann § 704 Rn. 6ff.
[7] BAG NJW 1985, 646; TP vor § 704 Rn. 17.
[8] BGHZ 22, 54, 61.
[9] BGH NJW 1983, 2262f.
[10] OLG Düsseldorf Rpfleger 1977, 67 (zu Verzugszinsen).
[11] OLG Düsseldorf NJW 1971, 436, 437.
[12] BGHZ 22, 54, 57ff.

die Differenzierung zu den anderen Indexklauseln jedenfalls heute schwerlich einzusehen. Höchstbetragshypothek, wenn nicht Teilbeträge festgelegt sind;[1] Zinsbeginn ist nicht eindeutig bestimmt.[2]

59 • **Personenmehrheit:**
Bei Personenmehrheit ist grundsätzlich im Titel die materiell-rechtliche Forderungs- oder Schuldform (etwa Gesamtgläubiger, Gesamtschuldner) anzugeben. Fehlt es hieran, ist der Titel zu unbestimmt, wenn nicht im Wege der Auslegung eindeutig geklärt werden kann, welche Form zutrifft. In der Regel ist von der Auslegungsregel des § 420 BGB auszugehen.[3] Jedenfalls darf gegen einen Schuldner nur dann wegen der vollen Forderung vollstreckt werden, wenn seine Haftung als Gesamtschuldner ausdrücklich angeordnet wurde oder die Auslegungsregel des § 427 BGB deshalb zur Anwendung kommt, weil sich aus dem Titel eindeutig ergibt, daß die Schuldner aufgrund einer vertraglichen Vereinbarung verurteilt worden sind.[4]

60 • **Zug um Zug-Verurteilung:**
Beachte: Auch die Gegenleistung, die der Gläubiger Zug um Zug zu erbringen hat, unterliegt dem Bestimmtheitserfordernis.[5] Dies folgt jedenfalls aus den §§ 756, 765. Kann das Vollstreckungsorgan den Inhalt der geschuldeten Gegenleistung nicht erkennen, kann es nicht prüfen, ob sie erbracht ist, und damit auch wegen des Anspruchs des Gläubigers nicht vollstrecken.

IV. Parteibezeichnung im Titel

61 **1. Vollstreckungsparteien.** Die Bezeichnung der Parteien im Titel bestimmt die Parteien des Vollstreckungsverfahrens, **§ 750 I 1**. Nur durch eine Titelumschreibung (zB nach § 727) können andere Personen zu Gläubigern bzw. Schuldnern werden.

Vor der Vollstreckung muß sich das Vollstreckungsorgan von der **Identität** desjenigen, der die Vollstreckung betreiben will, mit dem Gläubiger und desjenigen, gegen den vollstreckt werden soll, mit dem Schuldner überzeugen, wobei der Titel- bzw. ein anders lautender Klauselinhalt maßgeblich ist. Bei berechtigten Zweifeln muß die Vollstreckung abgelehnt werden. Mängel der Bezeichnung – Schreibfehler, Abkürzung oder Fehlen des Vornamens o.ä.[6] – spielen dann keine Rolle, wenn eine Identifizierung der Vollstreckungspartei zweifelsfrei möglich ist.

62 **2. Einzelprobleme** Im einzelnen können folgende Probleme auftreten:

a) Sind Gläubiger (hier kann evtl. eine Vertreterangabe ausreichen) oder insbesondere Schuldner im Titel nur unter einer **„Sammelbezeichnung"** zusammengefaßt (zB Erben-, Wohnungseigentümer-, Bauherrengemeinschaft), reicht dies grundsätzlich **nicht** aus. Allenfalls dann kann an eine Ausnahme gedacht werden, wenn durch besondere, vom Vollstreckungsorgan anhand öffentlicher Urkunden leicht feststellbare Umstände eine zweifelsfreie Identifizierung der einzelnen Personen möglich und gewährleistet

---

[1] BayObLG NJW 1954, 1808f.
[2] OLG Düsseldorf NJW-RR 1988, 698f.
[3] BGH NJW 1995, 1162; Musielak-Lackmann § 704 Rn. 10; TP vor § 704 Rn. 24
[4] Musielak-Lackmann § 704 Rn. 10; TP vor § 704 Rn. 24; anders (grundsätzlich § 427 BGB) KG MDR 1989, 77; TP § 794 Rn. 31.
[5] BGHZ 45, 287, 288; KG MDR 1997, 1058; OLG Frankfurt Rpfleger 1979, 432.
[6] S. dazu ausführlich Musielak-Lackmann § 750 Rn. 10.

ist, daß sich der Kreis der Schuldner bis zum Beginn der Zwangsvollstrekkung nicht verändert hat.[1]

b) Die Bezeichnung der **gesetzlichen Vertreter** der Parteien in Titel oder Klausel wird von § 750 I im Gegensatz zu § 313 I Nr. 1 nicht vorgeschrieben. Fehlt sie, hat das Vollstreckungsorgan den Gläubiger zur Ergänzung aufzufordern, weil es die ordnungsgemäße Zustellung des Titels zu prüfen hat. **63**

c) Liegt ein Titel gegen einen **Einzelkaufmann** unter seiner Firma vor, so ist die Firma die namentliche Bezeichnung des Kaufmanns iSd. § 750 I; und zwar auch dann, wenn der bürgerliche Name des Inhabers fehlt (vgl. § 17 II HGB). Aus diesem Titel darf in das Geschäfts- und das Privatvermögen des Kaufmanns vollstreckt werden. **64**

Der Inhaber der Einzelfirma ist erforderlichenfalls vom Vollstreckungsorgan zu ermitteln. Maßgeblich ist dabei die Zeit des Titelerlasses; gegen den späteren Erwerber darf nur nach einer Titelumschreibung (s. § 729) vollstreckt werden.

d) Sehr streitig ist die Frage, ob ein Titel gegen **namentlich unbekannte Personen** ergehen darf und eine hinreichende Vollstreckungsgrundlage darstellt. **65**

Beispiel: Ein Haus ist von namentlich unbekannten Personen besetzt worden; der Personenkreis wechselt wöchentlich. Der Hauseigentümer begehrt und erhält eine einstweilige Verfügung gegen „die Personen, die sich zur Zeit der Zustellung der Verfügung in dem Haus ... aufhalten".

aa) Zum Teil werden derartige Verfügungen für zulässig erachtet, wenn die Räumungsschuldner mit Hilfe von anderen Konkretisierungsmerkmalen als ihren Namen bezeichnet sind. Bei der Zustellung könne der Gerichtsvollzieher polizeiliche Hilfe in Anspruch nehmen, die Personalien feststellen lassen und den Titel ergänzen, so daß die Voraussetzungen des § 750 I bei Vollstreckungsbeginn vorlägen.[2] Nach anderer Konstruktion soll es möglich sein, Erlaß, Zustellung und Vollziehung einer einstweiligen Verfügung in unmittelbarem zeitlichem Zusammenhang vorzunehmen, wobei mit Hilfe der Polizei durch personelle Einkreisung ein Wechsel in der Zusammensetzung der Räumungsschuldner verhindert werden könne.[3]

bb) Diese Lösungsversuche sind unzulässig.[4] Sie widersprechen den gesetzlichen Vorschriften (§§ 253 II Nr. 1, 313 I Nr. 1, 750 I), sind praktisch kaum durchführbar und rechtlich nicht zwingend notwendig, weil Rechtsschutz mit Hilfe des öffentlichen Rechts gewährt werden kann.

---

[1] BayObLG NJW-RR 1986, 564; Musielak-Lackmann § 750 Rn. 7.

[2] LG Kassel NJW-RR 1991, 381, 382; s. auch TP § 750 Rn. 2.

[3] LG Krefeld NJW 1982, 289f.

[4] OLG Köln NJW 1982, 1888; MK-Arnold § 750 Rn. 54 m.w.N.

§ 7 Die Klausel

I. Der Begriff der Vollstreckungsklausel

66 Die Klausel (vollstreckbare Ausfertigung) ist in § 725 wie folgt definiert:
„Vorstehende Ausfertigung wird dem u. s. w. (Bezeichnung der Partei) zum Zwecke der Zwangsvollstreckung erteilt."

Ausfertigung ist eine beglaubigte Abschrift des Titels, dessen Original in den Akten des Gerichts oder Notars bleiben muß. Die **Beglaubigung** bescheinigt die Übereinstimmung der Abschrift mit dem Originaltitel; die **Klausel** dessen Vollstreckbarkeit.

Die Legaldefinition ist allerdings nicht ganz vollständig.

- So muß bei Teilklauseln der vollstreckbare Teil genau bezeichnet werden.
- Normalerweise reicht zwar die Bezeichnung der Partei zB mit: „dem Kläger". Dies gilt aber nicht im Fall der Titelumschreibung. Hier sind die nicht im Titel genannten Personen mit Namen und Anschrift zu bezeichnen.
- Urkunden, mit denen die Voraussetzungen zur Erteilung der Klausel nach §§ 726ff nachgewiesen worden sind, oder der „Nachweis" durch Offenkundigkeit bzw. Geständnis sind wegen § 750 II (Zustellung) in der Klausel ebenfalls zu erwähnen.

II. Erfordernis der Klausel

67 Grundsätzlich bedarf die Vollstreckung aus jeder Titelausfertigung der Klausel. Hiervon gibt es zur Verfahrensbeschleunigung folgende wichtige **Ausnahmen:**

- **Vollstreckungsbescheid,** wenn für und gegen die in ihm genannten Personen vollstreckt wird, § 796 I;
- **Arrest und einstweilige Verfügung,** wenn für und gegen die in ihnen genannten Personen vollstreckt wird, §§ 929 I, 936.

Weitere Ausnahmen: Kostenfestsetzungsbeschluß, der auf das Urteil gesetzt ist (§§ 105 I, 795a); Pfändungsbeschluß als Grundlage der Wegnahme eines Hypothekenbriefes (§ 830 I 1, 2); Überweisungsbeschluß als Grundlage für die Vollstreckung auf Herausgabe von Urkunden (§ 836 III 3);[1] Haftbefehl nach § 901.[2]

III. Arten der Klausel

68 Die Vollstreckung aus einem Titel ist in vielen Fällen nicht sofort möglich. So kann sie von der Leistung einer Sicherheit oder dem Eintritt einer anderen Bedingung abhängig sein. Die Prüfung dieser Umstände ist auferlegt

- zum Teil den Vollstreckungsorganen; in diesen Fällen wird ohne Prüfung weiterer Voraussetzungen als der des Titels die sogenannte **„einfache"** Klausel erteilt;

[1] Bis 1. 1. 1999 § 836 III 2.
[2] Bis 1. 1. 1999 § 908.

– zum anderen denjenigen, die die Klausel zu erteilen haben; in diesen Fällen ist gem. § 726 die sogenannte **„titelergänzende“** Klausel nach der Prüfung des Bedingungseintritts zu erteilen.

Schließlich kann ein Urteil gem. § 325 für und gegen Rechtsnachfolger der Parteien wirken. Dem entspricht es, daß der Rechtsnachfolger keinen neuen Prozeß anstrengen bzw. nicht erneut verklagt werden muß. Der vorhandene Titel kann vielmehr für oder gegen den Rechtsnachfolger umgeschrieben werden. Die Prüfung der Rechtsnachfolge erfolgt im Verfahren um die Erteilung der Klausel, insbesondere nach den §§ 727 bis 729.

1. Die „einfache“ Klausel, § 724. a) Die sogenannte „einfache“ Klausel wird erteilt, wenn der Titel oder die Vollstreckung aus ihm nicht bedingt sind und keine Umschreibung auf eine im Titel nicht genannte Person erforderlich ist. Außerdem ist bei Vorliegen folgender Bedingungen oder Befristungen ohne Prüfung deren Eintritts die einfache Klausel zu erteilen: **69**

– Wenn die Vollstreckung von der **Leistung einer Sicherheit** abhängt, § 726 I.
  „Das Urteil ist gegen Sicherheitsleistung in Höhe von 4000.– DM vorläufig vollstreckbar.“
  Daß die Sicherheit erbracht ist, hat das Vollstreckungsorgan vor der Vollstreckung zu prüfen, § 751 II.
– Wenn die Vollstreckung vom **Eintritt eines Kalendertages** abhängig ist, § 751 I.
  „Der Beklagte wird verurteilt, an den Kläger monatlich 500.– DM zu zahlen, zahlbar am ersten Tag des Kalendermonats.“
  § 751 I legt die Prüfung des Eintritts des Tages dem Vollstreckungsorgan auf (s. zur Berechnung Rn. 89).
– Wenn die Vollstreckung von einer **Zug um Zug zu bewirkenden Leistung des Gläubigers** an den Schuldner abhängt, § 726 II.
  „Der Beklagte wird verurteilt, an den Kläger 2000.– DM Zug um Zug gegen Übergabe des PKW VW 1200, Fahrgestell-Nr. 123456789, zu zahlen.“
  Ob die Gegenleistung erbracht ist, prüfen die Vollstreckungsorgane, §§ 756, 765. **Ausnahme:** Die Leistung des Schuldners besteht in der Abgabe einer Willenserklärung (§ 726 II 2. HS; s.a. § 894 I 2):
  „Der Beklagte wird verurteilt, den PKW VW 1300, Fahrgestell-Nr. 007, an den Kläger zu übereignen, Zug um Zug gegen Zahlung von 200.– DM.“

b) Zuständig zur Erteilung der einfachen Klausel ist der Urkundsbeamte der Geschäftsstelle (§ 724 II) bzw. der Notar, der die notarielle Urkunde verwahrt, § 797 II. Unschädlich ist es, wenn anstelle des Urkundsbeamten der Rechtspfleger die Klausel erteilt, § 8 V RpflG. **70**

2. Die „qualifizierten Klauseln“, §§ 726 bis 729. Zur Vollstreckung aus einem bedingten Titel oder zur Umschreibung eines Titels bedarf es der Überprüfung, ob die Bedingung oder die Rechtsnachfolge eingetreten ist. Diese erfolgt, von den Rn. 69 genannten Fällen abgesehen, nicht durch das Vollstreckungsorgan, sondern in einem formalisierten Verfahren im Rahmen der Erteilung der Vollstreckungsklausel. Wird die **Klausel wirksam erteilt,** gleich ob zu Recht oder zu Unrecht, ist das **Vollstreckungsorgan hieran** **71**

gebunden. Es darf die maßgeblichen Umstände **nicht erneut untersuchen.**

Die qualifizierten Klauseln werden herkömmlich unterteilt in **„titelergänzende"** und **„titelumschreibende"** Klauseln.

72 **a) Die titelergänzende Klausel, § 726.** Ist die Vollstreckung aus einem Titel – oder natürlich der Titel selbst – **bedingt oder befristet** und ist dies – nach allgemeinen Beweislastregeln – **vom Gläubiger zu beweisen,** ist der Eintritt des ungewissen Ereignisses vor der Erteilung der Klausel zu überprüfen. Muß der Schuldner die Umstände beweisen, ist ohne ihre Untersuchung die einfache Klausel zu erteilen.

73 **b) Die titelumschreibende Klausel, §§ 727 bis 729.** Wenn ein Urteil nach §§ 325–327 auch für oder gegen andere als die Parteien wirkt, kann es bei Nachweis der Rechtsnachfolge auf den Namen der Rechtsnachfolger umgeschrieben werden. Für andere Titel gilt dies entsprechend, § 795. Eine Umschreibung ist gem. § 729 auch bei einer Haftung bei Fortsetzung eines unter Lebenden erworbenen Handelsgeschäftes unter der bisherigen Firma (§ 25 HGB) möglich. So soll ein neuer Prozeß vermieden werden.

Daraus folgt gleichzeitig, daß eine neue Klage in der Regel unzulässig ist; in den Fällen der §§ 325ff, weil eine rechtskräftige Entscheidung vorliegt, sonst wegen fehlenden Rechtsschutzinteresses (einfacherer Weg).

74 **c) Zuständig** zur Erteilung der qualifizierten Klauseln ist
- der Rechtspfleger bei einem vom Gericht geschaffenen Titel, § 20 Nr. 12 RpflG; die Vorschrift geht insoweit § 724 II vor;
- der Notar bei von ihm verwahrten Urkunden, § 797 II.

75 **3. Die Teilklausel.** Es gibt Titel, die den Schuldner zu mehreren verschiedenen Leistungen verpflichten, die zum Teil von Bedingungen abhängig sind, zum Teil nicht. Häufiger kommt dies in Prozeßvergleichen vor.

Beispiel: Nach Ziffer I eines Vergleichs hat der Beklagte 1000,– DM an den Kläger zu zahlen. Nach Ziffer II muß er weitere 500,– DM nach Beseitigung bestimmter genannter Mängel durch den Kläger begleichen.

Hier darf sich die Bedingung des einen Teils (Ziffer II) natürlich nicht auf den unbedingten anderen Teil (Ziffer I) auswirken. Auf Antrag kann deshalb schon vor dem Bedingungseintritt eine Teilklausel erteilt werden.

„Vorstehende Ausfertigung des Vergleichs wird dem Kläger zur Vollstrekkung aus Ziffer I des Vergleichs erteilt."

Das Vollstreckungsorgan darf dann natürlich nur wegen dieses Teils vollstrecken. Entsprechendes gilt – gerade bei Unterhaltsvergleichen unter Beteiligung mehrerer Gläubiger – für die Teilumschreibung des Titels auf einen neuen Gläubiger wegen einer Nachfolge in das Recht nur eines der im Titel genannten Gläubiger.

IV. Darstellungshinweis

Das Verfahren um die Erteilung der Klausel gehört nach meiner Erfahrung zu den Gebieten, die wegen ihrer Abstraktheit nur schwer verständlich sind. Deshalb hat sich die Darstellung in § 7 auf die wesentlichsten zum Verständnis des Vollstreckungsrechts selbst notwendigen Grundlagen beschränkt. Andererseits ist auch dieses Gebiet durchaus examensrelevant. Einzelheiten zu diesem Bereich werden deshalb im 5. Teil dargestellt (Rn. 721 ff).

§ 8 Die Zustellung des Titels

I. Notwendigkeit und Verfahren der Zustellung

Vor dem Beginn der Vollstreckung soll möglichst sichergestellt sein, daß der Schuldner auch Kenntnis von dem Titel hat. So kann zB ein Versäumnisurteil gegen ihn ergangen sein, ohne daß er hiervon wußte, etwa weil er die Benachrichtigung von einer Niederlegung (§ 182) von Klage und Ladung nicht erhalten hat. Deshalb ordnet **§ 750 I** an, daß die Zwangsvollstreckung erst **nach der Zustellung des Urteils beginnen** darf. **76**

Zustellung ist der in gesetzlicher Form zu bewirkende und zu beurkundende Vorgang, durch den dem Zustellungsempfänger Gelegenheit zur Kenntnisnahme von dem zuzustellenden Schriftstück verschafft wird.[1]

1. Erfordernis der Zustellung. a) Grundsätzlich muß jeder Titel vor Beginn der Vollstreckung zugestellt sein, §§ 750 I 1, 795; nicht etwa nur ein Urteil. Hiervon gibt es folgende gesetzliche Ausnahmen: **77**

- Arrest und einstweilige Verfügung können vor ihrer Zustellung an den Schuldner vollzogen werden, §§ 929 III 1, 936. Der Grund liegt in der besonderen Eilbedürftigkeit dieser Verfahren. Die Zustellung muß gem. § 929 III 2 allerdings binnen einer Woche nach der Vollziehung nachgeholt werden.
- Auch die Vorpfändung nach § 845 setzt gem. Abs. 1 S. 3 der Vorschrift eine vorherige Zustellung des Titels an den Schuldner nicht voraus. Sie hat die Wirkung eines Arrestes, wenn innerhalb eines Monats nach der Zustellung der Benachrichtigung an den Drittschuldner die Pfändung der Forderung bewirkt wird, § 845 II.

b) Verzicht. Streitig ist, ob der Schuldner auf die Zustellung des Titels verzichten darf. Dies wird von einigen[2] mit der Begründung bejaht, daß die Zustellungsvorschriften allein dem Schutz des Schuldners dienten. Öffentliche Belange würden nicht berührt. Der Schuldner könne auch ein Interesse daran haben, etwa zu vermeiden, daß Familienmitglieder Kenntnis von dem Titel erhielten. **78**

Die wohl hM geht zu Recht davon aus, daß der **vorherige Verzicht unwirksam** ist.[3] Es geht um die vom Gesetzgeber für besonders wichtig gehaltenen allgemeinen Voraussetzungen der Zwangsvollstreckung, die deshalb nicht der Disposition der Vollstreckungsparteien unterliegen. Außerdem muß das Vollstreckungsorgan formalisierte Anknüpfungspunkte zur Hand haben; es liegt außerhalb seiner Prüfungskompetenz, die Wirksamkeit eines Verzichtes auf die Zustellung zu überprüfen.

---

[1] Brox-Walker Rn. 148.

[2] Brox-Walker Rn. 155; Zö-Stöber § 750 Rn. 21 m. w. N.

[3] MK-Arnold § 750 Rn. 91; Musielak-Lackmann § 750 Rn. 15; TP § 750 Rn. 1.

Ein **nachträglicher Verzicht** des Schuldners wird demgegenüber von der ganz hM für zulässig gehalten.[1] Mängel der Zustellung, sogar ihr Fehlen, führen nicht zur Nichtigkeit des Vollstreckungsaktes (s. Rn. 85). Es liegt damit in der Hand des Schuldners, den Mangel mit Rechtsbehelfen geltend zu machen. So, wie er dies unterlassen kann, muß ihm auch gestattet sein, nachträglich ausdrücklich zu verzichten.

79 **2. Gegenstand der Zustellung.** Nach §§ 750 I 1, 795 ist grundsätzlich nur der Titel selbst zuzustellen. Bei Urteilen muß die zuzustellende Ausfertigung Tatbestand und Entscheidungsgründe nicht enthalten, wenn der Gläubiger zur Beschleunigung das Urteil selbst zustellen lassen will, § 750 I 2.

Es reicht grundsätzlich die Zustellung einer **einfachen Titelausfertigung** aus; die vollstreckbare Ausfertigung (also der mit Klausel versehene Titel) muß nur zugestellt werden, wenn es sich um eine **qualifizierte Klausel** handelt, § 750 II. In diesem Fall müssen auch Abschriften der öffentlichen Urkunden zugestellt werden, die im Klauselerteilungsverfahren vorgelegt wurden, § 750 II aE (Ausnahmen: §§ 799 bis 800a).

80 **3. Modalitäten der Zustellung. a) Adressat.** Der Titel ist an den in ihm genannten Schuldner zuzustellen. Dieser ist der Adressat der Zustellung iSd. § 191 Nr. 3. Er ist allerdings nicht der eigentliche Empfänger, wenn im Wege der Ersatzzustellung an eine andere Person (§§ 181, 183f) zugestellt wird. Zumindest begrifflich ist beides auseinanderzuhalten. Bei der Ersatzzustellung an eine andere Person wird „an den Schuldner im Wege der Ersatzzustellung an ...“ zugestellt.

Ist der Schuldner **nicht prozeßfähig,** ist Zustellungsadressat sein **gesetzlicher Vertreter,** § 171 I. Der Titel muß also an den gesetzlichen Vertreter zugestellt werden, nicht an den Schuldner durch Übergabe an den gesetzlichen Vertreter. Dieser Unterschied kann bei der Zulässigkeit einer Ersatzzustellung von Bedeutung sein.

Beispiel: Hat der Schuldner einen anderen Wohnsitz als sein gesetzlicher Vertreter, darf eine Ersatzzustellung nach § 181 II nur an den Vermieter des gesetzlichen Vertreters erfolgen, der mit diesem in demselben Haus wohnt, nicht etwa an den Vermieter des Schuldners.

Wenn in dem zugrundeliegenden Verfahren ein Prozeßvertreter (nicht nur Anwalt!) bestellt worden ist, muß an diesen als Adressaten zugestellt werden, §§ 176, 178, 81, 87.

81 **b) Urteile und Beschlüsse,** die einen Vollstreckungstitel darstellen, sind von Amts wegen zuzustellen (§§ 317 I, 329 III) und zwar im Wege der sogenannten **Amtszustellung,** §§ 208 bis 213a. Die Amtszustellung ist Aufgabe der Geschäftsstelle; diese kann den Gerichtswachtmeister oder – regelmäßig – die Post (oder einen anderen Lizenznehmer iSd. PostG, s. § 33 I PostG) beauftragen (§ 211 I 1) bzw. das Schriftstück dem anwesenden Adressaten gegen Empfangsbekenntnis aushändigen, § 212b.

82 **c) Andere Titel** werden im Wege der **Parteizustellung** (§§ 166–207) zugestellt, so zB vollstreckbare Urkunden, Prozeßvergleiche, Arrest- und Verfügungsbeschlüsse (§§ 922 II, 936). Der Gläubiger kann aber auch zur

[1] Musielak-Lackmann § 750 Rn. 15; StJ-Münzberg § 750 Rn. 8 m.w.N.

Beschleunigung vom Gericht geschaffene Titel im Wege der Parteizustellung zustellen lassen; dies reicht für die Zwangsvollstreckung gem. § 750 I 2 aus.

d) Zustellungsurkunde. Die Zustellung ist urkundlich festzuhalten. Genaue Vorschriften über den Inhalt der **Zustellungsurkunden** enthalten die §§ 190 bis 195 für die Parteizustellung, § 212 für die Amtszustellung sowie die §§ 198, 212a für die Zustellung an Rechtsanwälte. **83**

4. Wartefristen. Grundsätzlich kann die Vollstreckung gleichzeitig mit der Zustellung des Titels beginnen (§ 750 I); in der Praxis ist dies regelmäßig dann der Fall, wenn ein Vollstreckungsbescheid im Wege der Parteizustellung durch den Gerichtsvollzieher zugestellt wird. Zum Schutz des Schuldners ist ausnahmsweise in folgenden wichtigen Fällen (s. i. ü. § 798) eine **Wartefrist** zwischen Zustellung und Vollstreckung einzuhalten: **84**

– Aus **Kostenfestsetzungsbeschlüssen,** die, was der Normalfall ist, nicht auf das Urteil gesetzt sind, sowie aus **vollstreckbaren Urkunden** (§ 794 I Nr. 5) darf die Vollstreckung gem. § 798 erst zwei Wochen nach der Zustellung beginnen. Der Schuldner soll Gelegenheit zur freiwilligen Zahlung haben.
– Die **Sicherungsvollstreckung** nach § 720a darf gem. § 750 III erst zwei Wochen nach der Zustellung des Titels beginnen. Der Schuldner soll Gelegenheit zur Sicherheitsleistung nach § 720a III erhalten.

Wird die Wartefrist nicht eingehalten, hat dies allerdings kaum Auswirkungen. Der Vollstreckungsakt ist nicht unwirksam. Bei einer Erinnerung des Schuldners wird die Wartefrist zur Zeit der Erinnerungsentscheidung (s. Rn. 211 ff) bereits abgelaufen sein (s. a. Rn. 896).

II. Zustellungsmängel und ihre Heilung

ACHTUNG: HÄUFIGES EXAMENSPROBLEM!

Zustellungsmängel führen nach ganz hM nicht zur Nichtigkeit, sondern nur zur Anfechtbarkeit nachfolgender Vollstreckungsakte[1] (zur Begründung s. das Klausurbeispiel 1, Rn. 896, 908). **85**

Auch im Vollstreckungsverfahren gilt § 187, der unter folgenden Voraussetzungen eine **Heilung von Zustellungsmängeln** (Ermessensentscheidung) ermöglicht:

– Das zuzustellende Schriftstück muß dem Schuldner zugegangen sein;
– es muß überhaupt eine förmliche Zustellung durch das zuständige Organ angeordnet worden sein.[2]

Keine Bedeutung hat in diesem Zusammenhang **§ 187 S. 2.** Die Vorschrift bestimmt nur, daß eine Heilung nicht erfolgt, **soweit** durch die Zustellung Notfristen in Gang gesetzt werden sollen. Durch die Zustellung etwa eines Urteils soll aber nicht nur die Berufungsfrist als Notfrist in Gang gesetzt werden; sie dient auch als Voraussetzung der Zwangsvollstreckung. Eine Heilung ist deshalb, soweit es um die Zustellung als Vollstreckungsvoraussetzung nach § 750 geht, möglich.[3] Eine Heilung nach § 187 **wirkt ex nunc.**

---

[1] BGHZ 66, 79, 82; MK-Arnold § 750 Rn. 101; Musielak-Lackmann § 750 Rn. 19.
[2] BGHZ 7, 268, 270; TP § 187 Rn. 7.
[3] Musielak-Lackmann § 750 Rn. 19; TP § 187 Rn. 10.

III. Examenswichtige Einzelfragen

86 **1. Die Ersatzzustellung.** Gemäß § 185 ist eine Ersatzzustellung an eine Person verboten, die an dem Rechtsstreit als Gegner der Partei, an welche die Zustellung erfolgen soll (Zustellungsadressat ist der Schuldner), beteiligt ist. Der Begriff des „Gegners" iSd. Vorschrift wird allgemein sehr weit ausgelegt. Hierzu gehören alle, auf die sich die Rechtskraft eines Urteils erstreckt, sowie nahe Angehörige und weisungsgebundene Personen.[1]

Wichtig: Nach wohl hM wird § 185 analog angewandt, wenn die Zustellung eines Pfändungs- und Überweisungsbeschlusses an den Drittschuldner im Wege der Ersatzzustellung an den Schuldner erfolgt.[2] Hier besteht die Gefahr, daß wegen der – auch in den Normalfällen des § 185 vorhandenen – Interessenkollision der Drittschuldner keine Kenntnis von der Zustellung erlangt.

Sehr streitig ist, ob die Ersatzzustellung an den **nichtehelichen Lebensgefährten** des Adressaten zulässig ist (s. d. das 2. Klausurbeispiel im Anhang, Rn. 913).

87 **2. Der Nachweis der Zustellung. a)** Es kommt in Klausuren häufiger vor, daß die Zustellungsurkunde nicht mitgeteilt und lediglich ein Vollstreckungsprotokoll vorgelegt wird, das folgende vorgedruckte Erklärung enthält:

(Titel) „am ... – heute – an Schuldner – Vertreter – zugestellt".

Diese dann meist ausgefüllte Erklärung im Vollstreckungsprotokoll des Gerichtsvollziehers ist an sich nicht ausreichend. Sie entspricht nicht der zwingenden Form des § 191. Es kann nicht überprüft werden, ob die Zustellung tatsächlich ordnungsgemäß vorgenommen wurde, obwohl es sich um eine von Amts wegen zu prüfende Voraussetzung handelt.

Besteht – und das ist in den entsprechenden Klausuren die Regel! – zwischen den Parteien kein Streit über die Wirksamkeit der Zustellung, empfiehlt sich folgendes: Es kann (allenfalls aber kurz) bemerkt werden, daß das Gerichtsvollzieherprotokoll grundsätzlich als Zustellungsnachweis nicht ausreicht (§ 191). Die wirksame Zustellung sollte aber unterstellt werden, da eine Prüfungsmöglichkeit trotz der Prüfungspflicht nicht besteht. Ausreichend ist hingegen die **Zustellungsbescheinigung** (§ 231 a) auf dem Titel.[3]

88 **b) Beweiskraft der Zustellungsurkunden.** Die Zustellungsurkunden des Gerichtsvollziehers oder der Post[4] (oder eines anderen Lizenznehmer iSd. PostG, s. § 33 I PostG) sind öffentliche Urkunden iSd. § 415 I. Der Umfang ihrer Beweiskraft ist in § 418 I geregelt; es wird in ihnen keine vor der Urkundsperson abgegebene Erklärung (§ 415 I) beurkundet; auch enthalten sie keine amtliche Anordnung, Verfügung oder Entscheidung (§ 417).

---

[1] OLG Karlsruhe MDR 1984, 151, 152; TP § 185 Rn. 2.

[2] BAG NJW 1981, 1399f; TP § 185 Rn. 2; aA LG Bonn DGVZ 1998, 12, 13; StJ-Brehm § 829 Rn. 56 m. w. N.

[3] OLG Köln Rpfleger 1997, 31.

[4] Auch nach der Privatisierung, OLG Frankfurt/M NJW 1996, 3159; Musielak-Huber § 418 Rn. 2 m. w. N.; s. auch den durch das Gesetz zur Änderung des Gesetzes über die Zwangsversteigerung und die Zwangsverwaltung und anderer Gesetze vom 18. 2. 98 (BGBl. I S. 866) eingeführten § 195 II 3.

Soweit in den Urkunden eigene Handlungen oder Wahrnehmungen der Urkundsperson wiedergegeben werden, sind sie voll bewiesen. Dies betrifft bei der Zustellungsurkunde alle in § 191 genannten Umstände. **Beispiele:**

- Ist beurkundet, daß das Schriftstück dem Empfänger persönlich übergeben wurde, so ist dies bewiesen.
- Enthält die Urkunde den Vermerk, daß im Wege der Ersatzzustellung an einen Vermieter „X" zugestellt wurde, so ist bewiesen, daß „X" das Schriftstück erhalten hat und Vermieter ist. Von der Vermietereigenschaft mußte sich der Zustellende überzeugen.
- Enthält die Urkunde den Vermerk, daß der Zustellende eine Benachrichtigung über die Niederlegung „in den Hausbriefkasten eingelegt" hat, so ist dieses bewiesen.[1]

Bei der Ersatzzustellung durch Niederlegung wird allerdings nicht bewiesen, daß der Zustellungsadressat unter der angegebenen Anschrift wohnt, weil insoweit regelmäßig keine eigene Wahrnehmung durch den Zustellungsbeamten vorliegt.[2]

Nach § 418 II ist der Gegenbeweis zulässig. Derjenige, der behauptet, daß die beurkundete Tatsache unrichtig ist, muß dieses voll beweisen. Ein „nonliquet" reicht nicht aus.

---

[1] BVerwG DGVZ 1986, 181.

[2] BVerfG NJW 1992, 224, 225; OLG Hamm NJW-RR 1995, 223; TP § 418 Rn. 4.

3. Abschnitt. Besondere Vollstreckungsvoraussetzungen

Wie bereits in Rn. 69 dargestellt, wird in gewissen, einfach zu überprüfenden Fällen die Klausel zu einem Titel auch dann erteilt, wenn die Vollstreckung von bestimmten Bedingungen abhängig ist. Die Überprüfung, ob die maßgeblichen Umstände eingetreten sind, obliegt dem Vollstrekkungsorgan. Es darf mit der Vollstreckung nur beginnen, wenn es festgestellt hat, daß diese Voraussetzungen eingetreten sind.

Bei diesen besonderen Vollstreckungsvoraussetzungen handelt es sich um:
- den Eintritt eines Kalendertages;
- den Nachweis einer Sicherheitsleistung durch den Gläubiger;
- eine Zug um Zug zu bewirkende Gegenleistung des Gläubigers.

§ 9 Der Eintritt eines Kalendertages, § 751 I

89 **I. Fristberechnung.** Darf die Vollstreckung nach dem Titel erst mit dem Eintritt eines Kalendertages beginnen, so ist die Zwangsvollstreckung erst ab dem darauf folgenden Tag zulässig.

„Der Beklagte wird verurteilt, an die Klägerin monatlich 2000,– DM, fällig am ersten Werktag eines jeden Monats, zu zahlen."

Hier darf die Vollstreckung wegen einer fälligen Rate frühestens (§ 222, § 193 BGB) am 2. des Monats beginnen. Fällt der letzte Tag der Frist auf einen **Samstag, Sonntag** oder allgemeinen **Feiertag**, läuft die Frist erst am nächsten Werktag ab. Ist der erste Tag, an dem die Vollstreckung möglich ist, ein Sonn- oder Feiertag, ist für die Vollstreckung in Wohnungen an diesem Tag ein Beschluß nach § 758a IV[1] erforderlich.

90 **II. Kalendertag.** Der Kalendertag muß bestimmt angegeben oder bestimmbar sein. Grundsätzlich muß sich der Tag nur mit Hilfe des Kalenders berechnen lassen. Andere Umstände sind nicht zu berücksichtigen. Lediglich eine Bestimmung:

„einen Monat nach Zustellung des Vergleichs"

darf das Vollstreckungsorgan berücksichtigen, weil es vor Beginn der Vollstreckung die Zustellung des Titels selbst zu überprüfen hat.

Ist der Beginn der Vollstreckung nicht in dieser Art befristet, so ist der Fristablauf nicht vom Vollstreckungsorgan, sondern bei der Erteilung der Klausel zu untersuchen, § 726.

„2 Wochen nach Rechtskraft".

91 **III. Vorratspfändung.** Eine Ausnahme von § 751 I stellt die sogenannte „Vorratspfändung" (§ 850d III) dar. Bei bestimmten, in § 850d I genannten Ansprüchen (vor allem Unterhaltsansprüche) können neben bereits fälligen Ansprüchen des Schuldners

---

[1] Bis 1. 1. 1999 § 761.

auch künftig fällig werdende Ansprüche, insbesondere aus Arbeitseinkommen gepfändet werden. Zu Einzelheiten hierzu und zur „Vorauspfändung" s. u. Rn. 275f.

§ 10 Der Nachweis der Sicherheitsleistung, § 751 II

I. Grundsätze. Ist die Vollstreckung von der Leistung einer Sicherheit durch den Gläubiger abhängig, 92

„Das Urteil ist gegen Sicherheitsleistung in Höhe von 10000,– DM vorläufig vollstreckbar"

so darf die Zwangsvollstreckung nur beginnen oder fortgesetzt werden, wenn

– die Sicherheitsleistung durch eine öffentliche oder öffentlich beglaubigte Urkunde nachgewiesen (s. a. Rn. 98f)
– und eine Abschrift dieser Urkunde bereits zugestellt ist oder gleichzeitig zugestellt

wird, § 751 II. Anderes gilt natürlich dann, wenn das Urteil bereits rechtskräftig oder die Entscheidung über die vorläufige Vollstreckarkeit in der Rechtsmittelinstanz abgeändert wurde. § 752 nF erlaubt bei einer Teilvollstreckung eine Teilsicherheitsleistung.

Ist im Urteil nichts anderes bestimmt, so ist die Sicherheit durch Hinterlegung von Geld oder hinterlegungsfähigen Wertsachen zu leisten, § 108 I 2. Das Protokoll der Hinterlegungsstelle (Amtsgericht, § 1 II HinterlegungsO) ist die öffentliche Urkunde, die dem Schuldner zuzustellen ist. In der Praxis wird häufig auf Antrag des zur Sicherheitsleistung Verpflichteten zugelassen, daß die Sicherheit durch eine

„schriftliche, selbstschuldnerische, unbedingte und unbefristete Bürgschaft einer öffentlichen Sparkasse oder Bank, die der Einlagensicherung der Deutschen Banken angeschlossen ist"

erbracht werden darf. Zu den hierbei auftretenden Problemen s. u. Rn. 99.

II. Keine Sicherheitsleistung ist erforderlich, wenn lediglich die **Sicherungsvollstreckung** nach § 720a betrieben wird. 93

1. Voraussetzungen der Sicherungsvollstreckung:

– Das Urteil ist gegen Sicherheitsleistung für vorläufig vollstreckbar erklärt.
– Der Schuldner ist zur Leistung von Geld verurteilt.
– Urteil und Vollstreckungsklausel sind mindestens 2 Wochen vor Beginn der Sicherungsvollstreckung zugestellt, § 750 III. Dies betrifft auch die einfache Klausel, nicht nur die in § 750 II genannten Klauseln[1] (s. a. Rn. 896).

2. Gegenstand und Wirkung der Sicherungsvollstreckung:

– Es darf lediglich bewegliches Vermögen gepfändet oder eine Sicherungshypothek oder Schiffshypothek eingetragen werden, § 720a I 1.
– Die Verwertung ist erst zulässig, wenn die Sicherheitsleistung erbracht ist, § 720a I 2. Insoweit gilt dann wiederum § 751 II.

3. Der Schuldner kann die Sicherungsvollstreckung seinerseits durch Sicherheitsleistung abwenden, § 720a III.

---

[1] MK-Arnold § 750 Rn. 94 m. w. N.; TP § 750 Rn. 18.

94 **III.** § 752 nF erlaubt eine Teilvollstreckung bei einer **Teilsicherheitsleistung.** Die Zwangsvollstreckung muß von einer **Sicherheitsleistung des Gläubigers** abhängen (§ 751 II) und der Gläubiger wegen einer Teilforderung vollstrecken, also einen Vollstreckungsantrag gestellt haben, der unter der vollstreckbaren Forderung liegt.

1. Der Nachweis der Leistung der erforderlichen Teilsicherheit ist nach § 751 II durch öffentliche oder öffentlich beglaubigte Urkunden zu führen, deren Abschrift zuzustellen ist. Vor einer **erneuten Teilvollstreckung** ist wiederum Teilsicherheit zu leisten und nachzuweisen.

2. Der Schuldner kann gem. § 752 S. 2, wenn ihm gem. § 712 I 1 die Abwendung der Vollstreckung nachgelassen ist, die Teilvollstreckung durch Leistung der entsprechenden Teilsicherheit abwenden; faktisch ist er in diesen Fällen, da er möglicherweise erst unmittelbar vor der Vollstreckung erfährt, in welcher Höhe der Gläubiger vollstreckt, gezwungen, die Sicherheit in voller Höhe bereitzuhalten. In den Fällen des § 711 ist dem Schuldner keine vom Verhalten des Gläubigers unabhängige Möglichkeit der Teilsicherheit eingeräumt.

3. Die Höhe der Teilsicherheit bestimmt sich gem. § 752 S. 1 nach dem Verhältnis des Teilbetrages zum Gesamtbetrag. Diese Regelung ist schon deshalb unklar, weil nicht deutlich wird, ob mit Gesamtbetrag derjenige der vollstreckbaren (Haupt- oder Gesamt-?) Forderung oder derjenige der Sicherheitsleistung gemeint ist. Die einzig verbleibende Berechnungsmöglichkeit ist die, das Verhältnis zwischen Teilbetrag und Hauptforderung zu bilden und nach diesem Faktor im Verhältnis zur Höhe der Gesamtsicherheitsleistung die Teilsicherheit zu bemessen.[1] **Beispiel:**

Bei einer vollstreckbaren Hauptforderung von 20000,– DM will der Gläubiger wegen eines Betrages von 1000,– DM vollstrecken. Die Sicherheit ist im Urteil auf 25000,– DM festgesetzt. Die Höhe der Teilsicherheit beläuft sich auf $^1/_{20}$ von 25000,– DM, also auf 1250,– DM, auch wenn nicht wegen Nebenforderungen vollstreckt werden soll.

Bei **mehreren Teilvollstreckungen** muß dann aber keine Sicherheit mehr geleistet werden, wenn die Höhe der im Urteil ausgeworfenen Gesamtsicherheit erreicht ist.

§ 11 Zug um Zug-Leistungen des Gläubigers

95 **I. Voraussetzungen.** Gem. §§ 756 (Gerichtsvollzieher), 765 (andere Vollstreckungsorgane) haben die Vollstreckungsorgane vor der Vollstreckung zu prüfen, ob der Gläubiger die im Titel genannte Zug um Zug-Leistung bereits erbracht oder verzugsbegründend angeboten hat.

1. Der Gerichtsvollzieher wird in der Regel dem Schuldner selbst anstelle des Gläubigers dessen Leistung anbieten; jedenfalls geht § 756 hiervon aus.

2. Nach § 756 II nF darf der Gerichtsvollzieher auch dann mit der Vollstreckung beginnen, wenn der Schuldner auf das **wörtliche Angebot des**

[1] Musielak-Lackmann § 752 Rn. 4.

Gerichtsvollziehers erklärt, daß er die Leistung nicht annehmen werde. Dies setzt voraus, daß der Gerichtsvollzieher sich zuvor beim Gläubiger davon vergewissert, daß der Gläubiger zum tatsächlichen Angebot der **geschuldeten Leistung** in der Lage wäre. Nur dann könnte materiell-rechtlich Annahmeverzug eintreten, der Schuldner ist vor Mißbrauch geschützt, der Zweck des Abs. 2, unnütze Transportkosten zu vermeiden, würde erreicht.[1]

3. Ansonsten ist der **Nachweis** des Annahmeverzuges oder der Voraussetzungen des § 756 II nF gegenüber dem Vollstreckungsorgan durch öffentliche oder öffentlich-beglaubigte Urkunden zu führen, §§ 756 I, 765 Nr. 1, 2 nF. Diese Urkunden müssen außerdem zumindest gleichzeitig mit dem Vollstreckungsbeginn zugestellt werden, wenn nicht bereits die Vollstreckung nach § 756 I begonnen wurde und der Beweis des Annahmeverzugs sich aus dem Gerichtsvollzieherprotokoll ergibt, § 765 Nr. 1 nF (S. 2 aF).

II. Prüfung, Nachweis. Ob die **Voraussetzungen** des Annahmeverzu- 96
ges vorliegen, ist vom Vollstreckungsorgan anhand der §§ 293 bis 299 BGB zu prüfen.

Der **Nachweis** des Annahmeverzuges ist dann unproblematisch, wenn er sich beispielsweise aus dem Gerichtsvollzieherprotokoll ergibt. Auch kann der Urteilstenor bereits die Feststellung enthalten, daß sich der Schuldner in Annahmeverzug befindet. Ob dies für das Vollstreckungsverfahren ausreicht, ist genauso umstritten wie die Frage, ob es im Vollstreckungsverfahren berücksichtigt werden darf, daß sich der Annahmeverzug aus den Gründen eines Urteils ergibt oder die Leistung des Gläubigers mangelhaft ist. Einzelheiten hierzu im folgenden § 12.

§ 12 Typische Examensprobleme

I. Streit um die Ordnungsgemäßheit der Gegenleistung des Gläubigers

1. Fall 1:

Der Beklagte ist verurteilt worden, an den Kläger 1000,– DM Zug um Zug gegen 97
Übergabe eines in „silber-metallic" neu lackierten Fahrzeuges zu zahlen. Der Schuldner wendet ein, daß das ihm von dem Gerichtsvollzieher angebotene Fahrzeug nicht ordnungsgemäß lackiert sei.

Nach § 294 BGB muß die Leistung so angeboten werden, „wie sie zu bewirken ist". Deshalb ist verzugsbegründend nur ein ordnungsgemäßes Angebot. Dies müssen die Vollstreckungsorgane untersuchen, weil die §§ 756, 765 ihnen die Überprüfungspflicht dahingehend auferlegt haben, ob die Voraussetzungen des Annahmeverzuges vorliegen. Hier ergibt sich aus dem Titel, daß das zu übergebende Fahrzeug neu in einer bestimmten Farbe zu lackieren ist. Nur wenn dem Schuldner ein neu lackiertes Fahrzeug angeboten wird, kann er in Annahmeverzug geraten. Das Vollstreckungsorgan muß also die ordnungsgemäße Lackierung untersuchen; ggfls. hat es hierbei einen Sachverständigen hinzuzuziehen.

---

[1] Musielak-Lackmann § 756 Rn. 8.

2. Fall 2:

Der Beklagte ist verurteilt worden, an den Kläger 5000,– DM Zug um Zug gegen Herausgabe eines bestimmt bezeichneten PKWs zu zahlen. Der PKW, den der Gerichtsvollzieher übergeben will, entspricht den Identifizierungsmerkmalen des Urteils. Es fehlen allerdings alle 4 Räder.

Hier liegt das Problem darin, daß in dem Titel ein individueller Gegenstand bezeichnet ist, der zu übergeben ist, ohne daß über seine Beschaffenheit bestimmte Angaben gemacht wurden. Für diesen Fall ist der Umfang der Prüfungskompetenz der Vollstreckungsorgane umstritten.

- Z. T. wird in Rechtsprechung und Literatur angenommen, jedenfalls dann, wenn der zu übergebende Gegenstand erhebliche Mängel aufweise, sei ein ordnungsgemäßes Angebot nicht erfolgt. Der Gläubiger müsse eine Klarstellung des Titels dahingehend erwirken, daß der in diesem Zustand angebotene Gegenstand dem geschuldeten entspreche.[1]
- Richtigerweise kommt es bei individuell bezeichneten Gegenständen mangels anderer Angaben im Titel nur darauf an, daß der angebotene mit dem geschuldeten Gegenstand identisch ist.[2] Nach dem Grundsatz der Formalisierung der Zwangsvollstreckung wird die Prüfungskompetenz des Vollstreckungsorgans durch den Titelinhalt begrenzt. Enthält der Titel nur die Angabe, daß ein individueller Gegenstand anzubieten ist, ist nur die Identität zu prüfen. Der Schuldner muß seine Rechte ggfls. im Wege der Vollstreckungsgegenklage (§ 767) geltend machen.

3. Fall 3:

Der Beklagte ist verurteilt worden, an den Kläger 400,– DM zu zahlen, Zug um Zug gegen Übergabe eines Mantels, Marke D & B super, himmelblau, Maßanfertigung für den Beklagten.

Enthält der Titel keine weiteren Angaben, ist es nicht möglich festzustellen, ob der vom Gerichtsvollzieher nunmehr angebotene himmelblaue Mantel, D & B super, auch der geschuldete ist. Der Titel setzt nämlich weiter voraus, daß der Mantel maßangefertigt ist. Welche Maße zugrunde gelegt werden müssen, ist aber nicht ersichtlich. Damit wird dem Gerichtsvollzieher die Überprüfung der geschuldeten Gegenleistung unmöglich. Er darf nicht vollstrecken, weil der Titel hinsichtlich der Zug um Zug-Leistung zu unbestimmt ist.[3]

II. Der Nachweis des Annahmeverzuges durch die Urteilsgründe

98 Aus Tatbestand und Entscheidungsgründen eines Urteils kann sich ergeben, daß sich der Beklagte mit der Gegenleistung, die der Kläger nach dem Urteilstenor zu erbringen hat, materiell-rechtlich in Annahmeverzug befindet.

Beispiel: Der Kläger begehrt in einer mündlichen Verhandlung Zahlung von 10000,– DM Zug um Zug gegen Übergabe eines bestimmt bezeichneten PKWs. Der

---

[1] MK-Arnold § 750 Rn. 94 m. w. N.

[2] HM; OLG Stuttgart DGVZ 1991, 8, 9; Brox-Walker Rn. 172; Musielak-Lackmann § 756 Rn. 4 m. w. N.; TP § 756 Rn. 6f.

[3] OLG Frankfurt Rpfleger 1979, 432; TP § 756 Rn. 6.

Beklagte beantragt, die Klage abzuweisen. Nach Durchführung einer Beweisaufnahme wiederholen die Parteien die Anträge.

Hier hat der Beklagte durch seinen in der ersten mündlichen Verhandlung gestellten Klageabweisungsantrag zu erkennen gegeben, daß er weder bereit ist, seine Leistung zu erbringen, noch die des Klägers anzunehmen. Damit liegen die Voraussetzungen des § 295 BGB vor. Zum Annahmeverzug des Beklagten reicht ein mündliches Angebot des Klägers aus. Dies liegt in der Wiederholung des Klageantrages nach Schluß der Beweisaufnahme. Damit steht materiell-rechtlich fest, daß der Beklagte sich in Annahmeverzug befindet.

1. Fraglich ist aber schon, ob dieser materiell-rechtliche Annahmeverzug **vollstreckungsrechtlich ausreichend** ist. Dies nimmt die hM trotz der §§ 274, 322 BGB zu Recht an, weil die materielle Rechtslage von den Vollstreckungsvoraussetzungen zu unterscheiden ist.

2. Weiter ist problematisch, ob das Urteil, aus dessen Tatbestand sich der Annahmeverzug ergibt, für den **Nachweis des Annahmeverzuges** ausreicht. Sicherlich ist ein Urteil eine öffentliche Urkunde. Das Problem liegt aber darin, daß die Prüfung des Annahmeverzuges die Kompetenz des Vollstreckungsorgans jedenfalls dann überschreiten kann, wenn hierfür eine komplizierte rechtliche Überprüfung notwendig ist.

- Eine Mindermeinung hält es für ausreichend, wenn sich der Annahmeverzug aus dem Urteil selbst ergibt.[1] Dies wird damit begründet, daß die §§ 756, 765 eindeutig den Vollstreckungsorganen die Prüfungskompetenz auferlegten. Dies könne dann nicht mehr davon abhängig gemacht werden, ob mehr oder weniger komplizierte rechtliche Erwägungen erforderlich seien.
- Richtig ist demgegenüber die Annahme der hM, daß ein sich aus einem Urteil ergebender Annahmeverzug nur dann berücksichtigt werden darf, wenn er **ohne weiteres und eindeutig** aus dem Urteil ersichtlich ist.[2] Nach dem Sinn und Zweck der §§ 756, 765 sollen die Vollstreckungsorgane nicht mit einer umfangreichen rechtlichen Prüfung belastet werden, ob der Schuldner nun in Annahmeverzug geraten ist oder nicht. Dies folgt aus dem Erfordernis der Vorlage von öffentlichen Urkunden. Diese können aber nur dann Berücksichtigung finden, wenn sie „liquide" sind, sich die zu prüfenden Voraussetzungen also ohne weiteres aus ihnen ergeben.

III. Der Nachweis der Sicherheitsleistung durch Bürgschaft

Grundsätzlich muß der Nachweis der Sicherheitsleistung durch öffentliche **99**
oder öffentlich-beglaubigte Urkunden geführt werden; diese Urkunden müssen zudem spätestens bei Beginn der Vollstreckung zugestellt werden, § 751 II. Beide Voraussetzungen werfen bei der Bürgschaft Probleme auf:

Reicht zum Abschluß eines „Bürgschaftsvertrages" schon die Übergabe einer schriftlichen Bürgschaftserklärung einer Bank aus; muß dem Schuldner, der die schriftliche Bürgschaftserklärung bereits erhalten hat, diese als Nachweisurkunde über die Sicherheitsleistung erneut zugestellt werden?

---

[1] LG Bonn NJW 1963, 721, 722.

[2] BGH NJW 1982, 1048, 1049; Musielak-Lackmann § 756 Rn. 10 m. w. N.; StJ-Münzberg § 756 Rn. 7 a; TP § 756 Rn. 8.

Nach gefestigter Rechtsprechung[1] ist folgendes ausreichend:

- Durch die gerichtliche Anordnung, daß der Gläubiger die Sicherheitsleistung durch Bürgschaft erbringen kann, wird die **Annahme** der Bürgschaftserklärung durch den Vollstreckungsschuldner ersetzt. Damit kommt der Bürgschaftsvertrag zustande, wenn dem Schuldner die schriftliche Bürgschaftserklärung zugestellt wird.
- Übergibt der Gerichtsvollzieher zu Beginn der Vollstreckung dem Schuldner die Bürgschaftsurkunde, bedarf es einer öffentlichen Urkunde über den **Nachweis** der Sicherheitsleistung nicht, weil der Gerichtsvollzieher selbst durch die Übergabe der Urkunde bei der Sicherheitsleistung mitwirkt.[2]
- Soll ein anderes Organ die Zwangsvollstreckung durchführen, muß diesem durch eine öffentliche Urkunde belegt werden, daß dem Schuldner die schriftliche Bürgschaftserklärung zugestellt worden ist. Da die Bürgschaft hier eher vollstreckungsrechtliche Bedeutung hat, reicht auch die Zustellung der Bürgschaftsurkunde an den Anwalt des Schuldners aus. Die Urkunde ist dann das **Empfangsbekenntnis** des Anwalts nach § 198.[3]
- Die Nachweisurkunde über die Sicherheitsleistung iSd. § 751 II muß nicht **zugestellt** werden.[4] Dies wäre reiner Formalismus, da bereits festgestellt worden ist, daß dem Schuldner die Bürgschaftserklärung selbst zugestellt wurde.

---

[1] S. im einzelnen OLG Hamm MDR 1975, 763f.

[2] TP § 751 Rn. 6; Zö-Stöber § 751 Rn. 6.

[3] OLG Koblenz Rpfleger 1993, 355, 356; TP § 751 Rn. 6.

[4] OLG Koblenz Rpfleger 1993, 355, 356; Musielak-Lackmann § 751 Rn. 7 m.w.N.; TP § 751 Rn. 6.

4. Abschnitt. Allgemeine Vollstreckungshindernisse und die Zwangsvollstreckung in besondere Vermögensmassen

§ 13 Allgemeine Vollstreckungshindernisse

Verschiedene gesetzliche Vorschriften sehen Hindernisse für jede Art von Einzelzwangsvollstreckung vor, die zur Einstellung oder Unzulässigkeit der Zwangsvollstreckung führen können. Es handelt sich um die §§ 775, 778, § 89 InsO.[1] § 47 VerglO, für den gleiches gilt, tritt am 1. 1. 1999 außer Kraft. 100

Teilweise wird angenommen, daß auch **Vollstreckungsverträge** ein Vollstreckungshindernis darstellen können.

Das Vollstreckungsorgan hat **nicht von Amts wegen** zu prüfen, ob Vollstreckungshindernisse bestehen. Es hat sie allerdings zu berücksichtigen, wenn sie von den Beteiligten der Vollstreckung eingewandt oder sonst dienstlich bekannt werden.

I. Beschränkung oder Einstellung der Zwangsvollstreckung nach § 775

1. Nach § 775 Nr. 1 ist die Vollstreckung einzustellen, wenn vollstreckbare gerichtliche Entscheidungen vorgelegt werden, durch die der Titel oder seine vorläufige Vollstreckbarkeit aufgehoben (zB abändernde Rechtsmittelurteile, Entscheidungen nach § 718) oder die Zwangsvollstreckung für unzulässig erklärt (zB stattgebende Urteile über Klagen nach den §§ 767, 771) bzw. eingestellt (zB durch einen Beschluß nach § 766) wird. Bereits getroffene Vollstreckungsmaßnahmen sind aufzuheben, § 776 S. 1. 101

2. § 775 Nr. 2 betrifft Entscheidungen über eine einstweilige Einstellung der Zwangsvollstreckung (zB nach §§ 707, 719) oder die Anordnung, daß sie nur gegen Sicherheitsleistung fortgesetzt werden darf (zB § 709 S. 2). Die Zwangsvollstreckung darf bei Vorliegen solcher Entscheidungen nicht beginnen; ist sie bereits begonnen worden, ist sie einzustellen. Bereits getroffene Maßregeln bleiben bestehen, wenn durch die Einstellungsentscheidung ihre Aufhebung nicht besonders angeordnet wurde, § 776 S. 2.

3. § 775 Nr. 3 betrifft den Nachweis einer Sicherheitsleistung.

4. § 775 Nr. 4, 5 behandelt Zahlungsnachweise des Schuldners. Legt der Schuldner entsprechende Urkunden vor, ist die Zwangsvollstreckung einzustellen; bereits getroffene Vollstreckungsmaßnahmen bleiben bestehen. Zur endgültigen Einstellung der Zwangsvollstreckung bedarf es der Freigabe durch den Gläubiger; erfolgt sie nicht, muß der Schuldner eine vollstreckungshindernde Entscheidung nach § 775 Nr. 1 herbeiführen, zB Vollstreckungsgegenklage erheben. § 775 Nr. 5 nF erfaßt jetzt auch **Bankquittungen** (nicht unbestätigte Überweisungsdurchschläge oder Kontoauszüge); insoweit wurde die Vorschrift früher analog angewandt.[2] 102

---

[1] Bis 31.12.1998 § 14 I KO.

[2] BGH NJW-RR 1988, 881 f; TP § 775 Rn. 15.

Die Vollstreckung ist allerdings fortzusetzen, wenn der Gläubiger dies trotz Vorlage der genannten Urkunden durch den Schuldner ausdrücklich verlangt.[1] Es ist nicht Aufgabe des Vollstreckungsorgans oder des Erinnerungsverfahrens, die materiell-rechtliche Frage der Erfüllungswirkung einer Zahlung zu untersuchen.

II. Vollstreckungshindernis bei Eröffnung des Konkurs-/Insolvenzverfahrens, § 89 InsO, § 14 KO.

103 Nach § 89 InsO wird mit der Eröffnung des Insolvenzverfahrens die Zwangsvollstreckung unzulässig. Zu Umfang und weiteren Einzelheiten dieses Vollstreckungshindernisses s. Rn. 799. Gem. § 21 II Nr. 3 InsO kann schon nach Eingang des Insolvenzantrags als Sicherungsmittel mit der gleichen Wirkung ein Vollstreckungsverbot angeordnet werden (Rn. 791). Stellt sich im Insolvenzverfahren heraus, daß zwar die Kosten, aber nicht die Masseverbindlichkeiten (Rn. 829) gedeckt sind, hat der Verwalter dies dem Gericht anzuzeigen (§ 208 InsO). Mit der Anzeige wird die Einzelzwangsvollstreckung wegen einer Masseverbindlichkeit gem. § 210 InsO unzulässig. Bis zum 1. 1. 1999 gelten noch die Vorschriften der KO; diese ordnet in § 14 I KO ein Vollstreckungsverbot an:

Mit der Eröffnung des Konkursverfahrens wird die Einzelzwangsvollstreckung grundsätzlich unzulässig, § 14 I KO.[2] Sie darf nur fortgesetzt werden von
- aussonderungsberechtigten Gläubigern, §§ 43ff KO,[3]
- absonderungsberechtigten Gläubigern, §§ 47ff KO[4]
- Massegläubigern, §§ 58f KO,[5]
- Neugläubigern bei Vollstreckung in das konkursfreie Vermögen.

Für die **neuen Bundesländer** gilt die KO nicht, sondern bis zum Inkrafttreten der InsO die Gesamtvollstreckungsordnung (GesO). § 7 III GesO enthält ein dem § 14 I KO entsprechendes Vollstreckungsverbot.

III. Vollstreckungshindernis bei Eröffnung des Vergleichsverfahrens, § 47 VerglO

104 Nach Eröffnung des Vergleichsverfahrens besteht ein Vollstreckungsverbot für alle Vergleichsgläubiger in das gesamte Schuldnervermögen. Vergleichsgläubiger sind alle Gläubiger des Schuldners, die nicht bevorrechtigte Konkursgläubiger (s. Rn. 103) wären, wenn statt des Vergleichs der Konkurs eröffnet worden wäre, § 25 VerglO. Die **VerglO** wird ab dem **1. 1. 1999** durch die Vorschriften der **InsO ersetzt.**

IV. Zwangsvollstreckung gegen den Erben vor Annahme der Erbschaft

105 1. Ein Nachlaßgläubiger darf vor der Annahme der Erbschaft durch den Erben nur in den Nachlaß vollstrecken. Das persönliche Vermögen des Erben bleibt von der Vollstreckung ausgenommen, § 778 I.

---

[1] OLG Hamm OLGZ 1973, 488, 490ff.; TP § 775 Rn. 17; Zö-Stöber § 775 Rn. 12.
[2] Ab 1. 1. 1999 § 89 InsO.
[3] Ab 1. 1. 1999 §§ 47f InsO.
[4] Ab 1. 1. 1999 §§ 49ff InsO.
[5] Ab 1. 1. 1999 54f InsO.

2. Im Interesse des endgültigen Erben und der Nachlaßgläubiger darf ein persönlicher Gläubiger eines vorläufigen Erben vor der Annahme der Erbschaft nur in das persönliche Vermögen des Erben, also nicht in den Nachlaß, vollstrecken, § 778 II.

3. Einen Überblick über die Zwangsvollstreckung beim Tod des Schuldners finden Sie bei Musielak-Lackmann vor § 704 Rn. 40ff.

V. Vollstreckungsverträge

1. Begriffsbestimmung. Als Vollstreckungsverträge werden Partei- 106
vereinbarungen über Voraussetzungen, Zulässigkeit und Durchführung der Zwangsvollstreckung bezeichnet. Vereinbarungen über den titulierten Anspruch selbst sind keine Vollstreckungsverträge in dem hier maßgeblichen Sinne, so zB Stundung und Erlaß. Diese können nur über § 767 in den Grenzen dessen Abs. 2 geltend gemacht werden.

2. Zulässigkeit von Vollstreckungsverträgen. a) Vereinbarungen 107
über die Voraussetzungen der Zwangsvollstreckung und vom Gesetz abweichende Vereinbarungen über die Vollstreckungsart sind unwirksam, da die entsprechenden Vorschriften nicht disponibel, sondern zwingend sind.[1]

b) Vereinbarungen über eine Erweiterung der Vollstreckung sind ebenfalls in der Regel unzulässig. Darunter werden Vereinbarungen verstanden, die es dem Gläubiger ermöglichen sollen, in Vermögen des Schuldners zu vollstrecken, das vom Gesetz sonst nicht zur Vollstreckung freigegeben ist.

Umstritten ist die Zulässigkeit der Erweiterung der Vollstreckungsmöglichkeiten im Rahmen der Unpfändbarkeitsvorschrift des § 811. Insoweit wird übereinstimmend angenommen, daß ein **vorheriger Verzicht** des Schuldners auf diesen Pfändungsschutz **unzulässig** sei.

- Bei der Pfändung selbst soll der Schuldner nach einer Mindermeinung auf den Pfändungsschutz verzichten können.[2] Dies wird u. a. damit begründet, daß es ihm freistehe, unpfändbare Sachen zu veräußern. Außerdem sei es in sein freies Ermessen gestellt, ob er sich gegen eine unzulässige Pfändungsmaßnahme wenden wolle oder nicht.
- Die hM geht demgegenüber zu Recht davon aus, daß ein Verzicht des Schuldners auf einen Pfändungsschutz generell **unzulässig** ist. Es darf nicht durch einen Staatsakt dazu kommen, daß die Existenz des Schuldners, die durch § 811 geschützt werden soll, in Gefahr gerät.[3]

c) Zulässig sind nach allgemeiner Meinung **vollstreckungsbeschränkende Verträge**, die eine zeitliche Begrenzung der Vollstreckung vorsehen oder bestimmte Vollstreckungsobjekte von der Vollstreckung ausnehmen.

3. Bindung des Vollstreckungsorgans. Unabhängig von der Zulässig- 108
keit der Vollstreckungsverträge ist fraglich, ob das Vollstreckungsorgan an einen derartigen Vertrag gebunden ist und ihn bei der Vollstreckung berücksichtigen muß.

---

[1] OLG Hamm MDR 1968, 333, 334.

[2] KG NJW 1960, 682; BL-Hartmann § 811 Rn. 5; MK-Schilken § 811 Rn. 9.

[3] BayObLG NJW 1950, 697, 698f; Musielak-Becker § 811 Rn. 9 m.w.N.; TP § 811 Rn. 5.

a) Die hM nimmt zu Recht eine Bindung des Vollstreckungsorgans an.[1] Wenn amtlich bekannt oder in Schriftform nachgewiesen ist, daß eine Vollstreckungsvereinbarung getroffen wurde, hat dieses verbindlichen verfügenden Charakter. Dies muß das Vollstreckungsorgan berücksichtigen. Derartige Vereinbarungen sind dem Vollstreckungsrecht nicht fremd. So läßt zB § 816 Vereinbarungen zwischen dem Gläubiger und dem Schuldner zu. Auch der Rechtsgedanke des § 775 Nr. 4 trägt dieses Ergebnis.

b) Die Gegenmeinung nimmt an, es gehöre nicht zu den Aufgaben der Vollstreckungsorgane, Parteivereinbarungen zu berücksichtigen. Sie hätten sich nur an die gesetzlichen Vorschriften des 8. Buches der ZPO zu halten.

109 **4. Geltendmachung.** Stark umstritten ist auch, mit welchem Rechtsbehelf eine Vollstreckungsvereinbarung eingewandt werden kann.

Die wohl hM geht zu Recht davon aus, daß grundsätzlich die Vollstreckungserinnerung analog § 766 der richtige Weg ist, eine vollstreckungshindernde Vereinbarung geltend zu machen.[2] Ist die Vereinbarung allerdings streitig, bleibt nur eine Vollstreckungsgegenklage analog § 767. Das Erkenntnisverfahren bietet gegenüber dem Erinnerungsverfahren den besseren Weg, über das Bestehen einer Vollstreckungsvereinbarung zu entscheiden. Analog müssen die genannten Vorschriften angewandt werden, weil sie direkt nicht einschlägig sind: § 766 findet keine unmittelbare Anwendung, weil Vereinbarungen in einem Vollstreckungsvertrag nicht das grundsätzlich von dem Vollstreckungsorgan zu beachtende Verfahren betreffen; § 766 verweist aber nur auf ausdrücklich normierte Verfahrensvorschriften; § 767 ist nicht unmittelbar anwendbar, weil Vollstreckungsverträge keine rechtshemmenden oder rechtsvernichtenden Einwendungen gegen den titulierten Anspruch selbst beinhalten. Die Rechtsprechung tendiert eher zu der Annahme, nur die Vollstreckungsgegenklage analog § 767 sei statthaft.[3]

§ 14 Die Zwangsvollstreckung in besondere Vermögensmassen

110 Grundsätzlich kann in das gesamte Vermögen des Schuldners, aber auch nur in das Vermögen des im Titel genannten Schuldners, vollstreckt werden.

Wenn allerdings in Vermögen vollstreckt werden soll, das mehreren Personen oder der Verwaltung oder Nutzung einer anderen Person zusteht, muß das Vollstreckungsorgan überprüfen, ob die Zwangsvollstreckung in die richtige Vermögensmasse erfolgt und das Zugriffsobjekt zum haftenden Vermögen des Schuldners gehört.

I. Ein nichtrechtsfähiger Verein ist passiv parteifähig, § 50 II, kann also verklagt werden. Entsprechend stellt § 735 klar, daß aufgrund eines Titels gegen den Verein in dessen Vermögen vollstreckt werden kann. Zugriffsob-

---

[1] Brox-Walker Rn. 204; Musielak-Lackmann vor § 704 Rn. 18; TP § 766 Rn. 24.

[2] Brox-Walker Rn. 204 m. w. N.; Musielak-Lackmann § 766 Rn. 7; unentschieden TP § 766 Rn. 26.

[3] BGH NJW 1991, 2295, 2296; OLG Köln NJW-RR 1995, 576.

jekt ist allerdings nur das Vereinsvermögen, das sich im Gewahrsam seiner Organe befindet.

II. Die Vollstreckung in das Vermögen einer **BGB-Gesellschaft** setzt nach § 736 ein gegen alle Gesellschafter ergangenes Urteil voraus. Es muß sich nicht notwendig um ein Urteil handeln; es reichen mehrere gleichlautende Urteile oder andere Titel, allerdings gegen alle Gesellschafter, aus.

III. Soll in das Vermögen einer **oHG** oder **KG** vollstreckt werden, bedarf es eines Titels gegen die Gesellschaft, §§ 124 II, 161 II HGB. Aus diesem Titel darf aber nicht in das Vermögen der Gesellschafter vollstreckt werden, § 129 IV HGB. Insoweit muß der Gläubiger einen Titel gegen den persönlich haftenden Gesellschafter selbst erwirken.

IV. Zu der Vollstreckung
- in das Gesamtgut einer ehelichen Gütergemeinschaft siehe §§ 740 bis 745;
- bei Nießbrauch siehe §§ 737f.

V. Die Zwangsvollstreckung in den Nachlaß des Schuldners

1. Hatte die Vollstreckung schon **begonnen**, als der Erblasser noch lebte, **111**
- darf die Vollstreckung in den Nachlaß gem. § 779 I fortgesetzt werden;
- setzt die Vollstreckung in das eigene Vermögen des Erben eine Titelumschreibung voraus.

2. Hatte die Vollstreckung beim Tod des Erblassers noch **nicht begonnen**, darf
- vor Annahme der Erbschaft der Titel nur gegen einen Nachlaßpfleger, -verwalter oder Testamentsvollstrecker umgeschrieben und nur in den Nachlaß vollstreckt werden, § 778 I;
- nach Annahme der Erbschaft eine Umschreibung gegen den Erben und die Vollstreckung in Nachlaß und Eigenvermögen erfolgen.

3. Grundsätzlich unbeachtlich sind für das Vollstreckungsorgan die beschränkte Erbenhaftung und aufschiebende Einreden des Erben; sie werden erst dann bedeutsam, wenn der Erbe Vollstreckungsgegenklage nach den §§ 780 bis 785 erhoben hat.

4. Wenn der Nachlaß der Testamentsvollstreckung unterliegt, reicht zur Vollstreckung ein Titel oder dessen Umschreibung gegen den Testamentsvollstrecker aus, §§ 748 I, 749.

5. Einen Überblick über die Zwangsvollstreckung beim Tod des Schuldners finden Sie bei Musielak-Lackmann vor § 704 Rn. 40ff.

2. Teil. Die Arten der Zwangsvollstreckung im einzelnen und die jeweiligen internen Rechtsbehelfe

1. Abschnitt. Die Zwangsvollstreckung wegen Geldforderungen in körperliche Sachen und die Vollstreckungserinnerung (§ 766) gegen das Handeln des Gerichtsvollziehers

I. Bewegliches Vermögen

Das Gesetz nennt als erstes Zugriffsobjekt für den Gläubiger, der wegen **112**
einer Geldforderung vollstreckt, das bewegliche Vermögen des Schuldners (2. Abschnitt, 1. Titel des 8. Buches). Es unterteilt in die Vollstreckung in körperliche Sachen (§§ 808 bis 827) sowie in Forderungen und andere Vermögensrechte (§§ 828 bis 863; siehe dazu den 2. Abschnitt). Allgemeine Vorschriften für die Vollstreckung wegen Geldforderungen in das bewegliche Vermögen enthalten die §§ 803 bis 807; die Vorschriften gelten also für die Vollstreckung in körperliche Sachen und in Forderungen.

II. Geldforderung

Ein Titel enthält eine Geldforderung, wenn er auf Zahlung von Geld ge- **113**
richtet ist oder die Duldung der Zwangsvollstreckung wegen einer Geldforderung (zB nach § 1147 BGB) anordnet. Ist der Titel auf Befreiung von einer Geldschuld gerichtet, muß nach hM nach § 887 (Zwangsvollstreckung wegen vertretbarer Handlungen) und nicht nach §§ 803ff vollstreckt werden,[1] weil der Schuldner verschiedene Möglichkeiten hat, die **Befreiung** herbeizuführen, die nicht nur in der Zahlung von Geld liegen.

Beispiel: Der schuldlos Geschädigte eines Verkehrsunfalls beauftragt einen Rechtsanwalt. Dadurch entsteht adäquat durch den Verkehrsunfall verursacht die vertragliche Verpflichtung des Geschädigten, das Anwaltshonorar zu begleichen. Solange dieser seiner vertraglichen Verpflichtung zur Zahlung des Honorars nicht nachkommt und die Voraussetzungen des § 250 BGB nicht vorliegen, liegt sein Schaden nur in der Belastung mit einer Verbindlichkeit. Als Naturalrestitution gem. § 249 BGB hat der Schädiger damit Befreiung von dieser Verbindlichkeit zu leisten. Wie er die Forderung des Anwalts gegen den Geschädigten begleicht, steht ihm frei. So muß er nicht unbedingt zahlen; er kann mit dem Anwalt auch etwa eine den Geschädigten befreiende Schuldübernahme vereinbaren.

---

[1] BGH NJW 1983, 2438, 2439; Musielak-Lackmann § 887 Rn. 3; TP § 887 Rn. 2.

III. Bewegliche Sache

114 Der Begriff der **körperlichen Sache** der älteren ZPO entspricht dem der beweglichen Sache des BGB. Die Vollstreckung in bewegliche Sachen erfolgt durch deren Inbesitz- und Wegnahme (§ 808) sowie Verwertung (§§ 814ff) durch den **Gerichtsvollzieher,** der für diese Vollstreckungsart **funktionell zuständig** ist.

§ 15 Vom Gerichtsvollzieher bei der Pfändung zu beachtende Verfahrensvorschriften

I. Voraussetzungen der Zwangsvollstreckung

115 Wie jedes Vollstreckungsorgan hat der Gerichtsvollzieher zunächst die Voraussetzungen der Zwangsvollstreckung zu prüfen, die oben im ersten Teil (Rn. 28ff) bereits dargestellt wurden. Besonderheiten treten bei der Zuständigkeit des Gerichtsvollziehers, aber auch beim Vollstreckungsantrag auf.

116 **1. Die Zuständigkeit des Gerichtsvollziehers. a) Funktionelle Zuständigkeit.** Der Gerichtsvollzieher ist u.a. für die Zwangsvollstreckung wegen Geldforderungen in körperliche Sachen funktionell zuständig; hierum geht es nur in diesem Ersten Abschnitt des Zweiten Teils. Hinsichtlich der funktionellen Zuständigkeit gibt es in Klausuren in der Regel Probleme nur bei der Pfändung von Zubehör, dies ist wiederum so examenswichtig, daß es besonders unten Rn. 237ff beschrieben wird.

Im übrigen kommt es in der Praxis und damit auch in Klausuren des 2. Staatsexamens nicht vor, daß der Gerichtsvollzieher eine Forderung oder ein Haus pfändet; nur der Vollständigkeit halber sei deshalb darauf hingewiesen, daß derartige eklatante Verstöße gegen die funktionelle Zuständigkeit nach allgemeiner Ansicht zur Nichtigkeit des Vollstreckungsaktes führen.

b) Die örtliche Zuständigkeit wird kein Examensproblem sein. Sie ist in §§ 20 GVO geregelt. Dem Gerichtsvollzieher wird vom Behördenleiter eines Amtsgerichts ein bestimmter Vollstreckungsbezirk zugewiesen; er darf, von Vertretungen abgesehen, nur in diesem Bezirk tätig werden.

117 **2. Besonderheiten des Vollstreckungsantrags. a)** Wie jedes andere Vollstreckungsorgan wird der Gerichtsvollzieher nur auf einen – nicht formbedürftigen – Antrag des Gläubigers hin tätig.

Der Gläubiger kann den Vollstreckungsauftrag auf einen Teil der titulierten Forderung beschränken (es sei denn, er tut dies nur, um den Schuldner zu schädigen). Dies ist in der Praxis bei höheren Forderungen sogar die Regel, weil der kostenvorschußpflichtige Gläubiger erst einmal überprüfen lassen will, ob die Gerichtsvollziehervollstreckung überhaupt erfolgversprechend ist.

118 **b)** Der Gerichtsvollzieher ist nach allgM an zulässige, also nicht gesetzwidrige, **Weisungen** des Gläubigers gebunden.[1] Dieser kann ihn zB anweisen,

[1] TP § 753 Rn. 15.

– nur wegen eines Teils der titulierten Forderung zu vollstrecken,
– mit der Vollstreckung erst zu einem bestimmten Zeitpunkt zu beginnen,
– bestimmte Sachen von der Vollstreckung auszunehmen.

Streitig ist, ob der Gläubiger den Gerichtsvollzieher anweisen darf, nur bestimmte Sachen zu pfänden. Die wohl hM bejaht dies, sofern berechtigte Interessen des Schuldners nicht verletzt werden und keine überflüssigen Kosten oder zusätzliche Schwierigkeiten bei der Vollstreckung verursacht werden.[1] Verneint wird ein Weisungsrecht des Gläubigers zT dann, wenn die Weisung vor allem dem Zweck dienen soll, Druck auf den Schuldner auszuüben, indem Gegenstände gepfändet werden sollen, an denen der Schuldner ein besonderes Affektionsinteresse hat.[2]

II. Der Zugriffsbereich des Gerichtsvollziehers

1. Bewegliche Sachen. Der Gerichtsvollzieher darf, wie aus § 808 folgt, grundsätzlich nur körperliche Sachen pfänden. Dabei entspricht der Begriff „körperlich" dem Begriff „beweglich" iSd. jüngeren BGB. **119**

Darüber hinaus dürfen auch „Früchte auf dem Halm" gem. § 810 vom Gerichtsvollzieher gepfändet werden, obwohl sie nach § 94 I 1 BGB wesentliche Bestandteile eines Grundstücks sind.

2. Zubehör eines Grundstücks, das eine bewegliche Sache ist (§ 97 I 1 BGB), unterliegt, wie aus § 865 I, §§ 1120ff BGB folgt, allerdings nur dann dem Zugriff des Gerichtsvollziehers durch Pfändung, wenn es **nicht im Eigentum des Grundstückseigentümers** steht, dieser auch kein Anwartschaftsrecht daran hat, oder wenn es durch Enthaftung aus dem Haftungsverband der Hypothek ausgeschieden ist. Zu Einzelheiten dieser **examenswichtigen Problematik** s. u. Rn. 237ff. **120**

3. Sonstige Bestandteile. Vom Grundstück getrennte Erzeugnisse und sonstige Bestandteile, auf die sich die Hypothek erstreckt, können vom Gerichtsvollzieher gepfändet werden, solange nicht ihre Beschlagnahme im Wege der Immobiliarvollstreckung angeordnet worden ist, § 865 II 2. Dabei ist zu prüfen, ob die Beschlagnahme die Erzeugnisse oder Bestandteile auch erfaßt: **121**

– Lediglich die Zwangsverwaltung führt zur Beschlagnahme des gesamten Hypothekenverbandes, §§ 148 I, 20f ZVG.
– Die Beschlagnahme aufgrund der Anordnung der Zwangsversteigerung läßt u. a. vom Boden getrennte Erzeugnisse beschlagnahmefrei, § 21 I ZVG.

Die Enthaftung beschlagnahmter Erzeugnisse oder Bestandteile ist in §§ 1122f BGB geregelt.

III. Der Gewahrsam an den zu pfändenden Sachen

1. Gewahrsam. Der Gerichtsvollzieher darf gem. §§ 808 I, 809 nur bewegliche Sachen pfänden, die sich im Gewahrsam des Schuldners (§ 808 I), des Gläubigers (§ 809) oder eines zur Herausgabe bereiten Dritten (§ 809) befinden. **122**

---

[1] Brox-Walker Rn. 213; TP § 753 Rn. 15.
[2] LG Berlin MDR 1977, 146 f.

Gewahrsam bedeutet, daß nach dem **äußeren Anschein** die **tatsächliche Zugriffsmöglichkeit** auf eine Sache besteht und daß aufgrund dieser Umstände nach der Verkehrsauffassung ein entsprechender Gewahrsamswille anzunehmen ist.[1] Der Begriff ist also nicht mit dem des Besitzes identisch, der auch eine rechtliche Beziehung zur Sache bedeuten kann. Daher sind **kein Gewahrsam** iSd. §§ 808f der nur **mittelbare Besitz** (§ 868 BGB) und der nicht tatsächlich ausgeübte **Erbenbesitz** (§ 857 BGB). Auch der **Besitzdiener** (§ 855 BGB) ist kein Gewahrsamsinhaber. Er übt die tatsächliche Gewalt für einen anderen aus, dessen Weisungen er zu befolgen hat.

123 **2. Gewahrsam des Schuldners, § 808 I. a)** Grundsätzlich dürfen nur Sachen gepfändet werden, die im **Alleingewahrsam** des Schuldners stehen. Bei Mitgewahrsam müssen **alle Mitgewahrsamsinhaber** gem. § 809 zur Herausgabe bereit sein, damit vollstreckt werden kann. Unbeachtlich ist gem. § 739 lediglich Allein- oder Mitgewahrsam des **Ehegatten** des Schuldners; soweit die Vermutung des § 1362 BGB reicht, gilt der Schuldner als alleiniger Gewahrsamsinhaber. Die Vermutung des § 739 ist nach hM im Vollstreckungsverfahren unwiderleglich. Zu Einzelheiten dieser **examenswichtigen Problematik** s. u. Rn. 261ff.

124 **b) Juristische Personen** üben den Gewahrsam durch ihre Organe aus. Sachen, die sich im Besitz der Organe befinden, können daher nach § 808 aus einem Titel gegen die juristische Person gepfändet werden.

Davon sind lediglich Sachen ausgenommen, die sich aufgrund der äußeren Umstände unter Berücksichtigung der allgemeinen Lebensauffassung erkennbar im Eigengewahrsam des Organs befinden. Diese Feststellung kann im Einzelfall problematisch sein. Maßgeblich sind nur äußere, für den Gerichtsvollzieher leicht nachvollziehbare Umstände, nicht der Besitzwille.[2] Sprechen die Umstände trotz einiger Zweifel für den Schuldnergewahrsam, ist zu pfänden. Der tatsächliche Eigentümer bleibt durch die Möglichkeit geschützt, Drittwiderspruchsklage nach § 771 erheben zu können.

Beispiel: Die im Büro des Geschäftsführers der schuldenden GmbH vorgefundene Aktentasche wird sich nach der Lebenserfahrung in seinem Eigengewahrsam befinden, der PC auf seinem Schreibtisch dagegen in dem der GmbH. Bei einem Notebook können Zweifel bestehen; der äußere Anschein spricht aber eher für Gewahrsam der juristischen Person, so daß zu pfänden ist.

Entsprechendes gilt – trotz der Manipulationsmöglichkeit –, wenn eine natürliche Person Organ zweier juristischer Personen ist. Auch hier kann der Gerichtsvollzieher nur äußere Umstände berücksichtigen, so daß etwa bei einem gemeinsamen Büro vom Mitgewahrsam auszugehen und eine Pfändung gem. § 809 nur bei Herausgabebereitschaft des Organs der Gesellschaft zulässig ist, gegen die die Zwangsvollstreckung nicht betrieben wird (s. a. 1. Klausurbeispiel, Anhang, Rn. 905).

125 **c)** Bei der Vollstreckung gegen **Personenhandelsgesellschaften** kommt es grundsätzlich auf den Gesellschaftergewahrsam an, der vom Eigengewahrsam der Gesellschafter entsprechend den Ausführungen zum Organbesitz

---

[1] Musielak-Becker § 808 Rn. 3.
[2] Musielak-Becker § 808 Rn. 9; Brox-Walker Rn. 242.

(Rn. 124) abzugrenzen ist. Dies gilt auch für das Verhältnis zwischen dem Eigengewahrsam und dem „Schuldnergewahrsam" eines gesetzlichen Vertreters des Schuldners.

3. Gewahrsam des Gläubigers oder eines zur Herausgabe bereiten Dritten, § 809. a) Befinden sich die zu pfändenden Sachen nicht im Alleingewahrsam des Schuldners (oder seines Organs, Gesellschafters, gesetzlichen Vertreters), so darf der Gerichtsvollzieher sie nur pfänden, wenn sie sich im Gewahrsam des Gläubigers oder **eines zur Herausgabe bereiten Dritten** befinden. Schon bei **bloßem Mitgewahrsam** eines Dritten – Ausnahme: der Ehegatte des Schuldners unter den Voraussetzungen des § 739 – darf der Gerichtsvollzieher nur bei dessen Herausgabebereitschaft vollstrecken. Dritter kann auch der Gerichtsvollzieher selbst sein, wenn er die tatsächliche Sachherrschaft ausübt, etwa die erneut zu pfändende Sache in der Pfandkammer aufbewahrt. 126

b) Die Bereitschaft des Dritten muß sich auf die Herausgabe selbst, also **auch die Wegnahme der Sache** beziehen, nicht nur auf die Pfändung (hM),[1] wobei streitig ist, ob der Dritte die Einwilligung widerrufen oder nur für bestimmte Gläubiger erklären darf (s. Rn. 903, 906). Die Frage, ob der Dritte materiell-rechtlich die Sache an den Schuldner herausgeben muß, darf grundsätzlich nicht berücksichtigt werden.[2] Dies gilt selbst dann, wenn die Herausgabepflicht unstreitig ist.[3] Es ist nicht Aufgabe des Gerichtsvollziehers, derartige materiell-rechtliche Fragen zu überprüfen. Der Gesetzgeber hat bewußt nur leicht prüfbare äußere Umstände in die Untersuchungskompetenz des Gerichtsvollziehers gestellt. Anders ist es nur, wenn ein Herausgabetitel vorliegt.[4] 127

IV. Eigentum des Schuldners

1. Schuldnergewahrsam. Wie aus den §§ 808f folgt, hat der Gerichtsvollzieher grundsätzlich **nur die Gewahrsamsverhältnisse zu überprüfen.** Er darf nicht untersuchen, ob sich der zu pfändende Gegenstand im Eigentum des Schuldners befindet. 128

Ausnahmsweise hat der Gerichtsvollzieher fremdes Eigentum zu berücksichtigen und von einer Pfändung abzusehen, wenn das Fremdeigentum **evident** ist, also ohne große rechtliche Überlegungen offensichtlich zu Tage tritt.

Beispiel: Aufgrund eines Titels gegen den Inhaber einer Reparaturwerkstatt darf der Gerichtsvollzieher kein Fahrzeug pfänden, das in der Werkstatt gerade repariert wird und erkennbar nicht dem Inhaber der Werkstatt gehört. Neben der Drittwiderspruchsklage (§ 771) kann sich der Dritte in diesen Fällen auch mit der Erinnerung nach § 766 gegen eine Pfändung wenden, weil die Prüfung, ob evidentes Dritteigentum besteht, dem Gerichtsvollzieher obliegt.

2. Drittgewahrsam. § 809 setzt inzident voraus, daß die Sache, die der Gerichtsvollzieher beim Gläubiger oder einem zur Herausgabe bereiten 129

---

[1] Musielak-Becker § 809 Rn. 4; TP § 809 Rn. 3.
[2] MK-Schilken § 809 Rn. 7; Musielak-Becker § 809 Rn. 5; TP § 809 Rn. 4.
[3] Brox-Walker Rn. 254; TP § 809 Rn. 4; aA Zö-Stöber § 809 Rn. 3.
[4] Musielak-Becker § 809 Rn. 5 m. w. N.

Dritten pfändet, im Eigentum des Schuldners steht, weil hier die ungeschriebene Vermutung, daß der Gewahrsamsinhaber auch Eigentümer ist, nicht gilt.[1] Mit Erfolg kann aber nur der wirkliche Eigentümer, nicht der Schuldner oder Dritte, mit dieser Begründung Erinnerung einlegen (s. Rn. 897).

V. Pfändungsverbote

130 **1. Allgemeines.** Pfändungsverbote aus dem Gesichtspunkt des Schuldnerschutzes enthalten die §§ 811 und 812. Das Sozialstaatsprinzip gebietet es verfassungsrechtlich, jedem Menschen das Minimum dessen zu belassen, das er zur eigenverantwortlichen Führung eines menschenwürdigen Lebens benötigt. Die Voraussetzungen der genannten Vorschriften muß der Gerichtsvollzieher selbst überprüfen und von Amts wegen beachten.

131 **2. Das Pfändungsverbot des § 811. a) Geschützter Personenkreis.** § 811 I[2] erklärt zum Schutz des Schuldners aus **sozialen Gründen** bestimmte Sachen **im öffentlichen Interesse** für unpfändbar. Dabei geht es systematisch natürlich um die Zwangsvollstreckung eines Gläubigers gegen einen bestimmten Schuldner, so daß man annehmen könnte, nur der Schuldner selbst solle geschützt werden. Andererseits ist in Abs. 1 Nrn. 1 bis 4a, 10 und 12 der Vorschrift auch die Familie des Schuldners genannt; Nrn. 2 und 3 nennen zudem Hausangehörige. Daraus wird deutlich, daß die Vorschrift zugleich **den Schutz des dort genannten Personenkreises** bezwecken soll. Hieraus folgt, daß auch diese Personen erinnerungsbefugt sind, wenn sie die Verletzung entsprechender Vorschriften rügen.

Anerkannt ist, daß – obwohl nicht erwähnt – auch § 811 I Nr. 5 dem **Schutz der gesamten Familie** dient.[3]

132 **b) Schuldnerfremde Sachen.** Geregelt ist in § 811 II nF die Frage der Pfändbarkeit im Fall des **Vorbehaltseigentums** (s. Rn. 133). Fraglich ist, ob sich der Schuldner in den sonstigen Fällen, in denen er nicht Eigentümer der benötigten Sache ist, auf den Schutz des § 811 I berufen kann.

aa) Grundsätzlich kommt es auf das Eigentum des Schuldners nicht an, weil schon nach seinem Schutzzweck § 811 I nur **den Besitz des Schuldners** an den dort genannten Sachen und die damit verbundene **Gebrauchsmöglichkeit** gewährleisten will. Dies gilt auch dann, wenn der Gläubiger selbst Eigentümer der Sache ist.[4]

bb) Problematisch wird die Frage aber, wenn der Schuldner nach materiellem Recht die Sache unzweifelhaft an den Gläubiger herausgeben muß. Im Rahmen einer Herausgabeklage und der Herausgabevollstreckung ist nämlich § 811 nicht zu berücksichtigen.

– ZT wird angenommen, in diesen Fällen sei die Berufung des Schuldners auf § 811 arglistig und deshalb nicht zu beachten. Es sei unnötiger Forma-

---

[1] Brox-Walker Rn. 260 m. w. N.

[2] § 811 aF ist ab dem 1. 1. 1999 § 811 I.

[3] OLG Hamm MDR 1984, 855 f.

[4] OLG Hamm MDR 1984, 855 f.; TP § 811 Rn. 4.

lismus, den Gläubiger bei klarer Rechtslage auf eine Herausgabeklage zu verweisen.[1]

- Dem wird zu Recht entgegengehalten, daß der Schuldner sich, wenn der Gläubiger aus einem Zahlungs-, nicht aus einem Herausgabetitel vollstreckt, zulässigerweise auf § 811 berufe. Die Gegenmeinung verwischt die Unterschiede zwischen der Zwangsvollstreckung wegen Geldforderungen in bewegliche Sachen und der Herausgabevollstreckung in unzulässiger Weise. Die Entscheidung über einen Herausgabeanspruch kann nicht dem Vollstreckungsorgan oder dem Vollstreckungsgericht übertragen und damit dem Prozeßgericht entzogen werden. Der Sicherungseigentümer würde so zur Durchsetzung seines Herausgabeanspruchs ohne einen entsprechenden Titel gelangen.[2] Zudem ist der Streit bzgl. des Sicherungseigentums jetzt dadurch entschieden, daß in § 811 II nur die Pfändung des Vorbehaltseigentums durch den Verkäufer zugelassen wird und im Gesetzgebungsverfahren eine Ausdehnung des Abs. 2 auf das Sicherungseigentum ausdrücklich abgelehnt wurde.

c) Vorbehaltseigentum. § 811 II 1 nF läßt die Pfändung einer in § 811 I **133**
Nr. 1, 4, 5 bis 7 bezeichneten Sache zu, wenn der Verkäufer wegen einer durch Eigentumsvorbehalt gesicherten Geldforderung aus ihrem Verkauf vollstreckt. Voraussetzung ist also, daß

- der Gläubiger Vorbehaltsverkäufer ist,
- einen Zahlungstitel wegen der Kaufpreisforderung erstritten hat und
- aus diesem Zahlungstitel in die in seinem Vorbehaltseigentum stehende Sache vollstreckt hat.

Nach § 811 II 2 muß die Vereinbarung des Eigentumsvorbehalts durch **Urkunden** (zB den Kaufvertrag) **nachgewiesen** werden.

d) § 811 I Nr. 1. Nach § 811 I Nr. 1 sind solche Sachen unpfändbar, die **134**
dem persönlichen Gebrauch oder dem Haushalt des Schuldners dienen, soweit sie zu einer angemessenen, bescheidenen Lebens- oder Haushaltsführung benötigt werden. Der Begriff „angemessen" ermöglicht die Berücksichtigung der persönlichen und äußeren Lebensumstände des Schuldners und seiner Angehörigen, wobei auch die fortschreitende Entwicklung des Lebensstandards zu beachten ist. **Beispiele:**

- Aufgrund des heutigen Lebensstandards wird man im Gegensatz zu früheren Verhältnissen sowohl eine Waschmaschine als auch einen Schwarz-weiß-Fernseher für unpfändbar halten müssen.
- Ein gehbehinderter Schuldner wird zur angemessenen Lebensführung auch einen PKW benötigen, wenn er sonst nur mit Schwierigkeiten Gegenstände seines Lebensbedarfs einkaufen kann.

Beim Begriff „bescheiden" ist zu berücksichtigen, daß der Schuldner nicht auf den Stand äußerster Bedürftigkeit herabgedrückt werden kann, aber andererseits unabhängig von seiner sozialen Stellung Einschränkungen in seiner Lebensführung hinnehmen muß.

---

[1] OLG München MDR 1971, 580; BL-Hartmann § 811 Rn. 6; wohl unentschieden TP § 811 Rn. 4.

[2] OLG Hamm MDR 1984, 855f; MK-Schilken § 811 Rn. 11; Musielak-Becker § 811 Rn. 5.

135 **e) § 811 I Nr. 5. aa)** Unpfändbar sind nach § 811 I Nr. 5 die Gegenstände, die Personen, die aus ihrer körperlichen oder geistigen Arbeit oder sonstigen persönlichen Leistungen ihren Erwerb ziehen, zur Fortsetzung dieser Erwerbstätigkeit benötigen. Damit stellt das Gesetz die **persönliche Arbeitsleistung** in den Vordergrund. Nur diese ist geschützt, nicht die sog. kapitalistische Erwerbstätigkeit. Zieht der Schuldner daher Gewinn aus der Ausnutzung fremder Tätigkeit oder sachlicher Betriebsmittel, ist er insoweit durch § 811 I Nr. 5 nicht geschützt. **Beispiele:**

- Der Inhaber einer Generalversicherungsagentur arbeitet vornehmlich in seinem Büro, um dort die Berichte seiner 10 freiberuflichen Handelsvertreter entgegenzunehmen, die Bücher zu führen und mit den Versicherungen zu verhandeln. Seine Handelsvertreter demgegenüber werben im Außendienst Kunden und betreuen diese. Der PKW des Inhabers der Agentur, mit dem er täglich in das Büro fährt, unterliegt nicht dem Schutz des § 811 I Nr. 5, weil er nur der Fortsetzung der kapitalistischen Arbeit dient. Die Wagen der Handelsvertreter hingegen sind geschützt, weil sie zur Ausführung der Kundenbetreuung und -werbung, einer persönlichen Arbeitsleistung, benötigt werden.
- Der Inhaber einer Gaststätte läßt diese durch Angestellte betreiben; er schaut dort nur gelegentlich „nach dem Rechten". Er ist durch § 811 I Nr. 5 nicht geschützt, wenn es um die Vollstreckung zB in die Gaststättenküche geht, weil er „arbeiten läßt" bzw. Waren umsetzt. Der Wirt des Speiserestaurants hingegen, der persönlich kocht und seine Gäste bedient, könnte sich auf § 811 I Nr. 5 berufen.

Vollkaufleute werden in der Regel ihren Erwerb überwiegend aus dem Warenumsatz ziehen, so daß sie nicht geschützt sind.

136 **bb)** Da § 811 I Nr. 5 dem Schutz der persönlichen Arbeitsleistung dient, kann er nur auf natürliche, nicht aber juristische Personen (auch nicht die „Ein-Mann-GmbH")[1] Anwendung finden. Nach hM ist die Vorschrift allerdings auch auf die Personenhandelsgesellschaften (oHG, KG) anzuwenden, wenn die Gesellschafter persönlich die Voraussetzungen der Vorschrift erfüllen.[2]

137 **cc)** § 811 I Nr. 5 setzt voraus, daß der Schuldner einen Gegenstand zur Fortsetzung der Erwerbstätigkeit benötigt. Unentbehrlich müssen die Gegenstände nicht sein; in diesem Rahmen sind auch die heutigen sozialen Umstände zu beachten. Es reicht aus, wenn der Gegenstand lediglich mittelbar zur Arbeitstätigkeit benötigt wird. So ist zB ein PKW unpfändbar, den der Schuldner mangels zumutbarer anderer Möglichkeiten dazu braucht, zur Arbeitsstätte zu gelangen.[3]

138 **dd)** Unter § 811 I Nr. 5 fällt auch ein Gegenstand, den nicht der Schuldner, sondern sein Ehegatte zur Fortsetzung der Erwerbstätigkeit benötigt.[4]

Beispiel: Aufgrund eines Titels gegen seine Frau wird der PKW des Handelsvertreters gepfändet.

---

[1] Musielak-Becker § 811 Rn. 17 m.w.N.; aA StJ-Münzberg § 811 Rn. 43.
[2] Musielak-Becker § 18; StJ-Münzberg § 811 Rn. 43 m.w.N.; aA TP § 811 Rn. 18.
[3] OLG Hamm MDR 1984, 855f; TP § 811 Rn. 19, 28.
[4] OLG Hamm MDR 1984, 855; Musielak-Becker § 811 Rn. 17 m.w.N.; aA OLG Stuttgart FamRZ 1963, 297; BL-Hartmann § 811 Rn. 41.

Sie sollten **unbedingt** die mehrfach zitierte Entscheidung des OLG Hamm zu den examenswichtigen Problemen des § 811 lesen. Die Entscheidung war **Gegenstand einer Klausur** des zweiten Staatsexamens!

f) § 811 I Nr. 8 verbietet die Pfändung von Geldbeträgen, die dem unpfändbaren Teil des Einkommens des Schuldners nach den §§ 850ff (Forderungspfändung) entsprechen. Im übrigen siehe § 811 I Nr. 2, 3, 4, 6, 7 und 9 bis 14, die praktisch von geringer Bedeutung sind. **139**

3. Austausch- und Vorwegpfändung, § 811a, § 811d. a) Austauschpfändung. Auf Antrag des Gläubigers, nicht etwa von Amts wegen, läßt § 811a eine Austauschpfändung zu. Ein gem. § 811 I Nr. 1, 5 oder 6 unpfändbarer Gegenstand kann gepfändet werden, wenn der Gläubiger dem Schuldner an dessen Stelle einen anderen Gegenstand oder den erforderlichen Geldbetrag zu dessen Erwerb zur Verfügung stellt, der zu dem geschützten Verwendungszweck ausreicht. **140**

Beispiel: Der Gläubiger stellt dem Schuldner einen Schwarz-weiß-Fernseher zur Verfügung, um dessen Farbfernseher pfänden zu können.

Die Austauschpfändung muß grundsätzlich vom Gläubiger beim Vollstreckungsgericht beantragt werden; zuständig zur Entscheidung über den Antrag ist der Rechtspfleger, § 20 Nr. 17 RpflG. Voraussetzung zum Erlaß des Beschlusses ist, daß der zu erwartende Versteigerungserlös den Wert des Ersatzstückes erheblich übersteigt, § 811a II 2.

b) Vorläufige Austauschpfändung. Ist ein die Austauschpfändung zulassender Beschluß des Vollstreckungsgerichts zu erwarten, darf der Gerichtsvollzieher gem. § 811b die vorläufige Austauschpfändung betreiben. Hiervon hat er den Gläubiger zu benachrichtigen. Der Gläubiger muß innerhalb von 2 Wochen nach der Benachrichtigung einen stattgebenden Beschluß des Vollstreckungsgerichts nach § 811a erwirken. Ansonsten hat der Gerichtsvollzieher die Pfändung wieder aufzuheben. Die Pfändung muß der Gerichtsvollzieher als vorläufige Austauschpfändung bezeichnen. **141**

c) Klausurbehandlung. Mit der Möglichkeit einer Austauschpfändung darf in Klausuren nur argumentiert werden, wenn diese angeordnet worden ist oder der Gerichtsvollzieher eine vorläufige Austauschpfändung vorgenommen und sie als solche bezeichnet hat. Dies folgt daraus, daß zur Austauschpfändung ein Antrag des Gläubigers und ein Beschluß des Vollstreckungsgerichts erforderlich sind. **142**

Beispiel: Ein Handelsvertreter benötigt zur Fortsetzung seiner Erwerbstätigkeit einen PKW. Hat der Gerichtsvollzieher seinen „Mercedes" im Wert von 100000,– DM gepfändet, ohne daß ein Beschluß nach § 811a vorlag oder die Pfändung als vorläufige Austauschpfändung bezeichnet wurde, darf auf eine Erinnerung des Schuldners hin nur § 811 I Nr. 5 untersucht werden. Die Erinnerung ist auch begründet, wenn der Schuldner den PKW zur Fortsetzung seiner Tätigkeit als Handelsvertreter benötigt. Daß hierzu auch ein gebrauchter „Golf-Diesel" im Wert von 2000,– DM ausreichen würde, spielt keine Rolle. Hierauf ist nur einzugehen, wenn die Zulassung der Austauschpfändung beantragt oder die vorläufige Austauschpfändung betrieben wurde.

d) Vorwegpfändung, § 811d. Ist zu erwarten, daß die Voraussetzungen der Unpfändbarkeit nach § 811 innerhalb eines Jahres (§ 811d II) wegfallen werden, darf der Gerichtsvollzieher die unpfändbare Sache „vorwegpfänden", § 811d. Die Sache ist aber **143**

im Besitz des Schuldners zu belassen – § 811 schützt den Besitz! – und darf erst verwertet werden, wenn die Unpfändbarkeit weggefallen ist.

Beispiel: Der Gerichtsvollzieher erfährt, daß der Handelsvertreter (s. o. Beispiel Rn. 142) seinen Beruf in einem halben Jahr aufgeben will und pfändet deshalb seinen PKW vorweg.

144 **4. Die Unpfändbarkeit nach §§ 811 c, 812.** In Erweiterung des § 811 I Nr. 1 sind durch § 812 auch die Hausratsgegenstände für unpfändbar erklärt worden, die voraussichtlich nur einen so geringen Veräußerungserlös erzielen werden, der in keinem Verhältnis zum Wert der Sachen für den Schuldner steht. Nach § 811 c sind Haustiere grundsätzlich unpfändbar. Eine Ausnahme gilt, wenn wegen des hohen Wertes des Tieres die Unpfändbarkeit für den Gläubiger auch unter Berücksichtigung des Tierschutzes und der berechtigten Interessen des Schuldners eine nicht zu rechtfertigende Härte bedeuten würde.

145 **5. Maßgeblicher Zeitpunkt.** Streitig ist, auf welchen Zeitpunkt es bei der Prüfung der Frage ankommt, ob Unpfändbarkeitsvorschriften verletzt worden sind.

- Sind die Voraussetzungen der **Unpfändbarkeit weggefallen,** kommt es nach allgM auf den **Zeitpunkt der Erinnerungsentscheidung** an. Hierfür spricht § 811 d, der die Vorwegpfändung zuläßt, wenn damit zu rechnen ist, daß die Voraussetzungen der Unpfändbarkeit entfallen werden. Interessen des Schuldners sind nicht beeinträchtigt, da der Schuldner sich auch gegen eine nach Wegfall der Unpfändbarkeit durchgeführte Pfändung nicht wehren könnte. Andere Gläubiger sind nicht benachteiligt, wenn man mit der herrschenden gemischten Pfandrechtstheorie davon ausgeht, daß das Pfändungspfandrecht erst zu der Zeit der Heilung des Verfahrensmangels entsteht (s. u. Rn. 176).
- Sind die Voraussetzungen der **Unpfändbarkeit nachträglich eingetreten,** kommt es nach hM[1] auf den Zeitpunkt der Pfändung an. Diese Abweichung von den grundsätzlich gültigen Erwägungen wird damit begründet, daß der Schuldner ansonsten die Herbeiführung der Unpfändbarkeit manipulieren könne. Richtig ist es allerdings, auch hier auf den **Zeitpunkt der Erinnerungsentscheidung** abzustellen und zur Vermeidung von Manipulationen dem Schuldner die Beweislast dafür aufzuerlegen, daß die Unpfändbarkeit nicht arglistig herbeigeführt wurde.[2]

6. Verzicht auf den Pfändungsschutz. Zur Zulässigkeit eines Verzichts des Schuldners auf den Pfändungsschutz s. o. Rn. 107.

VI. Das vom Gerichtsvollzieher zu beachtende Verfahren

146 **1. Freiwillige Leistung.** Die neue „Generalklausel" des § 806 b verpflichtet den Gerichtsvollzieher in Satz 1, in jeder Lage des Vollstreckungsverfahrens auf eine gütliche und zügige Erledigung hinzuwirken. Verfahrensrechtliche Bedeutung hat diese Norm nicht. § 806 b S. 2 regelt die in der Praxis

---

[1] LG Bochum DGVZ 1980, 37; TP § 811 Rn. 3; Zö-Stöber § 811 Rn. 9.
[2] MK-Schilken § 811 Rn. 14; Musielak-Becker § 811 Rn. 7; Brox-Walker Rn. 295.

schon immer gehandhabte Einziehung von Teilbeträgen im Einverständnis mit dem Gläubiger.

a) Aufforderung zur Leistung. Vor der Durchführung der Vollstreckung hat der Gerichtsvollzieher den Schuldner zur freiwilligen Leistung aufzufordern. Dies ist in der Gerichtsvollziehergeschäftsanweisung geregelt, ergibt sich inzident aber auch aus § 754, § 806b S. 1.

Eine Zahlung des Schuldners hat der Gerichtsvollzieher zu quittieren. Begleicht der Schuldner die gesamte titulierte Forderung einschließlich der Kosten der Zwangsvollstreckung, ist ihm die vollstreckbare Ausfertigung des Titels auszuhändigen, § 757 I. Teilleistungen sind – neben der zu erteilenden Quittung – auf der vollstreckbaren Ausfertigung zu vermerken, § 757 I.

b) Wirkung. Eine freiwillige Zahlung auf einen rechtskräftigen Titel hat **147**
Erfüllungswirkung. Gem. § 755 gilt der Gerichtsvollzieher zu ihrer Entgegennahme als berechtigt. Fraglich ist allerdings, ob die Erfüllungswirkung schon mit der Übergabe des Geldes an den Gerichtsvollzieher eintritt oder erst mit der Ablieferung des Geldes an den Gläubiger.

- Nach der **„Vertretertheorie"** handelt der Gerichtsvollzieher bei der Annahme freiwilliger Leistungen als Vertreter des Gläubigers.[1] Damit treten Eigentumsübergang und Erfüllungswirkung schon mit der Übergabe des Geldes an den Gerichtsvollzieher ein.
- Die Vertreter der **„Amtstheorie"**[2] sehen den Gerichtsvollzieher auch bei der Entgegennahme freiwilliger Leistungen als staatliches Organ, nicht als zivilrechtlichen Vertreter des Gläubigers an. Dies wird zu Recht damit begründet, daß die Aufforderung zur freiwilligen Leistung zwar formal der eigentlichen Zwangsvollstreckung vorgeschaltet ist, mit dieser aber in unmittelbarem Zusammenhang steht. Allerdings ist **§ 815 III analog** anzuwenden.[3] Der Schuldner kann bei einer freiwilligen Leistung nicht schlechter stehen als bei einer Wegnahme von Geld mit Zwang. Auch dann nämlich geht die Gefahr mit der Übergabe des Geldes an den Gerichtsvollzieher auf den Gläubiger über, § 815 III.

Bei der Vollstreckung aus einem für vorläufig **vollstreckbar erklärten** Urteil wird eine Leistung des Schuldners an den Gerichtsvollzieher jedenfalls dann, wenn keine andere Erklärung abgegeben wird, nur zur Abwendung der Zwangsvollstreckung erfolgen. Sie ist damit bedingt durch die Rechtskraft des Titels und hat keine Erfüllungswirkung (so daß auch in einem noch rechtshängigen Zivilprozeß keine Erledigung der Hauptsache eintritt).

2. Zeitliche Grenzen der Vollstreckung. Die Vollstreckung zur Nacht- **148**
zeit oder an Sonn- und allgemeinen Feiertagen setzt **außerhalb von Wohnungen** (s. Rn. 150) eine Erlaubnis grundsätzlich nicht mehr voraus. § 761 aF ist mit Wirkung ab 1. 1. 1999 aufgehoben und durch § 758a IV ersetzt. Allerdings darf die Vollstreckung zu dieser Zeit keine unbillige Härte darstellen und der zu erwartende Erfolg nicht in einem Mißverhältnis zu dem Eingriff stehen.

---

[1] RGZ 134, 141, 143; StJ-Münzberg § 754 Rn. 7; TP § 815 Rn. 4.
[2] MK-Arnold § 754 Rn. 39f; Musielak-Lackmann § 754 Rn. 2; Brox-Walker Rn. 314.
[3] Musielak-Becker § 815 Rn. 5 Musielak-Lackmann § 754 Rn. 2 m.w.N.; TP § 815 Rn. 4; aA Zö-Stöber § 755 Rn. 4.

Die Vollstreckung zur Nachtzeit oder an Sonn- und allgemeinen Feiertagen innerhalb **von Wohnungen** (s. Rn. 150) setzt eine besondere Anordnung des Richters voraus (§ 758a IV aE). Eine Erlaubnis des Rechtspflegers reicht nach dem Wortlaut nicht (und wäre gem. § 8 IV RpflG unwirksam); der Vorschlag, die Zuständigkeit auf den Rechtspfleger zu übertragen, ist nicht Gesetz geworden. Der Begriff der **Nachtzeit** ist in § 188 definiert.

149 **3. Zwangsbefugnisse des Gerichtsvollziehers.** § 758 ermächtigt den Gerichtsvollzieher, die Wohnung und Behältnisse des Schuldners zu durchsuchen und hierzu auch verschlossene Türen und Behältnisse öffnen zu lassen. Widerstand des Schuldners darf er durch Gewalt brechen, § 758 III. Die Durchsuchung der Wohnung **ohne Zustimmung** des Schuldners setzt allerdings wegen Art. 13 II GG[1] und § 758a nF einen **richterlichen Durchsuchungsbeschluß** voraus, siehe dazu Rn. 153.

150 **a) Der Begriff der Wohnung** ist nach hM weit zu fassen. Dazu gehören auch **Geschäftsräume, Nebenräume und sonstiges befriedetes Besitztum.** Dieser weite Begriff, den das BVerfG dem Wohnungsbegriff in Art. 13 GG zugrunde legt, ist nunmehr ebenso bei der Frage maßgeblich, ob die Durchsuchung einer richterlichen Anordnung bedarf.[2]

151 **b) Durchsuchung** ist das ziel- und zweckgerichtete Suchen staatlicher Organe nach Personen oder Sachen oder zur Ermittlung eines Sachverhalts, um etwas aufzuspüren, was der Inhaber der Wohnung von sich aus nicht offenlegen oder herausgeben will.[3]

Eine Durchsuchung liegt auch vor, wenn der Gerichtsvollzieher offenliegende Sachen wegnehmen will, denn auch in diesem Fall will er in der geschützten Wohnung des Schuldners eine Sache pfänden, die der Schuldner von sich aus nicht herausgibt.[4]

Keine Durchsuchung stellt dagegen nach hM das bloße **„Durchschreiten fremden Gewahrsams"** dar.

Beispiel: Der Gerichtsvollzieher muß durch die Wohnung des Vermieters gehen, um in das möblierte Zimmer des Schuldners zu gelangen.

Hier greift der Gerichtsvollzieher nur in den Gewahrsamsbereich des Dritten ein, ohne die Wohnung durchsuchen zu wollen. Dieser Eingriff iSd. Art. 13 III GG ist durch § 758 gesetzlich erlaubt.

152 **c) Öffnen von Türen und Behältnissen, Gewaltanwendung.** Nach § 758 II darf der Gerichtsvollzieher zum Zweck der Durchsuchung Türen und Behältnisse öffnen oder öffnen lassen. Ist weder der Schuldner noch eine zur Familie gehörende oder in der Familie dienende erwachsene Person anwesend, muß er gem. § 759 zwei erwachsene Personen oder einen Polizei- oder Gemeindebeamten als Zeugen zuziehen. Leistet der Schuldner Widerstand, darf der Gerichtsvollzieher nach § 758 III Gewalt anwenden; dabei sind gem. § 759 wiederum Zeugen hinzuzuziehen. Er kann auch die Polizei zur Unterstützung heranziehen.

---

[1] BVerfGE 51, 97 ff.

[2] MK-Arnold § 758 Rn. 9; Musielak-Lackmann § 758 Rn. 3; aA TP § 758 Rn. 4.

[3] BVerfGE 51, 97, 106 f.

[4] MK-Arnold § 758 Rn. 41; Musielak-Lackmann § 758 Rn. 4 m. w. N.; aA BFH NJW 1989, 855; StJ-Münzberg § 758 Rn. 29.

4. Richterliche Durchsuchungsanordnung. a) Grundsatz. Die Durchsuchung der Wohnung ohne Zustimmung des Schuldners setzt wegen Art. 13 II GG[1] und gem. § 758a nF einen **richterlichen Durchsuchungsbeschluß** voraus. Verweigert der Schuldner dem Gerichtsvollzieher den Zutritt zur Wohnung oder öffnet er die Tür nicht, ist schon für das Eindringen des Gerichtsvollziehers in die Wohnung ein richterlicher Durchsuchungsbeschluß erforderlich.[2] Allein das Eindringen stellt zwar noch keine Durchsuchung dar. Es steht aber in unmittelbarem Zusammenhang mit der beabsichtigten Durchsuchung. Zum Begriff der Wohnung s. Rn. 150, zum Begriff der Durchsuchung Rn. 151, zum **Mitgewahrsam** Rn. 154. 153

b) Entbehrlichkeit. Die Durchsuchungsanordnung ist nicht erforderlich, 154
- wenn der Schuldner einwilligt (§ 758a I 1),
- wenn ihre Einholung den Erfolg der Durchsuchung gefährden würde (§ 758a I 2),
- bei der Vollstreckung aus einem Titel auf Räumung oder Herausgabe von Räumen (§ 758a II),
- bei der Vollstreckung eines Haftbefehls nach § 901 (§ 758a II).

Die Einwilligung des Schuldners muß ausdrücklich erfolgen; zuvor ist er vom Gerichtsvollzieher auf die Notwendigkeit der Anordnung hinzuweisen. Nur der Schuldner selbst oder eine von ihm ausdrücklich bevollmächtigte Person kann sie erklären.[3]

Mitgewahrsamsinhaber haben nach § 758a III 1 nF die Durchsuchung zu dulden, wenn eine Anordnung gegen den Schuldner ergangen oder entbehrlich ist. Zu dieser wichtigen Problematik s. Rn. 265ff.

c) Verfahren. Die richterliche Anordnung ergeht auf Antrag des Gläubigers. Zuständig zur Entscheidung ist der Richter des Amtsgerichts, in dessen Bezirk die Durchsuchung vorgenommen werden soll (§ 758a I 1). Der Beschluß ist zu erlassen, wenn die Durchsuchung erforderlich ist und dem Grundsatz der Verhältnismäßigkeit entspricht. 155
- Erforderlich ist die Anordnung nur dann, wenn der Schuldner dem Gerichtsvollzieher nicht freiwillig die Durchsuchung der Wohnung gestattet. Dies kann in der Regel nur festgestellt werden, wenn der Gerichtsvollzieher bereits einen Vollstreckungsversuch unternommen hat, der am mangelnden Einverständnis des Schuldners oder daran scheiterte, daß der Schuldner trotz schriftlicher Ankündigung des Gerichtsvollziehers mehrfach nicht anzutreffen war.
- An der Verhältnismäßigkeit kann es im Einzelfall etwa dann fehlen, wenn der Schuldner oder ein Familienmitglied so schwer erkrankt ist, daß die Durchsuchung eine unzumutbare Härte darstellen würde. Daß es sich um „Bagatellforderungen" handelt, dürfte hingegen nicht ausreichen.[4]

Dem Schuldner ist vor Erlaß der Durchsuchungsanordnung in der Regel rechtliches Gehör zu gewähren.[5] Ansonsten kann die Verhältnismäßigkeit nicht überprüft werden.

---

1 BVerfGE 51, 97 ff.

2 Musielak-Lackmann § 758 Rn. 9 m. w. N.; aA MK-Arnold § 758 Rn. 40 m. w. N.

3 Musielak-Lackmann § 758a Rn. 4.

4 OLG Düsseldorf NJW 1980, 1171.

5 BVerfGE 57, 346, 359; OLG Hamm NJW 1984, 1972; aA (regelmäßig nicht, weil Gefährdung des Vollstreckungserfolgs) TP § 758 Rn. 11 m. w. N.

156 **d) Rechtsmittel.** Die Durchsuchungsanordnung steht in einem unmittelbaren Zusammenhang mit der Durchführung des Vollstreckungsauftrags und gehört deshalb zum Zwangsvollstreckungsverfahren. Es ist grundsätzlich rechtliches Gehör zu gewähren. Unabhängig davon muß die Verhältnismäßigkeit der Anordnung geprüft werden. Daher handelt es sich um eine Entscheidung des Richters, auch wenn im Einzelfall kein rechtliches Gehör gewährt wurde.[1] Rechtsmittel gegen die Durchsuchungsanordnung ist daher in jedem Fall die sofortige Beschwerde nach § 793.[2]

157 **5. Die Durchführung der Pfändung. a) Inbesitznahme.** Die Pfändung beweglicher Sachen wird dadurch bewirkt, daß der Gerichtsvollzieher sie in Besitz nimmt, § 808 I. Er muß sich den unmittelbaren Besitz verschaffen und ihn dem Schuldner entziehen. Dies erfolgt durch die **Wegnahme der Sache** oder durch das **Anbringen eines Pfandsiegels** („Kuckuck") bzw. einer Pfandanzeige (§ 808 II 2).

aa) Andere Sachen als Geld, Kostbarkeiten und Wertpapiere sind im Gewahrsam des Schuldners zu belassen, sofern dadurch nicht die Befriedigung des Gläubigers gefährdet wird (§ 808 II 1). Damit wird der Besitz auf den Schuldner rückübertragen. Die **Wirksamkeit der Pfändung** ist dadurch bedingt, daß sie durch Anlegen von Pfandsiegeln oder auf sonstige Weise **ersichtlich gemacht wird,** § 808 II 2. Grundsätzlich ist ein **Pfandsiegel** anzubringen, das zwar nicht sofort sichtbar sein, aber so angebracht werden muß, daß es Außenstehenden bei Beachtung der verkehrsüblichen Sorgfalt erkennbar ist.

Beispiel: Ausreichend ist die Anbringung des „Kuckucks" auf der Rückseite eines Fernsehers; unwirksam dagegen die Anbringung in dessen Gehäuse verdeckt durch die Rückwand.

Werden mehrere gleichartige Sachen gepfändet, kann die Kenntlichmachung dadurch erfolgen, daß eine **Pfandanzeige** angebracht wird. Betrifft die Pfändung allerdings nur einen Teil mehrerer zusammen gelagerter Sachen, sind sie räumlich von den nicht gepfändeten Sachen zu trennen.

Beispiel: In einem Reifenlager sollen 100 von 500 dort zusammen lagernden Reifen gepfändet werden. Diese müssen von den anderen 400 abgesondert werden. An dem – abgesonderten – Lagerort ist die Pfandanzeige anzubringen.

Wie aus § 808 II 2 folgt, ist die **Kenntlichmachung Wirksamkeitsvoraussetzung der Pfändung**; ein **Verstoß** hiergegen führt zu ihrer **Unwirksamkeit** (gleich Nichtigkeit).

bb) Geld hat der Gerichtsvollzieher beim Gläubiger abzuliefern, § 815 I; Kostbarkeiten und Wertpapiere sind in der Pfandkammer zu verwahren.

158 **b) Benachrichtigung, Protokoll.** Von der Pfändung muß der Gerichtsvollzieher den Schuldner in Kenntnis setzen, §§ 808 III, 763, ggfls. durch Erteilung einer Protokollabschrift, § 763 II.

Über jede Vollstreckungshandlung ist ein **Protokoll** aufzunehmen, § 762. Ein Protokollformular befindet sich im Anhang und ist unter Hinweis auf die gesetzlichen Vorschriften erläutert.

---

[1] Insoweit aA KG NJW 1986, 1180ff.; TP § 758 Rn. 21 m. w. N.

[2] OLG Hamm NJW 1984, 1972; Musielak-Lackmann § 758a Rn. 24.

6. Die Anschlußpfändung, § 826. Soll die Pfändung einer bereits gepfändeten Sache für denselben Gläubiger (aufgrund eines anderen Titels) nochmals oder für einen anderen Gläubiger gegen denselben Schuldner erfolgen, so kann die Sache erneut oder im Wege der **Anschlußpfändung** (§ 826) gepfändet werden. 159

Diese erfolgt durch die Aufnahme ihrer **Erklärung in das Pfändungsprotokoll**. Die Protokollierung ist **Wirksamkeitsvoraussetzung,** weil die Anschlußpfändung im Gegensatz zur ersten Pfändung nach außen hin nicht erkennbar gemacht wird. Sie setzt weiter eine **wirksame**, also nicht nichtige, **Erstpfändung** voraus Eine bloße Fehlerhaftigkeit oder die Aufhebung der Erstpfändung, auch auf eine Erinnerung hin, ist ohne Bedeutung.

7. Der Umfang der Pfändung. a) Eine **zwecklose** Pfändung, eine Pfändung also, die nicht erwarten läßt, daß der Erlös die Kosten der Zwangsvollstreckung übersteigt, ist gem. § 803 II unzulässig. 160

b) Auch eine **Überpfändung** ist gem. § 803 I 2 unzulässig, d. h. eine Pfändung, bei der der voraussichtliche Erlös die Forderung des Gläubigers übersteigt. Der voraussichtliche Erlös ist vom Gerichtsvollzieher nach § 813 zu schätzen. Ausnahme: Der Schuldner hat nur einen einzigen pfändbaren Gegenstand im Besitz.

c) Eine **anderweitige Sicherung** des Gläubigers hat der Gerichtsvollzieher grundsätzlich nicht zu beachten; in diesem Fall kann sich der Schuldner gegen die Pfändung mit der Erinnerung nach § 777 wehren.

8. Rechtsfolge von Verfahrensverstößen. a) Verstöße des Gerichtsvollziehers gegen die oben genannten Verfahrensvorschriften führen – mit Ausnahme der ausdrücklich genannten Fälle (zB fehlerhafte Kenntlichmachung) – nicht zur Unwirksamkeit der Zwangsvollstreckungsmaßnahmen. Sie bleiben wirksam, können allerdings vom Schuldner mit der Erinnerung angefochten werden. Verfahrensmängel können grundsätzlich geheilt werden.[1] 161

b) Auch die Nichtigkeit eines Pfändungsaktes (zB bei einer falschen Anlegung des Pfandsiegels) läßt das **Rechtsschutzbedürfnis für eine Erinnerung nicht entfallen,** weil der Schein einer wirksamen Pfändung bleibt.

§ 16 Die Wirkung der Pfändung

Eine wirksame Pfändung einer dem Schuldner gehörenden Sache führt zu deren **Verstrickung** und läßt zugunsten des Gläubigers ein **Pfändungspfandrecht** (§ 804 I) entstehen.

I. Die Verstrickung

1. Begriff, Wirkung. Die Verstrickung ist die **staatliche Beschlagnahme** einer Sache im Wege der Zwangsvollstreckung. Durch sie entsteht ein **öffentlich-rechtliches Gewaltverhältnis** über die gepfändete Sache, das 162

---

[1] BGHZ 66, 79, 82; OLG Hamm Rpfleger 1997, 393.

Grundlage aller folgender Vollstreckungsakte, insbesondere der Verwertung der Sache ist. Die Pfändung bewirkt ein staatliches Veräußerungsverbot für den Schuldner iSd. §§ 135, 136 BGB. Abgesehen von der Möglichkeit eines gutgläubigen Erwerbs sind damit nachfolgende Verfügungen des Schuldners dem vollstreckenden Gläubiger gegenüber, also relativ, unwirksam.

163 **2. Voraussetzungen.** Die Verstrickung tritt durch jede **wirksame**, also nicht nichtige Pfändung ein. **Nichtig** ist eine Pfändung nur bei offenkundigen, schweren Mängeln; hier dürfte man auf § 44 VwVfG zurückgreifen können.[1] Eine Nichtigkeit wird in folgenden Fällen bejaht (zur Forderungspfändung s. a. Rn. 301):

- Es fehlt überhaupt an einem Titel;[2]
- das Vollstreckungsorgan hat gegen die funktionelle Zuständigkeit verstoßen (s. aber Rn. 259);
- der Gerichtsvollzieher macht die Pfändung nicht hinreichend kenntlich, § 808 II 2 (s. o. Rn. 157);
- eine Anschlußpfändung ist ohne wirksame Erstpfändung durchgeführt oder nicht ordnungsgemäß protokolliert worden (s. o. Rn. 159).

164 **3. Beendigung.** Die Verstrickung endet:

- durch ihre **Aufhebung durch das Vollstreckungsorgan**; beim Gerichtsvollzieher ist hierfür die Rückgabe der gepfändeten Sache an den Schuldner oder die Entfernung des Pfandsiegels erforderlich;
- mit **Abschluß der Verwertung** der gepfändeten Sache, gleich wie sie erfolgt. Die Verstrickung setzt sich allerdings an dem erzielten Erlös fort, § 1247 S. 2 BGB analog;
- nach hM[3] durch einen gutgläubigen lastenfreien Erwerb der gepfändeten Sache gem. §§ 135 II, 936 BGB. Dieses rein materiell-rechtliche Problem hat der Gerichtsvollzieher allerdings nicht zu beachten. Der gutgläubige Erwerber muß ggfls. Drittwiderspruchsklage nach § 771 erheben.[4]

Allein durch eine **gerichtliche Entscheidung**, die die Pfändung eines Gegenstandes für unzulässig erklärt, endet die Verstrickung noch **nicht;** der Gerichtsvollzieher muß allerdings gem. §§ 775 Nr. 1, 776 die Pfändung rückgängig machen.

Die hM nimmt zu Recht an, daß die Verstrickung auch dann **nicht endet,** wenn der **Schuldner** mit Zustimmung des Gläubigers **das Pfandsiegel entfernt.**[5] Das öffentlich-rechtliche Gewaltverhältnis mit seinem strafrechtlichen Schutz durch § 136 StGB kann mangels gesetzlicher Regelung nicht zur Disposition des Gläubigers gestellt werden. § 843 kann nicht entsprechend angewandt werden, weil bei der Forderungspfändung im Gegensatz zur Sachpfändung kein öffentlich-rechtliches Gewahrsamsverhältnis besteht.

165 **4. Verfolgungsrecht.** Ein gutgläubiger lastenfreier Erwerb der gepfändeten Sache ist zwar möglich, aber vom Gerichtsvollzieher nicht zu beachten (Rn. 164). Dies wirft die Frage auf, ob der Gerichtsvollzieher die gepfändete

---

[1] Musielak-Becker § 803 Rn. 10; Musielak-Lackmann vor § 704 Rn. 32.
[2] BGHZ 70, 313, 317; TP vor § 704 Rn. 58.
[3] BL-Hartmann § 804 Rn. 4; StJ-Münzberg § 804 Rn. 43; TP § 803 Rn. 11.
[4] Brox-Walker Rn. 371.
[5] StJ-Münzberg § 803 Rn. 18; Brox-Walker Rn. 369; aA TP § 803 Rn. 11.

Sache bei einem Dritten, ggfls. unter Gewaltanwendung, wegnehmen darf, der sich nunmehr im Besitz der Sache befindet (sog. Verfolgungsrecht des Gerichtsvollziehers).

a) Ein solches Vorgehen des Gerichtsvollziehers dürfte nicht gegen §§ 750 I, 809 verstoßen. Es fehlt an den Tatbestandsmerkmalen „zu Beginn" bzw. „bei der Pfändung".

b) Umstritten ist allerdings, ob der Gerichtsvollzieher gegen den Dritten die Zwangsmaßnahmen des § 758 ergreifen darf.

- ZT wird das Verfolgungsrecht des Gerichtsvollziehers bejaht im wesentlichen mit der Begründung, es sei eine Folge der auf der Verstrickung beruhenden staatlichen Verfügungsmacht.[1]
- Nach aA fehlt es an einer Ermächtigungsgrundlage zu Zwangsmaßnahmen des Gerichtsvollziehers gegen den Dritten.[2] Hierfür spricht, daß § 758 schon nach seinem Wortlaut nur zu Zwangsmaßnahmen gegen den Schuldner ermächtigt. Auch die §§ 808f enthalten keine Ermächtigungsgrundlage, deren öffentlich-rechtliches Handeln immer bedarf. Der Gläubiger ist in der Regel hinreichend geschützt. Bei „unsicheren" Schuldnern hat der Gerichtsvollzieher die Sache ohnehin wegzunehmen, § 808 II 1. Der Schuldner macht sich strafbar, § 136 StGB.

II. Das Pfändungspfandrecht

Durch die Pfändung erwirbt der Gläubiger ein Pfandrecht an dem gepfändeten Gegenstand, § 804 I. Wann es entsteht oder untergeht und welche Bedeutung es genau hat, ist stark umstritten. **166**

Gleich vorab ein Hinweis zum Umgang mit den Theorien in Examensarbeiten:

- Sie haben im zweiten Staatsexamen einen praktischen Fall, nicht eine auf theoretische Probleme zugeschnittene Arbeit vor sich.
- Der praktische Fall ist von Praktikern entschieden worden. Diese haben selten Zeit, sich wissenschaftlich mit in der Rechtsprechung ausgestandenen Fragen zu beschäftigen.
- Ihre Klausur wird von Praktikern korrigiert.

Deshalb einige Ratschläge:

- Prüfen Sie zunächst gedanklich, ob in Ihrem Fall die noch vertretenen Theorien zu **unterschiedlichen Ergebnissen** kommen; dies ist **selten** genug.
- Sind die Ergebnisse gleich und die Theorien nicht (vom Prüfungsamt) in den Erklärungen der Parteien angesprochen, reicht es aus, sich auf die in der Praxis **vorherrschende („gemischte") Theorie** zu stützen. Allenfalls dürfte man auch kurz unter die beiden noch vertretenen Theorien „subsumieren" und feststellen können, daß sie zum gleichen Ergebnis führen.
- Nur dann, wenn – trotz des gleichen Ergebnisses – die Parteien darauf eingegangen sind oder die Theorien zu unterschiedlichen Ergebnissen kommen, müssen sie behandelt werden. Nur: Prüfungsamt und Korrektoren wissen, daß Sie eine Klausur zu bearbeiten haben und im Zweifel angesichts der vielfältigen wissenschaftlichen

---

[1] LG Saarbrücken DGVZ 1975, 170; BL-Hartmann § 809 Rn. 1; TP § 809 Rn. 8.
[2] LG Dortmund DGVZ 1990, 73; VG Köln NJW 1977, 825f; Musielak-Becker § 808 Rn. 20 m. w. N.; StJ-Münzberg § 808 Rn. 37; Brox-Walker Rn. 373.

Ausführungen dazu nichts eigenes Neues beitragen können werden. Lassen Sie deshalb Ihre „eigene Auffassung" besser aus dem Spiel und begründen die Tatsache, daß Sie einer bestimmten Theorie folgen, mit deren Argumenten.

167 **1. Privatrechtliche Theorie.** Die sogenannte „privatrechtliche Theorie" wird heute nicht mehr vertreten. Sie hielt das Pfändungspfandrecht für eine dritte Art eines bürgerlich-rechtlichen Pfandrechts, dessen rechtsgeschäftliche Bestellung durch den Pfändungsakt ersetzt wurde. Sie ist nur noch unter dem historischen Aspekt zu verstehen, daß man früher die Tätigkeit des Gerichtsvollziehers für bürgerlich-rechtlich hielt, während heute nicht mehr bestritten wird, daß jedenfalls die Zwangsvollstreckung hoheitlichen Charakter hat. Deshalb ist jetzt **allgemein anerkannt,** daß die privatrechtliche Theorie **abzulehnen ist.**

168 **2. Öffentlich-rechtliche Theorie.** In der Literatur wohl vorherrschend ist die „öffentlich-rechtliche Theorie".[1] Sie sieht das Pfändungspfandrecht nicht als Art bürgerlich-rechtliches Pfandrecht an, sondern als davon wesensverschiedenes Recht, das **allein im öffentlichen (Zwangsvollstreckungs-) Recht** wurzele. Es entstehe deshalb ohne weitere Voraussetzungen bereits mit der Verstrickung, also einer **wirksamen Pfändung**. Es soll weder akzessorisch sein noch voraussetzen, daß die gepfändete Sache dem Schuldner gehört. Es beinhalte ein **rein prozessuales Recht**, die **Verwertung** der gepfändeten Sache **zu betreiben und den Erlös zu empfangen.** Dagegen gewähre es **kein Recht**, materiell-rechtlich den **Erlös auch behalten** zu dürfen. Lediglich in Ausnahmefällen könne an die analoge Anwendung der zivilrechtlichen Pfandrechtsvorschriften gedacht werden.

169 **3. Gemischte Theorie.** Die wohl herrschende „gemischt-privatrechtlich-öffentlich-rechtliche Theorie", die neben einem Teil der Literatur[2] insbesondere die Rechtsprechung[3] einhellig vertritt, geht grundsätzlich mit der früher vertretenen privatrechtlichen Theorie von dem **privatrechtlichen Charakter des Pfändungspfandrechts** aus. Sie erkennt aber das **öffentlich-rechtliche Wesen der Zwangsvollstreckung** dadurch an, daß sie den **Verwertungsvorgang dem öffentlichen Recht** zuordnet:

Grundlage und Wirksamkeitsbedingung der Versteigerung ist nicht das Pfändungspfandrecht, sondern die **öffentlich-rechtliche Verstrickung der Sache.**

170 **a) Entstehen.** Das Pfändungspfandrecht entsteht durch die Pfändung der Sache. Überwiegend wird angenommen, daß neben einer **wirksamen (= nicht nichtigen) Verstrickung** zur Entstehung des privatrechtlichen Pfändungspfandrechts auch erforderlich sei, daß die **wesentlichen Vollstreckungsvoraussetzungen** (zB Klausel, Zustellung, besondere Vollstrekkungsvoraussetzungen, keine Vollstreckungshindernisse) vorliegen und **wichtige Verfahrensvorschriften** (etwa §§ 809, 811) nicht verletzt sein dürfen.[4] Auch wenn die Verstrickung wirksam sei, könne dem Gläubiger bei schweren Verfahrensverstößen kein aus § 804 I folgendes materiell-rechtliches Befriedigungsrecht zugebilligt werden. Dies wird damit begründet, daß die

---

[1] BL-Hartmann § 804 Rn. 2; StJ-Münzberg § 804 Rn. 1ff m. w. N.; TP § 803 Rn. 8.
[2] MK-Schilken § 804 Rn. 6ff; Musielak-Becker § 804 Rn. 4; Brox-Walker Rn. 393.
[3] RGZ 156, 395, 398; BGHZ 23, 293, 299; 56, 339, 351.
[4] MK-Schilken § 804 Rn. 13; Musielak-Becker § 804 Rn. 5; Brox-Walker Rn. 383.

Verletzung wesentlicher Formvorschriften, wie zB aus § 125 BGB folge, dazu führe, daß ein materielles Recht nicht entstehe.

b) Kein Pfandrecht. Ein Pfändungspfandrecht entsteht nicht bei der Pfändung **schuldnerfremder Sachen,** weil auch nur der Eigentümer ein zivilrechtliches Pfandrecht bestellen kann, §§ 1205, 1207 BGB. Auch ein gutgläubiger Erwerb ist nicht möglich, weil § 1207 BGB keine Anwendung findet; das Pfändungspfandrecht gleicht eher einem gesetzlichen Pfandrecht. Dagegen ist § 185 II BGB anwendbar, so daß das Pfändungspfandrecht entsteht, wenn der Schuldner die Sache später erwirbt oder der Eigentümer die Pfändung genehmigt. Da das materielle Recht ein Pfandrecht des Gläubigers an eigenen Sachen nicht kennt, entsteht auch bei der Pfändung **gläubigereigener Sachen** kein Pfändungspfandrecht. **171**

c) Forderungsinhaberschaft. Materiell-rechtlich setzt das Entstehen eines Pfandrechts das Bestehen der zu sichernden Forderung voraus, so daß ein Pfändungspfandrecht nur entsteht, wenn der Gläubiger auch Inhaber der titulierten Forderung ist. Hier greift aber wiederum der öffentlich-rechtliche Charakter der Zwangsvollstreckung durch, so daß es ausreicht, daß der Gläubiger im **Besitz eines rechtskräftigen Titels** ist. **172**

d) Untergang. Untergehen kann das Pfändungspfandrecht: **173**
- durch Beendigung der Verstrickung als Voraussetzung des Entstehens des Pfändungspfandrechts;
- durch Erlöschen der titulierten Forderung (§ 1252 BGB);
- durch Verzicht des Gläubigers gegenüber dem Schuldner auf das Pfändungspfandrecht (§ 1255 BGB);
- durch Entfernung des Pfandsiegels durch den Gläubiger oder den Schuldner im Einverständnis mit dem Gläubiger (§ 1253 BGB);[1]
- durch gutgläubigen lastenfreien Erwerb eines Dritten (§§ 136, 135 II, 932, 936 BGB);
- gem. § 88 InsO, wenn innerhalb eines Monats nach der Pfändung das Insolvenzverfahren eröffnet wird.

4. Gleiche Ergebnisse. Insbesondere in folgenden Fällen kommen die beiden noch vertretenen Theorien zu gleichen Ergebnissen, so daß der Theorienstreit keiner Erwähnung bedarf: **174**

a) Ersteigerung. Der Ersteigerer einer schuldnerfremden Sache erwirbt unabhängig von seiner Gut- oder Bösgläubigkeit Eigentum an ihr.
- Nach der gemischten Theorie ist die Verstrickung die Grundlage für die Verwertung. Damit erwirbt der Ersteher durch den Zuschlag kraft Hoheitsaktes Eigentum, obwohl kein Pfändungspfandrecht entstanden ist.
- Nach der öffentlich-rechtlichen Theorie ist Grundlage der Verwertung das Bestehen eines Pfändungspfandrechts. Dieses aber entsteht unabhängig vom Eigentum schon durch die Verstrickung.

b) Erlös. Materiell-rechtlich steht der Versteigerungserlös bei der Verwertung einer schuldnerfremden Sache dem ursprünglichen Eigentümer, nicht dem Gläubiger zu. **175**

---

[1] BGH KTS 59, 156, 157f m.w.N.; Musielak-Becker § 804 Rn. 11; aA Brox-Walker Rn. 369 m.w.N.; zur strafrechtl. Beurteilung s. Dreher/Tröndle § 136 StGB Rn. 9.

- Nach der gemischten Theorie ist kein Pfändungspfandrecht entstanden, so daß dem Gläubiger ein materielles Recht an der Pfandsache nicht zustand. Erhält er den Erlös, so geschieht dies ohne Rechtsgrund.
- Die öffentlich-rechtliche Theorie trennt ganz strikt zwischen dem öffentlich-rechtlichen Vollstreckungsakt bis zur Verwertung und dem materiellen Recht. Trotz der Entstehung des Pfändungspfandrechts ist damit über die materielle Berechtigung nichts gesagt. Diese soll sich allein danach richten, ob der Schuldner auch Eigentümer der Sache war. War er es nicht, hat der Gläubiger den Erlös ohne Rechtsgrund auf Kosten des wahren Eigentümers erhalten und ihn nach Bereicherungsrecht herauszugeben.

176 **5. Unterschiedliche Ergebnisse.** Auch im Ergebnis unterscheiden sich die Theorien manchmal dann, wenn es auf den **Zeitpunkt der Entstehung** des Pfändungspfandrechts ankommt.

a) Rang. Dies ist insbesondere dann der Fall, wenn der Rang eines Rechts entscheidend ist, § 804 III.

Beispiel: Der Gerichtsvollzieher pfändet am 1. 4. 1987 auf Antrag des Gläubigers A eine Stereoanlage, bevor der Titel zugestellt wurde. Am 2. 4. 1987 erfolgt eine Anschlußpfändung für den Gläubiger B. Am 3. 4. 1987 wird der Titel des Gläubigers A zugestellt. Der Versteigerungserlös reicht nicht zur Befriedigung beider Gläubiger aus. Wer ist vorrangig zu befriedigen?

Da die Pfändung für den Gläubiger A nicht nichtig, sondern nur anfechtbar war (s. Rn. 85), ist die Stereoanlage wirksam verstrickt worden.

- Nach der öffentlich-rechtlichen Theorie ist für den Gläubiger A damit bereits am 1. 4. 1987 ein Pfändungspfandrecht entstanden; es wäre dem erst am 2. 4. 1987 entstandenen Recht des Gläubigers B vorrangig.
- Nach der gemischten Theorie ist zunächst kein Pfandrecht entstanden, weil eine wesentliche Vollstreckungsvoraussetzung, die Zustellung des Titels, fehlte. Der Mangel ist allerdings geheilt worden. Damit entsteht lediglich **nachträglich (ex nunc) vom Heilungszeitpunkt** an das Pfändungspfandrecht; die Heilung hat **keine Rückwirkung** auf den Verstrickungszeitpunkt.[1] Das Pfändungspfandrecht des Gläubigers A wäre also erst am 3. 4. entstanden; das Pfändungspfandrecht des Gläubigers B ginge wegen der Prioritätsregel des § 804 III dem des Gläubigers A vor.

b) Insolvenz. Auch im Fall der Insolvenz kann es hinsichtlich des Entstehungszeitpunkts des Pfändungspfandrechts zu verschiedenen Ergebnissen kommen. § 50 InsO[2] gewährt dem Vollstreckungsgläubiger in der Insolvenz des Schuldners ein Absonderungsrecht (s. Rn. 824), wenn er vor dem letzten Monat vor dem Insolvenzantrag (§ 88 InsO) ein Pfändungspfandrecht erworben hat.[3] Hier gilt das zu a) Gesagte entsprechend.

177 **c) Stellungnahme.** Kommt es in den oben genannten Fällen **wirklich** auf die **Entscheidung zugunsten einer Theorie an**, sollte man sich mit folgenden Gründen für die herrschende gemischte Theorie entscheiden:

- Die öffentlich-rechtliche Theorie gibt jedenfalls im Ergebnis die Unterscheidung zwischen Verstrickung und Pfändungspfandrecht völlig auf, weil

---

[1] MK-Schilken § 804 Rn. 17; Brox-Walker Rn. 389f.

[2] Bis zum 31. 12. 1998 § 49 I Nr. 2 KO.

[3] Nach der bis zum 31. 12. 1998 gültigen KO muß das Pfandrecht vor der Konkurseröffnung entstanden sein.

mit der Verstrickung das Pfändungspfandrecht immer entsteht. Dies widerspricht § 804 I. Um nicht zu materiell-rechtlich unbefriedigenden Ergebnissen zu kommen, muß diese Theorie die materiell-rechtlichen Fragen davon völlig loslösen, um die Annahme begründen zu können, trotz wirksamer Verstrickung und eines Pfändungspfandrechts stünde dem Gläubiger gegenüber dem wahren Sacheigentümer kein Recht zum Behaltendürfen des Versteigerungserlöses zu.

– Die gemischte Theorie hingegen stellt die materielle Rechtslage zu Recht in den Vordergrund und modifiziert sie nur dort, wo sie mit dem öffentlich-rechtlichen Charakter der Zwangsvollstreckung nicht mehr zu vereinbaren ist. Die Bedeutung des Pfändungspfandrechts, die der Gesetzgeber in § 804 und § 50 InsO zum Ausdruck gebracht hat, entwertet sie nicht, sondern kann sie widerspruchsfrei und einleuchtend erklären.

§ 17 Die Verwertung der gepfändeten Sachen

Die Verwertung der gepfändeten Sachen (§§ 814ff) schließt sich an die **178**
Pfändung an. Sie wird vom Gerichtsvollzieher ohne erneuten Antrag des Gläubigers durchgeführt. Sie darf nicht erfolgen, wenn lediglich eine Sicherungsvollstreckung betrieben worden ist, § 720a I. Darf der Schuldner nach §§ 711 S. 1, 712 I 1 die Vollstreckung durch Sicherheitsleistung abwenden, ist gepfändetes Geld oder der Erlös gepfändeter Gegenstände zu hinterlegen (§ 720). Im praktisch wichtigen Fall des § 711 trifft § 720 nur die Konstellation, daß weder Gläubiger noch Schuldner Sicherheit geleistet haben, weil die Sicherheitsleistung des Gläubigers die des Schuldners obsolet und die alleinige Sicherheitsleistung durch den Schuldner die Zwangsvollstreckung unzulässig macht.

Gepfändetes Geld ist (abgesehen von § 720) dem Gläubiger abzuliefern, § 815 I. Wertpapiere können vom Gerichtsvollzieher freihändig verkauft werden (§ 821); das kann auch für Gold- und Silbersachen gelten, § 817a III. Andere Sachen sind grundsätzlich zu versteigern, § 814. Auf Antrag kann auch eine andere Verwertungsart erfolgen oder angeordnet werden, § 825. Der Erlös ist an den Gläubiger auszukehren oder zu verteilen. Zu den materiell-rechtlichen Fragen der Verwertung schuldnerfremder Sachen s. Rn. 643ff.

I. Die Verwertung gepfändeten Geldes

1. Ablieferung. Gepfändetes Geld ist gem. § 815 I dem Gläubiger abzu- **179**
liefern. Macht ein Dritter ein die Veräußerung hinderndes Recht an dem Geld geltend, so hat der Gerichtsvollzieher es zu hinterlegen; s. § 815 II. Dies gilt auch bei der Sicherungsvollstreckung nach § 720a und in den Fällen des § 720 (s. Rn. 178).

2. Eigentumsverhältnisse. Bis zur Ablieferung des Geldes bestehen die **180**
alten Eigentumsverhältnisse an dem Geld fort. Die Ablieferung ist der **staatliche Hoheitsakt**, durch den der Gerichtsvollzieher das **Eigentum dem Gläubiger zuweist.** Dies erwirbt er – ungeachtet evtl. materiell-rechtlicher

Ansprüche des Dritten, s. Rn. 643ff – auch dann, wenn der Schuldner nicht Eigentümer war.

181 **3. Gefahrtragung.** Ist das Geld nicht zu hinterlegen, wirkt schon seine Wegnahme gem. § 815 III „als Zahlung von seiten des Schuldners". Die **Gefahr** – noch nicht das Eigentum – geht also **auf den Gläubiger** über. Die Zahlungsfiktion gilt nach hM allerdings nicht, wenn das weggenommene Geld nicht dem Schuldner gehörte.[1] § 815 III, der für das Gegenteil sprechen könnte, soll als Gefahrtragungsregel nur den Schuldner davor schützen, daß er erneut vom Gläubiger in Anspruch genommen wird. Er kann aber keine Bedeutung als Rechtsgrund für den der materiellen Güterzuordnung zuwiderlaufenden Eigentumserwerb des Gläubigers auf Kosten eines Dritten gewinnen. Dieser kann sich nicht immer mit der Drittwiderspruchsklage nach § 771 wehren, weil er möglicherweise von der Pfändung nicht oder aber zu spät erfährt.

II. Die Versteigerung gepfändeter Sachen

182 **1. Verfahren.** Gepfändete Sachen sind vom Gerichtsvollzieher öffentlich zu versteigern, § 814. Die Versteigerung ist ein staatlicher Hoheitsakt, den der Gerichtsvollzieher durchführt, der die erste Pfändung vorgenommen hat. Der Gerichtsvollzieher bestimmt Termin (§ 816 I) und Ort (§ 816 II) der Versteigerung, die öffentlich bekannt zu machen sind (§ 816 III). Im öffentlichen (§ 814) Termin sind die Pfandstücke unter Angabe von gewöhnlichem Verkaufswert und Mindestgebot (§ 817a) aufzubieten. Dem Meistbietenden wird der Zuschlag erteilt und nach Barzahlung (§ 817 II) die Sache abgeliefert. Der Erlös ist nach Abzug der Kosten dem Gläubiger bis in Höhe seiner vollstreckbaren Forderung abzuliefern; einen evtl. Überschuß erhält der Schuldner.

183 **2. Rechtsnatur.** Streitig ist die Rechtsnatur von Gebot und Zuschlag. Die wohl hM faßt sie als **kaufrechtsähnlichen öffentlich-rechtlichen Vertrag** zwischen Staat und Meistbietendem auf.[2] Nach aA soll es sich bei dem Zuschlag um einen einseitigen staatlichen Hoheitsakt handeln.[3] Praktische Bedeutung hat der Streit nicht, weil über die Voraussetzungen und Folgen von Gebot und Zuschlag Einigkeit besteht:

a) Wird dem Meistbietenden die Sache zugeschlagen, aber nicht abgeliefert, kann er nicht auf Leistung klagen, sondern wegen des Verfahrensfehlers des Gerichtsvollziehers nur Erinnerung nach § 766 einlegen. Diese Vorschrift ist spezieller.

b) Eine Anfechtung des Gebots ist ausgeschlossen. Auch die hM, die einen Vertragsschluß annimmt, geht wegen der Besonderheiten des Versteigerungsverfahrens davon aus, daß die §§ 119ff BGB nicht analog angewandt werden können. Die Anwendung dieser Vorschriften würde zu einer Umgehung des § 806 führen.

c) Kaufrechtliche Gewährleistungsansprüche sind nach § 806 ausgeschlossen.

d) Gebot eines und Zuschlag an einen Geschäftsunfähigen sind unwirksam. Geschäftsunfähige können weder Prozeßhandlungen vornehmen noch Willenserklärungen abgeben. Der Zuschlag ist unwirksam, weil er rechtlich nachteilige Folgen (zB § 817 III 2) haben kann, deren Eintritt dem Schutz des Geschäftsunfähigen zuwiderlaufen würde.

---

[1] Brox-Walker Rn. 421 m. w. N.; TP § 815 Rn. 10.

[2] OLG München DGVZ 1980, 122, 123; MK-Schilken § 817 Rn. 3; TP § 817 Rn. 2.

[3] StJ-Münzberg § 817 Rn. 20.

3. Ablieferung der Sache. Durch die Ablieferung, also die Übertragung des unmittelbaren Besitzes, wird nach hM das Eigentum an der versteigerten Sache durch **privatrechtsgestaltenden Hoheitsakt** des Gerichtsvollziehers **originär auf den Ersteher übertragen**.[1] 184

a) Der Ersteher erwirbt auch dann Eigentum, wenn ihm bekannt ist, daß die versteigerte Sache nicht dem Schuldner gehörte.[2] § 1244 BGB kann entgegen einer zT vertretenen Auffassung[3] nicht analog angewandt werden, weil nicht, wie im Privatrecht, der Pfandgläubiger die Versteigerung betreibt, sondern der Gerichtsvollzieher hoheitlich. Daher kommt es nur auf die Berechtigung des Gerichtsvollziehers an. Dieser hat nur den Gewahrsam des Schuldners, nicht aber dessen Eigentum überprüfen müssen.

b) Der Eigentumserwerb kraft Hoheitsakt hat folgende **Wirksamkeitsvoraussetzungen:** 185

- Die gepfändete Sache muß **noch** verstrickt sein (aa).
- Die **wesentlichen Verfahrensvorschriften** müssen bei der Versteigerung beachtet worden sein (bb), Rn. 186.

aa) Die versteigerte Sache muß wirksam verstrickt und darf nicht entstrickt (s. dazu Rn. 164) worden sein. Die Begründung hierfür ist unterschiedlich, je nachdem, welcher Pfandrechtstheorie man folgt:

- Nach der öffentlich-rechtlichen Theorie ist Grundlage der Verwertungsbefugnis des Gerichtsvollziehers das Entstehen eines Pfändungspfandrechts; dies wiederum setzt eine wirksame Verstrickung der Sache voraus.
- Nach der herrschenden gemischten Theorie ist die durch die Verstrickung bewirkte staatliche Beschlagnahme unabhängig von der Entstehung eines Pfändungspfandrechts die Voraussetzung für die Verwertung der Sache.

bb) Die Versteigerung muß **öffentlich** stattgefunden haben (§ 814); daran kann es auch fehlen, wenn keine Bekanntmachung des Termins (§ 816 III) erfolgte. Ein Verstoß führt nach allgemeiner Auffassung zur Unwirksamkeit der Versteigerung, so daß auch kein Eigentumsübergang stattfindet.[4] 186

Zwingend ist nach allgM auch die Beachtung des **Barzahlungsgebotes** (§ 817 II), **nicht** aber des **Mindestgebotes** (§ 817a),[5] weil der Vollstreckungszweck nicht vereitelt wird und der Schuldner durch Schadenersatzansprüche wegen Amtspflichtverletzung geschützt bleibt.

Keine Wirksamkeitsvoraussetzung ist die Beachtung **reiner Verfahrensvorschriften** wie Zeit, Ort des Termins (§ 816) oder der dreimalige Aufruf, § 817 I.

III. Die Verwertung von Wertpapieren, Gold- und Silbersachen

Wertpapiere werden als bewegliche Sachen vom Gerichtsvollzieher gepfändet. Orderpapiere (zB Wechsel) werden vom Gerichtsvollzieher nur weg- 187

---

1 BGHZ 55, 20, 25; TP § 817 Rn. 9.

2 BGHZ 55, 20, 25; TP § 817 Rn. 9

3 Bruns/Peters § 23 IV 3; Marotzke NJW 1978, 133, 134f.

4 Musielak-Becker § 814 Rn. 5; TP § 817 Rn. 9; Brox-Walker Rn. 414.

5 OLG Frankfurt VersR 1980, 50; Musielak-Becker § 817 Rn. 4; TP § 817 Rn. 9; Brox-Walker Rn. 416; aA OLG München NJW 1959, 1832; MK-Schilken § 817 Rn. 22; Vorauflage.

genommen (§ 831); die Verwertung erfolgt durch das Vollstreckungsgericht nach §§ 835ff.[1] Andere Wertpapiere sind, wenn sie einen Börsen- oder Marktpreis haben, vom Gerichtsvollzieher freihändig zu verkaufen, anderenfalls zu versteigern, § 821.

Gold- und Silbersachen können freihändig verkauft werden, wenn ein den Zuschlag gestattendes Mindestgebot nach § 817a III 1 nicht erreicht wird, § 817a III 2.

IV. Die anderweitige Verwertung, § 825

188 Auf Antrag des Gläubigers oder des Schuldners kann der Gerichtsvollzieher die Sache in anderer Weise verwerten (§ 825 I nF) oder das Vollstreckungsgericht anordnen, daß die Verwertung durch eine andere Person als den Gerichtsvollzieher vorzunehmen sei (§ 825 II nF).

1. Erfolgt die Versteigerung durch eine andere Person als den Gerichtsvollzieher, verliert sie ihren hoheitlichen Charakter und wird privatrechtlicher Natur.[2] Der Eigentumsübergang richtet sich nur nach Zivilrecht, §§ 929ff BGB.

2. Als Verwertung in anderer Weise kommt in Betracht:
- Der freihändige Verkauf, auch wenn die Voraussetzungen der §§ 821, 817a III 2 nicht vorliegen.
- Die Überweisung an eine bestimmte Person, auch etwa den Gläubiger, gegen Zahlung eines bestimmten Betrages.

Beachte: Der Gläubiger kann auch ein Rechtsschutzbedürfnis für die Überweisung einer ihm selbst gehörenden Sache auf sich selbst haben. Durch die hoheitliche Übertragung des Eigentums entsteht originäres, insbesondere lastenfreies Eigentum.

Da die anderweitige Verwertung dazu dienen soll, einen möglichst günstigen Verwertungserlös zu erzielen, muß die Einhaltung des Mindestgebots gewährleistet sein, § 817a II 3. Es müssen zudem Vorteile gegenüber der regelmäßigen Verwertung, also der Versteigerung, zu erwarten sein.

V. Zum Verteilungsverfahren s. u. 3. Abschnitt, Rn. 373ff.

VI. Die Verwertung und der Schutz des Verbrauchers

189 Nach § 13 III VerbrKG gilt es grundsätzlich als Rücktritt vom Kreditvertrag, wenn der Kreditgeber die gelieferte Sache wieder an sich nimmt. Gem. § 13 II 2 VerbrKG iVm. § 364 S. 1 BGB muß der Verbraucher im Fall des Rücktritts die empfangene Sache herausgeben, gem. § 13 II 2 VerbrKG die Aufwendungen des Kreditgebers ersetzen und gem. § 13 II 1 VerbrKG iVm. §§ 347 S. 2, 987 BGB im Umfang des § 13 II 3 VerbrKG die Nutzungen vergüten. Dem steht der Anspruch des Verbrauchers auf Rückzahlung bereits gezahlten Kaufpreises und ggfls. Ersatz notwendiger Verwendungen (§ 13 II 1 VerbrKG iVm. § 346 S. 1 bzw. §§ 347 S. 2, 994 II, 683f BGB) gegenüber. Die gegenseitigen Ansprüche sind Zug um Zug zu erfüllen (§ 13 II 1 VerbrKG iVm. § 348 BGB).

---

[1] TP § 831 Rn. 1; Brox-Walker Rn. 695.

[2] BGH MDR 1964, 999; TP § 825 Rn. 12; Brox-Walker Rn. 426 m. w. N.

Vollstreckt der Kreditgeber wegen offener Raten aus einem Zahlungstitel gegen den Verbraucher in die aufgrund des Kreditvertrages gelieferte Sache, entstehen folgende Probleme:

- Führt die Vollstreckung zur Rücktrittsfiktion des § 13 III VerbrKG?
- Zu welchem Zeitpunkt tritt diese ggfls. ein?
- Sind die Rücktrittswirkungen vom Vollstreckungsorgan zu berücksichtigen?

Die Rücktrittsfiktion tritt auch dann ein, wenn der Verbraucher die Möglichkeit zur Nutzung der Sache durch Zwangsvollstreckungsmaßnahmen aufgrund eines Zahlungstitels des Kreditgebers verliert.[1] Mit Eintritt der Fiktion verliert der Titel auf Zahlung der Restkaufpreisraten seine materiell-rechtliche Grundlage.

Nach der alten Rechtslage (§ 5 AbzG) wurde als Zeitpunkt des Eintritts der Fiktion die Versteigerung oder die Verwertung nach § 825 angesehen (s.d. 1. Auflage, S. 58f). Diese Auffassung der damals hM war bereits inkonsequent, weil der Abzahlungskäufer die Nutzungsmöglichkeit zwar nicht schon durch die Pfändung, wohl aber bereits durch die Wegnahme der Sache durch den Gerichtsvollzieher verlor. Der hM lag wohl die Überlegung zugrunde, der Abzahlungskäufer werde unter dem Druck der drohenden Verwertung zahlen.[2] Dieser Grund ist mit der Möglichkeit einer Vergütungsvereinbarung (§ 13 III 1 2. HS VerbrKG) entfallen, so daß konsequenterweise nunmehr der Zeitpunkt der Wegnahme der Sache durch den Gerichtsvollzieher[3] oder der des Antrags des Kreditgebers nach § 825[4] als Zeitpunkt des Eintritts der Fiktion anzusehen ist.

Die Vollstreckungsorgane dürfen diese materiell-rechtlichen Fragen nicht berücksichtigen. Der Verbraucher muß vielmehr zur Durchsetzung seiner Gegenansprüche Vollstreckungsgegenklage (§ 767) erheben (str.).[5]

§ 18 Die Vollstreckungserinnerung (§ 766) beim Handeln des Gerichtsvollziehers

Hinweis: Die folgenden Darstellungen beziehen sich nur auf die Vollstreckungserinnerung, die sich gegen die Un-/Tätigkeit des Gerichtsvollziehers richtet. Die Besonderheiten der Erinnerung gegen Maßnahmen des Vollstreckungsgerichts werden später (Rn. 316ff) dargestellt.

I. Grundlagen

1. Zweck der Erinnerung. Mit der Erinnerung nach § 766 können die an der Vollstreckung Beteiligten Maßnahmen der Vollstreckungsorgane zur 190

[1] MK-Habersack § 13 VerbrKG Rn. 54 m.w.N.
[2] MK-Habersack § 13 VerbrKG Rn. 56.
[3] MK-Habersack § 13 VerbrKG Rn. 56; Pal-Putzo § 13 VerbrKG Rn. 10; aA (Versteigerung) Brox-Walker Rn. 439.
[4] MK-Habersack § 13 VerbrKG Rn. 56; aA (Ablieferung) Brox-Walker Rn. 439.
[5] Musielak-Becker § 817 Rn. 8; Brox/Walker Rn. 443; aA BL-Hartmann § 825 Rn. 9.

richterlichen Überprüfung stellen. Die Rechtsstaatlichkeit des Vollstreckungsverfahrens und das rechtliche Gehör der Beteiligten werden gewährleistet.

191 **2. Wesen der Erinnerung.** Es handelt sich bei der Vollstreckungserinnerung um einen speziellen Rechtsbehelf, der zur Prüfung des Vollstreckungshandelns in derselben Instanz führt; Vollstreckungsorgane und Vollstrekkungsgericht, selbst wenn es durch den Richter entscheidet, gehören nicht zwei verschiedenen Instanzen an. Ein Rechtsmittel ist die Erinnerung nicht, weil kein „Devolutiveffekt" (Übergang in eine höhere Instanz) eintritt.

Verfahrensrechtlich ähnelt die Erinnerung eher einem verwaltungs- als einem zivilprozessualen Verfahren. Überprüft wird das Handeln eines Vollstreckungsorgans, das **hoheitlichen,** nicht zivilrechtlichen Charakter hat. Der Parteibeibringungsgrundsatz gilt nur eingeschränkt. Wie im Verwaltungsprozeß ist vielmehr der eingeschränkte Amtsermittlungsgrundsatz gültig. Dies hat Auswirkungen vor allem auf das Antragserfordernis und den Umfang der Prüfung durch das Erinnerungsgericht (Rn. 201, 208ff). Trotz der Ähnlichkeit mit dem Verwaltungsprozeß bleibt die Erinnerung mangels ausdrücklicher anderer Regelungen in der ZPO allerdings ein **Zweiparteien-Verfahren zwischen Gläubiger und Schuldner** wie auch das Vollstreckungsverfahren selbst.

192 **3. Abgrenzung zu anderen Rechtsbehelfen.** Mit der Vollstreckungserinnerung werden **konkrete Vollstreckungsmaßnahmen** des Gerichtsvollziehers oder ihr Unterlassen mit der Begründung angefochten, die zu beachtenden Verfahrensvorschriften seien nicht eingehalten worden. Es kann zu Überschneidungen mit oder zur Notwendigkeit der Abgrenzung zu folgenden anderen Rechtsbehelfen kommen:

193 **a) Dienstaufsichtsbeschwerde.** Der Gerichtsvollzieher als Beamter unterliegt der Dienstaufsicht seiner vorgesetzten Dienststelle. Wie in allen Fällen behördlichen Handelns kann gegen sein Handeln oder auch Unterlassen eine Dienstaufsichtsbeschwerde erhoben werden. Diese führt allerdings nur zur Überprüfung der Tätigkeit unter dienstaufsichtsrechtlichen Aspekten und kann allenfalls Dienstaufsichts- oder Disziplinarmaßnahmen nach den beamtenrechtlichen Vorschriften zur Folge haben. Die Dienstaufsicht darf den Gerichtsvollzieher nicht zu konkreten Tätigkeiten anweisen; hierzu ist allein das Vollstreckungsgericht nach § 766 befugt.

Abgrenzungsprobleme gibt es hier in Klausuren kaum; allenfalls wäre eine Fallgestaltung denkbar, daß eine Eingabe dahingehend ausgelegt werden muß, ob eine dienstaufsichtsrechtliche Maßnahme oder eine Erinnerungsentscheidung begehrt wird. Im Ergebnis wird in Klausuren immer eine Erinnerung gewollt sein.

194 **b) Vollstreckungsgegenklage.** Bei der Erinnerung des Schuldners können Abgrenzungsprobleme zur Vollstreckungsgegenklage (§ 767) auftreten. Mit dieser werden materiell-rechtliche Einwendungen (zB Erfüllung) gegen den titulierten Anspruch selbst geltend gemacht. Diese sind in der Regel im Erinnerungsverfahren nicht beachtlich, es sei denn, sie wären Gegenstand zu beachtender Verfahrensvorschriften (zB § 775 Nr. 4, 5).

195 **c) Drittwiderspruchsklage.** Bei der Erinnerung eines Dritten kann es zu Überschneidungen mit der Drittwiderspruchsklage (§ 771) kommen, mit der die Veräußerung hindernde materielle Rechte (zB Eigentum) geltend gemacht werden, oder mit der Klage auf vorzugsweise Befriedigung (§ 805),

mit der vorrangige materielle Pfandrechte eingewandt werden. Auch diese materiellen Rechte sind für das Vollstreckungsorgan und damit bei einer Erinnerung regelmäßig unbeachtlich.

d) Zum Verteilungsverfahren s. u. Rn. 377.

II. Die Zulässigkeit der Erinnerung

1. Reihenfolge der Prüfung. Vorab einige Hinweise zur Reihenfolge der Prüfung: Der Richter wird regelmäßig zunächst seine Zuständigkeit prüfen. Hierzu muß er allerdings wissen, welcher Rechtsbehelf eingelegt wurde. Unter diesem Aspekt sind für ihn die im folgenden unter dem Prüfungspunkt „Statthaftigkeit" aufgeworfenen Fragen von Bedeutung. Kommt er zu dem Ergebnis, es handele sich bei dem eingelegten Rechtsbehelf um eine Erinnerung nach § 766 (s.a. Rn. 487), wird er die Zuständigkeit untersuchen und die Frage der Statthaftigkeit unter dem Aspekt wieder aufgreifen, ob die Erinnerung der richtige Rechtsbehelf für das Begehren des Erinnerungsführers ist. Der Anwalt hingegen wird Zuständigkeitsfragen zuletzt und unter dem Gesichtspunkt prüfen, an welches Gericht er sich wenden muß. **196**

2. Die Statthaftigkeit. a) Der Begriff der „Statthaftigkeit" stammt aus dem Rechtsmittelrecht. Er besagt, daß das Gesetz ein bestimmtes Rechtsmittel zur Erreichung eines bestimmten Ziels zur Verfügung stellt. Wenn auch die Erinnerung wegen des fehlenden Devolutiveffekts kein Rechtsmittel ist, so ist sie aber doch eine rechtsmittelähnliche „Gegenvorstellung", deren Statthaftigkeit in § 766 geregelt ist. **197**

Bezogen auf die Tätigkeit des Gerichtsvollziehers ist die Vollstreckungserinnerung statthaft:

- wenn der Schuldner oder ein Dritter die Art und Weise der Zwangsvollstreckung durch den Gerichtsvollzieher rügt, § 766 I;
- wenn der Gläubiger geltend macht, der Gerichtsvollzieher komme dem Vollstreckungsantrag nicht oder nicht antragsgemäß nach, § 766 II;
- gegen den Kostenansatz des Gerichtsvollziehers, § 766 II.

b) Zu beachten ist insbesondere bei der Erinnerung des Schuldners folgendes: Seine Erinnerung ist **statthaft**, wenn er sich **gegen einen Vollstreckungsakt wendet.** Sie muß wegen des eingeschränkten Amtsermittlungsgrundsatzes nicht mit der Verletzung bestimmter Vorschriften begründet werden. Es reicht, daß sich aus der Erinnerung ergibt, daß der Schuldner sich gegen bestimmte Vollstreckungsmaßnahmen des Gerichtsvollziehers wendet. ZB ist die Erklärung ausreichend: **198**

> „Hiermit lege ich Erinnerung ein gegen die am 1. 4. 1986 vom Gerichtsvollzieher in meiner Wohnung im Auftrag des Gläubigers „X" durchgeführten Vollstreckungshandlungen".

Aus dem Amtsermittlungsgrundsatz und der Tatsache, daß die Erinnerung des Schuldners gegen Vollstreckungsakte des Gerichtsvollziehers immer statthaft ist, ergibt sich auch, daß im Rahmen der Statthaftigkeit nicht zu untersuchen ist, ob der Schuldner im konkreten Fall materiell-rechtliche Einwendungen geltend macht und dies darf. Seine Erinnerung ist statthaft; es ist nur die Frage, ob sie mit materiell-rechtlichen Vorschriften begründet werden kann. Das ist aber ein Problem der Begründetheit der Erinnerung.

Entsprechendes gilt für die Erinnerung eines Dritten. § 766 differenziert nicht zwischen Schuldner und Drittem. Allerdings kann, wenn er sich gegen ein auf Vollstreckung gerichtetes Verhalten des Gerichtsvollziehers wendet, fraglich sein, ob der Dritte beschwert bzw. erinnerungsbefugt ist (s. Rn. 205).

In Klausuren, in denen materiell-rechtliche Einwendungen geltend gemacht werden, empfiehlt es sich, die Statthaftigkeit anzusprechen und mit der oben genannten Begründung darzustellen sowie zu lösen.

199 **3. Zuständigkeit, Form, Frist.** Zur Entscheidung über die Erinnerung ist gem. § 766 **ausschließlich** (§ 802) das **Vollstreckungsgericht zuständig.** Das ist das Amtsgericht, in dessen Bezirk die Vollstreckung stattgefunden hat oder stattfinden soll, § 764 II. Es entscheidet durch den Richter, § 20 Nr. 17a RpflG.

Die Vollstreckungserinnerung muß **schriftlich** eingelegt oder zu Protokoll der Geschäftsstelle erklärt werden, § 569 II analog. Sie ist **nicht fristgebunden.**

200 **4. Verfahrensvoraussetzungen.** Die allgemeinen Verfahrensvoraussetzungen des Zivilprozesses müssen vorliegen.

a) Die Prozeßhandlungsvoraussetzungen müssen gegeben sein. Anwaltszwang besteht wegen §§ 569 II, 78 III nicht.

201 **b) Antrag.** Ein **bestimmter Antrag** ist entgegen § 253 II Nr. 2 **nicht erforderlich.** Dies folgt aus dem Wesen der Erinnerung als formlose Gegendarstellung, die ein Amtsprüfungsverfahren in Gang setzt (Rn. 191). Es muß lediglich ersichtlich sein, gegen welche Handlung, Unterlassung oder Kosten sich der Erinnerungsführer wendet.

Ein bestimmter Erinnerungsantrag ist natürlich zulässig. Er kann die Überprüfung des Gerichts auf bestimmte Handlungen beschränken.

Beispiel: Der Gerichtsvollzieher pfändet einen PKW und nimmt ihn sogleich dem Schuldner weg.
- Wenn hier der Schuldner nur „Erinnerung" einlegt, ist die Zulässigkeit von Pfändung und Wegnahme zu prüfen.
- Legt der Schuldner Erinnerung ein mit dem Antrag, „die am 1. 4. 1987 durch den Gerichtsvollzieher durchgeführten Vollstreckungsmaßnahmen für unzulässig zu erklären", gilt das zuvor Gesagte.
- Wehrt sich der Schuldner ausdrücklich oder konkludent nur gegen die Wegnahme des PKW, zB durch den Antrag, „die Wegnahme wegen Verstoßes gegen § 808 II 1 für unzulässig zu erklären und den Gerichtsvollzieher anzuweisen, den PKW zurückzuschaffen", ist nur die Rechtmäßigkeit der Wegnahme zu prüfen. Hier gilt die Dispositionsmaxime. Dies folgt bereits aus dem Wortlaut des § 766 I 1 „Anträge, Einwendungen und Erinnerungen". Es steht damit dem Schuldner frei, überhaupt Erinnerung einzulegen und diese auf Teile der Vollstreckungsmaßnahmen zu beschränken.

202 **c) Rechtsschutzinteresse.** Das Rechtsschutzinteresse fehlt in der Regel, wenn die Vollstreckung überhaupt noch nicht begonnen hat oder bereits vollständig beendet ist (siehe hierzu auch Rn. 7ff).

Die Vollstreckung **beginnt** mit der ersten gegen den Schuldner gerichteten „Zwangs"-Vollstreckungshandlung des Gerichtsvollziehers, also mit jeder

Zwangsmaßnahme, zB dem Betreten der Wohnung gegen den Willen des Schuldners. Keine Zwangsmaßnahme ist die Aufforderung zur freiwilligen Leistung, die § 754 voraussetzt. Sie soll Zwangsmaßnahmen gerade vermeiden helfen. Auch beginnt die Vollstreckung nicht mit Titel- oder Klauselerlaß; dies sind Voraussetzungen, nicht Teile der Vollstreckung.

Die Vollstreckungsmaßnahme ist vollständig **beendet,** wenn sie sich in keiner Weise mehr rückgängig machen läßt, etwa wenn die gepfändete Sache versteigert und der Erlös dem Gläubiger ausgekehrt worden ist.

Zu beachten ist grundsätzlich folgendes: Die Zivilprozeßordnung kennt keine Vorschrift, die zur Voraussetzung macht, daß ein Rechtsschutzbedürfnis besteht. Sie geht vielmehr davon aus, daß es grundsätzlich vorliegt. Dies folgt u. a. aus § 256 I, der ausdrücklich vorschreibt, daß ein rechtliches Interesse an der Feststellung des Bestehens oder Nichtbestehens eines Rechtsverhältnisses gegeben sein muß. Grundsätzlich besteht also ein „Bedürfnis" für die Anrufung des Gerichts. Es kann nur **ausnahmsweise fehlen** – deshalb auch der Ansatz oben unter c) –, weil eine Partei mit einem Rechtsbehelf nichts mehr oder dasselbe Ziel auf einfacherem Weg erreichen kann. Eine „Fortsetzungsfeststellungsklage" wie das öffentliche Recht kennt die Zivilprozeßordnung nicht.

Diesen grundsätzlichen Gesichtspunkt muß man vor Augen haben, wenn man das Fehlen des Rechtsschutzbedürfnisses prüft. Die zuvor genannten Umstände sind zwar als Anhaltspunkte in fast allen Kommentaren und Anleitungsbüchern genannt; wendet man sie aber rein formelhaft auf jeden konkreten Fall an, ohne den Grundgedanken im Auge zu behalten, kann es zu Fehlentscheidungen kommen.

– So fehlt ein Rechtsschutzbedürfnis anerkanntermaßen auch dann nicht, wenn die Vollstreckung zwar noch nicht begonnen hat, aber doch unmittelbar bevorsteht und ein Warten des Schuldners auf den Vollstreckungsbeginn dazu führen würde, daß er seine Rechte nicht mehr vollständig wahren könnte.

Beispiel: Der Gerichtsvollzieher hat dem Schuldner angekündigt, er werde wegen Gefahr im Verzuge dessen Wohnung auch ohne richterliche Durchsuchungsanordnung durchsuchen. Würde man dem Schuldner zumuten, mit der Erinnerung zu warten, bis die Vollstreckung begonnen hat, könnte er mit der Erinnerung die Durchsuchung der Wohnung nicht mehr verhindern.

– Nach vollständiger Beendigung der Vollstreckungsmaßnahme bleibt die Erinnerung zulässig, soweit sich der Schuldner gegen den Kostenansatz des Gerichtsvollziehers wehrt.

d) Beschwer oder Erinnerungsbefugnis. Die Zulässigkeit jedes Rechtsmittels setzt ungeschrieben voraus, daß der Rechtsmittelführer beschwert ist. Dies bedeutet, daß die angefochtene Entscheidung für ihn ganz oder teilweise ungünstig ist. Weil die Erinnerung zwar kein Rechtsmittel, aber doch eine rechtsmittelähnliche Gegenvorstellung ist, setzt auch sie die Beschwer des Erinnerungsführers voraus. Diese wird zT auch Erinnerungsbefugnis genannt; sie ist mit der Klagebefugnis nach § 42 II VwGO zu vergleichen.[1] **203**

---

[1] Brox-Walker Rn. 1195.

Beschwert oder **erinnerungsbefugt** ist nur der, der – nach seinem eigenen Vortrag – durch den Gerichtsvollzieher möglicherweise in seinen Rechten beeinträchtigt worden ist.

204 **aa) Vollstreckungsparteien.** Unproblematisch ist in der Regel die Beschwer des **Gläubigers;** sie liegt immer dann vor, wenn der Gerichtsvollzieher seinen Antrag nicht, die Vollstreckung nicht dem Antrag gemäß oder verzögert durchführt. Der **Schuldner** ist durch jede gegen ihn gerichtete Zwangsvollstreckungsmaßnahme beschwert und so möglicherweise in seinen Rechten verletzt.

205 **bb) Dritte.** Problematisch kann die Erinnerungsbefugnis eines Dritten sein. Sie ist nur gegeben, wenn sich der Dritte auf die Verletzung einer **Verfahrensvorschrift** des Zwangsvollstreckungsrechts beruft, die (auch) **seinen Schutz bezweckt.**

Beispiele für auch Dritte schützende Vorschriften (s. a. Rn. 131):
- § 809 dient (ausschließlich) dem Schutz des Gewahrsamsinhabers.
- §§ 811 I Nr. 1 und 5, 812 dienen nicht nur dem Schutz des Schuldners, sondern auch dem seiner Familienangehörigen.
- Da der Gerichtsvollzieher evidentes Dritteigentum zu berücksichtigen hat, kann sich der Dritte als Eigentümer auf die Verletzung dieser Prüfungspflicht mit der Erinnerung berufen.
- Wird der Dritte als Schuldner behandelt, obwohl er nach dem Titel nicht Schuldner ist, ist er im Rahmen der Erinnerung natürlich wie der Schuldner selbst zu behandeln, also uneingeschränkt erinnerungsbefugt.
- Andere Gläubiger sind erinnerungsbefugt, wenn sie geltend machen, durch eine fehlerhafte Vollstreckungsmaßnahme seien sie in ihrem Rang (§ 804 III) beeinträchtigt.

206 **cc) Prüfungsumfang.** Der Umfang der Prüfung der Beschwer wirft häufiger Probleme auf. In Klausuren ist es häufig so, daß der Schuldner oder ein Dritter die Verletzung mehrerer Verfahrensvorschriften geltend macht. Dabei kann es vorkommen, daß die Vorschriften nur zum Teil dem Schutz des Dritten oder nicht dem Schutz des Schuldners dienen. **Beispiele:**

- Der Schuldner beruft sich in seiner Erinnerung auf eine Verletzung des § 809; sein Freund, in dessen Gewahrsam die gepfändete Sache gestanden habe, habe der Herausgabe nicht zugestimmt;
- ein Dritter beruft sich nicht nur auf eine Verletzung des § 809, sondern auch darauf, daß der Titel dem Schuldner nicht ordnungsgemäß zugestellt worden sei.

Anerkannt ist, daß weder Schuldner noch Dritte mit der Rüge von Vorschriften Erfolg haben können, die nicht ihrem, sondern dem Schutz eines anderen dienen. Der Schuldner kann sich also nicht auf eine Verletzung des § 809 berufen; der Dritte kann nicht geltend machen, nur dem Schutz des Schuldners dienende Vorschriften seien verletzt worden. Fraglich ist aber, an welcher Stelle diese Prüfung erfolgen sollte; ob man insoweit eine Beschwer verneint oder davon ausgeht, daß die Erinnerung wegen der Verletzung solcher Vorschriften nicht begründet sein kann. Manche[1] gehen davon aus, daß insoweit die Erinnerungsbefugnis fehle, die Erinnerung also unzulässig sei. Ich halte es für richtig, die Beschwer nur generell zu untersuchen. Der

---

[1] Brox-Walker Rn. 1196; MK-Karsten Schmidt § 766 Rn. 25 m.w.N.

Schuldner ist ohnehin durch Vollstreckungsmaßnahmen beschwert. Beruft sich ein Dritter auch nur auf eine ihn schützende Vorschrift, ist er ebenfalls beschwert. Dann aber fehlt die Erinnerungsbefugnis, also das Rechtsschutzbedürfnis für die Einlegung des „Rechtsbehelfs" Erinnerung, nicht. Ob zugunsten des Schuldners oder eines Dritten alle gerügten Verfahrensverletzungen berücksichtigt werden dürfen, ist eine Frage der Begründetheit der Erinnerung.

In Klausuren dürfte es zwei vertretbare Lösungen geben:

- Man verneint die Beschwer bzgl. der Rüge der Verletzung von Vorschriften, die nicht dem Schutz des Erinnerungsführers dienen (dies beinhaltet allerdings auch die Gefahr, daß die Entscheidung hinsichtlich der Zulässigkeitsprüfung kopflastig wird);
- oder man bejaht die Erinnerungsbefugnis – beim Schuldner mit der generellen Beschwer, beim Dritten, weil er sich auf zumindest eine ihn schützende Vorschrift beruft –, weist darauf hin, daß deshalb das Rechtsschutzbedürfnis für die Anrufung des Erinnerungsgerichts (die Beschwer oder Erinnerungsbefugnis) nicht fehlt, und vermerkt kurz, daß die Frage, ob der Schuldner oder der Dritte sich auf alle geltend gemachten Vorschriften berufen darf, die Begründetheit der Erinnerung betrifft und dort untersucht wird.

III. Die Begründetheit der Erinnerung

1. Ansatz. a) Die Erinnerung des **Gläubigers** ist begründet, wenn der Gerichtsvollzieher die beantragte Vollstreckung durchführen muß. Dies wiederum muß er, wenn die Zwangsvollstreckung zulässig ist und keine Verfahrensvorschriften verletzt werden. **207**

b) Die Erinnerung des **Schuldners** ist begründet, wenn die Zwangsvollstreckung aus irgendeinem Grund unzulässig ist. Allerdings darf die Verletzung von Vorschriften nicht zugrunde gelegt werden, die nicht dem Schutz des Schuldners dienen.

c) Die Erinnerung des **Dritten** ist begründet, wenn durch die Vollstreckung eine seinem Schutz dienende vollstreckungsrechtliche Verfahrensvorschrift verletzt worden ist.

d) Die Erinnerung gegen den **Kostenansatz** ist begründet, wenn der Ansatz des Gerichtsvollziehers unzutreffend ist.

2. Umfang der Prüfung. a) Abgesehen von der Erinnerung eines Dritten setzt die Begründetheit der Erinnerung immer voraus, daß die Zwangsvollstreckung insgesamt zulässig ist (Gläubiger) oder gegen irgendeine Voraussetzung oder Verfahrensvorschrift verstößt (Schuldner). **Es ist also zu untersuchen, ob** **208**

- die **allgemeinen Verfahrensvoraussetzungen** (hier für die Vollstreckung, nicht etwa für die Erinnerung!) vorliegen (Rn. 28 ff), selten problematisch!;
- die **allgemeinen Voraussetzungen der Zwangsvollstreckung** (Rn. 38 ff) gegeben sind;
- **besondere Vollstreckungsvoraussetzungen** zu prüfen und erfüllt sind (Rn. 89 ff);

- **Vollstreckungshindernisse** bestehen (Rn. 100 ff);
- in die **richtige Vermögensmasse** vollstreckt worden ist oder werden soll (Rn. 110 f);
- die vom **Gerichtsvollzieher zu beachtenden Verfahrensvorschriften** (Rn. 115 ff) verletzt sind oder nicht.

209 **b)** Die **Erinnerung des Gläubigers** kann nur begründet sein, wenn alle Rn. 208 genannten Umstände vorliegen. Ist nur eine einzige Vorschrift verletzt, ist die konkret beantragte Vollstreckung unzulässig und damit die Erinnerung unbegründet; die Entscheidung kann und sollte sich dann natürlich **auf diesen Punkt beschränken.**

210 **c)** Die **Erinnerung des Schuldners** ist begründet, wenn die konkrete Vollstreckungshandlung irgendeine zu prüfende Voraussetzung oder Vorschrift verletzt hat. Zu berücksichtigen ist allerdings, daß der Schuldner den Umfang der Prüfung durch einen eingeschränkten Antrag begrenzen kann.

Beispiel: Der Gerichtsvollzieher hat im Rahmen eines Vollstreckungsvorgangs beim Schuldner ein Radio und einen Fernseher gepfändet. Der Schuldner wendet sich nur gegen die Pfändung des Fernsehers.

Hier darf nur untersucht werden, ob die Pfändung des Fernsehers zulässig war. Der Erinnerung darf nicht mit der Begründung stattgegeben werden, daß das Radio nicht gepfändet werden durfte. Andererseits ist natürlich bei der Prüfung der Zulässigkeit der Pfändung des Fernsehers, soweit dies eine Rolle spielt, mit zu berücksichtigen, daß das Radio gleichzeitig gepfändet wurde. So kann man zu dem Ergebnis kommen, daß der Schuldner durch die Pfändung beider Gegenstände keine Informationsquelle mehr habe und deshalb die Pfändung des Fernsehers unzulässig sei. Man kann aber auch den Standpunkt vertreten, daß die Erinnerung unbegründet sei, weil der Schuldner sich gegen die Pfändung des Radios hätte wenden müssen; der Fernseher habe gepfändet werden dürfen, da der Schuldner als Informationsquelle noch ein Radio habe. Schließlich wird man auch vertreten können, die Pfändung des Fernsehers sei unzulässig, weil der Schuldner als Informationsquellen Radio und Fernseher benötige. **Wichtig** ist nur, daß man in diesem Fall **ausschließlich über die Erinnerung gegen die Pfändung des Fernsehers** entscheidet.

Im Gegensatz zur Erinnerung des Gläubigers ist auch noch folgendes zu beachten: Die Verletzung von Verfahrensvorschriften kann unterschiedliche Rechtsfolgen aufzeigen. Legt der Schuldner eine nicht durch einen bestimmten Antrag eingegrenzte Erinnerung ein, kann man die Entscheidung nicht ohne Prüfung möglicher anderer Verstöße allein auf die Verletzung einer Norm stützen, mit der der Schuldner nur einen **Teilerfolg** erzielt.

Beispiel: Die uneingeschränkte Erinnerung des Schuldners richtet sich gegen einen Vollstreckungsakt des Gerichtsvollziehers, bei dem dieser beim Schuldner einen PKW gepfändet und sofort weggenommen hat.

War hier die Pfändung unzulässig, weil etwa der Titel nicht zugestellt war oder die Voraussetzungen des § 811 I Nr. 5 vorlagen, ist die gesamte Vollstreckungsmaßnahme für unzulässig zu erklären. War die Pfändung aber zulässig, nur die Wegnahme wegen § 808 II 1 nicht, so ist nur die Wegnahme des PKW für unzulässig zu erklären. Hier erhält der Schuldner den PKW zurück; dieser bleibt aber gepfändet und kann später zur Versteigerung abgeholt werden. In dem letzten Fall darf sich die Erinnerungsentscheidung nicht in der Begründung eines Verstoßes gegen § 808 II 1 erschöpfen. Es ist vielmehr auch zu begründen, daß die Pfändung nicht unzulässig war.

Zur Klarstellung: Anders wäre es natürlich wiederum, wenn der Schuldner sich durch einen eingeschränkten Antrag – der sich konkludent auch durch die Erinnerungsbegründung ergeben kann – nur gegen die Wegnahme gewandt hätte.

Materiell-rechtliche Einwendungen des Schuldners sind hier mit der Begründung abzutun, daß sie vom Gerichtsvollzieher nicht zu berücksichtigen sind (s. o. Rn. 206).

d) Bei der **Erinnerung des Dritten** ist nur zu untersuchen, ob durch die Vollstreckungsmaßnahme des Gerichtsvollziehers eine den Dritten schützende vollstreckungsrechtliche Verfahrensvorschrift verletzt worden ist. Andere denkbare Verstöße, die sich aufdrängen oder auf die der Dritte sich berufen hat, sind hier mit der Begründung auszuschalten, daß insoweit eine Verletzung von Rechten des Dritten nicht in Frage steht, wenn man derartige Einwände nicht bereits bei der Beschwer abgehandelt und insoweit die Erinnerung für unzulässig erklärt hat (s. o. Rn. 206). **211**

3. Maßgeblicher Zeitpunkt. a) Es kommt vor, daß ein zunächst fehlerhafter Vollstreckungsakt zur Zeit der Entscheidung über die Erinnerung fehlerfrei erscheint, weil der Verfahrensfehler geheilt ist. **212**

Beispiel: Die Vollstreckung erfolgte vor der Zustellung des Titels. Die Zustellung wird vor der Erinnerungsentscheidung nachgeholt.

Auch können die tatsächlichen Umstände sich zwischen Pfändungsakt und Erinnerungsentscheidung geändert haben.

Beispiel: Der Schuldner, der seinen PKW für seine Arbeit benötigte (§ 811 I Nr. 5), wird nach der Pfändung arbeitslos oder der arbeitslose Schuldner nimmt nach der Pfändung eine Arbeit auf, für die er den PKW benötigt.

Hier stellt sich das Problem, ob für die Beurteilung der Begründetheit der Erinnerung auf den Zeitpunkt des Vollstreckungsakts oder auf den Zeitpunkt der Entscheidung über die Erinnerung abzustellen ist.

b) Grundsätzlich ist nach ganz hM auf den **Zeitpunkt der Erinnerungsentscheidung** abzustellen,[1] wie im Erkenntnisverfahren die letzte mündliche Verhandlung maßgeblich ist. Ist eine Heilung möglich und eingetreten – bei Vollstreckungsakten, die fehlerhaft, aber nicht nichtig sind –, ist die Erinnerung unbegründet. Der Erinnerungsführer kann die Hauptsache, wenn die Heilung nach Einlegung der Erinnerung eingetreten ist, für erledigt erklären. Ist die zunächst fehlerfreie Vollstreckungsmaßnahme fehlerhaft geworden, etwa weil der zugrundeliegende Titel aufgehoben wurde (§ 775 Nr. 1), ist die Erinnerung begründet.

c) Nichtige Vollstreckungsakte können **nicht geheilt** werden,[2] so daß es insoweit, wenn sie nicht vollständig erneuert wurden, auf den Zeitpunkt der Pfändungsmaßnahme ankommt. **213**

Beispiel: Der Gerichtsvollzieher legt bei der Pfändung eines Fernsehers das Pfandsiegel innerhalb des Gehäuses an, nachdem er die Rückwand entfernt hat, und bringt diese dann wieder an. Der Pfändungsakt dürfte nichtig sein. Die Erinnerung des

---

[1] TP § 766 Rn. 23; Brox-Walker Rn. 1233 m. w. N.

[2] Brox-Walker Rn. 1234; TP vor § 704 Rn. 58.

Schuldners, der sich gegen diese Pfändung richtet, ist begründet. Läßt der Gerichtsvollzieher das Pfandsiegel dort angebracht und pfändet ordnungsgemäß neu, bleibt die Erinnerung gegen die ursprüngliche Pfändung begründet; gegen die neue Pfändung müßte der Schuldner sich mit einer neuen Erinnerung wenden.

d) Zum Problem, auf welchen Zeitpunkt es bei der Prüfung der Frage ankommt, ob **Unpfändbarkeitsvorschriften** verletzt worden sind, s. o. Rn. 145.

IV. Tenor und Streitwert

214 **1. Der Tenor zur Hauptsache. a) Erfolglose Erinnerung.** Ist die Erinnerung unzulässig, wird sie verworfen; ist sie unbegründet, zurückgewiesen. Zum Teilerfolg s. Rn. 217, zu den Nebenentscheidungen Rn. 219.

215 **b) Gläubiger.** Ist eine Erinnerung des Gläubigers **begründet**, ist zu beachten, daß das Erinnerungsgericht in der Regel nicht in vollem Umfang überprüfen kann, ob die Zwangsvollstreckung zulässig ist.

Beispiel: Der Gerichtsvollzieher weigert sich, zugunsten des Gläubigers eine Tiefkühltruhe beim Schuldner zu pfänden, weil sie nach seiner Auffassung gem. § 811 I Nr. 1 unpfändbar ist.

Wird nur diese Frage zur Entscheidung durch das Erinnerungsgericht gestellt, kann auch nur sie – neben den von allen Vollstreckungsorganen zu prüfenden Voraussetzungen – beantwortet werden. Da insoweit Anhaltspunkte noch fehlen, kann das Vollstreckungsgericht regelmäßig nicht entscheiden, ob etwa die Voraussetzungen des § 812 vorliegen oder Mitgewahrsam eines Dritten besteht. Ist es daher der Auffassung, die Tiefkühltruhe sei nicht nach § 811 I Nr. 1 unpfändbar, muß es tenorieren:

„Auf die Erinnerung des Gläubigers wird der Gerichtsvollzieher angewiesen, die Pfändung der Tiefkühltruhe des Schuldners nicht mit der Begründung zu verweigern, diese sei gem. § 811 I Nr. 1 unpfändbar".

Hier bleibt dem Gerichtsvollzieher die Möglichkeit, die Vollstreckung wegen eines etwaigen Verstoßes gegen § 812 oder § 809 zu verweigern. Er ist nur an die Auffassung des Vollstreckungsgerichts gebunden, die Tiefkühltruhe sei nicht nach § 811 I Nr. 1 unpfändbar.

Wenn die **gesamte** Zulässigkeit der Vollstreckung nicht geprüft werden kann – und das ist die Regel –, muß also der Tenor der Entscheidung **entsprechend eingegrenzt** werden.

216 **c) Schuldner.** Ist eine Erinnerung des Schuldners begründet, ist die entsprechende **Zwangsvollstreckungsmaßnahme für unzulässig zu erklären.**

Auch hier ist natürlich zu fragen und beachten, welche Rechtsfolge ein festgestellter Verfahrensfehler hat. Wendet sich der Schuldner gegen Pfändung und sofortige Wegschaffung eines PKW und ist nur die Wegschaffung fehlerhaft, so darf der Tenor **nicht** lauten:

„Die vom Gerichtsvollzieher am (Datum) in den PKW (genaue Bezeichnung) durchgeführte Zwangsvollstreckung wird für unzulässig erklärt", **sondern:**

„Auf die Erinnerung des Schuldners wird die vom Gerichtsvollzieher am (Datum) durchgeführte Zwangsvollstreckung insoweit für unzulässig erklärt, als der Gerichtsvollzieher den PKW nicht im Gewahrsam des Schuldners belassen hat".

Der Gerichtsvollzieher kann – zur Klarstellung – angewiesen werden, getroffene Maßnahmen rückgängig zu machen, beispielsweise, den PKW bis zur Versteigerung zum Schuldner zurückzubringen; erforderlich ist dies aber wegen §§ 775 Nr. 1, 776 nicht.

d) Teilerfolg. Bei einem Teilerfolg des **Erinnerungsführers,** der nur 217
dann vorliegen kann, wenn ein bestimmter Antrag gestellt oder ein in der Begründung erklärtes Ziel nicht erreicht wird, ist die **weitergehende Erinnerung zurückzuweisen.**

e) Aussetzung der Vollziehung. Wird der Erinnerung ganz oder teil- 218
weise stattgegeben, sollte wegen des drohenden Rechtsverlustes die **Vollziehung der Entscheidung** analog § 572 II bis zur Rechtskraft des Beschlusses oder einer anders lautenden Entscheidung des Beschwerdegerichts **ausgesetzt werden.**

Beispiel: Erklärt das Vollstreckungsgericht in einer Erinnerungsentscheidung eine Pfändungsmaßnahme für unzulässig, muß der Gerichtsvollzieher wegen §§ 775 Nr. 1, 776 das Pfandsiegel entfernen. Hierdurch verliert der Gläubiger sein Pfändungspfandrecht. Kommt das Beschwerdegericht zu einer anderen Entscheidung, könnte der Gläubiger jedenfalls dann einen zunächst nicht wiedergutzumachenden Rechtsverlust erlitten haben, wenn die Sache inzwischen für einen anderen Gläubiger gepfändet wurde und der Schuldner im übrigen keine pfändbare Habe besitzt.

2. Nebenentscheidungen. a) Gerichtskosten fallen mangels Regelung 219
im Gerichtskostengesetz nicht an. Die Auslagen des Gerichts (Zif. 9000ff der Anlage 1 zum GKG) hat die unterlegene Partei zu tragen.

b) Über die **außergerichtlichen Kosten** ist, ggfls. im Verhältnis des gegenseitigen Unterliegens, nach den §§ 91ff zu entscheiden. Hier kann es insbesondere von Bedeutung sein, wenn der Erinnerungsführer einen bestimmten Antrag stellt oder sein Ziel in der Erinnerungsbegründung erkennen läßt, die Entscheidung aber hinter Antrag oder Ziel zurückbleibt.

c) Hat ein **Dritter** die Erinnerung eingelegt, richtet diese sich in aller Regel gegen eine vom Gläubiger veranlaßte Vollstreckungsmaßnahme. Das Erinnerungsverfahren ist dann zwischen Drittem und Gläubiger anhängig. Wenn sich nicht auch noch der Schuldner beteiligt (s. Klausurbeispiel 1 im Anhang, Rn. 892ff), sind die Kosten je nach Obsiegen zwischen Drittem und Gläubiger zu verteilen.

d) Wegen § 794 I Nr. 3 bedarf es **keiner Entscheidung** über die **vorläufige Vollstreckbarkeit**.

3. Streitwert. Streitwert ist bei einer Erinnerung des Gläubigers der Wert 220
der Forderung, wegen der vollstreckt werden soll, bei einer Erinnerung des Schuldners in der Regel der geringere Wert aus der Forderung des Gläubigers bzw. des gepfändeten Gegenstandes (§ 6); bei der Erinnerung eines Dritten findet in der Regel ebenfalls § 6 Anwendung. Es ist in Klausuren **kein Streitwertbeschluß erforderlich,** wenn nicht gerade um Kosten gestritten wird oder ausdrücklich eine andere Anweisung erfolgt ist.

V. Das Verfahren bis zur Erinnerungsentscheidung

221 **1.** Das Vollstreckungsgericht kann, muß aber nicht, aufgrund mündlicher Verhandlung entscheiden, § 764 III. Die mündliche Verhandlung ist in der Praxis eindeutig die Ausnahme.

2. Sind entscheidungserhebliche Punkte streitig, muß eine Beweisaufnahme nach den normalen zivilprozessualen Regeln durchgeführt werden.

3. Vor der Entscheidung muß, wenn das Gesetz nicht entgegensteht (§ 834), der Erinnerungspartei, die unterliegt, rechtliches Gehör gewährt worden sein. Daraus folgt, daß rechtliches Gehör zwingend nur dann zu gewähren ist, wenn der Erinnerung stattgegeben wird. Ist die Erinnerung nach dem eigenen Vorbringen des Erinnerungsführers unzulässig oder unbegründet, kann über sie auch ohne Anhörung des Gegners entschieden werden. Nur durch eine belastende Entscheidung kann das rechtliche Gehör verletzt werden.

4. Vor der Entscheidung sind einstweilige Anordnungen zulässig, §§ 766 I 2, 732 II.

Zu beachten ist in Klausuren: Von der Aufgabenstellung her wird in aller Regel eine Erinnerungsentscheidung verlangt. Ist über einen Antrag auf einstweilige Anordnung noch nicht entschieden, so bedarf es auch keiner Entscheidung mehr, weil nunmehr endgültig über die Erinnerung entschieden wird. Andererseits tritt eine einstweilige Anordnung mit Erlaß der Endentscheidung außer Kraft, so daß, wenn sie ergangen ist, bei der Endentscheidung auf sie nicht eingegangen werden muß. Kommt es also zu einer Entscheidung über die Erinnerung selbst, muß über einen unerledigten Einstellungsantrag oder über eine einstweilige Anordnung **nicht entschieden** werden. Damit sind weder der Antrag noch eine erlassene einstweilige Anordnung für die Entscheidung von Bedeutung. Deshalb **verbietet sich auch jede Erwähnung im „Tatbestand“** der Erinnerungsentscheidung.

VI. Form der Entscheidung und Rechtsmittel

222 **1. Entscheidungsform, Rubrum.** Zu entscheiden ist **durch Beschluß,** da die mündliche Verhandlung fakultativ ist (§ 764 III). Abweichend von dem normalen **Rubrum** der zivilrechtlichen Urteile sind in der Praxis folgende Bezeichnungen üblich (s. a. das Beispiel Rn. 908):

Statt „In dem Rechtsstreit“ heißt es: **„In der Zwangsvollstreckungssache“.**

Die Parteien werden als **„Gläubiger“** und **„Schuldner“** bezeichnet; außerdem ist ihre Stellung im Erinnerungsverfahren als **„Erinnerungsführer“** (derjenige, der die Erinnerung eingelegt hat) bzw. **„Erinnerungsgegner“** anzugeben. Der Gläubiger wird in der Regel zuerst aufgeführt.

Ein Dritter ist als „weiterer Beteiligter“ und „Erinnerungsführer“ zu bezeichnen; sein Erinnerungsgegner wird immer der Gläubiger sein. Der Schuldner ist ebenfalls aufzuführen, auch wenn er selbst keine Erinnerung eingelegt hat. Er ist als Gegner des Gläubigers im Zwangsvollstreckungsverfahren Beteiligter des Erinnerungsverfahrens, soweit ihm rechtliches Gehör zu gewähren ist (s. Rn. 221).

223 **2. Aufbau des Beschlusses.** Wie üblich in Beschlüssen, erfolgt keine formelle Aufteilung in Tatbestand und Entscheidungsgründe; die Überschrift

heißt lediglich: **„Gründe“**. Anschließend werden, genau wie im Urteil, der „Tatbestand“ und die Rechtslage dargestellt.

a) Bei der **Sachverhaltsdarstellung** ist darauf zu achten, daß Gläubiger und Schuldner nicht zusätzlich noch als Erinnerungsführer bzw. -gegner bezeichnet werden. Dies ergibt sich bereits aus dem Rubrum.

Schwierigkeiten bereitet Referendaren regelmäßig die Stellungnahme des Gerichtsvollziehers, die üblicherweise eingeholt wird und in den Akten enthalten ist. Der Gerichtsvollzieher ist nicht Partei des Erinnerungsverfahrens; deshalb ist seine Stellungnahme nicht als Parteivortrag wiederzugeben. Was er an Tatsachen mitteilt, ist von Amts wegen ermittelter Sachverhalt, also **als unstreitig darzustellen**, wenn die zu der Stellungnahme angehörten Parteien der Erinnerung **keine andere Sachverhaltsdarstellung geben**. Stellen Gläubiger oder Schuldner den Sachverhalt anders dar, so ist dies, wenn es für die Entscheidung wesentlich ist, als ihr streitiger Parteivortrag aufzuführen. „Rechtsansichten“ des Gerichtsvollziehers sind in aller Regel nicht von Bedeutung; es wird nicht über die Richtigkeit des Handelns des Gerichtsvollziehers entschieden, sondern über die Zulässigkeit der Zwangsvollstreckung.

b) Die Darlegungen zur **Rechtslage** sind im Urteilsstil zu halten; es ist also das gefundene Ergebnis zu begründen. Nur **wirklich problematische** oder **von den Parteien angesprochene Punkte** sollten erörtert werden.

3. Zustellung, Rechtsmittel. Der Erinnerungsbeschluß ist förmlich **zuzustellen,** weil die Zustellung die Rechtsmittelfrist in Lauf setzt. Die Anfertigung der Zustellungsverfügung ist allerdings nicht Aufgabe des Klausurbearbeiters. **Rechtsmittel** gegen den Erinnerungsbeschluß ist die **sofortige Beschwerde (§ 793),** weil die Erinnerungsentscheidung eine Entscheidung im Zwangsvollstreckungsverfahren darstellt, die ohne mündliche Verhandlung ergehen kann (§ 764 III). **224**

§ 19 Die sofortige Beschwerde gegen die Erinnerungsentscheidung, § 793

I. Die Zulässigkeit der sofortigen Beschwerde

Beachte: Die folgenden Ausführungen sind auf die sofortige Beschwerde gegen eine Erinnerungsentscheidung ausgerichtet, die die Zwangsvollstreckung des Gerichtsvollziehers betrifft. Besonderheiten der sofortigen Beschwerde gegen andersartige Entscheidungen werden später dargestellt.

1. Statthaftigkeit. Die Erinnerungsentscheidung ist eine **225**
- **Entscheidung**
- **im Vollstreckungsverfahren,**
- die **ohne mündliche Verhandlung** ergehen kann, § 764 III.

Daher ist **statthaftes** Rechtsmittel gegen diese Entscheidung die sofortige Beschwerde nach § 793.

2. Zuständigkeit. Zuständig zur Entscheidung über die sofortige Beschwerde ist gem. § 568 das übergeordnete Gericht. Über die sofortige Beschwerde gegen die Erinnerungsentscheidung des Vollstreckungsrichters entscheidet daher das Landgericht, dessen Bezirk das entscheidende Amtsgericht angehört. **226**

227 **3. Form und Frist.** Die sofortige Beschwerde ist schriftlich einzulegen, § 569 II 1; sie kann im hier maßgeblichen Fall auch zu Protokoll der Geschäftsstelle erklärt werden, weil das Amtsgericht in erster Instanz entschieden hat, § 569 II 2. Sie kann sowohl beim erstinstanzlichen Gericht (iudex a quo, § 569 I), als auch beim Beschwerdegericht (iudex ad quem, § 577 II 2) eingelegt werden.

Die sofortige Beschwerde muß binnen einer **Notfrist** von 2 Wochen ab der Zustellung der Erinnerungsentscheidung eingelegt werden, § 577 II 1.

228 **4. Allgemeine Verfahrensvoraussetzungen. a) Die allgemeinen Prozeßhandlungsvoraussetzungen** werden in aller Regel gegeben sein und sind allenfalls gedanklich zu prüfen. Zu beachten ist, daß ein Anwaltszwang hier nicht besteht, weil das Amtsgericht in erster Instanz entschieden hat, §§ 569 II 2, 78 III, 573 II. Wird allerdings eine mündliche Verhandlung durch das Landgericht angeordnet, müssen die Parteien sich anwaltlich vertreten lassen.[1]

229 **b) Das Rechtsschutzinteresse** für die sofortige Beschwerde kann zweifelhaft sein, wenn das Erinnerungsgericht eine Pfändung durch den Gerichtsvollzieher für unzulässig erklärt, die Vollziehung der Entscheidung nicht ausgesetzt und der Gerichtsvollzieher daraufhin gem. §§ 775 Nr. 1, 776 das Pfandsiegel entfernt hat, bevor es zur Entscheidung über die vom Gläubiger eingelegte sofortige Beschwerde kommt. Hier kann allenfalls noch nachträglich festgestellt werden, daß die Erinnerungsentscheidung unzutreffend war. Dadurch entsteht aber die beendete Verstrickung nicht neu; der Gläubiger müßte die Sache neu pfänden lassen.

Trotzdem fehlt das Rechtsschutzbedürfnis für die sofortige Beschwerde nicht. Einen erneuten Vollstreckungsauftrag würde der Gerichtsvollzieher unter Hinweis auf die Erinnerungsentscheidung ablehnen. Die hiergegen gerichtete Erinnerung des Gläubigers wäre unzulässig, weil die rechtskräftige Erstentscheidung entgegenstehen würde.

Das Rechtsschutzbedürfnis für die sofortige Beschwerde besteht also **vom Beginn der Zwangsvollstreckung** an bis zu deren **endgültiger Beendigung** durch die Befriedigung des Gläubigers in voller Höhe.

230 **5. Die Beschwer. a) Grundsätzlich** ist hier zunächst nur die sogenannte **„formelle Beschwer“** (zum Begriff der Beschwer s. o. Rn. 203) zu untersuchen. Es reicht also aus, daß die Erinnerungsentscheidung hinter dem Ziel der Partei des Erinnerungsverfahrens zurückgeblieben ist. Dies ist hinsichtlich des Erinnerungsführers der Fall, wenn die Erinnerung ganz oder teilweise zurückgewiesen wurde; hinsichtlich des Erinnerungsgegners, wenn der Erinnerung ganz oder teilweise stattgegeben wurde.

231 **b) Dritte.** Die Erinnerungsentscheidung kann aber auch Dritte beschweren, die am Erinnerungsverfahren **nicht beteiligt** waren.

Beispiel: Der Gerichtsvollzieher hat sich geweigert, einen PKW des Schuldners (Handelsvertreter) zu pfänden, weil dieser ihn zur Fortsetzung seiner Erwerbstätigkeit benötigt, § 811 I Nr. 5. Auf die Erinnerung des Gläubigers hin weist der Vollstrek-

---

[1] MK-Karsten Schmidt § 793 Rn. 16; Musielak-Lackmann § 793 Rn. 3; TP § 573 Rn. 4.

kungsrichter den Gerichtsvollzieher zur Pfändung an. An diesem Erinnerungsverfahren war der Schuldner beteiligt. Er ist durch die Entscheidung schon formell beschwert, weil sie zu seinen Lasten ausfiel. Nicht beteiligt war in der Regel die Ehefrau des Schuldners, obwohl § 811 I Nr. 5 auch sie schützt (s. Rn. 131, 138). Sie wird erstmals durch die Erinnerungsentscheidung beschwert und kann deshalb – neben oder unabhängig von ihrem Mann – die sofortige Beschwerde einlegen.

Die erforderliche Beschwer haben unabhängig von der „formellen Beschwer" auch **Dritte,** die **erstmals durch die Erinnerungsentscheidung** möglicherweise in Verfahrensrechten verletzt worden sind, die ihrem Schutz dienen. Es gilt das zur Beschwer von Dritten im Rahmen der Erinnerung Ausgeführte (s. o. Rn. 205).

c) Gerichtsvollzieher. Fraglich ist, ob auch der Gerichtsvollzieher durch die Er- **232**
innerungsentscheidung beschwert sein kann und die Befugnis hat, eine sofortige Beschwerde einzulegen. Dies würde voraussetzen, daß er in eigenen Rechten verletzt ist.

- Bejahen muß man die Beschwer jedenfalls dann, wenn der Vollstreckungsrichter (zu Unrecht!) dem Gerichtsvollzieher die Kosten des Erinnerungsverfahrens ganz oder teilweise auferlegt hat.[1] Dies gilt auch, wenn der Kostenansatz des Gerichtsvollziehers herabgesetzt wurde; als Kostenbeamter, der einen Teil der Gebühren selbst erhält, wird er in eigenen Rechten verletzt.[2]
- Im übrigen wird eine Beschwer des Gerichtsvollziehers überwiegend verneint. Hält der Gerichtsvollzieher die vom Vollstreckungsgericht angeordnete Vollstreckung für unzulässig und befürchtet er Notwehrmaßnahmen des Schuldners, soll ihm gleichwohl kein Beschwerderecht zustehen, weil die Ausführung einer gerichtlich angeordneten Maßnahme nicht rechtswidrig sein und auch keine Regreßansprüche auslösen könne.[3]
- Ich halte die Gegenauffassung für zutreffend, die dem Gerichtsvollzieher das Beschwerderecht im Ausnahmefall zugestehen will.[4] Zumindest ein Problem übersieht die hM mE nämlich. Hat zB entgegen der überwiegenden Auffassung der Rechtspfleger an Stelle des Richters einen Nachtbeschluß nach § 758a IV nF erlassen, so ist dieser **unwirksam**, § 8 IV 1 RpflG. Kennt der Gerichtsvollzieher die Unwirksamkeit der gerichtlichen Entscheidung oder geht er von ihr aus, so dürfte es mehr als zweifelhaft sein, ob seine Vollstreckungshandlung noch als rechtmäßig iSd. § 113 III 1 StGB angesehen werden kann. Zur Klärung dieser Frage muß ihm ein Weg offenstehen; dies kann aber nur die sofortige Beschwerde sein.

II. Die Begründetheit der sofortigen Beschwerde

Die sofortige Beschwerde ist (ganz oder teilweise) begründet, wenn die **233**
Erinnerungsentscheidung (ganz oder teilweise) unrichtig war.

Ist eine stattgebende Erinnerungsentscheidung angegriffen, ist die sofortige Beschwerde begründet, wenn die Erinnerung unzulässig oder unbegründet war. Ist die Erinnerung zurückgewiesen worden, ist die Beschwerde begründet, wenn die Erinnerung zulässig und begründet war. Nach diesem Ansatz ist man wieder im Prüfungsschema der Erinnerung (s. o. Rn. 207ff).

---

1 LG Braunschweig DGVZ 1972, 169.

2 Str.; wie hier OLG Karlsruhe DGVZ 1974, 114; Musielak-Lackmann § 793 Rn. 4; StJ-Münzberg § 793 Rn. 4a; TP § 766 Rn. 28; aA Brox-Walker Rn. 1258 m.w.N.

3 OLG Düsseldorf NJW 1980, 1111f; TP § 766 Rn. 28.

4 OLG Düsseldorf NJW 1978, 2205; StJ-Münzberg § 793 4a.

III. Tenor, Streitwert und Entscheidungsform

234 **1. Der Tenor. a)** Ist die sofortige Beschwerde unzulässig, wird sie verworfen; ist sie unbegründet, zurückgewiesen.

b) Ist die sofortige Beschwerde begründet, muß zunächst die **angegriffene Entscheidung abgeändert oder aufgehoben** werden.

„Der Beschluß des Amtsgerichts (Ort) vom (Datum) wird abgeändert."

Dann wird **erneut über die Erinnerung entschieden;** insoweit gilt das zum Tenor der Erinnerungsentscheidung Ausgeführte (Rn. 214ff).

c) Die **Kostenentscheidung** richtet sich nach den §§ 91ff; insbesondere ist § 97 bei einer erfolglosen Beschwerde zu beachten. Die Auslagen des Gerichts (Zif. 9000ff der Anlage 1 zum GKG) hat, auch wenn Gerichtsgebühren nicht anfallen, die unterlegene Partei zu tragen, wenn das Gericht die Kosten ihr auferlegt (Einl. Teil 9. der Anlage 1 zum GKG).

Gerichtsgebühren fallen nur bei einer erfolglosen sofortigen Beschwerde an; ist sie begründet, entstehen keine Gerichtskosten (Nr. 1906 des Kostenverzeichnisses zum GKG). Es ist allerdings nicht erforderlich, dies in der Entscheidung zum Ausdruck zu bringen. Deshalb sollte, um Fehler zu vermeiden, einheitlich über „die Kosten des Verfahrens" entschieden werden. Dabei ist zu beachten, daß im Fall der Aufhebung der erstinstanzlichen Entscheidung auch über die Kosten der Erinnerung zu entscheiden ist.

d) Einer Entscheidung über die vorläufige Vollstreckbarkeit bedarf es wegen § 794 I Nr. 3 nicht.

e) Auch bei der Entscheidung über die sofortige Beschwerde sollte die Vollziehung gem. § 572 II ausgesetzt werden, wenn in die Vollstreckung eingegriffen wird.

f) Rubrum und Tenor einer Entscheidung über die sofortige Beschwerde könnten also wie folgt aussehen:

5 T 511/99

Landgericht Essen

Beschluß

In der Zwangsvollstreckungssache

der Adam Reich KG, Industriestraße 11, 45116 Essen,

– Gläubigerin und Beschwerdeführerin –

Verfahrensbevollmächtigter: Rechtsanwalt Lippich in Essen,

gegen

Frau Eva Arm, Elendstraße 240b, 45116 Essen,

– Schuldnerin und Beschwerdegegnerin –

hat die 5. Zivilkammer des Landgerichts Essen durch den Vorsitzenden Richter am Landgericht Klug und die Richter am Landgericht Schlau und Pfiffig auf die sofortige Beschwerde der Gläubigerin vom 15. Oktober 1999 gegen den Beschluß des Amtsgerichts Essen vom 2. Oktober 1999 – 20 M 1001/99 – am 30. November 1999 beschlossen:

Der Beschluß des Amtsgerichts Essen vom 2. Oktober 1999 wird abgeändert.

Der Gerichtsvollzieher wird angewiesen, die Pfändung des Video-Recorders Szabo 1011 der Schuldnerin nicht mit der Begründung zu verweigern, dieser sei nach §§ 811 I Nr. 1, 812 ZPO unpfändbar.

Die Schuldnerin trägt die Kosten des Verfahrens.

Die Vollziehung dieser Entscheidung wird bis zur Rechtskraft dieses Beschlusses oder einer anders lautenden Entscheidung über eine weitere sofortige Beschwerde ausgesetzt.

g) Der **Streitwert** wird in der Regel dem der Erinnerung entsprechen (s. o. Rn. 220).

2. Beschlußform. Die Entscheidung erfolgt durch einen **zu begründenden Beschluß.** Dieser enthält nur die **Überschrift „Gründe"**; inhaltlich werden dann der Sachverhalt und die rechtliche Begründung wie im Urteil wiedergegeben. 235

a) „Tatbestand". Der Aufbau des „Tatbestandes" (der nicht als solcher zu bezeichnen ist!) entspricht dem Aufbau des Tatbestandes eines Berufungsurteils und hat etwa folgendes Aussehen:

aa) Zunächst wird der gesamte unstreitige Sachverhalt – in der Regel im Imperfekt – dargestellt; dazu gehören auch Tatsachen, die in der Beschwerdeinstanz neu vorgetragen und unstreitig geblieben oder aber in zweiter Instanz unstreitig geworden sind.

bb) Es folgen das streitige Vorbringen erster Instanz des Erinnerungsführers, die Anträge im Erinnerungsverfahren und das streitige Vorbringen des Erinnerungsgegners jeweils im Perfekt.

– „Der Schuldner hat behauptet, ..."
– „Der Gläubiger hat beantragt, ..."

cc) Daran schließt sich die „Prozeß"geschichte erster Instanz an einschließlich der Wiedergabe der Entscheidung:

„Das Amtsgericht hat Beweis erhoben über die Behauptung des Gläubigers, der Schuldner gehe keiner Erwerbstätigkeit mehr nach, durch uneidliche Vernehmung des Zeugen Boss. Zum Ergebnis der Beweisaufnahme wird Bezug genommen auf ... Durch Beschluß vom 2. Oktober 1999 hat es der Erinnerung stattgegeben und den Gerichtsvollzieher angewiesen, den PKW des Schuldners zu pfänden. Zur Begründung hat es ausgeführt, die Beweisaufnahme habe ergeben, daß der Schuldner nicht mehr erwerbstätig sei, so daß die Voraussetzungen des § 811 I Nr. 5 ZPO nicht vorlägen."

dd) Anschließend werden die Daten wiedergegeben, die zur Überprüfung der Zulässigkeit der sofortigen Beschwerde bekannt sein müssen.

„Gegen diesen am 4. Oktober 1999 zugestellten Beschluß richtet sich die sofortige Beschwerde des Schuldners, die am 17. Oktober 1999 beim Amtsgericht Essen eingegangen ist."

ee) Es folgen das streitige Vorbringen des Rechtsmittelführers, die Rechtsmittelanträge und das streitige Vorbringen des Rechtsmittelgegners im Präsens.

ff) Abschließend ist die „Prozeß"geschichte zweiter Instanz – also etwa eine Beweisaufnahme durch das Beschwerdegericht oder die Beiziehung von Akten – im Perfekt darzustellen.

b) Rechtsausführungen. Im rechtlichen Teil ist im „Urteils"stil die Entscheidung zu begründen. Dabei bedarf es nur kurzer Ansätze, um in die Begründung einer Erinnerungsentscheidung übergehen zu können:

„Die nach § 793 ZPO statthafte sofortige Beschwerde ist zulässig, insbesondere form- und fristgerecht eingelegt, und begründet. Das Amtsgericht hat die Erinnerung zu Unrecht zurückgewiesen. Sie ist zulässig und begründet ..."

„Die zulässige sofortige Beschwerde ist unbegründet. Zu Recht hat das Amtsgericht in der angefochtenen Entscheidung den Gerichtsvollzieher angewiesen, die Pfändung des PKWs nicht mit der Begründung zu verweigern, die Pfändung verstoße gegen § 811 I Nr. 5 ZPO..."

Dabei sollte man sich davor hüten, sich mit kritischen Worten mit der angefochtenen Entscheidung auseinanderzusetzen. Zu entscheiden ist nur über die Richtigkeit der Entscheidung erster Instanz, nicht über deren Qualität.

236 **3. Rechtsmittel.** Rechtsmittel ist, wenn es um die sofortige Beschwerde gegen die Erinnerungsentscheidung geht, unter den Voraussetzungen des § 568 II 2 die (sofortige) weitere Beschwerde, § 793 II; dies setzt einen neuen selbständigen Beschwerdegrund voraus.

§ 20 Examenswichtige Einzelfragen

I. Die Pfändung von Grundstückszubehör

237 **1. Überblick.** Zubehör eines Grundstücks darf, obwohl es eine bewegliche Sache ist, gem. § 865 II 1 nicht gepfändet werden, wenn sich „die Hypothek" auf es „erstreckt", § 865 I. Damit verweist § 865 I auf die §§ 1120ff BGB, in denen der **Hypothekenverband** geregelt ist, also das, was der Haftung einer Hypothek unterliegt.

Die Prüfung, ob Zubehör zum Hypothekenverband eines Grundstücks gehört, ist relativ häufig Gegenstand von Examensklausuren, nicht nur aus dem Bereich der Gerichtsvollziehervollstreckung. Die Lösung der auftretenden Schwierigkeiten erfordert zunächst eine sorgfältige Subsumtion unter die §§ 93ff BGB (Rn. 238 ff), dann unter die §§ 1120ff BGB (Rn. 248ff). Schließlich ist noch fraglich, welche Rechtsfolgen es hat, wenn der Gerichtsvollzieher dem Hypothekenverband unterliegendes Zubehör pfändet (Rn. 259).

238 **2. Abgrenzung Zubehör/wesentlicher Bestandteil.** Bei der Untersuchung, ob es sich bei einer Sache um Grundstückszubehör handelt, geht es zunächst häufig um die Abgrenzung zwischen Zubehör und einem wesentlichen Bestandteil einer Sache.

Die Prüfung kann bei § 93 BGB beginnen, denn wesentliche Bestandteile eines Grundstücks sind kein Zubehör. Man kann aber auch mit der Subsumtion unter § 97 BGB beginnen, dessen negative Voraussetzung es ist, daß die Sachen keine wesentlichen Bestandteile sind. Hier sollte man zumindest bei der schriftlichen Darlegung von dem gefundenen Ergebnis ausgehen. Hält man die Sache für einen wesentlichen Bestandteil, ist es ungeschickt, dies innerhalb des negativen Tatbestandsmerkmals des § 97 BGB zu begründen. Kommt man zu der Überzeugung, daß die Sache Grundstückszubehör ist, sollte man nur § 97 BGB untersuchen und ggfls. dort darlegen, daß es sich nicht um einen wesentlichen Bestandteil handelt. Die Darstellung hier folgt der Reihenfolge des BGB.

a) Gesetzeszweck. Zu beachten ist bei der Untersuchung der §§ 93ff BGB zunächst der gesetzgeberische Grund für diese Vorschriften. Sie beruhen auf **wirtschaftlichen Gründen** und sollen die nutzlose **Zerstörung wirtschaftlicher Werte verhindern**, die eintreten würde, wenn Bestandteile voneinander getrennt würden, die ihren wirtschaftlichen Zweck und damit ihren Wert nur in der von ihnen gebildeten Einheit haben.[1] **239**

b) Wesentliche Bestandteile sind Bestandteile einer Sache, die voneinander nicht getrennt werden können, ohne daß der eine oder andere zerstört oder in seinem Wesen verändert wird, § 93 BGB. **240**

aa) Bestandteile sind Teile einer natürlichen Sacheinheit, aber auch Teile einer zusammengesetzten Sache, die durch die Verbindung miteinander ihre Selbständigkeit verloren haben.[2]

bb) Zwischen den Teilen der Sache muß ein **körperlicher Zusammenhang** bestehen. Eine feste, nur mit erheblichen Schwierigkeiten zu lösende Verbindung macht regelmäßig Teile zu Bestandteilen einer Sache.[3] Eine lose Verbindung kann aber ausreichen, wenn die zusammengesetzten Gegenstände ihre körperliche Selbständigkeit verloren haben; etwa der Deckel einer Kaffeekanne.

cc) Die Teile müssen nach der Verkehrsanschauung unter Zugrundelegung einer natürlichen, wirtschaftlichen Betrachtungsweise als **einheitliche Sachen** angesehen werden.[4]

dd) Beispiele:

- Wesentliche Grundstücksbestandteile sind in der Regel: Aufzug, Fenster, Zentralheizungsanlage, Dachstuhl, Tiefgarage, eingepaßte Einbauküche.[5]
- Keine wesentlichen Bestandteile, sondern selbständige Sachen sind: In der Regel Maschinen in einem Fabrikgebäude, wenn sie nicht gerade auf das Gebäude zugeschnitten sind und mit ihm eine untrennbare Einheit bilden;[6] Kegelbahn sowie Bierausschankanlage eines Gaststättengrundstücks; Einbaumöbel, die auch in anderen Räumen aufgestellt werden können.

c) Wesentliche Bestandteile von Grundstücken. § 94 BGB erweitert für Grundstücke den Begriff des wesentlichen Bestandteils über § 93 BGB hinaus auf die mit dem Grund und Boden fest verbundenen Sachen, insbesondere Gebäude, sowie Erzeugnisse des Grundstücks, solange sie mit dem Boden zusammenhängen (Abs. 1 Satz 1). Wesentliche Bestandteile des Gebäudes (und damit des Grundstücks) sind auch die zur Herstellung des Gebäudes eingefügten Sachen (Abs. 2). Maßgeblich ist auch hier wieder, ob die Verkehrsanschauung die Sachen als wesentliche Bestandteile des Grundstücks oder des Gebäudes ansieht. **241**

---

[1] RGZ 69, 117, 120.
[2] RGZ 69, 117, 120; Pal-Heinrichs § 93 BGB Rn. 2.
[3] RGZ 158, 362, 369; Pal-Heinrichs § 93 BGB Rn. 2.
[4] BGHZ 36, 46, 50.
[5] Pal-Heinrichs § 93 BGB Rn. 5 m. w. N.
[6] RGZ 69, 117, 121.

aa) Zu den mit Grund und Boden **fest verbundenen** Sachen, die keine Gebäude sind, gehören etwa: Mauern, Zäune und Schwimmbecken. **Gebäude** sind Bauwerke aller Art, also Häuser, Tief- und Fertiggaragen (selbst wenn sie nicht in den Boden eingelassen sind), Baracken, Tankstellenanlagen.

bb) Zur Herstellung **in ein Gebäude eingefügt** (Abs. 2) sind alle Teile, ohne die das Gebäude nach der Verkehrsanschauung noch nicht fertiggestellt ist.[1] Eine feste Verbindung ist nicht nötig; im Rahmen des § 94 II BGB entscheidet der Zweck, nicht die Art der Verbindung.[2] Ausstattungen und Einrichtungen, die für die Herstellung eines Gebäudes nicht notwendig sind, sind dann wesentliche Bestandteile, wenn sie dem Baukörper besonders angepaßt sind und deshalb mit ihm eine Einheit bilden.[3] **„Einfügen"** ist die Herstellung der vorgesehenen Verbindung mit dem Gebäude; nicht ausreichend ist, daß die Sache auf das Grundstück gebracht und zur Einfügung vorbereitet wird.[4]

cc) Beispiele:

- Zur Herstellung eingefügt sind: Türen, Fenster, Beleuchtungsanlagen; ein im Auftrag des Vermieters zugeschnittener und verlegter Teppichboden; besonders eingepaßte Einbaumöbel, die nicht in anderen Räumen aufgestellt werden können; Waschbecken, Badewannen, Warmwasserspeichergeräte.
- Nicht zur Herstellung eingefügt sind: In der Regel Maschinen in Fabrikgebäuden; Beleuchtungskörper in einem Hotel; Kältemaschine im Kühlraum einer Metzgerei.

242 **d) Scheinbestandteile.** Ist bis hierher die Eigenschaft als wesentlicher Bestandteil bejaht worden, ist noch zu untersuchen, ob die Sache nicht Scheinbestandteil iSd. § 95 BGB ist. Nach dieser Vorschrift sind keine Bestandteile eines Grundstücks:

- Sachen, die nur zu einem vorübergehenden Zweck mit dem Grund und Boden verbunden sind (Abs. 1 Satz 1),
- die Gebäude oder anderen Werke, die in Ausübung eines Rechts an einem fremden Grundstück von dem Berechtigten mit dem Grundstück verbunden worden sind (Abs. 1 Satz 2),
- Sachen, die nur zu einem vorübergehenden Zweck in ein Gebäude eingefügt sind (Abs. 2), weil sie nicht zu Bestandteilen des Gebäudes werden.

aa) Eine Verbindung zu einem vorübergehenden Zweck liegt vor, wenn ihr Wegfall von vornherein beabsichtigt oder nach der Natur des Zwecks sicher ist.[5] Dies ist in der Regel zu bejahen, wenn der Verbindende in Ausübung eines **zeitlich begrenzten Nutzungsrecht** handelt; insbesondere bei **Miete oder Pacht.**[6] Anders ist es, wenn von vornherein feststeht, daß der Eigentümer die Sache nach Beendigung des Nutzungsrechts des Verbindenden übernehmen soll. Maßgeblich ist nach dem Wortlaut des § 95 BGB der

---

[1] BGH NJW 1979, 712.
[2] BGHZ 36, 46, 50.
[3] BGH NJW 1984, 2277, 2278.
[4] RGZ 90, 198, 200.
[5] RGZ 63, 416, 421; Pal-Heinrichs § 95 BGB Rn. 2.
[6] BGH NJW 1985, 789.

Wille zur **Zeit der Verbindung,** so daß eine nachträgliche Zweckänderung die Bestandteilseigenschaft weder begründen noch aufheben kann.[1]

Beispiele: Ein vom Mieter verlegter Teppichboden; eine vom Pächter errichtete Tankstelle, die bei Beendigung des Pachtverhältnisses beseitigt werden soll.

bb) Die Verbindung in Ausübung eines Rechts (Abs. 1 S. 2) setzt ein dingliches Recht voraus.

cc) Beachte: Scheinbestandteile können wegen § 97 II 1 BGB auch nie Grundstückszubehör des Grundstücks sein, auf dem sie sich befinden; allenfalls Zubehör eines anderen Grundstücks (zB Versorgungsleitungen).[2]

e) Zubehör, § 97 BGB. Die Zubehöreigenschaft einer Sache setzt nach 243
§ 97 BGB voraus:

aa) Es muß sich um eine **bewegliche Sache** handeln, die nicht Bestandteil der Hauptsache sein darf (s. o. Rn. 238 ff). Es muß eine **Hauptsache** vorhanden sein. Das kann das Grundstück selbst oder aber das auf ihm errichtete Gebäude sein. Hier ist insbesondere im Hinblick auf § 1120 BGB, der verlangt, daß es sich um Zubehör eines Grundstücks handelt, sorgfältig zu argumentieren.

Beispiel: Auf einem großen Grundstück befinden sich fünf zehnstöckige Hochhäuser; in einem von ihnen liegt im Erdgeschoß eine kleine Gaststätte, im übrigen bestehen die Häuser aus 150 vermieteten Wohnungen. Ist die Zapfanlage in der Gaststätte Zubehör des Grundstücks?

Stellt man unter wirtschaftlichen Gesichtspunkten auf das Grundstück ab, wird man kaum sagen können, es handele sich um ein Grundstück, das dem wirtschaftlichen Zweck des Betriebes einer Gaststätte dient; vielmehr liegt der Zweck des Grundstücks in der Vermietung der Wohnungen. Die Zapfanlage gehört also in diesem wirtschaftlichen Sinne nicht zur Hauptsache „Wohnhausgrundstück". Andererseits dient das eine der fünf Häuser nicht nur als Wohnhaus, sondern zum Teil auch dem Betrieb eines Gewerbes. Also sind die diesem Betrieb dienenden Sachen Zubehör des Gebäudes. Das Gebäude ist seinerseits wesentlicher Bestandteil des Grundstücks. Rechtlich ist allerdings nur die **Sache, um deren Bestandteil es sich handelt, als Hauptsache anzusehen**; was dem Bestandteil eines Ganzen dient, dient damit auch dem Ganzen und erhöht dessen Wert.[3] Daher ist die Zapfanlage rechtlich Zubehör des Grundstücks.

Also: Letztendlich kommt es darauf an, ob die Zapfanlage Zubehör der „Gaststätte" ist. Argumentieren muß man aber so, daß sie **Zubehör des gewerblich genutzten Gebäudeteils** ist, der wiederum **untrennbar mit dem gesamten Gebäude verbunden** und wesentlicher Bestandteil des Grundstücks ist. Deshalb ist sie Zubehör des Grundstücks.

bb) Die Sache muß dem wirtschaftlichen Zweck der Hauptsache zu die- 244
nen bestimmt sein. Für dieses weit auszulegende Tatbestandsmerkmal ist es **nicht erforderlich,** daß die Hauptsache **gewerblich genutzt wird;** sie muß nur in irgendeiner Weise **nutzbar** sein. Zu beachten ist, daß ein Grundstück, das in unterschiedlicher Weise – als Wohn- oder Geschäftshaus – genutzt wird, ganz unterschiedliches Zubehör haben kann, je nachdem, auf welche Nutzung man abstellt.[4]

---

[1] BGH NJW 1996, 917; BGHZ 37, 353, 359.

[2] RGZ 87, 43, 48 f.

[3] MK-Holch § 97 BGB Rn. 11.

[4] BGHZ 85, 234, 237.

Dem Zweck der Hauptsache dient das Zubehör, wenn es deren zweckentsprechende Verwendung, und sei es nur mittelbar, ermöglicht und fördert.[1] Die Bestimmung, dem wirtschaftlichen Zweck der Hauptsache zu dienen, setzt eine entsprechende **Widmung** voraus, die in der Regel durch schlüssige Handlung erfolgt, und die jeder tatsächliche Benutzer der Hauptsache vornehmen kann.[2]

245 **cc)** Das Zubehör muß schließlich in einem seinem Zweck entsprechenden **räumlichen Verhältnis** zur Hauptsache stehen. Dazu reicht es aus, wenn ein gewisser örtlicher Zusammenhang besteht;[3] es ist nicht nötig, daß das Zubehörteil sich auf dem Grundstück selbst befindet. Wesentlich ist, daß der örtliche Zusammenhang die bestimmungsgemäße Benutzung des Zubehörstücks ermöglicht.[4]

Beispiel: Als Zubehör einer Gastwirtschaft wurden angesehen die der Unterhaltung der Gäste dienenden Gondeln und Schwäne auf einem angepachteten benachbarten Seegrundstück.[5]

Unwesentlich ist die vorübergehende Trennung eines Zubehörstücks von der Hauptsache, § 97 II 2 BGB.

246 **dd)** Auch wenn alle anderen Voraussetzungen vorliegen, ist die Sache kein Zubehör, wenn sie im **Verkehr nicht als Zubehör angesehen** wird, § 97 I 2 BGB. Schließlich führt auch die **vorübergehende Benutzung** einer Sache für den wirtschaftlichen Zweck einer anderen nicht zur Zubehöreigenschaft, § 97 II 1 BGB. Die Vorschrift entspricht § 95 I 1, II BGB. Ihre Voraussetzungen sind in der Regel insbesondere dann gegeben, wenn **Mieter und Pächter** Sachen auf das Grundstück bringen und sie dort nutzen, wenn nicht von vornherein ihre Übergabe an den Grundstückseigentümer beabsichtigt ist.

247 **f) Beispiele in § 98 BGB.** § 98 BGB stellt beispielhaft dar, welche Sachen dem wirtschaftlichen Zweck der Hauptsache zu dienen bestimmt sind. Damit wird nur ein Tatbestandsmerkmal des § 97 BGB ergänzt; die weiteren Voraussetzungen dieser Vorschrift müssen ebenfalls noch gegeben sein. Besonders wichtig ist Nr. 1 der Vorschrift: Maschinen und sonstige Gerätschaften, die zu dem Betriebe eines gewerblichen Betriebs gehören, der auf Dauer in einem Gebäude angelegt ist, dienen dem wirtschaftlichen Zweck der Hauptsache.

248 **3. Hypothekenverband.** Nach der Prüfung, ob es sich bei den fraglichen Sachen um Zubehör handelt, ist zu untersuchen, ob es dem Hypothekenverband unterfällt, § 1120 BGB. Danach erstreckt sich die Hypothek unter anderem auf das Zubehör des Grundstücks, mit **Ausnahme** der Zubehörstücke, welche **nicht in das Eigentum des Grundstückseigentümers** gelangt sind.

---

[1] Pal-Heinrichs § 97 BGB Rn. 5.
[2] BGH NJW 1969, 2135, 2136.
[3] BGH LM § 97 BGB Nr. 3.
[4] Pal-Heinrichs § 97 BGB Rn. 8.
[5] RGZ 47, 197, 200.

a) Prüfung im Rahmen des § 865. Vorab ist darauf hinzuweisen, daß Ausgangspunkt der Darstellung und Prüfung hier die Frage ist, ob es sich um nach **§ 865 II 1 unpfändbares** Zubehör handelt. In diesem Zusammenhang kommt es nicht darauf an, ob das Grundstück **tatsächlich** hypothekarisch oder durch eine Grundschuld (§§ 1192 I, 1120 BGB) **belastet ist,**[1] wie schon aus dem Wortlaut des § 865 I folgt. Dies muß man sich vor Augen halten, wenn man die Kommentierung des § 1120 BGB liest (zB „den Palandt" in der Klausur). Die Ausführungen dort sind **nicht auf § 865 zugeschnitten,** sondern untersuchen die zivilrechtliche Frage, ob Zubehör von einer konkreten Hypothek erfaßt wird. 249

Wenn es zB bei Pal-Bassenge § 1120 BGB Rn. 6 heißt: „Eigenes Zubehör des Grundstückseigentümers haftet unabhängig davon, ob die Zubehöreigenschaft vor oder nach Hypothekenbestellung ... erlangt", so bezieht sich dies eben nur auf die konkrete Hypothek. Für die Voraussetzung der Unpfändbarkeit nach § 865 spielt die Hypothekeneintragung keine Rolle.

Im Rahmen des § 865 II 1 ist **nur zu prüfen,** ob das Zubehörstück

- **irgendwann vor der Pfändung** in das Eigentum des Grundstückseigentümers gelangt
- und **nicht** nach den §§ 1121 f BGB **enthaftet** worden ist.

b) Eigentum. Das Zubehörstück muß in das Eigentum des Grundstückseigentümers gelangt sein. Es reicht aus, wenn **irgendwann vor der Pfändung** der Grundstückseigentümer auch Eigentümer des Zubehörs war. Dies folgt daraus, daß es im Rahmen des § 865 II 2 nicht darauf ankommt, ob das Grundstück tatsächlich mit einem Grundpfandrecht belastet ist. Danach ist es rechtlich bei der Prüfung des § 865 unerheblich, wann etwa der Hypothekengläubiger, der sich mit der Erinnerung gegen die Pfändung eines Zubehörstückes wendet, seine Hypothek erworben hat. Allenfalls seine Beschwer kann fehlen, wenn das Eigentum an dem Zubehörstück vor Eintragung der Hypothek vom Grundstückseigentümer auf einen anderen übertragen wurde, ohne daß es vom Grundstück entfernt wurde. 250

Beispiel: Auf seinem Grundstück in dem dort stehenden Haus betreibt der Schuldner eine Diskothek. Zugunsten des Gläubigers 1) ist eine Grundschuld eingetragen. Der Schuldner beschafft sich eine neue Musikanlage, bezahlt sie bar und erhält sie übereignet. Durch diese Anschaffung gerät er in Zahlungsschwierigkeiten und übereignet die Anlage zur Sicherheit an eine Bank, wobei hier unterstellt werden soll, daß ihm kein Anwartschaftsrecht zusteht. Die Anlage bleibt in der Diskothek. Zugunsten des Gläubigers 2) wird einen Monat später eine Hypothek eingetragen. Gegen die wiederum einen Monat später erfolgte Pfändung der Anlage durch den Gerichtsvollzieher im Auftrag des Gläubigers 3) wenden sich die Gläubiger 1) und 2) mit ihrer Erinnerung.

Hier ist die Pfändung der Anlage gem. § 865 II 1 unzulässig gewesen. Sie ist in das Eigentum des Grundstückseigentümers gelangt. Eine Enthaftung nach den §§ 1121 f BGB ist nicht eingetreten, weil die Anlage auf dem Grundstück geblieben ist. Andererseits erstreckt sich die Hypothek des Gläubigers 2) nicht auf das Zubehörstück. Da die Eigentumsübertragung vor Eintragung der Hypothek erfolgt ist, ist die Anlage auch ohne Entfernung „hypothekenfrei" (beachte die Hinweise Rn. 249!), d.h. hier frei von der Hypothek des Gläubigers 2).

---

[1] MK-Eickmann § 865 Rn. 25 m.w.N.

Gläubiger 1) ist durch die Pfändung beschwert, weil seine Grundschuld beeinträchtigt wird; **§ 865 schützt auch die Grundpfandrechtsgläubiger.** Teile der wirtschaftlichen Einheit des Grundstücks sollen dem Zugriff der Grundpfandrechtsgläubiger nicht entzogen werden. Seine Erinnerung ist auch begründet, weil die Pfändung nach § 865 II 1 unzulässig war. Gläubiger 2) hingegen wird durch die unzulässige Pfändung nicht in seinem Hypothekenrecht betroffen; die Hypothek erstreckt sich nicht auf die Anlage. Er ist daher nicht beschwert. Seine Erinnerung ist unzulässig.

251 **c) Anwartschaft.** Umstritten ist, ob es ausreicht, wenn der Grundstückseigentümer (und Schuldner) kein Eigentum an den Zubehörstücken erlangt hat, wohl aber ein Anwartschaftsrecht.

Beispiel: Die oben (Rn. 250) beschriebene Musikanlage hat der Schuldner nicht bar bezahlt und später sicherungsübereignet, sondern unter Eigentumsvorbehalt gekauft.

- Anerkannt ist, daß sich die Hypothekenhaftung nach § 1120 BGB auf das Anwartschaftsrecht bezieht, **allerdings nicht auf die Sache selbst.**[1]
- Daraus wird zT der Schluß gezogen, die Sache selbst unterfalle nicht dem Hypothekenverband, sie sei deshalb pfändbar; nur das Anwartschaftsrecht unterliege § 865 II.[2]
- Dagegen wird zu Recht eingewandt, daß zwischen dem Grundstück und dessen Zubehör, auch wenn es unter Eigentumsvorbehalt erworben wurde, schon vor dem Erwerb des Volleigentums eine wirtschaftliche Einheit besteht. Diese ist durch das Anwartschaftsrecht des Vorbehaltskäufers rechtlich geschützt. § 865 aber soll wie § 1120 BGB verhindern, daß die wirtschaftliche Einheit auseinandergerissen wird. Daher ist solches Zubehör nach § 865 II 1 unpfändbar.[3]

252 **4. Enthaftung.** Ist die Zugehörigkeit zum Hypothekenverband bejaht worden, ist weiter zu untersuchen, ob das Zubehör durch Enthaftung nach §§ 1121 f BGB wieder aus dem Hypothekenverband ausgeschieden ist.

Beachte: Hier wird nur die Enthaftung dargestellt, soweit sie sich auf das Zubehör bezieht; es gibt ähnliche Regelungen für Erzeugnisse und sonstige Bestandteile eines Grundstücks.

253 **a) Enthaftung vor der Beschlagnahme. aa)** Nach § 1121 I BGB tritt eine Enthaftung von Zubehör ein, wenn es veräußert und vom Grundstück entfernt wird, bevor eine Beschlagnahme des Grundstücks durch die Anordnung der Zwangsversteigerung (§ 20 I und II ZVG) oder der Zwangsverwaltung (§ 146 I ZVG) eingetreten ist.

Beachte: Mit der „Beschlagnahme des Gläubigers" in § 1121 I BGB ist nur die Beschlagnahme zugunsten des Hypothekengläubigers gemeint. Bei der Beschlagnahme allein durch einen „persönlichen Gläubiger" (s. Rn. 435) kann also noch eine Enthaftung eintreten.

Veräußerung bedeutet Eigentumsübertragung; **Entfernung** ist die tatsächliche, auf Dauer angelegte Wegschaffung der Sachen vom Grundstück.

---

1 BGHZ 35, 85, 88 ff.
2 Baur-Stürner Rn. 442.
3 Brox-Walker Rn. 216 m. w. N.

bb) Nach § 1122 II BGB kann auch ohne Veräußerung und Entfernung des Zubehörs eine Enthaftung dadurch eintreten, daß vor der Beschlagnahme die Zubehöreigenschaft innerhalb der Grenzen einer ordnungsgemäßen Wirtschaft aufgehoben wird.

b) Enthaftung nach der Beschlagnahme. Trotz einer Beschlagnahme kann eine Enthaftung **durch gutgläubigen Erwerb** des Zubehörteils eintreten. Die Beschlagnahme des Grundstücks und damit auch des Zubehörs führt zu einem relativen Veräußerungsverbot, §§ 23 I 1, 146 ZVG. Eine nachfolgende Veräußerung ist gegenüber dem Grundpfandrechtsgläubiger unwirksam, §§ 135f BGB. **254**

aa) Zunächst kann ein gutgläubiger Erwerb nach § 135 II BGB erfolgen, wenn die Sache vor der Beschlagnahme vom Grundstück entfernt, aber erst nachher veräußert wurde. **255**

Reihenfolge: Entfernung, Beschlagnahme, Veräußerung.

Der gute Glaube muß sich, wie aus § 135 BGB folgt, auf die Beschlagnahme beziehen. Dem Erwerber darf die Beschlagnahme nicht bekannt oder aus grober Fahrlässigkeit unbekannt sein (§ 932 II BGB). Einer Kenntnis steht die Kenntnis des Antrags auf Zwangsversteigerung oder Zwangsverwaltung gleich (§§ 23 II 1, 146 ZVG); die Beschlagnahme gilt als bekannt, wenn der Zwangsversteigerungs- oder Zwangsverwaltungsvermerk im Grundbuch eingetragen ist. Von diesem Zeitpunkt an ist eine Enthaftung durch gutgläubigen Erwerb nicht mehr möglich.

bb) Wird das Zubehör vor der Beschlagnahme veräußert, aber erst nachher entfernt, kommt ein gutgläubiger Erwerb nach § 1121 II 2 BGB in Betracht. **256**

Reihenfolge: Veräußerung, Beschlagnahme, Entfernung.

Wenn der Erwerber bei der Entfernung in Ansehung der Beschlagnahme gutgläubig ist (Rn. 255), tritt eine Enthaftung aus dem Hypothekenverband ein, § 1121 II 2 BGB.

cc) Wenn Veräußerung und Entfernung nach der Beschlagnahme liegen, muß die Gutgläubigkeit sowohl bei der Veräußerung (nach § 135 II BGB) als auch bei der Entfernung (nach § 1121 II 2 BGB) andauern. Zur Gutgläubigkeit s. Rn. 255. **257**

Reihenfolge:
Beschlagnahme, Veräußerung, Entfernung
oder Beschlagnahme, Entfernung, Veräußerung.

dd) Bei der Beschlagnahme zum Zwecke der Zwangsversteigerung kann es unabhängig von einer Gutgläubigkeit zu einer Enthaftung kommen, wenn Zubehör nach der Beschlagnahme innerhalb der Grenzen einer ordnungsgemäßen Wirtschaft veräußert wird, § 23 I 1 ZVG. Dies gilt unabhängig von einer Entfernung, die § 23 ZVG nicht voraussetzt. § 23 I 2 ZVG gilt gem. § 148 I 2 ZVG nicht bei der Beschlagnahme zum Zwecke der Zwangsverwaltung. **258**

5. Rechtsfolge der Pfändung von Grundstückszubehör. Streitig ist, welche Rechtsfolge es hat, wenn der Gerichtsvollzieher unter Verstoß gegen § 865 II 1 Zubehör pfändet. **259**

a) Die wohl hM nimmt an, daß die Pfändung von Grundstückszubehör durch den Gerichtsvollzieher zur **Nichtigkeit** des Pfändungsaktes führt.[1] Dies wird damit begründet, daß der Gerichtsvollzieher in diesem Falle funktionell nicht zuständig sei. Dies sei ein so schwerwiegender Verstoß, daß der Pfändungsakt unheilbar nichtig sei.

b) Nach aA ist die Pfändung bei einem Verstoß gegen § 865 II 1 fehlerhaft und anfechtbar, aber **wirksam.**[2] Diese Auffassung ist zutreffend.

Der Gerichtsvollzieher ist grundsätzlich für die Pfändung beweglicher Sachen zuständig. Auch Zubehör stellt eine bewegliche Sache dar, § 97 BGB. Die Beurteilung, ob eine Sache als Grundstückszubehör anzusehen ist und deshalb § 865 II 1 unterfällt, ist in der Regel sehr schwierig. Beispielsweise wird der Gerichtsvollzieher kaum prüfen können, ob der Schuldner einmal Eigentümer des zu pfändenden Zubehörgegenstands war. Die Prüfung von Eigentum fällt grundsätzlich nicht in seine Kompetenz. Die Abgrenzung zu einem wesentlichen Bestandteil ist nicht einfach. Angesichts dieser schwierigen Rechtslage kann von einem offensichtlichen und schwerwiegenden Verstoß gegen zwangsvollstreckungsrechtliche Vorschriften nicht gesprochen werden. Rechte des Schuldners oder eines Grundpfandrechtsgläubigers werden nicht vernachlässigt, wenn man lediglich eine Anfechtbarkeit der Pfändung annimmt. Die Anfechtungsmöglichkeit besteht für beide; sie können wegen des Verstoßes gegen § 865 II 1 Erinnerung einlegen. Außerdem kann der Grundpfandrechtsgläubiger Drittwiderspruchsklage (§ 771) erheben.

II. Probleme des Mit- und Ehegattengewahrsams sowie der Vollstreckung gegen Mitglieder von Wohngemeinschaften

260 **1. Überblick.** Es unterliegen grundsätzlich nur im Gewahrsam des Schuldners stehende bewegliche Sachen der Vollstreckung des Gerichtsvollziehers (Rn. 123ff). Im Gewahrsam Dritter stehende Gegenstände darf er nur pfänden, wenn diese zur Herausgabe bereit sind, § 809; dies gilt schon dann, wenn Schuldner und Dritter Mitgewahrsam haben. Handelt es sich um Eheleute, hilft dem Gläubiger § 739. Soweit dessen Vermutung reicht (Rn. 261f), gilt der Schuldner als Alleingewahrsamsinhaber. Fraglich ist, ob § 739 auch Anwendung findet, wenn der Schuldner in einer nichtehelichen Lebensgemeinschaft lebt (Rn. 264); hier ist problematisch, ob Ehegatten über § 739 schlechter gestellt werden dürfen als Mitglieder einer nichtehelichen Gemeinschaft. Besondere Probleme wirft die Vollstreckung gegen in Wohngemeinschaft lebende Schuldner auf (s. Rn. 265ff).

261 **2. Die Vermutung des § 739.** Im Umfang der Eigentumsvermutung des § 1362 BGB gilt der Schuldner im Verhältnis zum Ehegatten für die Durchführung der Zwangsvollstreckung als alleiniger Gewahrsamsinhaber und Besitzer, § 739.

a) Vermutung des § 1362 BGB. Die Eigentumsvermutung des § 1362 BGB gilt für alle Güterstände (insbesondere auch bei Gütertrennung) mit Ausnahme des Gesamtguts bei einer Gütergemeinschaft (§ 1416 BGB). Zu-

---

[1] RGZ 135, 197, 206; BL-Hartmann § 865 Rn. 12; Zö-Stöber § 865 Rn. 11.

[2] MK-Eickmann § 865 Rn. 61; Musielak-Becker § 865 Rn. 10; Musielak-Lackmann vor § 704 Rn. 32 m. w. N.; TP § 865 Rn. 5; Brox-Walker Rn. 207.

gunsten des Gläubigers wird vermutet, daß die im Besitz eines oder beider Ehegatten befindlichen Sachen dem Schuldner gehören.

Die Vermutung gilt nicht

- für Sachen, die sich bei Getrenntleben im Besitz des nichtschuldenden Ehegatten befinden, § 1362 I 2 BGB;
- für die ausschließlich zum persönlichen Gebrauch eines Ehegatten bestimmten Sachen; hier wird nicht Eigentum des Schuldners vermutet, sondern das des Ehegatten, der sie gebraucht, § 1362 II BGB.

Die Vermutung des § 1362 BGB ist **widerlegbar.**

b) Vermutung des § 739. Damit die Eigentumsvermutung des § 1362 BGB auch für die Zwangsvollstreckung durch den Gerichtsvollzieher durchschlägt, muß eine entsprechende Gewahrsamsvermutung geschaffen werden; dies ist in § 739 geschehen. Wer nach § 1362 BGB als Eigentümer gilt, ist im Rahmen der **Zwangsvollstreckung auch als Gewahrsamsinhaber** anzusehen. 262

c) Widerlegung der Vermutung des § 739. Die Gewahrsamsvermutung des § 739 ist nach ganz hM **unwiderlegbar.**[1] Dies ergibt sich einmal aus dem unterschiedlichen Wortlaut des § 739 („gilt") und des § 1362 BGB („wird vermutet"), zum anderen daraus, daß die Prüfung der Eigentumsverhältnisse (Verweisung des § 739 auf § 1362 BGB) grundsätzlich nicht zur Kompetenz des Gerichtsvollziehers gehört. 263

3. § 739 und nichteheliche Lebensgemeinschaft. Da nach dem Gesetzeswortlaut Ehegatten in der Vollstreckung schlechter behandelt werden als Partner einer nichtehelichen Lebensgemeinschaft, stellt sich die Frage nach einer **analogen Anwendung** oder aber der **Verfassungswidrigkeit** des § 739. 264

Beispiel: Im Wohnzimmer einer Wohnung steht ein Video-Recorder. Lebt dort ein Ehepaar, kann der Recorder auch bei Widerspruch des Ehegatten, der nicht Titelschuldner ist, in dessen Mitgewahrsam der Recorder aber steht, gepfändet werden, § 739. Der Schuldner gilt als alleiniger Gewahrsamsinhaber. Leben in der Wohnung Mann und Frau unverheiratet zusammen, kann der Recorder nur dann gepfändet werden, wenn der nichtschuldende Partner zur Herausgabe bereit ist (§ 809), weil er Mitgewahrsam hat. Insoweit werden Eheleute also trotz Art. 6 GG schlechter gestellt.

a) Die hM lehnt die analoge Anwendung der Vorschrift zu Recht ab.[2] Bei der Neufassung des § 739 war dem Gesetzgeber die Problematik der nichtehelichen Lebensgemeinschaften bekannt; trotzdem hat er die Regelung auf Eheleute beschränkt. Damit fehlt es schon an einer planwidrigen Lücke.

b) Aus der Schlechterstellung der Eheleute wird zT mit beachtlichen Gründen im Hinblick auf Art. 6 I GG der Schluß gezogen, § 739 sei verfassungswidrig.[3] In Klausuren allerdings sollte man auf dieses Problem nur dann eingehen, wenn die Frage **ausdrücklich angesprochen** wurde.

---

[1] OLG Bamberg DGVZ 1978, 9; Musielak-Lackmann § 739 Rn. 5; TP § 739 Rn. 9.

[2] OLG Köln NJW 1989, 1737f; Musielak-Lackmann § 739 Rn. 3 m.w.N.; aA MK-Arnold § 739 Rn. 19 m.w.N.; TP § 739 Rn. 4.

[3] Brox FamRZ 1981, 1125, 1127; Baur-Stürner Rn. 288.

265 **4. Die Vollstreckung gegen die Mitglieder von Wohngemeinschaften.**

Beispiel: Der Gerichtsvollzieher will gegen den Schuldner S pfänden, der in einer Wohngemeinschaft und dort in einem Raum mit seiner Freundin F zusammen wohnt. Eine richterliche Durchsuchungsanordnung gegen S liegt vor.

a) Hier darf der Gerichtsvollzieher zunächst durch die Räume gehen, die zur Wohnung der anderen oder aller Mitglieder der Wohngemeinschaft gehören, um in das Zimmer des S zu gelangen. Hierin liegt nur ein Durchschreiten fremden Gewahrsams.

266 **b)** Fraglich ist aber, ob der Gerichtsvollzieher das Zimmer des S und der F durchsuchen darf, obwohl er einen Durchsuchungsbeschluß nur gegen S hat. Diese Frage bleibt ungeachtet des § 758 a III nF von Bedeutung (s. Rn. 267).

aa) Die Durchsuchung der Wohnung stellt, bezogen auf F, **keine Zwangsvollstreckung ohne Titel** dar. Es handelt sich bei der Durchsuchung der Wohnung nicht um eine Zwangsvollstreckung gegen den Dritten, sondern um eine Vollstreckung gegen den Schuldner. Die davon ausgehenden Nebenwirkungen muß der Dritte hinnehmen.

bb) Die Durchsuchung selbst **verstößt auch nicht gegen § 809** (anders, wenn der Gerichtsvollzieher eine im Mitgewahrsam des Dritten stehende Sache pfändet), nur weil der Schuldner den Raum mit einem Dritten teilt. § 809 schützt nur den Sach-, nicht aber den Raumgewahrsam.

267 **cc)** Problematisch ist aber, ob die Durchsuchung, bezogen auf F, **gegen Art. 13 II GG verstößt.**

- Dies wird zT mit der Begründung verneint, Art. 13 II GG und § 758 setzten ungeschrieben voraus, daß das Recht des ungestörten Wohnens Grenzen unterliege.[1] Dieses Argument ist aber nicht stichhaltig, weil es hier nicht um einen Eingriff iSd. Art. 13 III GG geht, sondern um eine Durchsuchung iSd. Art. 13 II GG. Zudem wird hier nur die Argumentation wiederholt, die die früher hM zur Begründung der Annahme herangezogen hat, auch die Durchsuchung der Wohnung des Schuldners sei ohne richterliche Anordnung zulässig. Gerade diese Begründung dürfte mit der Entscheidung des BVerfG (s. Rn. 149) obsolet sein.
- ZT wird angenommen, die Durchsuchungsanordnung gegen den Schuldner selbst sei ausreichende Grundlage auch für die Durchsuchung von Räumen, die der Schuldner mit anderen zusammen bewohne.[2] Das hierzu herangezogene Argument, daß ansonsten eine Pfändung in den Räumlichkeiten von Wohngemeinschaften kaum möglich sei, ist vom Ergebnis her zwar zutreffend, aber für die Frage der Zulässigkeit der Durchsuchung sehr zweifelhaft. Dabei ist insbesondere zu beachten, daß keine gesetzliche Möglichkeit besteht, gegen den Dritten, gegen den kein Titel vorliegt, eine Durchsuchungsanordnung zu beschaffen. Nur deshalb kommt es dazu, daß gegen den Schuldner nicht vollstreckt werden kann. Daraus den Schluß zu ziehen, daß dann das (Grund-) Recht des Dritten zurückstehen müsse, halte ich für unrichtig.

---

[1] LG Hamburg NJW 1985, 72, 73.
[2] MK-Arnold § 758 Rn. 17; TP § 758 Rn. 5; Brox-Walker Rn. 323.

- Ich meine, daß hier die Durchsuchung wegen Art. 13 II GG auf der Grundlage der Entscheidung des BVerfG, die hingenommen werden muß, unzulässig ist.[1] Alle Versuche, die Zulässigkeit zu begründen, überzeugen nur vom Ergebnis her im Verhältnis Schuldner zum Gläubiger. Sie lassen aber das Recht des Dritten ungerechtfertigt zurücktreten.
- Ob § 758a III nF mit der Anordnung, daß Mitgewahrsamsinhaber die Wohnungsdurchsuchung zu dulden haben, die Rechtslage geändert hat, ist zweifelhaft. Folgt man nämlich der hier vertretenen Auffassung, es sei eine Durchsuchungsanordnung erforderlich, bestehen erhebliche Zweifel daran, daß die Norm verfassungsgemäß ist.[2]

---

[1] Ebenso KG NJW-RR 1994, 713; Musielak-Lackmann § 758a Rn. 6 m. w. N.

[2] Musielak-Lackmann § 758a Rn. 1; Münzberg Festschrift für Lüke 1997, 525, 537 ff; *Schuschke* DGVZ 1997, 49, 50, der allerdings das Erfordernis einer Erlaubnis verneint.

2. Abschnitt. Die Zwangsvollstreckung wegen Geldforderungen in Forderungen und andere Vermögensrechte

I. Überblick

268 Dem Zugriff des wegen einer Geldforderung vollstreckenden Gläubigers stehen neben den beweglichen Sachen des Schuldners auch Forderungen, die dieser gegen Dritte hat, und andere Vermögensrechte als Vollstreckungsobjekte zur Verfügung, §§ 828 bis 863.

Auch für diese Vollstreckungsart gelten die allgemeinen Vorschriften über die Vollstreckung wegen Geldforderungen in das bewegliche Vermögen, §§ 803–807. Siehe hierzu und zum Begriff der Geldforderung Rn. 113f.

II. Vollstreckungsobjekte

Dem Vollstreckungszugriff des Gläubigers dienen, soweit hier maßgeblich, **Forderungen und andere Vermögensrechte** des Schuldners.

- Die Forderungen des Schuldners können auf Geld gerichtet sein. Dies ist der praktisch wichtigste Teil dieser Vollstreckungsart.
- Es kann sich aber auch um Ansprüche auf Herausgabe oder Leistung von Sachen handeln, § 846ff.
- Neben Forderungen stehen schließlich andere vermögenswerte Rechte des Schuldners als Vollstreckungsobjekte zur Verfügung, § 857.

III. Verfahrensüberblick

Der Gläubiger kann diese Rechte pfänden lassen und versuchen, sie zu verwerten. Die Forderung des Schuldners gegen einen Dritten (Schuldner des Vollstreckungsschuldners, **„Drittschuldner"** genannt) oder das andere Recht wird durch staatlichen Hoheitsakt, der auf Antrag des Gläubigers erfolgt, gepfändet (Pfändungsbeschluß) und dem Gläubiger überwiesen (Überweisungsbeschluß). In der Regel ergehen beide Beschlüsse gleichzeitig.

Die Forderung des Schuldners wird durch die Pfändung beschlagnahmt, er darf nicht mehr über sie verfügen. Der Drittschuldner seinerseits darf nicht mehr an den Schuldner leisten. Damit hat aber der Gläubiger, wenn er in eine Geldforderung vollstreckt hat, sein Geld noch nicht; zahlt der Drittschuldner nicht freiwillig, muß der Gläubiger ihn im Wege einer normalen materiell-rechtlichen Klage auf Leistung in Anspruch nehmen. Er setzt – im Regelfall der Überweisung zur Einziehung – das Recht des Schuldners gegen den Drittschuldner an dessen Stelle gerichtlich durch.

IV. Hinweis

Die Forderungspfändung selbst ist nicht sehr examensrelevant, jedenfalls nicht in Klausuren. Sehr wichtig ist lediglich die Einziehungsklage. Trotzdem muß man die Grundlagen der Forderungspfändung verstehen und kennen, um sich mit der Einziehungsklage zu beschäftigen. Die folgende Darstellung der Forderungspfändung ist deshalb möglichst kurz gehalten und behandelt nicht alle denkbaren Probleme.

§ 21 Vom Rechtspfleger bei der Forderungspfändung zu beachtende Vorschriften

Die Forderungspfändung setzt selbstverständlich wie die Vollstreckung in **269**
bewegliche Sachen voraus, daß die **Zulässigkeitsvoraussetzungen der Zwangsvollstreckung** gegeben sind (Rn. 28 bis 111). Besonderheiten der Vollstreckungsvoraussetzungen, die für alle Arten der Rechtspfändung gelten, werden im folgenden dargestellt.

I. Besonderheiten der allgemeinen Verfahrensvoraussetzungen

1. Zuständigkeit. Funktionell zuständig zur Vollstreckung wegen Geld- **270**
forderungen in Forderungen und andere Rechte ist das Vollstreckungsgericht, § 828 I. **Örtlich** zuständig ist das Amtsgericht, bei dem der Schuldner im Inland seinen allgemeinen Gerichtsstand hat; ansonsten das Amtsgericht des Gerichtsstandes des Vermögens (§ 23), § 828 II. Zum Erlaß von Pfändungs- und Überweisungsbeschlüssen ist innerhalb des Vollstreckungsgerichts der Rechtspfleger zuständig, § 20 Nr. 17 RpflG.

2. Besonderheiten des Vollstreckungsantrags. a) Antrag. In dem **271**
Vollstreckungsantrag müssen

- Gläubiger, Schuldner und Drittschuldner,
- Schuldgegenstand (die Leistung, auf die sich die Forderung des Schuldners richtet)
- und Schuldgrund (Art des zu pfändenden Anspruchs oder Rechts des Schuldners)

genau bezeichnet werden. Ist die titulierte Forderung geringer als die zu pfändende, kann der Gläubiger voll pfänden (s. Rn. 281). Beantragt er die Pfändung „wegen und bis zur Höhe" seiner Forderung, liegt eine Teilpfändung vor;[1] der entsprechend zu erlassende Pfändungsbeschluß erfaßt nur diesen Teil, wobei auf Antrag des Gläubigers der Vorrang ausgesprochen werden kann.

b) Bestimmtheit. Insbesondere muß die **zu pfändende Forderung** im **272**
Antrag so bestimmt bezeichnet werden, daß sie **von anderen Forderungen einwandfrei unterschieden** werden kann.[2] Dabei kann allerdings nicht verlangt werden, daß alle Einzelheiten der Forderung im Antrag genannt werden. Hierin hat der Gläubiger in der Regel keinen Einblick. Allgemein gehaltene Angaben reichen deshalb aus, wenn die Beteiligten und interessierte Dritte daraus die Identität der zu pfändenden Forderung noch hinreichend sicher bestimmen können. Nicht ausreichend ist – im Gegensatz zum

---

[1] BGH NJW 1975, 738; TP § 829 Rn. 32.
[2] BGH NJW 1988, 2543, 2544; TP § 829 Rn. 7.

Auftrag an den Gerichtsvollzieher – ein Globalantrag des Gläubigers. **Beispiele:**

Als hinreichend **bestimmt** wurden folgende Bezeichnungen angesehen:
- „Forderungen aus Lieferungen und Leistungen (Bohrarbeiten)“.[1]
- Alternative Bezeichnung, wenn nur eine Forderung bestehen kann.[2]
- Bei künftigen Kontokorrentsalden die Bezeichnung des Kontokorrentverhältnisses.[3]

Nicht bestimmt genug sind die Bezeichnungen:
- „Leistungsansprüche aus Sozialversicherungen“.[4]
- „Ansprüche auf Zahlung sämtlicher laufender Geldleistungen nach dem AFG gem. § 54 SGB“.[5]
- „Forderungen aus Lieferungen und sonstigen Leistungen“[6] (ohne Zusatz wie oben „Bohrarbeiten“).
- Pauschalbezeichnungen wie: „aus jedem Rechtsgrund“,[7] „alle denkbaren Forderungen“.[8]

c) Folge der Unbestimmtheit. Ist die Forderung nicht bestimmt genug bezeichnet, ist eine trotzdem erfolgte **Pfändung unwirksam.**

273 **3. Rechtsschutzinteresse für die Pfändung.** Das Rechtsschutzbedürfnis für die Pfändung fehlt, wenn dem Schuldner die zu pfändende Forderung offenbar nicht zustehen kann.[9] Es kann zweifelhaft sein, wenn eine Forderung des Schuldners gegen den Gläubiger selbst gepfändet werden soll oder die Forderung, die gepfändet werden soll, dem Gläubiger bereits abgetreten worden ist.

a) Forderung Schuldner-Gläubiger. Die Pfändung eines Anspruchs des Schuldners gegen den Gläubiger ist problematisch, weil der Gläubiger in der Regel die Aufrechnung erklären kann. Hier besteht das Rechtsschutzbedürfnis nur dann, wenn dem Gläubiger die Aufrechnung aus prozessualen (§ 767 II) oder materiell-rechtlichen Gründen (zB § 393 BGB) nicht möglich ist.[10] Dies muß der Gläubiger darlegen.[11] Von der Frage des Rechtsschutzbedürfnisses abgesehen ist die **Möglichkeit der Pfändung allgemein anerkannt**. Zur Wirksamkeit des Pfändungsbeschlusses ist dieser **dem Gläubiger selbst als Drittschuldner zuzustellen.**

b) Abgetretene Forderung. Zweifelhaft ist auch, ob der Gläubiger eine Forderung gegen einen Dritten pfänden darf, die der Schuldner bereits an den Gläubiger selbst abgetreten hat. Hier ist der Gläubiger Inhaber der Forderung. Seine Pfändung geht streng genommen „ins Leere“. Zudem erhält er durch die Pfändung und Überweisung zur Einziehung weniger als durch die Abtretung. Bei der Pfändung bleibt der Schuldner Forderungsinhaber, der Gläubiger darf sie nur einziehen. Trotzdem wird

---

[1] BGH NJW 1983, 886.
[2] BGH NJW 1975, 980.
[3] BGHZ 80, 172, 181; TP § 829 Rn. 8.
[4] OLG Köln OLGZ 1979, 484f.
[5] BSG ZIP 1982, 1124.
[6] OLG Karlsruhe NJW 1998, 549.
[7] Musielak-Becker § 829 Rn. 31; TP § 829 Rn. 7.
[8] LG Münster MDR 1989, 464.
[9] Musielak-Becker § 829 Rn. 8; TP § 829 Rn. 9.
[10] Musielak-Becker § 829 Rn. 8.
[11] LG Düsseldorf MDR 1964, 332, 333.

ein Rechtsschutzbedürfnis für die Pfändung überwiegend bejaht,[1] weil der Gläubiger so auf einem einfachen Weg einen Titel zur Vollstreckung auf Herausgabe von Urkunden, die sich im Besitz des Schuldners befinden, erhält (§ 836 III 3 nF). Der Drittschuldner wird zudem durch die Pfändung auskunftspflichtig, § 840.

II. Besonderheiten bei den besonderen Vollstreckungsvoraussetzungen

Wenn die Vollstreckung von dem Eintritt eines Kalendertages abhängig ist, darf sie nach § 751 I nur beginnen, wenn der Kalendertag abgelaufen ist (Rn. 89ff). Besondere Vollstreckungsvoraussetzung ist also die Fälligkeit des Anspruchs des Gläubigers. Dies könnte bei der Verurteilung zu wiederkehrenden Leistungen dazu führen, daß der Gläubiger jeweils nach Fälligkeit seiner Forderung erneut eine Pfändung ausbringen müßte. **274**

1. Vorratspfändung. § 850d III erlaubt deshalb als Ausnahme von § 751 I **275**
- bei der Vollstreckung wegen Unterhaltsansprüchen aus gesetzlicher Vorschrift (§ 850d III iVm. I 1) sowie wegen der aus Anlaß einer Verletzung des Körpers oder der Gesundheit zu zahlenden Renten
- hinsichtlich künftig erst fällig werdender (Unterhalts- und Verletzungs-) Rentenansprüche

die Pfändung künftig fällig werdenden Arbeitseinkommens, wenn gleichzeitig bereits fällige Ansprüche gepfändet werden.

Beispiel: Die Gläubigerin hat eine titulierte Unterhaltsforderung gegen den Schuldner, ihren geschiedenen Ehemann, auf Zahlung von 1000,– DM monatlich. Im August 1987 zahlt der Schuldner nur 500,– DM. Wegen des Restbetrages kann die Gläubigerin ohne weiteres zB das Arbeitseinkommen des Schuldners pfänden lassen. Sie kann aber auch gleichzeitig das künftig fällig werdende Arbeitseinkommen wegen ihrer künftig fällig werdenden Unterhaltsansprüche pfänden.

Diese sogenannte Vorratspfändung hat trotz § 751 I gem. § 850d III **rangwahrende Wirkung** auch zugunsten der noch nicht fällig gewordenen Unterhaltsansprüche; Verfügungen des Schuldners über den gepfändeten Teil seines Einkommens sind der Gläubigerin gegenüber unwirksam. Der Drittschuldner muß natürlich erst bei Fälligkeit des Anspruchs des Schuldners sowie des Gläubigers zahlen.

2. Vorauspfändung. Überwiegend für zulässig erachtet wird auch die sogenannte Vorauspfändung wegen anderer als der in § 850d III genannten wiederkehrenden Forderungen des Gläubigers in andere Forderungen als Arbeitslohn.[2] Es handelt sich um eine aufschiebend bedingte Pfändung – die Bedingung liegt im Eintritt der Fälligkeit –, die mangels gesetzlicher Vorschrift **keine rangwahrende Wirkung** hat. **276**

III. Gegenstand der Forderungsvollstreckung

Der Forderungsvollstreckung unterliegen:
- Geldforderungen,

---

[1] OLG Köln WM 1978, 383, 385; Brox-Walker Rn. 514; TP § 829 Rn. 9; aA BL-Hartmann § 829 Rn. 14.

[2] Musielak-Becker § 850d Rn. 19; TP § 850d Rn. 14; Brox-Walker Rn. 163.

– Herausgabe- oder Lieferungsansprüche,
– andere Vermögensrechte.

277 **1. Negative Abgrenzung.** Voraussetzung ist in jedem Fall, daß die Forderung weder der Immobiliarvollstreckung noch der Gerichtsvollziehervollstreckung unterliegt.

a) Forderungen, die gem. §§ 1120ff BGB zum Hypothekenverband gehören, unterliegen gem. § 865 II 2 solange der Zwangsvollstreckung in das bewegliche Vermögen, wie nicht ihre Beschlagnahme im Wege der Zwangsvollstreckung in das unbewegliche Vermögen erfolgt ist. Die Beschlagnahme richtet sich nach den §§ 20f, 148 ZVG.

b) Zur Pfändung von Forderungen aus Wechseln und anderen Papieren, die durch Indossament übertragen werden können, ist der Gerichtsvollzieher funktionell zuständig, § 831.

278 **2. Künftige Forderungen.** Nach allgemeiner Ansicht sind auch zukünftige Forderungen pfändbar. Die Voraussetzungen hierfür sind aber strenger als die für die Abtretung von zukünftigen Forderungen entwickelten Grundsätze. Um eine unvertretbare Inanspruchnahme staatlicher Vollstreckungsorgane und die Belästigung des potentiellen Drittschuldners zu vermeiden, nimmt die hM an, daß zwischen dem Schuldner und dem Drittschuldner bereits eine **Rechtsbeziehung** bestehen muß, aus der sich **genügend bestimmbare** Forderungsrechte ergeben können.[1] **Beispiele:**

Provisionsansprüche aus künftigen Geschäften sind bei bestehendem Vertretervertrag pfändbar,[2] nicht aber der Gebührenanspruch für eine künftige Beiordnung in PKH-Sachen.[3]

IV. Pfändungsbeschränkungen und Erweiterungen

279 **1. Pfändungsbeschränkungen** enthalten die §§ 850ff. Dabei beziehen sich die §§ 850a bis 850k auf die Pfändung von Arbeitseinkommen. Zu § 850b wird auf das Klausurbeispiel 2 (Rn. 914) verwiesen, die examenswichtige Vorschrift des § 851 wird Rn. 354ff behandelt. Pfändungsbeschränkungen sind auch in anderen Gesetzen angeordnet, zB § 54 SGB I.

2. Erweiternd gegenüber den §§ 850aff läßt § 850h die Pfändung sogenannten verschleierten Arbeitseinkommens zu; s. a. § 850i.

V. Der Pfändungsvorgang

280 **1. Kein rechtliches Gehör.** Vor der Pfändung ist dem Schuldner grundsätzlich kein rechtliches Gehör zu gewähren, § 834 (Abtretungsgefahr!). Eine Ausnahme enthält § 850b III. Sie gilt wegen der erforderlichen Billigkeitsprüfung auch für § 54 II SGB I.[4]

---

[1] BGH NJW 1982, 2193, 2195; TP § 829 Rn. 10.
[2] RGZ 138, 252, 253.
[3] Musielak-Becker § 829 Rn. 6 m. w. N.
[4] MK-Smid § 850i Rn. 33; StJ-Brehm § 850i Rn. 95; aA Musielak-Becker § 850i Rn. 25 m. w. N.

2. Umfang der Prüfung. a) Zulässigkeit der Zwangsvollstreckung. 281
Der Rechtspfleger hat die Zulässigkeit der Zwangsvollstreckung zu überprüfen, also die für alle Vollstreckungsarten geltenden Vorschriften und die für die Forderungspfändung besonders aufgestellten Bedingungen. Ist die Forderung des Gläubigers geringer als die zu pfändende Forderung, ist grundsätzlich § 803 I 2 zu beachten; allerdings ist die Vollpfändung[1] die Regel, weil der Bestand und die Durchsetzbarkeit der Forderung nicht zu prüfen sind. Zur Teilpfändung s. Rn. 271.

b) Schlüssigkeit. Besonders wichtig: Ansonsten obliegt dem Rechtspfleger lediglich eine Schlüssigkeitsprüfung. Er muß feststellen, ob sich aus dem Vorbringen des Gläubigers ergibt, daß eine Forderung des Schuldners gegen den Drittschuldner besteht, die nicht unpfändbar ist. Es wird lediglich die **angebliche** Forderung des Schuldners gegen den Drittschuldner gepfändet. Besteht die Forderung tatsächlich nicht, geht die **Pfändung „ins Leere"**. Deshalb kann der Schuldner auch nicht etwa im Rahmen der Erinnerung oder bei einer vorherigen Anhörung mit dem Einwand gehört werden, die Forderung bestehe nicht. Das Bestehen der Forderung ist vom Rechtspfleger nicht zu überprüfen.

3. Pfändungsbeschluß. Liegen die genannten Voraussetzungen vor, er- 282
läßt der Rechtspfleger einen Pfändungsbeschluß (meist zusammen mit dem Überweisungsbeschluß). Dieser entspricht hinsichtlich der erforderlichen Angaben dem Vollstreckungsantrag des Gläubigers (Rn. 271f). Weiter enthält er das an den Drittschuldner gerichtete Verbot, an den Schuldner zu zahlen (sog. **„Arrestatorium", § 829 I 1, Wirksamkeitsvoraussetzung des Beschlusses!**), und das Gebot an den Schuldner, sich jeder Verfügung über die Forderung zu enthalten (sog. „Inhibitorium", § 829 I 2). Ein Beispiel für einen Pfändungs- und Überweisungsbeschluß nebst Erläuterungen befindet sich im Anhang.

§ 829 I 3 nF läßt die Pfändung mehrerer Forderungen gegen verschiedene Drittschuldner in einem Beschluß zu, wenn insbesondere keine schutzwürdigen Interessen der Drittschuldner entgegenstehen (immerhin werden persönliche Daten und die Schuldnerstellung auch anderen Drittschuldnern bekannt gegeben).

4. Zustellung. a) Adressaten. Der Pfändungs- (und meistens Überwei- 283
sungs-)-beschluß ist zuzustellen an
- den **Drittschuldner;** dabei handelt es sich um eine **Wirksamkeitsvoraussetzung** der Pfändung (§ 829 III) bzw. der Überweisung (§§ 835 III 1, 829 III);
- den Schuldner mit einer Abschrift der Zustellungsurkunde über die Zustellung an den Drittschuldner, § 829 II 2 (keine Wirksamkeitsvoraussetzung).

b) Form. Die Zustellung erfolgt im Wege der Parteizustellung, mit der der Gläubiger den Gerichtsvollzieher beauftragen muß. Er kann sich bei der Auftragserteilung der Vermittlung der Geschäftsstelle bedienen, §§ 166 II 1, 168. Die Geschäftsstelle kann auch unmittelbar die Post beauf-

---

[1] Brox-Walker Rn. 631; TP § 829 Rn. 32 m. w. N.

tragen, § 196. Zum Problem der **Ersatzzustellung an den Schuldner** s. Rn. 86.

VI. Die Vorpfändung, § 845

284 § 845 ermöglicht es dem Gläubiger, schon sehr frühzeitig die Beschlagnahme einer Forderung zu erwirken, nämlich vor Titelzustellung, Klauselerteilung sowie Erlaß des Pfändungsbeschlusses. **Voraussetzung** der Vorpfändung ist nämlich nur ein **Titel;** Klausel und Titelzustellung sind nicht erforderlich, § 845 I 3.

285 **1. Durchführung.** Die Vorpfändung erfolgt dadurch, daß der Gerichtsvollzieher im Auftrag des Gläubigers dem Drittschuldner und dem Schuldner die **Benachrichtigung** zustellt, daß eine **Pfändung bevorsteht.** Diese „Benachrichtigung" muß die Aufforderung an den Drittschuldner beinhalten, nicht an den Schuldner zu zahlen (Arrestatorium), und die Aufforderung an den Schuldner, sich jeder Verfügung über die Forderung zu enthalten (Inhibitorium). Die Forderung, deren Pfändung bevorsteht, ist dabei so **genau zu bezeichnen** wie im Pfändungsbeschluß selbst (s. Rn. 271 f, 282); sonst ist die Vorpfändung unwirksam.

286 **2. Wirksam** wird die Vorpfändung zum Zeitpunkt der Zustellung an den Drittschuldner. Sie hat die Wirkung eines Arrestes (§ 930), sofern die Pfändung der Forderung innerhalb eines Monats bewirkt wird (§ 845 II), also der Pfändungsbeschluß in dieser Frist dem Drittschuldner zugestellt wird (auflösende Bedingung).

287 **3. Wirkung.** Die Arrestvollziehung – und damit auch die Vorpfändung – hat die Wirkung einer **Beschlagnahme im Wege der Zwangsvollstreckung.**[1] Mit der Zustellung der Vorpfändung an den Drittschuldner ist die Forderung also **mit rangwahrender Wirkung beschlagnahmt.**

Erfolgt die Zustellung des Pfändungsbeschlusses nicht fristgemäß (s. Rn. 286), ist die Vorpfändung wirkungslos.

§ 22 Die einzelnen pfändbaren Forderungen bzw. anderen Vermögensrechte

I. Die Pfändung von Geldforderungen

288 **1.** Die in den §§ 829ff geregelte Pfändung von Geldforderungen ist der Normalfall der Forderungspfändung, von dem das Gesetz ausgeht. Alles in § 21 Ausgeführte gilt für diese Pfändung uneingeschränkt. Sonderregelungen gibt es lediglich für andere Forderungen und Vermögensrechte.

2. Gegenstand der Pfändung von Geldforderungen ist eine auf Leistung eines bestimmten Geldbetrages gerichtete Forderung des Schuldners gegen den Drittschuldner. Darauf, ob sie auf eine inländische oder fremde Währung lautet, kommt es ebenso wenig an wie auf ihren Rechtsgrund, insbesondere ob dieser im privaten oder im öffentlichen Recht liegt.

---

[1] BGHZ 87, 166, 168.

3. Es dürfen auch noch nicht fällige, einredebehaftete, bedingte, befristete oder künftige (s. Rn. 278) Geldforderungen gepfändet werden.

II. Die Pfändung und Verwertung von Hypothekenforderungen

Auch Hypothekenforderungen können durch einen Pfändungsbeschluß gepfändet (§ 830) und durch einen Überweisungsbeschluß überwiesen (§ 837) werden. Es handelt sich genau genommen um eine Vollstreckung in Geldforderungen, weil der Hypothekenanspruch auf Zahlung einer bestimmten Geldsumme aus dem Grundstück gerichtet ist, § 1113 I BGB. **289**

1. Die **Pfändung** setzt nach § 830 I neben dem Pfändungsbeschluß die Übergabe des Hypothekenbriefes oder bei einer Buchhypothek die Eintragung der Pfändung in das Grundbuch voraus. Wirksam ist die Pfändung also erst:

- Bei einer **Briefhypothek**, wenn ein Pfändungsbeschluß erlassen worden ist und der Gläubiger den Brief erhalten hat oder im Zeitpunkt der Wegnahme des Briefes durch den Gerichtsvollzieher zum Zwecke der Ablieferung an den Gläubiger im Wege der Zwangsvollstreckung (§ 830 I 2). Titel für die Wegnahme des Briefes durch den Gerichtsvollzieher ist der Pfändungsbeschluß. Die Vollstreckung erfolgt nach den Regeln der Herausgabevollstreckung, §§ 883 ff.
- Bei einer **Buchhypothek**, wenn ein Pfändungsbeschluß erlassen und die Pfändung aufgrund des Pfändungsbeschlusses (§ 830 I 3) in das Grundbuch eingetragen worden ist.

Hier ist die Zustellung des Pfändungsbeschlusses an den Drittschuldner also nicht Wirksamkeitsvoraussetzung der Pfändung. Das Arrestatorium entsteht aber bereits mit der Zustellung des Beschlusses an den Drittschuldner, § 830 II.

Da die Pfändung erst mit der Eintragung in das Grundbuch oder der Übergabe des Briefes bewirkt ist, ist der Gläubiger in dem Stadium zwischen Pfändungsbeschluß und Eintragung bzw. Übergabe des Briefes im Verhältnis zum Drittschuldner, nicht aber im Verhältnis zum Schuldner geschützt. Hier können ihm nur eine Vorpfändung, deren Wirksamkeit aber wegen der Monatsfrist des § 845 II 1 zweifelhaft ist, oder ein durch einstweilige Verfügung ausgesprochenes Veräußerungsverbot (§ 938 II) gegen den Schuldner helfen.

2. Die **Überweisung** erfolgt auch bei der Hypothek durch einen Überweisungsbeschluß (§ 837), der nicht zusammen mit dem Pfändungsbeschluß erlassen werden darf.[1] Sie wird in der Regel schon mit der Aushändigung des Beschlusses an den Gläubiger wirksam, frühestens jedoch mit der Wirksamkeit der Pfändung, die wiederum Briefübergabe bzw. Grundbucheintragung voraussetzt. Lediglich bei der Buchhypothek und kumulativ bei der Überweisung an Zahlungs Statt muß die Überweisung in das Grundbuch eingetragen werden, § 837 I 2.

3. Die §§ 830, 837 gelten entsprechend für die Pfändung und Verwertung von Reallasten, Grundschulden und Rentenschulden, § 857 VI.

III. Die Pfändung und Verwertung von Ansprüchen auf Herausgabe oder Leistung von Sachen

Wegen einer Geldforderung kann der Gläubiger auch in Ansprüche des Schuldners gegen einen Dritten auf Herausgabe oder Leistung von Sachen vollstrecken. **290**

---

[1] BGH NJW 1994, 325; s. a. TP § 837 Rn. 1.

Beachte: Es geht hier nur um die Vollstreckung wegen Geldforderungen des Gläubigers. Hat der Gläubiger einen auf Herausgabe eines Gegenstandes gerichteten Titel gegen den Schuldner, richtet sich die Vollstreckung nach den §§ 883ff.

Beispiel: Der Schuldner ist Eigentümer einer Stereoanlage, die in einem an einen Dritten vermieteten Zimmer steht. Der Dritte widerspricht der Wegnahme der in seinem Gewahrsam stehenden Sache durch den Gerichtsvollzieher. Wegen § 809 kann der Gerichtsvollzieher die Vollstreckung nicht durchführen. Hier kann der Gläubiger einen Anspruch des Schuldners auf Herausgabe der Sache gegen den Dritten pfänden und sich überweisen lassen. Dies ermöglicht ihm (ggfls. durch eine Herausgabeklage) den Zugriff auf die Stereoanlage.

Dieses Beispiel zeigt folgendes: Dem Gläubiger geht es nicht um die Sache, die der Drittschuldner herausgeben soll, sondern um die Befriedigung seines Zahlungsanspruches. Also erhält der Gläubiger die Sache auch nicht, sondern der Gerichtsvollzieher, der sie dann wie eine beim Schuldner selbst gepfändete Sache verwertet und dem Gläubiger den Erlös auskehrt.

291 1. **Die Pfändung** von Ansprüchen auf Herausgabe oder Leistung beweglicher Sachen erfolgt durch den Erlaß und die Zustellung eines Pfändungsbeschlusses (§ 846). Zusätzlich ist anzuordnen, daß die Sache an einen vom Gläubiger zu beauftragenden Gerichtsvollzieher herauszugeben sei, § 847 I. Bei unbeweglichen Sachen ist diese Anordnung auf Herausgabe an einen vom Amtsgericht der belegenen Sache zu bestellenden Sequester zu richten, § 848 I.

Zu prüfen ist, ob die Zwangsvollstreckung **nach der Herausgabe auch fortgesetzt** werden darf. Handelt es sich um eine nach § 811 unpfändbare Sache, dürfte später **die Verwertung nicht erfolgen**. Hätte der Schuldner sie im Besitz, nicht der Dritte, dürfte sie nicht gepfändet werden. Letztlich geht es hier aber nur darum, die Sache zur Pfändung in den Gewahrsam des Gerichtsvollziehers (an Stelle des Schuldners) zu bringen. Deshalb kann in diesem Fall schon **kein Pfändungsbeschluß** ergehen.

Mit der Pfändung erwirkt der Gläubiger zunächst nur ein Pfandrecht an dem Herausgabe- bzw. Leistungsanspruch. Gibt der Drittschuldner die Sache an den Gerichtsvollzieher heraus, entstehen an Stelle der Verstrickung und des Pfändungspfandrechts an dem Herausgabeanspruch nunmehr durch Surrogation Verstrickung und Pfandrecht an der dem Schuldner gehörenden, herausgegebenen Sache.[1] Dies wird aus § 848 II 2 geschlossen.

292 2. **Eine Überweisung** ist entgegen der hM nicht notwendig; der Gläubiger kann sofort gegen den Drittschuldner auf Leistung an den Gerichtsvollzieher oder den Sequester klagen, wenn dieser die Sache nicht freiwillig herausgibt.[2]

Der Gerichtsvollzieher, der eine bewegliche Sache erhalten hat, verwertet sie nach den Regeln der Verwertung gepfändeter beweglicher Sachen, §§ 814ff (s. Rn. 178ff). Bei unbeweglichen Sachen erfolgt die Verwertung im Wege der Zwangsversteigerung oder der Zwangsverwaltung, §§ 848 III, 866 I.

IV. Die Zwangsvollstreckung in andere Vermögensrechte des Schuldners

293 Durch die Pfändung von beweglichen Sachen, Geld- und Sachforderungen wird noch nicht das gesamte bewegliche Vermögen des Schuldners dem

[1] BGHZ 67, 378, 383; TP § 847 Rn. 3.
[2] Musielak-Becker § 847 Rn. 6 m.w.N.; aA StJ-Brehm § 847 Rn. 14 m.w.N.

Zugriff des Gläubigers eröffnet. Die §§ 857ff unterwerfen deshalb noch verbleibende Vermögensrechte des Schuldners der Vollstreckung aus Geldforderungen.

Die §§ 857 bis 863 können daher nur dann Anwendung finden, wenn die Vollstreckungsart nicht anderweitig geregelt ist, also **nicht**
- bei einer Vollstreckung in bewegliche Sachen,
- bei einer Pfändung von Geldforderungen,
- bei einer Pfändung von Herausgabe- und Lieferungsansprüchen,
- bei einer Vollstreckung in das unbewegliche Vermögen.

1. Objekt der Vollstreckung. a) Vermögensrecht. Es muß sich um Vermögensrechte des Schuldners handeln, § 857 I. 294

aa) Pfändbar ist nur ein **Recht**. Hierzu gehören nicht:

- Tatsächliche, rechtlich ungeschützte Chancen (**Beispiel:** Die Aussicht, Erbe zu werden, ist nicht pfändbar,[1] weil der Erblasser die Erbfolge ändern kann).
- Tatsächliche oder wirtschaftliche Zustände, auch wenn sie rechtlich umschrieben werden können (**Beispiel:** Die Stellung als Alleinerbe ist nicht pfändbar, weil sie kein Recht, sondern nur eine Bezeichnung für die Inhaberschaft am hinterlassenen Vermögen des Erblassers ist).[2]

Dagegen sind **künftige Rechte pfändbar**, wenn für ihre Entstehung bereits eine hinreichende rechtliche Grundlage vorhanden ist (**Beispiel:** Pfändbar ist eine künftige Eigentümergrundschuld, wenn bereits eine Hypothek eingetragen ist).

bb) Es muß sich um ein **vermögenswertes,** also geldwertes Recht handeln. Hierzu gehören nicht Persönlichkeitsrechte wie Namensrechte oder Mitgliedschaftsrechte an Idealvereinen.[3]

b) Selbständigkeit. Das Recht muß selbständig sein. Unpfändbar – ohne das Hauptrecht – sind **akzessorische Rechte,** deren Bestand von einem Hauptrecht abhängt, und **Gestaltungsrechte,** die untrennbar mit dem Hauptrecht verbunden sind, wie: Bürgschaft, Pfandrecht, Hypothek bzw. Anfechtungs-, Kündigungs-, Rücktrittsrecht. 295

c) Übertragbarkeit. Das Recht muß übertragbar sein oder zumindest zur Ausübung einem anderen überlassen werden können, §§ 857 I, 851, 857 III. 296

aa) Über § 857 I gilt § 851, so daß unübertragbare selbständige Vermögensrechte grundsätzlich nicht pfändbar sind (zu § 851 s. u. Rn. 354ff).

Beispiel: Der Anspruch auf Leistung von Diensten ist ein selbständiges Recht, das auch Vermögenswert hat, weil die Dienste zu vergelten sind. Der Anspruch ist aber nicht übertragbar (§ 613 S. 2 BGB) und damit gem. §§ 857 I, 851 I unpfändbar.

bb) Ein unveräußerliches Recht ist der Pfändung aber insoweit unterworfen, als seine Überlassung zur Ausübung zulässig ist.

Beispiel: Der Nießbrauch, der gem. § 1030 I BGB dazu berechtigt, alle Nutzungen aus der belasteten Sache zu ziehen, ist nicht übertragbar (§ 1059 S. 1 BGB) und deshalb nach § 851 eigentlich unpfändbar. Seine Ausübung kann aber gem. § 1059 S. 2 BGB einem anderen überlassen werden, so daß er nach § 857 III pfändbar ist. Dabei ist nach

---

[1] RGZ 67, 425, 428.
[2] Brox-Walker Rn. 718 m. w. N.
[3] Musielak-Becker § 857 Rn. 2; TP § 857 Rn. 8.

hM Gegenstand der Pfändung der Nießbrauch als dingliches Recht,[1] nicht nur das schuldrechtliche Recht auf Ausübung des Nießbrauchs.

297 **2. Pfändungsverfahren.** Es gelten die § 828ff entsprechend, § 857 I. Grundsätzlich erfolgt auch hier die **Pfändung** durch Zustellung des Pfändungsbeschlusses an den Drittschuldner, §§ 857 I, 829 III. Ist kein Drittschuldner vorhanden, wird die Pfändung durch Zustellung an den Schuldner bewirkt, § 857 II. Die **Verwertung** gepfändeter anderer Vermögensrechte erfolgt grundsätzlich nach § 835, wobei wegen der Besonderheiten dieser Rechte häufig eine andere Verwertungsart (§§ 844, 857 IV) in Betracht kommen wird.

298 **3. Einzelfälle. a) Gesellschafts-, Miterbenanteile.** Trotz § 719 BGB ist der Anteil an dem Gesellschaftsvermögen einer **BGB-Gesellschaft** gem. § 859 I 1 pfändbar. Die Verwertung erfolgt durch Überweisung des Gewinnanteils; der Gläubiger kann aber auch gem. § 725 I BGB die Gesellschaft kündigen und sich das Auseinandersetzungsguthaben überweisen lassen. Über §§ 105 II, 161 II HGB findet § 859 I auch auf Anteilsrechte an dem Vermögen einer **oHG** oder **KG** Anwendung. Das Kündigungsrecht ist hier allerdings nach § 135 HGB eingeschränkt. Gem. § 859 II sind **Miterbenanteile** wie die Anteile an einer BGB-Gesellschaft pfändbar. Geschäftsanteile an einer **GmbH** sind nach § 857 pfändbar; die Anteilsrechte sind veräußerlich, § 15 I GmbHG. Die Verwertung erfolgt in der Regel durch freihändigen Verkauf oder öffentliche Versteigerung, §§ 857, 844.

299 **b) Miteigentumsanteile** an beweglichen Sachen – die Zwangsvollstreckung in Miteigentumsanteile an unbeweglichen Sachen erfolgt gem. § 864 II im Wege der Immobiliarvollstreckung – sind gem. § 747 S. 1 BGB pfändbar und unterliegen der Vollstreckung nach § 857. Die Pfändung wird wirksam durch Zustellung des Pfändungsbeschlusses an alle Miteigentümer als Drittschuldner. Die Verwertung erfolgt nach §§ 857 I, 835 durch Überweisung zur Einziehung. Der Gläubiger kann dann gem. § 751 S. 2 BGB die Aufhebung der Gemeinschaft verlangen; Voraussetzung ist allerdings, daß der Titel nicht lediglich vorläufig vollstreckbar ist. Über die Auseinandersetzung der Gemeinschaft kann der Gläubiger letztlich die Auszahlung des dem Schuldner zustehenden Erlösanteils an sich verlangen.

300 **c) Grund-, Rentenschulden, Reallasten.** Für die Vollstreckung in Grundschulden, Rentenschulden und Reallasten gelten gem. § 857 VI die §§ 830, 837 entsprechend.

Streitig ist, ob § 857 VI auch für die **Eigentümergrundschuld** gilt oder insoweit § 857 II Anwendung findet. Dies ist wichtig für die Frage, ob die Pfändung schon mit der Zustellung des Beschlusses an den Schuldner oder erst mit der Briefübergabe bzw. der Eintragung in das Grundbuch wirksam wird.

Zur Begründung, daß § 857 II anwendbar ist, wird ausgeführt, daß wegen der Identität von Grundstückseigentümer und Inhaber der Grundschuld ein Drittschuldner nicht vorhanden sei. Maßgeblich für die Zwangsvollstreckung sei die Tatsache, daß die Eigentümergrundschuld in Wirklichkeit ein schuldnerloses Recht sei.[2] Die hM geht vom Wortlaut des § 857 VI aus, der nicht zwischen Fremd- und Eigentümergrund-

---

[1] BGH NJW 1974, 796.
[2] LG Frankfurt NJW 1952, 629; Baur-Stürner Rn. 553.

schulden differenziert.[1] Diese dogmatisch richtige Ansicht führt allerdings zu erheblichen praktischen Schwierigkeiten insbesondere bei der Pfändung einer verdeckten Eigentümergrundschuld:

Bei einer verdeckten Buchgrundschuld muß gem. § 39 GBO zunächst die Voreintragung des Schuldners herbeigeführt werden. Bei der verdeckten Briefgrundschuld muß sich der Gläubiger den Brief verschaffen, ggfls. zwangsweise nach §§ 857 VI, 830 I 2.

Noch problematischer wird es bei der durch Teilzahlungen auf die Hypothek entstehenden verdeckten Teileigentümerbriefgrundschuld, weil zunächst ein Teilbrief geschaffen werden muß. Soll dies zwangsweise geschehen, muß der Gläubiger pfänden und sich überweisen lassen:

- die Teileigentümergrundschuld,
- das Miteigentum des Schuldners am Hypothekenbrief,
- den Anspruch des Schuldners gegen den Hypothekar auf Aufhebung der Miteigentumsgemeinschaft am Hypothekenbrief,
- den Anspruch des Schuldners gegen den Hypothekar auf Vorlage des Briefes beim Grundbuchamt oder Notar zwecks Herstellung eines Teilbriefes,
- den Anspruch des Schuldners auf Aushändigung des Teilbriefes,
- den Anspruch des Schuldners gegen den Hypothekar auf Grundbuchberichtigung.

Nach der Pfändung kann der Gläubiger gegen den Hypothekar auf Vorlage des Briefes beim Grundbuchamt oder beim Notar klagen und einen Antrag auf Bildung und Aushändigung eines Teilbriefes stellen. Die Pfändung wird erst wirksam mit der Empfangnahme des Teilbriefes, §§ 857 VI, 830 I.[2]

d) Zur Pfändung des **Anwartschaftsrechts** s. u. Rn. 371f.

§ 23 Die Rechtswirkungen von Pfändung und Überweisung

Die Pfändung einer Forderung oder eines anderen Rechts führt zur **Beschlagnahme** und zur Entstehung eines **Pfändungspfandrechts.** Dies allein gibt dem Gläubiger aber noch nicht die Möglichkeit, die Forderung oder das Recht zu verwerten. Hierzu bedarf es noch eines **Überweisungsbeschlusses,** der in der Praxis allerdings in der Regel gemeinsam mit dem Pfändungsbeschluß beantragt wird und ergeht. In den Rechtswirkungen sind aber beide Beschlüsse streng zu trennen.

I. Die Rechtswirkungen der Pfändung

1. Verstrickung. Ein wirksamer Pfändungsbeschluß führt zur **Beschlagnahme** (= Verstrickung) des gepfändeten Rechts. 301

a) Wirksamkeitsvoraussetzungen der Pfändung sind:

- **Nur an einem bestehenden Recht** kann ein Pfandrecht begründet werden; gepfändet wird lediglich ein angebliches Recht. **Unwirksam** ist daher auch die **Pfändung eines nicht existenten Rechts;** sie „geht ins Leere". Nach hM kann eine Heilung des Mangels nicht dadurch eintreten, daß der Schuldner die Forderung später erwirbt. § 185 II BGB ist nicht

---

[1] BGH NJW 1961, 601; Musielak-Becker § 857 Rn. 16 m. w. N; TP § 857 Rn. 11.
[2] RGZ 59, 313, 318.

entsprechend anwendbar.[1] Ein nichtiger Akt kann nicht geheilt werden, sondern bleibt nichtig. Ökonomische Gründe – keine erneute Pfändung notwendig – überzeugen jedenfalls aus der Sicht des Drittschuldners nicht. Dieser kann angesichts einer unwirksamen Pfändung nicht gezwungen werden, auch künftige Rechtsänderungen im Auge zu behalten.

- Die **bestimmte Bezeichnung** der gepfändeten Forderung.
- Das **Arrestatorium** (Rn. 282).
- Das funktionell zuständige Vollstreckungsgericht muß den Pfändungsbeschluß erlassen haben.
- Die **Zustellung an den Drittschuldner,** § 829 III.

Verfahrensmängel haben nach ganz hM keinen Einfluß auf die Wirksamkeit der Pfändung.[2] Sie führen lediglich zur **Anfechtbarkeit** des Pfändungsbeschlusses.

b) Wirkung. Die Beschlagnahme führt zur Sicherstellung des Rechts zugunsten des Gläubigers und begründet ein staatliches Herrschaftsverhältnis. Verfügungen des Schuldners über das Recht sind relativ unwirksam, § 829 I 2, §§ 135f BGB. Ist keine Einschränkung im Pfändungsbeschluß enthalten, erfaßt die Pfändung die gesamte Forderung des Schuldners gegen den Drittschuldner, auch wenn wegen einer Forderung vollstreckt wird, die geringer ist (s.a. Rn. 281).

302 **2. Pfändungspfandrecht.** Durch die Pfändung entsteht ein Pfändungspfandrecht des Gläubigers an dem gepfändeten Recht. Dabei wirken sich die Pfändungspfandrechtstheorien (Rn. 167ff) im Ergebnis nicht aus. Selbst die Vertreter der öffentlich-rechtlichen Theorie wenden die Vorschriften des privatrechtlichen Pfandrechts entsprechend an.[3] Wesentlich ist das Pfändungspfandrecht für den **Rang** des Pfandgläubigers. Es gilt das **Prioritätsprinzip,** § 804 III.

303 **3. Die Rechtsstellung der Beteiligten aufgrund der Pfändung. a) Gläubiger.** Allein aufgrund der Pfändung darf der Gläubiger das Recht noch nicht verwerten. Dies erlaubt ihm erst der Überweisungsbeschluß. Allerdings darf er die Verwertung vorbereiten und die Forderung durch geeignete Maßnahmen (Feststellungsklage, Arrest) sichern.

304 **b) Schuldner.** Der Schuldner bleibt Gläubiger des gepfändeten Rechts. Es entsteht für ihn ein relatives (gegenüber dem Vollstreckungsgläubiger) Veräußerungsverbot, das sog. **Inhibitorium** (§ 829 I 2). Er darf allerdings Maßnahmen ergreifen, die das Recht des Gläubigers nicht beeinträchtigen, zB auf Leistung an den Gläubiger klagen oder, sofern er einen Titel über die Forderung hat, bewegliches Vermögen des Drittschuldners pfänden,[4] allerdings nicht für sich verwerten.

305 **c) Drittschuldner.** Der Drittschuldner **darf nicht mehr an den Schuldner leisten** (sog. Arrestatorium, § 829 I 1).

---

[1] BGHZ 56, 339, 350f.; Musielak-Becker § 829 Rn. 16; TP § 829 Rn. 28; aA OLG Köln OLGZ 1994, 477; Brox-Walker Rn. 615 m.w.N.

[2] BGH Rpfleger 1979, 299; TP § 829 Rn. 31; Brox-Walker Rn. 614.

[3] S. Brox-Walker Rn. 616.

[4] OLG Oldenburg MDR 1998, 61.

aa) Durch eine verbotswidrige Leistung an den Schuldner wird der Drittschuldner nicht von der Forderung befreit. Leistet er allerdings in Unkenntnis des Pfändungsbeschlusses – etwa bei einer Ersatzzustellung – an den Schuldner, ist zu seinem Schutz § 407 BGB entsprechend anzuwenden, s. u. Rn. 315.

bb) Der Pfändungsbeschluß verpflichtet den Drittschuldner zur Auskunft über die Forderung, § 840 I. Diese Pflicht ist nicht einklagbar.[1] Ihre Verletzung führt allerdings zur Schadenersatzverpflichtung, § 840 II 2. Erteilt der Drittschuldner die Auskunft, daß die gepfändete Forderung besteht, so liegt darin regelmäßig **kein Schuldanerkenntnis,** auch kein deklaratorisches, sondern lediglich eine **Wissenserklärung.**[2] Sie hat allerdings zur Folge, daß die Beweislast sich umkehrt, der Drittschuldner also beweisen muß, daß die Forderung nicht besteht.

II. Die Rechtswirkung der Überweisung von Geldforderungen

Behandelt wird hier ausschließlich die Überweisung der Forderung **zur Einziehung**. Die Überweisung an Zahlungs Statt kommt bei der Pfändung einer Geldforderung in der Praxis so gut wie nicht vor. Die Anordnung einer anderen Verwertung (§ 844) ist selten und nicht examensrelevant.

1. Bedeutung der Überweisung. a) Forderungsinhaber. Durch die **306**
Überweisung einer Geldforderung zur Einziehung wird der Gläubiger **nicht Inhaber der Forderung.** Dies bleibt der Schuldner. Der Gläubiger wird gem. § 836 I nur berechtigt, **die Forderung des Schuldners gegen den Drittschuldner einzuziehen.**

Dieser Unterschied ist bei der Argumentation in **Klausuren sorgfältig zu beachten.** Insbesondere bei der Einziehungsklage (s. u. Rn. 339 ff) ist zu überprüfen, ob dem Schuldner gegen den Drittschuldner (Beklagten) eine Forderung zusteht, die der Gläubiger (Kläger) einziehen darf.

b) Keine Befriedigung. Die Überweisung zur Einziehung führt nicht zu einer Befriedigung des Gläubigers. Diese tritt erst ein, wenn der Drittschuldner tatsächlich – freiwillig oder auf eine Klage hin – zahlt. Der Gläubiger kann, solange nicht gezahlt wurde, weiterhin versuchen, die titulierte Forderung auf anderem Wege – zB durch eine Sachpfändung beim Schuldner – einzutreiben.

c) Kein Titel. Zur Klarstellung: Der Pfändungs- und Überweisungsbeschluß ist **kein Titel, der zur Vollstreckung gegen den Drittschuldner berechtigt.** Leistet der Drittschuldner nicht freiwillig, muß der Gläubiger, wenn er weiter auf diesem Weg die Befriedigung seines Anspruchs sucht, gegen den Drittschuldner klagen (Einziehungsklage; Rn. 339 ff).

2. Der Überweisungsbeschluß. Die Überweisung erfolgt durch einen **307**
Überweisungsbeschluß, der in der Regel gleichzeitig mit dem Pfändungsbeschluß beantragt wird und ergeht. Auch dieser Beschluß wird **wirksam** erst mit der Zustellung an den Drittschuldner, die im Parteibetrieb erfolgt, §§ 835 III 1, 829 II 1, III.

---

[1] BGH NJW 1984, 1901; TP § 840 Rn. 1.
[2] BGHZ 69, 328 ff; TP § 840 Rn. 11.

308 **3. Rechtsstellung der Beteiligten. a) Der Gläubiger** wird **nicht Forderungsinhaber.** Er erhält nur aufgrund eines Hoheitsaktes, des Überweisungsbeschlusses, das Recht, die Forderung des Schuldners gegen den Drittschuldner **einzuziehen.** Er darf den Anspruch des Schuldners im eigenen Namen geltend machen und alle Handlungen vornehmen, die der Befriedigung des Anspruchs dienlich sind, also etwa

- eine erforderliche Kündigung aussprechen,
- verzugsbegründend mahnen,
- mit der Forderung des Schuldners gegen Forderungen des Drittschuldners gegen ihn, den Gläubiger, aufrechnen,
- auf Leistung klagen (Einziehungsklage, Rn. 339 ff).

Der Gläubiger ist nicht befugt, Maßnahmen zu ergreifen, die den Schuldner belasten, etwa die Forderung zu stunden oder zu erlassen. Eine derartige Vereinbarung wäre nur im Verhältnis Gläubiger-Drittschuldner, nicht aber im Verhältnis Schuldner-Drittschuldner wirksam. Der Gläubiger muß vielmehr entweder die Forderung unverzögert beitreiben – ansonsten macht er sich gem. § 842 gegenüber dem Schuldner schadenersatzpflichtig – oder auf die Rechte aus dem Pfändungs- und Überweisungsbeschluß verzichten (§ 843), wenn er das Risiko der Einziehungsklage scheut.

309 **b) Der Schuldner bleibt Forderungsinhaber.** Er darf auch weiter hinsichtlich der gepfändeten Forderung Handlungen vornehmen, die den Gläubiger nicht belasten, etwa gegen den Drittschuldner auf Leistung an den Gläubiger klagen. Den Gläubiger belastende Verfügungen allerdings sind relativ unwirksam, § 829 I 2, §§ 135 f BGB.

Gegenüber dem Gläubiger ist der Schuldner zur Auskunft über die Forderung verpflichtet, § 836 III 1. Erteilt er sie nicht, kann der Gläubiger gem. § 836 III 2 nF die eidesstattliche Versicherung vom Schuldner verlangen. Zudem muß der Schuldner die über die Forderung vorhandenen Urkunden an den Gläubiger herausgeben, § 836 III 1. Geschieht dies nicht, kann der Gläubiger die Herausgabevollstreckung betreiben, §§ 836 III 3, 883. Zuständig für diese Vollstreckung ist der Gerichtsvollzieher. Den Titel bildet der Überweisungsbeschluß, in dem die Urkunden genannt sein müssen.

310 **c) Der Drittschuldner** darf, schon aufgrund der Pfändung, **nicht mehr an den Schuldner leisten.** Durch einen Hoheitsakt ist an die Stelle seines ursprünglichen Gläubigers der Vollstreckungsgläubiger jedenfalls insoweit getreten, daß nur noch dieser zur Einziehung der Forderung berechtigt ist. Dies macht Vorschriften zum Schutz des Drittschuldners notwendig. § 412 BGB ist anwendbar,[1] so daß die Schutzvorschriften zugunsten des Schuldners im Fall einer Abtretung entsprechend gelten.

Zum Schutz des Drittschuldners sind folgende Bestimmungen gesetzlich vorgesehen bzw. von der Rechtsprechung für entsprechend anwendbar erklärt worden:

311 **aa) Bestand des Überweisungsbeschlusses.** § 836 II schützt das Vertrauen des Drittschuldners auf den Bestand des Überweisungsbeschlusses. Solange dieser nicht aufgehoben ist und der Drittschuldner von einer evtl. Aufhebung keine Kenntnis hat, gilt er als rechtsbeständig. Dies gilt auch dann, wenn der Überweisungsbeschluß nichtig ist,[2] jedenfalls wenn dies

---

[1] Pal-Heinrichs § 412 BGB Rn. 1

[2] BGH NJW 1994, 3225; aA TP § 836 Rn. 9, s. aber § 836 Rn. 10.

nicht erkennbar ist.[1] Innerhalb dieser Voraussetzungen kann der Drittschuldner im Verhältnis zum Schuldner befreiend an den Gläubiger leisten; die spätere Aufhebung schadet nicht.

bb) Einziehungsbefugnis. Zu beachten ist allerdings, daß § 836 II **kein Vertrauen** darauf begründet, daß der **Vollstreckungsgläubiger einziehungsbefugt ist.** Ist – etwa wegen einer vorherigen Abtretung – die Pfändung des Vollstreckungsgläubigers ins Leere gegangen, schützt nicht § 836 II den Drittschuldner, der an den Vollstreckungsgläubiger leistet, sondern allenfalls §§ 408 II, 407 BGB (s. Rn. 314). § 836 schützt also bei einer Aufhebung des Pfändungsbeschlusses den Drittschuldner nur im Verhältnis zum Schuldner. **312**

cc) Mehrfachpfändung. § 836 II ist nach hM entsprechend anwendbar bei einer Mehrfachpfändung.[2] **313**

Beispiel: Die angebliche Forderung des Schuldners gegen den Drittschuldner auf Zahlung von Arbeitseinkommen wird am 2. 7.1987 (Zustellung an den Drittschuldner) für Gl 1, am 3. 7.1987 für Gl 2 gepfändet und überwiesen. Nach § 804 III muß der Drittschuldner an Gl 1 zahlen. Das Vertrauen auf den Vorrang wird nach hM analog § 836 II geschützt. Der Drittschuldner wird also auch dann frei, wenn er an Gl 1 zahlt, dessen Pfändungsbeschluß aber später aufgehoben wird.

dd) Abtretung. Nach den §§ 408 II, 407 BGB kann der Drittschuldner auch dann mit befreiender Wirkung an den Vollstreckungsgläubiger leisten, wenn der Schuldner die Forderung vor der Wirksamkeit der Pfändung und Überweisung an eine andere Person abgetreten hat, ohne daß der Drittschuldner dies weiß. **314**

ee) Unkenntnis. Leistet der Drittschuldner in Unkenntnis der Pfändung und Überweisung an den Schuldner, wendet die hM § 407 BGB entsprechend an, so daß der Drittschuldner befreit wird.[3] **315**

Beispiel: Der Pfändungs- und Überweisungsbeschluß wird dem Drittschuldner durch den Gerichtsvollzieher am 1. 4.1987 durch Niederlegung zugestellt; der Benachrichtigungsschein wird entwendet. Am 2. 4.1987 zahlt der Drittschuldner an den Schuldner.

Hier darf der Drittschuldner nicht schlechter stehen, als er bei einer Abtretung durch den Schuldner stehen würde, von der er keine Kenntnis hatte. In diesem Fall würde er durch § 407 BGB geschützt.

Zur **Aufrechnungsmöglichkeit** des Drittschuldners s. u. Rn. 350ff.

---

[1] Musielak-Becker § 836 Rn. 4, 3; ähnlich TP § 836 Rn. 9.

[2] BGHZ 66, 394, 396; Musielak-Becker § 836 Rn. 4; TP § 836 Rn. 10; aA StJ-Brehm § 836 Rn. 9.

[3] BGHZ 86, 337, 339; Musielak-Becker § 836 Rn. 5; TP § 836 Rn. 5.

§ 24 Rechtsbehelfe gegen den Erlaß eines Pfändungs- oder Überweisungsbeschlusses bzw. gegen die Ablehnung des Antrags auf seinen Erlaß

I. Art des Rechtsbehelfs

316 Innerhalb des Vollstreckungsgerichts ist nicht der Richter, sondern der Rechtspfleger zur Entscheidung über den Antrag auf Erlaß eines Pfändungs- und Überweisungsbeschlusses zuständig, § 20 Nr. 17 RpflG. Daher kommen theoretisch drei Rechtsbehelfe gegen den Erlaß oder die Ablehnung eines Antrags auf Erlaß eines Pfändungs- und Überweisungsbeschlusses in Betracht:

- die Vollstreckungserinnerung nach § 766,
- die sofortige Beschwerde nach § 793,
- die Rechtspflegererinnerung nach § 11 II RpflG.

Die Vollstreckungserinnerung nach § 766 richtet sich gegen **Vollstreckungsmaßnahmen** („Art und Weise der Zwangsvollstreckung"), die sofortige Beschwerde nach § 793 gegen **Entscheidungen** im Zwangsvollstreckungsverfahren, die ohne mündliche Verhandlung ergehen können, und die Rechtspflegererinnerung im Fall des § 11 II RpflG gegen sonst nicht anfechtbare **Entscheidungen** des Rechtspflegers. § 11 RpflG (s. zur Änderung Rn. 20 unter 4.) hat hier keine Bedeutung mehr. Die ZPO stellt ein Rechtsmittel zur Anfechtung von Entscheidungen im Vollstreckungsverfahren, die ohne mündliche Verhandlung ergehen können (§ 764 II), zur Verfügung, nämlich die sofortige Beschwerde nach § 793. Gem. § 11 I RpflG findet die sofortige Beschwerde damit auch gegen Entscheidungen des Rechtspflegers statt.

317 **1. Abgrenzung Entscheidung – Vollstreckungsmaßnahme.** Zunächst kommt es also darauf an, ob eine Vollstreckungsmaßnahme oder eine Entscheidung angegriffen wird. Zur Abgrenzung dieser Begriffe geht die inzwischen ganz hM[1] grundsätzlich von folgenden Voraussetzungen aus:

a) Eine Entscheidung liegt vor, wenn

- einem Antrag auf Erlaß eines Pfändungs- und/oder Überweisungsbeschlusses **nach Anhörung des Gegners stattgegeben** worden ist;
- ein **Antrag des Gläubigers abgelehnt** wird, gleich ob der Schuldner vorher gehört wurde oder nicht.

Zur Abgrenzung § 11 RpflG, § 793 s. Rn. 316.

b) Eine Vollstreckungsmaßnahme liegt vor, wenn dem Antrag auf Erlaß des Pfändungs- (und Überweisungs-) beschlusses **ohne Anhörung des Schuldners (§ 834) stattgegeben** worden ist. In diesem Fall ist gilt § 766, nicht § 793, der von „Entscheidungen" spricht.

Von diesen Grundsätzen, denen auch die Rechtsprechung durchweg folgt, kann der Referendar in Regel ausgehen, ohne sie besonders sorgfältig zu begründen; der Streit erscheint im Großen und Ganzen ausgestanden. Nur,

---

[1] TP § 766 Rn. 2 m.w.N.

wenn eine Arbeit – etwa durch den Vortrag entsprechender Rechtsansichten der Parteien – darauf angelegt ist, erscheinen nähere Ausführungen hierzu notwendig; auch sind Einzelheiten noch umstritten (Rn. 323 f).

c) Begründung der hM. aa) Eine **Entscheidung** liegt vor, wenn der Beschluß **nach tatsächlicher und rechtlicher Würdigung des Parteivorbringens** ergangen ist. Das ist der Fall, wenn beide Parteien gehört wurden und ihr Vorbringen bei der Entscheidung Berücksichtigung gefunden hat. Dabei ist es unerheblich, ob der Schuldner, der angehört wurde, sich tatsächlich geäußert hat. Es reicht aus, wenn ihm hierzu Gelegenheit gegeben wurde. 318

Eine Entscheidung liegt aber auch bei der **Ablehnung des Antrags des Gläubigers** vor, obwohl der Schuldner nicht gehört wurde. Hier hat sich der Rechtspfleger mit den Argumenten des Gläubigers auseinandergesetzt und nicht nur ohne weitergehende Überprüfung dem Antrag stattgegeben.

bb) Wird dem Antrag **ohne Anhörung des Gegners** stattgegeben, liegt eine **Vollstreckungsmaßnahme** vor. Hier hat der Rechtspfleger lediglich aufgrund des Vorbringens des Gläubigers die Voraussetzungen der Zwangsvollstreckung und die „Schlüssigkeit" des Vorbringens des Gläubigers geprüft, ohne sich argumentativ mit Einzelheiten auseinanderzusetzen.

d) Andere Auffassung. Gegen die Abgrenzung der hM wird eingewandt, sie sei so kompliziert, daß sie dem Grundsatz der Rechtsklarheit und -sicherheit widerspreche.[1] Die ZPO kenne die Einordnung als Entscheidung auf der Grundlage des rechtlichen Gehörs nicht. Die hM könne dazu führen, daß gegen einen Beschluß zwei verschiedene Rechtsbehelfe gegeben seien (s. u. Rn. 323). Richtiger Rechtsbehelf sei, wenn es um die Rechtspfändung gehe, immer die Vollstreckungserinnerung. 319

e) Stellungnahme. Die Abgrenzung der hM ist jedenfalls im Ergebnis sachgerecht. Der Grund dafür, daß § 766 die Überprüfung durch das Vollstreckungsgericht anordnet, liegt darin, daß eine Selbstüberprüfung auf die Rechtmäßigkeit hin erfolgen soll. Das Vollstreckungsgericht hat den Pfändungsbeschluß selbst erlassen. Diese Selbstüberprüfung ist aber nur dann sinnvoll, wenn neue Argumente zu berücksichtigen sind. Dies ist nicht der Fall, wenn schon vor dem Erlaß der angegriffenen Entscheidung beide Seiten oder die Argumente dessen gehört wurden, dessen Antrag abgelehnt wurde.[2] 320

f) Richterliche Vollstreckungsmaßnahme. Denkbar ist im übrigen auch, daß eine Vollstreckungsmaßnahme durch den Richter ergeht. So kann zB der Rechtspfleger dem Richter den Antrag auf Erlaß eines Pfändungs- und Überweisungsbeschlusses aus den Gründen des § 5 I RpflG vorlegen. Erläßt der Richter dann ohne Anhörung des Schuldners den Beschluß, liegt hierin eine mit der Vollstreckungserinnerung anfechtbare Maßnahme. 321

2. Die Abgrenzung zwischen § 793 und § 11 RpflG. a) Zuständig zum Erlaß eines Pfändungs- und Überweisungsbeschlusses ist der Rechtspfleger. Trifft er insoweit eine Entscheidung (s. Rn. 317), stellt sich die Frage, ob diese mit der sofortigen Beschwerde oder der Rechtspflegererinnerung anfechtbar ist. 322

§ 11 I RpflG ordnet nunmehr an, daß die allgemeinen Rechtsbehelfe anwendbar sind. Rechtsbehelf gegen eine Entscheidung im Vollstreckungsverfahren, die ohne mündliche Verhandlung ergehen kann, ist die sofortige Beschwerde nach § 793. Gem. § 11 I RpflG iVm. § 793 ist daher die sofortige Beschwerde der statthafte Rechtsbehelf (s. Rn. 316).

---

[1] Baur-Stürner Rn. 717.

[2] Musielak-Lackmann § 766 Rn. 12; Brox-Walker Rn. 1181.

b) Hat der Richter entschieden (etwa über die Vollstreckungserinnerung), ist seine Entscheidung mit der sofortigen Beschwerde nach § 793 anfechtbar.

323 **3. Weitere Einzelprobleme. a) Verschiedene Rechtsbehelfe gegen einen Beschluß.** Streitig ist, ob gegen ein und denselben Beschluß zwei verschiedene Rechtsbehelfe gegeben sein können, weil ein Beteiligter gehört wurde, ein anderer nicht.

Beispiel: Vor Erlaß eines Pfändungs- und Überweisungsbeschlusses hört der Rechtspfleger, um die Billigkeit der Pfändung iSd. § 850b II zu prüfen, den Schuldner an und erläßt den Beschluß. Rechtsbehelf für Schuldner und Drittschuldner?

Nach der Abgrenzung der hM müßte dem angehörten Schuldner die sofortige Beschwerde, dem nicht angehörten Drittschuldner die Vollstreckungserinnerung zustehen.[1]

Hier sollte differenziert werden:[2] Wird ein Antrag **zum Teil abgelehnt** und liegt deshalb eine Entscheidung vor, ist es unproblematisch und zutreffend, der hM folgend als Rechtsbehelf des Gläubigers die sofortige Beschwerde gegen den abgewiesenen Teil und als Rechtsbehelf des nicht angehörten Schuldner die Vollstreckungserinnerung gegen den zugesprochenen Teil anzunehmen. Hier läßt sich der möglicherweise einheitlich ergangene Beschluß in zwei Teile trennen. Stehen aber quasi **zwei Parteien auf einer Seite** wie Schuldner, Drittschuldner oder auch ein betroffener Familienangehöriger des Schuldners, sollte es für sie nicht zwei verschiedene Rechtsbehelfe gegen einen Beschluß geben, wenn eine Partei angehört wurde und die andere nicht, so daß dann wegen dieses Teils die sofortige Beschwerde der richtige Rechtsbehelf ist.[3] Die Frage, ob eine Entscheidung, also ein Abwägen von Argumenten, vorliegt, kann nicht bei einem Beschluß unterschiedlich beantwortet werden. Ergeben sich Schwierigkeiten daraus, daß Fristen nicht bekannt waren und nicht eingehalten wurden, kann Wiedereinsetzung in den vorigen Stand (§§ 233ff) gewährt werden. Diese Lösung vermeidet auch Rechtskraftprobleme: In dem Fall, daß der Schuldner angehört wurde, wäre für ihn ein befristetes Rechtsmittel gegeben, so daß der Beschluß in formelle Rechtskraft (im Verhältnis Gläubiger-Schuldner) erwachsen würde. Gibt man dem nicht angehörten Drittschuldner die Vollstreckungserinnerung, könnte der angefochtene Beschluß trotzdem mit Wirkung auch zugunsten des Schuldners aufgehoben werden.

324 **b) Vorgeschriebene Anhörung.** Fraglich ist, ob dann eine Entscheidung oder Maßnahme vorliegt, wenn ein Beschluß ohne Anhörung des Schuldners ergeht, dieser aber hätte angehört werden müssen.

Beispiel: Der Rechtspfleger gibt einem Antrag des Gläubigers auf Pfändung des Taschengeldanspruchs der Schuldnerin gegen ihren Ehemann ohne deren Anhörung statt, weil er die Voraussetzungen des § 850b II für gegeben hält. Hier hätte die Schuldnerin zuvor angehört werden müssen, § 850b III.

---

[1] So Brox-Walker Rn. 1182; StJ-Münzberg § 766 Rn. 7; Zö-Stöber § 766 Rn. 2.
[2] Musielak-Lackmann § 766 Rn. 14; noch weitergehender Vorauflage.
[3] Vgl. OLG Bamberg NJW 1978, 1389; LG Bochum Rpfleger 1984, 278; BL-Hartmann § 793 Rn. 2; TP § 829 Rn. 55.

Die hM stellt auch hier nur auf die Art des Zustandekommens der Entscheidung ab. Ist der Schuldner nicht angehört worden, stehe ihm die Vollstreckungserinnerung nach § 766 zu.[1] Das OLG Hamm hat jedoch zu Recht in dem vergleichbaren Fall des Erlasses eines Durchsuchungsbeschlusses ohne Anhörung des Schuldners, die es für erforderlich hält, als richtiges Rechtsmittel die sofortige Beschwerde nach § 793 angesehen.[2] Dies muß wegen der erforderlichen Abwägung, zumindest aber aus Gründen der Rechtssicherheit auch im o. g. Fall gelten.[3]

II. Die Vollstreckungserinnerung gegen Vollstreckungsmaßnahmen des Rechtspflegers, § 766

Die folgenden Darstellungen beziehen sich nur auf die Vollstreckungserinnerung, soweit es um **Vollstreckungsmaßnahmen** des Vollstreckungsgerichts geht, das in der Regel durch den Rechtspfleger handelt, § 20 Nr. 17 RpflG. Soweit es um die Forderungspfändung geht, ist dieser Rechtsbehelf nur zugunsten des nicht angehörten Schuldners, Drittschuldners oder Dritten gegeben. Zum Rechtsmittel bei einer Entscheidung s. Rn. 322.

Im Grundsatz gilt hier nichts anderes als bei der Erinnerung gegen die Zwangsvollstreckung durch den Gerichtsvollzieher. Es werden deshalb **nur die Besonderheiten aufgeführt,** die sich bei der Erinnerung gegen Vollstreckungsmaßnahmen des Rechtspflegers ergeben. Im übrigen wird auf die Ausführungen zur Gerichtsvollziehererinnerung (Rn. 190ff) verwiesen.

1. Die Zulässigkeit der Erinnerung. a) Statthaftigkeit. Siehe zur Prü- 325
fungsreihenfolge Rn. 196. In dem hier maßgeblichen Zusammenhang ist die Erinnerung statthaft, wenn sie sich gegen eine Vollstreckungsmaßnahme des Vollstreckungsgerichts richtet. An dieser Stelle ist die Abgrenzung zwischen Maßnahme und Entscheidung vorzunehmen (s. Rn. 317).

b) Beschwer. Der **Schuldner** ist allein schon durch den Erlaß eines Pfän- 326
dungs- (und Überweisungs-) Beschlusses beschwert.

Der **Drittschuldner** wird von einer Forderungspfändung schon deshalb in eigenen Rechten betroffen, weil er mit zusätzlichen Pflichten belastet wird. Er ist dem Gläubiger zur Auskunft verpflichtet (§ 840) und kann sich insoweit schadenersatzpflichtig machen. Dieser Eingriff in die Rechtsstellung des Drittschuldners ist zwar zugunsten des Gläubigers geboten, setzt aber ein rechtmäßiges Handeln voraus. Folglich dienen alle Voraussetzungen der Zwangsvollstreckung auch dem Schutz des Drittschuldners, der deshalb nach ganz hM **uneingeschränkt erinnerungsbefugt** ist.[4] Im Einzelfall wird aber regelmäßig ein eigenes Recht des Drittschuldners betroffen sein, etwa die Fürsorgepflicht des Sozialleistungsträgers für den Sozialleistungsempfänger.[5] **Dem Klausurbearbeiter ist deshalb zu empfehlen,** die Beschwer zusätzlich mit dieser möglichen Rechtsverletzung zu begründen.

---

[1] OVG Münster NJW 1980, 1709; BL-Hartmann § 850b Rn. 18, anders wohl TP § 850b Rn. 6.

[2] OLG Hamm NJW 1984, 1972.

[3] Ebenso Musielak-Lackmann § 766 Rn. 14; Musielak-Becker § 850b Rn. 14.

[4] BGHZ 69, 144, 148; StJ-Münzberg § 766 Rn. 32; TP § 766 Rn. 20.

[5] S. d. OLG Hamm ZIP 1980, 248.

Beschwert kann unter Umständen auch ein **Dritter** sein, wenn er sich auf die Verletzung ihn schützender Vorschriften beruft, etwa ein Familienangehöriger des Schuldners oder ein Grundpfandrechtsgläubiger, der einen Verstoß gegen § 865 geltend macht.

327 **2. Begründetheit der Erinnerung.** Begründet ist die Erinnerung, wenn der Rechtspfleger den angefochtenen Beschluß zu Unrecht erlassen hat. Dies ist der Fall, wenn

- die allgemeinen Verfahrensvoraussetzungen
- oder die allgemeinen Voraussetzungen der Zwangsvollstreckung
- oder die besonderen Vollstreckungsvoraussetzungen
  nicht vorliegen, oder
- Vollstreckungshindernisse bestehen,
- in die falsche Vermögensmasse vollstreckt wurde,
- wenn schließlich die vom Rechtspfleger bei der Forderungsvollstreckung zu prüfenden besonderen Vorschriften nicht beachtet worden sind.

Zum für die Entscheidung maßgeblichen Zeitpunkt s. Rn. 212f.

328 **3. Der Tenor. a) Hauptsache.** Ist die Erinnerung unzulässig, wird sie verworfen; ist sie unbegründet, zurückgewiesen.

Ist die Erinnerung zulässig und begründet, lautet der Tenor im hier maßgeblichen Fall wie folgt:

„Auf die Erinnerung des ... (Schuldners oder Drittschuldners) wird der Pfändungs- und Überweisungsbeschluß des Amtsgerichts ... vom ... (Datum), ... (Aktenzeichen), aufgehoben.

Der Antrag auf seinen Erlaß wird zurückgewiesen."

b) Nebenentscheidungen. Ganz wichtig ist es hier, die **Wirksamkeit der Entscheidung bis zu ihrer Rechtskraft auszusetzen,** § 572 II analog. Mit der Aufhebung des Pfändungsbeschlusses **erlischt das Pfändungspfandrecht.** Wird die Erinnerungsentscheidung angefochten und ist das Beschwerdegericht der Auffassung, daß der aufgehobene Pfändungsbeschluß zu Recht ergangen war, kann es ihn nicht wieder rückwirkend in Kraft setzen. Es kann nur einen neuen Beschluß erlassen. In der Zwischenzeit kann die Forderung untergegangen oder abgetreten worden sein. Bei den **Kosten** ergeben sich keine Besonderheiten.

c) Streitwert ist der geringere Wert aus entweder der zu vollstreckenden oder der zu pfändenden Forderung, § 6.

329 **4. Entscheidungszuständigkeit. a) Rechtspfleger.** Wird der Erlaß eines Pfändungsbeschlusses durch den Rechtspfleger als Vollstreckungsmaßnahme im Wege der Erinnerung angegriffen, darf der Rechtspfleger **abhelfen,** wenn er die Erinnerung für begründet hält, also den erlassenen Beschluß ganz oder teilweise aufheben. Dies folgt aus einer analogen Anwendung des § 571. Der Gläubiger ist zuvor anzuhören. Die Abhilfeentscheidung ist, da nun die Argumente beider Parteien berücksichtigt werden, eine **Entscheidung,** so daß dem Beschwerten die sofortige Beschwerde nach § 793 zusteht. Will der Rechtspfleger nicht abhelfen, so legt er die Sache mit einem (zu begründenden) Beschluß dem Richter vor. Keinesfalls darf er ablehnend über die Erinnerung entscheiden, § 20 Nr. 17a RpflG.

b) Richter. Hilft der Rechtspfleger nicht ab, so entscheidet der Richter über die Erinnerung, § 20 Nr. 17a RpflG.

5. Zum Verfahren, der **Entscheidungsform** und zum **Rechtsmittel** s. Rn. 221ff.

III. Die sofortige Beschwerde gegen eine Entscheidung des Rechtspflegers im Rahmen der Forderungspfändung, § 793

Die folgenden Darstellungen beziehen sich nur auf die sofortige Beschwerde, soweit es um Entscheidungen des Rechtspflegers im Rahmen der Forderungspfändung geht. Zur Abgrenzung zur Vollstreckungserinnerung s. Rn. 317ff.

1. Zulässigkeit der sofortigen Beschwerde. a) Statthaftigkeit. Die sofortige Beschwerde findet gegen Entscheidungen im Vollstreckungsverfahren statt, die ohne mündliche Verhandlung ergehen können (§ 793). Gem. § 11 I RpflG gilt § 793 auch bei Entscheidungen des Rechtspflegers (s. Rn. 316, 322). Eine mündliche Verhandlung ist gem. § 764 II fakultativ. Im übrigen ist hier zwischen einer Vollstreckungsmaßnahme und einer Entscheidung abzugrenzen (s. Rn. 317ff). **330**

b) Form und Frist. Die sofortige Beschwerde ist schriftlich einzulegen oder zu Protokoll der Geschäftsstelle zu erklären, §§ 793, 577, 569. Sie ist **fristgebunden** gem. § 577 II 1. **331**

Die Frist beträgt 2 Wochen ab Zustellung des angefochtenen Beschlusses, § 577 II 1. Es handelt sich kraft ausdrücklicher Regelung um eine Notfrist, so daß ggfls. Wiedereinsetzung in den vorigen Stand nach den §§ 233ff gewährt werden kann.

c) Allgemeine Prozeßhandlungsvoraussetzungen. aa) Anwaltszwang besteht nicht, obwohl über die sofortige Beschwerde das Landgericht entscheidet. Dies folgt aus § 78 III. Die sofortige Beschwerde kann gem. § 569 II 2 zu Protokoll der Geschäftsstelle erklärt werden. **332**

bb) Das Rechtsschutzinteresse kann problematisiert werden, wenn eine Abhilfeentscheidung des Rechtspflegers (s. Rn. 329) angefochten wird, in der er – auf eine Erinnerung hin – einen zuvor erlassenen Pfändungsbeschluß aufgehoben hat. Damit erlischt das Pfändungspfandrecht (s. o. Rn. 328). Es kann nicht der alte Beschluß in Kraft gesetzt, sondern allenfalls ein neuer erlassen werden. Trotzdem fehlt das Rechtsschutzbedürfnis nicht.[1] Nähme man dies an, wäre der Gläubiger gezwungen, einen neuen Antrag zu stellen, den der Rechtspfleger wieder ablehnen würde, und hiergegen sofortige Beschwerde einzulegen. Dies wäre kein billigerer und einfacherer Weg. Das Beschwerdegericht kann, wenn es die sofortige Beschwerde gegen den Abhilfebeschluß für begründet hält, selbst den neuen Beschluß erlassen oder den Rechtspfleger anweisen, dies zu tun.

d) Beschwer. Der Beschwerdeführer muß **beschwert** sein. Der Gläubiger ist beschwert, wenn sein Antrag ganz oder teilweise abgelehnt wurde. Zum Schuldner, Drittschuldner und Drittem s. Rn. 326. **333**

---

[1] OLG Koblenz Rpfleger 1972, 220, 221; StJ-Münzberg § 766 Rn. 47f.

334 **2. Begründetheit der sofortige Beschwerde.** Die sofortige Beschwerde des Schuldners ist begründet, wenn auch nur eine der Voraussetzungen der Zwangsvollstreckung fehlt. Die sofortige Beschwerde des Gläubigers ist begründet, wenn alle Voraussetzungen vorliegen. Zum Prüfungsumfang siehe oben Rn. 327.

335 **3. Tenor. a) Hauptsache.** Es muß über die angefochtene Entscheidung und, wenn diese aufgehoben wird, auch erneut über den Antrag des Gläubigers entschieden werden. Der Tenor kann also etwa lauten:

Ist die sofortige Beschwerde unzulässig, wird sie verworfen; ist sie unbegründet, zurückgewiesen.

Ist die sofortige Beschwerde gegen den Erlaß eines Pfändungs- (und Überweisungs-) beschlusses begründet, ist dieser aufzuheben und der Antrag auf seinen Erlaß zurückzuweisen (s. o. Rn. 328).

Ist die sofortige Beschwerde gegen die Ablehnung eines Antrags auf Erlaß eines Pfändungsbeschlusses oder gegen dessen Aufhebung durch den Rechtspfleger (s. o. Rn. 329) begründet, ist der angefochtene Beschluß aufzuheben. Dann kann das Beschwerdegericht den Beschluß selbst erlassen; es kann die Anordnung aber auch dem Rechtspfleger übertragen (§ 575), der bei der neuen Entscheidung die Rechtsauffassung des Beschwerdegerichts zu beachten hat.

b) Nebenentscheidungen. Zu den Nebenentscheidungen s. Rn. 234.

Das Beschwerdegericht sollte, wenn eine weitere sofortige Beschwerde statthaft erscheint, die **Wirksamkeit der Entscheidung bis zur Rechtskraft aussetzen** (s. o. Rn. 328).

Zum **Streitwert** s. o. Rn. 328.

336 **4. Entscheidungszuständigkeit. a) Keine Abhilfe.** Der Rechtspfleger darf über die sofortige Beschwerde selbst nicht entscheiden. Eine Abhilfe ist gem. § 577 III nicht möglich.

b) Richter. Der Rechtspfleger hat die sofortige Beschwerde sofort dem Beschwerdegericht vorzulegen. Nach der Änderung des § 11 RpflG besteht keine Entscheidungszuständigkeit des Richters mehr, wenn § 11 I RpflG einschlägig ist. Es gilt vielmehr § 577 III. Für das Verfahren des Beschwerdegerichts gilt § 577.

337 **5. Rechtsmittel** gegen die Entscheidung des Beschwerdegerichts kann die sofortige weitere Beschwerde unter den Voraussetzungen des § 568 II sein.

Zur Darstellungsform und wegen weiterer Einzelheiten siehe das zur sofortigen Beschwerde Ausgeführte (oben § 19, Rn. 225 ff).

IV. Die sofortige Beschwerde gegen Entscheidungen des Richters im Rahmen der Forderungspfändung, § 793

338 Entscheidet der Richter im Vollstreckungsverfahren, ist ebenfalls Rechtsmittel die sofortige Beschwerde nach § 793. Hier ergeben sich keine nennenswerten Sonderprobleme. Deshalb sei auf die Darstellung der Vollstreckungserinnerung und der sofortigen Beschwerde gegen Rechtspflegeentscheidungen (Rn. 316 ff) sowie der sofortigen Beschwerde bei der Gerichtsvollziehererinnerung (Rn. 225 ff) verwiesen.

§ 25 Die Einziehungsklage (oder Drittschuldnerklage)

Zahlt der Drittschuldner aufgrund des Pfändungs- und Überweisungsbeschlusses nicht freiwillig an den Gläubiger, kann dieser und muß er, wenn er auf diesem Weg befriedigt werden will, gegen den Drittschuldner auf Leistung klagen. 339

Kläger ist also in aller Regel (natürlich kann auch der Drittschuldner negative Feststellungsklage erheben, wenn der Gläubiger sich des Einziehungsrechts berühmt und nicht verzichtet) der **Vollstreckungsgläubiger, Beklagter** der **Drittschuldner.** Dem Schuldner ist der Streit zu verkünden (§ 841); er kann sich also am Prozeß beteiligen.

Der Kläger klagt **im eigenen Namen auf Leistung an sich.** Er macht aufgrund seines Einziehungsrechts (§ 836 I) die **Forderung des Schuldners gegen den Drittschuldner** geltend. Es handelt sich um eine normale Leistungsklage, die keine besonderen Zulässigkeitsvoraussetzungen hat und begründet ist, wenn der Kläger einziehungsberechtigt ist und dem Schuldner noch eine Forderung gegen den Drittschuldner zusteht.

I. Zulässigkeit der Einziehungsklage

Als normale Leistungsklage hat die Einziehungsklage keine besonderen Zulässigkeitsvoraussetzungen. Es können allerdings folgende Probleme auftreten:

1. Zuständigkeit. Häufig wird in Klausuren die Zuständigkeitsfrage problematisiert. Es gelten die normalen Zuständigkeitsregeln. Zu beachten ist lediglich, daß es bei besonderen Gerichtsständen, die für die Klage des Schuldners gegen den Drittschuldner begründet gewesen wären, bleibt. 340

Beispiele:
- Gepfändet und überwiesen wurde die Forderung des Schuldners gegen den Drittschuldner auf Zahlung von 30 000,– DM aus einem Kaufvertrag. Hier gelten § 13, §§ 23, 71 GVG. Zuständig ist das Landgericht, in dessen Bezirk der Drittschuldner seinen Wohnsitz hat. Die Zuständigkeit ist allerdings **nicht ausschließlich. § 802 gilt nicht**, weil die Einziehungsklage als normale Leistungsklage nicht im 8. Buch der ZPO geregelt ist. Es sind also Gerichtsstandsvereinbarungen möglich; auch kann die Zuständigkeit durch eine rügelose Einlassung begründet werden, §§ 38 ff.
- Gepfändet und überwiesen wurde die Forderung der Schuldnerin auf Zahlung von Taschengeld gegen ihren Ehemann, den Drittschuldner. Hier ist nach § 621 I Nr. 5, § 23b I Nr. 6 GVG das Familiengericht ausschließlich zuständig, weil die Streitigkeit die durch die Ehe begründete gesetzliche Unterhaltspflicht betrifft (Taschengeldforderung der Schuldnerin gegen den Drittschuldner).
- Gepfändet und überwiesen wurde die Forderung des Schuldners gegen seinen Arbeitgeber, den Drittschuldner, auf Zahlung des Arbeitsentgeltes. Ausschließlich zuständig zur Entscheidung über die Einziehungsklage ist das Arbeitsgericht (§ 2 I Nr. 3a ArbGG), weil es um die Einziehung einer Forderung eines Arbeitnehmers gegen einen Arbeitgeber aus dem Arbeitsverhältnis geht.

2. Titel des Schuldners. Die Klage kann unzulässig sein, wenn der Schuldner bereits einen Titel gegen den Drittschuldner über die vom Gläubiger gepfändete und ihm überwiesene Forderung hat. 341

Beispiel: Der Schuldner hat einen Anspruch auf Zahlung von 30 000,– DM aus einem Werkvertrag gegen den Drittschuldner. Insoweit hat er ein Urteil des Landgerichts Essen erwirkt. Anschließend pfändet der Gläubiger die Forderung des Schuldners und läßt sie sich zur Einziehung überweisen.

Hier ist der Gläubiger Rechtsnachfolger des Schuldners iSd. §§ 265, 325 geworden. Die Überweisung stellt, auch wenn der Gläubiger nicht Forderungsinhaber wird, einen Fall der Rechtsnachfolge durch staatlichen Hoheitsakt dar.[1] Damit steht einer erneuten Klage des Gläubigers der **Einwand der Rechtshängigkeit** oder, falls der Titel des Schuldners bereits rechtskräftig ist, der **Rechtskraft** entgegen. Aus diesem Grund ist die erneute Klage unzulässig. Außerdem kann der Gläubiger die Klausel umschreiben lassen, § 727.

342 **3. Die Streitverkündung.** Der Gläubiger ist gem. § 841 verpflichtet, dem Schuldner den Streit zu verkünden. Dies ist allerdings **keine Zulässigkeitsvoraussetzung** der Einziehungsklage. Erfüllt der Gläubiger seine Pflicht nicht, kann er sich jedoch gegenüber dem Schuldner schadenersatzpflichtig machen.

In Klausuren ist zu beachten: Ist dem Schuldner der Streit nicht verkündet worden, kann dies unerwähnt bleiben. Es hat keine Auswirkungen auf den zu entscheidenden Prozeß. Völlig verfehlt wäre es, die Klage deshalb als unzulässig abzuweisen. Genauso wenig ist die erfolgte Streitverkündung zu erwähnen, wenn der Schuldner nicht beigetreten ist. Nur ein Beitritt des Schuldners ist darzustellen, weil dieser dann als Nebenintervenient (§§ 74 I, 66 ff) am Prozeß beteiligt ist. Er ist dann auch im Rubrum so zu bezeichnen.

343 **4. Prozeßführungsbefugnis.** Die Einziehungsbefugnis des Gläubigers aufgrund des Überweisungsbeschlusses wird zT als Fall der gesetzlichen Prozeßstandschaft und damit als Problem der Prozeßführungsbefugnis angesehen.[2] Die hM geht demgegenüber zu Recht davon aus, daß es sich um eine Frage der Sachlegitimation handelt,[3] weil der Überweisungsbeschluß dem Gläubiger eine **materielle** Verfügungsmacht gibt, der dann die Prozeßführungsbefugnis von selbst entspringt.[4]

II. Die Begründetheit der Einziehungsklage

344 Die Einziehungsklage ist begründet, wenn der **Gläubiger (Kläger) berechtigt ist** (Rn. 345 ff), eine dem **Schuldner gegen den Drittschuldner (Beklagten) zustehende Forderung** (Rn. 348) **einzuziehen.** Dabei kommt es in Klausuren immer wieder zu der Frage, ob der Drittschuldner wirksam erfüllt hat; dies soll deshalb, obwohl es zum Problemkreis des Bestehens der Forderung gehört, gesondert dargestellt werden (Rn. 349 ff).

345 **1. Die Einziehungsberechtigung.** Der Überweisungsbeschluß ermächtigt den Gläubiger (Kläger) zur Einziehung der gepfändeten Forderung, § 836 I. Er gibt ihm die materielle Verfügungsmacht. Dies setzt einen wirk-

---

[1] BL-Hartmann § 265 Rn. 12 „Überweisung".
[2] MK-Smid § 835 Rn. 13 m. w. N.
[3] Musielak-Becker § 835 Rn. 19; StJ-Bork vor § 50 Rn. 36; TP § 836 Rn. 3.
[4] Zö-Vollkommer vor § 50 Rn. 30.

samen Überweisungsbeschluß voraus (Rn. 346). Problematisch ist weiter, ob eine Anfechtbarkeit des Pfändungs- und Überweisungsbeschlusses zu berücksichtigen ist (Rn. 347).

a) Wirksamkeit des Überweisungsbeschlusses. Wirksamkeitsvoraussetzungen des Überweisungsbeschlusses sind: 346

- Ein wirksamer Pfändungsbeschluß (s. o. Rn. 301),
- ein dem Pfändungsbeschluß entsprechender Überweisungsbeschluß
- und die ordnungsgemäße Zustellung des Überweisungsbeschlusses an den Drittschuldner, §§ 835 III 1, 829 III.

Ist der Überweisungsbeschluß unwirksam, fehlt dem Gläubiger die Einziehungsberechtigung; seine Klage ist unbegründet.

b) Anfechtbarkeit des Pfändungs- und Überweisungsbeschlusses. Problemstellung: 347

Der Pfändungs- und Überweisungsbeschluß kann fehlerhaft zustande gekommen und deshalb anfechtbar sein. So kann etwa der zugrunde liegende Titel des Gläubigers fehlerhaft oder gar nicht zugestellt sein. Das örtlich unzuständige Vollstreckungsgericht kann entschieden haben. Die Unpfändbarkeit der Forderung ist nicht gesehen worden. Diese Verstöße gegen vollstreckungsrechtliche Verfahrensvorschriften geben dem Schuldner, aber auch dem grundsätzlich beschwerten Drittschuldner die Möglichkeit der Anfechtung des Beschlusses durch eine Erinnerung. Ist diese erfolgreich, wird der Pfändungs- und Überweisungsbeschluß aufgehoben; die Einziehungsbefugnis für den Gläubiger entfällt. Letzteres wäre bei der Einziehungsklage zu berücksichtigen.

Fraglich ist aber, ob derartige Einwendungen auch im Einziehungsprozeß selbst geltend gemacht werden können und zu prüfen sind, wenn es nicht zu einem Erinnerungsverfahren gekommen ist. Immerhin liegt ein wirksamer (nicht nichtiger), wenngleich anfechtbarer Pfändungs- und Überweisungsbeschluß vor.

- ZT wird angenommen, ein Verstoß gegen zwingende Verfahrensvorschriften sei im Einziehungsprozeß zu berücksichtigen, weil kein Pfändungspfandrecht entstehe und damit auch kein Einziehungsrecht.[1] Außerdem wird vertreten, die Unpfändbarkeit nach §§ 850ff sei generell zu berücksichtigen.[2]
- Die hM geht zu Recht davon aus, daß das **Prozeßgericht** solange an einen Pfändungs- und Überweisungsbeschluß **gebunden** ist, wie dieser **nicht vom Vollstreckungsgericht** auf eine Erinnerung hin **aufgehoben** worden ist.[3] Dies ergibt sich vor allem aus Gesichtspunkten der Prüfungskompetenz und Prozeßökonomie. Bei Verstößen gegen vollstreckungsrechtliche Verfahrensvorschriften, auch gegen Unpfändbarkeitsvorschriften, ist das Vollstreckungsgericht besonders sachkundig. Das Erinnerungsverfahren ist billiger und einfacher als der Klageweg. Läßt man die Einwendungen auch im Einziehungsprozeß zu, verleitet man den Drittschuldner dazu, von der Erinnerung Abstand zu nehmen und es auf einen Prozeß ankommen zu lassen.

---

[1] Baur-Stürner Rn. 374.
[2] MK-Smid § 829 Rn. 55.
[3] BGHZ 66, 79, 80f; TP § 836 Rn. 6; Brox-Walker Rn. 653.

- Beruht allerdings die Unpfändbarkeit auf **materiellem Recht** (§ 851, § 399 BGB), so ist sie im Einziehungsprozeß zu **berücksichtigen.**[1] Der Streit über eine materiell-rechtlich begründete Unpfändbarkeit paßt eher in das Erkenntnisverfahren als das vereinfachte Erinnerungsverfahren.

Zur genauen Unterscheidung siehe das Klausurbeispiel 2, Rn. 914.

348 **2. Anspruch des Schuldners gegen den Drittschuldner.** Weiterhin ist zu prüfen, ob dem Schuldner gegen den Drittschuldner der gepfändete Anspruch zusteht, ob er also entstanden, nicht untergegangen und rechtlich durchsetzbar ist. Hier ist wie bei einer normalen Leistungsklage das Bestehen des Anspruchs festzustellen. Dies ist nicht bereits im Pfändungsverfahren geschehen, weil nur die angebliche Forderung des Schuldners gegen den Drittschuldner aufgrund einer reinen Schlüssigkeitsprüfung des Vorbringens des Gläubigers gepfändet und überwiesen worden ist.

Es sind also Schlüssigkeit und Erheblichkeit des Parteivorbringens zu untersuchen; ggfls. ist Beweis zu erheben. Die Beweislastregeln des zivilprozessualen Erkenntnisverfahrens gelten uneingeschränkt. Grundsätzlich ist also der Kläger beweispflichtig dafür, daß die Forderung des Schuldners gegen den Drittschuldner besteht. Der beklagte Drittschuldner muß ihren Untergang beweisen. Zu beachten ist allerdings, daß die **Drittschuldnererklärung nach § 840 die Beweislast umkehren kann** (s. Rn. 305).

Der Schuldner kann als Zeuge vernommen werden, selbst wenn er dem Prozeß beigetreten ist, weil er nicht streitgenössiger Streithelfer iSd. § 69, sondern nur unselbständiger Streithelfer iSd. § 67 und damit keine Partei ist.[2]

Der Drittschuldner kann **sämtliche Einwendungen** geltend machen, die sich auf den Anspruch des Schuldners und auf das Verhältnis zu ihm beziehen. **Zeitliche Grenze** hinsichtlich des Entstehens der Einwendungen ist allerdings grundsätzlich die **Zustellung des Pfändungsbeschlusses (Arrestatorium).**

349 **3. Erfüllungseinwand des Drittschuldners. a) Zahlung an Schuldner. Häufige Problematik** ist der Erfüllungseinwand des Drittschuldners, der in mehrere Richtungen gehen kann:

- Erfüllung durch Zahlung an den Schuldner vor der Beschlagnahme. Dieser Einwand ist unbeschränkt zulässig.
- Erfüllung durch Zahlung an den Schuldner in Unkenntnis des Pfändungsbeschlusses. Hier greift nach hM § 407 BGB analog ein (Rn. 315).
- Zahlt der Drittschuldner an den erstpfändenden Gläubiger, wird nach hM zu seinen Gunsten § 836 II analog angewandt, so daß er im Verhältnis zum nachpfändenden Gläubiger ebenfalls befreit wird (s. Rn. 313).

350 **b) Aufrechnung. aa) Vor Beschlagnahme.** Hat der Drittschuldner die Aufrechnung gegen die Forderung des Schuldners diesem gegenüber bereits vor der Pfändung erklärt, ergeben sich keine Besonderheiten. Erst durch die Pfändung wird dem Drittschuldner verboten, an den Schuldner zu leisten.

---

[1] BGH Rpfleger 1978, 248f; Brox-Walker Rn. 653; BGH NJW 1998, 1553, 1554 läßt allerdings die Frage, ob ein Taschengeldanspruch nach § 851 oder § 850b unpfändbar ist, ungeprüft.

[2] Musielak-Becker § 835 Rn. 20.

bb) Nach Beschlagnahme. Auch nach der Pfändung ist dem Drittschuldner die **Aufrechnung grundsätzlich noch erlaubt,** § 392 BGB. Damit ordnet die Vorschrift eine Ausnahme von § 829 I 1 an. Die Aufrechnung soll auch dann noch möglich sein, wenn die **Aufrechnungslage bereits vor der Pfändung bestand.** 351

Der Umgang mit § 392 BGB bereitet den Referendaren erfahrungsgemäß Schwierigkeiten. Es ist unbedingt notwendig, genau unter die Vorschrift zu subsumieren und sich klar zu sein, wer und was mit den dort genannten Begriffen gemeint ist:

- Beschlagnahmte Forderung ist die **Forderung des Vollstreckungsschuldners gegen den Drittschuldner**; die sog. Hauptforderung.
- Die Beschlagnahme erfolgt durch die **Zustellung des Pfändungsbeschlusses an den Drittschuldner.**
- Gläubiger iSd. § 392 BGB ist der **Vollstreckungsschuldner**, also der Gläubiger der beschlagnahmten (Haupt-)Forderung
- Schuldner iSd. § 392 BGB ist der **Drittschuldner**, also der Schuldner der beschlagnahmten Forderung (der Beklagte).
- Die „dem Schuldner gegen den Gläubiger zustehende" Forderung ist also die **Forderung des Drittschuldners gegen den Vollstreckungsschuldner**, mit der er gegen die beschlagnahmte Forderung aufrechnen will.

Diese Aufrechnung ist nach § 392 BGB **grundsätzlich zulässig.** Davon gibt es nur **zwei Ausnahmen**, die in den beiden Alternativen des § 392 BGB genannt sind:

- Hat der Drittschuldner (Schuldner iSd. § 392 BGB) seine Forderung gegen den Vollstreckungsschuldner (Gläubiger iSd. § 392 BGB), also die Forderung, mit der gegen die beschlagnahmte Forderung aufgerechnet werden soll, erst **nach der Pfändung erworben**, ist die Aufrechnung unzulässig.
- Die Aufrechnung ist auch dann unzulässig, wenn die Forderung des Drittschuldners (Schuldner iSd. § 392 BGB) gegen den Schuldner (Gläubiger iSd. § 392 BGB) erst **nach der Beschlagnahme** (Zustellung des Pfändungsbeschlusses an den Drittschuldner) **und später als die in Beschlag genommene Forderung** (die gepfändete Forderung des Schuldners gegen den Drittschuldner) **fällig** geworden ist.

Nur in diesen beiden Fällen, in denen **zur Zeit der Beschlagnahme schon keine Aufrechnungslage** bestand, ist die Aufrechnung ausgeschlossen.

cc) § 394 BGB. Gelegentlich ergibt sich auch das Problem des Aufrechnungsausschlusses nach § 394 BGB, wenn es um unpfändbare Forderungen geht. Hier ist zu beachten, daß das Aufrechnungsverbot **nach dem Übergang der Forderung auf einen Dritten nicht mehr besteht.**[1] Der gesetzliche Grund für das Aufrechnungsverbot, daß nämlich dem Gläubiger dieser Forderung das zum Leben Notwendige erhalten bleiben soll, ist weggefallen, wenn der Gläubiger ohnehin nicht mehr Inhaber des Anspruchs oder befugt ist, diesen geltend zu machen. 352

c) Verhältnis zum Gläubiger. Uneingeschränkt zulässig sind Einwendungen des Drittschuldners, die sich auf das Verhältnis zwischen ihm und dem klagenden Gläubiger selbst beziehen. So kann er etwa mit Forderungen aufrechnen, die ihm gegen den Vollstreckungsgläubiger selbst zustehen. 353

---

[1] BGHZ 35, 318, 327; Musielak-Becker §§ 835 Rn. 20.

III. Entscheidungsform

Rubrum, Tenor und Entscheidungsform der Einziehungsklage entsprechen denen einer normalen Leistungsklage.

§ 26 Examenswichtige Einzelprobleme

I. Die Unpfändbarkeit nach § 851

354 § 851 ist besonders deshalb examenswichtig, weil die Vorschrift eine **Unpfändbarkeit aus materiellem Recht** anordnet, die nach hM auch bei der **Einziehungsklage zu berücksichtigen** ist (s. o. Rn. 347).

Nach § 851 I ist eine Forderung insoweit nicht pfändbar, als sie nicht übertragbar ist. Korrespondierend dazu ordnet § 400 BGB an, daß eine unpfändbare Forderung nicht abgetreten werden darf. Die Unübertragbarkeit kann sich aus einer ausdrücklichen gesetzlichen Regelung ergeben. Schwieriger und wichtiger ist allerdings § 399 BGB, der u. a. die Unübertragbarkeit höchstpersönlicher Forderungen anordnet.

355 **1. Unübertragbarkeit kraft gesetzlicher Vorschrift.** Ist die Unübertragbarkeit ausdrücklich gesetzlich angeordnet, ergeben sich keine Probleme; hier ist klar, daß § 851 I, evtl. aber auch § 857 I, III Anwendung finden.

Beispiele für kraft Gesetzes unübertragbare oder unpfändbare Forderungen: Gegenseitige Ansprüche aus dem Gesellschaftsverhältnis bei BGB-Gesellschaften (§ 717 S. 1 BGB; s. aber Rn. 298); der Rücknahmeanspruch des Hinterlegers (§ 377 I BGB). Zu § 399 BGB s. u. Rn. 356 ff; zu Kontokorrentforderungen Rn. 362 ff.

Beispiele für kraft Gesetzes unübertragbare sonstige Vermögensrechte, bei denen § 857 III zu beachten ist: Anspruch auf Dienstleistungen (§ 613 BGB); Anspruch auf Ausführung eines Auftrags (§ 664 II BGB); Miet- und Pachtrechte auf Übertragung des Gebrauchs (§§ 549 I, 582 II BGB).

Die Unpfändbarkeit kann sich auch daraus ergeben, daß eine **Abtretung nach § 134 BGB nichtig** wäre.[1] Dies gilt aber nicht für Honoraransprüche solcher Personen, die der Schweigepflicht des § 203 I StGB unterliegen (Ärzte, Steuerberater, Rechtsanwälte). § 836 III ist insoweit eingeschränkt, als kein Anspruch auf Weitergabe der der Geheimhaltung unterliegenden Daten besteht.[2]

356 **2. Die Unübertragbarkeit nach § 399 BGB. a) Regelungsgehalt.** Nach § 399 BGB ist eine Forderung in zwei Fällen – **alternativ** – unübertragbar:
- Wenn die Leistung an einen anderen als den ursprünglichen Gläubiger nicht ohne Veränderung ihres Inhalts erfolgen kann (sog. höchstpersönliche Ansprüche)
- oder wenn die Abtretung durch Vereinbarung mit dem Schuldner ausgeschlossen ist.

---

[1] BGH NJW 1996, 775 m. w. N.

[2] OLG Stuttgart NJW 1994, 2828; Musielak-Becker § 851 Rn. 1; TP § 851 Rn. 2.

b) 2. Alternative. Nach § 851 II kann die nach § 399 BGB nicht übertragbare Forderung insoweit gepfändet und zur Einziehung überwiesen werden, als der geschuldete Gegenstand der Pfändung unterworfen ist. § 851 II gilt allerdings nach allgemeiner Ansicht entgegen seinem zu weiten Wortlaut **nur für die 2. Alternative** des § 399 BGB, also für den vereinbarten Abtretungsausschluß.[1]

c) 1. Alternative. Liegen die Voraussetzungen der 1. Alternative des § 399 BGB vor, ist die **Forderung unpfändbar,** § 851 I. **357**

aa) Inhaltsveränderung. Hauptanwendungsfall dieser Alternative sind die sog. Schuldbefreiungsansprüche.

Beispiel: Der Schuldner, der eine private Haftpflichtversicherung abgeschlossen hat, beschädigt leicht fahrlässig einen wertvollen Marmortisch eines Herrn A; der Schaden beträgt 500,– DM. Ein Gläubiger des Schuldners, der einen Titel gegen diesen besitzt, will den Anspruch des Schuldners gegen seine Haftpflichtversicherung auf Zahlung von 500,– DM, hilfsweise den Freistellungsanspruch des Schuldners pfänden.

Haftpflichtversicherungsansprüche des Versicherungsnehmers gegen die Versicherungsgesellschaft sind nicht auf Zahlung, sondern auf Befreiung des Versicherten von der auf ihm lastenden Haftpflichtschuld gerichtet.[2] Der Versicherungsnehmer kann also nur verlangen, daß die Versicherung an den Geschädigten leistet. Zahlt der Schädiger allerdings selbst an den Geschädigten, so wandelt sich der Schuldbefreiungsanspruch in einen Zahlungsanspruch des Schädigers gegen seine Versicherung um. Dieser Anspruch ist dann als Zahlungsanspruch des Schuldners pfändbar. Der Schuldbefreiungsanspruch hingegen ist grundsätzlich unabtretbar und damit unpfändbar, weil die Leistung an einen anderen als den Schuldner nicht ohne Änderung ihres Inhalts erfolgen könnte. Lediglich der Geschädigte selbst darf den Befreiungsanspruch pfänden, der sich in seiner Person in einen Zahlungsanspruch umwandelt.[3]

bb) Zweckbindung. Zweckgebundene Ansprüche können nach § 399 1. Alternative BGB unübertragbar und damit unpfändbar sein. **358**

(1) Die Unübertragbarkeit bestimmter zweckgebundener Ansprüche ist allgemein anerkannt; woraus sie sich dogmatisch ergibt, wird allerdings nicht immer klar.

- Teilweise wird die Unübertragbarkeit zweckgebundener Ansprüche losgelöst von § 399 BGB im Rahmen des § 851 I behandelt; dessen Wortlaut gibt hierfür allerdings keinen Anhaltspunkt. Aus welchem rechtlichen Anhaltspunkt die Unübertragbarkeit folgen soll, ist letztlich nicht ersichtlich.[4]
- Die Rechtsprechung entnimmt die Unübertragbarkeit zweckgebundener Ansprüche der 1. Alternative des § 399 BGB. „In solchen Fällen gehört der Verwendungszweck zum Inhalt der zu erbringenden Leistung. Damit würde eine der getroffenen Bestimmung widersprechende Verwendung ... eine Veränderung des Leistungsinhalts im Sinne des § 399 (1. Alternative) BGB darstellen."[5]

---

[1] BGH NJW 1985, 2263; Rpfleger 1978, 248, 249; Musielak-Becker § 851 Rn. 3.
[2] BGHZ 15, 154, 157ff.
[3] BGHZ 7, 244, 246; TP § 851 Rn. 3.
[4] S. BL-Hartmann § 851 Rn. 3; TP § 851 Rn. 3; Brox-Walker Rn. 522.
[5] BGH Rpfleger 1978, 248, 249; ebenso Musielak-Becker § 851 Rn. 6.

359 (2) Die Zweckbindung kann auf **gesetzlichen Vorschriften** beruhen.

Beispiele: Aufbauhilfedarlehen;[1] Baugelder nach dem Gesetz über die Sicherung der Bauforderungen;[2] Prozeßkostenvorschüsse (§ 1360a BGB);[3] Flurschadenbeihilfe.[4]

360 (3) Die Zweckbindung kann aber auch auf **privatrechtlicher Vereinbarung** beruhen, Mittel **treuhänderisch nur zu bestimmten Zwecken** zu verwenden.

Beispiel: Ein Architekt, der ein eigenes Bauvorhaben betrieb, geriet in Zahlungsschwierigkeiten. Die Gläubiger des Architekten schlossen sich zusammen, um ihre Forderungen gegen ihn zu realisieren. Sie übertrugen ihre Forderungen auf eine Bank, die treuhänderisch das Grundstück erwerben, den Bau fertig stellen und das Anwesen veräußern sollte. Die Gläubiger, die Bank und der Architekt vereinbarten, daß der Architekt, nach dessen Plänen weiter gearbeitet werden sollte, ein Honorar von 40 000,– DM erhalten sollte. Allerdings waren zunächst monatlich höchstens 3000,– DM für die in dem Architektenbüro anfallenden Kosten und Auslagen zu zahlen; ein überschießender Honorarbetrag erst nach dem Verkauf des Anwesens und erfolgter Abrechnung.[5]

Hier hat der BGH angenommen, die Forderung des Architekten sei wegen einer **schutzwürdigen treuhänderischen Zweckbindung** unübertragbar nach § 399 1. Alt BGB und deshalb unpfändbar. Diese stelle keine Vereinbarung der Unabtretbarkeit iSd. 2. Alternative des § 399 BGB dar, sondern eine Vereinbarung des Leistungsinhalts, der sich bei einer Abtretung ändere.

Ein schutzwürdiges Interesse hat auch der Grundstückskäufer, dessen Zahlung auf ein Notaranderkonto der Ablösung dinglicher Belastungen des Grundstücks dient.[6]

361 (4) Zweckgebundene Ansprüche sind grundsätzlich unpfändbar; **im Rahmen der Zweckbindung** allerdings können sie nach allgemeiner Ansicht **von demjenigen gepfändet werden,** dem die Leistung letztendlich **zugute kommen** soll.

So kann etwa der beauftragte Anwalt Prozeßkostenvorschüsse pfänden; der Handwerker Ansprüche auf Zahlung von Baugeld für das Bauvorhaben, aus dem ihm eine titulierte Forderung zusteht; die Sekretärin des Architekten im Fall oben den monatlichen Anspruch auf Zahlung der Bürounkosten wegen ihrer Gehaltsansprüche.

II. Kontokorrent-, Konten- und Darlehenspfändung

362 **1. Die Pfändbarkeit beim Kontokorrent.** Das Kontokorrent ist in § 355 I HGB als Geschäftsbeziehung einer Person mit einem Kaufmann definiert, die so gestaltet ist, „daß die aus der Verbindung entspringenden beiderseitigen Ansprüche und Leistungen nebst Zinsen in Rechnung gestellt und in regelmäßigen Abständen durch Verrechnung und Feststellung des für

---

[1] BGHZ 25, 211, 213ff.

[2] G vom 1. 6. 1909 (RGBl. 448), geändert durch BGBl. I 1969 S. 645, 1974 S. 469.

[3] BGH JZ 1985, 803, 804; TP § 851 Rn. 3.

[4] BGH MDR 1970, 210.

[5] Nach BGH Rpfleger 1978, 248f.

[6] BGH ZIP 1998, 295, 296.

den einen oder anderen Teil sich ergebenden Überschusses ausgeglichen werden ...".

a) Einzelposten. Einzelne in das Kontokorrent eingestellte Forderungen (Einzelposten) sind gem. § 357 HGB unpfändbar.[1] § 357 HGB ist lex specialis gegenüber § 851 II, dessen Voraussetzungen ebenfalls vorliegen: Die Kontokorrentabrede enthält die Vereinbarung der Unabtretbarkeit einzelner zum Kontokorrent gehörender Forderungen. Da sie in der Regel auf Geld gerichtet sind, wären sie nach § 851 II trotz des vereinbarten Abtretungsverbots pfändbar. 363

b) Salden. Die Pfändung von Salden ist dagegen **zulässig.** Die Pfändung des **gegenwärtigen Saldos** ist nicht durch § 357 HGB ausgeschlossen, wie aus S. 1 der Vorschrift folgt. Diesen Saldo, nicht den Saldo zur Zeit des nächsten Periodenabschlusses, meint § 357 HGB.[2] Die Pfändung erfaßt also den Saldo, der zur Zeit der Zustellung des Pfändungsbeschlusses an den Drittschuldner besteht. Der Gläubiger kann Zahlung aufgrund einer Forderungsüberweisung allerdings erst zum nächsten Rechnungsabschluß verlangen. Durch die Überweisung zur Einziehung kann der Gläubiger nicht mehr Rechte erlangen, als der Schuldner sie hatte. In der Zwischenzeit dürfen zu Lasten des Gläubigers nur noch Geschäfte in das Kontokorrent einbezogen werden, die aufgrund eines schon vor der Pfändung bestehenden Rechtes oder einer schon vor diesem Zeitpunkt bestehenden Verpflichtung des Drittschuldners vorgenommen werden, § 357 S. 2 HGB. Hierzu gehören Ansprüche Dritter gegen die drittschuldende Bank aus Euroschecks,[3] nicht aber Zahlungen des Drittschuldners zur Tilgung schuldrechtlicher Ansprüche des Schuldners.[4] 364

Auch die Pfändung **zukünftiger Salden,** die erst die Salden zum Ablauf der vereinbarten Rechnungsperiode erfaßt, ist zulässig,[5] aber allein wenig Erfolg versprechend, weil der Schuldner den Saldo in der Zwischenzeit noch beeinflussen kann.

2. Pfändung von Ansprüchen aus einem Girokonto a) Girovertrag. Der Girovertrag ist ein Vertrag zwischen einem Geldinstitut und seinem Kunden über die Abwicklung des laufenden Zahlungsverkehrs des Kunden. Das Konto ist regelmäßig als Kontokorrentkonto ausgestaltet. Auch hier erfolgt also periodisch ein Rechnungsabschluß, der für den einen oder anderen Teil einen Anspruch auf Ausgleich des Überschusses ergibt, § 357 S. 1 HGB. Gleichwohl unterscheidet sich der Girovertrag von dem normalen Kontokorrent, weil er die zusätzliche Vereinbarung enthält, daß dem Kunden ein **Anspruch auf fortlaufende Auszahlung** des sich zwischen den Rechnungsabschlüssen ergebenden Guthabens zusteht (sog. Tagessaldo). 365

b) Tagessaldo. Wie beim Kontokorrent sind auch beim Girokonto der gegenwärtige oder zukünftige Saldo pfändbar, nicht aber ins Kontokorrent 366

---

[1] BGH ZIP 1994, 223, 224; BGHZ 80, 172, 175; TP § 829 Rn. 46.
[2] BGHZ 80, 172, 176.
[3] BGHZ 93, 71, 78.
[4] BGH MDR 1997, 878.
[5] BGHZ 80, 172, 178; TP § 829 Rn. 47.

fallende Einzelposten. **Pfändbar** ist aber auch der selbständige **Anspruch auf Auszahlung des sich zwischen den Rechnungsabschlüssen ergebenden Guthabens,** des sogenannten Tagessaldos.[1] Auf diesen Anspruch ist § 357 HGB nicht anwendbar, weil kein ins Kontokorrent fallender Einzelposten, sondern der Anspruch auf Zahlung des Tagessaldos gepfändet wird. Nach der Pfändung darf das Zahlungsinstitut keine Barauszahlungen an den Schuldner mehr vornehmen und keine Überweisungsaufträge mehr durchführen. Dies folgt aus dem Arrestatorium.

367 **c) Anpruch auf Gutschrift.** Schließlich ist auch der sich aus dem Girovertrag ergebende Anspruch des Schuldners auf **Gutschrift aller Neueingänge** pfändbar.[2] Dies führt zwar nicht direkt zu einer Befriedigung des Gläubigers; dem Schuldner wird es aber unmöglich gemacht, die Gutschrift der Beträge auf dem gepfändeten Konto zu verhindern.

368 **d) Pfändungsschutz.** Werden auf das Konto des Schuldners wiederkehrende Einkünfte der in §§ 850 bis 850b genannten Art (zB Arbeitseinkommen, Unterhaltszahlungen) überwiesen, ist § 850k zu beachten. Die Kontenpfändung soll nicht dazu führen, daß der Schuldner den pfändungsfreien Betrag seines Arbeitslohns nicht mehr erhält; vielmehr soll er so gestellt werden, wie er im Fall der Lohnpfändung stehen würde. Entsprechendes ordnet § 55 SGB I für die Überweisung von Sozialleistungen auf ein Konto an.

369 **3. Pfändung von Ansprüchen auf Auszahlung eines Darlehens und der Kreditlinie. a) Darlehen, Vorvertrag.** Ansprüche des Schuldners aus einem Darlehens**vorvertrag** auf Abschluß eines Darlehensvertrages und Überlassung des Darlehensbetrages sind nach § 851 I, § 399 1. Alt. BGB unpfändbar.[3] Das Recht des Schuldners auf Abschluß des Darlehensvertrages ist höchstpersönlicher Natur und würde mit dem Übergang auf einen anderen seinen Charakter ändern.

Ansprüche auf Auszahlung eines **bereits vereinbarten Darlehens** sind demgegenüber jedenfalls dann pfändbar, wenn nicht aufgrund einer schützenswerten Zweckvereinbarung der Ausschluß der Pfändbarkeit aus § 851 I, § 399 1. Alt. BGB folgt.[4]

370 **b) Kreditlinie.** Stark umstritten ist die Möglichkeit der Pfändung einer Kreditlinie.

Beispiel: Der Gläubiger will den diesem eingeräumten Anspruch des Schuldners auf Abruf eines Dispositionskredites gegen seine Sparkasse pfänden lassen.

Beim Dispositionskredit ist regelmäßig keine Zweckvereinbarung zwischen der Bank und dem Kunden getroffen.

– Wegen des Fehlens einer Zweckbindung wird der Dispositionskredit zT als pfändbar angesehen.[5] Dies wird vor allem mit dem Grundgedanken des § 851 II begründet, daß dem Gläubiger keine Werte vorenthalten werden dürfen, über die der Schuldner frei verfügen könne. Das Abrufrecht gehe

---

[1] BGHZ 84, 371, 373ff; TP § 829 Rn. 48.
[2] BGH WM 1973, 892, 893.
[3] Stöber Rn. 120.
[4] BGH Rpfleger 1978, 247, 248.
[5] OLG Köln WM 1983, 1049; BL-Hartmann Grundz. § 704 Rn. 89.

aufgrund der Pfändung des Dispositionskreditanspruchs als Nebenrecht auf den Gläubiger über.

- Teilweise wird angenommen, der Dispositionskredit sei pfändbar; seine Verwertung allerdings erfordere erst den Abruf des Schuldners selbst.[1]
- Wohl überwiegend wird demgegenüber zu Recht angenommen, daß der Dispositionskredit unpfändbar ist.[2] Dies folgt aus dem vorvertragsähnlichen Charakter des Dispositionskredites. Zudem stellt die Entscheidung, den eingeräumten Kredit in Anspruch zu nehmen, eine höchstpersönliche Entscheidung des Schuldners dar, die diesem allein zusteht. Der Schuldner kann nicht im Wege der Zwangsvollstreckung gezwungen werden, seinen Gläubiger durch Eingehung neuer Verbindlichkeiten, die zudem mit zusätzlichen Belastungen verbunden sind – die Zinsen für Dispositionskredite liegen regelmäßig über denen „normaler" Kredite –, zu befriedigen. Eine Trennung zwischen Pfändung und Verwertung ist nicht möglich. Ist die Pfändung zulässig, erlaubt die Überweisung zur Einziehung dem Gläubiger die Ausübung aller dem Schuldner zustehenden Rechte, selbst die Ausübung von – unselbständigen – Gestaltungsrechten.

III. Die Pfändung des Anwartschaftsrechts

Die Pfändung des Anwartschaftsrechts gehört seit Jahrzehnten zu den „Paradeproblemen" des Vollstreckungsrechts, über die Wissenschaft und Praxis trefflich streiten. Gelegentlich wird die Problematik aber auch examensrelevant, so daß sie hier kurz dargestellt wird. Dabei kann natürlich von dem Referendar in einer Klausur keine eingehende Vertiefung verlangt werden. Es wird deshalb von der hM ausgegangen und kurz mitgeteilt, welche Argumente gegen die anderen Auffassungen vorgebracht werden. Auch hier ist aber zu **beachten:** Gehen Sie auf den Streit nur ein, wenn er **wirklich entscheidungserheblich ist!**

1. Pfändung des Anwartschaftsrecht an beweglichen Sachen. a) Problemstellung. Beim Vorbehaltskauf einigen sich Verkäufer und Käufer dahin, daß das 371
Eigentum an der gekauften Sache unter der aufschiebenden Bedingung der vollständigen Kaufpreiszahlung auf den Käufer übergehen soll, § 455 BGB. Entsprechend gilt, wenn bei einer Sicherungsübereignung vereinbart wurde, daß das Eigentum bei vollständiger Erfüllung der gesicherten Forderung automatisch an den Sicherungsgeber zurückfällt. In beiden Fällen hat der Käufer bzw. Sicherungsgeber eine gesicherte, vom Vertragsgegner nicht zu beeinflussende Rechtsposition erlangt, die als Anwartschaftsrecht bezeichnet wird. Dieses Recht wird wie das Vollrecht (also das Eigentum) übertragen, ist daher als vermögenswertes Recht auch pfändbar. In diesen Fragen ist man sich einig. Streit besteht nur darüber, wie die Pfändung zu erfolgen hat. Das Problem liegt in erster Linie darin, daß der Gläubiger über die Pfändung des Anwartschaftsrechts die Verwertung der Sache selbst erreichen will. Pfändet er diese, muß er mit einer Drittwiderspruchsklage des Eigentümers rechnen. Wie aber wird aus dem Pfandrecht am Anwartschaftsrecht rangwahrend ein Pfandrecht an der Sache?

b) Theorien. aa) Nach der **Theorie der Rechtspfändung**[3] erfolgt die Pfändung nach § 857. Mit der vollständigen Zahlung und dem Bedingungseintritt setzt sich das

---

[1] LG Hamburg NJW 1986, 998f.

[2] OLG Schleswig NJW 1992, 579, 580; Musielak-Becker § 850k Rn. 18; TP § 829 Rn. 49; Brox-Walker Rn. 529.

[3] Baur-Stürner Rn. 550.

Pfandrecht am Anwartschaftsrecht analog § 1287 BGB, § 847 in ein Pfandrecht an der Sache fort.

Diese Auffassung **widerspricht dem sachenrechtlichen Offenheitsprinzip**, das ebenfalls in § 808 (Anlegen von Pfandsiegeln) zum Ausdruck kommt. Auch bei § 1287 BGB wird der Pfandgläubiger alleiniger (§ 1282 II 1 BGB) oder Mitbesitzer (§ 1281 S 1 BGB). Bei der Pfändung eines Herausgabe- oder Lieferungsanspruchs (§ 847) entsteht das Pfandrecht erst mit der Herausgabe der Sache an den Gerichtsvollzieher.

bb) Nach der **Theorie der reinen Sachpfändung** muß das Anwartschaftsrecht so gepfändet werden, wie es übertragen wird; die Rechtspfändung erfolgt also durch die Pfändung der Sache durch den Gerichtsvollzieher.[1]

Diese Auffassung läßt sich nur dann halten, wenn man dem Eigentümer nicht die Drittwiderspruchsklage, sondern die Klage auf vorzugsweise Befriedigung (§ 805) zugestehen will. Ansonsten wäre der Gläubiger immer der Gefahr der Drittwiderspruchsklage ausgesetzt. Diese Auffassung ist aber **unzutreffend**. Würde man dem Vorbehalts- oder Sicherungseigentümer nur die Vorzugsklage zubilligen, wäre er nicht hinreichend geschützt (s. i.e. Rn. 593f). Die Annahme, die Rechtspfändung müsse immer den Regeln der Rechtsübertragung folgen, ist zudem nicht zwingend. So wird das Miteigentum nach §§ 929ff BGB übertragen, aber nicht nach § 808, sondern nach § 857 gepfändet.

cc) Nach der **Theorie der Rechtspfändung in Form der Sachpfändung** führt der Gerichtsvollzieher durch die Inbesitznahme der Sache und ihre Kenntlichmachung die Rechtspfändung (des Anwartschaftsrechts) durch, was im Protokoll zu vermerken ist.[2]

Diese Auffassung vermeidet zwar die Gefahr der Drittwiderspruchsklage und die praktischen Probleme der hM (s.u.); sie **vermischt aber die Regeln der Sach- und Rechtspfändung völlig.** Dem kann auch nicht mit einem Hinweis auf § 831 begegnet werden.[3] Diese Ausnahmeregelung beruht auf der Tatsache, daß Wertpapiere als Urkunden körperliche Sachen sind, die der Pfändung durch den Gerichtsvollzieher unterliegen, und für die Rechtsübertragung die Urkunden erforderlich sind. Dies ist mit dem Anwartschaftsrecht und seinem Verhältnis zur gepfändeten Sache nicht vergleichbar.

dd) Die hM geht davon aus, daß eine **Doppelpfändung** erforderlich ist. Sowohl das **Anwartschaftsrecht im Wege der Forderungspfändung** als auch die **Sache im Wege der Sachpfändung** müssen gepfändet werden.[4] Durch die Pfändung des Anwartschaftsrechts entsteht an diesem ein Pfändungspfandrecht. Die Sachpfändung verschafft die erforderliche Publizität für den Übergang des Pfandrechts am Anwartschaftsrecht auf ein Pfandrecht an der Sache beim Bedingungseintritt. Durch die Pfändung des Anwartschaftsrechts verliert der Schuldner das Recht, gem. § 267 II BGB der Zahlung durch den Gläubiger zu widersprechen und damit den Bedingungseintritt zu vereiteln. Eine Drittwiderspruchsklage wäre ohne Erfolgsaussicht, weil die Sachpfändung, sofern sie nur der Sicherstellung des Anwartschaftsrechts dient, das Eigentum nicht beeinträchtigt. Für den Rang ist die Zeit der Pfändung des Anwartschaftsrechts maßgeblich.

372 **2. Pfändung des Anwartschaftsrechts des Auflassungsempfängers.** a) Nach hM entsteht nach der Auflassungserklärung des Grundstücksverkäufers dann ein Anwartschaftsrecht, wenn der Auflassungsempfänger den Antrag auf Eintragung als Ei-

---

[1] Raiser, Dingliche Anwartschaften 1961, 91ff; Hübner NJW 1980, 729, 733f; Liermann JZ 1962, 658, 659.
[2] Brox-Walker Rn. 812ff.
[3] So Brox-Walker Rn. 814.
[4] BGH NJW 1954, 1325ff; MK-Smid § 857 Rn. 22; Musielak-Becker § 857 Rn. 7; StJ-Brehm § 857 Rn. 84 ff; TP § 808 Rn. 17.

gentümer gestellt hat oder wenn zu seinen Gunsten eine Auflassungsvormerkung eingetragen ist.[1]

b) Die Pfändung erfolgt nach den §§ 857, 829 durch einen Pfändungsbeschluß.[2] Streit besteht lediglich darüber, ob der Beschluß bereits mit der Zustellung an den Schuldner (§ 857 II) wirksam wird oder auch eine Zustellung an den Grundstücksveräußerer erforderlich ist. Nach hM ist der Veräußerer kein Drittschuldner, weil er an dem Anwartschaftsrecht in keiner Weise beteiligt ist, da er seine Pflichten aus dem Kaufvertrag bereits erfüllt hat.[3]

c) Die Pfändung führt zur Verstrickung des Anwartschaftsrechts und zu seiner Belastung mit einem Pfändungspfandrecht. Mit der Eintragung des Auflassungsempfängers im Grundbuch entstehen dessen Eigentum und analog §§ 848 II, 857 I kraft Gesetzes zugunsten des Gläubigers eine Sicherungshypothek,[4] aus der der Gläubiger gem. § 848 III die Zwangsversteigerung oder Zwangsverwaltung betreiben kann.

---

[1] BGHZ 83, 395, 399.
[2] BGHZ 49, 197, 203; TP § 848 Rn. 2.
[3] BGHZ 49, 197, 203.
[4] BGHZ 49, 197, 206.

3. Abschnitt. Das Verteilungsverfahren bei der Vollstreckung wegen Geldforderungen, §§ 872ff

§ 27 Das Verteilungsverfahren

373 Reicht der Erlös aus gepfändeten Sachen oder Forderungen nicht aus, um alle Pfändungsgläubiger zu befriedigen, und streiten sich diese um die Verteilung des Erlöses, können Gerichtsvollzieher oder Drittschuldner den Erlös bzw. den Schuldbetrag hinterlegen. Im Verteilungsverfahren wird dann geklärt, wem der Erlös zusteht.

I. Anwendungsbereich

374 1. Das Verteilungsverfahren nach den §§ 872ff **betrifft nur**
- die Zwangsvollstreckung **wegen Geldforderungen**
- in das **bewegliche Vermögen.**

Das Verteilungsverfahren bei der Zwangsversteigerung von Grundstücken ist im ZVG besonders geregelt; siehe dazu unten Rn. 461.

375 2. Das Verfahren nach den §§ 872ff **findet statt,**
- wenn der Erlös der **Versteigerung einer vom Gerichtsvollzieher gepfändeten Sache** nicht ausreicht, alle Pfändungsgläubiger zu befriedigen und ein Gläubiger **ohne Zustimmung der anderen** verlangt,
  - vor den vorpfändenden Gläubigern befriedigt zu werden, § 827 II,
  - oder daß der Erlös bei gleichzeitiger Pfändung anders als im Verhältnis der Forderungen zueinander aufgeteilt wird, § 827 III.

Nach § 804 III gilt der **Prioritätsgrundsatz**; der vorpfändende Gläubiger geht nachpfändenden vor. Dies ist der Fall des § 827 II, wenn ein nachpfändender Gläubiger den Vorrang bestreitet. Bei **gleichzeitiger Pfändung** haben die Gläubiger **gleichen Rang.** Zwischen ihnen ist der Erlös nach allgM im Verhältnis der Forderungen zueinander zu verteilen. Verlangt hier, ohne daß es zu einer Einigung kommt, einer der Gläubiger eine andere Verteilung, greift § 827 III ein.

- wenn der Anspruch des Schuldners gegen einen Dritten auf Herausgabe oder Leistung von Sachen von mehreren Gläubigern gepfändet wurde (§ 854 II, III). Auch hier ist die Sache vom Gerichtsvollzieher zu versteigern (§ 847 II). § 854 II, III entspricht § 827 II, III.
- wenn der Drittschuldner den Schuldbetrag bei einer Pfändung durch mehrere Gläubiger hinterlegt, § 853.

II. Das Verteilungsverfahren

376 Die Voraussetzungen des Verfahrens sind in § 872 genannt. Zuständig ist das in den §§ 827, 853f genannte Amtsgericht. Es entscheidet durch den Rechtspfleger, § 20 Nr. 17 RpflG. Die Gläubiger werden zur Anmeldung ihrer Forderungen aufgefordert, § 873. Anschließend ist der Teilungsplan anzufertigen (§ 874), dem die Gläubiger im folgenden Verteilungstermin (§ 875) widersprechen können (§ 876). Erfolgt kein Wi-

derspruch, ist der Plan auszuführen, § 876 S. 1. Wird ein Widerspruch von den anderen Gläubigern anerkannt, ist der Plan zu berichtigen, § 876 S. 3. Kommt eine Einigung nicht zustande, darf der Plan nur insoweit ausgeführt werden, als er durch den Widerspruch nicht betroffen wird, § 876 S. 4. Im übrigen hemmt der Widerspruch die Ausführung des Plans. Der widersprechende Gläubiger muß allerdings binnen eines Monats nachweisen, daß er Widerspruchsklage erhoben hat, ansonsten wird der Plan ausgeführt, § 878 I. Dann steht dem Gläubiger nur noch eine Klage auf Herausgabe der Bereicherung zu, § 878 II.

§ 28 Rechtsbehelfe im und neben dem Verteilungsverfahren

I. Die Möglichkeit der Vollstreckungserinnerung nach Einleitung des Verteilungsverfahrens

1. Der Schuldner kann nach hM auch nach Anordnung des Verteilungs- **377**
verfahrens noch Vollstreckungserinnerung bzw. sofortige Beschwerde einlegen und die Verletzung von Verfahrensvorschriften bei der Pfändung rügen.[1] Das Rechtsschutzinteresse für die Erinnerung entfällt erst mit der Auskehr des Erlöses. Dies ist insoweit konsequent, als der Schuldner im Verteilungsverfahren selbst kein Widerspruchsrecht hat und keine Rechtsbehelfe geltend machen kann (s. u. Rn. 378).

2. Ein Gläubiger soll Mängel der Pfändung eines anderen Gläubigers dann nicht mehr mit der Vollstreckungserinnerung einwenden können, wenn die Voraussetzungen für ein Verteilungsverfahren vorliegen.[2] Dies ist jedenfalls im Hinblick auf solche Verfahrensmängel unzutreffend, die im Verteilungsverfahren nicht untersucht werden dürfen (reine Ordnungsverstöße; s. u. Rn. 382); um Widerspruchsklagen zu vermeiden, sollte man die Zulässigkeit der Erinnerung aber nicht einmal auf Ordnungsverstöße beschränken. Bis zum Verteilungstermin ist die Erinnerung statthaft.[3]

II. Die Erinnerung, sofortige Beschwerde

Die beteiligten Gläubiger können Verfahrensfehler des Rechtspflegers im **378**
Rahmen des Verteilungsverfahrens mit der Vollstreckungserinnerung oder bei einer Entscheidung (s. Rn. 317f) mit der sofortigen Beschwerde nach § 793 angreifen. Der Inhalt des Teilungsplans, also die festgelegte Rangfolge, kann nur mit der Widerspruchsklage angegriffen werden. Dies gilt nur dann nicht, wenn ein Gläubiger ganz oder teilweise unberücksichtigt geblieben ist.

Der Schuldner kann nach hM gegen das Verteilungsverfahren selbst und in ihm begangene Verfahrensfehler keine Rechtsbehelfe einlegen.[4]

---

[1] Musielak-Becker § 872 Rn. 9; Brox-Walker Rn. 499.
[2] OLG Koblenz DGVZ 1984, 58, 59.
[3] MK-Karsten Schmidt § 766 Rn. 9; Musielak-Becker § 872 Rn. 8; TP § 872 Rn. 6.
[4] Musielak-Becker § 872 Rn. 9.

III. Klagen aus materiellem Recht

379 Unabhängig vom Verteilungsverfahren können der Schuldner die Vollstreckungs- oder Klauselgegenklage (§§ 767f), die Vollstreckungsgläubiger Bereicherungsklagen (§ 878 II) und Dritte die Drittwiderspruchs- (§ 771) oder Vorzugsklage (§ 805) erheben, wenn die Voraussetzungen dieser Klagen gegeben sind.

IV. Die Widerspruchsklage, §§ 878ff

380 Der Streit zwischen den am Verteilungsverfahren beteiligten Gläubigern ist, wenn es zu keiner Einigung kommt, durch die Widerspruchsklage nach §§ 878ff auszutragen. Parteien des Prozesses sind der Gläubiger, der gegenüber dem Teilungsplan besser gestellt werden will, als Kläger; die Gläubiger, die der Besserstellung des Klägers widersprochen haben, als Beklagte. Bei der Klage handelt es sich um eine **prozessuale Gestaltungsklage.**

381 **1. Zulässigkeit der Klage. a) Zuständig** ist das Amtsgericht, bei dem das Verteilungsverfahren schwebt, bzw. dessen übergeordnetes Landgericht, wenn die Streitwertgrenze des Amtsgerichts überschritten ist, § 879. Örtliche und sachliche Zuständigkeit sind geregelt und damit **ausschließlich**, § 802.

b) Der Kläger muß **widersprochen** haben, § 878 I 1. Damit ist der Widerspruch im Verteilungstermin (§ 876) gemeint.

c) Die Frist des § 878 I 1 ist **keine Ausschlußfrist** und berührt als solche die **Zulässigkeit der Klage nicht.** Sie hat nur Einfluß auf die Ausführung des Verteilungsplans.[1] Allerdings fehlt das Rechtsschutzbedürfnis für die Widerspruchsklage, wenn der Verteilungsplan wegen der Versäumung der Monatsfrist zur Ausführung gekommen ist. Ist die Widerspruchsklage zu diesem Zeitpunkt bereits erhoben, muß der Kläger entweder den Rechtsstreit in der Hauptsache für erledigt erklären oder auf Herausgabe der Bereicherung (§ 878 II) klagen.

d) Im **Klageantrag** ist die begehrte Änderung des Plans möglichst genau zu bezeichnen.

382 **2. Begründetheit der Klage.** Die Klage ist begründet, wenn dem Kläger am im Verteilungsverfahren hinterlegten Geldbetrag ein besseres Recht als dem Beklagten zusteht. Das „bessere Recht“ (§ 878 II) kann sich aus folgendem ergeben:

– Das Pfändungspfandrecht des Klägers hat nach § 804 den **besseren Rang.**

Dies kann problematisch sein bei der Heilung von Verfahrensmängeln; hier kann es ausnahmsweise auf die Pfandrechtstheorien ankommen (s. d. Rn. 167ff).

– Es ist **kein Pfändungspfandrecht des Beklagten** entstanden.

Auch hier können die Pfandrechtstheorien zu unterschiedlichen Ergebnissen führen, wenn es um den Verstoß gegen wesentliche Verfahrensvorschriften geht. Dabei entsteht nach der herrschenden gemischten Theorie kein Pfändungspfandrecht, wohl aber wegen der wirksamen Verstrickung nach der öffentlich-rechtlichen Theorie.

---

[1] Musielak-Becker § 878 Rn. 4; TP § 878 Rn. 2; Brox-Walker Rn. 491.

– Der titulierte Anspruch des Beklagten ist **untergegangen.**

Nach der gemischten Pfandrechtstheorie führt dies zum Erlöschen des Pfändungspfandrechts; nach der öffentlich-rechtlichen Theorie bleibt das Pfandrecht zwar bestehen; sein Rang kann aber nach materiellem Recht korrigiert werden. Allerdings kann der Kläger, der hier praktisch die Vollstreckungsgegenklage für den Schuldner erhebt, keine Einwendungen geltend machen, mit denen der Schuldner nach § 767 II oder III präkludiert wäre,[1] s. d. Rn. 514 ff.

– Schließlich kann sich der Kläger auch darauf stützen, daß der Beklagte im Verhältnis zu ihm, dem Kläger selbst, zur Einräumung des Vorrangs verpflichtet sei.

Dies kann sich aus einem Rechtsgeschäft zwischen Kläger und Beklagtem, aus einer Anfechtbarkeit nach dem Anfechtungsgesetz oder daraus ergeben, daß der Beklagte den Vorrang durch eine gegenüber dem Kläger unerlaubte Handlung erlangt hat.

Der Einwand, daß der gepfändete Gegenstand **schuldnerfremd** sei, kann **nicht geltend gemacht** werden. Im Verteilungsverfahren geht es nur darum, ob der Kläger auf den Erlös ein relativ besseres Recht hat als der Beklagte.

3. Entscheidung. Zu entscheiden ist durch Urteil. In dessen stattgeben- **383**
dem Tenor kann das Gericht den Teilungsplan selbst ändern oder den Widerspruch für begründet erklären sowie die Anfertigung eines neuen Plans und ein anderweitiges Verteilungsverfahren anordnen, § 880. Hier darf ausnahmsweise das Urteil **nur wegen der Kosten für vorläufig vollstreckbar** erklärt werden, weil sich aus § 882 ergibt, daß die Auszahlung aufgrund des Teilungsplans des Gerichts oder das anderweitige Verteilungsverfahren erst nach der Rechtskraft des stattgebenden Urteils durchgeführt werden darf.

---

[1] RGZ 153, 200, 204; Musielak-Becker § 878 Rn. 7; TP § 878 Rn. 5.

4. Abschnitt. Die Zwangsvollstreckung zur Erwirkung der Herausgabe von Sachen und zur Erwirkung von Handlungen oder Unterlassungen

384 Der 3. Abschnitt des 8. Buches der ZPO (§§ 883 bis 898) behandelt die Zwangsvollstreckung zur Erwirkung der Herausgabe von Sachen und zur Erwirkung von Handlungen oder Unterlassungen. Dabei geht es im einzelnen um die Herausgabevollstreckung und die Vollstreckung aus Titeln, die auf Vornahme, Unterlassung oder Duldung einer Handlung und schließlich auf Abgabe einer Willenserklärung gerichtet sind. Diese Arten von Vollstrekkung setzen natürlich wiederum voraus, daß die Zulässigkeitsvoraussetzungen der Zwangsvollstreckung gegeben sind. Hierzu wird auf die Darstellung Rn. 28 bis 111 verwiesen. Die Besonderheiten und die einschlägigen Rechtsbehelfe werden im folgenden dargestellt.

§ 29 Die Zwangsvollstreckung zur Erwirkung der Herausgabe und Leistung von Sachen

385 Diese Vollstreckungsart ist in den §§ 883 bis 886 geregelt. Es ist zu unterscheiden zwischen der Herausgabe und Leistung beweglicher (Rn. 386ff) und der Herausgabe unbeweglicher (Rn. 390ff) Sachen.

Funktionell zuständig ist der Gerichtsvollzieher (§§ 883 I, 885 I), so daß **richtiger Rechtsbehelf** gegen Verfahrensfehler und die Weigerung des Gerichtsvollziehers, die Vollstreckung durchzuführen, die **Vollstreckungserinnerung** (§ 766) ist (Rn. 190ff).

I. Die Herausgabevollstreckung bei beweglichen Sachen

386 **1. Anwendungsbereich.** Diese Vollstreckungsart findet statt, wenn der Titel auf

- **Herausgabe** einer bestimmten beweglichen Sache – Stückschuld – (§ 883 I 1. Alt.) oder
- einer Menge bestimmter beweglicher Sachen – Vorratsschuld – (§ 883 I 2. Alt.),
- **Leistung** einer bestimmten Menge vertretbarer Sachen oder Wertpapiere – Gattungsschuld – (§ 884)

gerichtet ist.

Aber auch Titel, durch die der Schuldner zur Hinterlegung, Versendung oder Vorlegung bestimmter Sachen verurteilt ist, werden wie Herausgabetitel vollstreckt.[1] Ist der Schuldner neben der Übergabe auch zur Übereignung verpflichtet, wird die Herausgabe nach §§ 883f und die Abgabe der Willenserklärung nach §§ 894ff vollstreckt.

---

[1] OLG Hamm NJW 1974, 653; TP § 883 Rn. 3.

2. Vollstreckungsverfahren. a) Wegnahme. Der Gerichtsvollzieher hat die Sachen dem Schuldner wegzunehmen und dem Gläubiger zu übergeben, § 883 I, 884. Findet er sie nicht vor, hat der Schuldner auf Antrag des Gläubigers die eidesstattliche Versicherung abzugeben, „daß er die Sache nicht besitze, auch nicht wisse, wo die Sache sich befinde", § 883 II. Die frühere Streitfrage, ob eine Wohnungsdurchsuchung einer richterlichen Anordnung bedarf,[1] ist durch § 758a I, II nF hinfällig geworden. Die Anordnung ist notwendig, weil § 758a II insoweit keine Ausnahme macht. 387

b) Die Pfändungsschutzvorschriften (§§ 811f) finden auf die Herausgabevollstreckung keine Anwendung. Dies folgt schon aus ihrer systematischen Stellung im Gesetz (2. Abschnitt des 8. Buches: „Zwangsvollstreckung wegen Geldforderungen"). Sie können auch nicht analog angewandt werden. Es geht bei der Herausgabevollstreckung nicht um einen Zugriff auf das Vermögen des Schuldners schlechthin, sondern auf bestimmte Gegenstände. Die §§ 811f dienen aber der Aufrechterhaltung der Lebensgrundlage für den Schuldner. 388

c) Gewahrsam Dritter. Der Gerichtsvollzieher darf aufgrund des Titels nur gegen den Schuldner vollstrecken. Befindet sich die herauszugebende Sache nicht in dessen Gewahrsam, so darf sie bei einem Dritten nur dann weggenommen werden, wenn dieser zur Herausgabe bereit ist (§ 809 analog). 389

Ansonsten kann der Gläubiger den Herausgabeanspruch, den der Schuldner gegen den Dritten hat, pfänden und sich überweisen lassen, § 886. Die Sache ist dann dem Gläubiger selbst zu übergeben, wenn der Dritte sie herausgibt. Verweigert der Dritte nach wie vor die Herausgabe, kann der Gläubiger wegen des gepfändeten Herausgabeanspruchs die Einziehungsklage gegen den Dritten erheben.

II. Die Herausgabevollstreckung bei unbeweglichen Sachen

1. Titel. Die Herausgabevollstreckung bei unbeweglichen Sachen (Grundstücke oder Grundstücksteile) sowie bei Schiffen erfolgt nach § 885 I. Voraussetzung ist ein Herausgabe- oder Räumungstitel. 390

Dabei ist fraglich, ob aus dem auf Räumung einer Wohnung gerichteten Titel nur gegen den genannten Schuldner oder gegen alle Wohnungsinhaber vollstreckt werden darf. Grundsätzlich muß gegen jeden, der an dem Räumungsobjekt Gewahrsam oder Mitgewahrsam hat, also nicht nur Besitzdiener ist, ein Vollstreckungstitel vorliegen. Insbesondere Ehegatten, Partner einer nichtehelichen Lebensgemeinschaft oder Mitglieder einer Wohngemeinschaft sind aber, auch wenn sie nicht Mieter sind, Mitgewahrsamsinhaber, nicht lediglich Besitzdiener.

a) Nichtmieter. Gegen diejenigen, die selbst nicht Mieter sind, kann nach wohl noch hM aufgrund eines **nur gegen den oder die Mieter ergangenen Titels** vollstreckt werden. 391

– Dies wird zT damit begründet, der aus der (ehelichen) Lebensgemeinschaft abgeleitete Mitbesitz sei als „abgeschwächter Mitbesitz" von der Fortdauer des Besitzrechts des Mieters abhängig.[2]

---

[1] S. d. 3. Auflage Rn. 372.
[2] OLG Frankfurt MDR 1969, 852, 853; OLG Hamm NJW 1956, 1681 ff.

– Andere begründen das Ergebnis mit § 885 II, der die Familienangehörigen des Schuldners in die Zwangsvollstreckung mit einbezieht. Das Gesetz gehe also selbst davon aus, daß bei der Räumungsvollstreckung aufgrund eines Titels gegen den Schuldner auch gegen seine Familienangehörigen vollstreckt werden könne.[1]

Dies ist unzutreffend. Vielmehr ist gem. § 750 I gegen jeden, der (Mit-) Gewahrsam hat, ein Titel erforderlich.[2] Abgeschwächter oder abgeleiteter Mitbesitz ist dem geltenden Recht fremd. § 885 II geht auf die überkommene, aber unzutreffende Auffassung zurück, die Ehefrau sei Besitzdienerin ihres Mannes. **Besitzdiener,** gegen die kein Titel vorliegen muß, sind dagegen regelmäßig minderjährige Kinder und Hausangestellte.

392 **b) Mieter.** Sind die Gewahrsamsinhaber gleichzeitig Mieter, ist nach ganz hM ein Titel gegen jeden einzelnen erforderlich, gegen den vollstreckt werden soll. Dies gilt auch für die Vollstreckung gegen Untermieter.

393 **2. Vollstreckungsverfahren. a) Durchführung.** Die Vollstreckung erfolgt in der Weise, daß der Gerichtsvollzieher, ggfls. unter Gewaltanwendung (§ 758 II, III), den Schuldner aus dem Besitz setzt und den Gläubiger in den Besitz einweist, § 885 I. Eine richterliche Durchsuchungsanordnung ist für die Herausgabevollstreckung unbeweglicher Sachen nach § 758a II nF entbehrlich. Die Vorschrift ist insoweit verfassungsrechtlich unbedenklich, weil bei einer Räumung keine Durchsuchung stattfindet.[3]

394 **b) Schutzvorschriften.** Bei der Räumungsvollstreckung sind folgende Schutzvorschriften zugunsten des Schuldners zu beachten:

Er kann eine Räumungsfrist und ggfls. ihre Verlängerung beantragen, § 721. Stellt die Vollstreckung eine unzumutbare Härte dar (etwa weil dem nicht mit der Miete rückständigen Schuldner 14 Tage nach dem angesetzten Räumungstermin eine andere Wohnung zur Verfügung steht), kann er einen Vollstreckungsschutzantrag nach § 765a stellen (s. u. Rn. 475ff).

§ 30 Die Zwangsvollstreckung zur Erwirkung vertretbarer und unvertretbarer Handlungen

I. Überblick

395 Lautet der Titel darauf, daß der Schuldner eine bestimmte Handlung zu erbringen hat, so kann in der Regel der Gerichtsvollzieher oder das Vollstreckungsgericht die Handlung nicht anstelle des Schuldners vornehmen, wenn dieser untätig bleibt. Das Gesetz muß hier also andere Vollstreckungsformen anbieten und dabei das Interesse des Gläubigers an seinem Vollstrekkungserfolg und das Interesse des Schuldners an einem möglichst geringfügigen Eingriff in seine Rechte berücksichtigen.

---

[1] Brox-Walker Rn. 1047 m. w. N.

[2] OLG Oldenburg NJW-RR 1994, 715; KG NJW-RR 1994, 713ff; Musielak-Lackmann § 885 Rn. 7ff; StJ-Brehm § 885 Rn. 15; widersprüchlich TP § 885 Rn. 4; Zö-Stöber § 885 Rn. 5a.

[3] BFH NJW 1989, 855; OVG Berlin NVwZ-RR 1990, 194, 195; MK-Arnold § 758 Rn. 58; Musielak-Lackmann § 885 Rn. 13; StJ-Brehm § 885 Rn. 6.

Kann die geschuldete Handlung von einem anderen als dem Schuldner vorgenommen werden – vertretbare Handlung –, ohne daß berechtigte Interessen des Gläubigers beeinträchtigt werden, wäre es unverhältnismäßig, den Schuldner durch Zwangsmittel dazu anzuhalten, die Handlung doch vorzunehmen. Vielmehr darf der Gläubiger einen anderen mit der Durchführung beauftragen, natürlich auf Kosten des Schuldners.

Kann die geschuldete Leistung allerdings nur vom Schuldner selbst erbracht werden – unvertretbare Handlung –, bleibt keine andere Möglichkeit, als ihn durch Zwangsmittel zur Vornahme der Handlung anzuhalten.

1. Abgrenzung vertretbare – unvertretbare Handlungen. a) Eine **vertretbare Handlung** liegt vor, wenn sie irgendein anderer als der Schuldner in der Weise vornehmen kann, daß rechtlich und wirtschaftlich der gleiche Erfolg erzielt wird, als hätte sie der Schuldner vorgenommen. **396**

Beispiele: In der Regel Handwerkerleistungen und Mängelbeseitigung; Beseitigung von Haustieren, Nebenkostenabrechnung, Provisionsabrechnung.

b) Eine **unvertretbare Handlung** liegt vor, wenn sie ein anderer als der Schuldner gar nicht oder nicht mit dem gleichen rechtlichen oder wirtschaftlichen Erfolg wie eine Handlung des Schuldners vornehmen könnte. **397**

Beispiele: Regelmäßig die Auskunftserteilung, Rechnungslegung; geistige Leistungen; Auskunft über die Voraussetzungen des Versorgungsausgleichs; Zeugniserteilung.

c) Bei der Abgrenzung ist in erster Linie auf die Interessen des Gläubigers abzustellen, also darauf, ob er ein rechtlich geschütztes Interesse daran hat, daß gerade der Schuldner die Handlung vornimmt. **398**

Im Einzelfall kann die Abgrenzung schwierig sein. Deshalb bietet es sich an, zunächst den weniger schweren Eingriff, die Ersatzvornahme nach § 887, zuzulassen und erst dann, wenn diese nicht zum Erfolg führt, Zwangsmittel nach § 888 anzuwenden.[1]

2. Die Vollstreckung von Dauerverpflichtungen. **399**

Beispiel: Der Vermieter V ist verurteilt worden, dafür Sorge zu tragen, daß zu genau bestimmten Zeiten in der Wohnung des Mieters M durch die Heizung Temperaturen von 21 Grad Celsius erreicht werden. Dazu ist lediglich notwendig, in einem von V unter Verschluß gehaltenen Kellerraum den Heizofen entsprechend einzustellen. Wie kann M vollstrecken, wenn V seiner Verpflichtung nicht nachkommt?

Hier liegen die Probleme eher im praktischen Bereich. Natürlich handelt es sich um eine vertretbare Handlung, weil ein anderer anstelle des V die Heizungsanlage entsprechend einstellen kann. Widerstand des V kann gem. § 892 von einem beigezogenen Gerichtsvollzieher gebrochen werden. Was soll aber M machen, wenn V „renitent" ist und die Heizung gleich immer wieder herunterdreht? Da der Gerichtsvollzieher nicht zu allen Zeiten zur Verfügung steht, ist effektiver Rechtsschutz nicht zu erhalten. Auch eine Vollstreckung nach § 888 hilft nicht weiter, weil die Vorschrift Beugecharakter hat. Der Zahlung des Zwangsgeldes kann V dadurch entgehen, daß er seiner titulierten Verpflichtung vor der Vollstreckung nachkommt. Nachhaltiger Druck kann nur ausgeübt werden, wenn man die Vollstreckung aus § 890 zuläßt, so daß V jedenfalls ein Ordnungsgeld zu zahlen hat, wenn er die Wohnung nicht ordnungsgemäß beheizt.

---

[1] Musielak-Lackmann § 887 Rn. 8; Brox-Walker Rn. 1066.

Gleichwohl ist wegen der am Titel orientierten Ausschließlichkeit der Vollstreckungsarten eine Vollstreckung nach § 890 nicht zulässig;[1] der Gläubiger muß notfalls einen zusätzlichen Unterlassungstitel erwirken.

400 **3. Herausgabe und Leistung von Sachen.** Handlungen sind auch die Herausgabe und Leistung von Sachen. Hier greifen aber die Sonderregelungen der §§ 883ff ein. Streitig ist allerdings, wie ein Werklieferungsanspruch zu vollstrecken ist.

Beispiel: Ein Schneider ist verurteilt, für den Gläubiger einen näher bezeichneten Maßanzug zu erstellen und an ihn zu liefern.

Hier stellt sich das Problem, daß der Schuldner zunächst die Stoffe beschaffen und dann den Anzug fertigen muß. Diese „Vorarbeiten" sind notwendig, für den Gläubiger aber nicht so wichtig: ihm ist daran gelegen, daß ihm der fertige Anzug geleistet wird. Gerade auf die Leistung von Sachen aber ist § 887 I, II nicht anwendbar, § 887 III.

- Anerkannt ist, daß Ansprüche auf Lieferung **vertretbarer** Sachen nach § 884 zu vollstrecken sind,[2] weil hier die Beschaffungshandlung als reine Vorbereitungshandlung in den Hintergrund tritt.
- ZT wird angenommen, bei einem Anspruch auf Leistung unvertretbarer Sachen scheide eine Vollstreckung nach §§ 887f aus.[3] Der Wortlaut des § 887 III verbiete es, hier eine Vollstreckung nach § 887 zuzulassen.
- Die Gegenmeinung läßt die Vollstreckung nach §§ 887f zu, wenn der Schuldner seiner Verpflichtung zur Herstellung der Sache nicht nachkommt.[4] Diese Auffassung ist zutreffend. § 887 III ist restriktiv auszulegen und steht nicht entgegen, weil auf die notwendige Vorbereitungshandlung abzustellen ist, nicht auf die Leistung selbst. Ist die Sache schon hergestellt, kann sie im Wege der Herausgabevollstreckung erlangt werden.

401 **4. Ansprüche auf Befreiung von einer Verbindlichkeit.** Ansprüche auf **Befreiung** von einer auf Geld gerichteten Verbindlichkeit werden **nach § 887,** nicht nach §§ 803ff vollstreckt, weil es dem Schuldner freisteht, die Befreiung auch anders als durch Geldzahlung herbeizuführen, etwa durch die Vereinbarung einer befreienden Schuldübernahme.[5]

402 **5. Ansprüche auf Abgabe einer Willenserklärung.** Die Abgabe einer Willenserklärung ist eine Handlung. Gleichwohl findet die Vollstreckung grundsätzlich nicht nach den §§ 887ff statt, weil § 894 insoweit eine Sonderregelung enthält. Die Vorschrift setzt aber voraus, daß der Schuldner zur Abgabe einer Willenserklärung **verurteilt** worden ist. Ist die Verpflichtung zur Abgabe der Willenserklärung in einem anderen Titel enthalten (Vergleich, notarielle Urkunde), findet die Vollstreckung **nach § 888** statt.[6]

Im folgenden wird zunächst die Vollstreckung zur Erwirkung vertretbarer (Rn. 403) und unvertretbarer (Rn. 404ff) Handlungen näher dargestellt. Das

---

[1] OLG Köln MDR 1995, 95; OLG Hamm NJW 1973, 1135; Musielak-Lackmann § 887 Rn. 6; TP § 890 Rn. 4; aA OLG Hamm JMBl. NW 1962, 196; TP § 887 Rn. 1.

[2] Musielak-Lackmann § 888 Rn. 4 m.w.N.; StJ-Brehm § 883 Rn. 8.

[3] RGZ 58, 160, 161f; Brox-Walker Rn. 1068 m.w.N.

[4] Musielak-Lackmann § 883 Rn. 4 m.w.N.; Zö-Stöber § 883 Rn. 9.

[5] BGH NJW 1983, 2438, 2439; TP § 887 Rn. 2.

[6] OLG Hamm NJW 1956, 918; TP § 894 Rn. 3.

Verfahren wird für beide Vollstreckungsarten gemeinsam erläutert (Rn. 408 ff), weil es keine Unterschiede aufweist.

II. Die Vollstreckung zur Erwirkung vertretbarer Handlungen, § 887

Die Vollstreckung erfolgt nur auf **Antrag** des Gläubigers. Dieser muß die Handlung, zu deren Vornahme das Gericht den Gläubiger ermächtigen soll, konkret bezeichnen. **403**

Die Vollstreckung geschieht durch die **Ermächtigung** des Gläubigers, die Handlung selbst durchzuführen oder durch einen anderen auf **Kosten des Schuldners** vornehmen zu lassen, § 887 I. Auf Antrag des Gläubigers kann der Schuldner gleichzeitig zur Zahlung der voraussichtlichen Kosten der Ersatzvornahme verurteilt werden, § 887 II. Die Höhe dieser Vorauszahlung setzt das Gericht nach billigem Ermessen fest, in der Regel aufgrund eines vom Gläubiger vorzulegenden Kostenvoranschlags.[1]

Leistet der Schuldner Widerstand, so kann dieser mit Hilfe des Gerichtsvollziehers gebrochen werden, § 892. Eine richterliche Anordnung gem. Art. 13 II GG ist bei Maßnahmen in der Wohnung des Schuldners entbehrlich, weil diese nicht durchsucht werden soll.

III. Die Erzwingung unvertretbarer Handlungen, § 888

1. Voraussetzungen. Ausgeschlossen ist die Zwangsvollstreckung nach § 888, wenn die Vornahme der Handlung nicht allein vom Willen des Schuldners abhängt, etwa weil **404**
- die Handlung dauernd oder zeitweise (Krankheit des Schuldners) unmöglich ist,
- die Vornahme der Handlung besondere künstlerische oder wissenschaftliche Fähigkeiten voraussetzt,[2]
- wenn ein Dritter mitwirken muß, auf den der Schuldner keinen Einfluß ausüben kann (etwa Mitwirkung eines Architekten beim Bau einer Garage).[3]

Siehe im übrigen § 888 II, der u. a. eine Zwangsvollstreckung zur Leistung von Diensten ausschließt.

Die Vollstreckung erfolgt nur auf **Antrag** des Gläubigers, der die vorzunehmende Handlung möglichst genau beschreiben muß.

2. Durchführung. Unvertretbare Handlungen können nur vom Schuldner vorgenommen werden. Hier scheidet eine Ersatzvornahme aus, weil ein anderer anstelle des Schuldners die Handlung nicht erbringen kann. Der Schuldner muß also dazu angehalten werden, die Handlung vorzunehmen, wenn er es nicht freiwillig tut. Hier ist in § 888 der Weg des Zwangsmittels gewählt. Der Schuldner wird durch Zwangsgeld oder Zwangshaft dazu angehalten, seiner Verpflichtung nachzukommen. Aus dem Beugecharakter dieser Maßnahmen folgt, daß aus etwa ergangenen Beschlüssen **nicht mehr** **405**

---

[1] OLG Köln JurBüro 1997, 159.
[2] Brox-Walker Rn. 1078.
[3] Brox-Walker Rn. 1078.

vollstreckt werden darf, wenn der Schuldner **vor der Vollstreckung die geschuldete Handlung vornimmt.**

406 **a) Festsetzung.** Nach § 888 II nF ist eine vorherige Androhung von Zwangsmitteln unzulässig, sie werden vielmehr sogleich festgesetzt. Das Zwangsgeld beträgt mindestens 5,– DM (Art. 6 I 1 EGStGB). Das Höchstmaß ist 50000,– DM, § 888 I 2. Für den Fall, daß das Zwangsgeld nicht beigetrieben werden kann, ist eine Ersatzzwangshaft festzusetzen, § 888 I 1. Anstelle des Zwangsgeldes kann auch eine Zwangshaft angeordnet werden, deren Dauer nicht festgelegt werden muß. Das Mindestmaß beträgt 1 Tag (Art. 6 II 1 EGStGB), das Höchstmaß 6 Monate (§§ 888 I 3, 913).

407 **b) Auswahl.** Zwischen einem Zwangsgeld und der Zwangshaft hat das Gericht die Wahl. Dabei ist allerdings der Grundsatz der Verhältnismäßigkeit zu beachten. Eine Haft wird als erstes Zwangsmittel nur dann in Betracht kommen können, wenn sichere Anhaltspunkte dafür vorliegen, daß der Schuldner sich allein durch die Verhängung eines Zwangsgeldes nicht beugen lassen wird. Die Verhängung der Zwangsmittel ist mehrfach möglich, wenn der Schuldner die Handlung nicht vornimmt. Art. 103 III GG steht nicht entgegen, weil es sich nicht um Straf-, sondern um Beugemaßnahmen handelt.

c) Vollstreckung der Zwangsmittel. Vollstreckt werden die Zwangsmittel auf Antrag des Gläubigers bei der Festsetzung eines Zwangsgelds nach den Vorschriften über die Zwangsvollstreckung wegen Geldforderungen[1] und bei der Anordnung der Zwangshaft nach den Vorschriften über die Haft (§§ 904 bis 913) aufgrund eines Haftbefehls des Prozeßgerichts. Das beigetriebene Zwangsgeld steht der Staatskasse, nicht etwa dem Gläubiger zu.

IV. Das Verfahren bei der Handlungsvollstreckung

408 **1. Zuständigkeit.** Funktionell **zuständig** ist das Prozeßgericht des ersten Rechtszugs. Handelt es sich bei dem Prozeßgericht des ersten Rechtszugs um ein Landgericht oder ein Familiengericht, muß nach hM ein **Anwalt** den Antrag stellen. Eine Befreiung vom Anwaltszwang ist in diesen Fällen gesetzlich nicht vorgesehen. Dem Schuldner ist vor der Entscheidung zwingend **rechtliches Gehör** zu gewähren (§ 891 S. 2); eine mündliche Verhandlung ist fakultativ.

409 **2. Erfüllungseinwand.** Streitig ist, ob der Schuldner in dem Verfahren nach §§ 887f mit dem Einwand gehört werden darf, er habe die **geschuldete Leistung bereits erbracht,** und ob darüber ggfls. Beweis zu erheben ist.

- ZT wird der Erfüllungseinwand aus prozeßökonomischen Gründen zugelassen.[2] Das Prozeßgericht müsse auch über eine Vollstreckungsgegenklage entscheiden. Das Recht des Schuldners, diese Klage zu erheben, bleibe unberührt.
- Zutreffend ist demgegenüber die Auffassung, daß der Erfüllungseinwand, jedenfalls wenn er streitig ist, nicht berücksichtigt werden darf.[3] Der Er-

[1] BGH NJW 1983, 1859f; OLG Stuttgart FamRZ 1997, 1495; TP § 888 Rn. 15.

[2] OLG Nürnberg NJW-RR 1995, 63f; OLG Frankfurt MDR 1984, 239 m.w.N.; Bischoff NJW 1988, 1957f.; MK-Schilken § 887 Rn. 8 m.w.N.

[3] OLG Köln MDR 1993, 579; OLG Düsseldorf NJW-RR 1988, 63f; OLG Hamm MDR 1984, 591; Musielak-Lackmann § 887 Rn. 19 m.w.N; TP § 887 Rn. 17.

füllungseinwand ist grundsätzlich mit der Vollstreckungsgegenklage geltend zu machen. Die Erfüllung gehört allenfalls sehr eingeschränkt (§ 775 Nr. 4, 5) zur Prüfungskompetenz der Vollstreckungsorgane. Ließe man den Erfüllungseinwand zu, könnte der Schuldner (ohne Vorschuß!) das Vollstreckungsverfahren untragbar in die Länge ziehen.

Die Vollstreckung unvertretbarer Handlungen darf aber nicht betrieben werden, wenn die Vornahme dem Schuldner unmöglich ist (nicht ausschließlich vom Willen des Schuldners abhängig, § 887 I 1). Dieser normalerweise materielle Einwand ist daher im Vollstreckungsverfahren zu prüfen.[1]

3. Die Entscheidung ergeht durch **Beschluß** (fakultative mündliche Verhandlung!), in dem **410**
- bei vertretbaren Handlungen der Gläubiger zur Ersatzvornahme ermächtigt und der Schuldner ggfls. zur Zahlung der voraussichtlichen Kosten verurteilt wird,
- bei unvertretbaren Handlungen das Zwangsgeld mit der Ersatzzwangshaft oder die Zwangshaft festgesetzt wird.

Nach § 891 S. 3 nF ist auch über die Kosten des Verfahrens zu entscheiden.

4. Rechtsmittel gegen den Beschluß des Prozeßgerichts ist die **sofortige Beschwerde nach § 793,** da es sich **411**
- um eine Entscheidung (rechtliches Gehör, § 891 S. 2)
- im Zwangsvollstreckungsverfahren
- mit fakultativer mündlicher Verhandlung (§ 891 S. 1) handelt.

§ 31 Die Zwangsvollstreckung zur Erwirkung von Duldungen und Unterlassungen

I. Überblick

Ist der Schuldner dazu verurteilt worden, bestimmte Handlungen zu unterlassen oder die Vornahme von Handlungen zu dulden, erfolgt die Vollstreckung nach § 890. Verletzt der Schuldner seine Verpflichtung, können gegen ihn Ordnungsmittel – Ordnungsgeld oder Ordnungshaft – festgesetzt werden. **412**

II. Begriffsbestimmung und Abgrenzung

1. Unterlassen iSd. § 890 I ist ein untätiges Verhalten, das einen bestimmten Kausalverlauf nicht mitbestimmend beeinflußt.[2] Dies kann in zwei Formen möglich sein:[3] **413**
- Einmal kann der Schuldner verpflichtet sein, durch ein Untätigbleiben einen bestimmten Geschehensablauf nicht zu beeinflussen.

Beispiel: Der Schuldner will ein Plakat mit rechtsradikaler Hetzpropaganda an sein Wohnzimmerfenster hängen. Der Vermieter erfährt vorher davon und erwirkt einen Unterlassungstitel.

---

[1] OLG Hamm NJW-RR 1988, 1087, 1088; Musielak-Lackmann § 888 Rn. 9.
[2] MK-Schilken § 890 Rn. 2; Musielak-Lackmann § 890 Rn. 2 m. w. N.
[3] TP § 890 Rn. 2.

– Zum anderen kann er aber auch zu einem aktiven Tun verpflichtet sein, wenn er bestehende Beeinträchtigungen aufrecht erhält und nach wie vor ausnutzt.

Beispiel: Der Schuldner hat das Hetzplakat bereits aufgehängt. Der Vermieter erwirkt ein Unterlassungsurteil. Hier muß der Schuldner das Plakat natürlich auch entfernen.

Maßgeblich für die Frage, ob ein Unterlassungstitel vorliegt, ist allein der Wortlaut des Titels. Ist dieser nur auf Unterlassung gerichtet, kommt eine Handlungsvollstreckung nach §§ 887f nach hM nicht in Betracht.[1]

2. Dulden iSd. § 890 I ist die Verpflichtung des Schuldners, die Vornahme der Handlung eines anderen nicht zu behindern.

III. Das Vollstreckungsverfahren

414 **1. Voraussetzungen.** Die Vollstreckung setzt – neben den allgemeinen Vollstreckungsvoraussetzungen – einen **Antrag** des Gläubigers voraus. Der Gläubiger hat sich dabei **anwaltlich** vertreten zu lassen, wenn in dem Ursprungsprozeß Anwaltszwang bestand. Funktionell **zuständiges** Vollstreckungsorgan ist das Prozeßgericht des ersten Rechtszugs, § 890 I.

2. Androhung. Vor Erlaß eines Ordnungsmittels muß dieses angedroht worden sein, § 890 II. Die Androhung kann nach der Vorschrift bereits in dem Titel ausgesprochen sein, wobei ein Prozeßvergleich nicht ausreicht.[2] Die Ordnungsmittel, die dem Schuldner auferlegt werden können, sind dabei **konkret zu bezeichnen.** Ausreichend ist die Angabe der Art und des Höchstmaßes:[3]

„Für jeden Fall der Zuwiderhandlung wird dem Schuldner die Verhängung eines Ordnungsgeldes bis zu 500000,– DM oder einer Ordnungshaft bis zu 6 Monaten angedroht".

Wird nur ein geringeres Höchstmaß bei der Androhung angegeben, darf dieses bei Erlaß des Ordnungsmittels nicht überschritten werden.

415 **3. Verstoß.** Der Schuldner muß gegen seine **titulierte Verpflichtung verstoßen** haben. Unproblematisch ist diese Voraussetzung, wenn die Handlung, die der Schuldner trotz seiner Unterlassungsverpflichtung vornimmt, schon nach dem Wortlaut des Titels verboten ist. Untersagt sind aber auch alle Handlungen, die nach der Verkehrsauffassung der Verbotenen **gleichwertig** sind; das sind solche, die im Kern mit der Verletzungshandlung übereinstimmen.[4] Dem Schuldner darf es nicht gestattet sein, durch andere Handlungen, die zum gleichen Ergebnis führen, das Verbot zu unterlaufen.

Beispiel: Der Titel lautet darauf, daß der Schuldner es zu unterlassen hat, die Gläubigerin mit „altes Schwein" zu bezeichnen. Es können gegen ihn zB auch dann Ord-

---

[1] OLG Hamburg WRP 1989, 402, 403; MK-Schilken § 890 Rn. 3; Musielak-Lackmann § 890 Rn. 1 m. w. N.; Brox-Walker Rn. 1093; aA OLG Hamm OLGZ 1974, 62, 63f; StJ-Brehm § 890 Rn. 5f; TP § 890 Rn. 4.

[2] OLG Hamm MDR 1988, 506; Musielak-Lackmann § 890 Rn. 7; TP § 890 Rn. 18.

[3] OLG Hamm NJW-RR 1988, 960; TP § 890 Rn. 20.

[4] BGHZ 5, 189, 193f; Musielak-Lackmann § 890 Rn. 4; TP § 890 Rn. 17.

nungsmittel verhängt werden, wenn er die Gläubigerin mit „mittelalterliches Schwein" oder „alte Kuh" tituliert.

4. Verschulden. Der Verstoß muß **schuldhaft** erfolgt sein. Dies folgt daraus, daß § 890 neben dem prozessualen Beugecharakter auch Straffunktion hat.[1] Hieran hat eine Neufassung des Gesetzes, die den Begriff „Strafe" durch „Ordnungsgeld" bzw. „Ordnungshaft" ersetzt hat, nichts geändert.[2] Das Verschulden eines Erfüllungsgehilfen kann dem Schuldner nicht über § 278 BGB zugerechnet werden.[3] Es muß vielmehr ein persönliches Verschulden des Schuldners vorliegen, das allerdings in einer unzureichenden Belehrung und Überwachung seiner Angestellten liegen kann. 416

Wegen des Strafcharakters finden auch die Grundsätze des Fortsetzungszusammenhangs in seiner für die Vertragsstrafe entwickelten Bedeutung Anwendung. Mehrere hierfür geeignete Einzelakte sind ohne Rücksicht auf einen verbindenden Gesamtvorsatz auch bei nur fahrlässiger Begehung zusammenzufassen.[4]

5. Verfahren. Das zuständige Prozeßgericht des ersten Rechtszuges hat den Schuldner vor der Entscheidung **anzuhören,** § 891 S. 2. Die Entscheidung kann ohne mündliche Verhandlung ergehen, § 891 S. 1. Bestreitet der Schuldner eine Zuwiderhandlung, muß der Gläubiger sie beweisen. Ggfls. muß durch eine Beweisaufnahme geklärt werden, ob der Schuldner den behaupteten Verstoß tatsächlich begangen hat. 417

6. Entscheidung. Das Ordnungsmittel wird – auch wenn eine mündliche Verhandlung stattgefunden hat – durch **Beschluß** festgesetzt, weil die mündliche Verhandlung fakultativ ist. 418

a) Das Ordnungsgeld beträgt mindestens 5,– DM (Art. 6 I 1 EGStGB) und höchstens 500 000,– DM je Zuwiderhandlung (§ 890 I 2). Enthält die Androhung ein geringeres Ordnungsgeld, so darf dieses nicht überschritten werden. Für den Fall, daß das Ordnungsgeld nicht beigetrieben werden kann, ist eine Ersatzordnungshaft anzuordnen.

b) Die Ordnungshaft beträgt mindestens 1 Tag (Art. 6 II 1 EGStGB) und höchstens 6 Monate je Zuwiderhandlung (§ 890 I 1), insgesamt nicht mehr als zwei Jahre. Zur Wahl und zur Bemessung des Ordnungsmittels s. o. Rn. 407.

c) Die Vollstreckung der Ordnungsmittel erfolgt nicht durch den Gläubiger, sondern von Amts wegen auf Veranlassung des Vorsitzenden des Prozeßgerichts durch den zuständigen Rechtspfleger, §§ 4 II Nr. 2a, 31 III RpflG.

d) Eine **Kostenentscheidung** ist gem. § 891 S. 3 nF erforderlich. **Rechtsmittel** gegen den Beschluß ist die sofortige Beschwerde nach § 793.

7. Titelwegfall. Streitig ist, ob aus einem Ordnungsmittelbeschluß auch dann noch vollstreckt werden darf, wenn nach einem Verstoß der **Titel ohne Rückwirkung wegfällt.** 419

---

[1] BVerfG NJW 1991, 3139; BGH NJW 1994, 45, 46; Musielak-Lackmann § 890 Rn. 5; TP § 890 Rn. 15; aA nur BL-Hartmann § 890 Rn. 21.

[2] BVerfG NJW 1981, 2457.

[3] BVerfG NJW 1967, 195; Musielak-Lackmann § 890 Rn. 4; s. a. TP § 890 Rn. 12.

[4] BGH NJW 1993, 721; TP § 890 Rn. 27; Musielak-Lackmann § 890 Rn. 13.

Beispiel: Dem Schuldner ist im Wege der einstweiligen Verfügung untersagt worden, einen Baum auf seinem Grundstück zu fällen. Er läßt den Baum fällen und erwirkt eine Aufhebung der einstweiligen Verfügung wegen veränderter Umstände (§§ 936, 927).

Die hM nimmt wegen des Beuge- und Strafcharakters zu Recht an, daß bei einer Titelaufhebung ex nunc das Ordnungsmittel noch zu vollstrecken ist.[1] Das eigentliche Beugemittel bei der Vollstreckung nach § 890 ist die Androhung des Ordnungsmittels. Das Ordnungsmittel selbst hat in erster Linie nur noch Strafcharakter. Bei einer anderen Auslegung bliebe eine Zuwiderhandlung des Schuldners gegen das Unterlassungsgebot häufig völlig sanktionslos, wenn der Schuldner die Handlung gleichwohl vornimmt.

Wirkt die Titelaufhebung **ex tunc** (zB bei übereinstimmender Erledigungserklärung,[2] Klagerücknahme), ist eine Vollstreckung **unzulässig**, weil es an einem Titel fehlt.

§ 32 Die Verurteilung zur Abgabe einer Willenserklärung

I. Zweck, Anwendungsbereich

420 Die Abgabe einer Willenserklärung ist eine **unvertretbare Handlung.** Hier hat der Gesetzgeber aber einen gegenüber § 888 einfacheren Vollstrekkungsweg gewählt. Die Abgabe der Willenserklärung wird gem. § 894 I 1 mit der Rechtskraft des Urteils fingiert, die Willenserklärung gilt also als abgegeben.

§ 894 findet allerdings nur Anwendung bei **Titeln,** die in **Rechtskraft** erwachsen. Die in einem Prozeßvergleich oder einer notariellen Urkunde enthaltene Verpflichtung des Schuldners, eine Willenserklärung abzugeben, muß daher nach § 888 vollstreckt werden. Der Titel muß auf **Abgabe einer Willenserklärung** gerichtet sein. Neben rechtsgeschäftlichen Erklärungen (zB Übereignungsangebot) kommen auch prozeßrechtliche (zB Verpflichtung zur Klagerücknahme) in Betracht.

II. Fiktionswirkung

421 Die Wirkung der Fiktion tritt grundsätzlich mit der **formellen Rechtskraft** des Titels ein (s. aber § 895 S. 1).

Ist nach dem Titel die Willenserklärung von einer Gegenleistung abhängig gemacht, tritt die Fiktion des § 894 I 1 erst ein, sobald nach §§ 726, 730 eine vollstreckbare Ausfertigung des rechtskräftigen Titels erteilt ist, § 894 I 2. Vor Erteilung der Ausfertigung muß dem zuständigen Rechtspfleger nachgewiesen werden, daß die Gegenleistung erbracht ist oder der Gläubiger der Gegenleistung, also der Schuldner der Abgabe der Willenserklärung, sich in Annahmeverzug befindet, § 726 II. Kann der Nachweis

---

[1] OLG Hamm NJW-RR 1990, 1086f; OLG Köln JMBl NW 1983, 118ff.; Musielak-Lackmann 890 Rn. 16; TP § 890 Rn. 22; aA StJ-Brehm § 890 Rn. 27.

[2] BayVerfGH NJW 1990, 1086f; aA TP § 890 Rn. 35.

nicht durch öffentliche oder öffentlich beglaubigte Urkunden erbracht werden, muß der Vollstreckungsgläubiger auf Erteilung der Klausel klagen, § 731.

III. Materielles Recht

Das Urteil ersetzt **jede rechtsgeschäftliche Form,** etwa die notarielle 422
Beurkundung der Willenserklärung.

Der Zugang der Willenserklärung wird allerdings nicht ersetzt. Er richtet sich nach §§ 130ff BGB. Ist der Zugang an Dritte erforderlich, muß der Gläubiger eine Urteilsausfertigung oder Abschrift übersenden. Auch die Annahmeerklärung des Gläubigers wird durch das Urteil nicht ersetzt. Bei der noch abzugebenden Erklärung muß dieser ggfls. eine vorgeschriebene Form beachten. Da § 894 I eine Willenserklärung fingiert, finden für einen Rechtserwerb auch die Vorschriften über den Erwerb vom Nichtberechtigten Anwendung, § 898.

Die für den Erwerb des Eigentums an beweglichen Sachen erforderliche Übergabe gilt als erfolgt, wenn der Gerichtsvollzieher die Sache zum Zwekke der Ablieferung an den Gläubiger wegnimmt, § 897 I. Die Verurteilung zur Übereignung enthält auch die Herausgabepflicht; die Vollstreckung erfolgt insoweit nach § 883.

5. Abschnitt

§ 33 Grundzüge des Verfahrens zur Abgabe der eidesstattlichen Versicherung

I. Voraussetzungen

423 **1. Vollstreckung wegen Geldforderungen.** Der Schuldner hat bei der Vollstreckung wegen Geldforderungen gem. § 807 I nF in folgenden Fällen ein Vermögensverzeichnis vorzulegen und dessen Richtigkeit an Eides statt zu versichern:

- wenn die Zwangsvollstreckung wegen Geldforderungen in das bewegliche Vermögen **erfolglos** verlaufen ist oder voraussichtlich erfolglos sein wird, § 807 I Nr. 1, 2 nF. Den Nachweis muß der Gläubiger in der Regel durch die Vorlage einer sog. „Fruchtlosigkeitsbescheinigung" des Gerichtsvollziehers führen, daß die Vollstreckung in das bewegliche Vermögen ganz oder teilweise erfolglos geblieben ist. Die Bescheinigung muß neueren Datums sein, weil der Schuldner Vermögen erworben haben kann.
- wenn er die **Durchsuchung** (§ 758) verweigert hat, § 807 I Nr. 3 nF;
- wenn der Gerichtsvollzieher ihn wiederholt trotz Vorankündigung **nicht in der Wohnung angetroffen** hat; es sei denn, der Schuldner entschuldige seine Abwesenheit, § 807 I Nr. 4 nF.

424 **2. Herausgabe beweglicher Sachen.** Der Schuldner muß versichern, daß er eine Sache nicht besitze und auch nicht wisse, wo die Sache sich befinde, wenn der Gerichtsvollzieher bei der Herausgabevollstreckung die herauszugebende Sache nicht vorgefunden hat, § 883 II. Hier wird der Nachweis ebenfalls durch eine Bescheinigung des Gerichtsvollziehers geführt.

425 **3. Auskunft über gepfändete Forderung.** Gem. § 836 III 1 ist der Schuldner u. a. verpflichtet, dem Gläubiger Auskunft über eine gepfändete und überwiesene Forderung zu erteilen (s. a. Rn. 309). Erteilt er die Auskunft nicht, hat er auf Antrag des Gläubigers insoweit die eidesstattliche Versicherung abzugeben, § 836 III 2 nF.

426 **4. Eidesstattliche Versicherung nach BGB.** Die Verpflichtung zur Abgabe der eidesstattlichen Versicherung nach bürgerlichem Recht (zB §§ 259, 260 BGB) hat mit der Offenbarungsversicherung des Vollstreckungsrechts nichts zu tun. Sie wird aufgrund eines entsprechenden Titels nach den §§ 889, 888 vollstreckt.

II. Verfahren

427 **1. Überblick.** §§ 807, 883 II regeln nur die Fälle, in denen die eidesstattliche Versicherung abzugeben ist. Das **Verfahren** selbst ist in den §§ 899–915h geregelt. **Zuständig** ist gem. § 899 nF der **Gerichtsvollzieher** bei dem Amtsgericht, in dessen Bezirk der Schuldner im Zeitpunkt der Auf-

tragserteilung seinen Wohnsitz bzw. seinen Aufenthaltsort hat. Über den Widerspruch nach § 900 IV 1 nF entscheidet das Vollstreckungsgericht durch den Rechtspfleger (§ 20 Nr. 17 RpflG). Für den Erlaß des Haftbefehls ist der Richter zuständig, § 4 II Nr. 2 RpflG.

2. Terminsbestimmung. Das Verfahren beginnt mit einem **Auftrag des Gläubigers**, einen Termin zur Abgabe der eidesstattlichen Versicherung zu bestimmen, § 900 I 1 nF. Ist die Zwangsvollstreckung zulässig und liegen die Voraussetzungen der eidesstattlichen Versicherung vor (Rn. 423ff), beraumt der Gerichtsvollzieher Termin an. Dem Schuldner wird die Ladung förmlich zugestellt, der Gläubiger erhält eine formlose Terminsnachricht, § 900 I 3, 4 nF. Liegen die Voraussetzungen zur Abgabe der eidesstattlichen Versicherung nicht vor, weist der Gerichtsvollzieher den Antrag ab. Gegen diese Weigerung, die Vollstreckung durchzuführen, steht dem Gläubiger die Vollstreckungserinnerung nach § 766 II zu. 428

3. Sofortige Abnahme. Der Gerichtsvollzieher darf, wenn die Voraussetzungen des § 807 I nF vorliegen, nach § 900 II nF die eidesstattliche Versicherung sofort, also ohne Terminsbestimmung, abnehmen, also etwa nach einer erfoglos verlaufenen Mobiliarvollstreckung. Nur im Fall des Widerspruchs von Gläubiger oder Schuldner gegen dieses Vorgehen ist Termin anzuberaumen. 429

Zur Möglichkeit der Vertagung bzw. des Hinausschiebens des Termins beim **Tilgungsversprechen** des Schuldners s. § 900 III nF.

4. Abgabe der eidesstattlichen Versicherung. Erscheint der Schuldner im Termin und ist er zur Abgabe der eidesstattlichen Versicherung bereit, wird das Vermögensverzeichnis (§ 807 II nF) angefertigt bzw. vorgelegt und dessen Richtigkeit an Eides statt versichert, § 807 III nF. Im Fall der Herausgabevollstreckung hat der Schuldner die oben Rn. 424 genannte Versicherung zu leisten. Die Versicherung hat der Gerichtsvollzieher beim Vollstreckungsgericht zu hinterlegen und dem Gläubiger eine Abschrift zuzuleiten, § 900 V nF. 430

5. Widerspruch. Bestreitet der Schuldner seine Verpflichtung zur Abgabe der eidesstattlichen Versicherung, kann er mündlich im Termin – nicht etwa schriftlich vorher – Widerspruch erheben, § 900 IV 1 nF. Der Widerspruch verdrängt als **spezieller Rechtsbehelf** die Vollstreckungserinnerung nach § 766. Mit dem Widerspruch kann der Schuldner aber nur Einwendungen gegen die **Zulässigkeit der Zwangsvollstreckung** geltend machen. Mit dem **Erfüllungseinwand** wird er nur im Rahmen des § 775 Nr. 4, 5 (Vorlage von Quittungen, Überweisungsbelegen) gehört. Widerspricht der Gläubiger einer evtl. nach §§ 775 Nr. 4, 5; 776 S. 2 erfolgten Einstellung des Vollstreckungsverfahrens, ist das Verfahren auf Abgabe der eidesstattlichen Versicherung fortzusetzen.[1] Dem Schuldner bleibt wegen seiner materiell-rechtlichen Einwendungen demnach grundsätzlich nur die Vollstreckungsgegenklage. 431

Das Gericht (Rechtspfleger) entscheidet über den Widerspruch durch Beschluß (§ 900 IV 1 nF), gegen den der Beschwerte sofortige Beschwerde nach § 793 einlegen kann. Das Verfahren wird erst nach der Rechtskraft einer den Widerspruch zurückweisenden Entscheidung fortgesetzt, § 900 IV 2 nF.

6. Haftbefehl. Erscheint der Schuldner im anberaumten Termin nicht oder verweigert er die Abgabe der eidesstattlichen Versicherung ohne Angabe von Gründen oder mit Angabe nicht triftiger Gründe, so hat der Vollstreckungs**richter** auf Antrag des Gläubigers einen Haftbefehl zu erlassen (§ 901 nF), in dem Gläubiger, Schuldner und Grund der Verhaftung zu bezeichnen sind. Gegen den Erlaß sowie die Ablehnung des Erlasses des Haftbefehls steht dem Schuldner bzw. dem Gläubiger die sofortige Beschwerde (§ 793) zu. 432

---

[1] OLG Hamm Rpfleger 1973, 324f.

Eine Verhaftung (§ 909) erfolgt durch den Gerichtsvollzieher. Der Haftbefehl enthält gleichzeitig die Erlaubnis, die Wohnung des Schuldners zwangsweise zu betreten und nach ihm zu **durchsuchen** (§ 758 a II nF). Er darf höchstens drei Jahre alt sein (§ 909 II nF). Gibt der Schuldner trotz Verhaftung die Versicherung nicht ab, wird er in Haft genommen; die Haft beträgt höchstens 6 Monate, § 913. Der Schuldner kann sie jederzeit durch Abgabe der eidesstattlichen Versicherung beenden.

433 **7. Schuldnerverzeichnis.** Gibt der Schuldner die eidesstattliche Versicherung ab oder ergeht eine Haftanordnung, so wird er in das Schuldnerverzeichnis (sog. „schwarze Liste") eingetragen, § 915. Aus diesem darf unter den Voraussetzungen des § 915 III nF Auskunft erteilt werden. Die Eintragungen werden nach drei Jahren oder dann gelöscht, wenn der Schuldner die Befriedigung des Gläubigers nachweist (§ 915 a).

Innerhalb der Eintragungsfrist von drei Jahren ist der Schuldner nur dann zur erneuten Abgabe der eidesstattlichen Versicherung verpflichtet, wenn der Gläubiger glaubhaft macht, daß der Schuldner später Vermögen erworben hat oder ein bisher bestehendes Arbeitsverhältnis des Schuldners aufgelöst ist (§ 903 S. 1 nF); dabei sind die Voraussetzungen des § 807 I nicht erneut zu prüfen, § 903 S. 2 nF.

6. Abschnitt. Grundzüge der Vollstreckung wegen Geldforderungen in das unbewegliche Vermögen

I. Unbewegliches Vermögen

Der Gläubiger kann wegen einer Geldforderung die Zwangsvollstreckung auch in das unbewegliche Vermögen des Schuldners betreiben. Zum unbeweglichen Vermögen gehören **434**

- Grundstücke und grundstücksgleiche Rechte (zB Wohnungseigentum, Erbbaurecht), auch Anteile eines Miteigentümers nach Bruchteilen (§ 864 II),
- im Schiffsregister eingetragene Schiffe, die im Schiffsbauregister eintragbaren Schiffsbauwerke (§ 864 I) und Luftfahrzeuge (§ 171 a ZVG),
- Gegenstände, auf die sich die Hypothek erstreckt (§ 865).

II. Abgrenzung

Zu beachten sind zunächst drei grundsätzliche Abgrenzungsfragen: **435**

- Die Vollstreckung in das unbewegliche Vermögen erfolgt **nur wegen Geldforderungen** (s. die systematische Stellung der §§ 864ff im 2. Abschnitt des 8. Buches der ZPO). Voraussetzung ist also ein auf eine Geldleistung gerichteter Titel des Gläubigers (zum Begriff s. Rn. 113). Ist der Gläubiger Inhaber eines solchen Titels (sog. **„persönlicher Titel"**), kann er genauso die Immobiliarvollstreckung betreiben wie der Inhaber eines auf Duldung der Zwangsvollstreckung aus einem Grundpfandrecht (zB § 1147 BGB) gerichteten Titels (sog. **„dinglicher Titel"**). Bei der Vollstreckung aus einem dinglichen Titel allerdings hat der Gläubiger den **Rang seines Grundpfandrechts,** während bei der Vollstreckung aus einem persönlichen Titel alle **eingetragenen Grundpfandrechte vorgehen.** Daher wird der Inhaber eines persönlichen Titels bei einer starken Belastung des Grundstücks eher versuchen, die Zwangsverwaltung zu betreiben, weil er bei einer Zwangsversteigerung mit seiner Forderung wahrscheinlich ausfällt.
- Die Zwangsvollstreckung in das unbewegliche Vermögen hat nichts zu tun mit der **Zwangsvollstreckung in Grundpfandrechte.** Inhaber des Grundpfandrechts ist in der Regel nicht der Grundstückseigentümer. Grundpfandrechte können vielmehr gepfändet und zur Einziehung überwiesen werden. Dann kann der Gläubiger einen dinglichen Titel (§ 1147 BGB), ggfls. im Wege der Einziehungsklage, gegen den Grundstückseigentümer erwirken und schließlich die Vollstreckung in das unbewegliche Vermögen des (drittschuldenden!) Grundstückseigentümers betreiben.
- Die **Teilungsversteigerung** zum Zwecke der Aufhebung der Gemeinschaft an einem Grundstück, §§ 180 bis 185 ZVG ist **keine Zwangsvollstreckung.** Sie findet nicht aufgrund eines Titels statt. Sie stützt sich

vielmehr auf eine materiell-rechtliche Anspruchsgrundlage, zB § 753 I BGB. Diese Art der Versteigerung folgt allerdings den **Regeln der Zwangsversteigerung** mit den in den genannten Vorschriften enthaltenen Ausnahmen.

III. Arten

436 Die Vollstreckung in das unbewegliche Vermögen kann gem. § 866 erfolgen:
- Durch **Zwangsversteigerung** (Folge: Veräußerung des Grundstücks und Verteilung des Erlöses),
- durch **Zwangsverwaltung** (Folge: Verwertung der laufenden Einnahmen aus dem Grundstück),
- durch Eintragung einer **Zwangshypothek** (Folge: dingliche Sicherung des titulierten Anspruchs des Gläubigers).

Die Vollstreckung durch Eintragung einer **Zwangshypothek** ist im 8. Buch der ZPO im einzelnen geregelt. Die Voraussetzungen der **Zwangsversteigerung und Zwangsverwaltung** sind im **ZVG** normiert, das über § 869 aber als Teil der ZPO anzusehen ist, so daß grundsätzlich auch die Vorschriften der ZPO über die Voraussetzungen der Zwangsvollstreckung und die Rechtsbehelfe gegen die Vollstreckung Anwendung finden.

§ 34 Die Zwangsversteigerung

I. Die Zulässigkeit der Zwangsversteigerung

Die Zwangsversteigerung setzt zunächst wie jede Vollstreckungsart voraus, daß die Voraussetzungen der Zwangsvollstreckung vorliegen (s. Rn. 28–111). Das Verfahren hat folgende Besonderheiten:

437 **1. Allgemeine Verfahrensvoraussetzungen.** Die Zwangsversteigerung setzt einen **Antrag** voraus, der gem. § 16 I ZVG das Grundstück, den Eigentümer, den Betrag und den vollstreckbaren Titel bezeichnen soll. Funktionell **zuständig** für das Verfahren ist das Amtsgericht als Vollstreckungsgericht, örtlich zuständig das Amtsgericht, in dessen Bezirk das zu versteigernde Grundstück gelegen ist, § 1 ZVG. Das Vollstreckungsgericht entscheidet durch den Rechtspfleger, § 3 Nr. 1 i RpflG. Nach hM fehlt das **Rechtsschutzbedürfnis** nicht, wenn der Gläubiger wegen geringfügiger Forderungen die Zwangsversteigerung zu betreiben versucht. Allenfalls bei der Vollstreckung wegen ganz geringer Restforderungen können Interessen des Schuldners überwiegen.[1]

2. Allgemeine Vollstreckungsvoraussetzungen. Hat der Gläubiger eine Zwangshypothek eintragen lassen, muß er, um wie ein dinglicher Gläubiger zu vollstrecken (s. Rn. 435), gem. § 867 III nF keinen Titel auf Duldung der Zwangsvollstreckung gem. § 1147 BGB mehr erwirken.

---

[1] Brox-Walker Rn. 854 m. w. N.

3. Besondere Vollstreckungsvoraussetzungen. Der im Titel genannte Schuldner muß gem. § 17 I ZVG entweder als Eigentümer im Grundbuch eingetragen oder Erbe des eingetragenen Eigentümers sein.

II. Die Anordnung der Zwangsversteigerung

1. Anordnung. Wenn alle Zulässigkeitsvoraussetzungen vorliegen, ordnet das Vollstreckungsgericht durch Beschluß (§ 22 I ZVG) die Zwangsversteigerung an, § 15 ZVG. Gleichzeitig ersucht es das Grundbuchamt um Eintragung des Versteigerungsvermerks im Grundbuch, § 19 I ZVG. **438**

Die Anordnung der Zwangsversteigerung wird gem. § 22 ZVG **wirksam**
- mit der Zustellung des Beschlusses an den Schuldner
- oder dem Eingang des Eintragungsersuchens des Vollstreckungsgerichts beim Grundbuchamt, sofern die Eintragung demnächst erfolgt.

Maßgeblich ist der jeweils frühere Zeitpunkt.

2. Wirkung. Die wirksame Anordnung der Zwangsversteigerung gilt zugunsten des Gläubigers als **Beschlagnahme des Grundstücks,** § 20 I ZVG. **439**

Die Beschlagnahme hat die Wirkung eines **relativen Veräußerungsverbots** zugunsten des die Zwangsversteigerung betreibenden Gläubigers, § 23 I ZVG, §§ 135f BGB. Sie verschafft dem Gläubiger **kein Pfandrecht,** sondern ein Recht auf **Befriedigung aus dem Erlös** mit dem Rang nach § 10 I Nr. 5 ZVG.

3. Der Umfang der Beschlagnahme. Beachte: Wichtige Problematik! Der Umfang der Beschlagnahme bestimmt maßgeblich den Gegenstand der Versteigerung (§ 55 ZVG) und damit auch den **Umfang des Eigentumserwerbs** des Erstehers, § 90 ZVG. Außerdem ist im Rahmen der §§ 1121f BGB die Beschlagnahme – und damit ihr Umfang – ein für die Möglichkeit der Enthaftung aus dem Hypothekenverband wesentlicher Umstand. **440**

a) Grundstück und Hypothekenverband. Von der Beschlagnahme werden das **Grundstück** (§ 20 I ZVG) sowie diejenigen Gegenstände erfaßt, auf welche sich die **Hypothek erstreckt** (§ 20 II ZVG). § 20 II ZVG verweist damit auf § 1120 BGB, aber auch auf die Enthaftungsvorschriften der §§ 1121f BGB (s. o. Rn. 252ff). Maßgeblich für den Umfang der Beschlagnahme ist das Grundpfandrecht des die Zwangsversteigerung betreibenden Gläubigers bzw. die gedachte Hypothek des persönlichen Gläubigers (s. § 20 I ZVG).

Beispiel: Am 1. 2. 1995 wird die Hypothek 1 eingetragen. Zu dieser Zeit befindet sich ein Schlepper auf dem landwirtschaftlich genutzten Grundstück, der dem Grundstückseigentümer gehört. Dieser übereignet den Schlepper am 15. 2. 1995 an seine Bank zur Sicherheit, ohne daß er vom Grundstück entfernt wird. Am 1. 3. 1995 wird die Hypothek 2 eingetragen.

Betreibt der Gläubiger der Hypothek 1 die Zwangsversteigerung, wird der Schlepper von der Beschlagnahme erfaßt, da eine Enthaftung nicht stattgefunden hat. Betreibt Gläubiger 2 die Zwangsversteigerung, wird der Schlepper nicht erfaßt, § 1120 BGB aE (kein Eigentum des Grundstückseigentümers). Tritt Gläubiger 1 der Zwangsversteigerung bei, bestimmt sich der Umfang der Beschlagnahme nach seiner Hypothek, § 27 II ZVG. Im Gegensatz zur Problematik im Rahmen des § 865 (s. Rn. 249) kommt es hier also auf die **konkrete Hypothek** an.

b) Zwangsversteigerung. Eingeschränkt wird der Umfang der Beschlagnahme bei der Zwangsversteigerung durch § 21 ZVG. Weil Verwaltung und Nutzung des Grundstücks dem Schuldner verbleiben sollen, werden die Erträge des Grundstücks von der Beschlagnahme nicht erfaßt.

4. Beitritt. Zu der Möglichkeit und Wirkung des Beitritts eines anderen Gläubigers zum Versteigerungsverfahren siehe § 27 ZVG.

III. Die Aufhebung oder einstweilige Einstellung des Verfahrens

441 **1. Aufhebung.** Das Zwangsversteigerungsverfahren ist – neben den für alle Vollstreckungsarten geltenden Gründen – **aufzuheben**, wenn

- dem Vollstreckungsgericht ein aus dem Grundbuch ersichtliches, nicht behebbares Recht, welches der Zwangsversteigerung entgegensteht, oder eine Verfügungsbeschränkung oder ein Vollstreckungsmangel bekannt wird, § 28 ZVG;

  Beispiel: Vor Eintragung des Versteigerungsvermerks ist das Eigentum an dem Grundstück von dem Schuldner auf einen Dritten durch dessen Eintragung in das Grundbuch übergegangen.
- alle die Zwangsversteigerung betreibenden Gläubiger, also auch beigetretene, den Versteigerungsantrag zurücknehmen, § 29 ZVG.

2. Einstellung. Das Verfahren ist einstweilen **einzustellen**, wenn

- aus dem Grundbuch ein behebbares, der Zwangsversteigerung entgegenstehendes Recht, eine Verfügungsbeschränkung oder ein Vollstreckungsmangel bekannt wird, § 28 ZVG;
- die betreibenden Gläubiger die einstweilige Einstellung bewilligen, § 30 ZVG;
- das Vollstreckungsgericht dies wegen der persönlichen und wirtschaftlichen Verhältnisse des Schuldners aufgrund der §§ 30 a bis c ZVG für erforderlich erachtet und anordnet;
- auf Antrag des Insolvenzverwalters in den in § 30 d I ZVG nF[1] genannten Fällen;
- der Schuldner an das Gericht den zur vollständigen Befriedigung des Gläubigers und zur Deckung der Kosten erforderlichen Betrag zahlt, § 75 ZVG;
- die Voraussetzungen des § 765 a vorliegen (s. Rn. 475ff).

IV. Die Versteigerung

442 **1. Terminsbestimmung.** Nach der Beschlagnahme und dem Eingang der Mitteilungen des Grundbuchamtes (§ 19 II ZVG) soll das Vollstreckungsgericht den Versteigerungstermin anberaumen, § 36 I ZVG. In der Praxis wird zuvor allerdings meist der Verkehrswert durch Beschluß festgesetzt und die Rechtskraft des Beschlusses abgewartet (s. § 74 a V ZVG); dem geht in der Regel die Einholung eines Sachverständigengutachtens voraus. Die Terminsbestimmung muß den aus § 37 ZVG ersichtlichen Inhalt haben, öffentlich bekannt gemacht und den Beteiligten zugestellt werden, §§ 39 ff ZVG. Wer Beteiligter ist, ergibt sich aus § 9 ZVG.

443 **2. Arten der Gebote.** Bei der Zwangsversteigerung gibt es fünf Arten sogenannter „Gebote“, die strikt auseinanderzuhalten sind:

---

[1] Die Vorschrift tritt am 1. 1. 1999 in Kraft.

- Das **geringste Gebot** ist das Gebot, das der Ersteher im Hinblick auf vorrangige Rechte mindestens abgeben muß, um den Zuschlag zu erhalten.
- Das **Mindestgebot** ist das Gebot, das im Hinblick auf den Grundstückswert mindestens abgegeben werden muß.
- Das **Mehrgebot** ist das über das geringste Gebot hinausgehende Gebot.
- Das **Bargebot** ist der insgesamt bar (s. Rn. 452) zu zahlende Teil des Gebots.
- Das **Meistgebot** ist das höchste in dem Versteigerungstermin abgegebene Gebot.

3. Geringstes Gebot. Das geringste Gebot (§ 44 I ZVG, s. auch § 59 ZVG) dient der Durchsetzung des Deckungsprinzips. Die Zwangsversteigerung darf die Rechte der Gläubiger nicht beeinträchtigen, die dem die Versteigerung betreibenden Gläubiger im Range vorgehen. Daher gebietet das sog. „Deckungsprinzip" des § 44 I ZVG, daß das Gebot die vorgehenden Rechte und die Kosten der Zwangsversteigerung decken, also deren Wert zumindest erreichen muß. **444**

Zum geringsten Gebot gehören gem. § 44 I ZVG:

- Die dem Anspruch des betreibenden Gläubigers **vorgehenden Rechte.** Betreiben mehrere Gläubiger die Zwangsversteigerung, bestimmt das geringste Gebot sich nach dem betreibenden Gläubiger mit dem besten Rang (s. Rn. 445 ff).
- Die **Verfahrenskosten.**

4. Rangordnung. Die Rangordnung ergibt sich aus § 10 ZVG mit folgenden Ranggruppen: **445**

Die **Verfahrenskosten** sind dem Versteigerungserlös vorweg zu entnehmen, § 109 ZVG. Es folgen in dieser Reihenfolge:

a) Klasse 1 bis 3. Ansprüche auf Ersatz von Zwangsverwaltungsvorschüssen (§ 10 I Nr. 1 ZVG) und im Fall der Eröffnung des Insolvenzverfahrens auf Ersatz der Kosten der Feststellung der beweglichen Gegenstände, auf die sich die Versteigerung erstreckt (§ 10 I Nr. 1a ZVG nF), bestimmte Lohnansprüche des Personals bei land- und forstwirtschaftlichen Betrieben (§ 10 I Nr. 2 ZVG) und Ansprüche auf Entrichtung öffentlicher Lasten, § 10 I Nr. 3 ZVG.

b) Dingliche Rechte, Klasse 4. Zur vierten Rangklasse gehören die Ansprüche aus **dinglichen Rechten,** § 10 I Nr. 4 ZVG. Für den Rang der dinglichen Rechte untereinander ist das **materielle Recht** maßgeblich, § 11 I ZVG, §§ 879 bis 881, 883 BGB. Grundsätzlich ist also die Reihenfolge der Eintragung in eine Abteilung, bei der Eintragung in verschiedene Abteilungen der Tag der Eintragung in das Grundbuch maßgeblich, § 879 I BGB. **446**

c) Persönliche Titel, Klasse 5. Es folgt der Anspruch des die Zwangsversteigerung **betreibenden Gläubigers,** sofern er nicht Berechtigter einer der vorangehenden Ranggruppen ist, § 10 I Nr. 5 ZVG. Hierbei handelt es sich regelmäßig um die persönlichen Gläubiger, also die, welche aus einem normalen Zahlungstitel, nicht aus einem dinglichen Titel vollstrecken. Wird die Versteigerung von mehreren persönlichen Gläubigern betrieben, entscheidet der frühere Zeitpunkt der Beschlagnahme für den Rang. **447**

448 **d) Weitere Klassen.** Abschließend folgen in dieser Reihenfolge dem betreibenden Gläubiger gegenüber relativ unwirksame dingliche Rechte (§ 10 I 1 Nr. 6 ZVG) und zuletzt ältere Rückstände vorrangiger Rangklassen (§ 10 I Nr. 7, 8 ZVG).

e) Innerhalb der Klassen 4, 6, 8 ist gem. § 11 I ZVG das Rangverhältnis unter den Rechten maßgeblich; in der 5. Klasse ist gem. § 11 II ZVG der Zeitpunkt der Beschlagnahme maßgeblich.

449 **f) Beispiel:**

Das beschlagnahmte Grundstück ist wie folgt belastet:
1. Grundschuld zugunsten des Gläubigers A: 100 000,– DM.
2. Hypothek zugunsten der Bank B: 75 000,– DM.
3. Hypothek zugunsten des Gläubigers C: 125 000,– DM.

Die Verfahrenskosten betragen 5000,– DM.

Gläubiger G betreibt als erster die Zwangsversteigerung aufgrund eines persönlichen Titels. Er gehört damit der Rangklasse des § 10 I Nr. 5 ZVG an. Ihm gehen die eingetragenen Grundpfandrechte sowie die Verfahrenskosten vor. Das geringste Gebot beträgt 305 000,– DM (5000,– DM + 100 000,– DM + 75 000,– DM + 125 000,– DM). Gläubiger C tritt dem Verfahren bei. Nunmehr ist für die Berechnung des geringsten Gebots sein Rang maßgeblich. Ihm gehen die Rechte von A und B sowie die Verfahrenskosten vor. Das geringste Gebot beträgt 180 000,– DM (5000,– DM + 100 000,– DM + 75 000,– DM).

Tritt Gläubiger B bei, beträgt das geringste Gebot 105 000,– DM (5000,– DM + 100 000,– DM), und wenn auch noch Gläubiger A beitritt, 5000,– DM.

Meldet schließlich die öffentliche Hand noch rückständige Grundsteuern von 10 000,– DM an, erhöht sich das geringste Gebot jeweils um 10 000,– DM, weil dieser Anspruch gegenüber den dinglichen und persönlichen Ansprüchen der anderen Gläubiger vorrangig ist, § 10 I Nr. 3 ZVG.

Letztendlich beläuft sich hier nach dem Beitritt des A das geringste Gebot auf 15 000,– DM. Das besagt allerdings nicht, daß die Gefahr bestünde, daß das Grundstück – unterstellter Schätzwert 300 000,– DM – etwa für 15 000,– DM den Eigentümer wechselt. Das geringste Gebot dient allein der Sicherung des Deckungsprinzips. Vor einer Verschleuderung des Grundstücks schützen die Vorschriften über das Mindestgebot (Rn. 450), die auf den Grundstückswert abstellen. Andererseits kann das geringste Gebot über dem Grundstückswert liegen, etwa im obigen Beispiel, wenn allein der persönliche Gläubiger G die Versteigerung betreibt.

450 **5. Mindestgebot.** Das Mindestgebot (§§ 74 af, 85 a ZVG) soll vor einer Verschleuderung des Grundstücks schützen. Das absolute Mindestgebot muß die Hälfte des Grundstückswertes erreichen, ansonsten muß der Zuschlag versagt werden, § 85 a ZVG. Beträgt das höchste abgegebene Gebot weniger als 7/10 des Grundstückswertes, kann ein Berechtigter, dessen Anspruch ganz oder teilweise nicht gedeckt ist, die Versagung des Zuschlags beantragen, sofern sein Anspruch bei einem Gebot in Höhe von 7/10 des Wertes voraussichtlich gedeckt sein würde (§ 74 a ZVG), sog. relatives Mindestgebot.

Die Vorschriften über das absolute oder das relative Mindestgebot gelten allerdings nur für den **ersten Versteigerungstermin.** Wird dieser vertagt, weil das Mindestgebot nicht erreicht wurde, darf in dem neuen Termin der Zuschlag nicht versagt werden, wenn das Meistgebot unter dem absoluten oder relativen Mindestgebot bleibt, §§ 74 a, 85 a ZVG. Auch gelten die Regeln über die Mindestgebote unter den Voraussetzungen der §§ 74 b, 85 a

III ZVG nicht, wenn das Meistgebot von einem zur Befriedigung aus dem Grundstück Berechtigten, also einem dinglichen Gläubiger, abgegeben worden ist. In diesen Fällen kann nur noch § 765a den Schuldner vor einer „Verschleuderung“ seines Grundstücks schützen.

6. Mehrgebot. Unter dem Mehrgebot versteht man das Gebot, das über 451
das geringste Gebot hinausgeht.

Beispiel: E bietet bei der Versteigerung 250000,– DM. Betreibt im oben Rn. 449 genannten Beispiel Gläubiger A die Versteigerung, beträgt das geringste Gebot 15000,– DM. Dann beläuft sich das Mehrgebot auf 235000,– DM. Betreibt B die Versteigerung, beträgt das geringste Gebot 115000,– DM, das Mehrgebot entsprechend 135000,– DM.

7. Bargebot. Das Bargebot (§ 49 I ZVG) ist der vom Ersteher im Ver- 452
teilungstermin bar oder nach § 49 III ZVG zu entrichtende Betrag. Er setzt sich zusammen aus dem bar zu zahlenden Teil des geringsten Gebots und dem Mehrgebot.

a) Übernahmeprinzip. Das Deckungsprinzip (Rn. 444) bewirkt, daß die in das geringste Gebot fallenden Rechte der vorrangigen Gläubiger gewährleistet bleiben. Die vorrangigen, im Grundbuch eingetragenen Rechte, die in das geringste Gebot fallen, bleiben bei dem **Zuschlag bestehen.** Sie werden nicht gelöscht, sondern von dem Ersteher übernommen (sog. Übernahmeprinzip, § 52 I 1 ZVG). Deshalb werden sie zwar vom Gebot des Ersteigerers erfaßt, weil sie in das geringste Gebot fallen; ihr Wert muß aber nicht bar gezahlt werden. Die vorrangigen Gläubiger bleiben durch das Fortbestehen ihrer im Grundbuch eingetragenen Rechte genauso geschützt wie vor der Zwangsversteigerung.

b) Bar zu zahlender Teil. Die den dinglichen Gläubigern vorrangigen Ansprüche der Rangklassen § 10 I Nr. 1 bis 3 ZVG sind nicht im Grundbuch eingetragen. Dies gilt auch für die Verfahrenskosten und die Ansprüche nach § 12 Nr. 1, 2 ZVG. Diese sind wegen der fehlenden Eintragung bar zu entrichten, § 49 I ZVG. Außerdem ist das Mehrgebot bar zu zahlen. Zur Möglichkeit der Überweisung s. § 49 III ZVG.

c) Beispiel: Nach den Beispielen Rn. 449, 451 ergäben sich bei einem Meistgebot von 250000,– DM folgende Bargebote:

- Wenn der persönliche Gläubiger G die Versteigerung betreibt, wäre der Zuschlag zu versagen, weil das geringste Gebot von 315000,– DM nicht erreicht ist;
- betreibt C die Versteigerung, sind 75000,– DM bar zu berichtigen (250000,– DM abzüglich bestehen bleibender Rechte – A und B – von 175000,– DM; oder bar zu entrichtender Teil des geringsten Gebotes – 15000,– DM – zuzüglich Mehrgebot von 60000,– DM);
- betreibt B die Versteigerung, beträgt das Bargebot 150000,– DM (250000,– DM – 100000,– DM (A) oder 15000,– DM + 135000,– DM – Mehrgebot –);
- betreibt A die Versteigerung, sind die gesamten 250000,– DM bar zu zahlen.

8. Meistgebot. Das Meistgebot ist das höchste der in der Versteigerung 453
abgegebenen Gebote. Es ist letztlich der Preis, den der Ersteher zu zahlen hat. Es umfaßt das geringste Gebot und das Mehrgebot; es ist in bar (s. Rn. 452) zu zahlen, soweit nicht vorrangige Rechte übernommen werden.

454 **9. Zusammenfassendes Beispiel:**

- Grundstückswert: 500000,– DM.
- Verfahrenskosten: 7000,– DM.
- Öffentliche Lasten: 3000,– DM.
- Hypothek zugunsten A: 200000,– DM.
- Grundschuld zugunsten B: 100000,– DM.
- Grundschuld zugunsten C: 150000,– DM.

Die Versteigerung wird von C betrieben; das Meistgebot beträgt 400000,– DM.

a) Das geringste Gebot beträgt 310000,– DM (Verfahrenskosten + öffentliche Lasten + vorrangige Grundpfandrechte A und B).

b) Das absolute Mindestgebot beträgt 250000,– DM (50% des Grundstückswerts), das relative Mindestgebot 7/10 = 350000,– DM.

c) Das Mehrgebot beträgt 90000,– DM (Meistgebot abzüglich geringstes Gebot).

d) Das Bargebot beläuft sich auf 100000,– DM (90000,– + 10000,– DM).

e) Der Ersteigerer hat also 100000,– DM bar (s. Rn. 452) zu entrichten. Damit sind die Verfahrenskosten und die öffentlichen Lasten berichtigt. Die Grundpfandrechte von A und B im Werte von 300000,– DM werden übernommen und bleiben eingetragen. Die Grundschuld des die Versteigerung betreibenden C erlischt. Seine Rechte setzen sich an dem Mehrgebot fort, so daß er 90000,– DM erhält (s.u. noch Rn. 459).

455 **10. Der Versteigerungstermin. a)** Nach dem Aufruf der Sache und den Bekanntmachungen über das Grundstück, die betreibenden Gläubiger und deren Ansprüche, werden das geringste Gebot und die Versteigerungsbedingungen festgestellt und verlesen, § 66 I ZVG.

b) Es folgt die Aufforderung zur Abgabe von Geboten, § 66 II ZVG. Über die Zulassung jedes Gebotes wird sofort entschieden. Es erlischt, wenn es widerspruchslos zurückgewiesen, ein höheres Gebot zugelassen oder das Verfahren einstweilen eingestellt bzw. der Termin aufgehoben wird, § 72 ZVG. Die Dauer dieses Abschnitts beträgt mindestens dreißig Minuten, § 73 ZVG; die sog. „Bieterstunde" (früher 1 Stunde).

c) Abschließend werden die anwesenden Beteiligten über den Zuschlag angehört, § 74 ZVG.

V. Der Zuschlag

456 **1. Erteilung.** Liegen keine Verfahrensmängel, was nochmals ohne Bindung an eigene frühere Entscheidungen (§ 79 ZVG) zu überprüfen ist (§ 83 Nr. 6 ZVG), und auch keine sonstigen Versagungsgründe (§§ 74a, 83, 85, 85a ZVG) vor, so ist der **Zuschlag** durch Beschluß (§ 82 ZVG) dem **Meistbietenden** zu erteilen, § 81 I ZVG.

457 **2. Wirkung.** Durch den Zuschlag wird der Meistbietende kraft staatlichen Hoheitsakts[1] Ersteher und **Eigentümer** des Grundstücks, § 90 ZVG. Unabhängig von Gut- oder Bösgläubigkeit erwirbt er **originäres Eigen-**

[1] BGH JZ 1991, 309.

tum[1] nach Maßgabe der zum Beschlußinhalt gehörenden Versteigerungsbedingungen (§ 82 ZVG).

3. Umfang. Der Zuschlag umfaßt die Gegenstände, auf welche sich die **Versteigerung erstreckt** hat, § 90 II ZVG. **Wichtige Problematik!** 458

§ 90 II ZVG verweist inzident auf § 55 ZVG. In dieser Vorschrift ist geregelt, worauf sich die Versteigerung erstreckt, nämlich auf

- die Gegenstände, deren **Beschlagnahme noch wirksam** ist, § 55 I ZVG;
- **schuldnerfremde Zubehörstücke,** die sich im Besitz u.a. des Schuldners befinden (§ 55 II ZVG), es sei denn, der Eigentümer hätte sein Recht nach Maßgabe des § 37 Nr. 5 ZVG geltend gemacht.

§ 55 I ZVG wiederum verweist auf die §§ 20f ZVG, in denen der Umfang der Beschlagnahme geregelt ist. Danach gilt etwa für die wichtige Frage des **Eigentumserwerbs an Zubehör** folgendes:

- Grundsätzlich umfaßt die Beschlagnahme nur schuldnereigene, nicht enthaftete Zubehörstücke, § 20 II ZVG, §§ 1120 aE, 1121f BGB. Sie können aber wieder beschlagnahmefrei werden, wenn der Schuldner innerhalb der Grenzen einer ordnungsgemäßen Wirtschaft über sie verfügt, § 23 I 2 ZVG. Soweit sie noch beschlagnahmt sind (also beschlagnahmt und nicht nach § 23 I 2 ZVG frei wurden), erstreckt sich die Versteigerung auf sie, § 55 I ZVG. Der Ersteher erwirbt das Eigentum.
  Prüfungskette bei schuldnereigenem Zubehör: §§ 90 II, 55 I, 20 II ZVG in Verbindung mit §§ 1121f, 97 BGB, § 23 I 2 ZVG.
- Schuldnerfremdes Zubehör im Besitz des Schuldners oder eines neu eingetretenen Eigentümers wird von der Versteigerung erfaßt, wenn der Eigentümer sein Recht nicht nach § 37 Nr. 5 ZVG durch eine Drittwiderspruchsklage geltend gemacht hat, § 55 II ZVG. Da sich die Versteigerung dann auf das Zubehör erstreckt, erwirbt der Ersteher Eigentum an ihm, § 90 II ZVG.
  Prüfungskette bei schuldnerfremdem Zubehör: §§ 90 II, 55 II, 37 Nr. 5 ZVG, § 97 BGB.

4. Erlöschende Rechte. Die nach den Versteigerungsbedingungen nicht bestehen bleibenden, also die **nicht in das geringste Gebot** aufgenommenen Rechte **erlöschen** mit dem Zuschlag, wenn der Ersteher mit den Berechtigten keine abweichenden Vereinbarungen trifft, § 91 ZVG. Die erlöschenden Rechte setzen sich unter Beibehaltung ihres Rangs an dem **Versteigerungserlös** fort, der an die Stelle des Grundstücks tritt, § 92 ZVG. 459

5. Räumungstitel. Der Zuschlagsbeschluß stellt einen Titel gegen den Grundstücksbesitzer auf Räumung des Grundstücks und Herausgabe der mitversteigerten Gegenstände dar, § 39 I ZVG. Vor der Vollstreckung muß der Beschluß, wie jeder Titel, zugestellt werden. Die Klausel kann auf andere als den früheren Eigentümer umgeschrieben werden, wenn diese den Besitz nicht aufgrund durch die Versteigerung nicht erloschener Rechte inne haben, § 93 I 2 ZVG. Die Besitzrechte der Mieter oder Pächter etwa erlöschen nicht, § 57 ZVG. 460

---

[1] RGZ 72, 269, 271.

VI. Das Verteilungsverfahren

461 **1. Verteilungstermin.** Ist der Zuschlag erteilt, bestimmt das Vollstreckungsgericht den Termin zur Verteilung des Versteigerungserlöses, § 105 I ZVG. In diesem Termin muß der Ersteher seine Barzahlung leisten oder die Überweisung nachweisen, § 49 ZVG. Sodann wird ein Teilungsplan aufgestellt und der bare Versteigerungserlös an die Berechtigten ausgezahlt, §§ 113, 117 ZVG. Das Verfahren für den Fall, daß der Ersteher nicht bar zahlt, ist in § 118 ZVG geregelt.

2. Teilungsplan. In den Teilungsplan werden die Rechte nach dem Inhalt des Grundbuchs aufgenommen. Nicht eingetragene Rechte werden nur dann berücksichtigt, wenn sie spätestens im Termin angemeldet wurden, § 114 I ZVG. Der Rang der Rechte bestimmt sich wiederum nach § 10 ZVG (s. o. Rn. 445 ff), wobei nicht rechtzeitig angemeldete oder glaubhaft gemachte Rechte (s. § 37 Nr. 4 ZVG) allen übrigen Rechten im Rang nachgehen, § 110 ZVG.

3. Die Rechtsbehelfe im Verteilungsverfahren regeln sich gem. § 115 I 2 ZVG nach den §§ 876 ff (s. o. Rn. 377 ff).

VII. Sonderfälle der Zwangsversteigerung

462 Die Vorschriften über das Zwangsversteigerungsverfahren gelten entsprechend, wenn

- auf Antrag des Insolvenzverwalters des Grundstückseigentümers, §§ 172 ff ZVG,
- auf Antrag des Erben des Eigentümers, §§ 175 ff ZVG,

die Zwangsversteigerung angeordnet wird, und

- bei der Versteigerung zum Zwecke der Aufhebung einer Gemeinschaft, §§ 180 ff ZVG.

§ 35 Die Zwangsverwaltung

463 **I. Zweck.** Die Zwangsverwaltung dient dazu, die betreibenden Gläubiger aus den **laufenden Einnahmen eines Grundstücks zu befriedigen.** Dies empfiehlt sich vor allem für Gläubiger mit persönlichen, nicht dinglichen Titeln, die bei einer hohen Belastung mit Grundpfandrechten wegen ihrer Forderungen bei einer Zwangsversteigerung ausfallen würden. Aber auch dingliche Gläubiger können wegen nicht vorrangiger Zinsforderungen (§ 10 I Nr. 4 ZVG aE) Befriedigung eher durch eine Zwangsverwaltung erhalten.

464 **II. Verfahren.** Für das Verfahren gelten die Vorschriften über die **Zwangsversteigerung entsprechend** (§ 146 I ZVG) mit folgenden wichtigen Ausnahmen:

- Der Schuldner muß nicht im Grundbuch eingetragen oder Erbe des eingetragenen Eigentümers sein; sein Eigenbesitz reicht aus, § 147 I ZVG. Dieser ist allerdings, sofern er nicht offenkundig ist, durch Urkunden glaubhaft zu machen, § 147 II ZVG.
- Die Beschlagnahme wird – auch vor der Zustellung des Anordnungsbeschlusses an den Schuldner oder vor dem Eingang des Eintragungsersuchens (s. o. Rn. 438) – bereits wirksam, wenn der Zwangsverwalter das Grundstück in Besitz nimmt (§ 150 II ZVG), § 151 I ZVG.

– Über die Beschlagnahme bei der Zwangsversteigerung hinaus umfaßt die Beschlagnahme durch die Zwangsverwaltung auch land- und forstwirtschaftliche Erzeugnisse sowie Miet- und Pachtzinsforderungen, §§ 148 I 1, 21 I, II ZVG.

III. Wirkung. Durch die Beschlagnahme wird dem Schuldner die **Verwaltung und Benutzung des Grundstücks entzogen,** § 148 II ZVG; er kann auch nicht mehr gegenüber dem betreibenden Gläubiger wirksam innerhalb der Grenzen einer ordnungsgemäßen Wirtschaft über einzelne Gegenstände verfügen, §§ 148 I 2, 23 I ZVG. Die Verwaltungsbefugnis steht vielmehr nur noch dem eingesetzten Zwangsverwalter zu. Dieser ist nicht Vertreter des Schuldners, sondern übt sein Amt in eigener Verantwortung aus. Im Prozeß ist er Partei kraft Amtes. **465**

„Klage des Rechtsanwalts Riesling, Traubenstraße 4, Trier, als Zwangsverwalter über das im Eigentum des Schuldners Müller-Thurgau stehende Grundstück Moselstraße 12, Trittenheim ...".

IV. Verteilung. Die erzielten Nutzungen werden auf die beteiligten Gläubiger verteilt. Grundlage hierfür ist ein vom Vollstreckungsgericht aufzustellender Teilungsplan, §§ 155ff ZVG. Der Rang der Gläubiger bestimmt sich grundsätzlich nach § 10 ZVG mit den aus § 155 ZVG ersichtlichen Besonderheiten. Die Rechtsbehelfe des Verteilungsverfahrens, §§ 876ff, gelten auch hier entsprechend, §§ 156 II 4, 115 ZVG. **466**

V. Beendigung. Die Zwangsverwaltung endet durch einen Aufhebungsbeschluß (§ 161 ZVG), der insbesondere nach der Befriedigung der beteiligten Gläubiger oder bei einem Zuschlag im Wege der Zwangsversteigerung zu ergehen hat. **467**

§ 36 Rechtsbehelfe im Zwangsversteigerungs- und Zwangsverwaltungsverfahren

I. Grundsatz. Das Zwangsversteigerungsgesetz ist gem. § 869 **Teil der ZPO.** Deshalb gelten grundsätzlich die **Rechtsbehelfe der ZPO** auch im Zwangsversteigerungsverfahren. Soweit es um Entscheidungen des Rechtspflegers oder Richters geht, enthalten die §§ 95 bis 104 ZVG allerdings Sonderregelungen. Bei der Prüfung, welcher Rechtsbehelf statthaft ist, ist also zunächst zwischen Vollstreckungsmaßnahmen und Entscheidungen abzugrenzen (s.o. Rn. 317f). Hinsichtlich des **Verteilungsverfahrens** gelten die Rechtsbehelfe der ZPO (s. Rn. 377ff) uneingeschränkt. **468**

II. Vollstreckungsmaßnahmen können mangels Sonderregelungen mit der Vollstreckungserinnerung nach § 766 angegriffen werden, über die der Vollstreckungsrichter beim Amtsgericht zu entscheiden hat. **469**

Beispiel: Die in der Regel ohne Anhörung des Schuldners erfolgte Anordnung der Zwangsversteigerung nach § 15 ZVG.

Liegt eine Entscheidung vor, findet die sofortige Beschwerde nach § 793 (s. Rn. 330ff, 225ff) statt.

470 **III. Sonderregelungen.** Das ZVG enthält für die **Anfechtung von Entscheidungen folgende Sonderregeln:**

1. Nach § 95 ZVG können isoliert nur die vor der Beschlußfassung über den Zuschlag getroffenen Entscheidungen angegriffen werden, welche die Anordnung, Aufhebung, einstweilige Einstellung oder Fortsetzung des Verfahrens betreffen. Darüber hinaus ist aber auch die Festsetzung des Verkehrswertes des Grundstücks mit der sofortigen Beschwerde anfechtbar, § 74a V 3 ZVG.

2. Die §§ 96 bis 104 ZVG betreffen die sofortige Beschwerde gegen den Zuschlagsbeschluß bzw. seine Ablehnung. Sie beschränken insbesondere die Gründe, auf die das Rechtsmittel gestützt werden kann, § 100 ZVG. Das sind eine Verletzung der §§ 81, 83 bis 85a ZVG sowie die Tatsache, daß der Zuschlag unter Verletzung der Versteigerungsbedingungen erfolgt ist.

§ 37 Die Zwangshypothek

471 **I. Zweck, Zuständigkeit.** Wegen einer über 1500,– DM hinausgehenden titulierten Geldforderung kann der Gläubiger die Eintragung einer Zwangshypothek beantragen, § 866 nF. Ihr Ziel ist zunächst noch keine Befriedigung des Gläubigers, sondern die dingliche Sicherung der Geldforderung. Deshalb kann auch im Rahmen einer Sicherungsvollstreckung nach § 720a oder aufgrund eines Arrestes (§ 932) eine Zwangshypothek eingetragen werden. Funktionell **zuständiges** Vollstreckungsorgan ist das Grundbuchamt (§ 867 I), das durch den Rechtspfleger entscheidet, § 3 Nr. 1h RpflG.

472 **II. Voraussetzungen** der Eintragung einer Zwangshypothek sind:

1. Wie bei jeder Vollstreckungsmaßnahme müssen die Voraussetzungen der Zwangsvollstreckung vorliegen. Beim **Antrag** des Gläubigers sind § 867 I 1 und §§ 13 I, 28 GBO zu beachten.

2. Der **Titel** muß auf eine Geldzahlung lauten und 1500,– DM übersteigen, wobei als Nebenforderung geltend gemachte Zinsen unberücksichtigt bleiben, § 866 III 1 nF.

3. Der Schuldner muß als Eigentümer im **Grundbuch eingetragen** (§ 39 GBO) oder, was nachzuweisen ist, dessen Erbe sein (§ 40 GBO).

473 **III. Wirkung.** Mit der Eintragung der Zwangshypothek im Grundbuch entsteht eine Sicherungshypothek, § 867 I. Von diesem Zeitpunkt an sind auf sie die Vorschriften des BGB über die Sicherungshypothek (§§ 1184ff BGB) anwendbar, unter anderem auch die Regeln der strengen Akzessorietät. Das Bestehen der Hypothek ist vom Bestehen der Forderung abhängig.

Aufgrund der Eintragung der Sicherungshypothek kann der Gläubiger nunmehr auch ohne Duldungsklage (§ 1147 BGB) **die Zwangsversteigerung** des Grundstücks erreichen, § 867 III nF. Grundlage ist der Titel, auf dem die Eintragung der Zwangshypothek vermerkt ist. Der Gläubiger erhält im Range seiner Hypothek die Stellung eines dinglichen Gläubigers.

474 **IV. Rechtsbehelfe.** Es gibt folgende Rechtsbehelfe gegen die Eintragung der Zwangshypothek:

1. Nach hM gelten bei der Eintragung einer Zwangshypothek die **vollstreckungsrechtlichen Rechtsbehelfe (§§ 766, 793) nicht.** Der Gesetzgeber hat diesen Vollstreckungsakt dem Grundbuchverfahren zugeordnet, so daß auch dessen Rechtsbehelfe, **§§ 71ff GBO, einschlägig** sind.[1]

2. Zu beachten ist, daß der Schuldner nicht mit dem **Ziel der Löschung** der Hypothek Beschwerde einlegen kann, § 71 II 1 GBO. Er kann nur die Eintragung eines Amtswiderspruchs (§ 53 GBO) erreichen, § 71 II 2 GBO. Regelmäßig wird sich seine Beschwerde aber entsprechend umdeuten lassen.

3. Unter den Voraussetzungen des § 78 GBO ist gegen die Entscheidung des Landgerichts die weitere Beschwerde statthaft, über die grundsätzlich das Oberlandesgericht (§ 79 I GBO), unter den Voraussetzungen des § 79 II, III GBO der Bundesgerichtshof zu entscheiden hat.

---

[1] OLG Köln Rpfleger 1996, 189, 190; TP § 867 Rn. 18f; Brox-Walker Rn. 1044.

7. Abschnitt. Der Vollstreckungsschutz nach § 765a und die Kosten der Zwangsvollstreckung

§ 38 Der Vollstreckungsschutz nach § 765a

I. Zweck

475 Bedeutet eine Vollstreckungsmaßnahme „unter voller Würdigung des Schutzbedürfnisses des Gläubigers wegen ganz besonderer Umstände eine Härte, die mit den guten Sitten nicht vereinbar ist", kann sie ganz oder teilweise aufgehoben, untersagt oder einstweilen eingestellt werden, § 765a.

Bei dieser Vorschrift handelt es sich um eine auffangende Generalklausel des Schuldnerschutzes, welche die Möglichkeit gibt, Verfassungsprinzipien im Zwangsvollstreckungsrecht zu berücksichtigen, indem sie das Vollstreckungsgericht bei der Auslegung des Begriffs „sittenwidrige Härte" verpflichtet, „die Wertentscheidungen des GG und die dem Schuldner in der Zwangsvollstreckung gewährleisteten Grundrechte zu berücksichtigen".[1]

II. Anwendungsbereich

476 **1.** Schon aus der systematischen Stellung der Vorschrift im 1. Abschnitt des 8. Buches: „Allgemeine Vorschriften" folgt, daß § 765a auf **alle Arten der Zwangsvollstreckung** Anwendung findet, also auch etwa auf die Immobiliarzwangsvollstreckung und nach hM auf die Teilungsversteigerung.[2]

2. § 765a gewährt in **Ausnahmefällen** besonderen Rechtsschutz für den Schuldner. Der Antrag auf Vollstreckungsschutz kann daher nicht auf Gründe gestützt werden, die mit den speziellen Rechtsbehelfen der Zwangsvollstreckung geltend gemacht werden können, also etwa:

- Verfahrensfehler des Vollstreckungsorgans (§ 766), insbesondere Verletzung der Schuldnerschutzvorschriften (§§ 811f, 850ff);
- Einwendungen, auch aus § 242 BGB, gegen den titulierten Anspruch (§ 767),
- Verlängerung der Räumungsfrist, soweit § 721 einschlägig ist;
- einstweilige Aussetzung der Verwertung (§ 813b nF, §§ 30a ff ZVG);
- unnötige Vermögensverschleuderung, § 817a, § 85a ZVG.

3. Danach kommen vor allem in folgenden Fällen Maßnahmen nach § 765a in Betracht:

- Bei der Räumungsvollstreckung wegen der zeitlichen Grenze des § 721 V 1 (1 Jahr) und der Antragssperren nach § 721 I 2, II, III 2 (Zeitpunkt der Stellung des Antrags);

---

[1] BVerfGE 52, 214, 219f.

[2] OLG Köln NJW-RR 1992, 126; Musielak-Lackmann § 765a Rn. 2 m.w.N.; aA TP § 765a (alte Fassung) Rn. 4.

– bei der Immobiliarvollstreckung, weil hier keine gegenständlichen Beschränkungen des Vollstreckungszugriffs bestehen und die §§ 30 a ff, 85 a ZVG nur zeitlich begrenzten Schutz gewähren;
– im Verfahren auf Abgabe der eidesstattlichen Versicherung; hier kann zu prüfen sein, ob der Eingriff in das Grundrecht der Freiheit der Person (Art. 2 II GG) durch eine Haftanwendung mit dem Grundsatz der Verhältnismäßigkeit vereinbar ist.[1]

III. Voraussetzungen

1. Formell. Voraussetzung ist ein **Antrag** des Schuldners, der sich konkludent aus seiner Berufung auf eine sittenwidrige Härte ergeben kann. Der Antrag muß **schriftlich** oder zu Protokoll der Geschäftsstelle gestellt werden, § 569 II analog. Er ist in Räumungssachen nach § 765 a III nF grundsätzlich spätestens zwei Wochen vor dem Räumungstermin zu stellen, ansonsten nicht fristgebunden. 477

Ausschließlich **zuständig** zur Entscheidung ist das Vollstreckungsgericht, § 765 a I. Es entscheidet durch den Rechtspfleger, § 20 Nr. 17 RpflG. Das **Rechtsschutzinteresse** kann fehlen, wenn die beeinträchtigende Zwangsvollstreckung vollständig beendet ist. Im übrigen muß die Zwangsvollstreckung nicht begonnen haben; es reicht aus, wenn sie hinreichend sicher droht.

2. Begründetheit des Antrags. a) Es müssen **„ganz besondere Umstände"** vorliegen. Daraus folgt, daß gesetzlich bereits normierte Fälle hier nicht berücksichtigt werden dürfen (s. Rn. 476). 478

b) Die angegriffene Vollstreckungsmaßnahme muß für den Schuldner eine sittenwidrige Härte darstellen. Es reicht nicht aus, daß die Vollstreckung unbillig ist. Eine sittenwidrige Härte liegt nur dann vor, wenn die Gesetzesanwendung zu einem ganz untragbaren Ergebnis führen würde.[2] Unabhängig von Verschuldensfragen auf seiten von Gläubiger und Schuldner muß die Vollstreckungsmaßnahme objektiv zu einem sittenwidrigen Ergebnis führen.

Beispiel: Der Gläubiger will aus einem Räumungstitel vollstrecken. Innerhalb der ihm zugebilligten 6-monatigen Räumungsfrist bis zum 31. 5. 1987 hat der Schuldner sich um eine Ersatzwohnung nicht gekümmert. Er wendet sich gegen den auf den 15. 7. 1987 angesetzten Räumungstermin mit der glaubhaft gemachten Begründung, ihm stehe vom 1. 8. 1987 an eine andere Wohnung zur Verfügung.

Hier hätte der Schuldner die Möglichkeit gehabt, sich schon innerhalb der Räumungsfrist und in der Zeit bis zum angesetzten Räumungstermin eine andere Wohnung zu besorgen. Er hat sicherlich schuldhaft gehandelt. Der Gläubiger hat mit der Durchführung der Vollstreckung noch bis 6 Wochen nach Ablauf der Räumungsfrist gewartet. Gleichwohl stellt die Vollstreckung eine sittenwidrige Härte dar, weil dem Schuldner ein zweimaliger Umzug innerhalb von 2 Wochen nicht zugemutet werden kann, falls er überhaupt die Möglichkeit einer Unterbringung für diese 2 Wochen hat.

c) Bei der Entscheidung ist das Vollstreckungsinteresse des Gläubigers zu würdigen, § 765 a I. Er hat ein berechtigtes Interesse daran, seinen Vollstreckungstitel auszunutzen, und nicht die Verpflichtung, Aufgaben von Sozial-

---

[1] BVerfGE 61, 126, 137 f.
[2] BGHZ 44, 138, 143.

behörden wahrzunehmen.[1] Daher kommt ein Vollstreckungsaufschub trotz einer untragbaren Härte für den Schuldner nicht in Betracht, wenn der Aufschub der Vollstreckung den Gläubiger gleich hart treffen würde. **Beispiele:**

- Der Gläubiger benötigt die vom Schuldner noch bewohnte Wohnung dringend für ein krankes Familienmitglied, das ebenfalls keine andere Unterbringungsmöglichkeit hat.
- Der wegen Zahlungsverzugs zur Räumung der Wohnung verurteilte Schuldner hat seit Monaten weder Miete noch Nutzungsentschädigung gezahlt.

IV. Verfahren

479 **1. Rechtliches Gehör.** Dem Gläubiger ist vor der Entscheidung rechtliches Gehör zu gewähren, weil seine Interessen zu berücksichtigen sind, § 765a I. Einstweilige Anordnungen sind gem. § 765a I 2 nF zulässig, in besonderen Eilfällen befristet zunächst auch ohne Anhörung.

2. Die Entscheidung erfolgt durch zu begründenden Beschluß, in dem je nach Notwendigkeit Vollstreckungsmaßnahmen ganz oder teilweise aufgehoben, untersagt oder einstweilen eingestellt werden können, § 765a I. Einer Kostenentscheidung bedarf es grundsätzlich nicht; die Kosten fallen regelmäßig dem Schuldner zur Last und sind nach § 788 beizutreiben. Nur ausnahmsweise kann das Gericht gem. § 788 III dem Gläubiger die Kosten auferlegen, wenn dies aus besonderen, in dem Verhalten des Gläubigers liegenden Gründen der Billigkeit entspricht.

3. Rechtsmittel gegen den ablehnenden oder stattgebenden Beschluß ist die sofortige Beschwerde nach § 793, weil es sich um eine Entscheidung (zwingend rechtliches Gehör) im Vollstreckungsverfahren handelt, die ohne mündliche Verhandlung ergehen kann.

§ 39 Die Kosten der Zwangsvollstreckung, § 788

480 **I. Kostentragungspflicht.** Nach § 788 I trägt der Schuldner die Kosten der Zwangsvollstreckung. Er hat seine titulierte Verpflichtung nicht erbracht, so daß gegen ihn vollstreckt werden mußte. Mehrere als Gesamtschuldner verurteilte Schuldner haften auch für die Vollstreckungskosten als Gesamtschuldner, sofern nicht einer besondere Kosten iSd. § 100 III verursacht hat, § 788 I 3 nF. § 788 findet auf jede Art der Zwangsvollstreckung Anwendung, wie aus Wortlaut und der systematischen Stellung im 1. Abschnitt des 8. Buches folgt.

481 **II. Erstattungsfähige Kosten.** Erstattungsfähig sind die **notwendigen,** unmittelbar zur **Vorbereitung** oder **Durchführung** der Zwangsvollstrekkung angefallenen Kosten.

- Zu den unmittelbaren **Vorbereitungskosten** zählen etwa Kosten für die Ermittlung des Aufenthalts des Schuldners, für die Beschaffung nach §§ 726f erforderli-

[1] OLG Frankfurt Rpfleger 1981, 24.

cher Urkunden, für die Erlangung einer Bankbürgschaft im Rahmen der Sicherheitsleistung nach § 709.

- Zu den **Durchführungskosten** sind zu rechnen: Anwaltskosten des Gläubigers, Gerichtsvollzieherkosten, Kosten einer nicht aussichtslosen mit dem Drittschuldner geführten Einziehungsklage.
- Nur **mittelbar** für die Vollstreckung aufgewandte Beträge können nicht nach § 788 beigetrieben, ggfls. aber eingeklagt werden. Dazu gehört etwa der Restkaufpreis, den der Gläubiger an den Vorbehaltsverkäufer zahlt, um das Anwartschaftsrecht des Schuldners zum Volleigentum erstarken zu lassen und dem Vorbehaltseigentümer die Möglichkeit zur Intervention zu nehmen.
- Nur **notwendige** Kosten sind beitreibbar, § 788 I 1. Die Vorschrift entspricht § 91 I 1. Die Kosten sind möglichst gering zu halten. Sie sind notwendig, wenn der Gläubiger eine Vollstreckungsmaßnahme im Zeitpunkt ihrer Vornahme zur Durchsetzung seines Anspruchs objektiv für erforderlich halten durfte.

III. Beitreibung. Der Gläubiger kann die Kosten ohne besondere Fest- **482**
setzung mit dem zu vollstreckenden Anspruch beitreiben, § 788 I 1. Dabei hat das Vollstreckungsorgan die Erstattungsfähigkeit der Kosten selbständig zu überprüfen. Gegen den Kostenansatz des Gerichtsvollziehers können Gläubiger und Schuldner Erinnerung nach § 766 einlegen, § 766 II aE. Sind die Kosten vom Rechtspfleger in Ansatz gebracht (etwa in einem Pfändungsbeschluß), kann der Schuldner Vollstreckungserinnerung (§ 766) oder, wenn er zuvor gehört wurde, sofortige Beschwerde nach § 793 einlegen. Lehnt der Rechtspfleger die Ansetzung von Kosten ab, steht dem Gläubiger die sofortige Beschwerde zu. Zulässig ist auf Antrag auch eine gesonderte Festsetzung der Kosten in einem Kostenfestsetzungsverfahren (§ 788 II nF).

IV. Titelaufhebung, andere Kostenentscheidung. Wird der Titel, aus dem die **483**
Zwangsvollstreckung betrieben worden ist, **aufgehoben**, sind dem Schuldner die Kosten der Zwangsvollstreckung zu erstatten. Das sind nur die beigetriebenen oder freiwillig gezahlten Vollstreckungskosten. Andere Kosten kann der Schuldner ggfls. nach § 717 ersetzt verlangen.

In besonderen Ausnahmefällen (Vollstreckungsschutz, Austauschpfändung) kann das Vollstreckungsgericht die Kosten ganz oder teilweise dem **Gläubiger auferlegen**, „wenn dies aus besonderen, in dem Verhalten des Gläubigers liegenden Gründen der Billigkeit entspricht", § 788 IV nF. Hiergegen kann sich der Gläubiger mit der sofortigen Beschwerde (§ 793) zur Wehr setzen.

3. Teil. Klagen aus dem oder mit Bezug zu dem materiellen Recht

Die ZPO unterscheidet strikt zwischen dem Erkenntnisverfahren, in dem der Titel geschaffen wird, und dem Vollstreckungsverfahren, das von einem bestehenden Titel auszugehen hat. Dem Vollstreckungsorgan gibt sie ganz überwiegend rein **formalisierte Anknüpfungspunkte** an die Hand, die im prozessualen Recht geregelt sind. **Materiell-rechtliche Fragen** haben die Vollstreckungsorgane grundsätzlich **nicht zu prüfen.** Dadurch kann es zu materiell-rechtlich ungerechtfertigten Ergebnissen kommen: **484**

- Da das Vollstreckungsorgan die Erfüllung der titulierten Forderung nur in beschränktem Umfang berücksichtigen darf, kann es zur Vollstreckung aus einem Titel kommen, obwohl der Schuldner bereits erfüllt hat. Hier kann dem Schuldner die Vollstreckungsgegenklage (§ 767) helfen (Rn. 486 ff).
- Der Gläubiger kann den Titel in sittenwidriger Weise erschlichen haben oder sittenwidrig aus ihm vollstrecken. Hier kann der Schuldner einen Anspruch auf Unterlassung der Zwangsvollstreckung aus § 826 BGB haben (Rn. 558 ff).
- Der vorläufig vollstreckbare Titel, aus dem der Gläubiger vollstreckt hat, kann in der Rechtsmittelinstanz aufgehoben worden sein. Hier können dem Schuldner Schadenersatzansprüche zustehen (Rn. 570 ff).
- Der Gerichtsvollzieher hat bei der Pfändung nur die Gewahrsamsverhältnisse zu prüfen. So kann es zur Vollstreckung in eine schuldnerfremde Sache kommen. Dauert diese noch an, hilft dem Dritten die Drittwiderspruchsklage (§ 771, Rn. 574 ff), ist sie beendet, können ihm Schadenersatz- oder Bereicherungsansprüche zustehen (Rn. 643 ff).
- Schließlich kann der Gläubiger durch die Vollstreckung in vorrangige Pfandrechte eines Dritten eingreifen. Diese Rechte kann der Dritte im Wege der Vorzugsklage (§ 805, Rn. 633 ff) geltend machen.

Bei all diesen Klagen muß **folgendes beachtet** werden:

- Regelmäßig liegt ein **wirksamer Titel** vor, in dessen Bestand **nicht aus materiell-rechtlichen Gründen eingegriffen** werden darf.
- Die **Verletzung von Verfahrensvorschriften** des Vollstreckungsrechts **kann regelmäßig nicht eingewandt** werden; die bloße Anfechtbarkeit (Gegensatz: Nichtigkeit) darf nicht überprüft werden. Insoweit sind die Rechtsbehelfe des Klausel- und Vollstreckungsverfahrens (§§ 732, 766, 793) vorrangig.
- Innerhalb ihres Anwendungsbereiches sind die **materiell-rechtlichen Klagen des Vollstreckungsrechts** gegenüber anderen Klagen mit demselben Ziel **grundsätzlich vorrangig.** Ausnahmen sind bei den jeweiligen Klagen erwähnt.

1. Abschnitt. Klagen des Schuldners

485 Der Schuldner kann sich zunächst im Erkenntnisverfahren gegen den Erlaß eines Titels mit den im Erkenntnisverfahren selbst gegebenen Rechtsmitteln wehren. Insoweit geht es um den Titel selbst, dessen Erlaß verhindert oder beseitigt werden soll. Erlangt der Gläubiger keinen Titel, kann er auch nicht vollstrecken. Erlangt er einen Titel und wird dieser wieder aufgehoben, können dem Schuldner wegen einer **unberechtigten Vollstreckung Schadenersatzansprüche** zustehen (Rn. 570ff).

Entstehen **nachträglich Einwendungen gegen den titulierten Anspruch,** kann sich der Schuldner **gegen die Vollstreckung** aus dem Titel mit der **Vollstreckungsgegenklage** (Rn. 486ff) wenden; erfolgt die Vollstreckung aus einem Titel durch den Gläubiger mit der Absicht der sittenwidrigen Schädigung, kann der Schuldner die Vollstreckung durch eine **Schadenersatzklage** verhindern (Rn. 558ff).

Das Gemeinsame der materiell-rechtlichen Klagen des Schuldners liegt darin, daß entweder bei der Vollstreckung überhaupt kein Titel hätte vorliegen dürfen (weil dieser später aufgehoben wurde) oder die Vollstreckung aus dem Titel unzulässig geworden ist. Bei den materiell-rechtlichen Klagen des Vollstreckungsrechts geht es also nicht um Einwendungen gegen den Titel selbst, jedenfalls wenn dieser der Rechtskraft fähig ist; insoweit hat der Gesetzgeber der Rechtskraft den Vorzug vor „materieller Gerechtigkeit" gegeben.

§ 40 Die Vollstreckungsgegenklage, § 767

I. Überblick

486 **1. Einwendungen gegen den Anspruch.** Mit der Vollstreckungsgegenklage kann der Schuldner „Einwendungen, die den durch das Urteil festgestellten Anspruch selbst betreffen ...", geltend machen, § 767 I. Daraus folgt:

- Es geht nicht um Einwendungen gegen das Urteil, sondern nur um **Einwendungen gegen den titulierten Anspruch** selbst.
- Da es um Einwendungen gegen den Anspruch geht, kommen **nur materiell-rechtliche Einwendungen** in Betracht.

2. Präklusion. § 767 II erklärt nur die Geltendmachung von Einwendungen für zulässig, die nach dem Schluß der mündlichen Verhandlung entstanden sind und durch Einspruch nicht mehr geltend gemacht werden können. Daraus folgt:

- Der **Bestand des Titels** und seine **Rechtskraft** sollen geschützt werden. In sie darf regelmäßig nicht eingegriffen werden. Ausnahmen bestehen dann, wenn es um Titel geht, die der Rechtskraft nicht fähig sind.
- Es kommen, soweit § 767 II anwendbar ist, nur **rechtsvernichtende oder rechtshemmende Einwendungen** gegen den Anspruch in Be-

tracht. Über rechtshindernde Einwendungen hätte schon im Verfahren zum Erlaß des Titels entschieden werden müssen.

3. Anwendungsbereich. Über § 795 S. 1 findet § 767 auch auf andere Titel als Urteile (§ 794) Anwendung. Hier können Besonderheiten im Hinblick auf die Anwendbarkeit des § 767 II bestehen.

4. Klageart. Nach hM ist die Vollstreckungsgegenklage **prozessuale Gestaltungsklage.**[1] Durch den Erlaß des stattgebenden Urteils wird also dem Titel seine **Vollstreckbarkeit rechtsgestaltend genommen.** Die Vollstreckung wird unzulässig, es wird nicht lediglich festgestellt, daß sie unzulässig ist oder war.

Die Natur als Gestaltungsklage muß der Klausurbearbeiter in der Regel nicht erwähnen. Trotzdem sollte er aus folgenden Gründen daran denken:
- Bei der Fassung des Tenors der stattgebenden Klage (s. u. Rn. 531).
- Ein Gestaltungsurteil wirkt für und gegen jedermann, so daß zB in einem Verteilungsverfahren feststeht, daß der beklagte Gläubiger kein Befriedigungsrecht aus dem Titel mehr hat.[2]

II. Abgrenzung von anderen Rechtsbehelfen

Die Frage der Abgrenzung eines Rechtsbehelfs zu anderen ist im Vorfeld eines Prozesses wichtig, wenn man sich die Frage stellt, welcher Rechtsbehelf zu ergreifen ist, also etwa bei **Anwaltsklausuren,** wenn der zukünftige Kläger vertreten wird. Die Abgrenzungsproblematik wird kaum relevant, wenn bereits eine bestimmte Klage erhoben worden ist. Zu einer Auslegung und Abgrenzung kommt man dann nur, wenn unklar ist, um welchen Rechtsbehelf es sich handelt. Meist ist klar, welche Klage der Kläger erhoben hat. Dann ist nur zu untersuchen, ob die erhobene Klage zulässig und begründet ist. Eine Umdeutung wird angesichts des § 139 und des Bearbeitervermerks (rechtliche Hinweise sind ohne Reaktion geblieben!) nicht in Betracht kommen. **487**

1. Vollstreckungserinnerung. Mit der Vollstreckungserinnerung (§ 766) wehrt sich der Schuldner gegen die Unzulässigkeit bestimmter **Vollstreckungsmaßnahmen** wegen der Verletzung vollstreckungsrechtlicher Verfahrensvorschriften. Mit der Vollstreckungsgegenklage kann das Ziel verfolgt werden, die **Vollstreckbarkeit eines titulierten Anspruchs** aus materiellrechtlichen Gründen zu beseitigen. Zu Überschneidungen im Anwendungsbereich kann es kommen, wenn das Vollstreckungsorgan ausnahmsweise materielle Fragen zu untersuchen hat, die auch mit der Vollstreckungsgegenklage zur Entscheidung gestellt werden können. **488**

Beispiel: Der Schuldner legt dem Gerichtsvollzieher eine Postquittung über die titulierte Forderung vor. Der Gerichtsvollzieher vollstreckt weiter. Hier kann der Schuldner wegen der Verletzung der §§ 775 Nr. 5, 776 Vollstreckungserinnerung nach § 766 einlegen, aber auch Vollstreckungsgegenklage erheben; das Rechtsschutzbedürfnis für die Klage fehlt nicht, s. u. Rn. 504.

Zu der Streitfrage, wie Vollstreckungsverträge geltend zu machen sind, s. Rn. 109.

---

[1] BGHZ 22, 54, 56; MK-Karsten Schmidt § 767 Rn. 3; TP § 767 Rn. 1.
[2] MK-Karsten Schmidt § 767 Rn. 95.

489 **2. Leistungs- bzw. Feststellungsklagen.** Eine Leistungs- bzw. Feststellungsklage (auch negative Feststellungsklagen)[1] wegen des Anspruchs, der die Einwendung nach § 767 gibt, bleibt zulässig, darf aber nicht zu einer Umgehung des § 767 II führen.

a) Daß der Schuldner auf Zahlung seines behaupteten Gegenanspruchs klagen darf, statt aufzurechnen und Vollstreckungsgegenklage zu erheben, ist klar; einen Zwang zur Aufrechnung gibt es nicht.

b) Problematisch ist die Frage, ob eine auf die Feststellung gerichtete Klage zulässig ist, der titulierte Anspruch sei durch Erfüllung untergegangen. Am Feststellungsinteresse (§ 256 I) kann nicht gezweifelt werden, wenn der Gläubiger sich weiterhin einer vollstreckbaren Forderung berühmt. Allerdings wird mit der Feststellungsklage dem Titel nicht die Vollstreckbarkeit genommen; dies kann nur über die Vollstreckungsgegenklage erreicht werden.

Gleichwohl fehlt das Rechtsschutzbedürfnis für eine Feststellungsklage nicht, auch wenn der Schuldner Vollstreckungsgegenklage erheben kann. Mit der Vollstreckungsgegenklage kann er die Vollstreckbarkeit des Titels beseitigen. Nur dieser Ausspruch erwächst aber in Rechtskraft, nicht, daß der titulierte Anspruch nicht mehr besteht.[2] Dies kann rechtskräftig nur im Wege der Feststellungsklage festgestellt werden. Hier bietet sich für den Schuldner natürlich an, Vollstreckungsgegenklage zu erheben und über eine **Zwischenfeststellungsklage** (§ 256 II, s. Rn. 550ff) das Nichtbestehen des Anspruchs feststellen zu lassen.

490 **3. Abänderungsklage, § 323.** Im Fall der Verurteilung zu künftig fällig werdenden wiederkehrenden Leistungen kann jeder Teil bei einer wesentlichen Änderung der Verhältnisse eine Abänderung des Urteils verlangen, § 323 I.

a) Der eher dogmatisch wichtige Unterschied zur Vollstreckungsgegenklage liegt darin, daß die Abänderungsklage zu einer Durchbrechung der Rechtskraft des ursprünglichen Urteils führt, während die Vollstreckungsgegenklage nur die Vollstreckbarkeit des Titels beseitigt. Daher nimmt auch die hM an, daß beide Klagen sich innerhalb ihres Anwendungsbereiches gegenseitig ausschließen.[3]

b) Der praktisch sehr wichtige Unterschied liegt darin, daß die Abänderungsklage zur Abänderung nur für die Zeit ab Klageerhebung führt, § 323 III; diese Beschränkung gilt für die Vollstreckungsgegenklage nicht.

Beispiel: Der Schuldner ist 1985 zur Zahlung von 1000,– DM pro Monat Scheidungsunterhalt verurteilt worden. Am 15. 6. 1996 heiratet seine geschiedene Frau erneut. Hiervon erfährt der Schuldner, gegen den seine geschiedene Frau auch wegen der Rückstände nach dem 15. 6. 1996 vollstreckt, erst im Januar 1997.

Hier ist der Schuldner durch die Wiederheirat von der Unterhaltspflicht befreit worden, § 1586 I BGB. Müßte er die Wiederheirat mit der Abänderungsklage geltend machen, könnte er eine Abänderung des Urteils nur ab Januar 1997 erreichen; die Vollstreckungsgegenklage hingegen würde sich gegen die Vollstreckung der Ansprüche ab Juli 1996 richten.

---

[1] BGH MDR 1997, 863, 864.
[2] BGH NJW-RR 1990, 48, 49; TP § 767 Rn. 3.
[3] BGH NJW 1984, 2826; Musielak-Lackmann § 767 Rn. 10; TP § 767 Rn. 4; aA BL-Hartmann § 323 Rn. 3.

c) Abgrenzung. Nach **inzwischen hM** ist wie folgt abzugrenzen:

– Die Abänderungsklage ist der richtige Rechtsbehelf, wenn sich die Umstände gewandelt haben, die sich von vornherein als wandelbar darstellen und ein quantitatives Element enthalten.[1]

Beispiel: Änderung der Bedürftigkeit des Gläubigers oder der Leistungsfähigkeit des Schuldners.

– Scharf umrissene, punktuelle Ereignisse dagegen sind mit der Vollstreckungsgegenklage geltend zu machen.

Beispiele: Der titulierte Unterhalt für die Zeit des Getrenntlebens fällt durch die rechtskräftige Scheidung der Ehe weg; Wiederheirat des Unterhaltsberechtigten; natürlich auch Erfüllung und sonstige typische materiell-rechtliche Einwendungen der Vollstreckungsgegenklage.

4. Schadenersatzklage gestützt auf § 826 BGB. Nach herrschender Rechtsprechung kann der Schuldner, wenn der Gläubiger den Titel vorsätzlich sittenwidrig erwirkt hat oder in entsprechender Weise aus ihm vollstreckt, auf Unterlassung der Vollstreckung und Herausgabe des Titels klagen (Rn. 558ff). Eine hierauf gestützte Vollstreckungsgegenklage würde an § 767 II scheitern. Die Rechtsprechung nimmt an, daß eine Konkurrenz zu § 767 nicht besteht. Die Schadenersatzklage wird auf die Unrichtigkeit bereits des Titels gestützt, die Vollstreckungsgegenklage auf nachträglich entstandene materielle Einwendungen gegen den titulierten Anspruch. 491

5. Berufung. Zwischen der Vollstreckungsgegenklage gegen den titulierten Anspruch und einer Berufung gegen das Urteil hat der Schuldner grundsätzlich die Wahl. 492

Beispiel: Am 1. 6. 1987 wird der Schuldner zur Zahlung von 10.000,– DM an den Gläubiger verurteilt; am 15. 6. 1987 erwirbt er eine aufrechenbare Gegenforderung gegen den Gläubiger in entsprechender Höhe. Der Schuldner erklärt die Aufrechnung. Hier kann er nach seiner Wahl Berufung einlegen (beachte allerdings § 530 II) oder Vollstreckungsgegenklage erheben. Das Rechtsschutzinteresse für eine zusätzliche Vollstreckungsgegenklage fehlt allerdings dann, wenn der Schuldner die Berufung bereits eingelegt hat.

6. Prozeßvergleich. Die ursprüngliche Unwirksamkeit des Prozeßvergleichs muß nach hM durch eine Fortsetzung des ursprünglichen Verfahrens geltend gemacht werden. Deshalb ist mit dieser Begründung eine Vollstreckungsgegenklage in der Regel unzulässig. Der Wegfall des im Vergleich titulierten Anspruchs kann demgegenüber mit der Vollstreckungsgegenklage eingewandt werden (Einzelheiten zu dieser examenswichtigen Problematik s. u. Rn. 535ff). 493

7. Klage auf Herausgabe des Titels. Nach wohl hM kann der Schuldner jedenfalls neben oder nach Durchführung einer Vollstreckungsgegenklage auch auf Herausgabe des Titels, gestützt auf eine analoge Anwendung des § 757 oder des § 371 BGB, klagen. Zu dieser examenswichtigen Problematik s. u. Rn. 554ff. 494

---

[1] BGH NJW-RR 1991, 1154; TP § 323 Rn. 2.

III. Zulässigkeit der Vollstreckungsgegenklage

495 **1. Behandlung von Zulässigkeitsproblemen.** Im folgenden werden typische Zulässigkeitsfragen der Vollstreckungsgegenklage dargestellt. Für die **Klausurbearbeitung** sei vorab auf einige **Grundsätze zum Umfang der Zulässigkeitsprüfung** hingewiesen:

a) Ist die Klage **unzweifelhaft zulässig** und beruft sich der Beklagte auch nicht unter irgendeinem Gesichtspunkt auf ihre Unzulässigkeit, ist zu empfehlen, auf die Zulässigkeit der Klage in den Entscheidungsgründen **nicht einzugehen.** Dies gilt auch dann, wenn **typische Probleme** auftauchen, die allerdings **eindeutig zu beantworten** sind.

Beispiel: Der Kläger wendet sich mit der Vollstreckungsgegenklage gegen die Vollstreckung des Beklagten aus einem Kostenfestsetzungsbeschluß. Hier kann das Rechtsschutzbedürfnis mit der Begründung problematisiert werden, ob dem Kläger als billigerer und einfacherer Weg nicht die sofortige Beschwerde nach § 103 III gegen den Kostenfestsetzungsbeschluß zustehe. Die Antwort ist für die hM jedenfalls klar: Das Rechtsschutzbedürfnis fehlt nicht, weil materielle Einwendungen im Kostenfestsetzungsverfahren grundsätzlich nicht geltend gemacht werden können. Hier erübrigen sich Ausführungen, wenn der Beklagte sich auf die Unzulässigkeit nicht berufen hat. Ein Praktiker würde sich im Urteil mit dieser unproblematischen Frage nur dann auseinandersetzen, wenn eine Partei darüber beschieden werden muß, weil sie eine entsprechende Ansicht geäußert hat. Nichts anderes wird von dem Klausurbearbeiter verlangt.

Allenfalls sollte man Ausführungen zur Klageart und zur Zuständigkeit (wegen ihrer Ausschließlichkeit) machen. Zur „Gewissensberuhigung" wäre demjenigen, der nicht den Mut hat, nichts zur Zulässigkeit zu sagen, deshalb etwa folgender Satz zu empfehlen:

„Die zulässige Klage ist als Vollstreckungsgegenklage gem. § 767 Abs. 1 ZPO statthaft, weil der Kläger eine rechtsvernichtende Einwendung gegen den titulierten Anspruch geltend macht; sie ist vor dem ausschließlich zuständigen Landgericht ... erhoben worden, das das Prozeßgericht des ersten Rechtszuges war, §§ 767 Abs. 1, 802 ZPO; die Klage ist auch begründet ..."

b) Macht der Beklagte die Unzulässigkeit der Klage geltend – häufig sind Hinweise auf die Möglichkeit der Erinnerung oder die Rüge der Unzuständigkeit –, sind Ausführungen zur Zulässigkeit notwendig.

c) Es gibt leider Klausuren, in denen Zulässigkeitsprobleme übersehen sind, so daß auch jeder Hinweis in den Schriftsätzen fehlt. Gerät der Bearbeiter an eine solche Klausur und hält er die Klage für unzulässig, sollte er natürlich zunächst genau prüfen, ob er mit seiner Meinung Recht hat. Wenn er sich sicher ist, steckt er allerdings ziemlich im Dilemma.

Beispiel: In einer Examensklausur wendet sich der Kläger gegen die Vollstreckung aus einem Prozeßvergleich. Das Protokoll der mündlichen Verhandlung, in der der Vergleich geschlossen wurde, ist beigefügt. Es fehlt – offenbar ein Flüchtigkeitsfehler – der Vermerk, daß der Vergleich vorgelesen und genehmigt wurde. Gem. §§ 160 III Nr. 1, 162 I 1 und 3 ist dieser Vermerk zwingend erforderlich. Aus § 165 S. 1 folgt daher, daß davon auszugehen ist, daß der Vergleich nicht vorgelesen und genehmigt wurde und deshalb unwirksam ist. Damit liegt kein Titel vor. Die Vollstreckungsgegenklage ist möglicherweise unzulässig, weil der Schuldner sein Ziel mit der Klauselerinnerung leichter und billiger erreichen kann (s. Rn. 502).

Hier ist klar, daß das „gewollte Ergebnis" nicht die Unzulässigkeit der Klage ist. Nach den Juristenausbildungsvorschriften wird eine praktische Leistung verlangt. Ein Praktiker macht aber kein Hilfsgutachten, das der Bearbeitervermerk vom Kandidaten fordert. Hier gibt es zwei Möglichkeiten:

- Der Mutlose „übersieht" das Problem und löst die Klausur so, wie es offensichtlich gewollt ist. Er läuft aber Gefahr, daß der an den Prüfervermerk nicht gebundene Prüfer die Unzulässigkeit erkennt und dem Kandidaten vorwirft, diese Frage nicht gesehen zu haben. Nach meiner Erfahrung allerdings werden solche ungewollten Pannen dem Kandidaten von den Prüfern nicht zur Last gelegt.
- Der Mutige löst die Klausur richtig (Unzulässigkeit der Klage, darauf beschränkte Entscheidungsgründe, Hilfsgutachten). Er muß aber den Prüfer, der das Problem vielleicht nicht gesehen hat, von der Richtigkeit seiner Lösung überzeugen und großen Wert auf die Begründung in den Entscheidungsgründen legen. Das Problem ist im Prüfervermerk wahrscheinlich nicht behandelt.
- Ich empfehle sogar, die Lösung durch Zitate zu belegen (hier TP § 794 Rn. 11), was sonst, da es eine Begründung nicht ersetzt, untunlich ist. Das Risiko, wegen dieser Lösung nicht zu den eigentlichen Problemen zu kommen, ist gering, weil die weiteren Fragen im Hilfsgutachten zu behandeln sind.

2. Statthaftigkeit. Die Vollstreckungsgegenklage ist nach § 767 I statthaft, wenn der Kläger Einwendungen erhebt, die den durch das Urteil festgestellten Anspruch selbst betreffen. 496

a) Der Kläger (Schuldner) muß also **materiell-rechtliche Einwendungen** gegen den titulierten Anspruch geltend machen.

b) Es muß sich nach § 767 I um Einwendungen gegen den in einem **Urteil festgestellten Anspruch** handeln. Die Vorschrift findet daher nach ihrem Wortlaut keine Anwendung, wenn die Klage sich gegen die Vollstreckung aus einem anderen Titel wendet. Hier folgt die Anwendbarkeit erst aus § 795 S. 1. Diese Vorschrift und die entsprechende Ziffer des Abs. 1 des § 794 sind deshalb bei **anderen Titeln immer zu erwähnen.**

c) Gegen in **Arresten** und **einstweiligen Verfügungen** titulierte Ansprüche ist die Vollstreckungsgegenklage grundsätzlich **nicht statthaft.** Insoweit ist das Aufhebungsverfahren nach §§ 927, 936 vorrangig.[1] Eine Ausnahme gilt nur für die Leistungsverfügung. Gegen die in ihr titulierten Ansprüche kann mit materiell-rechtlichen Einwendungen im Wege der Vollstreckungsgegenklage vorgegangen werden.[2]

3. Zuständigkeit. Zuständig zur Entscheidung ist – **ausschließlich, § 802** – das Prozeßgericht des ersten Rechtszuges, § 767 I. Das ist das Gericht erster Instanz des Rechtsstreits, in dem der Titel geschaffen worden ist.[3] Wegen der Ausschließlichkeit muß die Zuständigkeit immer geprüft werden; es kann auch in den Entscheidungsgründen kurz auf sie eingegangen werden (s. Rn. 495). 497

a) Örtlich und sachlich. § 767 I regelt schon nach seinem Wortlaut sowohl die örtliche als auch die sachliche Zuständigkeit. 498

---

[1] MK-Karsten Schmidt § 767 Rn. 37 m.w.N.; TP § 767 Rn. 11.
[2] BGHZ 24, 269, 273; TP § 936 Rn. 15.
[3] BGH NJW 1980, 188, 189.

Die Auffassung, wenn der Streitwert die sachliche Zuständigkeit des Amtsgerichts übersteige, gelte § 796 III analog,[1] dürfte schon deshalb unzutreffend sein, weil die Vorschrift nicht analogiefähig ist. Eine planwidrige Lücke ist angesichts der eindeutigen Gesetzesregelung nicht erkennbar. § 796 III ist außerdem wie § 797 V eine Ausnahmevorschrift für den Fall, daß es ein Prozeßgericht des ersten Rechtszuges nicht gibt. § 796 III soll nur verhindern, daß wegen der ausschließlichen Zuständigkeit des Amtsgerichts für das Mahnverfahren unabhängig vom Streitwert das Amtsgericht auch für alle Klausel- und Vollstreckungsgegenklagen zuständig wird.

499 **b) Familiensachen.** Handelt es sich bei dem titulierten Anspruch um eine **Familiensache,** ist das Familiengericht zur Entscheidung zuständig.[2] Dies gilt auch dann, wenn Familiensachen Gegenstand eines Prozeßvergleichs vor dem Landgericht sind. Es konkurrieren die ausschließlichen Zuständigkeiten der §§ 767, 621. Die familiengerichtliche Zuständigkeit geht der des 8. Buches der ZPO vor.[3]

§ 767 I liegt im Hinblick auf die Zuständigkeitsregelung die Überlegung zugrunde, daß das Gericht des Vorprozesses besondere Sachkenntnis in der streitigen Angelegenheit hat. Dies kann für das Landgericht im Hinblick auf Familiensachen nicht angenommen werden. Wird ein Zivilprozeß vor dem Landgericht verglichen und enthält der Vergleich Regelungen über Familiensachen, dann werden diese Vereinbarungen meist ohne Hilfe der Richter zwischen den Parteien getroffen worden sein; Unterhaltsansprüche zB können allenfalls im Wege der Aufrechnung in einen Zivilprozeß vor dem Landgericht eingeführt werden. Werden später nur diese Teile des Vergleichs Gegenstand einer Vollstreckungsgegenklage, geht mE die Zuständigkeit des Familiengerichts wegen dessen Sachkompetenz vor.

Beachte: Die Zuständigkeitsabgrenzung Familiengericht-, allg. Zivilgericht ist häufiges Klausurthema! Hier ist zu beachten:

aa) Kommt die Zuständigkeit des Landgerichts oder des Familiengerichts in Betracht, geht es um die sachliche Zuständigkeit des Gerichts, also um eine Zulässigkeitsfrage. Entsprechendes gilt bei der Frage, ob das Land- oder das Oberlandesgericht das richtige Rechtsmittelgericht ist.

bb) Problematisch wird es, wenn es um die Zuständigkeit der Zivil- oder der Familienabteilung innerhalb eines Amtsgerichts geht. Nach hM handelt es sich hierbei nur um die Frage der Zuständigkeit durch die Geschäftsverteilung innerhalb des zuständigen Amtsgerichts.[4] Die unzuständige Abteilung hat die Sache – auch ohne Antrag – an die zuständige Abteilung abzugeben. Eine Verweisung ist nach hM unzulässig. Ein Zuständigkeitsstreit wird analog § 36 Nr. 5 vom Oberlandesgericht entschieden.

Da von Amts wegen auch ohne Antrag abgegeben werden muß, kann eine an das Zivilgericht gerichtete Klage nicht mit der Begründung abgewiesen werden, sie sei unzulässig, weil beim unzuständigen Gericht eingelegt. Zuständig ist das Amtsgericht. Die Frage der Zuständigkeit des Zivil- oder Familiengerichts innerhalb des Amtsgerichts ist daher kein Problem der Zulässigkeit der Klage. Es handelt sich um eine ähnliche Problematik wie im Verhältnis der Zivilkammer zu der Kammer für Handelssachen beim Landgericht. Hier ist anerkannt, daß es nicht um die sachliche Zuständigkeit, sondern

---

1 So nur TP § 767 Rn. 13, § 731 Rn. 4.

2 BGH NJW 1981, 346, 347; TP § 767 Rn. 13.

3 BGH NJW 1980, 188, 189; BayObLG FamRZ 1991, 1455 (zu § 797 V); Musielak-Lackmann § 767 Rn 17; aA BGH NJW 1980, 1393; MK-Karsten Schmidt § 767 Rn. 50; Zö-Herget § 767 Rn. 10.

4 BL-Albers § 23b GVG Rn. 6f; TP § 23b GVG Rn. 7.

um die Geschäftsverteilung geht.[1] **In Klausuren empfiehlt es sich,** den richtigen Ansatz (Zuständigkeit, nicht Zulässigkeit!) zu wählen und auch zu begründen (Ansatz: Darf die angerufene Abteilung entscheiden oder muß sie die Sache abgeben?).

c) Sonderregelungen enthalten die §§ 796 III, 797 V. 500

aa) Nach **§ 796 III** ist u.a. für die Vollstreckungsgegenklage gegen den in einem **Vollstreckungsbescheid** titulierten Anspruch das Gericht zuständig, das für eine Entscheidung im Streitverfahren zuständig gewesen wäre. Maßgeblich ist insoweit die Zuständigkeit für einen Prozeß des Antragstellers im Mahnverfahren gegen dessen Antragsgegner. Diese wiederum richtet sich nach den §§ 12ff und §§ 23, 71 GVG. Insoweit können auch Gerichtsstandsvereinbarungen maßgeblich sein. §§ 40 II 1, 802 stehen nicht entgegen, weil erst der für das Streitverfahren ermittelte Gerichtsstand ausschließlich ist.

bb) § 797 V regelt die **örtliche** Zuständigkeit, wenn es um die Klage gegen einen in einer gerichtlichen oder notariellen Urkunde titulierten Anspruch geht. **Beachte:** Es handelt sich um ein **typisches Klausurproblem!**

Die Vorschrift wird in der Literatur zu Recht einschränkend dahin ausgelegt, daß mit gerichtlichen Urkunden nur die des § 794 I Nr. 5 gemeint sind, nicht aber Prozeßvergleiche.[2] Die Vorschrift ist geschaffen worden, um für Rechtsbehelfe **hinsichtlich** der Titel, für die es ein Prozeßgericht nicht gibt, eine Zuständigkeitsregelung zu schaffen. Grundsätzlich soll aber das Gericht, das schon mit der Sache befaßt war, zuständig sein, nämlich das Prozeßgericht des ersten Rechtszugs. Der Zweck des § 797 V trifft demnach bei Prozeßvergleichen nicht zu. Außerdem vermeidet die einschränkende Auslegung die Konsequenz, daß bei Vergleichen vor dem ersuchten Richter (§ 362) unterschiedliche Gerichte zur Entscheidung über Erinnerungen bzw. Klagen zuständig wären.

4. Rechtsschutzinteresse. Das Rechtsschutzbedürfnis für die Vollstrek- 501
kungsgegenklage kann in folgenden Fällen fehlen und sollte auch bei einem entsprechenden Hinweis in den Schriftsätzen problematisiert werden:

a) Berufung. Hat der Kläger bereits Berufung eingelegt, fehlt das Rechtsschutzbedürfnis für eine Vollstreckungsgegenklage. Mit der Berufung kann der Schuldner mehr erreichen, nämlich daß der ergangene Titel wieder aufgehoben wird. Mit der Vollstreckungsgegenklage kann er nur die Vollstreckbarkeit des titulierten Anspruchs beseitigen. Dagegen läßt **allein die Möglichkeit**, Berufung einzulegen, das Rechtsschutzinteresse nicht entfallen. Die Berufung ist kein einfacherer und vor allem kein billigerer Weg, weil die Berufungsgebühren höher sind als die erster Instanz.

b) Erinnerung. Das Rechtsschutzbedürfnis fehlt, wenn der Schuldner auf 502
billigerem und einfacherem Weg zum gleichen Ziel kommen kann. Hier ist immer an die **Möglichkeit einer Erinnerung** zu denken, die kostengünstiger und verfahrensmäßig einfacher ist. Zu fragen ist aber immer, ob die Erinnerung auch wirklich zum gleichen Ziel führt, nämlich zur Beseitigung der **Vollstreckbarkeit des Titels.**

---

[1] BGHZ 63, 214, 217f; TP vor § 93 GVG Rn. 1.

[2] MK-Wolfsteiner § 797 Rn. 44; Musielak-Lackmann § 797 Rn. 1 m.w.N.; TP § 797 Rn. 2; aA. RGZ 21, 345, 347ff; OLG München NJW 1961, 2265 f.

aa) Unwirksamkeit. Ist der Titel aus **formellen Gründen unwirksam (= nichtig),** so ist die Vollstreckungsgegenklage unzulässig.[1] Das Rechtsschutzbedürfnis für sie fehlt, weil das Ziel, die Vollstreckbarkeit des Titels zu beseitigen, endgültig auch mit einer Klausel- oder Vollstreckungserinnerung erreicht werden kann.

Beispiel: Ein gerichtlicher Vergleich ist nicht vorgelesen und genehmigt worden (s. Rn. 44, 495).

Beruht die Unwirksamkeit dagegen auf **materiellem Recht,** bleibt die Vollstreckungsgegenklage zulässig; die Frage der Unwirksamkeit darf aber nicht untersucht werden.[2] Auch kann im Einzelfall der Weg der Vollstreckungsgegenklage für den Schuldner einfacher sein, wenn er seine materiellrechtliche Einwendung leichter darlegen und beweisen kann als die formelle Unwirksamkeit.[3]

503 **bb) Kostenfestsetzungsverfahren.** Einige Klausuren, in denen es um die Vollstreckungsgegenklage gegen die Vollstreckung aus einem Kostenfestsetzungsbeschluß geht, enthalten den schriftsätzlichen Hinweis des Beklagten, der Kläger könne Beschwerde einlegen, so daß die Vollstreckungsgegenklage unzulässig sei.

Gemeint ist dabei die sofortige Beschwerde gegen den Kostenfestsetzungsbeschluß selbst, § 104 III. Diese kann dem Schuldner aber nicht zum Erfolg verhelfen, weil der Rechtspfleger materielle Einwendungen im Kostenfestsetzungsverfahren grundsätzlich nicht überprüfen darf (s. i.e. Rn. 549).

504 **cc) Zahlungsnachweise.** Gelegentlich wird die Frage problematisiert, ob dem Schuldner das Rechtsschutzbedürfnis für eine Vollstreckungsgegenklage fehlt, weil er Zahlungen durch Post- oder Bankquittungen nachweisen kann (Rn. 488). Trotz der Möglichkeit einer Erinnerung fehlt das Rechtsschutzbedürfnis für die Vollstreckungsgegenklage nicht, weil der Schuldner mit der Erinnerung nicht das gleiche erreichen kann, wie mit der Vollstreckungsgegenklage. Gem. §§ 775 Nr. 5, 776 S. 2 führt die Vorlage von Quittungen nur zur einstweiligen Einstellung der Zwangsvollstreckung. Bestreitet der Gläubiger, daß die Zahlungen auf die titulierte Forderung anzurechnen sind, hat der Gerichtsvollzieher die Vollstreckung fortzusetzen. Zu einer endgültigen Einstellung kann der Schuldner nur mit einer erfolgreichen Vollstreckungsgegenklage kommen, §§ 775 Nr. 1, 776 S. 1.

505 **dd) Unbestimmter Titel.** Das Rechtsschutzinteresse fehlt, wenn der **Titel zu unbestimmt ist.** Hier kann der Schuldner Erinnerung nach § 732 oder § 766 einlegen.[4]

506 **c) Prozeßvergleich.** Das Rechtsschutzbedürfnis fehlt nach hM auch dann, wenn im Falle der angeblichen **Unwirksamkeit eines Prozeßvergleichs** der ursprüngliche Prozeß fortzusetzen ist. Einzelheiten zu dieser wichtigen Problematik s. u. Rn. 535 ff.

---

[1] BGH NJW-RR 1987, 1149 f; Musielak-Lackmann § 767 Rn. 19; StJ-Münzberg § 767 Rn. 11.

[2] BGH NJW 1992, 2160, 2161 f.

[3] Brox-Walker Rn. 1333.

[4] OLG Düsseldorf NJW-RR 1988, 698, 699; Musielak-Lackmann § 767 Rn. 19.

d) Beendigung der Zwangsvollstreckung. Im übrigen darf die Vollstreckungsgegenklage bereits erhoben werden, bevor die Klausel zu dem Titel erteilt worden ist. Die Vollstreckung muß nicht etwa bereits begonnen haben. Der Schuldner muß nämlich damit rechnen, daß die Klausel, möglicherweise auch ohne seine Kenntnis, erteilt und dann sofort vollstreckt wird. 507

Das Rechtsschutzbedürfnis fehlt erst dann, wenn die Vollstreckung aus dem Titel vollständig beendet und der Titel an den Schuldner herausgegeben worden ist oder dem Gläubiger keine Vollstreckungsmöglichkeit mehr bietet (etwa wegen Gerichtsvollzieherquittungen nach § 757 I).

5. Klageänderung. Streitgegenstand der Vollstreckungsgegenklage ist nach dem herrschenden zweigliedrigen Streitgegenstandsbegriff die Unzulässigkeit der Zwangsvollstreckung wegen einer bestimmten materiellen Einwendung. Wird statt der ursprünglichen Einwendung des Klägers im Prozeßverlauf eine andere oder neben ihr eine neue geltend gemacht, handelt es sich nach hM um eine Klageänderung.[1] Diese ist gem. § 263 nur zulässig, wenn der Beklagte einwilligt oder das Gericht sie für sachdienlich erachtet. Die Einwilligung des Beklagten wiederum wird vermutet, wenn er sich rügelos einläßt, § 267. Die mögliche Klageänderung ist demnach nur beachtlich, wenn der Beklagte sie **gerügt** hat. **Nur dann** sind dazu **Ausführungen erforderlich.** Ansonsten kann man sich, wenn man es für unbedingt erforderlich hält, mit dem Satz begnügen: 508

„Ob in der Geltendmachung der Barzahlung anstelle der Aufrechnung eine Klageänderung liegt, kann dahinstehen, weil der Beklagte eingewilligt hat, §§ 267, 263 ZPO."

Ist die Klageänderung gerügt, wird man sie schon wegen § 767 III in aller Regel als sachdienlich zuzulassen haben.

6. Die Präklusion nach § 767 II oder III ist **keine Frage der Zulässigkeit** der Klage, sondern der Begründetheit. Dies folgt schon aus dem Wortlaut des § 767 II, der auf die Zulässigkeit der Einwendungen, nicht aber auf die Zulässigkeit der Klage Bezug nimmt. 509

IV. Die Begründetheit der Klage

Die Klage ist – je nach dem Antrag des Klägers ganz oder teilweise – begründet, wenn dem Kläger eine durch **§ 767 II oder III nicht ausgeschlossene materiell-rechtliche „Einwendung" zusteht,** welche die Wirkung hat, daß der titulierte **Anspruch nicht mehr oder nur noch eingeschränkt** geltend gemacht werden darf. 510

1. Aktivlegitimiert, also berechtigt, den Klageanspruch geltend zu machen, ist der Schuldner oder derjenige, gegen den der Titel umgeschrieben worden ist. **Passivlegitimiert** ist in aller Regel der im Titel genannte Gläubiger; es kann aber auch sein Rechtsnachfolger sein, auf den der Titel umgeschrieben werden kann. 511

Beispiel: Der obsiegende Kläger tritt seinen titulierten Anspruch in einer notariellen Urkunde an einen Dritten ab. Hier kann der Schuldner, wenn er erfüllt hat, Vollstreckungsgegenklage gegen den Kläger mit der Begründung erheben, der Kläger sei nicht mehr Forderungsinhaber. Er kann auch gegen den Dritten klagen und den Einwand der Erfüllung geltend machen. Der Klage fehlt das Rechtsschutzbedürfnis nicht, weil der Titel umgeschrieben werden kann. Die Klausel muß noch nicht erteilt sein (s. Rn. 507). Allenfalls läuft der Schuldner Gefahr, daß der Dritte sofort anerkennt und

---

[1] BGHZ 45, 231, 232 ff; TP § 767 Rn. 17.

er, der Schuldner, die Kosten der Vollstreckungsgegenklage gem. § 93 zu tragen hat, wenn der Dritte keine Veranlassung zur Klageerhebung gegeben hat.

Regelmäßig sind **keine Ausführungen** zur Aktiv- oder Passivlegitimation erforderlich. Allenfalls dann, wenn eine der beiden Parteien im Titel nicht genannt ist, könnte man die Anspruchsberechtigung oder Anspruchsgegnerschaft darlegen. **Auf keinen Fall** aber darf man Aktiv- oder Passivlegitimation **im Rahmen der Zulässigkeit** der Klage erörtern. Es geht um die Frage, wer gegen wen einen Anspruch hat, nicht um die Frage, ob die Klage zulässig ist. Auch die Klage gegen eine „falsche Partei" ist zulässig; sie ist nur nicht begründet, weil der in Anspruch Genommene nicht Anspruchsgegner ist.

512 **2. Anspruchsgrundlage.** Auch die Vollstreckungsgegenklage bedarf einer **Anspruchsgrundlage.** Einzelheiten sind hierzu streitig. ZT wird angenommen, die Anspruchsgrundlage für den rechtsgestaltenden Ausspruch sei § 767 I selbst. ZT wird die Anspruchsgrundlage in der materiell-rechtlichen Einwendung gesehen. Dies sollte der Klausurbearbeiter nicht problematisieren; er sollte allerdings eine Anspruchsgrundlage nennen.

513 **3. Einwendungen.** In der Regel kann der Schuldner nur **rechtsvernichtende oder rechtshemmende Einwendungen** gegen den titulierten Anspruch geltend machen. Dies folgt aber lediglich aus § 767 II, so daß die **Regel nicht gilt,** wenn auch **§ 767 II keine Anwendung** findet. Praktisch wird das allerdings nur bei vollstreckbaren Urkunden (§ 797 IV) und Anwaltsvergleichen (§§ 796 a ff); rechtshindernde Einwendungen gegen einen Prozeßvergleich sind, obwohl auch hier § 767 II nicht gilt, regelmäßig durch eine Fortsetzung des Ursprungsverfahrens geltend zu machen (s. u. Rn. 536).

Am einfachsten ist es, sich bei der Prüfung der Begründetheit der Klage **folgende Fragen** zu stellen:

- Ist der Kläger mit der geltend gemachten Einwendung **präkludiert** (s. u. Rn. 514 ff)?
- Wie wäre **heute** über den titulierten Anspruch des Beklagten **zu entscheiden?**

Nur die Präklusionsvorschriften beschränken die Prüfung auf Einwendungen bestimmter Art! Trotzdem einige **Beispiele:**

Rechtsvernichtende Einwendungen: Erfüllung (insbes. Zahlung, Aufrechnung); Erlaß, Verzicht, Vergleich; befreiende Unmöglichkeit; Rücktritt vom Vertrag; Verstoß gegen Treu und Glauben (insbes. Wegfall der Geschäftsgrundlage); befreiende Schuldübernahme; Abtretung, gesetzlicher Forderungsübergang oder Pfändung des titulierten Anspruchs.

Rechtshemmende Einwendungen: Verjährung, Zurückbehaltungsrechte, Stundung.

Zu **beachten** ist – dies gilt insbesondere für rechtshemmende Einwendungen, aber auch für die Abtretung, Pfändung oder den gesetzlichen Forderungsübergang –, daß ein Teil der Einwendungen **nicht** dazu führt, daß die Vollstreckbarkeit des Titels **gänzlich beseitigt wird.** Einzelheiten hierzu werden bei der Darstellung des Tenors (Rn. 531 f), aber auch im Klausurbeispiel (Anhang Rn. 928) dargestellt.

4. Präklusion. Die Geltendmachung der Einwendung darf **nicht gem. §§ 767 II** oder 796 II (Vollstreckungsbescheid) **ausgeschlossen** sein. Hierbei handelt es sich um eine **besonders wichtige Klausurproblematik!** 514

§ 767 II läßt die Geltendmachung von Einwendungen (deshalb betrifft die Vorschrift die Begründetheit der Klage) nur zu, wenn die Gründe, auf denen sie beruhen,

– nach dem Schluß der letzten mündlichen Verhandlung, in der Einwendungen nach der ZPO spätestens hätten geltend gemacht werden müssen, entstanden sind (Urteile außer Versäumnisurteile),
– und durch Einspruch nicht mehr geltend gemacht werden können (Versäumnisurteile).

§ 796 II stellt für den Vollstreckungsbescheid den Zeitpunkt der letzten mündlichen Verhandlung, die ja nicht stattgefunden hat, dem der Zustellung des Vollstreckungsbescheides gleich.

a) Zeitpunkt. Grundsätzlich ist die **letzte mündliche Verhandlung** in der **letzten Tatsacheninstanz** maßgeblich. In der Revisionsinstanz können neue Tatsachen nicht vorgebracht werden. 515

Beim Grundurteil kommt es hinsichtlich der Einwendungen zum Grund auf die letzte mündliche Verhandlung vor Erlaß des Grundurteils an; hinsichtlich der Einwendungen zur Höhe auf die letzte mündliche Tatsachenverhandlung überhaupt. Entsprechendes gilt für Vorbehaltsurteile.

b) „Entstandene" Einwendungen. Die Einwendungen müssen bereits entstanden sein. Aus dem Wortlaut folgt, daß es allein auf die **objektive Möglichkeit** ankommt, die Einwendung geltend zu machen. Es ist nicht ausschlaggebend, ob der Schuldner die Einwendung überhaupt kannte oder schuldlos bzw. schuldhaft nicht kannte oder nicht beweisen konnte.[1] 516

Beispiel: In Unkenntnis des Schuldners hat dessen Großvater einen Tag vor der mündlichen Verhandlung die Klageforderung beglichen. Mit dem Erfüllungseinwand ist der Schuldner bei einer späteren Vollstreckungsgegenklage nach § 767 II präkludiert.

c) Gestaltungsrechte. Sehr **streitig** ist allerdings, auf welchen Zeitpunkt es ankommt, wenn ein selbständiges Gestaltungsrecht (zB Aufrechnung, Rücktritt, Wandelung) zur Zeit der letzten mündlichen Verhandlung bereits bestand, aber erst nach Schluß der mündlichen Verhandlung ausgeübt wurde. **Wichtig:** Kein Gestaltungsrecht (sondern rechtshindernde Einwendung) ist der Widerruf nach § 1 HWiG, weil er verhindert, daß ein Vertrag entsteht.[2] 517

Beispiel: Der klagende Mieter verlangt mit der Klage von dem beklagten Vermieter Zahlung von 200,– DM als Guthaben aus einer Heizkostenabrechnung. Eine Woche vor der letzten mündlichen Verhandlung beschädigt der Kläger schuldhaft die Hauseingangstür; der Hausmeister läßt sie mit einem Kostenaufwand von 200,– DM im Namen und für Rechnung des Beklagten reparieren. Am Tag vor der letzten mündlichen Verhandlung erfährt der Hausmeister, daß der Kläger den Schaden verur-

---

[1] BGHZ 61, 25, 26; TP § 767 Rn. 22; Brox-Walker Rn. 1342.
[2] BGH NJW 1996, 57ff; Musielak-Lackmann § 767 Rn. 28 „Widerruf"; aA MK-Karsten Schmidt § 767 Rn. 80, 82; StJ-Münzberg § 767 Rn. 33; TP § 767 Rn. 22.

sacht hatte. Er benachrichtigt den telefonisch nicht erreichbaren Beklagten schriftlich. Der Brief kommt am Tag nach der mündlichen Verhandlung an, aufgrund der der Beklagte verurteilt wurde. Der Beklagte erklärt die Aufrechnung. Als der Kläger dennoch vollstreckt, erhebt er Vollstreckungsgegenklage.

Hier wußte der Beklagte – ohne Verschulden – nichts von der Tatsache, daß zur Zeit der letzten mündlichen Verhandlung eine aufrechenbare Gegenforderung bestand. Eine Berufung gegen das Urteil des Amtsgerichts ist unzulässig, weil die Berufungssumme (§ 511a) nicht erreicht ist. Stellt man hier allein auf die objektive Möglichkeit der Aufrechnung ab, würde die Vollstreckungsgegenklage an § 767 II scheitern. Hält man den Zeitpunkt der Erklärung der Aufrechnung für maßgeblich, wäre die Vollstreckungsgegenklage begründet.

518 **aa) Nach ständiger Rechtsprechung** und einem Teil der Literatur kommt es allein auf die **objektive Möglichkeit** der Ausübung des Gestaltungsrechts vor Schluß der mündlichen Verhandlung an.[1] In den Vordergrund gestellt wird der größtmögliche Schutz der Rechtskraft und der Vollstreckbarkeit des Titels. Der Schuldner soll im Interesse der Rechtsklarheit gezwungen werden, möglichst früh von seinen Gestaltungsrechten Gebrauch zu machen. Verzögerungen der Vollstreckung sollen vermieden werden. Eine Ausnahme gilt nur für vertraglich eingeräumte Gestaltungsrecht wie Options- oder Rücktrittsrechte.[2]

519 **bb) Die hM in der Literatur** stellt darauf ab, daß die Rechtsänderung nicht bereits dann eintritt, wenn die Möglichkeit der Gestaltungserklärung besteht, sondern erst mit der **Ausübung des Gestaltungsrechts.** Erfolgt diese erst nach Schluß der mündlichen Verhandlung, soll der Einwand nicht gem. § 767 II präkludiert sein.[3] ZT wird allerdings angenommen, daß wegen der gesetzlichen Prozeßförderungspflicht (zB §§ 277 I, 282 I, 296 II, 340 III, 528 II) die spätere Geltendmachung eines Gestaltungsrechts bei einem Mißbrauch oder grober Nachlässigkeit des Schuldners nicht zugelassen werden dürfe.[4] Dann folgt die Präklusion nicht aus § 767 II, sondern aus den die Prozeßförderung verlangenden Vorschriften.

520 **cc) Stellungnahme.** Dogmatisch richtig ist die Auffassung des Schrifttums. Wann eine Einwendung entsteht, kann nur dem materiellen Recht, nicht dem Prozeßrecht entnommen werden. Enthält das materielle Recht keine Fristen oder bestimmte Fristen zur Ausübung eines Gestaltungsrechts, so kann dies durch die prozessuale Vorschrift des § 767 II nicht ausgeschlossen werden.

Dem **Klausurbearbeiter** ist allerdings **zu empfehlen,** der Auffassung der Rechtsprechung zu folgen. Die Klausur wird vom Praktiker korrigiert. Die ständige Rechtsprechung jedenfalls kann nicht als nicht vertretbar bezeichnet werden; hier wird schon von Gewohnheitsrecht gesprochen. Der Auffassung in der Literatur läßt sich entgegenhalten, daß sie de facto zu einer Aushöhlung der Rechtskraft führe. In krassen Ausnahmefällen kann dem Schuldner

---

[1] BGHZ 100, 222, 224; MK-Karsten Schmidt § 767 Rn. 82; Zö-Herget § 767 Rn. 14.

[2] BGH NJW 1994, 1225, 1226.

[3] Musielak-Lackmann § 767 Rn. 37; StJ-Münzberg § 767 Rn. 35; TP § 767 Rn. 22; Brox-Walker Rn. 1346.

[4] StJ-Münzberg § 767 Rn. 35.

eine Restitutionsklage oder eine Schadenersatzklage (§ 826 BGB) helfen. In der Regel, insbesondere bei der Aufrechnung, kann der Schuldner seinen materiell-rechtlichen Anspruch im Wege der Leistungsklage durchsetzen, so daß er ihn, nimmt man eine Präklusion an, nicht verliert.

d) Einspruch. Nach §§ 767 II (Versäumnisurteil), 796 II (Vollstreckungsbescheid) sind nur Einwendungen zulässig, die **nicht mehr durch Einspruch** geltend gemacht werden können. 521

aa) Die hM folgert aus dem Wortlaut der genannten Vorschriften zu Recht, daß die Vollstreckungsgegenklage nur auf solche Einwendungen gestützt werden kann, die erst **nach dem Ablauf** der Einspruchsfrist **entstanden** sind.[1]

bb) Von anderen wird die Auffassung vertreten, daß die Vollstreckungsgegenklage auf alle Einwendungen gestützt werden könne, deren einspruchsweise Geltendmachung am Schluß der letzten mündlichen Verhandlung über die Vollstreckungsgegenklage **nicht mehr möglich** ist.[2] Dies wird zunächst mit dem Wortlaut der genannten Vorschriften begründet: „können". Der Gesetzgeber habe durch die Wahl des Präsens und nicht des Imperfekts zum Ausdruck gebracht, daß es allein auf den Zeitpunkt der Entscheidung über die Vollstreckungsgegenklage ankomme. Zudem sprächen Gründe der Prozeßökonomie für diese Auslegung. So würde vermieden, daß der Schuldner, der nach Erlaß eines Versäumnisurteils oder eines Vollstreckungsbescheids zahle, Einspruch einlegen müsse, der zu weiteren Kosten führe.

Beispiel: Gegen den Schuldner ist ein Versäumnisurteil ergangen. Zwei Tage nach dessen Zustellung zahlt er. Er legt keinen Einspruch ein, um Kosten zu sparen. Der Gläubiger vollstreckt nach Ablauf der Einspruchsfrist trotz der Zahlung. Hier wäre nach hM der Schuldner bei einer Vollstreckungsgegenklage nach § 767 II präkludiert. Nach der aA wäre die Vollstreckungsgegenklage begründet; der Schuldner kann die Zahlung nicht mehr durch Einspruch geltend machen.

Dem ist entgegenzuhalten, daß so der Zweck des § 767 II bzw. 796 II unterlaufen wird. Die Präklusionswirkung wäre für Versäumnisurteile und Vollstreckungsbescheide praktisch bedeutungslos. Die Vorschriften bringen deutlich zum Ausdruck, daß das, was im Vorprozeß vorgebracht werden kann, dort auch vorzubringen ist. Die Instanz, die das Versäumnisurteil erlassen hat, soll sich auch mit den Einwendungen des Schuldners befassen, der Einspruch einlegt.

e) Abtretung. Besonderheiten bestehen bei der Abtretung und bei einem gesetzlichen Forderungsübergang. 522

Beispiel: Der Gläubiger klagt gegen den Schuldner auf Zahlung von 1000,– DM. Nach Rechtshängigkeit, aber vor Schluß der mündlichen Verhandlung, tritt er seinen Anspruch an einen Dritten ab, ohne den beklagten Schuldner hiervon zu informieren. Es ergeht ein Urteil gegen den Schuldner. Anschließend erfährt dieser von der Abtretung und erhebt Vollstreckungsgegenklage gegen den Gläubiger, der trotz der Abtretung vollstreckt. Hier steht dem Schuldner ein materiell-rechtlicher Einwand gegen den titulierten Anspruch zu. Der Gläubiger ist nämlich nicht mehr Inhaber der For-

---

[1] BGH NJW 1982, 1812; Musielak-Lackmann § 767 Rn. 38; TP § 767 Rn. 21.
[2] StJ-Münzberg § 767 Rn. 40 m.w.N.

derung. Er hat sie an den Dritten abgetreten, der damit Forderungsinhaber geworden ist. Allerdings hatte der Schuldner objektiv die Möglichkeit, die Abtretung in dem Vorprozeß geltend zu machen. Darauf, daß er von ihr keine Kenntnis hatte, kommt es nach ganz hM nicht an.

Gleichwohl ist der Schuldner hier mit seinem Abtretungseinwand nicht gem. § 767 II präkludiert. Ihm steht nämlich noch ein weiterer materiell-rechtlicher Einwand zu, der erst nach Schluß der letzten mündlichen Verhandlung entstanden ist. Dabei handelt es sich um die Kenntnis von der Abtretung. Gem. § 407 I BGB konnte der Schuldner, solange er von der Abtretung keine Kenntnis hatte, mit befreiender Wirkung an den klagenden Gläubiger leisten. Diese Möglichkeit, die ihm das materielle Recht bot, ist nach Schluß der mündlichen Verhandlung durch seine Kenntnis weggefallen. Gehört die **Kenntnis** des Schuldners zum **Entstehungstatbestand der Einwendung,** wie etwa im Fall des § 407 BGB, ist sie beachtlich; der Schuldner ist **nicht präkludiert,** wenn er nach Schluß der mündlichen Verhandlung Kenntnis erhält.[1]

Entsprechendes gilt für die Fälle des gesetzlichen Forderungsübergangs (zB § 426 II BGB), da gem. § 412 BGB auf diese § 407 BGB entsprechende Anwendung findet (s. **Klausurbeispiel** im Anhang, Rn. 927).

523 **f) Geltungsbereich des § 767 II. Wichtige Problematik!** § 767 II gilt in verschiedenen Fällen nicht. Die Vorschrift soll die Rechtskraft eines Titels weitestgehend schützen. Daher kann sie nach ihrem Sinn keine Anwendung finden, wenn der Titel, aus dem die Vollstreckung betrieben wird, **keine Rechtskraftwirkung** entfaltet.

- § 767 II findet keine Anwendung bei der Vollstreckung aus **vollstreckbaren Urkunden** iSd. § 794 I Nr. 5 und auf **Anwaltsvergleiche.** Dies ist ausdrücklich geregelt in § 797 IV.
- Da auch **Prozeßvergleiche** keine Rechtskraftwirkung entfalten, findet nach allgemeiner Ansicht auch auf sie § 767 II keine Anwendung.[2] Dies kann mit dem Sinn und Zweck des § 767 II (Schutz der Rechtskraft), aber auch mit einer entsprechenden Anwendung des § 797 IV begründet werden.

  Weil § 767 II keine Anwendung findet, können gegen die in einem Prozeßvergleich wie auch gegen die in einer vollstreckbaren Urkunde titulierten Ansprüche **rechtshindernde Einwendungen** geltend gemacht werden. Beim Prozeßvergleich sind sie allerdings nicht mit der Vollstreckungsgegenklage, sondern durch eine Fortsetzung des ursprünglichen Verfahrens geltend zu machen (s. Rn. 536).
- Auch bei der Vollstreckungsgegenklage gegen die Vollstreckung aus einem **Kostenfestsetzungsbeschluß** findet § 767 II nach allgemeiner Auffassung keine Anwendung.[3] Dies folgt einmal daraus, daß nach hM materiell-rechtliche Einwendungen im Kostenfestsetzungsverfahren nicht zu-

---

[1] BGH NJW 1980, 2527, 2528; StJ-Münzberg § 767 Rn. 30; TP § 767 Rn. 22; Brox-Walker Rn. 1342; aA OLG Dresden NJW-RR 1996, 444, 445f.

[2] BGH NJW-RR 1987, 1022f m. w. N.; TP § 767 Rn. 25.

[3] BGHZ 3, 381, 382ff; MK-Karsten Schmidt § 767 Rn. 75 m. w. N.; TP § 767 Rn. 25.

lässig sind. Zum anderen ist der Richter des Vorprozesses nicht dazu in der Lage, die entstehenden Kosten bis zum Schluß der mündlichen Verhandlung der Höhe nach auszurechnen.

g) § 767 II und materielles Recht. Die **prozessuale** Vorschrift des § 767 II kann nach hM nicht durch **materiell-rechtliche Normen** überwunden werden. 524

Beispiel: Der Schuldner legt gegen ein Versäumnisurteil, nachdem er gezahlt hat, im Vertrauen auf die Zusage des Gläubigers, nicht vollstrecken zu wollen, keinen Einspruch ein.

Hier darf einer Vollstreckungsgegenklage nicht mit der Begründung stattgegeben werden, der Gläubiger habe den Titel sittenwidrig erwirkt oder seine Berufung auf § 767 II verstoße gegen Treu und Glauben. Der Schuldner kann nur eine Schadenersatzklage, gestützt auf § 826 BGB, erheben.[1]

5. Präklusion nach § 767 III. In der Vollstreckungsgegenklage muß der Schuldner alle Einwendungen geltend machen, die er zur Zeit der Erhebung der Klage geltend zu machen im Stande war, § 767 III. Die Vorschrift knüpft konsequent an § 767 II an und präkludiert für eine erneute Vollstreckungsgegenklage Einwendungen, die schon mit einer früheren Vollstreckungsgegenklage geltend gemacht werden konnten. 525

a) Maßgeblicher Zeitpunkt. Trotz des Wortlauts der Vorschrift kommt es nicht auf den Zeitpunkt der Erhebung der Vollstreckungsgegenklage an, sondern auf den Zeitpunkt der letzten mündlichen Verhandlung.[2] Allerdings ist hier das Problem der Klageänderung zu beachten (s. o. Rn. 508). Hat der Schuldner die Einwendung bereits in der vorangegangenen Vollstreckungsgegenklage geltend gemacht, ist sie aber aufgrund einer Rüge des Beklagten nicht als sachdienlich erachtet und zugelassen worden, kann sie ungeachtet des § 767 III mit einer neuen Vollstreckungsgegenklage vorgebracht werden.

b) Verschulden. Streitig ist, ob es im Rahmen des § 767 III wie bei Abs. 2 der Vorschrift nur auf die objektive Möglichkeit der Geltendmachung der Einwendung ankommt, oder ob hier ein schuldhaftes Nichtvorbringen erforderlich ist.
- Überwiegend wird angenommen, daß es unabhängig von der Kenntnis des Schuldners allein auf die objektive Möglichkeit der Geltendmachung ankommt.[3] Dies wird insbesondere mit der Parallele zu § 767 II begründet.
- Unter Berufung auf den Wortlaut des § 767 III: „... zu machen im Stande war.“ nimmt ein Teil der Literatur dagegen an, daß es auch auf subjektive Umstände ankomme.[4]

c) Geltungsbereich. Im Gegensatz zu § 767 II gilt § 767 III auch für die Titel, die nicht der Rechtskraft fähig sind. Die Vorschrift soll neue Vollstreckungsgegenklagen verhindern. Über eine Vollstreckungsgegenklage ist aber bereits rechtskraftfähig entschieden worden. Anderes gilt dann, wenn die vorausgegangene Vollstreckungsgegenklage nicht durch Urteil, sondern durch einen Vergleich endete, so daß keine der Rechtskraft fähige Entscheidung vorliegt.

---

[1] OLG Karlsruhe FamRZ 1982, 400.
[2] TP § 767 Rn. 23.
[3] BGHZ 61, 25, 26f; BL-Hartmann § 767 Rn. 58; Zö-Herget § 767 Rn. 22.
[4] Musielak-Lackmann § 767 Rn. 42; Brox-Walker Rn. 1357 m.w.N.

V. Das Verfahren

526 **1. Klagezustellung.** Ist der Beklagte der Vollstreckungsgegenklage mit dem Vollstreckungsgläubiger des Vorprozesses identisch, muß die Klage an den Prozeßbevollmächtigten des Gläubigers der ersten Instanz des Vorprozesses zugestellt werden. Die im Vorprozeß erteilte Vollmacht gilt auch für die Vollstreckungsgegenklage, §§ 176, 178, 81.

527 **2. Normales Erkenntnisverfahren.** Ansonsten richtet sich das Verfahren nach dem normalen **zivilprozessualen Erkenntnisverfahren.** Es gilt insbesondere der Parteibeibringungsgrundsatz. Durch eine **Schlüssigkeits- und Erheblichkeitsprüfung** sind beweisbedürftige Tatsachen festzustellen und von der beweispflichtigen Partei angebotene Beweise zu erheben. Auf dieser Grundlage ist zu entscheiden. Die **Beweislast** wird meist der Kläger haben, weil es regelmäßig um rechtsvernichtende oder rechtshemmende Einwendungen geht. Wenn allerdings zulässigerweise um das Entstehen der Forderung gestritten wird – etwa bei in vollstreckbaren Urkunden titulierten Ansprüchen (§ 767 II findet keine Anwendung!) –, liegt die Beweislast beim (beklagten) Gläubiger; eine Beweislastumkehr tritt durch die Unterwerfungserklärung nicht ein[1] (s. a. Rn. 52).

528 **3. Einstweilige Anordnungen.** Unter den Voraussetzungen des § 769 sind bis zum Erlaß eines Urteils vorläufige Maßnahmen (zB einstweilige Einstellung der Zwangsvollstreckung) möglich. Hiermit hat sich der Klausurbearbeiter in aller Regel nicht auseinanderzusetzen. Er hat eine die Instanz abschließende Entscheidung zu treffen. Ist die Sache entscheidungsreif, bedarf es keiner vorläufigen Maßnahmen mehr. Da diese auch nur bis zum Erlaß des Urteils gelten, müssen sie vom Klausurbearbeiter nicht aufgehoben werden.

Weder Anträge auf Erlaß von vorläufigen Maßnahmen noch die Tatsache, daß ihnen stattgegeben oder sie abgelehnt worden sind, sind daher im Tatbestand des Urteils zu erwähnen.

VI. Tenor und Streitwert

529 **1. Der Tenor in der Hauptsache.** Ist die Klage unzulässig oder unbegründet, ist sie abzuweisen. Bei der **stattgebenden Klage** ist zu beachten:

a) Gestaltungscharakter. Zunächst sollte der Gestaltungscharakter der Vollstreckungsgegenklage im Tenor zum Ausdruck kommen. Der Tenor sollte grundsätzlich also lauten:

„Die Zwangsvollstreckung aus dem“ (genaue Titelbezeichnung; zB „Urteil des Landgerichts Essen vom 1. 4. 1987; 3 O 31/87;“) **„wird für unzulässig erklärt.“**

Es sollte **nicht** heißen: „ist unzulässig“; dies würde auf den Tenor einer Feststellungsklage hindeuten. Keinesfalls darf die Zwangsvollstreckung **in bestimmte Gegenstände** für unzulässig erklärt werden, denn die Vollstreckungsgegenklage richtet sich nur gegen die Vollstreckbarkeit des titulierten Anspruchs.

530 **b) Teilerfolg.** Sehr häufig ist in Examensklausuren die Klage nur teilweise begründet, weil entweder nicht alle Einwendungen des Klägers tragen oder aber schon der Antrag zu weit gefaßt war.

Beispiel: Der Schuldner ist zur Zahlung von 10 000,– DM verurteilt worden. Er erhebt Vollstreckungsgegenklage mit dem Antrag, die Zwangsvollstreckung aus dem

---

[1] MK-Karsten Schmidt § 767 Rn. 57 m. w. N.; aA BGH NJW 1981, 2756.

bestimmt bezeichneten Urteil für unzulässig zu erklären, und begründet sie damit, daß er mit einer Gegenforderung in Höhe von 8000,– DM aufgerechnet habe. Ergibt hier nicht eine Auslegung, daß die Vollstreckung von Anfang an nur wegen dieser 8000,– DM für unzulässig erklärt werden sollte, ist die Klage zum Teil abzuweisen. Jedenfalls lautet der Tenor etwa:

„Die Zwangsvollstreckung aus (dem bestimmten Urteil) wird **wegen eines Betrages von 8000,– DM** (ggfls. nebst Zinsen) für unzulässig erklärt."

Gegebenenfalls ist dann noch die weitergehende Klage abzuweisen.

Häufig ist auch bei Vollstreckungsgegenklagen gegen die Vollstreckung aus einem Vergleich, der mehrere vollstreckungsfähige Ansprüche enthält, nur ein Anspruch angegriffen, im Antrag aber der gesamte Vergleich genannt. Auch dann muß im Tenor eine Einschränkung erfolgen:

„Die Zwangsvollstreckung **aus Ziffer I** des am 2. Juli 1987 vor dem Amtsgericht Bochum geschlossenen Prozeßvergleichs, 20 C 11/87, wird für unzulässig erklärt."

c) Beschränkung der Vollstreckung. Besonders zu **beachten** ist schließ- 531
lich, daß manche Einwendungen (bzw. Einreden) den titulierten Anspruch nicht untergehen lassen, sondern nur sachlich oder formell einschränken.

Beispiele:

- Eine Stundungsabrede führt nur dazu, daß der titulierte Anspruch bis zum Ablauf der Stundungszeit nicht durchgesetzt werden darf. Dies muß im Tenor etwa so zum Ausdruck kommen:
  „Die Zwangsvollstreckung aus ... wird **bis zum** ..." oder „**zur Zeit** für unzulässig erklärt."
- Ein Zurückbehaltungsrecht führt grundsätzlich nur zu einer Zug um Zug-Verurteilung, §§ 274 I, 322 I BGB. Wegen § 767 II wird allerdings, wenn man der hM folgt, die Geltendmachung der Einrede des § 320 BGB nicht in Betracht kommen, sondern nur die des § 273 BGB. Der Tenor kann etwa lauten:
  „Der Beklagte darf die Vollstreckung aus dem ... **nur Zug um Zug gegen ... fortsetzen.** Im übrigen wird die Zwangsvollstreckung aus diesem Titel für unzulässig erklärt."[1]
- Wird der Vollstreckungsgegenklage wegen einer Rechtsnachfolge auf seiten des Vollstreckungsgläubigers stattgegeben (etwa bei einer Abtretung, bei einem gesetzlichen Forderungsübergang oder bei einer Pfändung und Überweisung der titulierten Forderung), sollte nur **die Vollstreckung durch den Beklagten** für unzulässig erklärt werden. Das Urteil entfaltet Rechtskraftwirkung zwar nur „inter partes"; allerdings ist die Gestaltungswirkung zu beachten (s. Rn. 486). Zumindest zur Vermeidung praktischer Probleme sollte es also heißen:
  „Die Zwangsvollstreckung **des Beklagten** aus ... wird für unzulässig erklärt."
- Bei der befreienden Schuldübernahme sollte nur die Vollstreckung **gegen den Kläger** für unzulässig erklärt werden, wenn man der Auffassung ist, es sei eine Titelumschreibung möglich (sehr streitig).

2. Nebenentscheidungen. Bei der **Kostenentscheidung** gibt es keine 532
Besonderheiten. Bei der Entscheidung über die **vorläufige Vollstreckbarkeit** ist zu beachten:

- Das stattgebende Urteil darf, obwohl es wegen des Gestaltungscharakters nur hinsichtlich der Kosten einen vollstreckbaren Inhalt hat, **keinesfalls**

---

[1] Vgl. BGH NJW-RR 1997, 1272.

nur wegen der Kosten für vorläufig vollstreckbar erklärt werden. Der Kläger könnte ansonsten wegen § 775 Nr. 1 erst bei Eintritt der formellen Rechtskraft eine Einstellung der Zwangsvollstreckung erreichen.

– Wegen § 775 Nr. 1 kann der Kläger aufgrund des für vorläufig vollstreckbar erklärten stattgebenden Urteils erreichen, daß die Zwangsvollstreckung eingestellt wird. Dieses Urteil kann möglicherweise in zweiter Instanz abgeändert werden. Zwischenzeitlich kann der Beklagte aus dem Ursprungstitel nicht vollstrecken, der Kläger kann in Vermögensverfall geraten. Vor dem drohenden Verlust muß der Beklagte geschützt werden. Der **Wert der Forderung,** wegen der der Beklagte nicht mehr vollstrecken kann, ist also in die vom Kläger zu leistende **Sicherheit** (§§ 708 Nr. 11, 709) oder die Abwendungsbefugnis des Beklagten (§§ 708 Nr. 11, 711) **einzubeziehen.**

Beispiel: Die Vollstreckung des Beklagten aus einem auf Zahlung von 10000,– DM lautenden Titel wird für unzulässig erklärt. Die vollstreckbaren Prozeßkosten des Klägers mögen sich auf 2000,– DM belaufen. Hier ist das Urteil gegen Sicherheitsleistung in Höhe von 12000,– DM für vorläufig vollstreckbar zu erklären. Der Beklagte muß davor geschützt werden, aus dem Titel über 10 000,– DM nicht mehr vollstrecken zu können. Außerdem kann der Kläger wegen seiner Kosten vollstrecken.

Man sollte allerdings, jedenfalls in klaren Fällen, an § 770 S. 1 denken. Der Kläger wird evtl. die Sicherheit nicht aufbringen können. Im Urteil können die einstweiligen Anordnungen getroffen werden, die zuvor bereits nach § 769 I zulässig waren. Anbieten würde sich etwa anzuordnen, daß der Beklagte für den Fall, daß der Kläger die Sicherheit nicht leistet, seinerseits die Vollstreckung nur gegen Sicherheitsleistung fortsetzen darf.

Beim **abweisenden** Urteil ergeben sich gegenüber dem Leistungsurteil keine Besonderheiten. Es ist zu empfehlen, die Entscheidung über die vorläufige Vollstreckbarkeit beim stattgebenden Urteil in den Entscheidungsgründen **kurz zu begründen.**

533 **3. Streitwert.** Streitwert der Vollstreckungsgegenklage ist der Wert des Titels, soweit der Kläger ihn angreift.[1] § 4 findet Anwendung.

Beispiel: Der Beklagte hat einen Titel auf Zahlung von 10000,– DM zuzüglich Vollstreckungskosten. Die gesamte zu vollstreckende Forderung (einschließlich der Kosten) bildet den Streitwert der Vollstreckungsgegenklage, wenn der Kläger die Vollstreckbarkeit in vollem Umfang angreift. Wehrt er sich nur wegen eines Teilbetrages von 1000,– DM gegen die Vollstreckung, beträgt der Streitwert 1000,– DM.

Bei einer Hilfsaufrechnung des Klägers ist § 19 III GKG zu beachten. § 322 II findet auch bei der Aufrechnung im Rahmen einer Vollstreckungsgegenklage Anwendung.[2]

---

[1] BGH NJW-RR 1988, 444; TP § 767 Rn. 32.
[2] BGHZ 48, 356, 357ff; TP § 322 Rn. 44, § 767 Rn. 32.

VII. Examenswichtige Einzelprobleme

1. Die Präklusion nach § 767 II. Die Frage, ob Vorbringen präkludiert ist, spielt bei den meisten Vollstreckungsgegenklagen in Examensklausuren eine Rolle; häufig sind sie auch gerade darauf zugeschnitten. Manchmal allerdings – und dann kann es zu bösen Fehlleistungen kommen – ist die Gestaltung so, daß § 767 II keine Anwendung findet (Vollstreckung aus notariellen Urkunden, Kostenfestsetzungsbeschlüssen, Vergleichen). Hier sollte man die Präklusion **nicht untersuchen** – überflüssig! –, sondern lediglich anführen, daß und warum § 767 II keine Anwendung findet. Deshalb: Zuerst prüfen, ob die Vorschrift anwendbar ist; wenn ja, dann ihre Voraussetzungen. 534

Zu den Einzelheiten der Norm s. o. Rn. 514ff.

2. Vollstreckungsgegenklage gegen den in einem gerichtlichen Vergleich titulierten Anspruch. Bei der Vollstreckungsgegenklage gegen den in einem Prozeßvergleich titulierten Anspruch können erhebliche Zulässigkeitsprobleme auftreten; sie betreffen vor allem das **Rechtsschutzbedürfnis.** 535

a) Nichtigkeit des Vergleichs. So fehlt das Rechtsschutzbedürfnis, wenn der Vergleich bereits aus formellen Gründen unwirksam ist. Diese formellen Mängel können mit der Klausel- oder Vollstreckungserinnerung gerügt werden (s. Rn. 502). Beide stellen einen einfacheren (vereinfachtes Verfahren) und billigeren (keine Gerichtskosten, geringere Anwaltskosten) Weg dar, nicht nur die Vollstreckbarkeit des Titels zu beseitigen, sondern zur (Inzident-) Feststellung zu kommen, daß überhaupt kein Vollstreckungstitel vorliegt. **Beispiele:**

- Das Protokoll der Verhandlung liegt vollständig vor; es fehlt der Vermerk, daß der Vergleich vorgelesen (bzw. vorgespielt) und genehmigt wurde („v. u. g.").
- Trotz Anwaltszwangs hat eine Partei den Vergleich ohne anwaltliche Vertretung geschlossen.

b) Geltendmachung der Nichtigkeit des Vergleichs. Obwohl § 767 II für den Prozeßvergleich nicht gilt (s. o. Rn. 523) und damit eigentlich auch rechtshindernde Einwendungen geltend gemacht werden könnten, fehlt nach hM das Rechtsschutzbedürfnis für eine Vollstreckungsgegenklage, wenn die ursprüngliche Unwirksamkeit des Vergleichs behauptet wird. Bei **Streit um die Unwirksamkeit des Vergleichs** ist das **alte Verfahren fortzusetzen;** dies ist gegenüber der neuen (Vollstreckungsgegen-) Klage der einfachere Weg.[1] Die hM ist konsequent und zutreffend; ist der Vergleich nichtig, entfällt nicht nur die materiell-rechtliche Vereinbarung, sondern auch die in dem Prozeßvergleich liegende Prozeßhandlung, die zur Beendigung des Rechtsstreits geführt hat. Einer neuen Leistungsklage würde der Einwand der anderweitigen Rechtshängigkeit entgegenstehen. 536

c) Geltendmachung des Wegfalls des Vergleichs. Sehr streitig ist, ob auch der nachträgliche Wegfall des Vergleichs (durch seine Aufhebung, einen Rücktritt oder wegen Wegfalls der Geschäftsgrundlage) durch eine Fortsetzung des alten Verfahrens oder im Wege der Vollstreckungsgegenklage geltend zu machen ist. 537

---

[1] BGH NJW 1983, 996, 997; Musielak-Lackmann § 794 Rn. 21; StJ-Münzberg § 794 Rn. 47; TP § 767 Rn. 15; Brox-Walker Rn. 1334; aA Baur-Stürner Rn. 228.

- Die Rechtsprechung und wohl hM meint, daß hier die Vollstreckungsgegenklage der richtige Weg sei.[1]
- Aus Gründen der Prozeßökonomie wird von einem Teil des Schrifttums auch bei einem nachträglichen Wegfall die Fortsetzung des alten Verfahrens als der richtige Weg angesehen.[2]
- Der hM ist zu folgen. Bei einem nachträglichen Wegfall des Vergleichs bleibt seine Prozeßbeendigungswirkung bestehen. Es ist kein einleuchtender Grund dafür ersichtlich, den Prozeßvergleich in diesem Fall anders zu behandeln als jeden anderen Titel. Zur Geltendmachung des nachträglichen Wegfalls des titulierten Anspruchs stellt das Gesetz die Vollstreckungsgegenklage zur Verfügung gestellt, ohne beim Prozeßvergleich zu differenzieren. Zudem läßt sich auf der Grundlage der Rechtsprechung zwischen beiden Verfahrensarten sauberer trennen, wenn man auf die Prozeßbeendigungswirkung abstellt. Nach der Auffassung des Schrifttums schließlich wären für typische Einwendungen der Vollstreckungsgegenklage (Rücktritt, nachträgliche Aufhebung des Titels, Wegfall der Geschäftsgrundlage einerseits; Erfüllung und ähnliches andererseits) unterschiedliche Rechtsbehelfe gegeben.

538 **d) Kein Streitgegenstand.** Wird nur die Unwirksamkeit **eines Teils** des Vergleiches geltend gemacht, der nicht Streitgegenstand des ursprünglichen Verfahrens war, sondern zusätzlich in den Vergleich einbezogen wurde, stehen dem, der die Unwirksamkeit geltend macht, die entsprechenden neuen Klagen, etwa auch eine Vollstreckungsgegenklage, zur Verfügung.[3] Ist der Ursprungsprozeß wegen der Nichtigkeit des Vergleichs nicht beendet, kann gleichwohl eine Klärung dieser Frage nicht durch eine Fortsetzung des ursprünglichen Verfahrens erreicht werden, weil der titulierte Anspruch nicht Streitgegenstand der Ursprungsklage war.

e) Mehrere Einwendungen. Zulässig ist es demgegenüber, **neben** rechtsvernichtenden oder rechtshemmenden auch rechtshindernde Einwendungen bei der Vollstreckungsgegenklage gegen einen Vergleich geltend zu machen.[4] Hier fehlt das Rechtsschutzbedürfnis bezüglich der rechtshindernden Einwendungen nicht, weil in einem Rechtsstreit über alle streitigen Fragen entschieden werden kann.

In Klausuren sollte der Bearbeiter sorgfältig darauf achten, welcher Art die vom Kläger vorgebrachten Einwendungen sind. Häufig werden, und sei es auch nur beiläufig, rechtshindernde Einwendungen vorgebracht. Geschieht dies hilfsweise, kann man, wenn man die Klage aufgrund des Hauptvorbringens für begründet erachtet, das Rechtsschutzbedürfnis hinsichtlich der rechtshindernden Hilfseinwendungen dahinstehen lassen. Ansonsten muß man sich mit der Problematik auseinandersetzen, wobei es mehr auf die Argumentation, nicht so sehr auf das Ergebnis ankommt.

---

[1] BGH NJW 1986, 1348, 1349; BL-Hartmann § 767 Rn. 10; Musielak-Lackmann § 794 Rn. 24; TP § 794 Rn. 36; aA BAG NJW 1983, 2212, 2213 ff.
[2] StJ-Münzberg § 767 Rn. 57 ff; Brox-Walker Rn. 1334.
[3] BGHZ 87, 227, 230 ff; Musielak-Lackmann § 794 Rn. 22; TP § 794 Rn. 36.
[4] BGH NJW 1967, 2014; MK-Karsten Schmidt § 767 Rn. 13; anders wohl TP § 794 Rn. 36.

3. Die Aufrechnung. Typische Einwendung der Vollstreckungsgegenklagen in den Examensklausuren ist die Aufrechnung; damit geht die Problematik in der Regel eher in den materiell-rechtlichen Bereich. Wegen der Wichtigkeit der Aufrechnung sollen deren Voraussetzungen hier dargestellt werden. Es ist bei der Klausurlösung immer notwendig, alle Voraussetzungen zumindest gedanklich durchzuprüfen, weil man sonst leicht Probleme übersehen kann. 539

a) Zulässigkeit der Aufrechnung. Bevor geprüft werden darf, ob dem, der aufrechnet, gegen den anderen eine Forderung zusteht, müssen jedenfalls im Prozeß die **Zulässigkeitsvoraussetzungen der Aufrechnung** selbst untersucht werden. Dies folgt aus § 322 II. Die Entscheidung darüber, daß die Gegenforderung nicht besteht, erwächst in Rechtskraft. Die Forderung darf aber nur rechtskräftig aberkannt werden, wenn die Aufrechnung zulässig und rechtswirksam erklärt worden ist.[1] 540

Zulässigkeitsvoraussetzungen der Aufrechnung in diesem Sinne sind:

aa) Es darf **kein Aufrechnungsverbot** vorliegen, das sich aus Gesetz oder Vertrag ergeben kann: 541

- Einen **gesetzlichen Aufrechnungsausschluß** ordnen insbesondere die §§ 390 bis 395 BGB an. Im Rahmen der Vollstreckungsgegenklage ist **§ 394 BGB** wichtig, der die Aufrechnung gegen eine unpfändbare Forderung für unzulässig erklärt. Dies ist insbesondere bedeutend, wenn der Titel eine Unterhaltsforderung betrifft, gegen die der Kläger aufrechnen will. Unterhaltsrenten sind nach § 850b I Nr. 2 bedingt pfändbar. Die **bedingte Pfändbarkeit steht der Unpfändbarkeit gleich,** solange nicht das Vollstreckungsgericht die Forderung nach Abs. 2 der Vorschrift für pfändbar erklärt hat.[2] Daher darf bei Vollstreckungsgegenklagen die Möglichkeit einer Pfändung nach § 850b II nicht geprüft werden; hierfür ist nicht das Prozeßgericht, sondern allein das Vollstreckungsgericht zuständig.
- Zu prüfen ist auch ein **vertraglicher Aufrechnungsausschluß** zwischen den Parteien der Vollstreckungsgegenklage. Ein solcher kann sich konkludent aus einem Prozeßvergleich ergeben, wenn die Forderung, mit welcher der Kläger jetzt aufrechnen will, zur Zeit des Vergleichsschlusses schon bestand, aber nicht berücksichtigt wurde, etwa weil der Vergleichsgegner dringend auf sofortige Zahlung einer bestimmten Summe angewiesen war. Hier kann die Aufrechnung auch, wenn man einen Aufrechnungsausschluß verneint, gegen Treu und Glauben verstoßen.

bb) Die **Aufrechnungserklärung** muß wirksam sein. Sie muß prozessual wirksam sein, insbesondere dem Bestimmtheitserfordernis (§ 253 II Nr. 2) genügen. 542

Die Aufrechnung muß dem anderen Teil gegenüber, und zwar unbedingt, erklärt werden, § 388 BGB. Es handelt sich um eine rechtsgestaltende Willenserklärung. Deshalb müssen (schon oder noch) **im Zeitpunkt der Aufrechnungserklärung** alle Voraussetzungen der Aufrechnung vorliegen.[3]

---

[1] BGH NJW 1984, 128, 129; TP § 322 Rn. 48.
[2] BGH NJW 1970, 282, 283.
[3] Pal-Heinrichs § 387 BGB Rn. 3.

Eine wegen Fehlens der Aufrechnungsvoraussetzungen unwirksame Aufrechnung muß ggfls. wiederholt werden.[1]

543 **b) Weitere Voraussetzungen** der Aufrechnung enthält § 387 BGB. Diese sind untereinander gleichwertig, so daß das Fehlen einer einzelnen Voraussetzung zur Begründung der Unwirksamkeit der Aufrechnung herangezogen werden kann, ohne daß die anderen festgestellt werden müssen. Insbesondere ist es auch zulässig, die Aufrechnungswirkung mit der Begründung zu verneinen, dem Aufrechnenden stehe keine Forderung zu. Dies geht zwar in der Rechtskraftwirkung weiter als zB das Verneinen der Gleichartigkeit; ein logischer Vorrang besteht aber nicht. Es ist nur in den Entscheidungsgründen klarzustellen, warum die Aufrechnung nicht durchgreifen soll.

Folgende Voraussetzungen stellt § 387 BGB auf:

544 **aa)** Die Forderungen müssen **gegenseitig** sein; es müssen also zwei Personen einander Leistungen schulden. Bei der Vollstreckungsgegenklage sind dies Kläger und Beklagter. Der Inhaber der einen Forderung gegen den anderen muß Anspruchsgegner der Forderung des anderen sein. Diese Voraussetzung ist in der Regel unproblematisch.

545 **bb)** Die Forderungen müssen **gleichartig** sein. Dies gilt nur für den Gegenstand der Leistungsverpflichtung, nicht für ihren Rechtsgrund.[2] Was gleichartig ist, bestimmt sich nach der Verkehrsanschauung, nicht nach dem Vertragszweck.[3]

Bei den hier allein wichtigen Geldforderungen sind zB gleichartig:

- Eine auf Geld gerichtete Forderung und die Forderung auf Herausgabe erlangten Geldes.[4]
- Eine Geldforderung und ein Anspruch auf Einwilligung in die Auszahlung von Geld.[5]

Nicht gleichartig sind:

- Eine Geldforderung und ein Anspruch gegen eine Bank auf Gutschrift eines überwiesenen Betrages.[6]
- **Besonders wichtig:** Geldforderung und Anspruch auf Befreiung von einer Verbindlichkeit.[7] Anders ist es allerdings, wenn sich der Schuldbefreiungsanspruch in einen Zahlungsanspruch umgewandelt hat. Dies kann durch seine Abtretung an den Gläubiger[8] oder durch Zahlung des Anspruchsinhabers an den Drittgläubiger geschehen.

546 **cc)** Die Forderung, mit der aufgerechnet wird, muß **voll wirksam und fällig** sein. Nach § 387 BGB darf aufgerechnet werden, sobald der Aufrechnende die ihm gebührende Leistung fordern darf. Daraus folgt, daß sie voll wirksam und fällig sowie durchsetzbar (§ 390 BGB) sein muß. Anders ausge-

[1] BGH NJW 1984, 357, 358.
[2] BGHZ 16, 124, 127.
[3] BGHZ 54, 244, 246.
[4] BGHZ 71, 380, 382.
[5] BGH NJW-RR 1989, 173, 174.
[6] BGH NJW 1978, 699.
[7] BGH NJW 1983, 2438, 2439; Pal-Heinrichs § 387 BGB Rn. 10 m. w. N.
[8] BGHZ 12, 136, 144.

drückt: Würde der Aufrechnende statt dessen klagen, müßte seiner Klage **uneingeschränkt stattzugeben** sein.

dd) Die Forderung, gegen die aufgerechnet wird, muß **erfüllbar** sein. **547** Nach § 387 BGB ist die Aufrechnung mit der voll wirksamen und fälligen Forderung möglich, sobald der Aufrechnende die ihm obliegende Leistung **bewirken** kann. Hier kommt es auf die Fälligkeit nicht an, § 271 II BGB.

c) Rechtsfolge der Aufrechnung. Eine wirksame Aufrechnung bewirkt, **548** daß die Forderungen, soweit sie sich decken, als in dem Zeitpunkt erloschen gelten, in welchem sie zur Aufrechnung geeignet gegenüber getreten sind, § 389 BGB. Daraus folgt:

- Rechtsfolge ist das **Erlöschen** der Forderungen. Dies ist der **Ansatz zur Prüfung einer Aufrechnung.**
- Unabhängig vom Zeitpunkt der Aufrechnungserklärung tritt ihre Wirkung bereits zu dem Zeitpunkt ein, zu dem die **Aufrechnungslage erstmals bestand.**

d) Aufrechnung mit Kostenerstattungsansprüchen oder gegen sie. **549** Häufiges Klausurthema ist die Aufrechnung mit **prozessualen** Kostenerstattungsansprüchen oder gegen sie.

Der prozessuale Kostenerstattungsanspruch – zu unterscheiden vom materiellrechtlichen Anspruch – ist ein zivilrechtlicher Anspruch, der allein auf den Kostenvorschriften der ZPO beruht. Er kann nur in dem Rechtsstreit, in dem er entsteht, im Kostenfestsetzungsverfahren nach den §§ 103 ff geltend gemacht werden.[1]

Nach hM entwickelt sich der Anspruch folgendermaßen:

aa) Er entsteht ab Rechtshängigkeit als aufschiebend bedingter Anspruch. Bedingung ist die Entscheidung, daß der Gegner die Kosten des Rechtsstreits zu tragen hat.[2] In diesem Stadium kann weder mit dem Anspruch noch gegen ihn aufgerechnet werden; der Anspruch besteht noch nicht. Gem. § 158 I BGB treten die gewollten Wirkungen erst mit Bedingungseintritt ein.

bb) Mit Erlaß der Kostenentscheidung im vorläufig vollstreckbaren Urteil wird der Anspruch wirksam; die aufschiebende Bedingung wandelt sich in eine auflösende Bedingung (Abänderung in der Rechtsmittelinstanz) um. Damit wird der Anspruch fällig.[3] Es kann gegen ihn aufgerechnet werden, weil er erfüllbar ist. Es kann auch außerprozessual mit ihm aufgerechnet werden;[4] im Prozeß soll dies aber nur dann möglich sein, wenn der Anspruch der Höhe nach unstreitig oder im Kostenfestsetzungsverfahren festgesetzt worden ist.[5] In einem anhängigen Prozeß kann nicht mit Kostenerstattungsansprüchen aufgerechnet werden, die aus diesem Prozeß selbst erwachsen. Die Aufrechnung greift nur durch, soweit die Klageforderung besteht; die bisherige Entscheidung müßte abgeändert werden, womit sich zugleich der Kostenerstattungsanspruch ändern würde.

---

[1] BGHZ 28, 302, 308 ff; TP vor § 91 Rn. 8.
[2] BGH NJW 1983, 284; TP vor § 91 Rn. 9.
[3] BGH JR 1976, 332 ff; TP vor § 91 Rn. 10.
[4] OLG Karlsruhe NJW 1994, 593.
[5] BGH NJW 1963, 714; TP vor § 91 Rn. 10.

cc) Im Kostenfestsetzungsverfahren ist eine Aufrechnung grundsätzlich nicht möglich, so daß im Streitfall nur die Vollstreckungsgegenklage bleibt.[1] Anderes kann nur dann gelten, wenn die Gegenforderung unstreitig oder rechtskräftig festgestellt ist, aber nicht bei Kostenquotelung.[2]

550 **4. Die Zwischenfeststellungsklage, § 256 II. a)** Ein beliebtes Mittel, die Kandidaten dazu zu bringen, zu bestimmten Fragen Stellung zu nehmen und sie nicht offen zu lassen, ist eine Zwischenfeststellungsklage oder -widerklage. Häufig taucht sie in Klausuren auf, in denen es um Vollstreckungsgegenklagen geht.

b) Die Zwischenfeststellungsklage dient dazu, über **präjudizielle Rechtsverhältnisse mit Rechtskraftwirkung entscheiden** zu lassen. Präjudizien sind Fragen, über die zwangsläufig entschieden werden muß, die aber gerade nicht in Rechtskraft erwachsen.

Beispiel: Der Kläger einer Vollstreckungsgegenklage ist im Vorprozeß verurteilt worden, an den damaligen Kläger und jetzigen Beklagten 1000,– DM Zug um Zug gegen Herausgabe eines bestimmten gekauften Gebrauchtwagens zu zahlen. Der Beklagte liefert den Wagen, allerdings erheblich beschädigt, und droht die Vollstreckung an. Der Kläger erklärt die Wandlung und erhebt darauf gestützt Vollstreckungsgegenklage.

Hat der Kläger mit der Klage Erfolg, steht damit rechtskräftig nur fest, daß aus dem Titel des Vorprozesses nicht vollstreckt werden darf. Über die notwendigerweise zu beantwortende Frage, ob die Wandlung zu Recht erklärt wurde, ergeht keine rechtskraftfähige Entscheidung. In einem Folgeprozeß, etwa über die Vertragsunkosten, könnte sich der Beklagte wiederum darauf berufen, daß die Wandlung nicht wirksam erklärt worden sei. Daß der Kläger den Kaufvertrag wirksam gewandelt hat, kann er daher durch eine Zwischenfeststellungsklage rechtskraftfähig feststellen lassen.

551 **c)** Zulässigkeitsvoraussetzung der Zwischenfeststellungs-(wider-) klage ist gem. § 256 II, daß im Laufe des Prozesses ein **Rechtsverhältnis** streitig geworden ist, von dessen Bestehen oder Nichtbestehen die **Entscheidung des Rechtsstreits ganz oder zum Teil abhängt.**

Das Rechtsverhältnis muß also vorgreiflich, präjudiziell sein. Daran fehlt es, wenn über die Klage ohne Rücksicht auf das festzustellende Rechtsverhältnis entschieden werden kann. Daran fehlt es aber auch, wenn über das zur Feststellung gestellte Rechtsverhältnis bereits wegen der Hauptsache mit Rechtskraftwirkung entschieden wird. Hier ist vor allem an § 322 II zu denken, der die Rechtskraft hinsichtlich der Aufrechnungsforderung regelt. Zu beachten ist, daß die Vorschrift auch Anwendung findet, wenn eine Vollstreckungsgegenklage auf eine Aufrechnung gestützt wird (s. Rn. 533).

552 **d)** Weitere Zulässigkeitsvoraussetzungen stellt § 256 II nicht auf. Insbesondere ersetzt die Vorgreiflichkeit das Feststellungsinteresse des Abs. 1. Jedoch fehlt das Rechtsschutzbedürfnis für die Zwischenfeststellungsklage dann, wenn das Rechtsverhältnis keine weiteren Folgen zeitigen kann als die mit der Hauptklage zur Entscheidung gestellten, diese Entscheidung also die Rechtsbeziehungen mit Rechtskraftwirkung erschöpfend klarstellt.[3]

---

[1] TP § 104 Rn. 12; s. ausführlich OLG Düsseldorf JMBl NW 1996, 142 m. w. N.
[2] OLG Düsseldorf JMBl NW 1996, 142, 143 f.
[3] TP § 256 Rn. 29.

e) Wird eine Feststellungsklage nach § 256 I erhoben und fehlt für sie das Feststellungsinteresse, ist stets zu prüfen, ob nicht eine zulässige Zwischenfeststellungsklage vorliegt,[1] was natürlich eine Hauptklage voraussetzt. **553**

5. Klage auf Herausgabe des Titels. Die Vollstreckungsgegenklage wird häufig mit einer Klage auf Herausgabe des Titels verbunden. **554**

a) Zu beachten ist zunächst, daß es sich um eine Leistungsklage handelt, für welche die normalen Zuständigkeitsregeln gelten. § 767 I greift hier nicht ein. Wegen des Sachzusammenhangs dürfte allerdings – entsprechend der Vollstreckungsgegenklage – das Familiengericht zuständig sein, wenn es um die Herausgabe eines vom Familiengericht geschaffenen Titels geht.

b) Streitig ist, ob überhaupt und unter welchen Voraussetzungen die Klage erhoben werden darf. **555**

- ZT wird die Herausgabeklage für unzulässig gehalten, weil § 767 die speziellere Norm sei.[2] Diese Auffassung ist unzutreffend, weil sich Vollstreckungsgegenklage und Herausgabeklage auf andere Ziele richten. Einmal soll die Vollstreckbarkeit eines titulierten Anspruchs beseitigt werden. Mit der Herausgabeklage wird ein materiell-rechtlicher Anspruch auf Herausgabe der Urkunde verfolgt.
- ZT wird angenommen, auf Herausgabe könne erst geklagt werden, wenn vorher eine Vollstreckungsgegenklage erfolgreich durchgeführt worden sei.[3] Ansonsten könnte es zu einer Umgehung des § 767 II, III kommen.
- Die hM hält die Klage zu Recht jedenfalls dann für **zulässig,** wenn sie **mit der Vollstreckungsgegenklage verbunden**[4] oder nach ihr erhoben wird.[5]

c) Problematisiert werden kann, ob für die Herausgabeklage nicht das Rechtsschutzbedürfnis fehlt, weil der Kläger mit der gleichzeitig erhobenen oder bereits erfolgreichen Vollstreckungsgegenklage dem titulierten Anspruch die Vollstreckbarkeit nimmt. Dadurch ist der Schuldner jedoch nicht umfassend geschützt, weil der Gläubiger praktisch auch weiterhin Vollstreckungsaufträge erteilen kann, wenn er sich noch im Besitz des Titels befindet. Der Schuldner muß dann jeweils das Urteil über die Vollstreckungsgegenklage vorweisen, § 775 Nr. 1. **556**

d) Als Anspruchsgrundlage kann man § 371 BGB analog[6] oder § 757 I analog[7] heranziehen. **557**

Zu beachten ist, daß der Herausgabeanspruch **nur dann** besteht, wenn der Beklagte aus dem Titel **überhaupt nicht mehr vollstrecken kann.** Das ist von Bedeutung, wenn der titulierte Anspruch mit der Vollstreckungsgegenklage nicht in vollem Umfang angegriffen oder die Vollstreckungsgegenklage zum Teil abgewiesen wird.

---

[1] TP § 256 Rn. 13.
[2] Jauernig-Stürner § 371 BGB Rn. 1.
[3] Lüke JZ 1956, 475, 476f.
[4] BGH WM 1975, 1213; MK-Heinrichs § 371 BGB Rn. 8.
[5] TP § 767 Rn. 6.
[6] BGH NJW 1994, 1161, 1162; Pal-Heinrichs § 371 BGB Rn. 4; TP § 767 Rn. 6.
[7] OLG Nürnberg NJW 1965, 1867f.

§ 41 Die Schadenersatzklage gestützt auf § 826 BGB bei sittenwidriger Vollstreckung

I. Grundsätze

558 **1. Normale Leistungsklage.** Zum Verständnis sei vorab gleich auf folgendes hingewiesen: Es handelt sich **nicht um eine besondere Klageart,** insbesondere um keine vollstreckungsrechtliche. Es geht um eine normale Leistungsklage, die – hier im Zusammenhang mit dem Vollstreckungsrecht – auf **Unterlassung der Zwangsvollstreckung** und ggfls. auf **Herausgabe des Titels** gerichtet ist. Dies ist aber nur die Rechtsfolge des zu prüfenden Schadenersatzanspruchs aus § 826 BGB. Die Klage wird hier nur wegen ihres Zusammenhangs mit dem Vollstreckungsrecht dargestellt; aus dem Vollstreckungsrecht ergeben sich aber auch die Probleme dieser Klage.

Zu beachten ist also: Es handelt sich um eine **normale Leistungsklage,** deren **Anspruchsgrundlage § 826 BGB** ist.

559 **2. Ausnahmefälle.** Im hier maßgeblichen Zusammenhang geht es um die Vollstreckung aus einem objektiv unrichtigen Titel, der sittenwidrig erschlichen wurde; oder aber die Vollstreckung aus dem Titel selbst stellt sich als sittenwidrig dar. Es liegt also in der Regel ein ordnungsgemäß zustande gekommener rechtskräftiger Titel vor. Hier muß man sich schon im Ansatz folgendes vor Augen halten:

a) Das Gesetz stellt die Grundsätze der Rechtssicherheit, Rechtsklarheit und Rechtskraft über den der materiellen Gerechtigkeit. Dies wird an den verschiedensten Stellen deutlich; an Rechtsmittelfristen, an Beschwerdesummen, an den Vorschriften über die Verspätung (§§ 296, 528), die Rechtskraft (§ 322), die Wiederaufnahme (§§ 578ff) und die Präklusion (§§ 767 II, 796 II). Läßt man die Schadenersatzklage mit dem genannten Ziel zu, **greift man in diese Grundsätze ein.**

b) Der Schuldner, der die Klage erhebt, hatte im Erkenntnisverfahren meist die Möglichkeit, seine Einwendungen vorzubringen. Er hat es entweder nicht oder nicht erfolgreich getan. Hier stellt sich die Frage, ob er im nachhinein noch Schutz verdient.

c) In Kenntnis dieser Umstände läßt die Rechtsprechung im Einzelfall unter ganz besonderen Voraussetzungen eine auf § 826 BGB gestützte Klage auf Unterlassung der Zwangsvollstreckung zu, um in krassen Ausnahmefällen der materiellen Gerechtigkeit den Vorzug vor der Rechtssicherheit zu geben.

Dies ist seit langem herrschende Rechtsprechung; der BGH hat die Auffassung des RG übernommen.[1] Auch große Teile des Schrifttums folgen dieser Auffassung.[2] Ein anderer Teil der Literatur greift die Rechtsprechung unter Berufung auf die Rechtskraft und die §§ 580f heftig an.[3]

---

[1] BGH NJW 1986, 1751ff.

[2] MK-Mertens § 826 BGB Rn. 171; Pal-Thomas § 826 BGB Rn. 46ff; TP § 322 Rn. 50; Zö-Vollkommer vor § 322 Rn. 76; Brox-Walker Rn. 1328; s. ausführlich Klados JuS 1997, 705ff.

[3] BL-Hartmann, Einf §§ 322 – 327 Rn. 30ff mit zahlreichen Nachweisen.

Dem Kandidaten kann in der Klausurbearbeitung nur **empfohlen** werden, sich mit den Argumenten der **Rechtsprechung** auf deren Standpunkt zu stellen.

3. Klageantrag. Die Schadenersatzklage erkennt man an ihrem Antrag, „die **Zwangsvollstreckung zu unterlassen**", und der Begründung mit der **Sittenwidrigkeit der Zwangsvollstreckung.** Die Vollstreckungsgegenklage hat einen anderen Antrag: „die Zwangsvollstreckung für unzulässig zu erklären" und scheitert in diesen Fällen regelmäßig an § 767 II. 560

II. Die Zulässigkeit der Klage

Da es sich um eine Leistungsklage handelt, treten normalerweise keine Zulässigkeitsprobleme auf. Insbesondere gelten keine besonderen Zuständigkeitsregeln; zu beachten ist aber § 32. Wegen des Sachzusammenhangs ist das Familiengericht zuständig, wenn es um die Unterlassung der Zwangsvollstreckung aus familienrechtlichen Titeln geht.[1] 561

Zwei Fragen sind aber problematisch, wenngleich in der Rechtsprechung ausgestanden:

1. Entgegenstehende Rechtskraft. a) Die Rechtskraft eines Titels als formale Rechtsposition kann eine als sittenwidrig erkannte Schadenzufügung Schaden nicht rechtfertigen.[2] 562

b) In **besonders schwerwiegenden Fällen** und unter **eng zu begrenzenden Voraussetzungen** ist eine Durchbrechung der Rechtskraft zulässig, wenn

- in **sittenwidriger Weise** ein **objektiv falscher Titel erschlichen** wurde
- oder ein **erkannt sachlich unrichtiger Titel** in **besonders schwerwiegender Weise sittenwidrig** ausgenutzt wird.

c) Dabei reicht bei der Prüfung der Zulässigkeit der Klage aus, daß sich diese Umstände aus dem Vorbringen des Klägers ergeben.

2. Konkurrenz zu §§ 580f. §§ 580f sind gegenüber der Schadenersatzklage keine Spezialvorschriften (diese Frage ist streitig; dargestellt wird hier die Auffassung der Rechtsprechung auf der Grundlage der Entscheidung BGHZ 50, 115, 117ff). 563

a) Die Klage aus § 826 BGB stellt den **formellen Bestand des Urteils** nicht in Frage und ist nur darauf gerichtet, den durch seinen Bestand und die Vollstreckung verursachten **vermögensrechtlichen Schaden auszugleichen.** Die begründete Restitutionsklage demgegenüber beseitigt das Urteil selbst.

b) Eine strafbare Handlung (§§ 580 Nr. 4, 581 I) ist nicht notwendige Voraussetzung für das Vorliegen der Tatbestandsmerkmale des § 826 BGB.

---

[1] OLG Düsseldorf FamRZ 1980, 376, 377; TP § 621 Rn. 10.

[2] Ständige Rechtsprechung; zB BGHZ 26, 391, 396.

III. Die Begründetheit der Klage

Für die Begründetheit der Klage hat die Rechtsprechung – für den hier maßgeblichen Fall der Erschleichung des Titels oder sittenwidrigen Vollstreckung – folgende Voraussetzungen aufgestellt:

564 **1. Objektive Unrichtigkeit des Titels.** Der Titel muß objektiv unrichtig sein, was der Kläger zu beweisen hat. Maßgeblich ist dabei die Sicht des Gerichts, das über die Schadenersatzklage zu entscheiden hat. Die Unrichtigkeit muß auf tatsächlichem, nicht auf rechtlichem Gebiet liegen;[1] sie muß offensichtlich sein.[2]

565 **2. Kenntnis des Gläubigers.** Der Gläubiger muß die objektive Unrichtigkeit **kennen.** Dies folgt daraus, daß die sittenwidrige Schädigung **vorsätzlich** erfolgt sein muß.

Insbesondere bei der Sittenwidrigkeit von Darlehensverträgen wird diese Voraussetzung von der Rechtsprechung häufig mit der gefestigten Rechtsprechung zu den insoweit maßgeblichen Fragen des § 138 BGB und der Tatsache begründet, daß die Teilzahlungsbanken über eigene Rechtsabteilungen verfügen.

Geht es um das sittenwidrige Ausnutzen eines Titels und darum, die Vollstreckung **in Zukunft** zu verhindern, reicht es aus, daß dem Gläubiger die Kenntnis durch das der Klage aus § 826 BGB stattgebende Urteil vermittelt wird.[3]

566 **3. Sittenwidrigkeit.** Der Titel muß **sittenwidrig erschlichen** sein oder in **sittenwidriger Weise ausgenutzt** werden.

a) Das sittenwidrige Erschleichen des Titels kann regelmäßig relativ einfach festgestellt werden. **Beispiele:**

- Der Schuldner wird mit dem Versprechen, der Gläubiger werde aus dem Titel nicht vollstrecken, davon abgehalten, Rechtsmittel einzulegen.
- Der Gläubiger nutzt eine wirtschaftliche Notlage des Schuldners aus, die ihn zwangsläufig davon abhalten muß, Rechtsmittel einzulegen.
- Kollusives Zusammenwirken zwischen Gläubiger und Zeugen.
- Der Gläubiger erteilt dem Schuldner den Rat, nichts gegen eine Klage oder einen Mahnbescheid zu unternehmen, weil dies erfolglos und nur mit zusätzlichen Kosten verbunden sei.

567 **b)** Das **sittenwidrige Ausnutzen** eines erkannt unrichtigen Titels ist etwas schwieriger festzustellen:

aa) Allein die Tatsache, daß ein **erkannt unrichtiger Titel** vorliegt, **reicht nicht aus,** eine sittenwidrige Vollstreckung anzunehmen, wenn der Titel selbst nicht erschlichen wurde. Immerhin liegt ein von der Rechtsordnung geschützter Titel vor, gegen dessen Erlaß der Schuldner sich nicht in richtiger Form gewehrt hat.

bb) Hinzu kommen müssen daher **besondere Umstände,** die das Anstandsgefühl aller billig und gerecht Denkenden verletzen;[4] es muß **unbillig**

---

[1] BGH NJW 1963, 1606, 1608.
[2] MK-Gottwald § 322 Rn. 207.
[3] BGH NJW 1987, 3256, 3257; MK-Gottwald § 322 Rn. 217.
[4] BGHZ 13, 71, 72.

und geradezu unerträglich sein, die Ausnutzung des unrichtigen Titels zuzulassen.[1] **Beispiele:**

- Der Klageanspruch wird anerkannt, wobei beide Parteien übersehen, daß die Klageforderung bereits per Scheck beglichen war.[2]
- Der Schuldner konnte gegen den nachträglich unrichtig gewordenen Titel keine Abänderungsklage erheben, weil er in der früheren DDR inhaftiert war.[3]
- Verschweigen einer nach Erlaß des Unterhaltsurteils aufgenommenen Erwerbstätigkeit.[4]

c) Besonders problematisch ist die Frage der **sittenwidrigen Vollstreckung aus Vollstreckungsbescheiden.** 568

aa) Hinsichtlich sittenwidriger **Darlehensverträge** hat sich inzwischen folgende Rechtsprechung entwickelt:

(1) Dem Vollstreckungsbescheid kommt gem. § 700 I materielle Rechtskraftwirkung zu.[5] War nach dem Stand der Rechtsprechung zur Zeit der Beantragung des Mahnbescheids erkennbar, daß der Darlehensgeber im Wege einer Klage wegen der erforderlichen Schlüssigkeitsprüfung ein Versäumnisurteil nicht hätte erwirken können, stellt allein schon die Durchführung des Mahnverfahrens ein sittenwidriges Erschleichen des Titels dar.[6]

Dem liegt folgende Überlegung zugrunde: Das Mahnverfahren kennt keine Schlüssigkeitsprüfung. Wehrt sich der Schuldner nicht, erlangt der Gläubiger so einen Titel, den er im Klageverfahren wegen der dort erforderlichen Schlüssigkeitsprüfung vor Erlaß eines Versäumnisurteils nicht hätte erlangen können.

Die Feststellung, ob der Gläubiger im Klageweg kein Versäumnisurteil erhalten hätte, kann im Einzelfall sehr problematisch sein, weil die Rechtsprechung zur Sittenwidrigkeit von Darlehensverträgen lange uneinheitlich war und insbesondere Streit darüber bestand, welche „Kreditkosten" in den Zinssatz des Darlehens einzubeziehen sind. Insoweit muß im Einzelfall festgestellt werden, ob es zum maßgeblichen Zeitpunkt (Mahnantrag) bereits eine feststehende Rechtsprechung des zuständigen OLG oder des BGH gab.

(2) Zu der Frage der Kenntnis des Darlehensgebers (Vorsatz) s. Rn. 565, zur Rechtsfolge des Anspruchs Rn. 569.

(3) Kann anhand der genannten Voraussetzungen ein sittenwidriges Erschleichen des Titels nicht festgestellt werden, bleibt die Frage der sittenwidrigen Vollstreckung aus einem erkannt unrichtigen Titel. Diese kann nur bei eindeutiger und schwerwiegender Unrichtigkeit des Titels angenommen werden, die jede Vollstreckung aus dem Titel schlechthin unerträglich erscheinen läßt.[7]

bb) Zur Zeit aktuell ist die Frage, ob die Rechtsprechung zur Titulierung der Ansprüche aus sittenwidrigen Darlehensverträgen in Vollstreckungsbescheiden auch auf die Titulierung von (echtem oder verschleiertem) **Ehemaklerlohn** angewandt werden kann.

---

[1] BGHZ 26, 391, 398.
[2] OLG Celle MDR 1982, 408.
[3] BGH NJW 1983, 2317ff.
[4] BGH NJW 1986, 1751ff.
[5] BGHZ 101, 380, 382f.
[6] BGHZ 101, 380, 387f; TP § 322 Rn. 52.
[7] BGHZ 101, 380, 386.

Problemstellung: Ehemakleransprüche sind gem. § 656 BGB sogenannte „unvollkommene Verbindlichkeiten", können also nicht eingeklagt werden. Ein Versäumnisurteil könnte deshalb nicht ergehen. Problematisch ist allerdings die Anwendbarkeit des § 656 BGB auf „Partnervermittlungsverträge", die – jedenfalls bis zu bejahenden Entscheidungen des BGH – sehr umstritten war.[1]

Geht es um echten Ehemaklerlohn, muß man entsprechend der Rechtsprechung zu den sittenwidrigen Darlehensverträgen die Anwendbarkeit des § 826 BGB bejahen. Bei den „Partnervermittlungsverträgen" hat sich die 1990 veröffentlichte Entscheidung des BGH[2] zur analogen Anwendung des § 656 BGB inzwischen durchgesetzt. Deshalb ist auch hier nunmehr § 826 BGB anzuwenden, wenn in Kenntnis der Rechtsprechung das Mahnverfahren – womöglich noch unter falscher Bezeichnung des Anspruchs – gewählt wurde, um zur Durchsetzung einer sonst nicht möglichen Titulierung zu kommen.[3]

569 **4. Rechtsfolge des Schadenersatzanspruches.** Rechtsfolge ist die Leistung von Schadenersatz in Form der Naturalrestitution. Damit ist der Schuldner so zu stellen, daß der Gläubiger nicht mehr vollstrecken kann. Dieser hat also:

- die **Vollstreckung zu unterlassen**
- und den **Titel,** sofern aus ihm nicht mehr vollstreckt werden kann, **herauszugeben.**[4]

Zu beachten ist insbesondere bei titulierten Ansprüchen aus nichtigen Darlehensverträgen, daß **bestehenbleibende Ansprüche aus § 812 BGB** auf Rückzahlung des Nettokredits, der Hälfte der Restschuldversicherung sowie Ansprüche auf Ersatz des Verzögerungsschadens **mit tituliert sind.**[5] Sind diese noch nicht voll erfüllt, besteht **kein Herausgabeanspruch,** sondern nur ein **Unterlassungsanspruch hinsichtlich des sittenwidrigen Teils** der titulierten Forderung.

§ 42 Weitere Schadenersatz- oder Bereicherungsklagen des Schuldners

570 Dem Schuldner können, wenn der Gläubiger vollstreckt, obwohl ihm die titulierte Forderung nicht zusteht, Schadenersatzansprüche (etwa aus positiver Vertragsverletzung oder §§ 823ff BGB) sowie Bereicherungsansprüche gegen den Gläubiger zustehen, die er grundsätzlich unabhängig von § 767 I einklagen darf.

Davon zu unterscheiden ist der Fall, daß ein Titel aufgehoben wird, nachdem der Gläubiger bereits vollstreckt hatte.

---

[1] S. i. e. Pal-Thomas § 656 BGB Rn. 6 ff.
[2] NJW 1990, 2550.
[3] OLG Stuttgart NJW 1994, 330; anders zurecht für die Zeit vor der BGH-Entscheidung OLG Oldenburg NJW-RR 1992, 445, 446.
[4] BGHZ 26, 391, 394; TP § 322 Rn. 50.
[5] BGH NJW-RR 1989, 622.

I. Die Aufhebung des Titels nach durchgeführter Vollstreckung

Wird der Titel aufgehoben, nachdem der Gläubiger bereits vollstreckt **571**
hatte (etwa aus einem Vollstreckungsbescheid, Versäumnisurteil oder Urteil erster Instanz), stehen dem Schuldner Schadenersatzansprüche aus **§ 717** II oder Bereicherungsansprüche aus § 717 III zu.

1. Rechtsnatur. § 717 II stellt eine verschuldensunabhängige Risikohaftung des Gläubigers gegenüber dem Schuldner dar, wenn er aufgrund eines lediglich vorläufig vollstreckbaren Urteils die Vollstreckung betreibt. Schadenersatzansprüche aus den §§ 823ff BGB werden hier in der Regel an einem fehlenden Verschulden des Gläubigers scheitern.

2. Voraussetzungen des Schadenersatzanspruchs sind:
- eine Aufhebung oder Abänderung des Urteils, gleich aus welchen Gründen (anders natürlich, wenn das abändernde Urteil selbst aufgehoben wird),
- Vollstreckung aus dem vorläufig vollstreckbaren Urteil oder eine Leistung des Schuldners zur Abwendung der Vollstreckung (§ 717 II 1),
- durch die Vollstreckung adäquat kausal verursachter Schaden.

3. Rechtsfolge ist die Verpflichtung zur Leistung von Schadenersatz; der Umfang richtet sich nach den §§ 249ff BGB.

4. Geltendmachung. Der Anspruch kann in einem selbständigen Prozeß, aber auch in dem Rechtsstreit, in dem es um die Aufhebung des vorläufig vollstreckbaren Urteils geht (§ 717 II 2), anhängig gemacht werden.

5. OLG-Urteile. Nach der Vollstreckung aus einem streitigen Urteil eines Oberlandesgerichts, das auf eine Revision hin aufgehoben wird, steht dem Schuldner kein Schadenersatzanspruch, sondern nur ein Bereicherungsanspruch zu, § 717 III.

II. Schadenersatz- oder Bereicherungsansprüche bei der Vollstreckung aus nicht oder nicht mehr anfechtbaren Titeln

Steht dem Gläubiger die titulierte Forderung nicht zu, wegen der er voll- **572**
streckt hat, kann der Schuldner auf Schadenersatz oder Herausgabe der Bereicherung klagen.[1] Die Handlung des Gläubigers kann auch dann rechtswidrig gewesen sein, wenn das Handeln des Vollstreckungsorgans selbst rechtmäßig war.

Bei dieser Klage sind aber sowohl die Präklusionswirkung des § 767 II, der nicht umgangen werden darf, als auch die Rechtskraftwirkung des auf eine evtl. Vollstreckungsgegenklage hin ergangenen Urteils zu beachten:

- Ist die Vollstreckungsgegenklage rechtskräftig abgewiesen worden, schließt das Urteil für eine nachfolgende Schadenersatzklage ein Verschulden des Gläubigers und für eine Bereicherungsklage dessen Bösgläubigkeit nach § 819 I BGB aus.
- Wird der Vollstreckungsgegenklage stattgegeben, steht damit noch nicht fest, daß der titulierte Anspruch nicht besteht; dem Titel wird lediglich die Vollstreckbarkeit genommen.[2] Bei der Schadenersatz- oder Bereicherungsklage muß der Schuldner demnach die Voraussetzungen der §§ 823ff, 812ff BGB darlegen und beweisen.

---

[1] BGHZ 83, 278, 280.
[2] HM; BGHZ 85, 367, 371ff.

2. Abschnitt. Klagen eines nicht unmittelbar am Vollstreckungsverfahren beteiligten Dritten

573 Den Vollstreckungsorganen sind formalisierte, leicht feststellbare Anknüpfungspunkte an die Hand gegeben, um sie bei der Vollstreckung nicht mit tatsächlich schwierigen und rechtlich komplizierten Prüfungsaufgaben zu belasten.

So hat der Gerichtsvollzieher nur zu untersuchen, ob sich eine Sache im Gewahrsam des Schuldners oder eines zur Herausgabe bereiten Dritten befindet. Von evidenten Fällen abgesehen, darf er nicht überprüfen, ob sich die zu pfändende Sache im Eigentum des Schuldners befindet. Deshalb kann der wahre Eigentümer hier auch mit einer – möglicherweise zulässigen – Erinnerung keinen Erfolg haben. Ein Verfahrensverstoß des Gerichtsvollziehers liegt nicht vor, wenn er die Eigentumslage nicht prüft, selbst wenn er darauf hingewiesen wird.

Der Rechtspfleger hat vor Erlaß eines Pfändungsbeschlusses nur zu untersuchen, ob nach dem Vorbringen des Gläubigers ein Anspruch des Schuldners gegen den Drittschuldner besteht. Ist dies der Fall, hat er den Beschluß zu erlassen, gleich ob tatsächlich überhaupt kein Anspruch gegeben ist oder ob der Anspruch nicht dem Schuldner, sondern einem Dritten zusteht.

Schließlich kann und darf der Gerichtsvollzieher nicht überprüfen, ob an der zu pfändenden Sache bereits ein vorrangiges Pfandrecht, etwa ein Vermieterpfandrecht, besteht.

In diesen Fällen legt es die ZPO dem Dritten selbst in die Hand, seine durch die Vollstreckung bedrohten Rechte im Wege einer Klage gegen den Vollstreckungsgläubiger geltend zu machen. In den beiden ersten oben genannten Konstellationen kann ihm die Drittwiderspruchsklage (§ 771) helfen (Rn. 574ff), in der dritten die Klage auf vorzugsweise Befriedigung (§ 805, Rn. 633ff). Kommt der Dritte mit seiner Klage zu spät, weil das Vollstreckungsverfahren bereits beendet ist – nach einer Versteigerung der gepfändeten Sache hat der Gerichtsvollzieher dem Gläubiger den Erlös ausgekehrt; der Drittschuldner hat an den Gläubiger gezahlt –, kann er noch Schadenersatz- oder Bereicherungsansprüche geltend machen (Rn. 643ff).

§ 43 Die Drittwiderspruchsklage, § 771

I. Überblick

574 **1. Zweck.** Wird durch die Zwangsvollstreckung in bestimmte Gegenstände – wegen der eingeschränkten Prüfungsbefugnis der Vollstreckungsorgane formell zu Recht – in geschützte materielle Rechte eines Dritten eingegriffen, kann dieser sich hiergegen mit der Drittwiderspruchsklage zur Wehr setzen. Außerhalb des Vollstreckungsverfahrens selbst wird so die materielle Rechtslage an dem Vollstreckungsobjekt im Erkenntnisverfahren zur Überprüfung gestellt.

2. Klageart. Die Drittwiderspruchsklage – auch Interventionsklage genannt – ist nach hM **prozessuale Gestaltungsklage.**[1] Die von dem Beklagten vollstreckungsrechtlich zulässig betriebene Vollstreckung in einen bestimmten Gegenstand, an dem der Kläger ein materielles Recht hat, wird rechtsgestaltend für unzulässig erklärt. **575**

3. Abgrenzung zu anderen Rechtsbehelfen. a) Von der Vollstreckungsgegenklage (§ 767) unterscheidet sich die Drittwiderspruchsklage dadurch, daß sie **576**
- nicht vom Schuldner, sondern von einem außerhalb des Vollstreckungsverfahrens stehenden Dritten erhoben wird
- und sich nicht gegen den titulierten Anspruch, sondern gegen die Vollstreckung in einen bestimmten Gegenstand richtet.

Gemeinsam ist beiden Klagen, daß sie sich auf das materielle Recht stützen.

b) Von der Vollstreckungserinnerung (§ 766) unterscheidet sich die Drittwiderspruchsklage **577**
- zunächst natürlich in der Form – Erinnerung bzw. Klage –,
- vor allem aber darin, daß die Erinnerung nur auf die Verletzung vollstreckungsrechtlicher Verfahrensvorschriften gestützt werden kann, während die Drittwiderspruchsklage mit dem materiellen Recht begründet wird.

Überschneidungen können sich im Rahmen des § 809 und dann ergeben, wenn ausnahmsweise das materielle Recht vom Vollstreckungsorgan geprüft werden muß. **Beispiele:**

- Der Gerichtsvollzieher will aus einem Titel gegen den Inhaber der Reparaturwerkstatt A in Essen einen PKW mit einem Bochumer Kennzeichen pfänden, an dem eine Inspektion durchgeführt wird. Der daneben stehende Eigentümer B protestiert und zeigt dem Gerichtsvollzieher seinen Kfz.-Schein. Hier ist evident, daß der Schuldner nicht Eigentümer des Wagens ist; der Gerichtsvollzieher hat dies deshalb ausnahmsweise zu berücksichtigen und darf nicht pfänden. Tut er es gleichwohl, kann B sowohl Erinnerung einlegen als auch Drittwiderspruchsklage erheben.
- Der Gerichtsvollzieher pfändet in der von diesem allein bewohnten Wohnung des A trotz dessen Widerspruchs eine Stereoanlage, die nach der unzutreffenden Angabe des Gläubigers dem Schuldner gehören soll; sie gehört A. Hier kann A wegen der Verletzung des § 809 Erinnerung einlegen, möglicherweise auch mit der Begründung, der Gerichtsvollzieher hätte die Eigentumsverhältnisse überprüfen müssen (s. Rn. 129). Damit macht er Verfahrensverstöße des Gerichtsvollziehers geltend. Er kann aber auch, gestützt auf das materielle Recht, sein Eigentum, Drittwiderspruchsklage erheben. Dieses Recht verliert er nach hM nicht einmal dann, wenn er sich gegenüber dem Gerichtsvollzieher zur Herausgabe bereit erklärt, es sei denn, er habe gleichzeitig auf sein Interventionsrecht verzichtet.[2] Auf sein Besitzrecht kann er die Drittwiderspruchsklage allerdings nicht mehr stützen.[3]

Zum Rechtsschutzbedürfnis für die Drittwiderspruchsklage, wenn die Möglichkeit einer Erinnerung besteht, s. Rn. 585.

c) Von der Klage auf vorzugsweise Befriedigung (§ 805) unterscheidet sich die Interventionsklage dadurch, daß **578**

---

[1] BGHZ 58, 207, 214; MK-Karsten Schmidt § 771 Rn. 3; TP § 771 Rn. 1.
[2] BGH JZ 1978, 119; differenzierend TP § 809 Rn. 5; Brox-Walker Rn. 255.
[3] BGH JZ 1978, 119; Brox-Walker Rn. 255.

- mit der Drittwiderspruchsklage die **Zwangsvollstreckung in einen Gegenstand** für unzulässig erklärt werden soll, während mit der Vorzugsklage der Dritte **unter Fortsetzung der Zwangsvollstreckung** erreichen will, aus dem Vollstreckungserlös vor dem Vollstreckungsgläubiger befriedigt zu werden;
- die Vorzugsklage auf (besitzlose) Pfand- und Vorzugsrechte gestützt werden kann, die wiederum kein Recht zur Intervention geben;
- die Vorzugsklage nur bei der Zwangsvollstreckung wegen Geldforderungen in bewegliche Sachen statthaft ist, die Drittwiderspruchsklage demgegenüber gegen jede Art der Zwangsvollstreckung in bestimmte Sachen oder Rechte.

579 **d) Materiell-rechtliche Klagen.** Im Hauptanwendungsfall der Drittwiderspruchsklage ist der Dritte Eigentümer der Sache, in welche die Zwangsvollstreckung betrieben wird. Hier stehen dem Dritten regelmäßig materiell-rechtliche Herausgabe- und Unterlassungsansprüche gegen den Gläubiger zu (§§ 985, 1004 BGB); ist die Zwangsvollstreckung bereits beendet, Schadenersatz- bzw. Bereicherungsansprüche. Fraglich ist, ob **materiell-rechtliche Klagen zulässig** sind, wenn die Vollstreckung betrieben wird.

aa) Während des Andauerns des Vollstreckungsverfahrens kann der Dritte **Herausgabe- oder Unterlassungsansprüche nicht** klageweise geltend machen. Hätte er mit einer solchen Klage Erfolg, würde er bewirken, daß die Zwangsvollstreckung nicht weiter betrieben werden kann. Genau das aber ist das Ziel, das mit der Drittwiderspruchsklage erreicht werden soll. Deshalb schließen die §§ 771, 805 in ihrem Anwendungsbereich bis zur vollständigen Beendigung der Zwangsvollstreckung in eine Sache oder ein Recht materiell-rechtliche Klagen als Spezialvorschriften aus.[1] **Beispiele:**

- Wird vom Gerichtsvollzieher eine Sache gepfändet, kann von diesem Zeitpunkt an bis zur Auskehr des Erlöses nach der Versteigerung – das Eigentum an der Sache setzt sich am Erlös fort, § 1247 BGB, – kein materiell-rechtlicher Anspruch klageweise geltend gemacht werden, sondern nur die Drittwiderspruchsklage erhoben werden.
- Der Gläubiger pfändet eine angebliche Forderung des Schuldners gegen den Drittschuldner; die Forderung steht nicht dem Schuldner, sondern dem Dritten D zu. Als der Gläubiger und D von dem Drittschuldner Zahlung verlangen, hinterlegt dieser den streitigen Schuldbetrag unter Verzicht auf die Rücknahme. Was kann D unternehmen?
  Zunächst findet hier kein Verteilungsverfahren (§§ 872ff) statt, weil die Forderung nicht für mehrere Gläubiger gepfändet wurde, § 853. Die Hinterlegung ist vielmehr nach § 372 S. 2 BGB erfolgt. Hier kann D wohl nur Drittwiderspruchsklage erheben; an die Stelle der erfüllten (§ 378 BGB) gepfändeten Forderung ist analog § 1247 BGB der Anspruch auf den hinterlegten Betrag getreten. Einer auf § 812 I 1 2. Alt. BGB (Eingriffskondiktion) gestützten Klage auf Herausgabe der vom Gläubiger auf Kosten des D erlangten Bereicherung – der „Blockierstellung" im Hinterlegungsverfahren – steht der Vorrang der Drittwiderspruchsklage entgegen. Diese Leistungsklage kann man allenfalls mit der Begründung für zulässig erachten, das rechtsgestaltende Urteil über eine Drittwiderspruchsklage reiche als Nachweis iSd. § 13 II 1 Nr. 2 HinterlO gegenüber dem Hinterlegungsgericht nicht aus.

---

[1] BGHZ NJW 1989, 2542; Musielak-Lackmann § 771 Rn. 5 m. w. N; TP § 771 Rn. 4.

bb) Ist die Vollstreckung in die Sache oder das Recht **vollständig beendet,** weil die gepfändete Sache versteigert und der Erlös ausgekehrt ist oder der Drittschuldner an den pfändenden Gläubiger gezahlt hat, **fehlt einer Drittwiderspruchsklage das Rechtsschutzbedürfnis,** weil dem Dritten nicht mehr damit geholfen werden kann, daß die Zwangsvollstreckung für unzulässig erklärt wird. Nunmehr kann der Dritte eine Schadenersatz- oder Bereicherungsklage erheben (Rn. 643 ff).

4. Analoge Anwendung. § 771 ist im Fall der Versteigerung zum Zwek- **580**
ke der Aufhebung einer Gemeinschaft an einem Grundstück analog anzuwenden, wenn einer der Miteigentümer die Versteigerung aus materiellem Recht verhindern will.[1] Sehr zweifelhaft ist, ob ein materiell-rechtlicher Einwand gegen die Teilungsversteigerung auch mit der Vollstreckungserinnerung geltend gemacht werden kann.[2]

II. Die Zulässigkeit der Drittwiderspruchsklage

Zum Prüfungsumfang und zur Prüfungsreihenfolge s. Rn. 196, 495.

1. Statthaftigkeit. Die Drittwiderspruchsklage ist gem. § 771 statthaft, **581**
wenn

- **ein Dritter** (also nicht Gläubiger oder Schuldner)
- **behauptet** (hier ist natürlich die Begründetheit noch nicht zu prüfen),
- ihm stehe an dem **Gegenstand der Vollstreckung** (es wird die Vollstreckung in eine bestimmte Sache oder ein Recht angegriffen)
- **ein die Veräußerung hinderndes Recht zu** (zum Begriff s. u. Rn. 590).

2. Zuständigkeit. Zuständig ist gem. § 771 I das Gericht, in dessen Be- **582**
zirk die Zwangsvollstreckung stattfindet. Damit ist **nur die örtliche Zuständigkeit – ausschließlich, § 802** – geregelt, nicht aber die sachliche Zuständigkeit. Diese richtet sich nach dem Streitwert (§§ 23 Nr. 1, 71 I GVG) und ist, da nicht im 8. Buch der ZPO geregelt, nicht ausschließlich. Die sachliche Zuständigkeit kann also auch nach den §§ 38f begründet werden.

Betrifft das von dem Dritten geltend gemachte Recht eine Familiensache iSd. § 23b GVG, ist das Familiengericht zuständig.[3] Dies ist zB bei der Drittwiderspruchsklage eines Ehegatten gegen die Teilungsversteigerung zum Zwecke der Aufhebung einer Gemeinschaft der Fall, die auf § 1365 BGB gestützt wird;[4] hier wurzelt der Streit im ehelichen Güterrecht. Dagegen handelt es sich nicht allein deshalb um eine Familiensache, weil der der Zwangsvollstreckung zugrunde liegende Titel über eine Familiensache ergangen ist.[5]

3. Klageantrag. Der bestimmt zu fassende Klageantrag (§ 253 II Nr. 2) muß dar- **583**
auf gerichtet sein, die **Zwangsvollstreckung in einen bestimmten Gegenstand** für unzulässig zu erklären. Ergibt bei unklar gefaßten Anträgen die Auslegung des Klagebegehrens, daß der Kläger Drittwiderspruchsklage erheben will, kann der Antrag, sofern dies im Verfahren noch nicht geschehen ist (§ 139 I 1), im Tatbestand klarge-

---

[1] BGH NJW 1985, 3066, 3067.
[2] S. dazu (bejahend, falls unstreitig) OLG Frankfurt FamRZ 1997, 1490f.
[3] BGH NJW 1985, 3066; Musielak-Lackmann § 771 Rn. 7; TP § 621 Rn. 16.
[4] OLG Frankfurt NJW-RR 1986, 1332; TP § 621 Rn. 16.
[5] OLG Hamburg FamRZ 1984, 805; aA Zö-Herget § 771 Rn. 2.

stellt werden. Sind allerdings in den Entscheidungsgründen noch Ausführungen zu der Frage notwendig, welchen Rechtsbehelf der Kläger überhaupt ergriffen hat, sollte der Antrag im Tatbestand so wiedergegeben werden, wie er tatsächlich gestellt wurde.

584 **4. Rechtsschutzinteresse. a) Grundsätzlich** besteht in der Zeit zwischen dem Vollstreckungsakt in den streitigen Gegenstand bis zur vollständigen Beendigung der Zwangsvollstreckung ein Rechtsschutzbedürfnis für die Interventionsklage.

aa) Allein die Tatsache, daß ein Titel ergangen ist, reicht, jedenfalls wenn es sich um eine Geldforderung handelt, nicht aus; es steht nämlich noch nicht fest, ob und in welche Gegenstände die Zwangsvollstreckung betrieben werden soll. Anders ist es bei der Herausgabevollstreckung, wenn der Dritte ein Recht an dem herauszugebenden Gegenstand geltend macht. Hier kann er schon intervenieren, wenn der Titel geschaffen worden ist, weil er sonst die Herausgabe nicht verhindern könnte.

bb) Nach der **Beendigung der Zwangsvollstreckung** (Auskehr des Erlöses; Zahlung des Drittschuldners) ist die **Drittwiderspruchsklage unzulässig,** weil dem Kläger damit, daß die beendete Zwangsvollstreckung für unzulässig erklärt wird, nicht mehr geholfen werden kann.

585 **b) Erinnerungsmöglichkeit.** Das Rechtsschutzinteresse fehlt, wenn der Dritte die Möglichkeit hat, sein Ziel, die Vollstreckung in den bestimmten Gegenstand endgültig für unzulässig zu erklären lassen, auf einfacherem und billigerem Weg erreichen kann. Dies kann der Fall sein, wenn der Dritte erfolgreich **Vollstreckungserinnerung** einlegen kann.

Zu beachten ist aber, daß grundsätzlich beide Rechtsbehelfe nebeneinander statthaft sind, weil sie eine andere Zielrichtung haben. So kann der Dritte, wenn der Gerichtsvollzieher gegen § 809 verstößt und Eigentum des Dritten pfändet, sowohl Erinnerung einlegen, als auch Drittwiderspruchsklage erheben; einmal beruft er sich auf seinen Gewahrsam und dessen Nichtbeachtung im Vollstreckungsverfahren, zum anderen auf sein Eigentum. Das Rechtsschutzbedürfnis für eine Drittwiderspruchsklage fehlt nur dann, wenn ausnahmsweise die Erinnerung erkennbar ohne Risiko zum Ziel führt.[1]

586 **c) Nichtiger Vollstreckungsakt.** Das Rechtsschutzbedürfnis fehlt grundsätzlich **nicht,** wenn der **Vollstreckungsakt nichtig ist.**

Typisches Beispiel: Der Gläubiger pfändet eine angebliche Forderung des Schuldners S gegen den Drittschuldner auf Zahlung von 1000,– DM aus einem Kaufvertrag. Der Dritte D macht geltend, bereits vor der Pfändung habe S die Forderung an ihn abgetreten, und erhebt Drittwiderspruchsklage. Ist das Vorbringen des klagenden D richtig, so ging die Pfändung durch den Gläubiger ins Leere; der Pfändungsbeschluß ist unwirksam, D ist weiter Inhaber der Forderung.

In diesen Fällen fehlt einer Drittwiderspruchsklage nicht das Rechtsschutzbedürfnis, weil der **Schein einer wirksamen Pfändung** besteht,[2] der dazu führen kann, daß der gepfändete **Gegenstand** versteigert wird oder der Drittschuldner an den Gläubiger zahlt. Allenfalls dann, wenn die Nichtigkeit der Vollstreckungsmaßnahme eindeutig ist und von den Beteiligten auch

---

[1] Brox-Walker Rn. 1406 m.w.N.

[2] BGH WM 1981, 648, 649 m.w.N.; TP § 771 Rn. 10.

nicht bestritten wird, kann das Rechtsschutzbedürfnis fehlen.[1] Ähnlich kann die Problematik sein, wenn der Gerichtsvollzieher einen Gegenstand gepfändet hat, der Grundstückszubehör sein könnte. Zum Teil wird hier wegen eines Verstoßes gegen die funktionelle Zuständigkeit die Nichtigkeit des Vollstreckungsakts angenommen (s. Rn. 259).

In Klausuren sollte man, weil es nicht darauf ankommt, die **Frage der Nichtigkeit offenlassen:**

„Das Rechtsschutzbedürfnis für die Drittwiderspruchsklage fehlt nicht. Offenbleiben kann, ob möglicherweise die Forderungspfändung deshalb unwirksam ist, weil sie ins Leere ging, da der Schuldner nicht Forderungsinhaber war. Es besteht zumindest der Schein einer wirksamen Pfändung, der den Drittschuldner zur Zahlung an den beklagten Gläubiger veranlassen könnte."

d) Wegfall. Fällt das Rechtsschutzbedürfnis nach Rechtshängigkeit der **587** Drittwiderspruchsklage weg (der Erlös wird ausgekehrt; der Drittschuldner zahlt an den Gläubiger), kann der Kläger den Rechtsstreit in der Hauptsache für erledigt erklären. Er kann seine Klage aber auch auf Zahlung von Schadenersatz oder Herausgabe der Bereicherung umstellen; dabei handelt es sich kraft gesetzlicher Vorschrift um keine Klageänderung, § 264 Nr. 3. Diese Konstellation kommt gelegentlich in **Examensklausuren** vor.

III. Die Begründetheit der Klage

Die Klage ist begründet, wenn dem Kläger ein die Veräußerung hinderndes Recht zusteht, dessen Geltendmachung nicht durch Gegenrechte des Beklagten ausgeschlossen ist.

1. Aktivlegitimiert ist „ein Dritter" (§ 771 I) also ein anderer als der **588** Gläubiger oder grundsätzlich der Schuldner; **passivlegitimiert** der oder die Vollstreckungsgläubiger.

In Ausnahmefällen kann auch der Schuldner aktivlegitimiert sein, wenn er nur mit einer bestimmten Vermögensmasse haftet (Rn. 110 f) und gegen die Vollstreckung in eine andere Vermögensmasse interveniert. „Dritter" kann auch ein Mitglied einer Miteigentümergemeinschaft sein, der sich gegen die Zwangsvollstreckung zum Zwecke der Aufhebung der Gemeinschaft an einem Grundstück wendet (Rn. 580).

Regelmäßig sind keine Ausführungen über Aktiv- oder Passivlegitimation erforderlich (außer im Fall der Teilungsversteigerung). Auch hier geht die hM zu Recht davon aus, daß es sich um eine Frage der Begründetheit der Klage handelt.[2] Folgt man der Gegenmeinung,[3] sollte man dies begründen und unbedingt den Begriff Prozeßführungsbefugnis verwenden, nicht die Begriffe Aktiv- bzw. Passivlegitimation.

2. Anspruchsgrundlage. Auch die Drittwiderspruchsklage bedarf einer **589** Anspruchsgrundlage. Man kann hier § 771 I als Grundlage für den rechtsgestaltenden Ausspruch oder das die Veräußerung hindernde Recht heranziehen (s. auch Rn. 512).

---

[1] OLG Hamburg MDR 1959, 933.
[2] Musielak-Lackmann § 771 Rn. 11; Brox-Walker Rn. 1409.
[3] TP § 771 Rn. 9.

590 **3. Veräußerung hinderndes Recht.** Dem Kläger muß „ein die Veräußerung hinderndes Recht" zustehen, § 771 I.

Die gesetzliche Fassung: „ein die Veräußerung hinderndes Recht" ist anerkanntermaßen redaktionell falsch, weil unsere Rechtsordnung ein solches Recht nicht kennt. Selbst das stärkste Recht, das Eigentum, kann gegen den Willen des Eigentümers „veräußert" werden, zB durch gutgläubigen Erwerb.

Ein Recht iSd. § 771 wird allgemein angenommen,

„wenn der Schuldner selbst, veräußerte er den Vollstreckungsgegenstand, widerrechtlich in den Rechtskreis des Dritten eingreifen würde und deshalb der Dritte den Schuldner hindern könnte, zu veräußern".[1]

Auf das Verhältnis Schuldner-Dritter wird deshalb abgestellt, weil regelmäßig hier Rechtsbeziehungen bestehen, seien es auch keine vertraglichen, sondern gesetzliche, zB aus § 985 BGB. In diese Rechtsbeziehung Schuldner-Dritter greift der Gläubiger durch die Vollstreckung ein. Es ist zu untersuchen, ob der Schuldner im Verhältnis zum Dritten das tun dürfte, wozu die Vollstreckung führt, oder ob der Dritte dies gegenüber dem Schuldner verhindern könnte.

Unter die genannten Obersätze sollte – jedenfalls in Zweifelsfällen – subsumiert werden, was im – allerdings unproblematischen – Fall des Eigentums in den Entscheidungsgründen etwa so aussehen könnte:

„Dem Kläger steht ein die Veräußerung hinderndes Recht iSd. § 771 I zu, nämlich das Eigentum. Würde der Schuldner die gepfändete Sache veräußern wollen, wozu letztlich auch die vom Beklagten betriebene Vollstreckung führen würde, griffe er widerrechtlich in das Eigentum des Klägers ein, § 903 BGB. Der Kläger könnte dies gem. § 1004 BGB verhindern."

Beispiele für die Veräußerung hindernde Rechte werden unten (Rn. 592 ff) genannt.

591 **4. Einwendungen des Beklagten. a)** Der Beklagte kann zunächst, wie in jedem Zivilprozeß, die Tatsachen bestreiten, die der Kläger zur Begründung seines Interventionsrechts vorträgt. Er kann die Nichtigkeit des vom Kläger vorgetragenen Rechtsgeschäfts – natürlich unter Darlegung von Tatsachen – behaupten. Schließlich hat er die Möglichkeit, geltend zu machen, daß der Kläger sich ihm gegenüber gem. § 242 BGB nicht auf sein Interventionsrecht berufen dürfe.

b) Diese „Einwendungen", die noch näher dargestellt werden (604 ff), werden üblicherweise auch als „Einwendungen des Beklagten" bezeichnet. Dieser Begriff ist nicht falsch. Man muß sich nur darüber im klaren sein, daß die Drittwiderspruchsklage den normalen **Regeln des Erkenntnisverfahrens** folgt, so daß eine **Schlüssigkeits- und Erheblichkeitsprüfung** anzustellen ist. Ergibt sich schon aus dem Vorbringen des Klägers, daß zB das seinem Interventionsrecht zugrunde liegende Rechtsgeschäft nichtig ist, so ist diese Rechtsfrage auch schon in der Schlüssigkeitsprüfung zu untersuchen, nicht etwa erst in der Erheblichkeitsprüfung. Zu beachten ist weiter, daß „Einwendungen" grundsätzlich von Amts wegen zu prüfen sind, wenn sie sich aus dem tat-

---

[1] BGHZ 72, 141, 145; 55, 20, 26.

sächlichen Vorbringen ergeben. Dies gilt auch dann, wenn sich die Partei, für welche die Einwendungen günstig sind, nicht auf sie berufen hat. Etwas anderes gilt nur bei Einreden.

IV. Die Veräußerung hindernde Rechte im einzelnen

1. Das Eigentum. Das Eigentum als das stärkste dingliche Recht, § 903 BGB, ist ein die Veräußerung hinderndes Recht und der Hauptanwendungsfall der Klage, auch in Examensklausuren. **592**

In Klausuren ist es regelmäßig sehr wichtig, den Eigentumsübergang auf den Kläger (meist geht es darum) **sorgfältig zu untersuchen** und **genau** unter die einschlägigen Vorschriften (§§ 929ff BGB; aber auch zB §§ 90, 55, 20 ZVG) **zu subsumieren.**

Auch Miteigentum und Eigentum zur gesamten Hand geben die Veräußerung hindernde Rechte für den Eigentümer, gegen den nicht vollstreckt wird. Der Schuldner darf den Miteigentums- oder Gesamthandsanteil des Dritten nicht veräußern; hiergegen kann sich der Dritte wehren.

2. Vorbehaltseigentum. Beispiel: **593**

K hat bei dem Händler V ein Videogerät zum Preis von 2000,– DM gekauft. Er soll nach dem Vertrag den Kaufpreis in monatlichen Raten von 200,– DM zahlen. Das Gerät ist K übergeben worden. V hat sich jedoch das Eigentum bis zur vollständigen Bezahlung des Kaufpreises vorbehalten. Hier kann es zu einer Vollstreckung in das Videogerät durch Gläubiger sowohl des K als auch des V kommen.

a) Vollstreckt ein **Gläubiger des Vorbehaltskäufers** in die unter Eigentumsvorbehalt gelieferte Sache, steht dem **Vorbehaltsverkäufer nach hM die Drittwiderspruchsklage zu.**[1] Er ist Eigentümer der Sache und könnte sich gegen ihre Veräußerung durch den Schuldner diesem gegenüber zur Wehr setzen, §§ 985, 1004 BGB. Würde man ihm trotz seines Volleigentums nur die Vorzugsklage nach § 805 zubilligen,[2] wäre sein Eigentum nicht hinreichend geschützt. Er erhielte nur den Versteigerungserlös, der geringer sein kann als ggfls. der Erlös der Verwertung der Sache durch ihn selbst.

Hier kann aber der Gläubiger auf das Anwartschaftsrecht des Schuldners zurückgreifen. Außerdem kann er das Widerspruchsrecht des Verkäufers dadurch beseitigen, daß er den Kaufpreisrest als Dritter nach § 267 BGB zahlt.[3] Auch beim verlängerten Eigentumsvorbehalt ist § 771 anwendbar; insoweit ist die Lage der beim Sicherungseigentum vergleichbar (s. Rn. 594).

b) Die Vollstreckung durch **Gläubiger des Vorbehaltsverkäufers** wird selten sein.

Regelmäßig wird der Vorbehaltskäufer die unter Eigentumsvorbehalt gekaufte Sache in seinem Besitz haben. Er kann daher einer Pfändung gem. § 809 widersprechen und eine gleichwohl betriebene Vollstreckung mit der Vollstreckungserinnerung angreifen. Er kann aber auch Drittwiderspruchsklage erheben. Hat er die Pfändung und Wegnahme gestattet, wird allerdings zu prüfen sein, ob darin nicht ein Verzicht auf die Interventionsklage liegt.

---

[1] BGHZ 54, 214, 218f; Musielak-Lackmann § 771 Rn. 16 m.w.N.
[2] So Raiser, Dingliche Anwartschaften, 90ff; Hübner NJW 1980, 729, 733.
[3] S. i.e. MK-Karsten Schmidt § 771 Rn. 20.

Bei der Vollstreckung durch Gläubiger des Vorbehaltsverkäufers kann der **Vorbehaltskäufer** nach hM gestützt auf sein **Anwartschaftsrecht** Drittwiderspruchsklage erheben.[1] Der Käufer muß davor geschützt werden, daß der Ersteher in der Versteigerung lastenfreies Eigentum erwirbt, so daß der Käufer durch Zahlung des Restkaufpreises nicht mehr Eigentümer werden kann. Der Vorbehaltskäufer kann deshalb auch nur der **Verwertung** widersprechen.[2] Gegen die Pfändung kann er erst nach vollständiger Zahlung gestützt auf sein dann erworbenes Eigentum intervenieren.

594 **3. Sicherungseigentum. Beispiel:**

K kauft ein neues Auto und nimmt dafür ein Darlehen bei dem „Finanzmakler" M persönlich auf. M verlangt und erhält das Sicherungseigentum an dem gekauften PKW.

Beachte: Das Sicherungseigentum ist häufig das Interventionsrecht in einschlägigen Klausuren. Hier ist grundsätzlich vorab der Eigentumsübergang sorgfältig zu untersuchen. Man kann die maßgeblichen Fragen und Auffassungen, auch soweit es um das Problem des Interventionsrechts geht, bei Pal-Bassenge zu § 930 BGB nachlesen.

a) Nach ganz hM hat der **Sicherungsgeber** bei der Vollstreckung eines **Gläubigers des Sicherungsnehmers** (Sicherungseigentümers) jedenfalls bis zum Eintritt der Verwertungsreife ein Interventionsrecht iSd. § 771 I.[3] Nach aA soll der Sicherungsgeber erst intervenieren können, wenn die gesicherte Forderung beglichen worden ist.[4] Die hM ist zutreffend, weil die Sache wirtschaftlich zum Vermögen des Sicherungsgebers gehört. Sie dient der Sicherung, nicht der Befriedigung des Sicherungsnehmers. Erst mit Eintritt der Verwertungsreife, die sich aus der Sicherungsabrede ergibt, steht der Gegenstand dem Sicherungseigentümer auch wirtschaftlich zu. Dann darf der Sicherungsgeber nicht mehr intervenieren.[5]

b) Praktisch wichtiger als die Vollstreckung durch Gläubiger des Sicherungseigentümers ist die Vollstreckung durch **Gläubiger des Sicherungsgebers** in die Sache, die juristisch im Eigentum des Sicherungsnehmers steht. Daß die Rechte des Sicherungseigentümers geschützt werden müssen, ist klar und anerkannt; sehr streitig ist allerdings, ob durch die Widerspruchsklage oder die Vorzugsklage nach § 805.

- **Die hM** gewährt dem Sicherungseigentümer die **Drittwiderspruchsklage,** solange der zu sichernde Anspruch besteht.[6]
- Nach aA steht dem Sicherungsnehmer nur die Klage auf vorzugsweise Befriedigung zu.[7] Dies wird damit begründet, daß das Sicherungseigentum wirtschaftlich eher einem besitzlosen Pfandrecht gleiche. Es werde nach ganz hM auch im Konkurs (jetzt geregelt in § 51 Nr. 1 InsO) wie ein Pfandrecht behandelt, das nur zur Absonderung und nicht zur Aussonderung berechtige.

---

[1] BGHZ 55, 20, 26f; TP § 771 Rn. 15.
[2] BGHZ 55, 20, 27; Musielak-Lackmann § 771 Rn. 17.
[3] BGHZ 72, 141, 143ff; Musielak-Lackmann § 771 Rn. 18 m. w. N.; TP § 771 Rn. 19.
[4] Weber NJW 1976, 1601, 1605.
[5] BGHZ 72, 141, 146; Musielak-Lackmann § 771 Rn. 18; aA OLG Karlsruhe NJW 1977, 1069.
[6] BGHZ 80, 296, 299; Musielak-Lackmann § 771 Rn. 19 m. w. N.; StJ-Münzberg § 771 Rn. 26; TP § 771 Rn. 15.
[7] BL-Hartmann § 771 Rn. 26; MK-Karsten Schmidt § 771 Rn. 29.

– Die hM ist zutreffend. Der Sicherungseigentümer ist juristisch gesehen Volleigentümer. Er hat aufgrund der Sicherungsabrede regelmäßig ein Recht, sich durch freihändigen Verkauf aus der Sache zu befriedigen. Diese Möglichkeit würde ihm durch die Zwangsvollstreckung genommen, die meist auch zu geringeren Erlösen führt. Die unterschiedliche Behandlung im Vergleich zum Konkurs ist dadurch gerechtfertigt, daß das Sicherungseigentum unter § 127 II KO[1] fällt, so daß der Sicherungsgeber trotz der Behandlung als „Pfandrecht" sein Selbstverwertungsrecht nicht verliert. Eine entsprechende Vorschrift fehlt in der ZPO.

4. Inhaberschaft an Forderungen oder sonstigen Vermögensrechten. a) Jede Vollstreckung in ein schuldnerfremdes Recht ist mit der Klage nach § 771 anfechtbar, so daß auch die Inhaberschaft an einer Forderung oder an einem anderen Vermögensrecht zur Intervention berechtigt. Obwohl die Pfändung ins Leere geht, wenn die Forderung nicht dem Schuldner, sondern einem Dritten zusteht, fehlt das Rechtsschutzbedürfnis für die Drittwiderspruchsklage wegen des Scheins der wirksamen Pfändung nicht (Rn. 586). 595

b) Bei der **Sicherungsabtretung** gilt das zur Sicherungsübereignung Ausgeführte entsprechend (Rn. 594); allerdings kommt hier als Alternative eine Klage auf vorzugsweise Befriedigung (§ 805) nicht in Betracht. Diese Vorschrift gilt nur für die Vollstreckung in bewegliche Sachen.

5. Uneigennützige Treuhand. Beispiel: 596

Zur Begleichung des Grundstückskaufpreises zahlt der Käufer Geld auf ein Notaranderkonto ein.[2]

Hier gehört die Forderung – evtl. auch eine treuhänderisch verwahrte Sache – wirtschaftlich und haftungsrechtlich zum Vermögen des Treugebers, so daß nur diesem die Drittwiderspruchsklage zusteht, wenn Gläubiger des Treuhänders vollstrecken.[3] Allerdings ist die Klage unbegründet, wenn die Vollstreckung sich im Rahmen des Treuzwecks hält.[4] Bei einer Vollstreckung durch Gläubiger des Treugebers hingegen hat der uneigennützige Treuhänder kein Interventionsrecht.[5]

6. Beschränkt dingliche Rechte. a) Beschränkt dingliche Rechte (Grundpfandrechte, dingliches Wohnrecht, Erbbaurecht, Nießbrauch) geben ein Interventionsrecht, wenn – und das ist im Einzelfall sorgfältig zu untersuchen – das geschützte Recht des Rechtsinhabers durch die Zwangsvollstreckung beeinträchtigt wird. **Beispiele:** 597

– Bei der Pfändung von Grundstückszubehör, auf das sich die Hypothek erstreckt, können Grundpfandrechtsgläubiger nach hM sowohl Erinnerung nach § 766 einlegen als auch Drittwiderspruchsklage gestützt auf § 1120 BGB erheben.

---

[1] Die Vorschrift fällt ab 1. 1. 1999 weg; gem. § 166 I InsO steht die Verwertungsbefugnis dann vorrangig dem Insolvenzverwalter zu.
[2] S. dazu BGH NJW 1996, 1543; Musielak-Lackmann § 771 Rn. 21.
[3] BGHZ 11, 37, 41; Musielak-Lackmann § 771 Rn. 21 m. w. N.; TP § 771 Rn. 19.
[4] BGH NJW 1959, 1223, 1225.
[5] BGHZ 11, 37, 42.

– Gegen die Eintragung einer Zwangshypothek können Grundpfandrechtsgläubiger nicht intervenieren, weil diese nachrangig ist und ihre Rechte nicht verletzt.

b) Dem **unmittelbar oder mittelbar besitzenden Pfandrechtsinhaber** steht ein die Veräußerung hinderndes Recht zu, wie die hM[1] zu Recht annimmt. Es folgt einmal aus dem Wortlaut des § 805: „Ein Dritter, der sich **nicht** im Besitz der Sache befindet" und zum anderen aus § 1232 S. 1 BGB, der dem Pfandrechtsinhaber das Recht einräumt, den günstigsten Verwertungszeitpunkt selbst zu bestimmten. Dieses Recht würde durch die Zwangsvollstreckung beeinträchtigt.

Das **besitzlose** Pfandrecht (zB Vermieterpfandrecht) gibt nur ein Recht zur Klage auf vorzugsweise Befriedigung (§ 805). Aber auch der besitzende Pfandrechtsinhaber kann sich mit dieser Klage – als weniger zur Drittwiderspruchsklage – begnügen.

598 **7. Der Besitz. a) Bei der Immobiliarvollstreckung** gibt allein der Besitz nach allgemeiner Auffassung kein Interventionsrecht, weil er – Argument aus § 891 BGB – für die dingliche Rechtslage keine Bedeutung hat.[2]

b) Bei der Mobiliarvollstreckung ist diese Frage streitig.

– Nach hM steht dem berechtigten Besitzer ein Interventionsrecht zu.[3]
– Hiergegen wird jedoch zu Recht eingewandt, daß der Besitz als bloß tatsächliches Verhältnis allein nichts darüber aussagt, in wessen Vermögen die Sache steht.[4]
– In Klausuren hielte ich es für sehr gewagt, den Streit der Parteien (über Herausgabeansprüche, Eigentum oder ähnliches) dadurch zu umgehen, daß auf den berechtigten Besitz abgestellt wird. Im Rahmen der Besitzberechtigung muß man ohnehin auf die streitigen Fragen eingehen. Deshalb ist es besser, **das Interventionsrecht zu untersuchen, auf das die Klage gestützt ist;** es sei denn, dies wäre gerade der Besitz.

599 **8. Schuldrechtliche Ansprüche. a) Schuldrechtliche Herausgabeansprüche** geben ein Interventionsrecht, auch wenn der Dritte nicht Eigentümer der Sache ist – anders allerdings, wenn der Schuldner Eigentümer und der Dritte nur mittelbarer Besitzer ist –, weil der Gegenstand wirtschaftlich nicht zum Vermögen des Schuldners gehört. Würde der Schuldner den Gegenstand veräußern, würde er damit in den Rechtskreis des Dritten eingreifen. Dieser könnte aufgrund seines obligatorischen Rechts die Veräußerung verhindern.

Beispiel: D leiht dem Schuldner einen PKW, den D sonst ständig fährt, der aber im Eigentum des Vaters des D steht. Hier können sowohl der Vater des D gestützt auf sein Eigentum als auch D gestützt auf § 604 BGB Drittwiderspruchsklage erheben, wenn ein Gläubiger des Schuldners den Wagen pfändet.

600 **b) Schuldrechtliche Verschaffungsansprüche** berechtigen demgegenüber nicht zur Drittwiderspruchsklage, weil die Sache vor der Eigentums-

[1] MK-Karsten Schmidt § 771 Rn. 34; Brox-Walker Rn. 1418.
[2] RGZ 127, 8, 9f; MK-Karsten Schmidt § 771 Rn. 38; TP § 771 Rn. 21.
[3] BGHZ 2, 164; BL-Hartmann § 771 Rn. 15; Zö-Herget § 771 Rn. 14 „Besitz".
[4] MK-Karsten Schmidt § 771 Rn. 38; TP § 771 Rn. 21; Brox-Walker Rn. 1420.

übertragung rechtlich und wirtschaftlich noch im Eigentum dessen steht, der die Sache übereignen soll.

Beispiel: D kauft beim Möbelhändler S ein französisches Bett, das S sich selbst noch bei einem Großhändler beschaffen muß. Als das Bett bei S eingetroffen und diesem übereignet worden ist, läßt es ein Gläubiger des S pfänden. D hat hier kein Interventionsrecht.

c) Bei Leasingverträgen ist nach dem Typ des Vertrages zu unterschei- **601**
den, wenn auch das Ergebnis gleich ist:

aa) Verträge, die auf kurzfristige Überlassung des Gegenstandes ausgerichtet sind oder eine frühzeitige Kündigung durch den Leasingnehmer ermöglichen (sog. Operating-Leasing), gleichen eher Mietverträgen. Hier kann der Leasinggeber bei einer Vollstreckung durch Gläubiger des Leasingnehmers intervenieren (gestützt auf seinen schuldrechtlichen Herausgabeanspruch oder ggfls. auf sein Eigentum). Der Leasingnehmer ist bei einer Vollstreckung durch Gläubiger des Leasinggebers allerdings nur gem. § 809 geschützt. Ein die Veräußerung hinderndes Recht steht ihm nicht zu.

bb) Ist der Leasingvertrag langfristig ausgelegt und so berechnet, daß zum Vertragsende der Leasinggeber den Gegenwert der Sache und einen Gewinn erhalten hat (sog. Finanzierungs-Leasing), steht der Vertrag eher einem Abzahlungskauf gleich. Der Leasinggeber hat danach eine dem Vorbehaltsverkäufer ähnliche Stellung, so daß er nach § 771 einer Pfändung durch Gläubiger des Leasingnehmers widersprechen kann. Der Leasingnehmer steht hier schlechter als der Vorbehaltskäufer, weil er kein Anwartschaftsrecht hat und deshalb auch nicht intervenieren kann;[1] ihm bleibt nur der Schutz des § 809.

d) Anfechtungsrechte nach dem Gläubigeranfechtungsgesetz und nach **602**
§§ 129ff InsO.

Problemstellung: Anfechtungsrechte nach dem Anfechtungsgesetz oder den §§ 129ff InsO (bis 1. 1. 1999 §§ 29ff KO) führen bei einer wirksamen Anfechtung nicht etwa zur Nichtigkeit der Rechtsgeschäfte. Der anfechtende Gläubiger ist vielmehr nur so zu stellen, wie er ohne das angefochtene Rechtsgeschäft stehen würde. Dann dürfte er in den der Anfechtung unterliegenden Gegenstand vollstrecken (s. u. Rn. 606). Damit ähneln die Anfechtungsrechte Verschaffungsansprüchen.

Die hM läßt zu Recht die Drittwiderspruchsklage mit der Begründung der Anfechtbarkeit der Rechtshandlung zu.[2] Wirtschaftlich sind die Ansprüche eher mit einem Herausgabeanspruch vergleichbar; der Anfechtungsgegner hat die Zwangsvollstreckung zu dulden.

9. Sonderregelungen. Sonderregeln enthalten die §§ 772 (relative Veräußerungs- **603**
verbote), 773 (Nacherbschaft) und 774 (Vollstreckung in das Gesamtgut bei ehelicher Gütergemeinschaft). Die Vorschriften sollen hier mangels Examensrelevanz nicht näher dargestellt werden.

---

[1] MK-Karsten Schmidt § 771 Rn. 31; aA Baur-Stürner Rn. 779.

[2] RGZ 67, 310, 312; MK-Karsten Schmidt § 771 Rn. 44; Musielak-Lackmann § 771 Rn. 29; TP § 771 Rn. 22; aA BGH NJW 1990, 990, 992.

V. Einwendungen des Beklagten

Beachte: Wichtige Examensproblematik! Siehe auch nochmals die Ausführungen oben Rn. 591.

604 **1. Nichtigkeitseinwendungen. a) Scheingeschäft.** Typisch ist der Einwand, bei dem Rechtsgeschäft, das der Kläger zur Begründung seines Interventionsrechts heranzieht, handele es sich um ein Scheingeschäft (§ 117 I BGB).

Beispiel: Der Kläger einer Drittwiderspruchsklage beruft sich auf sein Eigentum und behauptet, der Schuldner habe ihm die Gegenstände, in die der Beklagte vollstreckt, bereits vorher übereignet. Der Beklagte behauptet, die Eigentumsübertragung sei nur zum Schein vorgenommen worden; sie habe allein den Zweck gehabt, die Sachen dem Zugriff der Gläubiger zu entziehen.

Richtiger Prüfungsansatz ist hier die Nichtigkeit der Einigung über den Eigentumsübergang gem. § 117 I BGB. Der Einwand ist aber – in aller Regel auch in den Examensklausuren – unbegründet (genau gesagt: schon aus dem Vorbringen des Beklagten ergibt sich keine Nichtigkeit der Einigung), weil der vom Beklagten behauptete Zweck nur dann erreicht werden kann, wenn die Einigung **nicht** nur zum Schein erfolgte. Es liegt **kein Scheingeschäft** vor, wenn der von den Vertragsparteien **erstrebte Rechtserfolg** gerade die **Gültigkeit des Rechtsgeschäfts voraussetzt.**[1]

605 **b) Sittenverstoß.** Ebenso typisch ist der Einwand, das Rechtsgeschäft verstoße gegen die guten Sitten, § 138 I BGB. Einwendungen nach § 138 I BGB kommen in drei Arten in Klausuren vor: Es handele sich um „Knebelverträge" oder um Verträge, die allein dazu dienten, Gläubiger zu benachteiligen bzw. über die Kreditfähigkeit zu täuschen. **Beispiele:**

- Gegenüber der Drittwiderspruchsklage der Bank B, die sich auf ihr Sicherungseigentum stützt, wendet der beklagte Gläubiger ein, der Vertrag der B mit dem Schuldner sei sittenwidrig; für einen relativ geringen Kredit habe sich B fast das gesamte viel wertvollere Vermögen des Schuldners übereignen lassen.
- Der Beklagte behauptet, die Übereignung an den Interventionskläger habe nur den Zweck gehabt, die Gläubiger des Schuldners zu benachteiligen.

Zu beachten ist bei diesen Einwendungen zunächst der **Prüfungsansatz:** Die **Einigung über den Eigentumsübergang** steht in Frage, nicht etwa das obligatorische Geschäft. Es ist also zu überprüfen, ob die Nichtigkeit des Kausalgeschäfts auf das abstrakte dingliche Rechtsgeschäft durchschlägt. Dies ist allerdings bei Knebelungs- und ähnlichen Verträgen unproblematisch.[2] **Beachten Sie aber den Ansatz!** Fehler im systematischen Bereich **wiegen sehr schwer!**

Der Einwand des Knebelungs- oder Kredittäuschungsvertrages ist inhaltlich weniger problematisch; hier muß man unter die entsprechenden Voraussetzungen subsumieren.[3] Bei dem **Einwand der Gläubigerbenachteiligung** ist zu beachten, daß hier **Spezialvorschriften,** nämlich die des

---

[1] BGHZ 36, 85, 88.
[2] S. Pal-Heinrichs § 138 BGB Rn. 20.
[3] S. d. Pal-Heinrichs § 138 Rn. 39, 86, 97.

Anfechtungsgesetzes eingreifen. Eine Sittenwidrigkeit nach § 138 I BGB kann deshalb nur dann angenommen werden, wenn außerhalb des Anfechtungstatbestandes liegende sittenwidrige Umstände hinzutreten.[1]

2. Die Einrede des § 9 AnfG nF. Der Beklagte kann der Interventionsklage die Einrede des § 9 AnfG nF (§ 5 aF) entgegenhalten, der Kläger sei zur **Duldung der Zwangsvollstreckung** verpflichtet, weil er sein Widerspruchsrecht durch ein **anfechtbares Rechtsgeschäft** erhalten habe. **606**

Beispiel: Die Klägerin, Ehefrau des Schuldners, beruft sich gegenüber der Vollstreckung des Beklagten in einen PKW darauf, ihr Mann habe ihr aufgrund eines vor ½ Jahr abgeschlossenen Kaufvertrages das Eigentum an dem PKW übertragen.

Hier besteht ein Anfechtungsrecht nach § 3 II 1 AnfG nF (§ 3 I Nr. 2 AnfG aF). Die Klägerin müßte beweisen, daß ein Vorsatz des Schuldners, die Gläubiger zu benachteiligen, nicht bekannt war. **Rechtsfolge** der Anfechtung ist gem. § 7 AnfG aF, daß die Klägerin den PKW „als zum Vermögen des Schuldners gehörig zurückgewährt". Gem. § 11 I 1 AnfG nF muß der anfechtbar erworbene Gegenstand dem Gläubiger zur Verfügung gestellt werden (s. noch Rn. 632). Der Beklagte muß also so gestellt werden, als stehe der PKW noch zur Vollstreckung zur Verfügung. Also geht die Einrede letztlich dahin, daß die Klägerin **die Zwangsvollstreckung des Beklagten dulden muß** und nicht intervenieren kann.

Die genauen Voraussetzungen der Anfechtung werden unten Rn. 620ff wegen ihrer Bedeutung gesondert dargestellt.

3. Verstoß gegen Treu und Glauben, § 242 BGB. Es kann gegen Treu und Glauben verstoßen, wenn der Kläger sein Widerspruchsrecht gegen den vollstreckenden Beklagten geltend macht. Der Einwand der unzulässigen Rechtsausübung bzw. der Arglist kann der Klage insbesondere deshalb entgegenstehen, weil der Kläger materiell-rechtlich selbst für die Forderung haftet, die dem Titel des Beklagten zugrunde liegt. **Wichtig** ist in diesen Fällen der **methodische Ansatz „Verstoß gegen Treu und Glauben"**, der noch anhand von Beispielen erläutert wird. **607**

Es ist ein Verstoß gegen Treu und Glauben, wenn der Kläger interveniert, obwohl er **materiell-rechtlich selbst für die titulierte Forderung haftet** (§ 242 BGB; Arglisteinwand oder unzulässige Rechtsausübung). **608**

Hier kommen die Haftung
- als **persönlich haftender Gesellschafter** (§§ 128, 161 II HGB),
- als **Bürge** (§ 765 I BGB),
- als **Mitgesamtschuldner**
- und aus einer **Vermögensübernahme** (§ 419 BGB)[2] in Betracht.

a) Die Haftung nach den §§ 128, 161 II HGB. Beispiel: **609**

Der Beklagte betreibt aus einem Titel gegen eine KG die Zwangsvollstreckung und läßt einen Firmenwagen pfänden. Der Komplementär der KG erhebt Drittwiderspruchsklage, die er mit seinem Eigentum an dem Wagen begründet.

---

[1] BGHZ 53, 174, 180.

[2] Die Vorschrift tritt am 1. 1. 1999 außer Kraft und gilt dann nur noch für früher abgeschlossene Verträge.

Hier darf der Beklagte aus dem gegen die KG gerichteten Titel nur in deren Vermögen vollstrecken. Aus einem gegen die Gesellschaft gerichteten Titel findet – trotz der persönlichen Haftung, § 128 HGB, – die Vollstrekkung gegen die Gesellschafter nicht statt, § 129 IV HGB. Die Norm spricht also dafür, daß der persönlich haftende Gesellschafter intervenieren darf.

Andererseits kann sich der Beklagte einen Titel gegen den Komplementär selbst beschaffen, §§ 161, 128 HGB. Mit diesem Titel wäre die Vollstrekkung in das dem Komplementär gehörende Fahrzeug zulässig. Diesen Titel kann der Beklagte bei einer Drittwiderspruchsklage auch im Wege der Widerklage erwirken. Dann aber, so die inzwischen hM, muß es ihm gestattet sein, der Drittwiderspruchsklage den Einwand der unzulässigen Rechtsausübung wegen der eigenen Haftung aus materiellem Recht entgegenzuhalten.[1]

610 **b) Die Haftung als Bürge. Beispiel:**

Der Interventionskläger hat sich für die titulierte Forderung gegenüber dem Beklagten verbürgt. Hier haftet der Kläger aus § 765 I BGB materiell-rechtlich selbst. Seine Drittwiderspruchsklage ist wegen einer unzulässigen Rechtsausübung – zur genauen Konstruktionen gilt das Rn. 609 Gesagte entsprechend – unbegründet.

611 **c) Die Mithaftung als Gesamtschuldner. Beispiel:**

Der Vermieter V einer Wohnung hat einen Titel über rückständigen Mietzins der Eheleute M, die beide Mieter sind, nur gegen den Ehemann erwirkt. Gegen seine Vollstreckung in eine Stereoanlage interveniert die Ehefrau mit der Begründung, sie sei Alleineigentümerin der gepfändeten Anlage. Hier ist unabhängig von dem Eigentumsnachweis (§ 1362 BGB!) die Klage schon deshalb unbegründet, weil die Klägerin als Mitmieterin gesamtschuldnerisch ebenfalls für den titulierten Anspruch haftet, so daß die Erhebung der Drittwiderspruchsklage eine unzulässige Rechtsausübung darstellt.

612 **d) Die Haftung als Vermögensübernehmer.** § 419 BGB tritt am 1. 1. 1999 außer Kraft und gilt dann nur noch für Altverträge. Deshalb wird unter Hinweis auf die Vorauflage (Rn. 583, 602ff) auf weitere Ausführungen hierzu verzichtet.

613 **4. Besseres Recht.** Hat der beklagte Vollstreckungsgläubiger ein „besseres Recht" an dem gepfändeten Gegenstand, ist die Klage unbegründet, weil dem Kläger kein Interventionsrecht zusteht.[2] Sein Recht wird durch die Vollstreckung nicht verletzt.

Beispiel: Der Beklagte einer Drittwiderspruchsklage ist Inhaber einer Hypothek. Er hat aufgrund eines dinglichen Titels gegen den Grundstückseigentümer Mietzinsen gepfändet. Gegen diese Vollstreckung interveniert der Inhaber eines Nießbrauchsrechts, dessen Nießbrauch allerdings gegenüber der Hypothek des Beklagten nachrangig ist.

VI. Verfahren, Tenor und Streitwert

614 **1. Verfahren. a) Zustellung.** Die Klage kann an den erstinstanzlichen Prozeßbevollmächtigten des beklagten Gläubigers zugestellt werden, § 81.

---

[1] BGH LM § 771 Nr. 2; StJ-Münzberg § 771 Rn. 48ff; TP § 771 Rn. 14.

[2] MK-Karsten Schmidt § 771 Rn. 46.

Notwendig ist dies allerdings nicht. § 176 iVm. § 178 greift nicht ein, weil die Parteien der Drittwiderspruchsklage nicht mit den Parteien des Vorprozesses identisch sind.

b) Normales Erkenntnisverfahren. Ansonsten richtet sich das Verfahren nach dem normalen zivilprozessualen Erkenntnisverfahren. Es gilt der Parteibeibringungsgrundsatz. Durch eine Schlüssigkeits- und Erheblichkeitsprüfung sind beweisbedürftige Tatsachen festzustellen und von der beweispflichtigen Partei angebotene Beweise zu erheben. Es soll nochmals darauf hingewiesen werden, daß die „Einwendungen des Beklagten" mit Schlüssigkeit oder Erheblichkeit nichts zu tun haben. Bei der **Beweislast** sind die **§§ 1006, 1362 BGB** zu beachten.

c) Einstweilige Anordnungen. Unter den Voraussetzungen der §§ 771 III, 769 sind bis zum Erlaß eines Urteils vorläufige Maßnahmen möglich.

2. Tenor. a) Hauptsache. Der Tenor bezüglich der Hauptsache ist wie 615
folgt zu fassen:

Ist die Klage unzulässig oder unbegründet, ist sie abzuweisen. Der Tenor der **stattgebenden** Klage sollte etwa lauten:

„Die Zwangsvollstreckung des Beklagten aus dem ... (Titelbezeichnung) in ... (genaue Bezeichnung des Gegenstandes der Zwangsvollstreckung) wird für unzulässig erklärt."

Zumindest zur Vermeidung praktischer Schwierigkeiten (Gestaltungsurteil) ist zu empfehlen, nur die Zwangsvollstreckung **des Beklagten** für unzulässig zu erklären; ob ein anderer in den Gegenstand vollstrecken darf, ist nicht Entscheidungsgrundlage.

Besonders wichtig ist es, den **Gegenstand der Vollstreckung** genau zu bezeichnen. Es wird nicht die Vollstreckung aus einem bestimmtem Titel für unzulässig erklärt, sondern **die Vollstreckung in einen bestimmten Gegenstand.**

Die Bezeichnung des Titels des Beklagten im Tenor – die mE nicht zwingend erforderlich ist – dient nur der Individualisierung des Vollstreckungsgegenstandes.

b) Nebenentscheidungen. Hinsichtlich der Nebenentscheidungen gilt 616
folgendes:

aa) Die **Kostenentscheidung** richtet sich nach den §§ 91ff. In der Praxis wird häufig um die Anwendbarkeit des § 93 gestritten, wenn der Beklagte den Klageanspruch sofort anerkannt hat. Ob er Veranlassung zur Klageerhebung gegeben hat, hängt von der Frage ab, ob der Kläger ihm sein Interventionsrecht vor der Klageerhebung hinreichend nachgewiesen hat. Deshalb ist es sogar denkbar, daß im Prozeß ein Anerkenntnis noch nach der Durchführung einer Beweisaufnahme zur Kostenfolge des § 93 führen kann.

bb) Bei der Entscheidung über die **vorläufige Vollstreckbarkeit** ist zu beachten:

– Das stattgebende Urteil darf, obwohl es wegen des Gestaltungscharakters nur hinsichtlich der Kosten einen vollstreckbaren Inhalt hat, **keinesfalls nur wegen der Kosten** für vorläufig vollstreckbar erklärt werden. Der Kläger könnte ansonsten wegen § 775 Nr. 1 erst bei Eintritt der formellen Rechtskraft eine Einstellung der Zwangsvollstreckung erreichen.

– Wegen § 775 Nr. 1 kann der Kläger aufgrund des für vorläufig vollstreckbar erklärten stattgebenden Urteils erreichen, daß die Zwangsvollstreckung eingestellt wird. Gem. § 776 S. 1 sind zugleich die bereits getroffenen Vollstreckungsmaßregeln aufzuheben. Das Urteil kann möglicherweise in zweiter Instanz abgeändert werden. In der Zwischenzeit stehen dem Beklagten die zuvor gepfändeten Gegenstände vielleicht nicht mehr als Vollstreckungsobjekte zur Verfügung, weil andere Gläubiger in sie vollstreckt haben oder der Schuldner sie veräußert hat. Vor diesem drohenden Verlust muß der Beklagte geschützt werden. Der **Wert der Sachen,** deren Zwangsvollstreckung für unzulässig erklärt wird, ist also in die vom Kläger **zu leistende Sicherheit** (§§ 708 Nr. 11, 709) oder die **Abwendungsbefugnis** des Beklagten (§§ 708 Nr. 11, 711) einzubeziehen; ist die Forderung, wegen welcher der Beklagte vollstreckt, geringer, ist dieser Wert maßgeblich.

Beispiel: Der Beklagte hat die Vollstreckung in einen PKW betrieben, der einen Wert von 5000,– DM hat. Sein Titel beläuft sich auf 10 000,– DM. Die Zwangsvollstreckung in den PKW wird für unzulässig erklärt. Die Prozeßkosten des Klägers mögen sich auf 1000,– DM belaufen. Hier ist das Urteil gegen Sicherheitsleistung in Höhe von 6000,– DM für vorläufig vollstreckbar zu erklären. Der Beklagte muß davor geschützt werden, daß er bei einer Abänderung des Urteils in den PKW nicht mehr vollstrecken kann. Außerdem kann der Kläger wegen seiner Kosten vollstrecken.

Möglich sind auch Anordnungen nach §§ 771 III, 770 S. 1. Es kommt etwa in Betracht, daß einerseits getroffene Vollstreckungsmaßnahmen entgegen § 776 S. 1 bis zur Rechtskraft des Urteils nicht aufgehoben werden dürfen, andererseits die Zwangsvollstreckung nicht fortgesetzt werden darf. Wird dies angeordnet, ist eine Einbeziehung des Wertes des gepfändeten Gegenstandes in die Sicherheitsleistung nicht notwendig.

617 **3. Streitwert.** Der Streitwert richtet sich nach § 6. In erster Linie ist maßgeblich der Wert der vom Beklagten gepfändeten Sache oder Forderung, § 6 S. 1. Ist allerdings die titulierte Forderung geringer als dieser Wert, so ist der Betrag der Forderung entscheidend, § 6 S. 2.

VII. Examenswichtige Einzelfragen

618 Die „typische" Drittwiderspruchsklage im Examen hat folgende Probleme:
- Ist der Kläger **Inhaber des Interventionsrechts** (Eigentümer, Forderungsinhaber)?
- Häufig sind die maßgeblichen Tatsachen **streitig,** so daß eine Beweisaufnahme durchgeführt wurde. Ist die Beweisaufnahme nicht zu einem ganz eindeutigen Ergebnis gekommen, liegt in der **Beweiswürdigung ein Schwerpunkt** der Klausur. Zu beachten sind auch die Beweislastregeln der §§ 1006, 1362 BGB.
- Schließlich folgen die „typischen" **Einwendungen des Beklagten** in derartigen Klausuren:

– **Die Nichtigkeit nach den §§ 117, 138 BGB.**
– **Die Anfechtung nach dem Anfechtungsgesetz.**

Zur Vermögensübernahme s. Rn. 612.

1. Das Interventionsrecht. Hier geht es häufig um das **Eigentum** des Klägers an dem gepfändeten Gegenstand. Dabei ist sorgfältig unter die einschlägigen Vorschriften (meistens §§ 929ff BGB, aber auch §§ 90, 55, 20 ZVG) zu subsumieren. 619

Oft ist die **Übergabe durch Vereinbarung eines Besitzkonstituts** ersetzt. Hierbei ist zu beachten, daß nach hM allein schon die **Sicherungsabrede** bei einer Sicherungsübereignung als Vereinbarung eines Besitzkonstituts ausreicht.[1] Besteht schon ein gesetzliches Rechtsverhältnis zwischen den Vertragschließenden – zB die **eheliche Lebensgemeinschaft** (§ 1353 BGB) oder die elterliche Vermögenssorge (§ 1626 BGB) –, reicht es aus, daß sie vereinbaren, daß der Veräußerer Besitzmittler sein soll,[2] wovon jedenfalls bei Ehegatten im Zweifel auszugehen ist.

Beim Sicherungseigentum ist zusätzlich die Frage zu behandeln, ob es überhaupt ein Interventionsrecht gibt (s. Rn. 594). Hier und bei der Globalzession ist die neueste Rechtsprechung zu beachten. Der große Senat für Zivilsachen des BGH hat entschieden, daß in AGB weder eine ausdrückliche Freigabeklausel noch eine zahlenmäßig bestimmte Deckungsgrenze noch eine Klausel für die Bewertung der Sicherungsgegenstände enthalten sein müssen.[3]

2. Anfechtung nach dem Gläubigeranfechtungsgesetz. Beachte: Die Gläubigeranfechtung wird hier im Rahmen der Drittwiderspruchsklage dargestellt, in der sie als Einrede gem. § 5 AnfG[4] geltend gemacht wird. Sie kann auch im Wege einer eigenen Klage Streitgegenstand werden; dies ist ebenfalls relativ häufig Gegenstand von Examensklausuren. 620

a) Anwendbarkeit des neuen Rechts. Vom 1. 1. 1999 an gilt ein neues Anfechtungsgesetz. Gem. § 20 AnfG nF ist das neue Gesetz auf **vorher vorgenommene Rechtshandlungen** nur anzuwenden, soweit diese nicht nach dem alten Recht der Anfechtung entzogen oder in geringerem Umfang unterworfen waren (Abs. 1). Es ist also zunächst zu prüfen, ob nach altem Recht eine Anfechtbarkeit bestand. Ist dies nicht der Fall, bleibt es dabei. Wenn die Rechtshandlung nach altem Recht anfechtbar war, ist zu prüfen, ob der Umfang der Anfechtbarkeit nach altem Recht geringer war, auch dann gilt das alte Recht, bei gleichem Umfang das neue. Ist die Anfechtbarkeit vor dem vor dem 1. 1. 1999 **gerichtlich geltend gemacht** worden, gilt in jedem Fall das alte Recht, § 20 II 2 AnfG nF. 621

Im folgenden werden wegen der Übergangsregelung jeweils die Vorschriften des alten und des neuen Rechts genannt.

b) Zweck. Der Schuldner könnte die Vollstreckung vereiteln, indem er das Eigentum an seinen Sachen auf Dritte überträgt – zB auf von ihm abhängige Angehörige – oder seine Forderungen an sie abtritt. Der Dritte kann gegen die trotzdem erfolgte Vollstreckung Drittwiderspruchsklage erheben. 622

Auf der anderen Seite muß der Schuldner, auch wenn er ausstehende Forderungen nicht begleicht, seine wirtschaftliche Bewegungsfreiheit in gewis-

[1] Pal-Bassenge § 930 BGB Rn. 7.
[2] Pal-Bassenge § 930 BGB Rn. 6 m. w. N.
[3] BGH NJW 1998, 671 ff.
[4] Ab 1. 1. 1999 § 9 AnfG.

sem Umfang behalten. Außenstehende, die von der Situation des Schuldners nichts wissen, müssen in ihrem Vertrauen auf die Gültigkeit der Geschäfte geschützt werden, die sie mit dem Schuldner abschließen.

Unter Berücksichtigung dieser Interessen hat der Gesetzgeber – außerhalb des Insolvenzverfahrens – bestimmte Rechtsgeschäfte des Schuldners für anfechtbar erklärt, wenn sie in der Absicht der Gläubigerbenachteiligung (altes Recht, neu: Vorsatz) oder unentgeltlich vorgenommen wurden. Diese Regelungen im Anfechtungsgesetz ähneln den Vorschriften über die Insolvenzanfechtung, §§ 129ff InsO (Rn. 830ff).

623 **c) Allgemeine Voraussetzungen. aa) Anfechtungsberechtigt** ist gem. § 2 AnfG (sachlich unverändert) ein Gläubiger,

- der einen vollstreckbaren Schuldtitel erlangt hat; wird die Anfechtungseinrede nach § 9 AnfG nF (§ 5 AnfG aF) erhoben, muß allerdings noch kein Titel vorliegen; vor der Entscheidung ist er jedoch binnen einer vom Gericht zu bestimmenden Frist beizubringen, § 9 AnfG nF 2. HS (§ 5 AnfG aF 2. HS),
- dessen titulierte Forderung fällig ist,
- und dessen Zwangsvollstreckung zu einer vollständigen Befriedigung nicht geführt hat oder voraussichtlich nicht führen würde.

Die Anfechtungsberechtigung ist **Zulässigkeitsvoraussetzung** einer Anfechtung und ggfls. auch der Erhebung einer Klage bzw. Einrede.

624 **bb) Rechtshandlungen.** Anfechtbar sind „Rechtshandlungen" des Schuldners, § 1 AnfG (aF und nF). Der Begriff ist weit auszulegen. Er umfaßt alle Willensbetätigungen, die rechtliche Wirkungen haben.[1]

Beispiele: Willenserklärungen (auf Vertragsschluß oder Eigentumsübertragung gerichtet), aber auch bewußte Unterlassungen (Nichteinhalten von Klagefristen; Ergehenlassen eines Versäumnisurteils).

Hinsichtlich der „Unterlassungen" ist dies in § 1 II AnfG nF nunmehr ausdrücklich geregelt; dies stellt aber keine Änderung zum alten Recht dar, weil Unterlassungen schon nach altem Recht als Rechtshandlungen angesehen wurden.

Im Rahmen der Erhebung der Anfechtungseinrede bei der Drittwiderspruchsklage wird regelmäßig die Anfechtbarkeit der Eigentumsübertragung zu untersuchen sein.

625 **cc) Objektive Benachteiligung.** Ungeschriebene Voraussetzung der Anfechtung ist eine objektive Benachteiligung des anfechtenden Gläubigers durch die Rechtshandlung des Schuldners. Der Gläubiger muß also schlechter stehen als vor der Rechtshandlung des Schuldners, seine Möglichkeit, sich aus dem Schuldnervermögen zu befriedigen, muß beeinträchtigt sein.[2] Daran fehlt es, wenn der weggegebene Gegenstand wertlos oder unpfändbar war oder der Schuldner für die weggegebene Sache eine gleichwertige Gegenleistung erhält. Dabei ist es unerheblich, wenn die Gegenleistung, zB durch Diebstahl, wieder aus dem Vermögen des Schuldners ausscheidet.[3]

Grundsätzlich reicht eine nur mittelbare Benachteiligung der Gläubiger aus. Lediglich bei der Anfechtung nach § 3 I Nr. 2 AnfG aF muß die Be-

---

[1] Brox-Walker Rn. 268.
[2] Kilger-Huber § 1 AnfG IV 1.
[3] Brox-Walker Rn. 268.

nachteiligung unmittelbar aus der Rechtshandlung selbst folgen: „sofern **durch den Abschluß des Vertrages** die Gläubiger ... benachteiligt werden ...“; § 3 II 1 AnfG nF spricht dies ausdrücklich aus.

dd) „Kongruente oder inkongruente Deckungsgeschäfte“. Aus dem Bereich der Konkurs- (Insolvenz-)anfechtung werden die Begriffe „kongruente oder inkongruente Deckungsgeschäfte“ auch auf die Anfechtung nach dem Anfechtungsgesetz übertragen. Sie stammen aus der Fassung des § 30 KO (§§ 130f InsO). Nach §§ 130f InsO sind unter anderem anfechtbar (s. Rn. 835ff): **626**

- die zu bestimmten Zeitpunkten und unter bestimmten Voraussetzungen erfolgten Rechtshandlungen, welche einem Gläubiger Sicherung oder Befriedigung gewähren ... (§ 130 I InsO, kongruentes Deckungsgeschäft)
- Rechtshandlungen, welche einem Gläubiger eine Sicherung oder Befriedigung gewähren, die er nicht oder nicht in der Art oder nicht zu der Zeit zu beanspruchen hatte ... (§ 131 I InsO, inkongruentes Deckungsgeschäft).

Ausgangslage der §§ 130f InsO ist, daß vor der Zahlungsunfähigkeit oder dem Eröffnungsantrag ein obligatorischer Vertrag geschlossen worden ist, der nachher erfüllt wird. Lediglich das Erfüllungsgeschäft soll angefochten werden, nicht das ihm zugrundeliegende Geschäft. Kongruente Deckungsgeschäfte sind nur anfechtbar, wenn dem Gläubiger die Zahlungsunfähigkeit oder der Eröffnungsantrag bekannt war. Bei inkongruenten Geschäften ist nach der Neuregelung in § 131 InsO regelmäßig eine Kenntnis des Gläubigers nicht mehr erforderlich, nach § 30 Nr. 2 KO mußte der Gläubiger beweisen, daß er keine Kenntnis von der Zahlungseinstellung und einer Benachteiligungsabsicht des Gemeinschuldners hatte.

Bei der Drittwiderspruchsklage ist die Sachlage regelmäßig so: Der obligatorische Vertrag wird meist nicht angefochten, sondern nur der darauf beruhende dingliche Vertrag. Es geht um das Eigentum des Klägers. Der dingliche Vertrag aber ist fast immer „kongruent“; die Eigentumsübertragung ist schuldrechtlich vereinbart. Untersucht man den ebenfalls anfechtbaren obligatorischen Vertrag, findet man das gleiche Ergebnis. Wird zB eine Yacht im Wert von 60000,– DM zum Preis von 30000,– DM verkauft, so sind die Erfüllungsgeschäfte (Übertragung des Eigentums oder Zahlung der 30000,– DM) kongruent; sie entsprechen den obligatorischen. Trotz der Kongruenz kann aber eine objektive Gläubigerbenachteiligung nicht verneint werden. Hier könnte von Inkongruenz höchstens gesprochen werden, wenn fälschlich der Wert der Yacht einbezogen würde. Dies hat aber mit den verwandten Begriffen nichts mehr zu tun. Inkongruent wäre es, wenn der Käufer dem Verkäufer ohne entsprechende Abrede im Kaufvertrag nachträglich eine Forderung zur Sicherung des Kaufpreises abträte.

d) Die einzelnen Anfechtungsgründe. aa) Die Vorsatzanfechtung. **627**

(1) Die Anfechtung nach **§ 3 I AnfG** nF (§ 3 I Nr. 1 aF) setzt voraus:

- Die objektiv nachteilige Rechtshandlung
- muß der Schuldner in dem Vorsatz (aF Absicht) vorgenommen haben, seine Gläubiger zu benachteiligen;

- von dem Benachteiligungsvorsatz (aF der Benachteiligungsabsicht) muß der Geschäftspartner (positive) Kenntnis gehabt haben; die Kenntnis wird nach § 3 I 2 AnfG nF vermutet, wenn der Anfechtungsgegner wußte, daß die Zahlungsunfähigkeit des Schuldners drohte und die Handlung die Gläubiger benachteiligte.

Die Anfechtungsfrist beträgt 10 Jahre, § 3 I 1 AnfG nF (§ 12 aF). Der Zeitpunkt der Vornahme der Rechtshandlung ist in § 8 AnfG nF definiert.

Daß § 3 AnfG nF von Vorsatz und § 3 AnfG aF von Absicht spricht, stellt keine sachliche Änderung dar; auch nach altem Recht war anerkannt, daß bedingter Vorsatz ausreichte. Neu und damit eine Erweiterung des Umfangs (s. Rn. 621) ist allerdings die Vermutung der Kenntnis nach § 3 I 2 AnfG nF.

Es ist klar, wo die Probleme liegen: Dem Anfechtenden wird es nur schwer gelingen, den Benachteiligungsvorsatz als innere Tatsache zu beweisen; noch schwieriger ist die Beweisführung bei der Kenntnis des Geschäftspartners des Schuldners von dem Vorsatz.

Hier kann die Inkongruenz des Deckungsgeschäftes (s. Rn. 626) eine Rolle spielen; es gelten Beweiserleichterungen. Auch wenn es zu keiner Beweislastumkehr kommt und kein Anscheinsbeweis für die Benachteiligungsabsicht spricht, so ist doch die inkongruente Deckung ein starkes Beweisanzeichen dafür, daß der Schuldner sich einer Benachteiligung seiner Gläubiger bewußt war.[1] Entsprechendes gilt für seinen Geschäftspartner.

(2) Die Anfechtung nach **§ 3 II AnfG** nF (§ 3 I Nr. 2 aF) setzt voraus:

- Entgeltliche Verträge des Schuldners
- mit einer der in § 138 InsO genannten nahestehenden Personen,
- die in den letzten zwei Jahren vor der Anfechtung geschlossen wurden
- und zu einer **unmittelbaren** Benachteiligung der Gläubiger führten.

Hier obliegt es dem Anfechtungsgegner darzulegen und ggfls. zu beweisen, daß ihm zur Zeit des Vertragsschlusses der Vorsatz des Schuldners, die Gläubiger zu benachteiligen, nicht bekannt war, § 3 II 2 AnfG nF. Vorsatz und Kenntnis werden also vermutet und sind zu widerlegen. Für die **Unmittelbarkeit** ist es erforderlich, daß der sich meist aus schuldrechtlichem Verpflichtungs- und dinglichem Erfüllungsgeschäft zusammensetzende rechtsgeschäftliche Vorgang selbst ohne das Hinzutreten anderer Umstände zur Benachteiligung geführt hat.

Die Regelung in § 3 I Nr. 2 AnfG aF war weniger weitgehend. Der in der Vorschrift genannten Personenkreis war weniger weitgehend als der in § 138 InsO, auch wenn damals bereits eine analoge Anwendung befürwortet wurde (s. Rn. 629). Dies ist ein Fall, in dem nach altem Recht keine Anfechtbarkeit gegeben war (s. Rn. 621). Die zeitliche Grenze ist von einem auf zwei Jahre erweitert worden.

628 **bb) Die Schenkungsanfechtung.**

(1) Die Anfechtung nach **§ 4 AnfG nF** (§ 3 I Nr. 3 AnfG aF) setzt voraus:

- Unentgeltliche Leistungen des Schuldners
- in den letzten vier Jahren vor der Anfechtung,

[1] BGH WM 1997, 545, 547; NJW-RR 1993, 238, 240.

– sofern sie nicht gebräuchliche Gelegenheitsgeschenke geringen Werts zum Gegenstand hatten.

§ 3 I Nr. 3, 4 AnfG differenzierte zwischen unentgeltlichen Verfügungen zugunsten des Ehegatten (Frist zwei Jahre) und sonstigen Personen (Frist ein Jahr). Neu ist auch der Zusatz „geringen Werts"; dagegen stellt der Austausch der Begriffe Leistung bzw. Verfügung keine sachliche Änderung dar.

(2) Probleme können im Rahmen der Schenkungsanfechtung bei der Frage der **„Unentgeltlichkeit"** auftreten. Eine **unentgeltliche Leistung** liegt vor, wenn ein Vermögenswert des Verfügenden zugunsten einer anderen Person aufgegeben wird, ohne daß der Empfänger eine ausgleichende Gegenleistung an den Verfügenden oder mit dessen Einverständnis an einen Dritten erbringt. Dabei verlangt der anfechtungsrechtliche Begriff der unentgeltlichen Verfügung zum Schutz der Gläubiger eine weitgehende Ausdeutung und setzt keine Einigung über die Unentgeltlichkeit voraus.[1] Vorstellungen über wirtschaftliche Vorteile, die nicht in rechtlicher Abhängigkeit zu einer unentgeltlichen Zuwendung stehen, können die Entgeltlichkeit nicht begründen.[2]

Beispiel: Eine Yacht, die einen Wert von 60 000,– DM hat, wird zum Preis von 30 000,– DM verkauft. Ist die in Erfüllung des Kaufvertrages erfolgende Übertragung des Eigentums ganz oder teilweise unentgeltlich?

Hier ist auf die Grundsätze der sogenannten „gemischten Schenkung" zurückzugreifen, die bei einem einheitlichen Vertrag nur dann vorliegt, wenn die Parteien übereinstimmend wollen, daß der überschießende Wert unentgeltlich gegeben wird. Das objektive Mißverhältnis zwischen den gegenseitigen Leistungen reicht allein nicht aus. Nur dann wird man eine unentgeltliche Verfügung annehmen können, wenn die Gegenleistung erkennbar nur pro forma (verschleierte Schenkung) vereinbart wurde und gegenüber dem Wert der Sache nur als Bagatellbetrag angesehen werden kann.

cc) Analoge Anwendung nach altem Recht. Bei der Anfechtung nach **629**
§ 3 I Nrn. 2 und 4 AnfG aF ist zu beachten, daß die Vorschriften **analog angewandt** werden auf Geschäfte zwischen Anfechtungsgegner und Personen- und Kapitalgesellschaften, wenn die Anfechtungsgegner oder ihre Ehegatten/nahe Verwandten Gesellschafter bzw. Geschäftsführer sind.[3] Entsprechendes gilt, wenn Anfechtungsgegnerin die Gesellschaft ist, für Geschäfte mit Ehegatten/nahen Angehörigen der Gesellschafter/Geschäftsführer.[4] Diese zu § 31 KO[5] ergangenen Entscheidungen sind auf die Anfechtung nach dem AnfG zu übertragen.[6] Maßstab für die analoge Anwendung der Vorschriften ist dabei die in dem alten § 108 II VerglO zum Ausdruck gekommene Vorstellung des Gesetzgebers.[7] Dagegen dürfte eine analoge Anwen-

---

[1] BGH NJW-RR 1993, 1379, 1381 m. w. N. zu § 31 KO.

[2] BGH NJW-RR 1993, 1379, 1381 m. w. N. zu § 31 KO.

[3] RGZ 43, 104, 106 uneingeschränkt für Gesellschafter einer oHG; BGHZ 96, 352, 358 für Mehrheitsgesellschafter der GmbH.

[4] BGHZ 58, 20, 23 für die Ein-Mann-GmbH.

[5] Ab 1. 1. 1999 § 131 InsO.

[6] So LAG Hamm ZIP 1986, 1262, zu einem Geschäft zwischen einer GmbH und einem nahen Angehörigen ihres Geschäftsführers.

[7] BGHZ 58, 20, 23f.

dung des § 3 I Nr. 4 AnfG auf nichteheliche Lebenspartner wegen Fehlens einer planwidrigen Lücke (s. zur ähnlichen Problematik des § 739 Rn. 264) und des Ausnahmecharakters der Norm nicht in Betracht kommen.

Das neue Recht regelt den Personenkreis, auch soweit juristische Personen oder Gesellschaften ohne Rechtspersönlichkeit betroffen sind, durch Bezugnahme auf § 138 InsO eingehend.

630 **e) Geltendmachung der Anfechtung. aa) Klage.** Die Anfechtung kann durch Erhebung einer Anfechtungsklage geltend gemacht werden (§ 13 AnfG nF, § 9 AnfG aF). Diese ist darauf gerichtet, den aus dem Vermögen gegebenen Gegenstand dem Gläubiger zur Verfügung zu stellen (§ 11 I AnfG nF) bzw. zurückzugewähren (§ 7 I AnfG aF). Für die Wahrung der Anfechtungsfristen ist die Erhebung der Klage, also deren Zustellung maßgeblich, § 253 I. Erfolgt diese „demnächst", wird die Frist schon auf den Zeitpunkt der Einreichung der Klage zurückberechnet, § 270 III.

631 **bb) Einrede.** Außerdem kann die Anfechtung einredeweise geltend gemacht werden, **§ 9 AnfG nF** (§ 5 AnfG aF). Bei der Erhebung der Einrede ist hinsichtlich der Fristwahrung auf den Zeitpunkt der **Zustellung des Schriftsatzes,** der die Einrede enthält, und nicht auf den Zeitpunkt der mündlichen Verhandlung (§ 261 II!) abzustellen.[1] Dies wird zutreffend mit prozeßökonomischen Erwägungen begründet. Derjenige, der die Einrede erhebt, kann den Zeitpunkt der mündlichen Verhandlung nicht bestimmen. Er wäre gezwungen, zur Fristwahrung eine Widerklage zu erheben. Gerade dies würde dem Sinn und Zweck des § 9 AnfG widersprechen, der die Erhebung der Einrede in einem Rechtsstreit gestattet, um eine neue Klage oder eine Widerklage zu vermeiden.

Ausdrücklich offengelassen hat der BGH die Frage, ob auch § 270 III Anwendung findet (Rückwirkung auf den Zeitpunkt der Einreichung des Schriftsatzes, wenn er demnächst zugestellt wird). ME ist diese Frage zu bejahen.[2] Zwar ist anerkannt, daß § 270 III nicht für die Wahrung von Fristen gilt, für deren Einhaltung nicht die Klage, sondern der Zugang einer rechtsgeschäftlichen Willenserklärung erforderlich ist[3] und ausreicht. Gerade hierum geht es im vorliegenden Fall aber nicht, sondern allein um die Geltendmachung der Anfechtung selbst, die entweder durch eine Klage oder durch die Erhebung einer Einrede erfolgt. Sie hat nur rechtswahrende Wirkung.

632 **f) Rechtsfolge.** Folge einer begründeten Anfechtung ist nicht etwa die Nichtigkeit des angefochtenen Rechtsgeschäfts. Die Anfechtung dient vielmehr der Befriedigung des Gläubigers, § 1 AnfG. Dieser kann gem. § 11 I AnfG nF, soweit es zu seiner Befriedigung erforderlich ist, beanspruchen, daß dasjenige, was veräußert, weggegeben oder aufgegeben ist, ihm zur Verfügung gestellt wird; nach § 7 I AnfG aF als noch zu dem Schuldnervermögen gehörig von dem Empfänger zurückgewährt werde. Eine sachliche Änderung ist dadurch nicht eingetreten. Der Gläubiger kann von dem Anfechtungsgegner letztlich verlangen, daß dieser seine **Zwangsvollstreckung duldet.** Nach neuem Recht (§ 11 I 1 AnfG nF) haftet der Anfechtungsgegner zudem verschärft.

---

[1] BGH NJW 1986, 2252, 2253.
[2] Ebenso Kilger-Huber § 5 AnfG Anm. 3.
[3] BGH NJW 1982, 172f.

Auf diese Rechtsfolge ist auch der Antrag einer Anfechtungsklage zu richten. Die Einrede des § 9 AnfG nF geht ebenfalls dahin, daß der Gegner die Zwangsvollstreckung wegen der Anfechtung dulden muß, §§ 9, 11 I AnfG nF (§§ 5, 7 AnfG aF). **Entsprechend ist der Prüfungsansatz in der Klausur.**

Kann der Anfechtungsgegner den Gegenstand nicht zur Verfügung stellen, wandelt sich der Duldungsanspruch in einen dem (objektiven Verkehrs-) Wert der Sache zur Zeit der Entscheidung[1] entsprechenden Zahlungsanspruch des Gläubigers gegen den Anfechtungsgegner um.

§ 44 Die Klage auf vorzugsweise Befriedigung, § 805

I. Überblick

1. Zweck und Klageart. a) Zweck. Der Inhaber eines **besitzlosen Pfandrechts** soll, wie aus § 805 folgt, die Zwangsvollstreckung in eine Sache nicht verhindern können. Ihm steht nicht die Drittwiderspruchsklage zu, mit der er dies erreichen könnte, sondern lediglich die Klage auf vorzugsweise Befriedigung (Vorzugsklage) nach § 805. Mit dieser Klage kann er erreichen, **aus dem Vollstreckungserlös** der gepfändeten Sache in Höhe seiner Forderung **vor dem Vollstreckungsgläubiger befriedigt** zu werden. 633

b) Klageart. Die Vorzugsklage ist prozessuale Gestaltungsklage.[2] Es wird weder auf Leistung einer Geldsumme noch auf Feststellung eines vorrangigen Rechts geklagt; das Vorzugsrecht entsteht vielmehr erst durch das stattgebende Urteil.

2. Abgrenzung. Es können Abgrenzungsprobleme nur zur Drittwiderspruchsklage und zum Verteilungsverfahren auftreten. 634

a) Die Drittwiderspruchsklage führt dazu, daß die Vollstreckung in eine Sache für unzulässig erklärt wird. Bei der Vorzugsklage hingegen wird die Vollstreckung bis zur Verwertung fortgesetzt; der Kläger erhält lediglich ein Recht, sich aus dem Erlös vor dem Vollstreckungsgläubiger zu befriedigen. Liegen die Voraussetzungen des § 805 I vor, ist eine Drittwiderspruchsklage nicht statthaft; § 805 ist insoweit eine **Spezialvorschrift.** Da die Vorzugsklage letztlich aber ein **Minus zur Drittwiderspruchsklage** darstellt, kann etwa auch ein besitzender Pfandrechtsgläubiger statt der Drittwiderspruchs- die Vorzugsklage erheben.

b) Das Verteilungsverfahren, insbesondere die Widerspruchsklage gem. §§ 878ff, findet statt, wenn Pfändungspfandrechtsgläubiger sich über den Rang ihrer Pfandrechte streiten. Das **Verteilungsverfahren** selbst ist, abgestellt auf den Streit zwischen Pfändungspfandrechtsgläubigern, **gegenüber der Vorzugsklage spezieller.**

c) Materiell-rechtliche Klagen. Während der Dauer des Vollstreckungsverfahrens sind materiell-rechtliche Klagen des Dritten ausgeschlossen.

---

[1] Kilger-Huber § 7 AnfG Anm. III 10 d.

[2] Musielak-Becker § 805 Rn. 1; TP § 805 Rn. 1.

Hier gilt das bereits zur Drittwiderspruchsklage Ausgeführte entsprechend (Rn. 579).

II. Zulässigkeit der Vorzugsklage

635 **1. Statthaftigkeit.** Die Vorzugsklage ist statthaft
- bei einer Vollstreckung **wegen Geldforderungen** (dies ergibt sich aus der systematischen Stellung des § 805 im zweiten Abschnitt des 8. Buches)
- in **bewegliche Sachen** („Pfändung einer Sache", § 805 I).

Wird daher eine Geldforderung gepfändet oder die Herausgabevollstreckung betrieben, ist nicht die Vorzugsklage, sondern die Drittwiderspruchsklage statthaft.[1]

636 **2. Zuständig** ist entweder das „Vollstreckungsgericht" oder, wenn der Streitwert des Amtsgerichts überschritten ist, das Landgericht, in dessen Bezirk das Vollstreckungsgericht seinen Sitz hat, § 805 II.

a) Mit dem Vollstreckungsgericht ist das Gericht iSd. § 764 II gemeint, also das Amtsgericht, in dessen Bezirk das Vollstreckungsverfahren stattgefunden hat. Damit ist die örtliche Zuständigkeit geregelt. Innerhalb des Amtsgerichts entscheidet nicht etwa der Vollstreckungsrichter oder -rechtspfleger, sondern das Zivilgericht.

b) § 805 II regelt sowohl die örtliche als auch die sachliche Zuständigkeit, so daß die **Zuständigkeit insgesamt normiert** und **ausschließlich** ist, § 802.

637 **3. Das Rechtsschutzinteresse** für die Klage besteht nur zwischen der Vollstreckung in die streitige Sache bis zu ihrer vollständigen Beendigung durch die Auskehr des Erlöses.

Vor der Vollstreckung steht nicht fest, daß gerade die Sache gepfändet werden soll, an welcher der Dritte ein Vorzugsrecht hat. Nach der Auskehr des Erlöses kann der Dritte aus ihm nicht mehr vorrangig befriedigt werden.

III. Begründetheit der Vorzugsklage

638 Die Klage ist begründet, wenn der Kläger ein Pfand- oder Vorzugsrecht hat, das dem Recht des Vollstreckungsgläubigers im Rang vorgeht.

1. Anspruchsbeteiligte. Berechtigt, den Anspruch auf vorzugsweise Befriedigung geltend zu machen („aktivlegitimiert"), ist der Inhaber eines Pfand- oder Vorzugsrechts. Der Anspruch richtet sich gegen („Passivlegitimation") den Vollstreckungsgläubiger, aber auch gegen den Schuldner, welcher der vorzugsweisen Befriedigung des Klägers widersprochen hat, § 805 III.

639 **2. Rechte des Klägers.** Dem Kläger muß ein Pfand- oder Vorzugsrecht zustehen. Es ist nicht erforderlich, daß die gesicherte Forderung bereits fällig ist, § 805 I.

a) Pfandrechte. Hier kommen insbesondere die **gesetzlichen besitzlosen Pfandrechte** in Betracht, also das Vermieter- (§§ 559f BGB), Ver-

---

[1] MK-Schilken § 805 Rn. 3 m.w.N.; TP § 805 Rn. 2; einschränkend Musielak-Becker § 805 Rn. 2.

pächter- (§ 585 BGB) und das Gastwirtspfandrecht (§ 704 BGB). Aber auch grundsätzlich mit Besitz verbundene vertragliche und gesetzliche Pfandrechte können ein Vorzugsrecht geben, wenn der Besitz dem Pfandgläubiger oder dem Gerichtsvollzieher abhanden gekommen ist, oder wenn der besitzende Pfandrechtsgläubiger sich – zulässigerweise – auf die Vorzugsklage als „Weniger" beschränkt und keine Drittwiderspruchsklage erhebt.

b) Vorzugsrechte. Zu den Vorzugsrechten zählen die Rechte, die in der Insolvenz zur Absonderung berechtigen (§§ 50 f InsO) also **640**

- das Zurückbehaltungsrecht wegen Verwendungen zum Nutzen einer Sache, § 51 I Nr. 2 InsO (zB §§ 547, 994; 273 I, 1000 S. 1 BGB);
- das kaufmännische Zurückbehaltungsrecht (§§ 369ff HGB), § 51 I Nr. 3 InsO;
- zoll- und steuerpflichtige Sachen, die der öffentlichen Hand nach gesetzlichen Vorschriften als Sicherheit für öffentliche Abgaben dienen, § 51 Nr. 4 InsO.

Zum Sicherungseigentum (jetzt geregelt in § 51 Nr. 1 InsO) s. Rn. 594.

3. Vorrang des Rechts des Klägers. Bei der Vorzugsklage ist der Beklagte Inhaber eines Pfändungspfandrechts. Dessen Rang ist in § 804 geregelt. Das Recht des Klägers muß gegenüber dem Recht des Beklagten vorrangig sein. Aus § 804 II, III, ergibt sich unter Berücksichtigung der Verweisung in § 804 II aE auf §§ 50f InsO (§§ 48f KO) folgende Rangfolge: **641**

a) Das Vorzugsrecht der öffentlichen Hand wegen auf der Sache ruhender Zölle und Verbrauchssteuern (§ 49 I Nr. 1, II KO). Dieser Vorrang entfällt mit dem Inkrafttreten der InsO.

b) Nachträglich im guten Glauben daran, daß ein Pfandrecht – auch ein Pfändungspfandrecht – nicht besteht, erworbene Pfandrechte, § 1208 BGB.[1]

c) Privilegierte Pfand- oder Vorzugsrechte. Genannt sind die bis zum 31.12 1998 geltenden Vorschriften der KO und die der InsO; soweit die KO nicht erwähnt ist, fehlen dort entsprechende Regelungen:

- rechtsgeschäftliche Pfandrechte (§§ 1204ff BGB), § 48 KO, § 50 InsO;
- gesetzliche Pfandrechte, § 49 I Nr. 2 KO, § 50 I InsO;
- Pfändungspfandrechte, § 49 I Nr. 2 KO, § 50 I InsO;
- Zurückbehaltungsrechte wegen Verwendungen zum Nutzen einer Sache, § 49 I Nr. 3 KO, § 51 Nr. 2 InsO;
- kaufmännische Zurückbehaltungsrechte, § 49 I Nr. 4 KO, § 51 Nr. 3 InsO;
- Sicherungsübereignung und Sicherungsabtretung, § 51 Nr. 1 InsO;
- zoll- und steuerpflichtige Sachen, die der öffentlichen Hand nach gesetzlichen Vorschriften als Sicherheit für öffentliche Abgaben dienen, § 51 Nr. 4 InsO.

d) Nicht privilegierte Vorzugsrechte, zB das Zurückbehaltungsrecht des § 273 BGB.

Absolut vorrangig ist also (noch, nicht mehr nach Inkrafttreten der InsO) das Vorzugsrecht der öffentlichen Hand; es folgen gutgläubig erworbene Pfandrechte, dann die privilegierten Pfandrechte, zu denen auch das Pfän-

---

[1] BL-Hartmann § 804 Rn. 12; TP § 804 Rn. 11.

dungspfandrecht gehört. Das nicht privilegierte Vorzugsrecht wird bei der Vorzugsklage keine Rolle spielen, weil es dem Pfändungspfandrecht im Range nachgeht.

Innerhalb einer Ranggruppe gilt das **Prioritätsprinzip**, § 804 III.

„Wer zuerst kommt, mahlt zuerst".

IV. Verfahren, Tenor und Streitwert

642 **1. Zum Verfahren** gilt das zur Drittwiderspruchsklage Ausgeführte entsprechend (Rn. 614).

2. Der Tenor. a) Hauptsache. Der Tenor zur Hauptsache lautet:

„Der Kläger ist aus dem Reinerlös des am ... (Datum) gepfändeten ... (genaue Bezeichnung des Gegenstandes) bis zum Betrag von ... (genau zu beziffernde Forderung des Klägers) vor dem Beklagten zu befriedigen".

b) Nebenentscheidungen. Hierzu gilt das zur Drittwiderspruchsklage Gesagte entsprechend (Rn. 616). Insbesondere ist das Urteil in vollem Umfang für vorläufig vollstreckbar zu erklären. Der Wert der Forderung des Klägers bzw. der Wert der Sache, wenn er geringer ist, ist in die zu leistende Sicherheit oder die Abwendungsbefugnis einzubeziehen.

3. Der Streitwert richtet sich nach § 6. Maßgeblich ist der Wert der Sache, § 6 S. 1, oder der Wert der Forderung des Klägers, sofern dieser geringer ist, § 6 S. 2.

§ 45 Schadenersatz- und Bereicherungsansprüche des Dritten

643 Es ist nicht selten, daß ein Dritter erst nach der Beendigung der Zwangsvollstreckung davon erfährt, daß eine in seinem Eigentum stehende Sache versteigert worden ist.

Beispiel: Der Fernsehhändler V hat an den Schuldner S einen Videorecorder unter Eigentumsvorbehalt verkauft. Ein Gläubiger des S läßt aufgrund seines Titels den Videorecorder pfänden. Obwohl er vertraglich hierzu verpflichtet wäre, weist S den Gerichtsvollzieher auf das Dritteigentum nicht hin und teilt die Pfändung auch dem V nicht mit. Der Videorecorder wird versteigert, der Erlös an den Gläubiger ausgekehrt. Weil S die Kaufpreisraten nicht zahlt, tritt V vom Kaufvertrag zurück und erfährt von der vorher durchgeführten Zwangsvollstreckung erst, als er die Herausgabe des Videorecorders verlangt.

In diesen Fällen ist eine Drittwiderspruchsklage unzulässig, weil die Zwangsvollstreckung bereits völlig beendet ist und ein Rechtsschutzbedürfnis dafür, daß die Vollstreckung in den bereits versteigerten Gegenstand für unzulässig erklärt wird, nicht besteht.

Hier kommen Ersatzansprüche des Dritten gegen den Ersteigerer, den Gläubiger und den Schuldner in Betracht. Ansprüche gegen den Schuldner aus positiver Vertragsverletzung werden regelmäßig nicht zu realisieren sein. Der Dritte wird versuchen, entweder die Sache von dem Ersteigerer zurückzuerlangen oder sich mit Schadenersatz- oder Bereicherungsansprüchen gegen den Vollstreckungsgläubiger zu wenden.

Im folgenden sollen denkbare Ansprüche gegen den Ersteigerer (I.) und den Gläubiger (II.) dargestellt werden. Gleich vorab jedoch der Hinweis, daß **im Normalfall nur Bereicherungsansprüche gegen den Gläubiger** in Betracht kommen. Hierauf konzentrieren sich auch einschlägige Examensklausuren. Man muß jedoch beachten, daß je nach Fallgestaltung andere Ansprüche gegeben sein können.

Die Ansprüche sind im Wege einer **normalen Leistungsklage** geltend zu machen. Es gibt hierfür keine besondere Klageform. Nur innerhalb der materiell-rechtlichen Anspruchsgrundlagen wirkt es sich aus, daß der fragliche Gegenstand im Zwangsvollstreckungsverfahren verwertet worden ist.

I. Ansprüche des Dritten gegen den Ersteigerer der Sache

Der von der Vollstreckung betroffene Dritte, der zuvor Eigentümer der Sache war, wird in erster Linie versuchen wollen, die Sache selbst zurückzubekommen. Einzig mögliche Anspruchsgrundlage ist dabei, wie die folgenden Ausführungen zeigen werden, § 826 BGB.

1. Vertragliche Ansprüche bestehen zwischen dem Dritten und dem Ersteigerer in aller Regel nicht.

2. Ansprüche aus Eigentum oder Besitz greifen ebenfalls nicht ein: **644**

- Ein Herausgabeanspruch des Dritten gegen den Ersteigerer aus § 985 BGB scheitert daran, daß der Ersteigerer durch die Übergabe der Sache aufgrund der Versteigerung originär Eigentum an ihr erworben hat und der Dritte damit nicht mehr Eigentümer ist. Hier ist ggfls. nur zu untersuchen, ob das Eigentum durch die Versteigerung wirksam übertragen wurde oder eine **Wirksamkeitsvoraussetzung fehlt** (s. Rn. 185f). Nach hM ist der Eigentumserwerb **unabhängig von einer Gut- oder Bösgläubigkeit des Ersteigerers**. Er erwirbt auch dann Eigentum, wenn ihm bekannt ist, daß die verwertete Sache nicht dem Schuldner gehört. § 1244 BGB kann **nicht analog** angewandt werden (Rn. 184).
- Ein Anspruch aus § 1007 BGB scheitert daran, daß der Ersteigerer Eigentümer geworden ist. § 1007 II 1 BGB 2. HS setzt das Eigentum des Anspruchstellers voraus.
- Ansprüche aus §§ 869, 861 BGB sind nicht gegeben, weil der Ersteigerer keine verbotene Eigenmacht begangen hat. Die – im übrigen meist nicht in seinem Auftrag erfolgte – Pfändung war aufgrund der Vorschriften des 8. Buches der ZPO rechtmäßig.

3. Ansprüche aus Geschäftsführung ohne Auftrag scheitern daran, **645**
daß:
- der Ersteigerer keinen Fremdgeschäftsführungswillen hatte (§§ 681, 667 BGB),
- bzw. daß der Erwerb des Eigentums in der Zwangsvollstreckung durch den Ersteher kein Geschäft des Dritten, des früheren Eigentümers, ist (§ 687 II BGB).

4. Deliktische Ansprüche, die im Wege der Naturalrestitution auf **646**
Übertragung des Eigentums gerichtet sein können, verhelfen dem früheren Eigentümer in der Regel auch nicht zum Erfolg:

a) Ein Anspruch aus § 823 I BGB ist trotz einer Eigentumsverletzung nicht gegeben, da der Ersteher, auch wenn er bösgläubig war, das Eigentum nicht durch widerrechtliches und schuldhaftes Verhalten erlangt hat, sondern durch einen rechtmäßigen Hoheitsakt.

b) Denkbar sind allerdings Ansprüche aus § 826 BGB. Hierzu kann aber allein die Tatsache, daß der Ersteher Kenntnis von dem Dritteigentum hatte, nicht ausreichen. Dies hat der Gesetzgeber bewußt in Kauf genommen. § 1244 BGB ist nicht anwendbar. Ein Anspruch aus § 826 BGB kann deshalb nur dann bejaht werden, wenn der Ersteher sein formales Erwerbsrecht bewußt in der Absicht mißbraucht hat, dem früheren Eigentümer Schaden zuzufügen.[1]

647 **5. Bereicherungsansprüche** stehen dem früheren Eigentümer gegen den Ersteher nicht zu:

a) Ein Anspruch aus § 816 I 1 BGB scheitert schon daran, daß der Ersteher sein Eigentum kraft staatlichen Hoheitsaktes, nicht aber durch eine rechtsgeschäftliche Verfügung erlangt hat.

b) Die Voraussetzungen des § 816 II BGB sind nicht gegeben, weil die Eigentumsübertragung nicht auf einen „Nichtberechtigten“ erfolgt ist. Der Ersteher war vielmehr aufgrund der Versteigerungsvorschriften Berechtigter.

c) Ein Anspruch aus § 812 BGB liegt nicht vor, weil der Ersteher das Eigentum mit Rechtsgrund, nämlich durch den Zuschlag des Gerichtsvollziehers, erworben hat.

II. Schadenersatz- oder Bereicherungsansprüche gegen den Vollstreckungsgläubiger

648 Der Vollstreckungsgläubiger wird weder Eigentümer noch Besitzer der versteigerten Sache, es sei denn, er ersteigert sie selbst. Regelmäßig kommen gegen ihn daher nur Schadenersatz- und insbesondere Bereicherungsansprüche in Betracht, die auf Schadenersatz in Geld oder Wertersatz gerichtet sind.

1. Vertragliche Ansprüche scheiden aus, da in der Regel keine vertraglichen Beziehungen zwischen Voreigentümer und Vollstreckungsgläubiger bestehen.

649 **2. Schadenersatzansprüche.** Evtl. Schadenersatzansprüche des Dritten, die im einzelnen unten dargestellt werden, setzen ein Verschulden des Vollstreckungsgläubigers voraus; hieran werden die Ansprüche in der Regel scheitern. Rechtsfolge des Anspruchs ist nicht die Herausgabe der Sache als Naturalrestitution. Meist hat der Gläubiger die Sache nicht. Er hat vielmehr Wertersatz zu leisten. Nur wenn er selbst die Sache ersteigert hat, kann er Schadenersatz in Natur leisten und die Sache herausgeben, wozu er dann verpflichtet ist, § 249 BGB.

a) §§ 990 I, 989 BGB. Ein Schadenersatzanspruch aus §§ 990 I, 989 BGB wegen der Unmöglichkeit der Herausgabe des streitigen Gegenstands steht dem Voreigentümer nicht zu. Er setzt voraus, daß vor dem Eintritt der Unmöglichkeit ein Eigentümer-Besitzer-Verhältnis bestand. Der Dritte konnte aber während der Dauer der Zwangsvollstreckung einen Herausgabeanspruch nach § 985 BGB nicht geltend machen, weil derartige materiell-rechtliche Klagen durch die Möglichkeit der Drittwiderspruchsklage ausgeschlossen sind (Rn. 579).[2]

---

[1] BGH NJW 1979, 162, 163.

[2] Brox-Walker Rn. 465; aA (diese prozessuale Regelung modifiziere das materielle Recht nicht) MK-Schilken § 804 Rn. 37 m. w. N.

b) Schadenersatzanspruch wegen einer Verletzung von Pflichten aus einem gesetzlichen Schuldverhältnis. aa) Die Zwangsvollstreckung begründet eine als **Schuldverhältnis zu bewertende rechtliche Sonderbeziehung** zwischen dem Sacheigentümer und dem Vollstreckungsgläubiger.[1] Die Sonderbeziehung verpflichtet den Gläubiger, Rechte, die Dritte an der gepfändeten Sache geltend machen, sorgfältig zu prüfen.

bb) Weist der Eigentümer seine Rechte hinreichend nach, verletzt der Gläubiger seine Pflichten aus der Sonderrechtsbeziehung, wenn er gleichwohl die Vollstreckung weiter betreibt. Er macht sich dadurch schadenersatzpflichtig. Wichtig ist, daß im Rahmen dieses Anspruchs **§ 278 BGB Anwendung findet,** so daß der Gläubiger für das Verschulden eines Erfüllungsgehilfen ohne Entlastungsmöglichkeit haftet.

c) Deliktische Schadenersatzansprüche. aa) Die Vollstreckung in eine schuldnerfremde Sache stellt eine Verletzung des Eigentums des wirklichen Eigentümers dar, so daß § 823 I BGB eingreifen könnte. Das Verhalten des Gläubigers ist auch rechtswidrig,[2] gleich welcher Pfandrechtstheorie (Rn. 167 ff) man folgt:

- Nach der gemischten Theorie hatte der Gläubiger an der schuldnerfremden Sache kein Pfändungspfandrecht erworben, das einen Eingriff rechtfertigen könnte.
- Nach der öffentlich rechtlichen Theorie hatte der Gläubiger zwar ein Pfändungspfandrecht erlangt; es berechtigte ihn aber materiell-rechtlich nicht zur Verwertung der Sache.

Schuldhaft handelt der Gläubiger aber nur dann, wenn der Eigentümer ihm sein Eigentum glaubhaft darlegt, so daß begründete Zweifel am Eigentum des Schuldners entstehen.[3]

bb) Bei einer vorsätzlich sittenwidrigen Schädigung stehen dem Dritten Ansprüche aus § 826 BGB gegen den Gläubiger zu. Dies setzt aber mehr voraus als allein die Kenntnis davon, daß der Schuldner nicht Eigentümer des Vollstreckungsobjekts ist (Rn. 646).

d) Herausgabe- und Schadenersatzanspruch wegen unberechtigter Eigengeschäftsführung, § 687 II BGB. aa) Das Betreiben der Vollstreckung durch den Gläubiger ist ein fremdes Geschäft, denn die Verwertung einer Sache steht dem Eigentümer oder dessen Gläubiger zu. Der Vollstreckungsgläubiger ist auch nicht zur Eigengeschäftsführung berechtigt, denn ihm steht kein Pfändungspfandrecht (gemischte Theorie) bzw. kein materielles Verwertungsrecht (öffentlich-rechtliche Theorie) zu. Der Anspruch setzt allerdings voraus, daß der Gläubiger Kenntnis davon hatte, daß die Sache nicht im Eigentum des Schuldners stand.

bb) Rechtsfolge einer unberechtigten Eigengeschäftsführung ist, daß der Gläubiger den Versteigerungserlös herausgeben (§§ 687 II, 681, 667 BGB) und wegen einer Differenz zwischen Erlös und Sachwert Schadenersatz leisten (§§ 687 II, 678 BGB) muß.

---

[1] BGH NJW 1972, 1048, 1049.
[2] BGH NJW 1992, 2014, 2015.
[3] BGHZ 55, 20, 30.

650 **3. Bereicherungsansprüche. a) Ein Anspruch aus § 816 I 1 BGB** besteht nicht. Es ist nicht der Gläubiger, der rechtsgeschäftlich über den Vollstreckungsgegenstand verfügt; vielmehr verfügt der Gerichtsvollzieher hoheitsrechtlich.[1]

b) Eingriffskondiktion. Dagegen bestehen regelmäßig Ansprüche des Voreigentümers gegen den Gläubiger aus § 812 I 1 2. Alt. BGB (Eingriffskondiktion). Das ist auch die Anspruchsgrundlage, die bei den einschlägigen Klausuren meist allein in Betracht kommt.

aa) Eingriff. Wird eine schuldnerfremde Sache versteigert, setzt sich das Eigentum des wirklichen Eigentümers am Erlös fort. Durch einen **Hoheitsakt des Gerichtsvollziehers,** also nicht durch eine Leistung,[2] wird das Eigentum am Erlös auf den Vollstreckungsgläubiger übertragen. Dadurch wird in das Eigentum des Dritten eingegriffen, dem der Erlös rechtlich zustand. Der Gläubiger erhält also das Eigentum am Erlös in sonstiger Weise auf Kosten des Eigentümers.

bb) Rechtsgrund. Fraglich ist, ob dieser Eingriff ohne Rechtsgrund erfolgte.

- Die hM[3] nimmt dies zu Recht an. Der Gläubiger hat kein Pfändungspfandrecht erlangt (gemischte Theorie) bzw. kein materielles Recht zur Befriedigung aus der Sache (öffentlich-rechtliche Theorie).
- Demgegenüber wird zT der Rechtsgrund aus den §§ 815 III, 817 IV 2, 819 begründet.[4] Der Gläubiger werde wegen seiner Vollstreckungsforderung gegen den Schuldner befriedigt und verliere den Anspruch gegen den Schuldner, so daß nicht er, sondern der Schuldner bereichert sei. Dem ist aber entgegenzuhalten, daß die genannten Vorschriften allein dem Schutz des Schuldners dienen. Sie können daher nicht eingreifen, wenn schuldnerfremde Sachen verwertet wurden, weil das Vermögen des Schuldners davon nicht betroffen ist.

651 **cc) Rechtsfolge** des Bereicherungsanspruchs ist die Verpflichtung des Gläubigers, dem Voreigentümer den erlangten Erlös herauszugeben. Streitig ist allerdings, ob der **Bruttoerlös** oder der Erlös **abzüglich der Vollstreckungskosten** herauszugeben ist. **Beachte: Wichtige Klausurproblematik!**

- Eine Mindermeinung nimmt an, daß der Gläubiger den **Bruttoerlös** herauszugeben habe.[5] Hinsichtlich der Kosten habe der Gläubiger nämlich die Befreiung von seiner Verbindlichkeit gegenüber der Staatskasse, §§ 3, 6 GVKostG, erlangt.
- Die hM beschränkt demgegenüber den Anspruch zu Recht auf den **Nettoerlös.**[6] Wegen der Vollstreckungskosten ist der Gläubiger nicht bereichert, weil der Schuldner diese zu tragen hat (§ 788) und damit bereichert ist. Der Gläubiger hat nur eine Vorschußpflicht. Es kann auch nicht argumentiert werden, daß der Gläubiger die Kosten häufig beim Schuldner

---

[1] BGHZ 55, 20, 25.
[2] RGZ 156, 395, 399f.
[3] BGH WM 1987, 539, 540; TP § 817 Rn. 15; Brox-Walker Rn. 470.
[4] BL-Hartmann § 819 Rn. 2 m.w.N.
[5] StJ-Münzberg § 771 Rn. 75.
[6] BGH NJW 1976, 1090, 1092f; MK-Schilken § 804 Rn. 38.

nicht wieder beitreiben kann. Stellt man darauf ab, so sind die Vollstrekkungskosten Aufwendungen des Gläubigers dafür, das Verwertungsrecht zu erlangen. Es handelt sich um Erwerbskosten, die anläßlich des Eigentumserwerbs am Erlös anfallen und nach bereicherungsrechtlichen Grundsätzen vom herauszugebenden Betrag abzusetzen sind.[1]

dd) Wegfall der Bereicherung. Auf einen Wegfall der Bereicherung (§ 818 III BGB) kann sich der Gläubiger **nicht berufen,** weil er seinen **Anspruch gegen den Schuldner behält** (Rn. 650). Er kann sich gem. § 733 eine zweite vollstreckbare Ausfertigung gegen den Schuldner verschaffen und die Vollstreckung weiter betreiben.

III. Bereicherungsansprüche gegen den Schuldner

Ansprüche aus §§ 812, 816 BGB gegen den Schuldner kommen nicht in **652**
Betracht, weil der Schuldner im Verhältnis zum Gläubiger nicht von der titulierten Verbindlichkeit frei geworden ist und deshalb nichts erlangt hat;[2] es sei denn, der Eigentümer überließe durch Genehmigung (§ 185 BGB) dem Gläubiger den Erlös.[3]

---

[1] BGH NJW 1976, 1090, 1093.

[2] MK-Schilken § 804 Rn. 36; aA BL-Hartmann § 819 Rn. 2.

[3] TP § 819 Rn. 8 m.w.N.

4. Teil. Einstweiliger Rechtsschutz im Zivilprozeß

I. Zweck

Unser Rechtssystem verbietet die Selbstjustiz und gewährt dafür Rechts- 653
schutz. Dieser Rechtsschutz muß effizient sein. Was hilft es dem Gläubiger, wenn er nach einem Jahr oder noch längerer Zeit eine gerechte, dem Rechtsstaatsprinzip in vollem Umfang gerecht werdende Entscheidung erhält, die aber nicht mehr darstellt als ein bedrucktes Stück Papier, weil der Schuldner inzwischen mit seinem Vermögen „jenseits der Alpen" ist. Mahlen Justitia's Mühlen trotz aller Unkenrufe gelegentlich auch noch so schnell, sind doch Fälle denkbar, in denen effektiver Rechtsschutz nur gewährleistet ist, wenn es noch schneller geht. Die ZPO kennt in Berücksichtigung dieser Umstände eine Vielzahl von Beschleunigungsmöglichkeiten (zB §§ 224, 226, 604 II) und Normen über einstweilige Maßnahmen (zB §§ 707, 719, 769). Die genannten Vorschriften betreffen aber zunächst nur das Erkenntnisverfahren im weiteren Sinne, also die Wege, rascher zu einem ordentlichen Titel zu kommen oder sich gegen ihn zu schützen. Darüber hinaus muß im Einzelfall die Möglichkeit bestehen, in dringenden Fällen schneller als im Erkenntnisverfahren zu einem Vollstreckungstitel zu gelangen. Dies eröffnen die Vorschriften über den Erlaß von einstweiligen Anordnungen in familienrechtlichen Verfahren (zB §§ 620 bis 620g), vor allem aber über den Arrest und die einstweilige Verfügung.

II. Gegenstand der Darstellung im folgenden sind nur der Arrest und die einstweilige Verfügung. Den Arrest behandelt die ZPO in den §§ 916 bis 934; die einstweilige Verfügung in den §§ 935 bis 942. §§ 943 bis 945 gelten für beide Arten des einstweiligen Rechtsschutzes. In der Praxis ist die einstweilige Verfügung ungleich bedeutender als der Arrest. Der Gesetzgeber hat allerdings gesetzestechnisch den Weg gewählt, zunächst das Arrestverfahren zu normieren und dieses für die einstweilige Verfügung für entsprechend anwendbar zu erklären (§ 936), soweit nicht andere Regelungen getroffen sind. Notgedrungen muß die Darstellung hier diesem Aufbau folgen; beachten Sie aber, daß die **einstweilige Verfügung** sowohl in der Praxis als auch im Examen **wesentlich bedeutsamer** ist

III. Erkenntnisverfahren 654

Arrest und einstweilige Verfügung sind im 5. Abschnitt des 8. Buches geregelt, vom Gesetzgeber also als Teil des Vollstreckungsrechts angesehen worden. Es ist aber inzwischen allgemein anerkannt, daß dies systematisch verfehlt ist. Arrest und einstweilige Verfügung sind **nicht Teil des Vollstreckungsrechts,** sondern eine besondere, nämlich **summarische Art des Erkenntnisverfahrens.** Die Vorschriften dienen dazu, eine **Voraussetzung der Zwangsvollstreckung erst zu schaffen,** nämlich einen Vollstreckungstitel. Zugleich regeln sie allerdings auch einzelne Fragen, wie aus diesem Titel zu vollstrecken ist.

IV. Abgrenzung

655 **1. Der Arrest** dient der **Sicherung der Zwangsvollstreckung wegen einer Geldforderung** oder eines Anspruchs, der in eine solche übergehen kann, § 916.

2. Die einstweilige Verfügung demgegenüber dient der **Sicherung eines Individualanspruchs auf eine gegenständliche Leistung** (§ 935) oder der **Sicherung des Rechtsfriedens,** (§ 940) ausnahmsweise in Form der Leistungsverfügung auch der **vorläufigen Befriedigung eines Anspruchs.**

3. Ausschließlichkeit. Arrest und einstweilige Verfügung als Sicherungsmittel für ein und denselben Anspruch schließen sich grundsätzlich aus; geht es um die Sicherung eines auf Geld gerichteten Anspruchs, ist grundsätzlich allein der Arrest möglich. Ein falsch gewählter Antrag ist unzulässig.[1]

---

1 OLG Düsseldorf NJW 1977, 1828; TP vor § 916 Rn. 8.

1. Abschnitt. Der Arrest

§ 46 Zweck und Voraussetzungen des Arrestes

I. Arten und Zweck des Arrestes

1. Arten. Es gibt zwei Arten des Arrestes, den **dinglichen** und den **persönlichen**. Der dingliche Arrest richtet sich gegen das Vermögen des Schuldners, der persönliche gegen den Schuldner selbst. 656

2. Zweck. Die Ausgangslage ist bei beiden Arrestarten grundsätzlich gleich. Der Gläubiger hat zwar eine Forderung, aber noch **keinen Titel** gegen den Schuldner. Das Verhalten des Schuldners gibt berechtigten Anlaß zu der Vermutung, er werde sein Vermögen oder sich selbst dem **Vollstreckungszugriff endgültig entziehen.** Würde der Gläubiger, um zu einem Titel zu gelangen, den Weg des Erkenntnisverfahrens wählen, käme er mit seiner Vollstreckung zu spät, weil das Vermögen des Schuldners oder der Schuldner selbst nicht mehr greifbar ist.

Das Arrestverfahren verschafft dem Gläubiger einen Weg, **besonders schnell zu einem Titel** zu kommen, aus dem die Zwangsvollstreckung betrieben werden kann. In diesem Verfahren wird allerdings dem Schuldner nur eingeschränkter Rechtsschutz gewährt. Der Gläubiger muß seinen Anspruch „nur" glaubhaft machen. Deshalb darf die Vollstreckung **nicht zu seiner Befriedigung,** sondern nur zu seiner **Sicherung** führen.

Den Interessenkonflikt hat der Gesetzgeber so gelöst, daß der Gläubiger zwar schnell einen Titel erlangen und vollstrecken kann, wenn Arrestanspruch und -grund glaubhaft gemacht sind. Die Vollstreckung führt aber nur zur **Beschlagnahme, nicht zur Verwertung** des Schuldnervermögens. Verwerten kann der Gläubiger die beschlagnahmten Sachen erst, wenn er einen Titel im Erkenntnisverfahren erlangt hat. Der Schuldner, dessen Vermögen ganz oder teilweise beschlagnahmt ist, kann hiergegen natürlich geltend machen, die Voraussetzungen des Arrestes hätten nicht vorgelegen. Er kann den Gläubiger aber auch dazu zwingen, seinen Anspruch kurzfristig im Erkenntnisverfahren geltend zu machen (§ 926), um zu einer endgültigen Klärung zu kommen. Vor Schäden, die der Schuldner durch einen unberechtigten Arrest erleidet, schützt ihn § 945.

3. Zweck der Arrestarten. Der dingliche Arrest dient der Beschlagnahme des Schuldnervermögens. Der subsidiäre und praktisch kaum vorkommende persönliche Arrest dient ebenfalls nur der Sicherung der Zwangsvollstreckung in das Vermögen des Schuldners, § 918. Der Schuldner soll nicht etwa durch die Haft dazu angehalten werden, freiwillig zu leisten. Es soll vielmehr verhindert werden, daß er vorhandene Vermögensgegenstände beiseite schafft. Wegen der Subsidiarität kommt die Anordnung des persönlichen Arrestes damit nur dann in Betracht, wenn der Gläubiger nicht weiß und ermitteln kann, wo sich das Vermögen des Schuldners befindet, denn sonst könnte er mit Hilfe eines dinglichen Arrestes auf diese Gegenstände zugreifen.

II. Voraussetzungen des Arrestes

657 **1. Der Arrestanspruch.** Der Arrest findet gem. § 916 I statt zur Sicherung der Zwangsvollstreckung in das bewegliche oder unbewegliche Vermögen wegen einer Geldforderung oder wegen eines Anspruchs, der in eine Geldforderung übergehen kann.

a) Eine Geldforderung ist ein Anspruch, der auf Zahlung von Geld gerichtet ist. Der Anspruch kann auch betagt oder bedingt sein, wenn er nicht gegenwärtig ohne Vermögenswert ist, § 916 II. Zu den Ansprüchen, die in **Geld übergehen** können, gehören etwa Schadenersatz- (grundsätzlich Naturalrestitution, §§ 250f BGB), Rückgewähr- (§§ 346f BGB) und Ansprüche auf Herausgabe einer Bereicherung (§§ 812, 818 II BGB).

b) Ansprüche auf Duldung der Zwangsvollstreckung wegen einer Geldforderung (etwa aus § 9 AnfG nF, § 1147 BGB) stehen Geldforderungen gleich.

658 **2. Arrestgrund.** Das Gesetz verlangt das Vorliegen eines Arrestgrundes (§ 917 für den dinglichen, § 918 für den persönlichen Arrest). **a) Rechtsnatur.** Streitig ist, ob das Vorliegen eines Arrestgrundes Voraussetzung der Zulässigkeit oder der Begründetheit des Arrestes ist. Die Bedeutung des Problems liegt darin, daß grundsätzlich die Zulässigkeit auch dann geprüft und bejaht werden muß, wenn ein Antrag unbegründet ist.

Beispiel: Aus dem Vorbringen im Arrestantrag des Gläubigers ergibt sich offenbar kein Anspruch gegen den Schuldner oder dieser ist nicht glaubhaft gemacht; dagegen sind die Voraussetzungen des Arrestgrundes schwierig gestaltet. Darf das Gericht offen lassen, ob ein Arrestgrund vorliegt, weil jedenfalls kein Arrestanspruch gegeben ist?

- Teilweise wird angenommen, das Vorliegen eines Arrestgrundes sei eine Zulässigkeitsvoraussetzung des Arrestverfahrens.[1] Wegen der Gefahren des summarischen Verfahrens sei es notwendig, schon den Zugang zu diesem Verfahren von der besonderen Prozeßvoraussetzung des Arrestgrundes abhängig zu machen.
- Andere rechnen den Arrestgrund zu den Voraussetzungen der Begründetheit des Antrages.[2] Weder die Besonderheiten des Verfahrens noch die beschränkte Rechtskraftwirkung bei fehlender Glaubhaftmachung würden die Annahme einer besonderen Zulässigkeitsvoraussetzung rechtfertigen.
- Dogmatisch richtiger ist es, den Arrestgrund als besondere Zulässigkeitsvoraussetzung anzusehen, wie etwa auch das Feststellungsinteresse bei einer Feststellungsklage. Die Eilverfahren sollen nur dann beschritten werden dürfen, wenn dafür ein konkreter Anlaß gegeben ist. Ein Grund, von den Regeln des Erkenntnisverfahrens wegen des Eilcharakters abzuweichen, besteht jedenfalls dann nicht, wenn man es ausnahmsweise zuläßt, daß die Zulässigkeitsfrage offenbleiben kann.[3] Dies ist möglich, wenn man den Arrestgrund als besonderes Rechtsschutzbedürfnis für die Einleitung des Verfahrens ansieht. Auch im Klageverfahren kann das Rechtsschutzbedürfnis offenbleiben, wenn die Klage unbegründet ist.[4]

---

[1] MK-Heinze § 916 Rn. 2; Teplitzky DRiZ 1982, 41, 43 m.w.N.; TP § 916 Rn. 2.
[2] BL-Hartmann Grdz § 916 Rn. 12 m.w.N; Musielak-Huber § 922 Rn. 2.
[3] Teplitzky DRiZ 1982, 41, 43; Brox-Walker Rn. 1493 m.w.N.
[4] BGH NJW 1978, 2031, 2032; aA TP vor § 253 Rn. 26, § 256 Rn. 4.

b) Beim dinglichen Arrest liegt ein Arrestgrund vor, wenn zu besorgen ist, daß ohne die Verhängung des Arrestes die Vollstreckung des Urteils vereitelt oder wesentlich erschwert werden würde, § 917 I. Als besonderer Fall des Arrestgrundes ist die Notwendigkeit der Vollstreckung im Ausland herausgehoben (§ 917 II), sofern dort nicht nach Vollstreckungsübereinkommen vollstreckt werden kann (§ 917 II 2 nF). **Beispiele:** **659**

Vorliegen eines Arrestgrundes:

Der Schuldner versucht, sein Vermögen der Vollstreckung zu entziehen; er verschleudert oder verschenkt grundlos sein Vermögen; er erkrankt und verliert seine Einnahmequelle, so daß die Gefahr besteht, daß sein Vermögen aufgebraucht wird.[1]

Fehlen eines Arrestgrundes:

Der Gläubiger ist anderweitig hinreichend (zB dinglich) gesichert; er hat bereits einen vorläufig vollstreckbaren Titel (auch wenn er die erforderliche Sicherheitsleistung nicht aufbringen kann, kann er die Sicherungsvollstreckung nach § 720a durchführen; mehr kann er mit einem Arrest auch nicht erreichen).

Nach hM ist es auch kein Arrestgrund, wenn nur die Gefahr besteht, daß andere Gläubiger dem Anspruchsteller zuvor kommen könnten und das Gesamtvermögen des Schuldners nicht zur Befriedigung ausreicht.[2] Der Arrest dient nur dem Schutz des Gläubigers vor einer Verschlechterung seiner Lage, nicht seiner Besserstellung.

c) Der persönliche Arrest „findet nur statt, wenn er erforderlich ist, um die gefährdete Zwangsvollstreckung in das Vermögen des Schuldners zu sichern", § 918. Daraus folgt, daß der persönliche Arrest gegenüber dem dinglichen Arrest subsidiär ist. Der Gläubiger muß also nicht schon durch einen dinglichen Arrest hinreichende Sicherung erreichen können. Damit kommen praktisch für einen persönlichen Arrest nur folgende Fälle in Betracht: **660**

Der Schuldner will sich der Ladung zur Abgabe der eidesstattlichen Versicherung durch „Verschwinden" entziehen; es steht fest, daß Vermögen des Schuldners vorhanden ist, allerdings ist dessen Verbleib unbekannt; hier kann der Gläubiger erreichen, daß der Schuldner festgehalten wird, bis der Gläubiger die Voraussetzungen zur Abgabe der eidesstattlichen Versicherung geschaffen hat und den Schuldner dann zur Offenbarung seiner Vermögensverhältnisse zwingen kann.

§ 47 Das Arrestverfahren

I. Zuständigkeit

1. Wahlrecht. Gem. § 919 kann der Gläubiger nach seiner Wahl (§ 35) **661**
- das Gericht der Hauptsache
- oder das Amtsgericht anrufen, in dessen Bezirk der mit Arrest zu belegende Gegenstand oder die in ihrer persönlichen Freiheit zu beschränkende Person sich befindet.

---

[1] Brox-Walker Rn. 1498.

[2] BGH NJW 1996, 321, 324; Musielak-Huber § 917 Rn. 4; TP § 917 Rn. 2; aA MK-Heinze § 917 Rn. 8; StJ-Grunsky § 917 Rn. 1; Brox-Walker Rn. 1499 m. w. N.

662 **2. Als Gericht der Hauptsache** ist das Gericht des ersten Rechtszuges und, wenn die Hauptsache in der Berufungsinstanz anhängig ist, das Berufungsgericht anzusehen, § 943 I. Gericht des ersten Rechtszuges ist das Gericht, das für die Entscheidung über den (Arrest-) Anspruch des Gläubigers zuständig wäre.

3. Ausschließlichkeit. Die Zuständigkeit ist, weil im 8. Buch der ZPO geregelt, **ausschließlich** (§ 802), wobei das Wahlrecht des Gläubigers zu beachten ist (Rn. 661).

II. Das Arrestgesuch

663 Das Arrestgesuch (§ 920) soll enthalten:
- die Bezeichnung des Anspruchs,
- die Angabe des Geldbetrages oder des Geldwertes
- und die Bezeichnung des Arrestgrundes.

1. Glaubhaftmachung. Arrestgrund und -anspruch sind glaubhaft zu machen, § 920 II. Dies kann etwa durch eine eidesstattliche Versicherung geschehen, § 294 I.

2. Form, Anwaltszwang. Das Arrestgesuch ist grundsätzlich schriftlich einzureichen. Es kann aber auch zu Protokoll der Geschäftsstelle erklärt werden, § 920 III. Aus letzterem folgt, daß der Antrag, auch wenn er beim Landgericht eingereicht wird, nicht von einem Anwalt gestellt werden muß, § 78 III.

3. Rechtshängigkeit. Entgegen sonstigen Regeln wird das Arrestverfahren schon mit der Einreichung des Arrestgesuchs nicht nur anhängig, sondern bereits rechtshängig.[1]

III. Verfahrensarten

664 Im Arrestverfahren kann die Entscheidung ohne mündliche Verhandlung ergehen, § 921 I. Die Anordnung darüber, ob mit oder ohne mündliche Verhandlung entschieden wird, steht damit im pflichtgemäßen Ermessen des Gerichts. Wegen des Anspruchs des Antragsgegners auf Gewährung rechtlichen Gehörs wird allerdings eine Entscheidung ohne mündliche Verhandlung nur in Betracht kommen, wenn ansonsten die Entscheidung unzumutbar verzögert oder durch eine Warnung des Schuldners der Erfolg gefährdet würde.

Wird eine mündliche Verhandlung anberaumt, so sind Antragsteller und Antragsgegner von Amts wegen zu laden. Die Vorschrift über die Einlassungsfrist von 2 Wochen (§ 274 III 1) gilt wegen des Eilcharakters des Arrestverfahrens nicht. Die Ladungsfrist (§ 217) allerdings ist einzuhalten; sie kann auf Antrag verkürzt werden, § 226 I. Beim Landgericht besteht bei einer mündlichen Verhandlung nunmehr Anwaltszwang; die Ausnahme des § 78 III gilt nur für den Arrestantrag selbst.

---

[1] OLG Düsseldorf NJW 1981, 2824f.

§ 48 Die Entscheidung über den Arrestantrag und die Rechtsbehelfe im Arrestverfahren

I. Die Entscheidung über den Arrestantrag

1. Entscheidungsgrundlage. a) Grundlagen. Das Gericht hat zunächst zu untersuchen, ob nach dem Vorbringen des Antragstellers der Arrestantrag zulässig und begründet ist. Arrestgrund und -anspruch müssen vorgetragen sein, unabhängig von der Frage, ob der Arrestgrund Zulässigkeitsvoraussetzung des Arrestes ist. 665

aa) Prüfungsumfang. Die Schlüssigkeit des Vorbringens des Antragstellers ist grundsätzlich wie im normalen Erkenntnisverfahren genau zu untersuchen; es findet nicht etwa eine nur summarische Prüfung statt. Allenfalls in besonderen Ausnahmefällen mag es wegen der Eilbedürftigkeit zulässig sein, besonders schwierige Rechtsfragen nicht mit der Gründlichkeit zu untersuchen, die im Hauptprozeß erforderlich wäre.[1]

bb) Darlegungs-, Beweislast. Streitig ist, ob auch im Arrestverfahren die Grundsätze des Erkenntnisverfahrens über die Darlegungs- und Beweislast gelten.

Beispiel: Muß der Antragsteller nur das Entstehen eines Anspruchs vortragen und glaubhaft machen oder auch darlegen, daß dem Antragsgegner keine Einwendungen gegen den Anspruch zustehen?

- ZT wird angenommen, auch im Verfahren über den einstweiligen Rechtsschutz würden die allgemeinen Beweislastregeln gelten.[2] Andere meinen, zum Ausgleich der Benachteiligung, welcher der Antragsgegner im Eilverfahren ausgesetzt sei, treffe den Antragsteller die volle Darlegungs- und Glaubhaftmachungslast hinsichtlich aller notwendigen Voraussetzungen für eine ihm günstige Entscheidung.[3] Danach müßte der Antragsteller etwa auch das Fehlen naheliegender Einwendungstatsachen vortragen und glaubhaft machen.
- Zutreffend ist eine differenzierende Auffassung, welche die strengen Grundsätze der zuletzt genannten Ansicht nur so lange anwendet, wie ohne rechtliches Gehör entschieden wird, nicht aber dann, wenn eine mündliche Verhandlung stattfindet.[4] In diesem Fall ist der Antragsgegner nicht so schutzwürdig, da er sich verteidigen kann.

b) Glaubhaftmachung. Arrestgrund und -anspruch sind **glaubhaft** zu machen, § 920 II. Das Eilverfahren ermöglicht es nicht, vollen Beweis zu erbringen, so daß ein geringerer Grad von Wahrscheinlichkeit ausreicht. Mittel der Glaubhaftmachung sind alle Beweismittel der ZPO. Der Beweis muß aber sofort erhoben werden können, § 294 II (sog. „präsente Beweismittel"). Zusätzlich ist hier die Abgabe einer eidesstattlichen Versicherung zulässig, 666

---

[1] Zweifelnd Brox-Walker Rn. 1510.
[2] OLG Koblenz WRP 1979, 387, 389 m.w.N.
[3] KG WRP 1978, 819, 821.
[4] Musielak-Huber § 920 Rn. 4; StJ-Grunsky § 920 Rn. 10f; Teplitzky WRP 1980, 373, 374; TP vor § 916 Rn. 9.

§ 294 I. Aus § 294 II ergibt sich auch der Ausschluß des § 273. Das Gericht trifft also für eine mündliche Verhandlung keine Maßnahmen nach § 273, ist insbesondere nicht zur Zeugenladung verpflichtet.[1] Die Parteien müssen die Zeugen also „stellen", d.h. zum Termin mitbringen.

Sind Anspruch oder Grund **nicht hinreichend glaubhaft** gemacht, kann das Gericht den Arrest trotzdem gegen Sicherheitsleistung anordnen (§ 921 II 1), weil der Antragsgegner dann hinreichend geschützt ist. Es darf aber nur die Glaubhaftmachung fehlen, nicht etwa ein schlüssiger Vortrag.

Auch für den **Gegenbeweis** des Antragsgegners genügt naturgemäß im einstweiligen Rechtsschutz die Glaubhaftmachung. Findet eine mündliche Verhandlung statt, gilt § 138 III, IV. Es bedarf einer Glaubhaftmachung nur bzgl. **streitiger Tatsachen.**

667 **2. Entscheidungsform.** Hat das Gericht **keine mündliche Verhandlung** anberaumt, entscheidet es durch Beschluß über den Antrag, § 922 I. Der Beschluß ist jedenfalls dann zu begründen, wenn der Antrag abgelehnt wird; zur Auslandsvollstreckung s. § 922 I 1. Nach mündlicher Verhandlung entscheidet das Gericht durch Urteil, § 922 I. Dies ist eine gesetzliche Ausnahme von dem Grundsatz, daß bei einer fakultativen mündlichen Verhandlung auch dann durch Beschluß zu entscheiden ist, wenn eine mündliche Verhandlung stattgefunden hat.

668 **3. Entscheidungsinhalt. a) Hauptsache.** Ist der Antrag unzulässig oder unbegründet, wird er zurück- (im Beschlußverfahren) bzw. abgewiesen (im Urteilsverfahren). Wird dem Antrag **stattgegeben,** muß

- **der dingliche oder persönliche Arrest angeordnet,**
- **der gesicherte Anspruch nach Grund und Betrag angegeben**
- **sowie eine Lösungssumme festgesetzt** werden.

aa) Wenn der Antragsteller nicht lediglich den Arrest bzgl. bestimmter Vermögensgegenstände beantragt hat, ist der Arrest über das gesamte Vermögen des Antragsgegners anzuordnen. Dies besagt nicht, daß der Antragsgegner über sein Vermögen nicht mehr verfügen könnte. Der Ausspruch des Arrestes hat nur die Konsequenz, daß der Antragsteller den Arrest **in das gesamte Vermögen des Antragsgegners vollziehen darf.** Erst in Vollzug des Arrestes getroffene Vollstreckungsmaßnahmen führen zur Beschlagnahme der gepfändeten Gegenstände.

bb) Der **gesicherte Anspruch** muß angegeben werden, weil der Arrestbefehl Ersatz für einen Titel des Gläubigers ist. Die **Lösungssumme,** die zwingend anzugeben ist (§ 923), entspricht praktisch der Abwendungsbefugnis des Schuldners nach § 711 im Erkenntnisverfahren. Der Antragsgegner kann durch Hinterlegung der im Arresttenor genannten Summe, die dem Vollstreckungsinteresse des Antragstellers entsprechen muß, die Vollziehung des Arrestes hemmen und beantragen, einen bereits vollzogenen Arrest aufzuheben.

cc) Beispiel für einen Tenor:

„Wegen eines Anspruchs des Antragstellers auf Zahlung von Restwerklohn aus dem Bauvertrag vom 1. 7. 1986 in Höhe von 5000,– DM nebst 9%

---

[1] BGH NJW 1958, 712; unklar TP § 294 Rn. 2.

Zinsen seit dem 1. März 1987 sowie der auf 700,– DM veranschlagten Kosten dieses Verfahrens wird der dingliche Arrest in das Vermögen des Antragsgegners angeordnet. Durch Hinterlegung von 6000,– DM wird die Vollziehung des Arrestes gehemmt."

b) Nebenentscheidungen. Beschluß oder Urteil müssen schließlich eine Kostenentscheidung enthalten. Ein stattgebendes Urteil oder ein stattgebender Beschluß muß **nicht für vorläufig vollstreckbar** erklärt werden (s. Rn. 39); die Vollstreckbarkeit folgt schon aus der Natur des Arrestverfahrens. **669**

Lediglich ein abweisendes oder einen Arrest aufhebendes Urteil ist für vorläufig vollstreckbar zu erklären, § 708 Nr. 6. Bei einem abweisenden Beschluß ist dies wegen § 794 I Nr. 3 nicht erforderlich.

c) Weitere Anordnungen. Die Vollziehung des Arrestes kann von einer Sicherheitsleistung des Antragstellers abhängig gemacht werden (§ 921 II 1), auch dann, wenn Arrestanspruch oder -grund nicht glaubhaft gemacht sind (§ 921 II 1, s. Rn. 666). Es kann aber auch bereits die Arrestanordnung von einer vorherigen Sicherheitsleistung abhängig gemacht werden, § 921 II 2; s.a. § 922 III. **670**

d) Parteibezeichnung. Die Parteien des Arrestverfahrens werden grundsätzlich als Antragsteller und Antragsgegner bezeichnet. Sobald allerdings eine mündliche Verhandlung anberaumt worden ist, so daß durch Urteil zu entscheiden ist, werden sie üblicherweise als Arrestkläger und Arrestbeklagter oder auch nur als Kläger und Beklagter bezeichnet. **671**

e) Zustellung. Ist durch Urteil entschieden worden, ist dieses von Amts wegen **zuzustellen.** Ist durch Beschluß entschieden worden, so ist, gleich ob dem Antrag stattgegeben worden ist oder nicht, der Beschluß nur an den Antragsteller zuzustellen, § 922 II, III. Der Antragsteller muß den stattgebenden Beschluß selbst an den Antragsgegner zustellen (§ 922 II), also im Parteibetrieb (s. Rn. 82). **672**

4. Rechtskraft. In formelle Rechtskraft erwachsen nur Arresturteile, weil gegen Arrestbeschlüsse Rechtsbehelfe unbefristet zulässig sind. **Streitgegenstand** des Arrestverfahrens ist nur der prozessuale Sicherungsanspruch des Antragstellers. Nach hM werden insoweit Arrestentscheidungen auch materiell rechtskräftig.[1] **673**

Trotz der Ablehnung eines Arrestgesuchs kann ein neuer Antrag auf den Eintritt neuer Tatsachen gestützt werden; die Rechtskraft der ablehnenden Entscheidung steht nicht entgegen. Darüber hinaus darf nach hM ein neuer Antrag auf Tatsachen gestützt werden, die bereits zur Zeit der Erstentscheidung vorlagen, aber wegen der Eile nicht ermittelt werden konnten; dies gilt auch für Mittel der Glaubhaftmachung, die früher nicht beizubringen waren.[2] Ist einem Arrestantrag stattgegeben worden, kann etwa dann ein neuer Antrag gestellt werden, wenn die Vollziehungsfrist abgelaufen ist.[3] In dem neuen Verfahren ist das entscheidende Gericht aber an die materielle Rechtskraft der ersten Entscheidung gebunden, wenn sich die Umstände inzwischen nicht geändert haben.

---

[1] OLG Frankfurt NJW 1968, 2112, 2113; TP § 922 Rn. 7.

[2] TP § 922 Rn. 9; Musielak-Huber § 922 Rn. 11; Brox-Walker Rn. 1520.

[3] TP § 922 Rn. 8; Musielak-Huber § 922 Rn. 11; Brox-Walker Rn. 1521.

II. Die Rechtsbehelfe im Arrestverfahren

674 **1. Urteile.** Gegen ein stattgebendes oder ablehnendes Urteil im Arrestverfahren findet die Berufung statt. Eine Revision ist ausgeschlossen, § 545 II 1.

675 **2. Beschlüsse. a) Ablehnung.** Gegen einen den Arrest ganz oder teilweise ablehnenden Beschluß kann der Antragsteller die einfache Beschwerde (§ 567) einlegen. Es handelt sich um eine Entscheidung, die eine mündliche Verhandlung nicht erforderlich macht; ein Verfahrensantrag ist ganz oder teilweise zurückgewiesen worden.

b) Stattgeben. Gegen einen – ganz oder teilweise – stattgebenden Beschluß findet der **Widerspruch** statt, § 924 I. Dieser ist kein Rechtsmittel, weil das Verfahren nicht in die nächsthöhere Instanz kommt. Die Vollziehung wird nicht gehemmt, § 924 III 1. Eine Frist gibt es für den Widerspruch nicht; ggfls. kommt allerdings eine Verwirkung in Betracht.

aa) Über den Widerspruch entscheidet das Gericht, das den Arrest angeordnet hat. Ist der Arrest auf eine Beschwerde des Antragstellers hin von der Beschwerdeinstanz angeordnet worden, ist das erstinstanzliche Gericht für das Widerspruchsverfahren zuständig (Gewohnheitsrecht).[1]

bb) Hat das Landgericht den Arrest in erster Instanz angeordnet, besteht Anwaltszwang für den schriftlich einzulegenden Widerspruch. Beim Amtsgericht ist der Widerspruch schriftlich oder zu Protokoll der Geschäftsstelle zu erklären, § 924 II 3.

cc) Auf den Widerspruch hin ist mündlich zu verhandeln, § 924 II 1. Es ist darüber zu entscheiden, ob die Voraussetzungen des Arrestes zur Zeit der mündlichen Verhandlung vorliegen. Die Vorschriften über die Glaubhaftmachung gelten auch hier (s. Rn. 666).

dd) Über den Widerspruch ist durch Urteil zu entscheiden (§ 925 I), das den Arrest ganz oder teilweise bestätigen, abändern oder aufheben kann. Auch kann eine Sicherheitsleistung angeordnet werden, § 925 II. Zum Urteilstenor und zu den Nebenentscheidungen s. Rn. 668f. Bei einem aufhebenden Urteil ist zu beachten, daß der Arrestbeschluß aufzuheben und der Antrag auf seinen Erlaß abzuweisen sind. Gegen das Urteil kann der Beschwerte Berufung einlegen.

III. Das Aufhebungsverfahren

Das Arrestverfahren kennt neben den bereits dargestellten Rechtsbehelfen noch besondere Möglichkeiten, zu einer Aufhebung des Arrestes zu kommen. Die Aufhebung kann wegen veränderter Umstände oder deshalb beantragt werden, weil der Antragsteller nicht innerhalb einer gesetzten Frist Klage zur Hauptsache erhoben hat. Beide Verfahren sind auch nach rechtskräftigem Abschluß des Arrestverfahrens möglich.

676 **1. Aufhebung wegen veränderter Umstände. a) Gründe.** Der Antragsgegner kann die Aufhebung des Arrestes beantragen, wenn sich die Umstände geändert haben, die bei Erlaß des Arrestes vorausgesetzt wurden, § 927 I. Dies kann folgende Ursachen haben:

---

[1] TP § 924 Rn. 2; Brox-Walker Rn. 1525 m. w. N.

- Im Hauptsacheverfahren, also dem Prozeß um den Anspruch des Antragstellers, ist ein klageabweisendes Urteil ergangen. Ist dieses rechtskräftig, steht fest, daß dem Antragsteller der Arrestanspruch nicht zusteht. Aber auch ein noch nicht rechtskräftiges Urteil im Hauptsacheverfahren kann zur Aufhebung des Arrestes führen; es bleibt der Einschätzung des Arrestgerichts überlassen, ob ein Rechtsmittel Erfolg haben würde.[1]
- Der Arrestanspruch oder -grund ist nachträglich weggefallen. Beim Arrestanspruch kommt insbesondere die Erfüllung als Aufhebungsgrund in Betracht, aber auch das Entstehen einer Einrede (zB Verjährung). Insoweit verdrängt § 927 als **spezieller Rechtsbehelf** die Vollstreckungsgegenklage (s Rn. 496). Auch ein Wegfall des Arrestgrundes kann zur Aufhebung führen. Insbesondere kann sich der Antragsgegner erbieten, Sicherheit zu leisten, § 927 I.
- Nach hM kann der Antragsgegner den Aufhebungsantrag auch auf Umstände stützen, die schon zur Zeit der Entscheidung über den Arrestantrag vorlagen, aber von ihm schuldlos nicht geltend gemacht wurden und durch andere Rechtsbehelfe (Widerspruch, Berufung) nicht mehr geltend gemacht werden können.[2]

b) Verfahren. Für die Entscheidung ist das Gericht zuständig, das den Arrest angeordnet hat. Wenn die Hauptsache allerdings anhängig ist, ist das Gericht der Hauptsache zuständig, § 927 II. Das Rechtsschutzinteresse fehlt, wenn Widerspruch oder Berufung eingelegt ist.[3] Zu entscheiden ist durch Endurteil.

2. Aufhebung mangels Klage zur Hauptsache. a) Anordnung der Hauptsacheklage. Auf Antrag des Antragsgegners hat das Gericht gem. § 926 anzuordnen, daß der Antragsteller, der den Arrest erwirkt hat, binnen einer bestimmten Frist Klage zur Hauptsache zu erheben hat. **„Hauptsache"** ist der **Arrestanspruch,** also die Geldforderung, die dem Antrag zugrunde lag. Es handelt sich bei der Klage zur Hauptsache um eine normale Klage, die auf Leistung an den Gläubiger oder auf Feststellung seines Anspruchs gerichtet ist, wenn dieser etwa noch nicht fällig ist. Es geht **nicht um eine Überprüfung des Arrestes,** insbesondere des Arrestgrundes. Lediglich der im Arrestverfahren summarisch bejahte Anspruch wird nunmehr im normalen Prozeß überprüft. 677

Zuständig zur Fristsetzung, die nach Gewährung rechtlichen Gehörs ohne mündliche Verhandlung erfolgt, ist der Rechtspfleger, § 20 Nr. 14 RpflG. Gegen seine – ablehnende oder stattgebende – Entscheidung findet die sofortige Beschwerde nach § 793 (s. Rn. 330ff) statt.

b) Vorherige Erfüllung. Der Antragsgegner kann den Antragsteller natürlich nicht zwingen, eine Klage zu erheben, obwohl der Anspruch bereits erfüllt ist. Die Klage zur Hauptsache wäre unbegründet. Deshalb ist in diesem Fall ein Antrag nach § 926 unzulässig. Der Antragsgegner muß nach § 927 vorgehen.

---

[1] BGH WM 1976, 134; TP § 927 Rn. 12.

[2] MK-Heinze § 927 Rn. 5; Musielak-Huber § 927 Rn. 6; TP § 927 Rn. 12; Brox-Walker Rn. 1528.

[3] TP § 927 Rn. 16 m. w. N.

c) Aufhebung. Erhebt der Antragsteller die Klage zur Hauptsache nicht oder nicht fristgemäß, ist der Arrestbefehl aufzuheben, § 926 II. Es reicht allerdings aus, wenn trotz Ablaufs der vom Rechtspfleger gesetzten Frist die Klage zur Hauptsache bis zur mündlichen Verhandlung im Aufhebungsverfahren nach § 926 erhoben worden ist.[1] Die Entscheidung über den Aufhebungsantrag ergeht nach mündlicher Verhandlung durch Urteil, § 926 II.

§ 49 Die Vollziehung des Arrestes

678 Der Arrest dient zunächst nur dazu, dem Gläubiger auf schnellem Weg einen Titel zur Vollstreckung zu verschaffen. Dieser Titel ist der Arrestbefehl. Weil er aber nicht im Erkenntnisverfahren mit seinem effektiven Rechtsschutz zustande gekommen ist, darf die Vollstreckung aus dem Arrestbefehl, die **Vollziehung des Arrestes,** nicht zu einer Befriedigung des Gläubigers, sondern nur zur **Sicherung** seiner Geldforderung führen. Auf die Arrestvollziehung sind die Vorschriften über die Zwangsvollstreckung anzuwenden (§ 928) mit den in §§ 929 bis 934 geregelten Ausnahmen, die den Besonderheiten des Verfahrens und dem Sicherungscharakter des Arrestes Rechnung tragen.

Grundsätzlich ist wiederum zwischen dinglichem und persönlichem Arrest zu unterscheiden. Die Vollziehung des **persönlichen Arrestes,** die nicht näher dargestellt wird, erfolgt nach § 933 durch Vollzug der Haft oder der sonstigen Freiheitsbeschränkungen, die in dem Arrestbefehl angeordnet worden sind.

I. Voraussetzungen der Vollziehung des dinglichen Arrestes

679 **1. Voraussetzungen der Zwangsvollstreckung.** Dem Eilcharakter des Arrestverfahrens entsprechend ordnet § 929 Ausnahmen von den sonst notwendigen Voraussetzungen der Zwangsvollstreckung an:

a) Keine Klausel. Zur Vollziehung des Arrestes aufgrund des sofort vollstreckbaren Arrestbefehls bedarf es **keiner Vollstreckungsklausel** (§ 929 I), es sei denn, die Vollstreckung soll für einen anderen Gläubiger oder gegen einen anderen Schuldner erfolgen.

b) Zustellung. Der Arrest kann schon **vor der Zustellung** des Arrestbefehls an den Schuldner vollzogen werden, § 929 III 1. In diesem Fall wird der Schuldner vor der Vollziehung nicht gewarnt. Allerdings muß die Zustellung innerhalb einer Woche nach der Vollziehung und innerhalb der Vollziehungsfrist des § 929 II (Rn. 680) nachfolgen. Erfolgt die Zustellung nicht rechtzeitig, ist die Vollziehung wirkungslos, § 929 III 2; dies können Schuldner und betroffene andere Gläubiger mit der Vollstreckungserinnerung nach § 766 geltend machen.

680 **2. Vollziehungsfrist.** Der Arrest muß **innerhalb eines Monats** nach dem Tage seiner Verkündung (Urteilsverfahren) oder der Zustellung an den Antragsteller (Beschlußverfahren) **vollzogen werden,** § 929 II. Dies soll die

[1] OLG Köln OLGZ 1979, 118, 119f; TP § 926 Rn. 8.

Vollstreckung nach einer Veränderung der Umstände und eine Überrumpelung des Schuldners verhindern.

a) Der Arrest muß innerhalb der Monatsfrist vollzogen sein. Wenn der Gläubiger die Beendigung einer Vollstreckungsmaßnahme aber nicht beeinflussen kann, ist es ausreichend, daß mit der Vollziehung vor dem Fristende begonnen wird.[1] Nach hM reicht es aus, daß der Gläubiger lediglich einen **Vollstreckungsantrag gestellt** hat.[2] Schlägt die begonnene Vollstreckung fehl, dürfen nach Fristablauf jedenfalls solche Maßnahmen noch durchgeführt werden, die mit dem fristgerecht eingeleiteten Akt in einem rechtlichen oder zeitlichen Zusammenhang stehen.[3] So kann zB nach einem fruchtlosen Sachvollstreckungsversuch das Verfahren auf Abgabe der eidesstattlichen Versicherung nach Ablauf der Vollziehungsfrist durchgeführt werden.[4]

b) Nach Ablauf der Monatsfrist ist gem. § 929 II **jede weitere Vollziehung unstatthaft,** was von den Vollstreckungsorganen von Amts wegen zu beachten ist. Gegen eine trotzdem erfolgte Vollstreckung kann der Schuldner sich mit der Vollstreckungserinnerung zur Wehr setzen.

II. Die Vollziehung des dinglichen Arrestes

Aufgrund des Arrestbefehls kann der Gläubiger **681**
- bewegliche Sachen und Forderungen pfänden (§ 930 I),
- eine Sicherungshypothek in Grundstücke und grundstücksgleiche Rechte eintragen lassen (§ 932),
- in Schiffe und Flugzeuge vollstrecken lassen (§ 931).

1. Pfändung beweglicher Sachen. Das Pfändungsverfahren bei der Pfän- **682**
dung beweglicher Sachen folgt den allgemein gültigen Vorschriften, § 930 I 2. Die Pfändung führt zu einer Verstrickung der gepfändeten Sache und läßt ein Arrestpfandrecht entstehen, § 930 I 2. Die Sache darf grundsätzlich aber nicht verwertet werden, weil der Arrest nur der Sicherung dient (Ausnahme: § 930 III). Das Arrestpfandrecht wird zum Vollstreckungspfandrecht, wenn der Gläubiger in der Hauptsache einen Titel erlangt.[5] Verwerten darf der Gläubiger die Sache aber auch jetzt erst dann, wenn die weiteren Voraussetzungen der Zwangsvollstreckung, also Klausel und Zustellung vorliegen.[6] Der Rang des Vollstreckungspfandrechts bestimmt sich nach dem Rang des Arrestpfandrechts.[7]

Beispiel: Aufgrund eines Arrestbefehls läßt Gläubiger 1) einen PKW des Schuldners am 1. 4. 1987 pfänden. Am 1. 5. 1987 pfändet Gläubiger 2) den PKW ebenfalls aufgrund eines Vollstreckungsbescheides. Am 15. 5. 1987 erlangt Gläubiger 1) gegen den Schuldner ein mit Klausel versehenes und zugestelles Versäumnisurteil über die Hauptforderung. Das ursprüngliche Arrestpfandrecht des Gläubigers 1) ist zum Voll-

---

[1] OLG Koblenz NJW-RR 1987, 760f; OLG Hamm FamRZ 1980, 1144, 1146.
[2] BGH WM 1990, 2089, 2090; Musielak-Huber § 929 Rn. 6; TP § 929 Rn. 4.
[3] StJ-Grunsky § 929 Rn. 11 m. w. N.
[4] OLG Koblenz NJW 1958, 387.
[5] BGHZ 66, 394, 397; TP § 930 Rn. 3.
[6] Brox-Walker Rn. 1542 m. w. N.
[7] BGHZ 66, 394, 397; Musielak-Huber § 930 Rn. 8.

streckungspfandrecht geworden. Es geht dem Pfändungspfandrecht des Gläubigers 2) im Range vor, weil das Pfändungspfandrecht des Gläubigers 1) den Rang des Arrestpfandrechts hat.

Wenn der Arrestbefehl allerdings aufgehoben wird, bevor oder nachdem der Gläubiger einen Titel in der Hauptsache erlangt, oder wenn der Arrestbefehl nur aufgrund eines neuen Vortrags des Gläubigers bestätigt wird, verliert der Gläubiger das Arrestpfandrecht; seine Bevorzugung ist diesen Fällen nicht gerechtfertigt.[1]

683 **2. Forderungspfändung.** In Vollziehung des Arrestes kann der Gläubiger Forderungen des Schuldners gegen Dritte pfänden lassen. Eine **Überweisung** ist allerdings **unzulässig,** da sie nicht der Sicherung, sondern der Verwertung dienen würde; ein Überweisungsbeschluß ist nichtig.[2] **Zuständig** für die Pfändung ist das Arrestgericht als Vollstreckungsgericht (§ 930 I 3), nicht das Vollstreckungsgericht iSd. § 828 II. Arrest- und Pfändungsbeschluß können zusammen ergehen; dies ist praktisch auch die Regel. In diesem Fall erläßt der Richter den Pfändungsbeschluß; ansonsten ist der Rechtspfleger zuständig (§ 20 Nr. 16 RpflG). Die Pfändung führt zur Verstrickung und zu einem Arrestpfandrecht an der Forderung (§§ 930 I 2, 804), das zu einem Pfändungspfandrecht mit dem Rang des Arrestpfandrechts wird, wenn der Gläubiger einen Titel in der Hauptsache erlangt (Rn. 682).

684 **3. Sicherungshypothek.** Die Vollziehung des Arrestes in ein **Grundstück** oder ein grundstücksgleiches Recht erfolgt durch Eintragung einer Sicherungshypothek für die Forderung, § 932 I 1. Die Lösungssumme des § 923 ist als der Höchstbetrag zu bezeichnen, für den Grundstück oder Berechtigung haften. Damit ist die Arresthypothek eine Höchstbetragshypothek iSd. § 1190 BGB.

Die Arresthypothek entsteht mit ihrer Eintragung, § 932 I 1; zur Wahrung der Vollziehungsfrist des § 929 II reicht der Eingang des Antrags beim Grundbuchamt in der Monatsfrist aus, § 932 III. Erlangt der Gläubiger einen Titel in der Hauptsache, kann er die Umschreibung der Arresthypothek in eine Zwangshypothek verlangen. Nach hM berechtigt aber bereits die Eintragung der Arresthypothek zur (bei der Zwangshypothek wegen § 867 III nF nicht mehr erforderlichen) Klage auf Duldung der Zwangsvollstreckung nach § 1147 BGB, weil der Gläubiger bei der Duldungsklage seinen Anspruch nachweisen muß und wegen ihrer Akzessorietät über die Hypothek nicht wirksam verfügen kann, wenn keine Forderung besteht.[3]

685 **4. Verfahrensfehler** der Vollstreckungsorgane können mit den Rechtsbehelfen des Zwangsvollstreckungsrechts angegriffen werden. Darüber hinaus hat der Schuldner die Möglichkeit, nach Hinterlegung der Lösungssumme (§ 923) die Aufhebung des vollzogenen Arrestes zu verlangen, § 934.

686 **5. Schadenersatz.** Im Fall des unberechtigten Arrestvollzugs muß der Gläubiger dem Schuldner – unabhängig von einem Verschulden – Schadenersatz leisten, § 945. Die Vorschrift ähnelt § 717 II (s. o. Rn. 571).

---

[1] Brox-Walker Rn. 1544 m. w. N.
[2] BGH NJW 1993, 735, 736; TP § 930 Rn. 1.
[3] TP § 932 Rn. 1; Brox-Walker Rn. 1553 m. w. N.

2. Abschnitt. Die einstweilige Verfügung

§ 50 Zweck, Arten und Voraussetzungen der einstweiligen Verfügung

I. Arten und Zweck der einstweiligen Verfügung; Abgrenzung

1. Arten. Die einstweilige Verfügung kann 687

- der Sicherung von anderen als Geldansprüchen (**Sicherungsverfügung,** § 935),
- der einstweiligen Regelung streitiger Rechtsverhältnisse (**Regelungsverfügung,** § 940),
- aber in Ausnahmefällen auch der vorläufigen Befriedigung des Gläubigers (**Leistungsverfügung**) dienen.

2. Einstweilige Sicherung. Wie beim Arrest ist bei der einstweiligen 688
Verfügung zu beachten, daß sie nur der einstweiligen Sicherung des Gläubigers bzw. der einstweiligen Regelung eines Rechtsverhältnisses dient, bis es zu einer **Entscheidung in der Hauptsache** kommt. Es darf – von der Ausnahme der Leistungsverfügung abgesehen – grundsätzlich **nicht zu einer Befriedigung** des Gläubigers kommen, so daß nur Maßnahmen zulässig sind, die wieder rückgängig gemacht werden können.

Das Gesetz unterscheidet dabei zwischen der Sicherungsverfügung (§ 935), die der Sicherung anderer als Geldforderungen dient, und der Regelungsverfügung (§ 940), die streitige Rechtsverhältnisse einstweilen regeln soll. Diese Unterscheidung ist nicht sonderlich geglückt. So regelt eine Sicherungsverfügung auch ein streitiges Rechtsverhältnis, wenn der Schuldner den Anspruch des Gläubigers nicht anerkennt. Eine Regelungsverfügung sichert den Verfügungsanspruch, ohne den die Regelungsverfügung nicht ergehen kann. Deshalb gibt die Praxis regelmäßig die Unterscheidung zwischen diesen beiden Arten der einstweiligen Verfügung auf und stützt eine erlassene Verfügung auf die §§ 935, 940. Lediglich aus dogmatischen Gründen sollen diese Arten der einstweiligen Verfügung hier getrennt aufgezeigt werden.

3. Leistungsverfügung. Nicht gesetzlich geregelt, aber allgemein für zu- 689
lässig erachtet ist die Leistungsverfügung, die in dringenden Ausnahmefällen auch zur **vorläufigen Befriedigung** des Gläubigers führen kann. Sie kann erlassen werden, wenn der Gläubiger ansonsten zeitweise ohne Rechtsschutz bliebe und in Notsituationen geraten könnte. Der Unterschied zur Sicherungsverfügung liegt darin, daß die Leistungsverfügung zu einer Befriedigung des Gläubigers führt, während die Sicherungsverfügung allein der Sicherung seines Anspruchs dient. Schwieriger ist die Abgrenzung zur Regelungsverfügung, weil auch diese zeitweise zu einer Befriedigung des Gläubigers führen kann; hier sollte die Abgrenzung danach erfolgen, ob nach einer Aufhebung der einstweiligen Verfügung der ursprüngliche Rechtszustand von selbst wieder eintritt (Regelungsverfügung) oder nicht mehr bzw. nur im Wege der Rückabwicklung eintreten kann (Leistungsverfügung), s. Rn. 694.

II. Die Sicherungsverfügung, § 935

690 **1. Zweck.** Die Sicherungsverfügung hat den Zweck, einen Anspruch des Gläubigers auf eine gegenständliche, also nicht auf Geld – dann Arrest – gerichtete Leistung des Schuldners zu sichern.

Beispiel: K hat von V einen gebrauchten Mercedes zum Preis von 15 000,– DM gekauft. Wenn K erfährt, daß V den Mercedes, weil er einen höheren Preis erzielen kann, an D verkaufen und übereignen will, kann er seinen Übereignungsanspruch, um eine Übereignung an D zu verhindern, durch eine einstweilige Verfügung sichern lassen. Erfährt demgegenüber V, daß K sich mit dem verkauften und übergebenen, aber noch nicht bezahlten Mercedes samt seiner Habe ins Ausland absetzen will, kann er zur Sicherung seines Zahlungsanspruchs einen Arrest erwirken.

691 **2. Voraussetzungen** der Sicherungsverfügung sind ein **Verfügungsanspruch** (etwa der Übereignungsanspruch im Beispiel Rn. 690) und ein **Verfügungsgrund** (etwa die Besorgnis, V werde im Beispiel Rn. 690 den Wagen an D übereignen, bevor K einen Titel gegen V erlangt).

a) Verfügungsanspruch kann jeder Anspruch sein, sofern er nicht auf Geld gerichtet ist oder in eine Geldforderung übergehen kann; im letzten Fall findet ausschließlich das Arrestverfahren statt. Der Anspruch kann wie beim Arrest betagt oder bedingt sein.

b) Ein Verfügungsgrund liegt gem. § 935 vor, „wenn zu besorgen ist, daß durch eine Veränderung des bestehenden Zustandes die Verwirklichung des Rechtes einer Partei vereitelt oder wesentlich erschwert werden könnte". Hinzu kommen muß, wie aus dem Wesen des einstweiligen Rechtsschutzes folgt, daß eine Entscheidung im Eilverfahren notwendig ist, weil **Rechtsschutz im ordentlichen Erkenntnisverfahren nicht rechtzeitig zu erlangen** wäre.

Unwiderleglich vermutet wird ein Sicherungsgrund, wenn ein schuldrechtlicher Anspruch auf eine dingliche Rechtsänderung durch Eintragung einer Vormerkung (§ 885 I 2 BGB) oder ein Anspruch auf Berichtigung des Grundbuchs durch Eintragung eines Widerspruchs (§ 899 II 2 BGB) gesichert werden soll. Hier besteht die Gefahr des gutgläubigen Erwerbs wegen des öffentlichen Glaubens des Grundbuchs, § 892 BGB.

692 **3. Inhalt der Entscheidung. a) Freies Ermessen.** § 938 I stellt den Richter bei der Entscheidung über den Verfügungsantrag freier als im Erkenntnisverfahren. Er bestimmt nach freiem Ermessen, welche Anordnungen zur Erreichung des Zweckes erforderlich sind. Dabei sind ihm aber folgende Grenzen gesetzt:

aa) Die Anordnung darf nicht über den Antrag des Antragstellers oder sein Ziel hinausgehen, § 308 I. Es dürfen also nur dem Antrag oder Begehren gleich- oder (mit Kostenfolgen) minderwertige Anordnungen getroffen werden.

bb) Die angeordnete Maßnahme darf die Entscheidung in der Hauptsache (gedachter Prozeß über den Verfügungsanspruch) **nicht vorwegnehmen,** sie muß sich also wieder beseitigen lassen und darf nicht zu einer Erfüllung des zu sichernden Anspruchs führen.

cc) Die Anordnung muß sich in den äußersten Grenzen der Zwangsvollstreckung halten und darf den Grundsatz der Verhältnismäßigkeit nicht mißachten. Es darf also nichts angeordnet werden, was vollstreckungsrechtlich unzulässig wäre; unter mehreren möglichen Maßnahmen muß die am wenigsten einschneidende gewählt werden.

b) Beispiele für zulässige Anordnungen:
- Eine Sequestration (Verwahrung und Verwaltung einer Sache durch eine vom Gericht bestimmte Person).
- Gebot oder Verbot einer Handlung (zB Herausgabe einer Sache an den Gerichtsvollzieher; Überbauverbot).
- Veräußerungs-, Belastungs- oder Verpfändungsverbote (§ 938 II), welche die Folgen der §§ 135f BGB (relatives Veräußerungsverbot) auslösen.
- Erwerbsverbote (zB um eine Heilung eines formwidrigen Grundstückskaufvertrages durch Auflassung und Eintragung in das Grundbuch zu verhindern).
- Vormerkung (§ 885 BGB) und Widerspruch (§ 899 BGB) im Grundbuch; praktisch besonders wichtig ist die Eintragung einer Vormerkung zur Sicherung des Anspruchs auf Eintragung einer Bauhandwerker-Sicherungshypothek, §§ 885, 648 BGB.

III. Die Regelungsverfügung, § 940

1. Zweck, Voraussetzungen. Die Regelungsverfügung hat den **Zweck,** 693
ein streitiges Rechtsverhältnis einstweilen zu regeln, soll also den Rechtsfrieden bis zur Entscheidung über die Hauptsache sichern. **Voraussetzungen** der Regelungsverfügung sind Verfügungsanspruch und Verfügungsgrund.

a) Besseres Recht. Nach seinem Wortlaut fordert § 940 lediglich ein streitiges Rechtsverhältnis. Der Antragsteller muß aber geltend machen, daß ihm gegenüber dem Antragsgegner ein besseres Recht zusteht. Durch eine einstweilige Verfügung darf nicht in das bessere Recht eines anderen eingegriffen werden. Verfügungsanspruch ist letztlich also das gegenüber dem Antragsgegner **bessere Recht des Antragstellers.**

Rechtsverhältnisse iSd. § 940 können insbesondere Dauerschuldverhältnisse, aber auch aus Eigentum, Besitz, Namens- oder Persönlichkeitsrechten folgende Rechtsbeziehungen sein. **Streitig** sind sie, wenn sie vom Antragsgegner bestritten oder bereits verletzt worden sind.

b) Ein Verfügungsgrund liegt gem. § 940 vor, wenn eine Regelung zur Abwendung wesentlicher Nachteile, zur Verhinderung drohender Gewalt oder aus anderen Gründen notwendig erscheint. Eine einstweilige Regelung muß also dringend erforderlich sein. Daran kann es fehlen, wenn eine behauptete Störung bereits beendet ist, es sei denn, es bestehe Wiederholungsgefahr.

2. Inhalt der Entscheidung. a) Freies Ermessen. Auch bei der Re- 694
gelungsverfügung findet § 938 I Anwendung mit den bei der Sicherungsverfügung bereits genannten Grenzen (Rn. 692). Streitig ist, ob und inwieweit die Regelungsverfügung die Entscheidung in der Hauptsache vorweg nehmen darf.

aa) ZT wird angenommen, es dürften keine Maßnahmen angeordnet werden, die ganz oder teilweise zur Befriedigung des Anspruchs des Antragstellers führen; hier sei nur – unter ihren strengen Voraussetzungen – eine Leistungsverfügung statthaft.[1]

bb) Andere stellen darauf ab, daß eine zeitweilige Erfüllung durch eine Regelungsverfügung zulässig sei, nur zu einer endgültigen Befriedigung dürfe es nicht kommen. Deshalb sei eine Regelungsverfügung möglich, wenn mit ihrer Aufhebung ohne weiteres der alte Rechtszustand wieder eintrete (s. a. Rn. 689).[2] Diese Auffassung ist zutreffend, weil sie den Grundgedanken des § 940 am besten verwirklicht – einstweilige Regelung des Rechtszustandes und damit auch einstweilige Befriedigung des Regelungsbedürfnisses des Antragstellers – und gleichzeitig ein brauchbares Abgrenzungskriterium zur Leistungsverfügung schafft. Dies wird insbesondere bei Unterlassungsverfügungen deutlich:

Beispiel: Der antragstellende Oberbürgermeister will verhindern, daß die Organisation „Rettet die soziale Freiheit e. V." ihn in Zeitungsanzeigen permanent als „korrupten Vertreter der Interessen der Großindustrie auf Kosten der sozial Schwachen" bezeichnet. Hier käme eine Regelungsverfügung in Betracht. Nur für die Zeit ihrer Wirksamkeit wäre dem Verein die Veröffentlichung entsprechender Äußerungen untersagt. Würde die einstweilige Verfügung aufgehoben, träte der alte Rechtszustand wieder ein; die Anzeigen dürften wieder erscheinen. Sind die Anzeigen allerdings nur im Rahmen des Wahlkampfes veröffentlicht worden und für die Zeit nach dem Wahltag nicht mehr beabsichtigt, käme nur eine Leistungsverfügung in Betracht, weil der Unterlassungsanspruch dann vollständig befriedigt würde.

695 **b) Beispiele** für Anordnungen in Regelungsverfügungen:

aa) Praktisch wichtig ist zunächst der Bereich der Verletzung von Persönlichkeitsrechten.

- Hier kann durch eine Regelungsverfügung Unterlassung der beeinträchtigenden Handlungen längstens bis zur rechtskräftigen Entscheidung über die Hauptsache angeordnet werden. Dagegen ist es nicht zulässig, im Wege der Regelungsverfügung etwa einen endgültigen Widerruf ehrverletzender Behauptungen zu verlangen. Dies würde eine Vorwegnahme der Hauptsache bedeuten. Allenfalls kann im Wege der einstweiligen Verfügung ein einstweiliger Widerruf verlangt werden.[3]
- Eine Gegendarstellung bei Verletzungen des Persönlichkeitsrechts durch Medien kann wegen des Erfüllungscharakters grundsätzlich im Wege der einstweiligen Verfügung nicht verlangt werden. Hier gibt es allerdings gestattende Sonderregeln in den Pressegesetzen der einzelnen Bundesländer.

bb) Von großer praktischer Bedeutung sind weiterhin Regelungsverfügungen im Bereich des Wettbewerbsrechts, die dann als Leistungsverfügungen anzusehen sind, wenn zB die Werbung für ein bestimmtes Ereignis untersagt wird. Jeder rechtswidrige Verstoß gegen die Verbotstatbestände etwa des UWG oder des RabattG begründet Unterlassungsansprüche. § 25 UWG erlaubt den Erlaß von einstweiligen Verfügungen unter gegenüber den §§ 935, 940 erleichterten Voraussetzungen. Ein Verfügungsgrund ist weder darzulegen noch glaubhaft zu machen.

---

[1] StJ-Grunsky vor § 935 Rn. 31; wohl auch Brox-Walker Rn. 1597, 1613.
[2] OLG Frankfurt BB 1982, 274; Jauernig ZZP 79, 321, 332 f.
[3] Str.; s. OLG Köln JMBl NW 1973, 29 f.

cc) Im gesellschaftsrechtlichen Bereich kann die Geschäftsführungs- oder Vertretungsbefugnis eines Gesellschafters oder Geschäftsführers Gegenstand einer einstweiligen Verfügung sein.

- So ist es zulässig, einem Gesellschafter die Geschäftsführungs- oder Vertretungsbefugnis durch eine einstweilige Verfügung einstweilen zu entziehen, wenn dies durch ein Urteil möglich wäre (s. §§ 117, 127 HGB).
- Erfolgt die Entziehung der Befugnisse durch Gesellschafterbeschluß (etwa gem. §§ 712, 715 BGB), kann durch eine einstweilige Verfügung einstweilen der durch den Beschluß geänderte ursprüngliche Rechtszustand wieder hergestellt werden. Durch eine Aufhebung der einstweiligen Verfügung wäre der Gesellschafterbeschluß wieder maßgeblich. Unzulässig ist dagegen grundsätzlich eine Regelungsverfügung, durch die der Gesellschaft untersagt wird, einen entsprechenden Beschluß zu erlassen.[1] Nur ausnahmsweise kann sie ergehen, wenn die Rechtslage eindeutig ist oder ein besonderes Schutzbedürfnis des betroffenen Gesellschafters besteht.[2]
- Unzulässig ist die Ausschließung eines Gesellschafters aus der Gesellschaft im Wege der Regelungsverfügung. Die dadurch eintretenden Veränderungen ließen sich durch eine Aufhebung der einstweiligen Verfügung nicht rückgängig machen.

IV. Die Leistungsverfügung

1. Zweck. Die Leistungsverfügung hat den Zweck, einen Anspruch des Antragstellers jedenfalls für einen gewissen Zeitraum zu befriedigen. Der Antragsgegner wird – wie im Erkenntnisverfahren – **zur Leistung verurteilt.** Da dies dem Wesen des einstweiligen Rechtsschutzes fremd ist, werden an die Zulässigkeit einer derartigen Anordnung **besonders hohe Anforderungen** gestellt. Die Gefahr, die in derartigen Verfügungen liegt, zeigt folgendes **Beispiel:** 696

Antragstellerin ist die Ehefrau des Antragsgegners, die von diesem getrennt lebt. Sie hat ihr Kleinkind zu versorgen und keinerlei eigene Einkünfte. Im Wege der einstweiligen Verfügung erwirkt sie einen Titel, daß der Antragsgegner ihr monatlichen Unterhalt von 800,– DM zu zahlen hat.

Hier erlangt die Antragstellerin im einstweiligen Rechtsschutz einen vollwertigen Vollstreckungstitel, mit dessen Hilfe sie von dem Antragsgegner monatlich 800,– DM beitreiben kann. Dabei ist es denkbar, daß der Antragsgegner zuvor nicht einmal angehört wurde. Vollstreckt die Antragstellerin, steht der Antragsgegner letztlich schutzlos da. Eine Aufhebung der einstweiligen Verfügung und der Schadenersatzanspruch aus § 945 helfen ihm nicht, soweit schon vollstreckt wurde, weil der Schadenersatzanspruch unrealisierbar ist; das Geld wird in aller Regel bereits verbraucht worden sein.

Als Rechtsgrundlage der Leistungsverfügung werden eine analoge Anwendung des § 940 oder richterliche Rechtsfortbildung genannt. Man kann sie auch auf eine analoge Anwendung einiger Spezialvorschriften, die Leistungsverfügungen zulassen, stützen, etwa § 1615 o BGB, §§ 620 ff, § 25 UWG.

---

[1] OLG Frankfurt Rpfleger 1982, 1154 f.

[2] OLG Saarbrücken NJW-RR 1989, 1512, 1513 m.w.N; Musielak-Huber § 940 Rn. 9.

697 **2. Voraussetzungen** der Leistungsverfügung sind Verfügungsgrund und -anspruch. **a) Verfügungsanspruch** kann jeder materiell-rechtliche Anspruch sein. Er kann auch auf Geldzahlung gerichtet sein. Hier sind die Vorschriften über den Arrest nicht vorrangig, weil der Arrest nur der **Sicherung** eines auf Geld gerichteten Anspruchs dient, nicht aber, wie die Leistungsverfügung, auf **Erfüllung** eines solchen Anspruchs gerichtet ist. Wegen der Gefahr, die in Leistungsverfügungen liegt (s. das Beispiel Rn. 696), ist der Verfügungsanspruch trotz des summarischen Verfahrens **besonders gründlich** zu prüfen.

b) Verfügungsgrund. Strenge Anforderungen sind an den Verfügungsgrund zu stellen. Er wird nur in folgenden Fallgruppen angenommen:

aa) Die Verfügung ist zur Abwendung einer **Existenzgefährdung oder Notlage** des Antragstellers erforderlich. Dies ist anzunehmen, wenn der Antragsteller die geforderte Leistung benötigt, um den dringend notwendigen Lebensunterhalt bestreiten oder seine Gesundheit erhalten zu können bzw. seine drohende Existenzvernichtung abzuwenden.

Beispiel: Die getrennt lebende Ehefrau, die ein Kleinkind zu versorgen hat, hat keine Einkünfte. Sie kann, um ihren Lebensunterhalt bestreiten zu können, eine einstweilige Verfügung gegen ihren Mann erwirken. Sie muß sich nicht etwa auf die Möglichkeit verweisen lassen, Sozialhilfe in Anspruch zu nehmen.[1] Der Verfügungsgrund kann aber fehlen, wenn Sozialhilfe bereits gezahlt wird.[2]

bb) Die Anordnung ist zur Vermeidung eines **unverhältnismäßig hohen Vermögensschadens** erforderlich.[3]

Beispiel: Firma A hat sich verpflichtet, ein Kraftwerk bis zu einem bestimmten Zeitpunkt zu erstellen. Im Fall der Späterfüllung drohen ihr Schadenersatzansprüche der Betreiberfirma, die 100000.– DM erreichen können. Firma A ist auf die Lieferung bestimmter Teile durch Firma B angewiesen. Diese will trotz Vertrages mit der Firma A nicht liefern, weil sie eine günstigere Abnahmequelle gefunden hat. Hier dürfte eine Leistungsverfügung der Firma A gegen Firma B jedenfalls dann zulässig sein, wenn glaubhaft gemacht wird, daß Firma A ihren drohenden Schaden bei Firma B nicht realisieren kann.

cc) Der Erlaß der Leistungsverfügung ist deshalb notwendig, weil nur so ein **endgültiger Rechtsverlust** vermieden werden kann. Zur Durchsetzung etwa von Unterlassungs- und Handlungsansprüchen, die nach einem bestimmten Zeitpunkt nicht mehr erfüllbar sind oder an deren Erfüllung wegen des Zeitablaufs kein Interesse mehr besteht, kommt die Leistungsverfügung in Betracht.[4]

Beispiel: Im Beispiel Rn. 694 könnte der Oberbürgermeister seine „Verunglimpfung" vor der Wahl, die mit der Regelungsverfügung nicht angreifbar ist, mit der Leistungsverfügung angreifen, wenn ein Unterlassungsanspruch besteht.

698 **3. Inhalt der Entscheidung.** Zu den Grenzen der im Rahmen des § 938 I zulässigen Entscheidungen s. o. Rn. 692. Durch eine **Erfüllung** des

---

[1] OLG Bamberg NJW-RR 1995, 579, 580, OLG Düsseldorf FamRZ 1992, 1321.
[2] Str., OLG Bamberg NJW-RR 1995, 579; TP § 940 Rn. 9 m. w. N.
[3] OLG Hamm FamRZ 1988, 529; OLG Düsseldorf MDR 60, 58 f.
[4] Brox-Walker Rn. 1618 m. w. N.

Anspruchs des Gläubigers wird die Leistungsverfügung **nicht beschränkt,** weil sie gerade ihr Ziel ist. Allerdings muß sich die Leistungsverfügung im **unbedingt erforderlichen Rahmen** halten. **Beispiele:**

- Die einstweilige Verfügung auf Zahlung von Unterhalt darf nicht das zuerkennen, was im Klageverfahren erreicht werden könnte; sie muß sich auf den Notbedarf beschränken. Zudem darf sie nur für eine Zeit bis zu 6 Monaten ergehen;[1] in dieser Zeit kann regelmäßig ein Titel im Klageverfahren erstritten werden.
- Die Anordnung, daß der Vermieter die Heizungsanlage so einrichten muß, daß die Wohnung des Mieters hinreichend beheizt wird, darf ebenfalls nicht den Umfang eines entsprechenden Urteils erreichen (Temperatur zB nur 20 statt 22 Grad) und muß zeitlich begrenzt werden, bis ein Urteil in der Hauptsache erwartet werden kann.

Weitere Beispiele für Leistungsverfügungen:
- Durchsetzung von Ansprüchen auf Lieferung von Wasser oder Energie.
- Unterlassungsansprüche insbesondere nach dem UWG, wenn sie zu einer abschließenden Klärung führen würden (insbesondere wegen Zeitablaufs).
- Ansprüche auf Räumung von Wohnraum wegen verbotener Eigenmacht, § 940 a.
- Ansprüche auf **Herausgabe beweglicher Sachen**, deren Besitz durch **verbotene Eigenmacht** erlangt ist. Eine § 940 a entsprechende Regelung fehlt hier zwar in der ZPO. Aus § 863 BGB folgt aber, daß der Gesetzgeber die Durchsetzung dieser Ansprüche für besonders eilbedürftig gehalten hat; dem Besitzanspruch kann nicht einmal ein Anspruch aus Eigentum entgegengehalten werden. Die Leistungsverfügung wird deshalb in diesen Fällen allgemein für zulässig erachtet.[2]

§ 51 Das Verfahren bei einstweiligen Verfügungen

Die Vorschriften über den **Arrest** finden grundsätzlich auch auf die **einstweilige Verfügung Anwendung** (§ 936), soweit nicht Sondervorschriften einschlägig sind (§§ 937 ff). Diese Spezialregelungen betreffen vor allem die Zuständigkeit und die Notwendigkeit einer mündlichen Verhandlung. 699

I. Zuständigkeit

1. Kein Wahlrecht. Für den Erlaß einstweiliger Verfügungen ist – grundsätzlich – das Gericht der Hauptsache (§ 943) zuständig, § 937 I. Nur **ausnahmsweise,** nicht wie beim Arrest wahlweise (zur Ausnahme des § 942 II s. Rn. 701), kann das Amtsgericht der belegenen Sache zuständig sein. 700

a) Als Gericht der Hauptsache ist das Gericht des ersten Rechtszuges und wenn die Hauptsache in der Berufungsinstanz anhängig ist, das Berufungsgericht anzusehen, § 943 I.

b) Gericht des ersten Rechtszuges ist das Gericht, das über den Verfügungsanspruch im ordentlichen Verfahren zu entscheiden hätte. Es ist also zu

---

[1] OLG Köln FamRZ 1983, 410; TP § 940 Rn. 9.
[2] OLG Hamm NJW-RR 1991, 1526; TP § 940 Rn. 12.

untersuchen, welches Gericht über eine **gedachte Klage des Antragstellers zu entscheiden** hätte. Hier kommt es – auch in der Praxis – immer wieder zu Fehlbeurteilungen, wenn auf den Streitwert abzustellen ist.

Beispiel: Der Antragsteller verlangt im Wege der einstweiligen Verfügung Herausgabe eines PKWs im Wert von 21 000,– DM an den Gerichtsvollzieher. Streitwert einer Herausgabeklage wäre 21 000,– DM (§ 6). Der Streitwert des Verfügungsverfahrens wird in der Regel etwa mit 1/3 des Streitwerts der Hauptsache bemessen,[1] beträgt also 7000,– DM. Hier ist nach §§ 937 I, 943 das Landgericht – grundsätzlich – zur Entscheidung über die einstweilige Verfügung zuständig. Es ist das Gericht der Hauptsache; im ersten Rechtszug wäre es zur Entscheidung über die Herausgabeklage (den Verfügungsanspruch) zuständig. Auf den Streitwert des Verfügungsverfahrens kommt es nicht an.

c) Ausschließlichkeit. Die Zuständigkeit der §§ 937 I, 942, 943 ist **ausschließlich** (§ 802), weil sie im 8. Buch der ZPO geregelt ist. Eine rügelose Einlassung ist daher nicht möglich, § 40 II.

701 **2. Amtsgericht „der belegenen Sache". Ausnahmsweise** – nicht wie beim Arrest wahlweise – kann auch das Amtsgericht „der belegenen Sache" zuständig sein, § 942. Danach sind zwei verschiedene Anwendungsfälle zu unterscheiden:

a) In „dringenden Fällen" kann das Amtsgericht, in dessen Bezirk sich der Streitgegenstand befindet, eine einstweilige Verfügung erlassen, § 942 I. Es muß gleichzeitig eine Frist bestimmen, innerhalb der die Ladung des Gegners zur mündlichen Verhandlung über die Rechtmäßigkeit der einstweiligen Verfügung bei dem Gericht der Hauptsache (einem anderen Amtsgericht oder dem Landgericht) zu beantragen ist.

In der Praxis geht es hier regelmäßig darum, daß das Amtsgericht an Stelle des eigentlich ausschließlich zuständigen Landgerichts die einstweilige Verfügung erlassen soll. Daraus ergibt sich bereits, was mit dem „dringenden Fall" nur gemeint sein kann: Dem Antragsteller ist es nicht möglich, rechtzeitig eine Entscheidung des Landgerichts herbeizuführen, wobei zu beachten ist, daß dieses in dringenden Fällen durch den Vorsitzenden allein entscheiden darf, § 944.

b) Eine Wahlzuständigkeit enthält nur § 942 II für den Fall, daß im Wege der einstweiligen Verfügung eine Vormerkung oder ein Widerspruch im Grundbuch eingetragen werden soll. Hier ist auch das Amtsgericht zuständig, in dessen Bezirk das Grundstück belegen ist. Eine Frist zur Ladung des Gegners zur mündlichen Verhandlung über die Rechtmäßigkeit der einstweiligen Verfügung beim Gericht der Hauptsache (s. o. a) wird in diesem Fall nicht von Amts wegen, sondern nur auf Antrag gesetzt, § 942 II 2.

II. Der Verfügungsantrag

702 Für den Antrag gilt § 920 entsprechend (s. o. Rn. 663), § 936. Zu beachten ist allerdings, daß ein bestimmter Antrag bei Sicherungs- und Regelungsverfügungen nicht gestellt werden muß, weil das Gericht bei der Anordnung der notwendigen Maßnahmen freier gestellt ist als beim Arrest,

---

[1] TP § 3 Rn. 52.

§ 938 I. Das Rechtsschutzziel des Gläubigers muß jedoch erkennbar sein. Bei der Leistungsverfügung demgegenüber muß der Antrag so bestimmt sein, wie bei der Leistungsklage, weil hier eine Erfüllung des Anspruchs des Gläubigers begehrt wird.

Verfügungsanspruch und -grund sind glaubhaft zu machen, §§ 936, 920 II (s. Rn. 666).

III. Verfahrensarten

1. Mündliche Verhandlung. a) Grundsatz. Im Verfahren auf Erlaß einer einstweiligen Verfügung ist – anders als beim Arrest – grundsätzlich eine **mündliche Verhandlung** anzuberaumen. Lediglich in dringenden Fällen kann die Entscheidung ohne mündliche Verhandlung ergehen, § 937 II. Die „Dringlichkeit“ muß über die für den Erlaß der einstweiligen Verfügung bereits erforderliche Eilbedürftigkeit hinausgehen. Es ist erforderlich, daß die Anberaumung einer mündlichen Verhandlung den Erfolg der einstweiligen Verfügung gefährden könnte.[1] Trotz des Wortlauts des § 937 II ist wegen des Grundrechts auf rechtliches Gehör auch eine Zurückweisung des Antrags ohne mündliche Verhandlung nur in dringenden Fällen zulässig.[2] 703

b) Beim Amtsgericht der belegenen Sache, also dem Gericht, das an Stelle des Gerichts der Hauptsache nach § 942 entscheidet (s. Rn. 701), steht die Anordnung einer mündlichen Verhandlung gem. § 942 IV in dem pflichtgemäßen Ermessen des Gerichts. Dabei kommen allerdings nur die Fälle des § 942 II in Betracht; ist die Angelegenheit nicht so dringend, daß nach mündlicher Verhandlung entschieden werden kann, fehlt es auch an der Dringlichkeit iSd. § 942 I, so daß das Amtsgericht unzuständig wäre.

c) Im Rechtfertigungsverfahren des § 942 I, II – zu unterscheiden vom Widerspruchsverfahren – findet immer eine mündliche Verhandlung statt.

2. Fristen, Anwaltszwang. Wegen der Einlassungs- und Ladungsfristen sowie des Anwaltszwangs siehe die Ausführungen zum Arrest, Rn. 663.

§ 52 Die Entscheidung über den Verfügungsantrag und die Rechtsbehelfe im Verfügungsverfahren

I. Die Entscheidung über den Verfügungsantrag

1. Zur Entscheidungsgrundlage – Schlüssigkeits- und Erheblichkeitsprüfung, Beweislast und Glaubhaftmachung – siehe die Ausführungen zum Arrest, Rn. 665f. 704

2. Entscheidungsform. a) Keine mündliche Verhandlung. Hat das Gericht keine mündliche Verhandlung anberaumt, entscheidet es durch **Beschluß;** dies gilt jedenfalls dann, wenn dem Antrag stattgegeben wird. Hält das Gericht den Verfügungsantrag für unzulässig oder unbegründet, kann es 705

---

[1] OLG Karlsruhe NJW-RR 1987, 1206; TP § 937 Rn. 2.

[2] KG WRP 1992, 34, 37; anders Musielak-Huber § 937 Rn. 5; TP § 937 Rn. 3.

in dringenden Fällen (s. Rn. 703) ohne mündliche Verhandlung durch Beschluß entscheiden, § 937 II.

b) Mündliche Verhandlung. Wird eine mündliche Verhandlung anberaumt, ist grundsätzlich durch **Urteil** zu entscheiden. Dies gilt allerdings nicht, wenn das Amtsgericht der belegenen Sache (§ 942, s. Rn. 701) zu entscheiden hat. Dieses entscheidet, auch nach Durchführung einer mündlichen Verhandlung, immer durch Beschluß. Dies folgt daraus, daß hier eine mündliche Verhandlung ausnahmsweise freigestellt ist (§ 942 IV), eine dem § 922 I gleiche Vorschrift aber fehlt.

706 **3. Entscheidungsinhalt. a) Hauptsache.** Ist der Antrag unzulässig oder unbegründet, wird er zurück- (im Beschlußverfahren) bzw. abgewiesen (im Urteilsverfahren). Ist er zulässig und begründet, wird unter Berücksichtigung des § 938 I die im Einzelfall notwendige Maßnahme angeordnet. **Beispiele:**

Sicherungsverfügung:

„Dem Antragsgegner wird aufgegeben, den PKW Mercedes 300 D, amtliches Kennzeichen D-A 100, Fahrgestell-Nr. 1234321, an den zuständigen Gerichtsvollzieher herauszugeben."

Regelungsverfügung:

„Der Antragsgegner hat es zu unterlassen, den Antragsteller in Zeitungsanzeigen als ‚korrupten Vertreter der Interessen der Großindustrie auf Kosten der sozial Schwachen' zu bezeichnen."

Leistungsverfügung:

„Der Antragsgegner wird verurteilt, an die Antragstellerin für die Zeit ab heute für höchstens 6 Monate vom heutigen Tag an monatlich im voraus einen monatlichen Notunterhaltsbetrag von 800,– DM, fällig am 3. Werktag eines jeden Monats, zu zahlen."

707 **b) Nebenentscheidungen.** Beschluß bzw. Urteil müssen eine **Kostenentscheidung** enthalten. Dabei kann insbesondere in Wettbewerbsverfahren die Anwendung des § 93 in Betracht kommen, wenn der Antragsteller den Antragsgegner nicht vor der Beantragung der einstweiligen Verfügung erfolglos abgemahnt hat.

Einer Entscheidung über die **vorläufige Vollstreckbarkeit** bedarf es nur bei Urteilen, die den Antrag auf Erlaß einer einstweiligen Verfügung abweisen oder einen Verfügungsbeschluß aufheben, § 708 Nr. 6. Eine Lösungssumme (§ 923) ist nicht festzusetzen, wie aus § 939 folgt.

708 **c) Weitere Anordnungen.** Folgende weitere Anordnungen können oder müssen getroffen werden:

- Es kann eine Sicherheitsleistung des Antragstellers wegen der dem Antragsgegner drohenden Nachteile festgesetzt werden, §§ 936, 921 II.
- Auf Antrag muß dem Antragsteller (durch den Rechtspfleger, § 20 Nr. 14 RpflG) eine Frist zur Erhebung der Klage in der Hauptsache gesetzt werden.
- Das Amtsgericht des § 942 muß im Fall des § 942 I von Amts wegen, im Fall des § 942 II auf Antrag des Antragsgegners dem Antragsteller eine Frist setzen, innerhalb der er die Ladung des Antragsgegners zur mündlichen Verhandlung über die Rechtmäßigkeit der einstweiligen Verfügung vor dem Gericht der Hauptsache zu beantragen hat.

d) Parteibezeichnung. Die Parteien werden auch im Verfügungsverfahren zunächst als Antragsteller bzw. Antragsgegner bezeichnet; findet eine mündliche Verhandlung statt als Verfügungskläger bzw. Verfügungsbeklagter. 709

e) Zur Zustellung der Entscheidung sowie zur **Rechtskraft** siehe das zum Arrest Ausgeführte, Rn. 672f.

II. Die Rechtsbehelfe im Verfahren auf Erlaß einer einstweiligen Verfügung

1. Urteile. Rechtsmittel gegen ein stattgebendes oder abweisendes Urteil ist die Berufung. Eine Revision findet nicht statt, § 545 II 1. 710

2. Beschlüsse. a) Zurückweisende. Ist der Antrag ohne mündliche Verhandlung oder vom Amtsgericht des § 942 (s. Rn. 701) auch nach mündlicher Verhandlung durch Beschluß zurückgewiesen worden, findet hiergegen die **Beschwerde** nach § 567 statt. 711

b) Stattgebende. Gegen einen stattgebenden Beschluß des Gerichts der Hauptsache ist der **Widerspruch** statthaft, §§ 936, 924 I. Zu den Einzelheiten siehe die Ausführungen zum Arrest (Rn. 675). Es darf lediglich keine Sicherheitsleistung des Schuldners nach § 925 II angeordnet werden, § 939.

c) Beschlüsse nach § 942. Gegen Beschlüsse des Amtsgerichts im Rahmen des § 942 findet nach hM kein Widerspruch statt. Es ist nur ein Antrag auf Durchführung des Rechtfertigungsverfahrens statthaft, der auch vom Antragsgegner selbst gestellt werden darf. Auf diesen Antrag hin hat das Amtsgericht den Rechtsstreit an das Gericht der Hauptsache zu verweisen.[1] Das Rechtfertigungsverfahren vor dem Gericht der Hauptsache entspricht dem Widerspruchsverfahren; das Gericht der Hauptsache entscheidet aufgrund mündlicher Verhandlung durch Endurteil über die Rechtmäßigkeit der einstweiligen Verfügung. Dieses Verfahren hat nichts mit der Fristsetzung zur Klage zur Hauptsache nach § 926 zu tun. Das Rechtfertigungsverfahren ersetzt lediglich das Widerspruchsverfahren, diesmal vor dem eigentlich zuständigen Gericht der Hauptsache.

III. Das Aufhebungsverfahren

1. Veränderte Umstände. Die Aufhebung kann wegen veränderter Umstände nach §§ 936, 927 begehrt werden. Hier gilt das zum Arrest Ausgeführte entsprechend (Rn. 676). Lediglich das Erbieten zur Sicherheitsleistung iSd. § 927 I ist wegen § 939 kein Aufhebungsgrund. Insoweit gilt die Spezialvorschrift des § 939, so daß nur „besondere Umstände" die Aufhebung der einstweiligen Verfügung gegen Sicherheitsleistung rechtfertigen, etwa die Stellung einer tauglichen Bankbürgschaft bei einer einstweiligen Verfügung auf Eintragung der Vormerkung zur Sicherung des Anspruchs auf Eintragung einer Bauhandwerker-Sicherungshypothek. 712

Zu beachten ist auch hier, daß die §§ 936, 927 in ihrem Anwendungsbereich als Spezialnormen eine Vollstreckungsgegenklage ausschließen. Ausnahme: Leistungsverfügung, s. Rn. 496.

---

[1] LG Hamm OLGZ 989, 38, 340; Musielak-Huber § 942 Rn. 7; TP § 942 Rn. 5.

713 **2. Keine Hauptsacheklage.** Zur Aufhebung mangels Klage zur Hauptsache, §§ 936, 926, gilt das zum Arrest Gesagte entsprechend (Rn. 677). Dieses Verfahren dient nur der Überprüfung des Verfügungsanspruchs im ordentlichen Prozeß, nicht etwa der Überprüfung der Rechtmäßigkeit des Erlasses der einstweiligen Verfügung.

714 **3. Kein Rechtfertigungsverfahren.** Gem. § 942 III hat schließlich das Amtsgericht der belegenen Sache (s. Rn. 701) die einstweilige Verfügung aufzuheben, wenn der Antrag auf Durchführung des Rechtfertigungsverfahrens nicht rechtzeitig gestellt wird. Es kann ohne mündliche Verhandlung entschieden werden (§ 942 IV), so daß die Entscheidung durch Beschluß ergeht. Wird die Aufhebung abgelehnt, steht dem Schuldner hiergegen die einfache Beschwerde nach § 567, dem Gläubiger anderenfalls die sofortige Beschwerde nach § 577 analog § 934 IV zu.

§ 53 Die Vollziehung der einstweiligen Verfügung

715 Die einstweilige Verfügung kann wie der Arrest vollzogen werden, §§ 936, 928ff. Sondervorschriften gibt es hier nicht, obwohl die Vollziehung so wie beim Arrest (§§ 930ff) bei der einstweiligen Verfügung kaum in Betracht kommt. Dem Arrest liegt immer eine Geldforderung zugrunde; der Verfügungsanspruch kann sich auf die verschiedensten Leistungen richten. Eine Pfändung beweglicher Sachen oder von Forderungen (§ 930) etwa kommt hier nur in Ausnahmefällen in Betracht. So muß man die Art der Vollziehung nach dem Verfügungsanspruch richten und im Auge behalten, daß jedenfalls Sicherungs- und Regelungsverfügungen nur zur Sicherung, nicht zur Befriedigung führen dürfen. Dies ist regelmäßig aber bereits bei der Anordnung der einstweiligen Verfügung beachtet worden, so daß die **Vollstreckungsmaßnahmen zulässig** sind, welche die **angeordnete Maßnahme** herbeiführen.

I. Die Vollziehung von Sicherungs- und Regelungsverfügungen

716 **1. Voraussetzungen der Vollziehung. a) Klausel, Zustellung.** Wie beim Arrest bedarf es bei der einstweiligen Verfügung zur Vollziehung keiner Vollstreckungsklausel, §§ 936, 929 I. Die Vollziehung ist schon vor der Zustellung der Verfügung möglich, §§ 936, 929 III 1. Die Zustellung muß aber binnen einer Woche nach der Vollziehung und innerhalb der Vollziehungsfrist von einem Monat nachgeholt werden.

b) Vollziehungsfrist. Auch die einstweilige Verfügung muß **innerhalb eines Monats** nach dem Tag ihrer Verkündung (Urteilsverfahren) oder der Zustellung an den Antragsteller (Beschlußverfahren) **vollzogen werden**, §§ 936, 929 II. Wie die Vollziehung auszusehen hat, richtet sich nach dem Inhalt der einstweiligen Verfügung:

aa) Enthält die Verfügung ein Gebot oder Verbot, reicht zur Vollziehung der einstweiligen Verfügung ihre Zustellung binnen Monatsfrist aus; mehr kann der Gläubiger zunächst nicht unternehmen. Maßgeblich ist aber **allein die Parteizustellung**, auch wenn ein Verfügungsurteil bereits von Amts wegen zugestellt wurde, weil nur so der Wille des Gläubigers zum Ausdruck kommt, aus der einstweiligen Verfügung Rechte herzuleiten.[1]

bb) Soll eine Vormerkung oder ein Widerspruch in das Grundbuch eingetragen werden, reicht es aus, wenn der Eintragungsantrag des Gläubigers binnen Monatsfrist beim Grundbuchamt eingeht.[2] Ist nach dem Inhalt der einstweiligen Verfügung ein Auftrag an ein Vollstreckungsorgan notwendig, ist es ausreichend, daß der Antrag innerhalb der Frist gestellt wird (s. o. Rn. 680).

cc) Nach Ablauf der Monatsfrist ist jede weitere Vollstreckung, soweit sie nicht mit vorhergehenden in unmittelbarem Zusammenhang steht (Rn. 680), unzulässig, §§ 936, 929 II. Dies haben die Vollstreckungsorgane von Amts wegen zu berücksichtigen.

2. Die Vollziehung. Wie die einstweilige Verfügung zu vollziehen ist, **717** richtet sich nach ihrem Inhalt und ist deshalb so verschiedenartig, daß es nicht allgemein dargestellt werden kann. In Betracht kommen wird häufig die Herausgabevollstreckung durch den Gerichtsvollzieher oder die Handlungsvollstreckung nach den §§ 887 ff durch das Prozeßgericht.

II. Die Vollziehung der Leistungsverfügung

1. Voraussetzungen. a) Klausel, Zustellung. Auch die Leistungsver- **718** fügung ist sofort vollstreckbar, also ohne Vollstreckbarkeitserklärung. Sie bedarf keiner Klausel und kann schon vor der Zustellung vollzogen werden, §§ 936, 929.

b) Vollziehungsfrist. Grundsätzlich muß auch bei der Leistungsverfügung die Vollziehungsfrist, §§ 936, 929, von einem Monat beachtet werden.

Dies gilt uneingeschränkt, wenn die Verfügung auf eine einmalige Leistung ausgerichtet ist. Streitig ist die Anwendung der Monatsfrist bei einer auf wiederkehrende Leistungen gerichteten Verfügung.

– ZT wird angenommen, es reiche aus, wenn die einstweilige Verfügung innerhalb der ersten Monatsfrist zugestellt werde.[3] Dies dürfte aber entsprechend der Regelung beim Arrest nur dann zutreffend sein, wenn weitere Vollstreckungsmaßnahmen zur Befriedigung des Gläubigers nicht erforderlich sind.
– Nach wohl hM ist die Frist gewahrt, wenn der Gläubiger die Zwangsvollstreckung wegen der jeweils fälligen Teilleistung innerhalb eines Monats seit der Fälligkeit einleitet.[4] Zusätzlich wird man allerdings noch verlangen müssen, daß jedenfalls wegen der ersten Teilleistung die Vollziehung eingeleitet worden sein muß,[5] es sei denn, der Schuldner habe zunächst freiwillig geleistet; dann muß die Vollziehung bezüglich des ersten nicht freiwillig gezahlten Betrages innerhalb der Monatsfrist erfolgen.[6]

2. Die Vollziehung. Da die Leistungsverfügung der Befriedigung des **719** Gläubigers dienen soll, sind alle Vollstreckungsmaßnahmen möglich einschließlich insbesondere der Verwertung. Die §§ 930 bis 932 finden **keine Anwendung.**

---

1 BGH WM 1989, 927, 929; TP § 936 Rn. 8; aA OLG Oldenburg WRP 1992, 412 f.
2 Brox-Walker Rn. 1654 m. w. N.
3 OLG Hamm FamRZ 1983, 1254, 1255; TP § 936 Rn. 14.
4 OLG Bamberg FamRZ 1985, 509, 510.
5 OLG Celle FamRZ 1984, 1248 f.
6 OLG Köln FamRZ 1985, 508 f.

III. Rechtsbehelfe und Schadenersatz

720 Verfahrensfehler bei der Vollziehung der einstweiligen Verfügung können mit den Rechtsbehelfen des Vollstreckungsrechts angegriffen werden. Im Fall des unberechtigten Vollzugs einer einstweiligen Verfügung haftet der Antragsteller verschuldensunabhängig auf Schadenersatz, § 945.

5. Teil. Die Voraussetzungen der Erteilung der Klausel und die Rechtsbehelfe im Klauselerteilungsverfahren

Die Erteilung der Vollstreckungsklausel ist Voraussetzung der Zwangsvollstreckung. Die wichtigsten Grundfragen sind oben (§ 7) bereits dargestellt worden. Nur aus Verständnisgründen werden Einzelheiten erst im folgenden dargestellt. **Lesen Sie zur Einführung bitte nochmals die Ausführungen in § 7, Rn. 66ff!**

1. Abschnitt

§ 54 Die Voraussetzungen der Erteilung der Klausel

I. Die Voraussetzungen der Erteilung der einfachen Klausel, § 724

1. Formell. Jede vollstreckbare Ausfertigung wird nur auf **Antrag** erteilt. **721**
Die **allgemeinen Verfahrensvoraussetzungen** müssen vorliegen. Dies ist nur ganz selten problematisch und bedarf in Arbeiten deshalb in aller Regel keiner Erwähnung.

2. Allgemeine Voraussetzungen der Erteilung der Klausel. **a)** Der Antragsteller muß **Vollstreckungsberechtigter** aus einem nicht aufgehobenen, **formell wirksam scheinenden** Titel sein. In diesem Zusammenhang können folgende Probleme auftauchen:

- Nach dem Titel ist zwar vom Schuldner letztlich an den Antragsteller zu leisten; dieser war aber nicht Partei des gerichtlichen Verfahrens oder Vertragspartei bei Abschluß des notariellen Vertrages (zB Prozeßstandschaft; Unterhaltsvereinbarungen zwischen Eheleuten zugunsten der Kinder);
- aus der Ausfertigung des Titels ergibt sich, daß dieser aus formellen Gründen unwirksam sein könnte (zB Prozeßvergleich der anwaltlich nicht vertretenen Partei trotz Anwaltszwangs; fehlende Unterschriften).

Einzelheiten zu dieser **wichtigen Problematik** werden unten (Rn. 734ff) dargestellt.

b) Der Titel muß **vollstreckungsreif** sein, d.h. ein Urteil muß für vorläufig vollstreckbar erklärt oder rechtskräftig sein; die Vollstreckung aus dem Titel darf nicht bedingt oder befristet sein (dann § 726).

c) Der Titel muß einen **vollstreckbaren Inhalt** haben. Er muß auf eine Leistung des Schuldners gerichtet und inhaltlich so bestimmt sein, daß die geschuldete Leistung **aus ihm selbst ersichtlich** ist und beigetrieben werden kann (s.o. Rn. 55ff).

II. Weitere Voraussetzungen der titelergänzenden Klausel, § 726

722 **1. Die Bedingung iSd. § 726 I. a)** Hängt die Vollstreckung von dem durch den Gläubiger zu beweisenden Eintritt einer anderen Tatsache als einer dem Gläubiger obliegenden Sicherheit ab, darf die Klausel erst nach dem Nachweis des Eintritts erteilt werden, § 726 I. Dies gilt dann nicht, wenn die Vollstreckung von einer Zug um Zug zu bewirkenden Gegenleistung des Gläubigers abhängt, § 726 II; es sei denn wiederum, die Leistung des Schuldners bestehe in der Abgabe einer Willenserklärung, § 726 II 2. HS.

Aus § 751 I schließlich ergibt sich, daß auch eine kalendermäßige Befristung nicht unter § 726 I fällt.

723 **b)** Daraus resultiert folgender **Anwendungsbereich** des § 726:
- Die Vollstreckung hängt vom Ablauf einer nicht kalendermäßig bestimmten Frist ab;
- die Vollstreckung hängt vom Eintritt einer Bedingung außer der Sicherheitsleistung ab;
- der Schuldner muß Zug um Zug gegen eine Leistung des Gläubigers eine Willenserklärung abgeben;
- diese Tatsachen sind nach allgemeinen Beweislastregeln **vom Gläubiger zu beweisen.**

724 **c)** Aus der Beweislastregelung folgt, daß nur **aufschiebende,** nicht aber auflösende Bedingungen unter § 726 I fallen. Für letztere trifft die Beweislast den Schuldner.

Weiter findet § 726 I Anwendung, wenn der Gläubiger nach dem Titel vorleistungspflichtig ist oder erst eine Kündigung aussprechen muß. **Einzelfälle:**

aa) § 726 I findet **Anwendung:**
- wenn die Vollstreckung vom Eintritt der Rechtskraft abhängig ist, insbesondere bei Scheidungsvergleichen,[1]
- bei Ersatzraumklauseln im Räumungsvergleich,[2]
- bei der Wiederauflebensklausel[3] (Erlaß einer Forderung; Wiederaufleben, falls eine dafür vereinbarte Bedingung eintritt);
- wenn eine vormundschaftsgerichtliche Genehmigung erforderlich ist;[4]
- bei Titulierung: Zinsen „bei Verzug“;[5]
- bei Prozeßvergleichen auf Widerruf.[6]

bb) § 726 I findet **keine Anwendung:**
- bei einer Verfallklausel;[7] hier trifft den Schuldner die Beweislast für die Erfüllung, weil die Forderung des Gläubigers insgesamt besteht und fällig, aber durch eine Ratenvereinbarung modifiziert ist;
- bei auflösenden Bedingungen, weil der Schuldner die Beweislast hat;
- bei einer Verurteilung zur Erbringung einer Wahlschuld; dies folgt aus § 264 I BGB.

---

[1] OLG München Rpfleger 1984, 106; TP § 726 Rn. 2.
[2] OLG Frankfurt DGVZ 1982, 29f; OLG Hamm Rpfleger 1965, 238.
[3] KG OLGZ 1967, 431, 434f; Musielak-Lackmann § 726 Rn. 3 m.w.N.
[4] BGH NJW 1978, 1262; Musielak-Lackmann § 726 Rn. 3 m.w.N.
[5] StJ-Münzberg § 726 Rn. 3a; Musielak-Lackmann § 726 Rn. 3 m.w.N.
[6] MK-Wolfsteiner § 726 Rn. 6; Musielak-Lackmann § 726 Rn. 3.
[7] KG OLGZ 1967, 431, 434f; Musielak-Lackmann § 726 Rn. 3; TP § 726 Rn. 3.

2. Nachweis. Der Nachweis des Eintritts des ungewissen Ereignisses muß grundsätzlich durch öffentliche oder öffentlich beglaubigte Urkunden geführt werden (zum Begriff s. § 415). **Entbehrlich** ist der Urkundsnachweis nur, wenn die maßgeblichen Tatsachen 725

- **offenkundig** (§ 291, s. auch § 727 II) sind,
- vom Schuldner – bei einer eventuellen Anhörung – **zugestanden** (iSd. § 288) werden (**wichtige und aktuelle Problematik:** ein Nichtbestreiten reicht entgegen einer verbreiteten Ansicht[1] nicht aus, weil kein kontradiktorisches Verfahren sowie keine mündliche Verhandlung stattfindet und der Schuldner keine § 138 I entsprechende Erklärungspflicht hat),[2]
- oder wenn der Schuldner in einer notariellen Unterwerfungserklärung eine **sofortige Erteilung der Klausel bewilligt** und auf erforderliche **Nachweise verzichtet** hat (zur Vereinbarkeit mit dem AGBG s. Rn. 52).

Obligatorisch ist die Anhörung des Schuldners nicht; sie steht gem. § 730 im Ermessen des Rechtspflegers oder Notars.

Wie der Nachweis erfolgt ist, ist in der Klausel zu erwähnen. Das Vollstreckungsorgan muß wissen, ob alle gem. § 750 II erforderlichen Urkunden zugestellt sind.

3. Funktionell zuständig zur Erteilung der Klausel ist der Rechtspfleger, § 20 Nr. 12 RpflG, oder der Notar bei von ihm verwahrten Urkunden, § 797 II 1. Die Vorschriften sind Spezialvorschriften gegenüber § 724. 726

Die Klauselerteilung soll nach wohl hM **unwirksam** (= nichtig) sein, wenn der Urkundsbeamte der Geschäftsstelle an Stelle des Rechtspflegers gehandelt hat.[3] **Beachte:** Da die Unwirksamkeit sich wegen der erforderlichen Angabe der Funktion (zB „Pauly, Justizhauptsekretär, als Urkundsbeamter der Geschäftsstelle") **aus der vollstreckbaren Ausfertigung** selbst ergeben würde, müßte sie das **Vollstreckungsorgan beachten** und dürfte nicht vollstrecken!

Das OLG Hamm begründet seine Auffassung mit dem Verstoß gegen die funktionelle Zuständigkeit und § 8 IV, V RpflG. Sei ein vom Rechtspfleger vorgenommenes Geschäft des Richters unwirksam, des Urkundsbeamten der Geschäftsstelle aber wirksam, so könne daraus nur der Schluß gezogen werden, daß ein vom Urkundsbeamten vorgenommenes Rechtspflegergeschäft ebenfalls unwirksam sei. Die Auffassung erscheint zweifelhaft, weil die ZPO von der Zuständigkeit des UdG ausgeht, der Gesetzgeber im – jüngeren – Rechtspflegergesetz die Zuständigkeit auf den Rechtspfleger übertragen und keine dem § 8 IV 1 RpflG entsprechende Unwirksamkeitsregel für das Handeln des Urkundsbeamten an Stelle des Rechtspflegers aufgestellt hat. Unter Berücksichtigung des § 44 VwVfG (s. Rn. 3, 163) ist vielmehr von einer Nichtigkeit nur dann auszugehen, wenn der UdG bewußt an Stelle des Rechtspflegers gehandelt hat.[4]

---

1 OLG Köln NJW-RR 1997, 1491, 1492; OLG Braunschweig JurBüro 1993, 240.

2 OLG Hamburg Rpfleger 1997, 536; OLG Nürnberg NJW-RR 1993, 1340; MK-Wolfsteiner § 726 Rn. 50; Musielak-Lackmann § 726 Rn. 5 m.w.N; TP § 726 Rn. 6.

3 OLG Hamm NJW-RR 1987, 957; OLG Frankfurt/M MDR 1991, 162; TP § 724 Rn. 5; aA OLG Zweibrücken NJW-RR 1997, 882f.

4 StJ-Münzberg § 726 Rn. 22f; Musielak-Lackmann § 726 Rn. 4.

727 **4. Erlangen der Urkunden.** Die Ausstellung von Abschriften zur Vollstreckung benötigter öffentlicher Urkunden kann der Gläubiger gem. § 792 von Behörden, Beamten und Notaren verlangen. Bei der Ermittlung der maßgeblichen Tatsachen können die §§ 9 II HGB, 12 II GBO oder 34 FGG behilflich sein, die bei Darlegung berechtigter Interessen ein Akteneinsichtsrecht gewähren.

III. Weitere Voraussetzungen der titelumschreibenden Klausel nach § 727

728 **1. Rechtsnachfolge.** Es muß eine **Rechtsnachfolge** auf seiten des Gläubigers, des Schuldners oder des Besitzers der streitbefangenen Sache eingetreten sein. Es kann sich um eine Gesamt- oder Einzelrechtsnachfolge handeln. Der Rechtsgrund (Gesetz, Vertrag, Staatsakt) ist unmaßgeblich. Es kommen in Betracht:

- auf Gläubigerseite: Erbfall, Eigentumswechsel, Pfändung, Abtretung, gesetzlicher Forderungsübergang, Forderungsüberleitung nach § 90f BSHG;
- auf Schuldnerseite: Erbschaft nach Annahme, Eigentumswechsel hinsichtlich der streitbefangenen Sache. Streitig ist dies für die Schuldübernahme oder die Auflösung von OHG und KG.

729 **2. Rechtshängigkeit, Nachweis.** Die Rechtsnachfolge muß **nach Rechtshängigkeit** eingetreten sein. Dies folgt aus der Verweisung des § 727 I auf § 325. Nur in diesem Fall tritt eine Rechtskrafterstreckung ein. Die Rechtsnachfolge muß durch öffentliche oder öffentlich beglaubigte Urkunden nachgewiesen oder offenkundig (§ 727 II) oder iSd. § 288 zugestanden sein (s.o. Rn. 725).

730 **3. Weitere Fälle des § 727.** Einer Titelumschreibung bedarf es auch dann, wenn der Gläubiger in Anpassung an eine Abtretung nach Rechtshängigkeit auf Leistung an einen Dritten geklagt hat. Nach hM kann der Dritte ohne Titelumschreibung nicht selbst vollstrecken. Einzelheiten s.u. Rn. 734. § 727 ist auf Gläubiger- und Schuldnerseite entsprechend anzuwenden, wenn an die Stelle der Partei eine **Partei kraft Amtes** (Zwangs-, Insolvenz- oder Nachlaßverwalter) getreten ist.[1] Keine Anwendung findet § 727 nach hM, wenn keine andere Person an Stelle der Parteien in deren Rechtsstellung eintritt, nämlich bei

- Wechsel von Name oder Firma,
- Änderung der gesetzlichen Vertretung,
- Eintritt von persönlich haftenden Gesellschaftern,
- Auflösung einer OHG oder KG.

Soweit die Bezeichnung der Partei zu ändern ist, reicht ein Vermerk in der Klausel aus.[2]

731 **4. Besitznachfolge.** Ausdrücklich genannt ist in § 727 I ein Fall der Titelumschreibung auf Schuldnerseite. Hat der Schuldner nach Rechtshängigkeit die Sache, deren Herausgabe der Gläubiger verlangt, veräußert, so wirkt das Urteil nach 325 I gegen den Erwerber. Der Titel kann gegen die-

---

[1] TP § 727 Rn. 3.
[2] TP § 727 Rn. 4 m.w.N.

sen umgeschrieben werden. Nicht geprüft werden darf hier ein möglicher gutgläubiger Erwerb; diesen muß der Dritte im Wege der Klauselgegenklage geltend machen.

5. Weitere Fälle der Titelumschreibung. Der Titel kann weiterhin in den in den §§ 728 f, 738, 742, 744f, 749 genannten Fällen umgeschrieben werden; wichtig ist hier (§ 729) die **Firmenübernahme** (§ 25 HGB). **732**

IV. Zweite vollstreckbare Ausfertigung, § 733

Auf Antrag kann der Rechtspfleger (§ 20 Nr. 12 RpflG, zu notariellen Urkunden s. § 797 III) in bestimmten Fällen eine zweite vollstreckbare Ausfertigung erteilen, § 733. **Beispiele:** **733**

- wenn die erste Ausfertigung verloren wurde oder dem Gläubiger nicht zugegangen ist;
- bei Vollstreckung mehrerer Gesamtgläubiger oder gegen mehrere Gesamtschuldner;
- bei mehreren gleichzeitigen Vollstreckungsakten gegen einen Schuldner (der Titel muß ja dem Vollstreckungsorgan jeweils übergeben werden);
- bei unrechtmäßiger oder versehentlicher Aushändigung des Titels an den Schuldner.

Gibt der Gläubiger die erste Ausfertigung nicht gleichzeitig zurück, so muß er einen schutzwürdigen Grund für die Erteilung einer weiteren Ausfertigung darlegen und glaubhaft machen (§ 294).[1]

V. Examenswichtige Einzelprobleme

1. Vollstreckungsberechtigung. Problematisch kann die Vollstreckungsberechtigung, also die Frage, wem die Klausel zu erteilen ist, bei Titeln auf Leistung an Dritte und im Unterhaltsrecht sein. **734**

a) Eine Abtretung nach Rechtshängigkeit hat gem. § 265 II 1 keine Auswirkung auf den Prozeß. Der Kläger führt den Prozeß in gesetzlicher Prozeßstandschaft des Zessionars weiter. Nach hM muß er aber auf Leistung an den Dritten klagen.[2] § 265 will zwar verhindern, daß sich eine Partei dem Prozeß entzieht. Es soll aber nicht zu einem sachlich falschen Urteil kommen.

Fraglich ist, wem in diesem Fall nach welchen Vorschriften die Klausel zu erteilen ist. In Betracht kommen der Kläger und der Zessionar. Problematisch ist auch, wie ein Streit zwischen diesen auszutragen ist.

aa) Die hM schließt aus dem Wortlaut der §§ 725, 734: „Partei“, daß die Klausel grundsätzlich dem Kläger als der obsiegenden Partei zu erteilen ist, auch wenn der Beklagte zur Zahlung an einen Dritten verurteilt wurde.[3] Hierfür spricht auch, daß dies genau die Vollstreckung ist, die der Titel vorsieht und § 265 entspricht. Nur dann, wenn dem Dritten bereits eine vollstreckbare Ausfertigung erteilt worden ist, hat der Kläger nach allgemeiner Ansicht keinen Anspruch mehr auf Erteilung der Klausel.[4]

---

[1] OLG Frankfurt NJW-RR 1988, 512; TP 733 Rn. 4
[2] BGH NJW-RR 1986, 1182; TP § 265 Rn. 13.
[3] BGH NJW 1984, 806; Musielak-Lackmann § 724 Rn. 5 m.w.N.
[4] BGH NJW 1984, 806; Musielak-Lackmann § 724 Rn. 5.

bb) Die Klausel darf nach allgemeiner Auffassung auch dem **Dritten** erteilt werden, und zwar richtigerweise durch den Rechtspfleger nach § 727,[1] weil die Rechtsnachfolge durch das ergangene Urteil nicht rechtskräftig festgestellt wurde.

cc) Meint der Kläger weiterhin, er sei Forderungsinhaber, etwa wegen einer Anfechtung der Abtretung, ist fraglich, wie er dies geltend machen kann. Ist dem Zessionar die Klausel schon erteilt worden, soll ein Rechtsbehelf analog §§ 732 oder 768 gegeben sein.[2] Richtig ist allerdings, wenn es nicht lediglich um formelle Fragen geht, allein eine Klauselgegenklage analog § 768; das Erinnerungsverfahren ist nicht geeignet, derartige materiellrechtliche Fragen zu klären. Wegen der Spezialität der vollstreckungsrechtlichen Rechtsbehelfe kommt eine Klage auf Herausgabe des Titels nicht in Betracht.[3]

735 **b) Bei Titeln über Kindesunterhalt** stellt sich ebenfalls das Problem der Vollstreckungsberechtigung. Während des Getrenntlebens von Ehegatten und während der Rechtshängigkeit einer Scheidungssache werden Unterhaltsansprüche minderjähriger Kinder von dem Sorgeberechtigten gem. § 1629 III 1 BGB in gesetzlicher Prozeßstandschaft geltend gemacht. Ist noch keine Sorgerechtsregelung getroffen, ist Prozeßstandschafter der Elternteil, in dessen Obhut sich das Kind befindet, § 1629 II 2 BGB. Der berechtigte Elternteil macht dann die Ansprüche des Kindes im eigenen Namen geltend, § 1629 III 1 BGB. Erst nach Rechtskraft der Scheidung kann das Kind im eigenen Namen, vertreten durch den sorgeberechtigten Elternteil, klagen. Streitig ist, wem im Fall des § 1629 III 1 BGB die Klausel erteilt werden darf.

Der Prozeßstandschafter hat in diesen Fällen einen Anspruch auf Erteilung der Klausel.[4] Die Vollstreckungsbefugnis bleibt, solange nicht die Klausel auf den materiellen Anspruchsinhaber umgeschrieben worden ist.[5] Ist aus dem Urteil ersichtlich, daß die Prozeßstandschaft beendet ist (zB wegen Volljährigkeit des Kindes), darf die Klausel dem Prozeßstandschafter nicht mehr erteilt werden.[6] Eine Klauselumschreibung nach § 727 auf das Kind ist möglich.[7]

736 **2. Die formelle Wirksamkeit des Titels.** Ein Titel und seine Ausfertigung müssen zur Vollstreckung gewisse zwingende Formerfordernisse erfüllen. Außerdem kann sich aus dem Inhalt des Titels selbst ergeben, daß aus formellen Gründen kein wirksamer Titel zustande gekommen ist. Beide Umstände sind von demjenigen, der die Klausel erteilen soll, zu berücksichtigen. Folgende Fälle kommen in Betracht:

737 **a) Fehlende Unterschriften.** Ein **Urteil** ist gem. § 315 I 1 von allen mitwirkenden Richtern zu unterschreiben. Fehlt eine Unterschrift, darf eine Ausfertigung nicht erteilt werden, § 317 II 1. **Aus der Ausfertigung selbst**

---

[1] BGH NJW 1984, 806; Musielak-Lackmann § 724 Rn. 5.
[2] Brox-Walker Rn. 117.
[3] AA MK-Wolfsteiner § 727 Rn. 51.
[4] BGH NJW 1991, 839, 840; OLG Köln FamRZ 1985, 626.
[5] BGH NJW 1991, 839, 840.
[6] OLG Frankfurt/M FamRZ 1994, 453.
[7] OLG Köln FamRZ 1985, 626; Musielak-Lackmann § 724 Rn. 5 m.w.N.

muß sich ergeben, daß das Urteil ordnungsgemäß unterschrieben ist. Hierzu reicht es nicht aus, daß die Namen der Richter in Klammern unter das Urteil gesetzt werden.[1] Ein Prozeßvergleich ist nach hM unwirksam, wenn das Protokoll die nach § 163 I 1 erforderlichen Unterschriften nicht enthält.[2] Zu beachten ist aber, daß die Unterschriften nachgeholt werden können.

b) Vorlesen und genehmigen. Zwingendes **Wirksamkeitserfordernis eines Vergleichs** ist weiterhin, daß er vorgelesen und genehmigt wurde, §§ 162 I 1, 160 III Nr. 1.[3] Dies ist im **Protokoll zu vermerken,** § 162 I 3. Dabei ist die – auch negative – Beweiskraft des Protokolls, § 165 S. 1, zu beachten. Fehlt daher der Vermerk, darf keine Klausel erteilt werden; es ist nicht festzustellen, daß ein wirksamer Vergleich geschlossen wurde. Das Protokoll beweist vielmehr gem. § 165 S. 1, daß der Vergleich nicht vorgelesen und genehmigt wurde. 738

Ist der Vergleich tatsächlich nicht vorgelesen und genehmigt worden, bleibt es bei der Unwirksamkeit. Ist lediglich der Vermerk im Protokoll unterblieben, kann Protokollberichtigung beantragt und danach die Klausel erteilt werden.

c) Anwaltszwang. Schließlich kann sich aus einem Vergleichsprotokoll ergeben, daß der **Vergleich deshalb unwirksam** ist, weil eine Partei **nicht anwaltlich vertreten** war, obwohl Anwaltszwang bestand. 739

Auch hier ergibt sich die Unwirksamkeit des Vergleichs als Prozeßhandlung aus dem Protokoll selbst, so daß sie von dem Organ, das die Klausel erteilen soll, zu beachten ist. Im einzelnen ist allerdings streitig, ob auch der Abschluß eines Prozeßvergleiches in Verfahren, die grundsätzlich dem Anwaltszwang unterliegen, anwaltliche Vertretung beider Parteien voraussetzt.

aa) Die hM bejaht grundsätzlich für den Abschluß eines Prozeßvergleiches den Anwaltszwang für die Prozeßparteien.[4] Dies wird zu Recht mit § 78 I und der prozeßbeendigenden Wirkung des Vergleichs begründet.

bb) Dagegen soll kein Anwaltszwang für einen Dritten bestehen, der einem Prozeßvergleich beitritt.[5] Dies begründet der BGH zunächst sehr formal damit, daß nach § 78 I ‚die Parteien' anwaltlich vertreten sein müßten; der Dritte sei aber nicht Partei des Prozesses; für ihn falle die prozeßbeendigende Wirkung nicht an. Die weitere Argumentation des BGH spricht allerdings überhaupt gegen einen Anwaltszwang für den Abschluß eines Vergleichs. So wird auf die Umgehungsmöglichkeiten (§§ 78 III, 118 I 3) genauso wie auf die Tatsache hingewiesen, daß die Parteien jederzeit wirksam eine außergerichtliche Vereinbarung schließen könnten und anwaltlichen Rates deshalb nicht bedürften. Ergänzend ist noch zu erwähnen, daß eine außergerichtliche Einigung anerkanntermaßen zu einer Erledigung der Hauptsache führt, so daß die Parteien ohnehin mittelbar ohne ihre Anwälte Einfluß auf den Prozeß nehmen können. Auch in einem **Scheidungsverbundverfahren** kann ein Vergleich wirksam ohne Anwälte nicht geschlossen werden.[6]

---

[1] S. TP § 317 Rn. 3.
[2] BGHZ 14, 381, 394ff; TP § 794 Rn. 11.
[3] BGHZ 14, 381, 394ff; TP § 794 Rn. 11 m.w.N.
[4] BGH NJW 1991, 1743f; TP § 794 Rn. 12.
[5] BGHZ 86, 160, 162ff; Musielak-Lackmann § 794 Rn. 8 m.w.N.
[6] BGH NJW 1991, 1743f; TP § 630 Rn. 18.

2. Abschnitt. Rechtsbehelfe des Gläubigers, wenn die Klausel nicht erteilt wird

740 Wird die Klausel trotz Antrags des Gläubigers nicht erteilt, so kann er dagegen Erinnerung oder Beschwerde einlegen. Fehlen ihm die erforderlichen Urkunden und kann er sie auch nicht beschaffen, kann er auf Erteilung der Klausel klagen, § 731.

§ 55 Die Erinnerung gegen die Nichterteilung der Klausel, § 576, und die Beschwerde nach § 567

741 Wird die Klausel trotz Antrags des Gläubigers nicht erteilt, so kann er, je nach Zuständigkeit,
- Erinnerung nach § 576 (Urkundsbeamter),
- Beschwerde nach § 567 (Rechtspfleger) oder
- Beschwerde nach § 54 BeurkG (Notar, s. d. Rn. 750)

einlegen.

742 **I. Die Erinnerung nach § 576** findet statt, wenn der Urkundsbeamte der Geschäftsstelle die Klausel nicht erteilt. Es entscheidet das Prozeßgericht – nicht etwa Vollstreckungsgericht! –, dem der Urkundsbeamte angehört, § 576 I. Gegen dessen Entscheidung ist die (einfache) Beschwerde statthaft, § 576 II.

743 **II. Die Beschwerde nach § 567** ist statthaft, wenn der Rechtspfleger die Klausel nicht erteilt. Dies folgt aus § 11 I RpflG nF. § 793 ist nicht einschlägig, weil das Verfahren auf Erteilung der Klausel nicht zum Vollstreckungsverfahren gehört, sondern die Klausel Voraussetzung der Zwangsvollstrekkung ist. Abhilfe ist gem. § 571 möglich; erfolgt sie nicht, ist die Sache binnen einer Woche dem Beschwerdegericht vorzulegen. Es stellt sich allerdings die Frage, ob der Rechtspfleger wie nach altem Recht die Sache dem Richter vorlegen muß, damit auch dieser über eine Abhilfe entscheiden kann, oder sofort dem Beschwerdgericht. Sinn des neuen § 11 RpflG ist es, wie aus Abs. 1 und der Änderung überhaupt folgt, das bisherige Verfahren über den erstinstanzlichen Richter zur zweiten Instanz abzuschaffen. Der erstinstanzliche Richter soll sich nicht mit der ihm oft unbekannten Sache beschäftigen müssen.[1] Deshalb muß der Rechtspfleger bei einer Nichtabhilfe einen begründeten Beschluß erlassen und die Sache binnen Wochenfrist dem Beschwerdegericht vorlegen.

Entscheidet der Richter **anstelle** des Rechtspflegers über die Abhilfe, ist dies gem. § 8 I RpflG unschädlich. Dagegen ist es nach dem Ausgeführten unzulässig, daß **nach Nichtabhilfe** durch den Rechtspfleger der erstinstanz-

---

[1] BT-Drucks. 13/10244 S. 7.

liche Richter abhilft. Entsprechend § 8 I RpflG dürfte dies aber nicht zur Nichtigkeit, sondern nur zur Anfechtbarkeit des Abhilfebeschlusses des Richters führen.

Hilft der Rechtspfleger ab, so kann der Schuldner hiergegen die einfache Beschwerde nach § 567 einlegen. Mangels gesetzlicher Regelung ist gem. § 568 II 1 eine weitere Beschwerde nicht statthaft.

III. Form, Frist, Anwaltszwang. Die Beschwerde ist **schriftlich** einzulegen, § 569 I. Sie kann auch zu Protokoll der Geschäftsstelle erklärt werden, wenn im zugrunde liegenden Verfahren kein Anwaltszwang bestand, § 569 II 2. Nach dem Ursprungsverfahren richtet sich auch, ob für die Erinnerung **Anwaltszwang** besteht. Die Beschwerde ist **unbefristet**. **744**

IV. Abhilfe. Das Organ, dessen ablehnende Entscheidung angefochten wird, **darf abhelfen,** auf die Erinnerung hin also die Klausel erteilen. Für den Urkundsbeamten folgt dies aus § 571 analog, für den Rechtspfleger unmittelbar aus § 567 (s. auch Rn. 743). **745**

V. Begründet ist die Erinnerung bzw. Beschwerde, wenn die Voraussetzungen zur Erteilung der Klausel vorliegen. Was insoweit zu prüfen ist, hängt davon ab, ob die Erteilung einer einfachen oder einer qualifizierten Klausel beantragt wird, s. o. Rn. 721ff. **746**

VI. Der Tenor

1. Hauptssache. Ist die Erinnerung bzw. Beschwerde unzulässig, wird sie verworfen; ist sie unbegründet, zurückgewiesen. Wird der Erinnerung nach § 576 stattgegeben oder erachtet das Beschwerdegericht die Beschwerde für begründet, lautet der Tenor: **747**

„Auf die Erinnerung (Beschwerde) des Gläubigers vom ... (Datum) wird die Entscheidung des ... (Urkundsbeamten/Rechtspflegers) des ... (Gerichts) vom ... (Datum) aufgehoben. Der ... (Urkundsbeamte/Rechtspfleger) wird angewiesen, die vom Gläubiger beantragte Klausel zu erteilen."

2. Nichtabhilfe. Hilft der Rechtspfleger einer Beschwerde nicht ab, lautet der Tenor: **748**

„Der Beschwerde des Gläubigers wird nicht abgeholfen. Die Sache wird dem ... (Beschwerdegericht) zur Entscheidung vorgelegt."

Eine Kostenentscheidung ergeht hier nicht. Der Beschluß ist zu begründen und den Beteiligten mitzuteilen.

3. Nebenentscheidungen. In der Entscheidung (außer Nichtabhilfebeschluß, Rn. 748) ist über die außergerichtlichen Kosten zu entscheiden, die der Unterlegene, also Gläubiger oder Schuldner, trägt. Es handelt sich um ein Parteiverfahren zwischen Gläubiger und Schuldner, so daß nicht etwa das Land oder der Urkundsbeamte die Kosten zu tragen haben, weil falsch entschieden wurde. Hier kommt allenfalls ein Regreß in Betracht. **749**

Siehe zu den Gerichtskosten die Ausführungen zur Vollstreckungserinnerung, Rn. 219, sowie zur sofortigen Beschwerde, Rn. 234. Einer Entscheidung über die vorläufige Vollstreckbarkeit bedarf es nicht, § 794 I Nr. 3.

§ 56 Beschwerde gegen Nichterteilung der Klausel durch den Notar, § 54 BeurkG

750 Hier werden nur die Unterschiede zur sonst gegebenen Erinnerung bzw. Beschwerde nach § 567 dargestellt. Im übrigen s. § Rn. 744ff.

I. Form, Anwaltszwang, Abhilfe. Erteilt der Notar die Klausel nicht, ist die Beschwerde nach § 54 BeurkG statthaft. Schriftform ist gem. § 21 II FGG erforderlich. Die Beschwerde kann auch zu Protokoll der Geschäftsstelle erklärt werden, § 21 II FGG. Anwaltszwang besteht nur für die weitere Beschwerde, §§ 13, 21 II, 29 I 2 FGG. Eine Abhilfe ist möglich, § 18 I FGG.

II. Entscheidung, Rechtsmittel. Wird nicht abgeholfen, entscheidet eine Zivilkammer des Landgerichts, in dessen Bezirk der Notar seinen Amtssitz hat, § 54 II BeurkG. Für die Beschwerde gelten die Vorschriften des FGG; insbesondere §§ 20 ff FGG. Gegen die Entscheidung kann die weitere Beschwerde, § 27 FGG gegeben sein. Einer Kostenentscheidung bedarf es bei der Beschwerdeentscheidung nicht unbedingt. Über die außergerichtlichen Kosten kann, muß aber nicht entschieden werden, 13a FGG. Für eine unbegründete Beschwerde gilt jedoch § 13a I 2 FGG; dem Beschwerdeführer sind die Kosten aufzuerlegen. Diese Entscheidung gilt dann auch für die Gerichtskosten, § 3 Nr. 1 KostO. Im übrigen ergibt sich aus der Kostenordnung unmittelbar, wer die Kosten zu tragen hat, so daß eine Entscheidung über die Gerichtskosten nicht notwendig ist.

§ 57 Die Klage auf Erteilung der Klausel, § 731

751 Kann derjenige, der die Erteilung der Klausel begehrt – der Gläubiger oder der, auf den eine Umschreibung erfolgen soll –, den erforderlichen Urkundsnachweis nicht erbringen, kann er auf Erteilung der Klausel klagen, § 731. Die Klage ist nach hM **Feststellungsklage,**[1] weil das Gericht lediglich deklaratorisch feststellt, daß die Klausel vom zuständigen Organ zu erteilen ist, sie aber nicht selbst erteilt. Sie ist gegenüber einer Leistungsklage **nicht vorrangig.**[2]

I. Die Zulässigkeit der Klage

752 **1. Statthaftigkeit.** Nach seinem Wortlaut gilt § 731 nur für die Erteilung der Klausel zu Urteilen; über § 795 findet die Vorschrift aber auch auf die Titel des § 794 Anwendung. § 795 ist in diesem Fall zu erwähnen.

753 **2. Zuständigkeit. a) Grundsatz.** Zuständig zur Entscheidung ist – **ausschließlich, § 802** – das Prozeßgericht des ersten Rechtszuges, § 731 2. HS. § 731 regelt schon nach seinem Wortlaut sowohl die **örtliche** als auch die **sachliche Zuständigkeit.** Die Auffassung, wenn der Streitwert die sachliche Zuständigkeit des Amtsgerichts übersteige, gelte § 796 III analog,[3] ist unzutreffend (s. hierzu und zu weiteren Zuständigkeitsproblemen Rn. 497ff).

---

[1] BGHZ 72, 23, 28; TP § 731 Rn. 1.
[2] BGH NJW 1987, 2863; krit. Musielak-Lackmann § 731 Rn. 1; aA TP § 731 Rn. 1.
[3] TP § 731 Rn. 4.

b) Familiensachen. Handelt es sich bei dem titulierten Anspruch um eine Familiensache, ist das Familiengericht zur Entscheidung zuständig.[1]

c) Sonderregelungen enthalten die §§ 796 III, 797 V (s. d. Rn. 500).

3. Besondere Zulässigkeitsvoraussetzung. Die Klage ist nur zulässig, **754**
wenn überhaupt ein Titel vorliegt, der geeignet ist, mit der Klausel versehen zu werden.[2] Hier ist also zu prüfen, ob die allgemeinen Voraussetzungen für die Erteilung der Klausel (s. Rn. 721) vorliegen. § 731 setzt weiter voraus, daß es um die Erteilung einer **qualifizierten** Klausel geht. Aus dem Vorbringen des Klägers muß sich also ergeben, daß grundsätzlich die §§ 726 I, 727–729 anwendbar sind. Die Erteilung der einfachen Klausel kann mit der Klage nach § 731 nicht verlangt werden; für sie ist die Vorlage öffentlicher Urkunden nicht erforderlich.

4. Rechtsschutzbedürfnis oder Feststellungsinteresse. Beachte: Es **755**
handelt sich um ein **typisches Klausurproblem!**

a) Subsidiarität. Nimmt man mit der hM an, es handele sich bei der Klage nach § 731 um eine Feststellungsklage, so muß das Feststellungsinteresse (§ 256 I) geprüft werden. Unabhängig davon läßt sich aber auch aus dem Wortlaut des § 731 schließen, daß die Klage grundsätzlich subsidiär ist: „Kann nicht".

b) Vorhandene oder beschaffbare Urkunden. Die Klage ist deshalb unzulässig, wenn öffentliche oder öffentlich beglaubigte Urkunden:

- **vorhanden sind**
- **oder vom Kläger leicht beschafft werden können.**

Insoweit sind etwa die §§ 792, 34 FGG, 9 II HGB oder 12 II GBO zu beachten, die ein Akteneinsichtsrecht und ein Recht auf Ausstellung der Urkunden geben können.

c) Vorheriges Klauselerteilungsverfahren. Fraglich ist, inwieweit der **756**
Kläger zunächst versucht haben muß, die Klausel im **Klauselerteilungsverfahren zu erhalten.**

aa) Die wohl hM verlangt, daß die Klausel zunächst beantragt und gegen die ablehnende Entscheidung erfolglos Beschwerde eingelegt wurde.[3] Es sei möglich, daß der Schuldner die erforderlichen Umstände zugestehe. ZT wurde früher sogar die Durchführung des Beschwerdeverfahrens nach der Erinnerung nach § 11 RpflG aF verlangt.[4] Andere halten wiederum nicht einmal einen erfolglosen Antrag für erforderlich.[5]

bb) Richtigerweise sollte nur verlangt werden, daß **ein erfolgloser Antrag** beim Rechtspfleger gestellt wurde:

- Die Durchführung des Beschwerdeverfahrens ist sicher nicht erforderlich. Ein Zugestehen des Schuldners ist nicht mehr zu erwarten, so daß die Beschwerde von vornherein aussichtslos wäre und auf jeden Fall zu unnötigen Gerichtskosten führt; auch müßten entstandene außergerichtliche Kosten des Gegners ersetzt werden.

---

[1] OLG Stuttgart Rpfleger 1979, 145.
[2] MK-Wolfsteiner § 731 Rn. 12; Musielak-Lackmann § 731 Rn. 4.
[3] BL-Hartmann § 731 Rn. 2; TP § 731 Rn. 6 (beide zu § 11 RpflG aF).
[4] Nachweise bei StJ-Münzberg § 731 Rn. 4.
[5] Brox-Walker Rn. 133.

- Es geht auch zu weit, die Durchführung einer Beschwerde bis zur Nichtabhilfe zu fordern; es besteht keine Erfolgssaussicht. Gerichtskosten fallen zwar nicht an; es können aber außergerichtliche Kosten des Gegners anfallen.
- Erforderlich dürfte aber ein erfolgloser Antrag beim Rechtspfleger sein. Dem läßt sich zwar entgegenhalten, die Anhörung des Schuldners sei nicht obligatorisch und die Hoffnung sehr vage, der Schuldner könne gestehen. Andererseits fallen in diesem Verfahren keine, auch keine außergerichtlichen (§ 58 II BRAGO), Kosten an. Es kann auch sein, daß die Parteien über den Eintritt der maßgeblichen Umstände nicht streiten oder der Schuldner zur Vermeidung der Klagekosten zugestehen will.[1] Unter diesen Umständen erscheint es zumindest ökonomischer, den Antrag beim Rechtspfleger als vorgeschaltetes „gütliches" Verfahren zu verlangen. Kommt es allerdings ohne dieses Verfahren zur Klage nach § 731, kann das Rechtsschutzinteresse nicht verneint werden. Da der Kläger aber das vorgeschaltete Verfahren nicht eingehalten hat, wären ihm bei einem sofortigen Anerkenntnis des Schuldners die Kosten des Rechtsstreits aufzuerlegen.

II. Die Begründetheit der Klage

757 **1. Grundsatz.** Die Klage ist begründet, wenn die nach den §§ 726 I, 727–729 jeweils maßgeblichen Umstände vorliegen. Ein eventueller Streit um die allgemeinen Voraussetzungen der Erteilung der Klausel betrifft die Zulässigkeit der Klage (s. Rn. 754).

Zu beachten ist, daß es sich jetzt natürlich um ein **normales Erkenntnisverfahren** handelt. Es müssen keine Urkunden vorgelegt werden. Es reicht aus, wenn die maßgeblichen Umstände **unstreitig** oder **durch normale Beweismittel** nachgewiesen sind.

758 **2. Materiell-rechtliche Einwendungen.** Fraglich ist, ob und wie der beklagte Schuldner materielle Einwendungen gegen den Anspruch geltend machen darf. **Beachte: Klausurklippe!**

Beispiel: Der Beklagte einer nicht eingeschränkten Klage hat bereits zum Teil gezahlt oder der Titel soll gegen den Erben des Schuldners umgeschrieben werden (§ 780, Vorbehalt der beschränkten Erbenhaftung).

a) Zulässigkeit, Geltendmachung. Die ganz hM läßt aus prozeßökonomischen Gründen die Geltendmachung materieller Einwendungen in den Grenzen des § 767 II zu.[2]

Fraglich ist aber, wie der Einwand geltend zu machen ist. Die Erhebung einer Widerklage ist nicht zu fordern. Da die Parteien aber die Herren des Verfahrens sind, muß verlangt werden, daß der Beklagte sich **ausdrücklich** auf den Einwand beruft; hierauf ist gegebenenfalls nach § 139 hinzuwirken. Die Nichtgeltendmachung der Einwendung führt nämlich zur Präklusion (Rn. 759).

Dem **Klausurbearbeiter** ist, wenn materielle Einwendungen ersichtlich sind, die nicht ausdrücklich geltend gemacht werden, **folgendes zu raten:**
- Man kann die Ausübung des Fragerechts nach § 139 für erforderlich halten und entsprechend dem üblichen Bearbeitervermerk als ergebnislos ausgeübt unterstellen.

---

[1] S. hierzu auch LG München Rpfleger 1997, 394.
[2] TP 731 Rn. 7; Brox-Walker Rn. 134.

– Es dürfte aber auch vertretbar sein, den materiellen Einwand als zumindest konkludent erhoben zu betrachten und zu berücksichtigen.

b) Präklusion. Läßt man die Geltendmachung des materiellen Einwands im Rahmen des § 731 zu, muß dies auch zur **Präklusion** des Vorbringens für eine **spätere Vollstreckungsgegenklage** führen. Der Einwand kann also nicht mehr geltend gemacht werden. Der Erbe (s. Beispiel Rn. 758) müßte mit seinem eigenen Vermögen haften, auf die beschränkte Haftung nach § 1975ff BGB könnte er sich nicht mehr berufen. **759**

Die Präklusionsfolge ist allgemein anerkannt. Die hM stützt sie auf § 767 II;[1] nach aA soll § 767 III eingreifen.[2]

III. Tenor und Streitwert

1. Hauptsache. Der Tenor des Urteils lautet, wenn der Klage stattgegeben wird: **760**

„Die Vollstreckungsklausel zum ... (genaue Titelbezeichnung) ist ... (für den Kläger oder gegen den Beklagten) zu erteilen."

Gegebenenfalls sind Einschränkungen zu machen, wenn materielle Einwendungen Erfolg haben („wegen eines Betrages von").

2. Nebenentscheidungen. Die Kostenentscheidung zeigt keine Besonderheiten. Bei der Entscheidung über die vorläufige Vollstreckbarkeit ist folgendes zu beachten:

a) Das Urteil darf **nicht nur wegen der Kosten** für vorläufig vollstreckbar erklärt werden. Wird dieser – im Zivilurteil immer überflüssige! – Zusatz gemacht, könnte sich das zuständige Organ weigern, die Klausel vor Eintritt der Rechtskraft zu erteilen.

b) Der Wert des Anspruchs, wegen dessen der Kläger nunmehr vollstrekken kann, ist **in die Sicherheitsleistung einzubeziehen.** Der Schuldner muß davor geschützt werden, daß der Kläger vollstreckt, das Urteil aber in 2. Instanz abgeändert wird.

3. Streitwert ist der volle Wert des zu vollstreckenden Anspruchs.

---

[1] Musielak-Lackmann § 731 Rn. 9; TP § 731 Rn. 2; Brox-Walker Rn. 135.
[2] StJ-Münzberg § 731 Rn. 14.

3. Abschnitt. Rechtsbehelfe des Schuldners gegen die Erteilung der Klausel

Der Schuldner, aber auch ein Dritter, gegen den die Klausel umgeschrieben worden ist, kann sich hiergegen mit der Klauselerinnerung (§ 732) oder – bei qualifizierten Klauseln – mit der Klauselgegenklage (§ 768) wehren. Problematisch ist das Verhältnis zwischen beiden Rechtsbehelfen (s. u. Rn. 776 ff).

§ 58 Die Klauselerinnerung, § 732

761 Die Klauselerinnerung ist ein spezieller Rechtsbehelf zugunsten des Schuldners, um die Berechtigung der Klauselerteilung richterlich überprüfen zu lassen. Gäbe es die Vorschrift nicht, würde die Beschwerde nach § 567 statthaft sein. Sinn des § 732 ist es, den Devolutiveffekt der Beschwerde zu vermeiden und die Rechtmäßigkeit zunächst vom Prozeßgericht überprüfen zu lassen.

I. Anwendungsbereich

762 Streitig war, ob die **Klauselerteilung durch den Rechtspfleger** mit der Klauselerinnerung nach § 732 oder mit der Rechtspflegererinnerung nach § 11 RpflG aF anfechtbar war. Dieser Streit hat sich durch § 11 I RpflG nF erledigt. Nach dieser Vorschrift iVm. § 732 ist die Klauselerinnerung nach § 732 statthaft.

II. Die Zulässigkeit der Erinnerung

763 **1. Zuständig** zur Entscheidung über die Erinnerung ist das Prozeßgericht, von dessen Urkundsbeamten (Rechtspfleger) die Klausel erteilt wurde, § 732 I 1 (nicht etwa das Vollstreckungsgericht!).[1] Hat ein Notar die Klausel erteilt, ist gem. § 797 III zur Entscheidung das Amtsgericht (Prozeßabteilung!) berufen, in dessen Bezirk der Notar seinen Sitz hat. Handelt es sich bei dem zugrunde liegenden Titel um eine Familiensache, ist das Familiengericht zur Entscheidung zuständig.[2]

2. Sonstige Fragen. Für Form und Anwaltszwang gilt § 569 II analog. Die Erinnerung ist nicht fristgebunden. Das Rechtsschutzbedürfnis fehlt, wenn die Klausel noch nicht erteilt oder die Vollstreckung beendet ist. Unzulässig ist die Erinnerung auch dann, wenn bereits durch ein Urteil nach § 731 rechtskräftig festgestellt ist, daß die Klausel zu erteilen ist.

---

[1] Anders (unzutreffend, weil das Klauselverfahren dem Vollstreckungsverfahren vorgelagert ist) OLG Stuttgart Rpfleger 1997, 521.

[2] OLG Hamburg FamRZ 1981, 980.

III. Die Begründetheit der Erinnerung

Die Erinnerung ist begründet, wenn die Voraussetzungen für die Erteilung der Klausel nicht vorliegen (Rn. 721ff). Nicht berücksichtigt werden dürfen: **764**
- Einwendungen, über die bereits durch Urteil nach § 768 befunden worden ist;
- materiell-rechtliche Einwendungen iSd. § 767.

IV. Die Entscheidung über die Erinnerung

1. Entscheidungsform. Die Entscheidung kann ohne mündliche Verhandlung ergehen, § 732 I 2. Da die mündliche Verhandlung fakultativ ist, erfolgt die Entscheidung durch Beschluß. **765**

2. Rubrum. Im Rubrum heißt es: „In Sachen" oder „in der Zivilprozeßsache", weil es sich weder um einen Rechtsstreit noch um ein Vollstreckungsverfahren handelt. Die Parteien sind mit Gläubiger und Schuldner sowie Erinnerungsführer und Erinnerungsgegner zu bezeichnen. Ein Dritter (Klauselumschreibung) kann als Antragsteller, weiterer Beteiligter oder Dritter bezeichnet werden; hinzu kommt die Stellung im Erinnerungsverfahren. **766**

3. Tenor, Streitwert, Rechtsmittel. a) Hauptsache. Ist die Erinnerung unzulässig, wird sie verworfen; ist sie unbegründet, zurückgewiesen. Beim **Stattgeben** lautet der Tenor: **767**

„Die vom ... (Gericht, Notar) am ... (Datum) erteilte vollstreckbare Ausfertigung zum ... (genaue Titelbezeichnung) und die Vollstreckung aus ihr sind unzulässig."

b) Nebenentscheidungen. Die außergerichtlichen Kosten und die Auslagen des Gerichts sind der unterlegenen Partei aufzuerlegen. Gerichtsgebühren fallen mangels Regelung im GKG nicht an, § 1 I GKG. Einer Entscheidung über die vorläufige Vollstreckbarkeit bedarf es wegen § 794 I Nr. 3 nicht.

c) Streitwert ist der Wert des zu vollstreckenden Anspruchs.

d) Rechtsmittel. Die unterlegene Partei kann die einfache Beschwerde nach § 567 einlegen. Eine weitere Beschwerde ist nicht statthaft (§ 568 II).

§ 59 Die Klauselgegenklage, § 768

I. Überblick

1. Zweck. Ist eine qualifizierte Klausel erteilt worden und bestreitet derjenige, gegen den jetzt vollstreckt werden soll, den Eintritt der zugrunde liegenden materiellen Voraussetzungen, so kann er die Klauselgegenklage nach § 768 erheben. Die Klage stellt damit zugunsten des Schuldners das Gegenstück zur Klage auf Erteilung der Klausel nach § 731 dar. **768**

2. Abgrenzung. Mit der Klauselgegenklage kann nur die **Erteilung der vollstreckbaren Ausfertigung** eines Titels angegriffen werden. Der titulierte Anspruch selbst bleibt unberührt. Dies unterscheidet die Klage von der

Vollstreckungsgegenklage, mit der materielle Einwendungen **gegen den titulierten Anspruch selbst** geltend gemacht werden können.

3. Klageart. Nach ganz hM handelt es sich um eine prozessuale Gestaltungsklage, weil die Erteilung der Klausel nicht deklaratorisch, sondern gestaltend für unzulässig erklärt wird. Sie war in der Regel zunächst zulässig, weil die maßgeblichen Umstände formgerecht nachgewiesen wurden.

4. Parteien des Rechtsstreits sind als Kläger der, gegen den vollstreckt werden soll, und als Beklagter der, für den die Klausel erteilt wurde. Im Fall der Titelumschreibung besteht daher keine Identität mit den Parteien des Titels.

II. Zulässigkeit der Klage

769 **1. Zuständig** (ausschließlich, § 802) ist das Prozeßgericht des ersten Rechtszugs, §§ 768, 767 I. Im einzelnen gilt das zu §§ 731 und 732 Ausgeführte. Das Familiengericht ist zuständig, wenn die Erteilung der Klausel zu einem vom Familiengericht geschaffenen Titel angegriffen wird.

770 **2. Das Rechtsschutzbedürfnis** fehlt,
- wenn die Klausel noch nicht erteilt wurde, weil nicht feststeht, daß sie tatsächlich erteilt und damit in Rechte des Klägers eingegriffen wird;
- wenn die Vollstreckung vollständig beendet ist; dann können dem Kläger aus einer möglicherweise zu Unrecht erteilten Klausel vollstreckungsrechtlich keine Nachteile mehr erwachsen;
- wenn der Kläger ausschließlich formelle Einwendungen geltend macht. Insoweit ist die Klauselerinnerung der billigere, einfachere und auch allein erfolgversprechende Weg (s. u. Rn. 776).

771 **3. Besondere Zulässigkeitsvoraussetzung** der Klage ist nach dem Wortlaut des § 768, daß eine qualifizierte Klausel nach den in § 768 genannten Vorschriften erteilt wurde. Sie ist daher unzulässig, wenn zu Recht eine einfache Klausel erteilt wurde.

Darüber hinaus ist die Klage aber auch dann zulässig, wenn eine einfache Klausel erteilt wurde, während eine qualifizierte Klausel hätte erteilt werden müssen. Wenn vor allem um den Eintritt der maßgeblichen Umstände gestritten wird, ist es den Parteien nicht zuzumuten, sie zunächst auf den Weg der Erinnerung oder unter Abweisung der Klauselgegenklage den Beklagten auf die Klage nach § 731 zu verweisen.

772 **4. Entgegenstehendes Urteil nach § 731.** Unzulässig ist die Klage auch dann, wenn bereits durch rechtskräftiges Urteil nach § 731 festgestellt worden ist, daß die Klausel zu erteilen ist. Es können allenfalls neue, nach Abschluß des Vorprozesses nach § 731 entstandene Tatsachen geltend gemacht werden.

III. Begründetheit der Klage

773 **1. Allgemeines.** Dem Kläger steht ein Anspruch auf den rechtsgestaltenden Ausspruch durch das Gericht nach § 768 zu, wenn die materiellen Voraussetzungen für die Erteilung der qualifizierten Klausel fehlen.

Beispiel: Eine aufschiebende Bedingung, deren Eintritt zunächst durch Urkunden nachgewiesen schien, ist doch nicht eingetreten.

Rein formelle Einwendungen dürfen dem Urteil nicht zugrunde gelegt und damit nicht geprüft werden[1] (s. a. Rn. 776).

2. Verfahren. Es handelt sich um ein **normales Erkenntnisverfahren,** **774**
in dem Beweis über streitige Tatsachen mit den **normalen Beweismitteln** der ZPO erbracht werden kann. Streitig ist allerdings, wen die Beweislast trifft:

- Die wohl hM nimmt an, die Beweislast treffe wie im normalen Prozeß in der Regel den Kläger.[2]
- Zutreffend ist die andere Auffassung, die die Beweislast demjenigen auferlegt, der auch bei der Erteilung der Klausel den Nachweis erbringen muß.[3] Dies ist in der Regel der Beklagte. Evident wird die Unrichtigkeit der hM im Rahmen des § 726 I, der in sich schon voraussetzt, daß die Vollstreckung von einer vom Gläubiger (= Beklagter der Klage nach § 768) zu beweisenden Bedingung abhängt. Es kann nicht über den Umweg der Klauselgegenklage dazu kommen, daß nunmehr der Schuldner (= Kläger) beweisen muß, daß die Bedingung nicht eingetreten ist.

IV. Tenor des Urteils und Streitwert

1. Hauptsache. Ist die Klage begründet, heißt der Tenor: **775**
„Die vom ... (Gericht, Notar) am ... (Datum) ... erteilte vollstreckbare Ausfertigung zum ... (genaue Titelbezeichnung) und die Zwangsvollstreckung aus ihr werden für unzulässig erklärt.“

2. Nebenentscheidungen. Die Kostenentscheidung zeigt keine Besonderheiten. Trotz des Gestaltungscharakters darf das Urteil **keinesfalls nur wegen der Kosten** für vorläufig vollstreckbar erklärt werden. Der Schuldner könnte sonst keine Einstellung der Zwangsvollstreckung erreichen (§ 775 Nr. 1). Da andererseits der Beklagte dann nicht weiter vollstrecken kann, ist zu seinem Schutz der Wert des zu vollstreckenden Anspruchs in die vom Kläger zu leistende Sicherheit (§ 709) bzw. die Abwendungsbefugnis (§ 711) einzubeziehen.

3. Den Streitwert bildet der Wert des streitigen zu vollstreckenden Anspruchs.

§ 60 Die Abgrenzung zwischen § 732 und § 768

Das Verhältnis zwischen §§ 732 und 768 wirft einige Probleme auf, die durch den letzten Satzteil des § 768 kaum geklärt werden. Es ist wie folgt zu differenzieren:

---

[1] MK-Wolfsteiner § 732 Rn. 5.
[2] BL-Hartmann § 768 Rn. 2, MK-Karsten Schmidt § 768 Rn. 10; TP § 768 Rn. 9.
[3] OLG Köln NJW-RR 1994, 893, 894; Musielak-Lackmann § 768 Rn. 8 m. w. N.; StJ-Münzberg § 768 Rn. 6; Brox-Walker Rn. 145.

776 **I. Nur formelle Einwendungen.** Erhebt der Schuldner lediglich formelle Einwendungen, kann er nur die Klauselerinnerung nach § 732 einlegen.[1] Einer Klage nach § 768 fehlt selbst bei qualifizierten Klauseln das Rechtsschutzbedürfnis. Die Erinnerung ist der **einfachere** (keine mündliche Verhandlung) und **billigere** (keine Gerichts-, geringere Anwaltsgebühren) Weg, sofern das Ziel erreicht wird. Bei lediglich formellen Einwendungen kann der Schuldner mit der Klage aber nicht mehr erreichen als mit der Erinnerung. Formelle Einwendungen in diesem Sinne sind zB:

- Der Urkundsbeamte der Geschäftsstelle hat die Klausel an Stelle des zuständigen Rechtspflegers erteilt;
- es liegt kein Titel mit vollstreckungsfähigem Inhalt vor;[2]
- der erforderliche Nachweis ist bei qualifizierten Klauseln nicht durch Urkunden geführt.

777 **II. Bestreiten der maßgeblichen Umstände.** Bestreitet der Schuldner den Eintritt der für die Klauselerteilung maßgeblichen Umstände, hat er die Wahl zwischen §§ 732 und 768. Dies ist der Fall des letzten Satzteils des § 768.

1. Urkundennachweis. Hat der Gläubiger allerdings öffentliche Urkunden vorgelegt, kann der Schuldner mit der Erinnerung nur Erfolg haben, wenn sich die maßgeblichen Umstände aus ihnen nicht ergeben.

2. Andere Einwendungen, zB die Nichtigkeit der in den Urkunden enthaltenen Erklärungen, dürften mit der Klauselerinnerung, wenn sie sich **nicht aus den Urkunden selbst ergeben,** nicht geltend gemacht werden können. Der Rechtspfleger hat nach dem Willen des Gesetzgebers nur zu prüfen, ob die maßgeblichen Umstände durch öffentliche Urkunden nachgewiesen sind. Ist dies der Fall, hat er die Klausel zu erteilen. Die Prüfungskompetenz desjenigen, der über die Erinnerung entscheidet, darf aber nicht weitergehen als die desjenigen, der die angefochtene Entscheidung getroffen hat. Erfolg kann der Schuldner in diesem Fall nur mit der Klage haben, wenngleich die Erinnerung nach § 768 letzter Satzteil statthaft sein dürfte.

3. Folge. Daraus ergibt sich, daß nur im unter 1. genannten Fall Klauselerinnerung und Klauselgegenklage nebeneinander zulässig und begründet sein können.

778 **III. Formelle und materielle Einwendungen.** Stehen dem Schuldner formelle Einwendungen zu, bestreitet er aber gleichzeitig, daß die Umstände eingetreten sind, die für die in § 768 genannten Vorschriften maßgeblich sind, kann er natürlich wegen der Formfehler erfolgreich Erinnerung einlegen. Damit erreicht er sein gewünschtes Rechtsschutzziel aber nicht, weil der Formfehler beseitigt und die Klausel erneut erteilt werden könnte. In diesem Fall ist daher Klageerhebung zu empfehlen; diese kann aber nur auf das Fehlen der materiellen Umstände gestützt werden.

Klausurbeispiel: In einem Prozeßvergleich hat sich der Schuldner zur Zahlung von 1000.– DM nach Beseitigung bestimmter Mängel verpflichtet. Die Klausel zu dem

---

[1] OLG Koblenz NJW 1992, 378; Musielak-Lackmann § 732 Rn. 4.

[2] BGHZ 22, 54, 64f.

Vergleich erteilte der Urkundsbeamte. Der Schuldner bestreitet die ordnungsgemäße Mängelbeseitigung.

Hier kann der Schuldner erfolgreich Erinnerung einlegen.[1] Die Vollstreckung ist aufschiebend bedingt. Den Bedingungseintritt hat der Gläubiger zu beweisen, so daß § 726 I eingreift. Zuständig war der Rechtspfleger, nicht der Urkundsbeamte. Wird nunmehr die Klausel ohne Urkundsnachweis vom Rechtspfleger erteilt, kann der Schuldner wiederum erfolgreich Erinnerung einlegen. Nur – die Frage, ob die Bedingung tatsächlich eingetreten ist oder nicht, ist immer noch ungeklärt.

Erhebt der Schuldner gleich die Klauselgegenklage, kann er die Klärung endgültig herbeiführen. Das Rechtsschutzbedürfnis für die Klage fehlt nicht, weil er sein Rechtsschutzziel (Verhinderung der Klauselerteilung wegen Nichteintritts der Bedingung) mit der Erinnerung nicht erreichen kann. Hieran ändert sich auch nichts, wenn man die Erteilung der Klausel für nichtig hält (s. o. Rn. 726). Die Klage kann erhoben werden, obwohl die Klausel nicht nach § 726 I erteilt wurde (beachte den Wortlaut des § 768!). Es reicht aus, daß sie nach dieser Vorschrift hätte erteilt werden müssen; ansonsten würde effektiver Rechtsschutz nicht gewährt.

Bei der Prüfung der Begründetheit der Klage wird dann allerdings nur untersucht, ob die Bedingung eingetreten ist. Behebbare (!) formelle Mängel spielen hier keine Rolle; sie können nicht herangezogen werden und sind deshalb nicht zu prüfen.

---

[1] AA, die Erinnerung könne nicht auf einen Zuständigkeitsfehler gestützt werden, MK-Wolfsteiner § 724 Rn. 16.

6. Teil. Grundzüge des Insolvenzverfahrens

I. Verfahrenszweck. Im Rahmen der Einzelzwangsvollstreckung ist jeder Titelinhaber allein für die Zwangsvollstreckung verantwortlich. Er darf versuchen, im Rahmen des Vollstreckungsrechts seinen Anspruch gegen seinen Gegner, aber auch „im Wettstreit" mit konkurrierenden Gläubigern durchzusetzen. Erst wenn das Insolvenzverfahren über das Vermögen des Anspruchsgegners angeordnet worden ist, ändert sich dieses. Nunmehr wird das gesamte Vermögen als Zugriffsmasse allen Berechtigten zur Verfügung gestellt, die regelmäßig anteilig befriedigt werden, wenn die Masse nicht zur Erfüllung aller Ansprüche ausreicht. **779**

II. Gesetzliche Regelung. Das Insolvenzrecht ist mit Wirkung zum 1. 1. 1999 einheitlich in der InsO geregelt. Die InsO tritt gem. Art. 110 I EGInsO am 1. 1. 1999 in Kraft, sie gilt gem. Art. 103 für Verfahren, die nach dem 31. 12. 1998 **beantragt** werden. Die frühere Trennung zwischen Konkursverfahren und dem der Abwendung des Konkurses dienenden Vergleichsverfahren ist aufgehoben worden; ähnliche Regelungen (Insolvenzplan) sind nunmehr in der InsO enthalten. Weitere im Vergleich zum alten Recht wesentliche Änderungen sind: **780**

- Erleichterung der Verfahrenseröffnung durch Neudefinition der die Verfahrenskosten deckende Masse;
- drohende Zahlungsunfähigkeit als neuer Eröffnungsgrund;
- Wegfall des Fiskusprivilegs;
- Kostenbeteiligung gesicherter Gläubiger;
- Restschuldbefreiungsverfahren;
- Verbraucherinsolvenz mit Schuldenbereinigungsverfahren.

III. Darstellungshinweis. Es würde den Umfang dieses Buches sprengen, das Insolvenzrecht so ausführlich darzustellen wie das Zwangsvollstreckungsrecht. Ob die folgende Darstellung den Umfang von Grundzügen iSd. Prüfungsordnungen erreicht, erscheint zweifelhaft wie zweifelhaft ist, was unter Grundzügen zu verstehen ist. **781**

Die Darstellung beschränkt sich jedenfalls auf einen Überblick über das Verfahren und wird dort umfangreicher, wo erfahrungsgemäß Examensrelevanz besteht. Sie stellt Meinungsstreite nur beschränkt dar, wobei ohnehin zu berücksichtigen ist, daß angesichts des Inkrafttretens 1999 Rechtsprechung speziell zur InsO bisher nicht existiert. Nicht dargestellt werden die Regelungen über das Nachlaßinsolvenzverfahren (§§ 315ff InsO) und die Verfahren beim Gesamtgut einer Gütergemeinschaft (§§ 332ff InsO).

Klausurrelevant sind nach meiner Erfahrung sämtliche Fragen des materiellen Rechts, also die der Aussonderung (Rn. 821f), Absonderung (Rn. 823ff), Aufrechnung nach Insolvenzbeschlagnahme (Rn. 827f), Erfüllungswirkung der Leistung Dritter (Rn. 797) und besonders die Insolvenzanfechtung (Rn. 830ff).

§ 61 Verfahrenseröffnung

I. Voraussetzungen

782 **1. Antrag.** Das Insolvenzverfahren wird gem. § 13 I InsO nur auf Antrag eröffnet. **Antragsberechtigt** sind gem. § 13 I 2 InsO Gläubiger und Schuldner. **a) Gläubiger.** Der Gläubiger muß gem. § 14 I InsO ein rechtliches Interesse haben (kann fehlen, wenn er dinglich gesichert ist oder bereits ein Pfändungspfandrecht hat) und Inhaber einer Insolvenzforderung (Rn. 829) sein; an letzterem fehlt es, wenn der Gläubiger aussonderungsberechtigt (Rn. 821) ist. Forderung und Eröffnungsgrund (Rn. 784) sind glaubhaft zu machen (§ 294). Zur Haftung für einen unbegründeten Antrag s. Rn. 792.

b) Schuldner. Der Schuldner muß ein rechtliches Interesse nicht darlegen und den Eröffnungsgrund nicht glaubhaft machen. Die Antragsbefugnis auf Schuldnerseite bei juristischen Personen und Gesellschaften ohne Rechtspersönlichkeit ist in § 15 InsO geregelt. Zur Antragsbefugnis im Fall des Antrags einer schuldenden juristischen Person oder Gesellschaft ohne Rechtspersönlichkeit wegen drohender Zahlungsunfähigkeit s. § 18 III InsO.

783 **2. Insolvenzfähigkeit.** Insolvenzfähig ist gem. § 11 I 1 InsO jede natürliche oder juristische Person, wobei gem. § 11 I 2 InsO der nicht rechtsfähige Verein einer juristischen Person gleichsteht. S. im übrigen § 11 II, III InsO zur Insolvenzfähigkeit von zB BGB-Gesellschaft, oHG, Nachlaß oder Liquidationsgesellschaften.

784 **3. Insolvenzgrund.** Insolvenzgründe können die Zahlungsunfähigkeit (§ 17 InsO), beim Eigenantrag des Schuldners auch die drohende Zahlungsunfähigkeit (§ 18 InsO) und bei juristischen Personen zusätzlich die Überschuldung (§ 19 InsO) sein. **a) Zahlungsunfähigkeit** liegt nach § 17 II 1 InsO vor, wenn der Schuldner nicht in der Lage ist, die fälligen Zahlungspflichten zu erfüllen. Dies weicht wesentlich von der zum Konkursrecht entwickelten Definition ab, daß sie das auf dem Mangel an Zahlungsmitteln beruhende dauernde Unvermögen des Schuldners sei, seine sofort zu erfüllenden und ernsthaft angeforderten Geldschulden im wesentlichen zu erfüllen.[1] Maßgeblich ist jetzt allein, ob der Schuldner die fälligen Verbindlichkeiten begleichen kann; sein Zahlungsunvermögen muß nicht dauerhaft, die Forderungen müssen nicht eingefordert sein. Zahlungsunfähigkeit ist nach § 17 II 2 InsO in der Regel anzunehmen, wenn der Schuldner seine **Zahlungen eingestellt** hat. Hierfür können die Einstellung eines Geschäftsbetriebs, die Nichtzahlung von Löhnen und Gehältern, Haftbefehle zur Abgabe der Offenbarungsversicherung und häufige fruchtlose Vollstreckungen Anhaltspunkte sein. Nicht ausreichend ist Zahlungsunwilligkeit bei Vorhandensein genügend flüssiger Geldmittel.

785 **b) Drohende Zahlungsunfähigkeit** berechtigt – nur – den Schuldner gem. § 18 InsO zum Insolvenzantrag, verpflichtet ihn aber nicht. Sie liegt nach § 18 II InsO vor, wenn der Schuldner voraussichtlich nicht in der Lage

[1] S. zB BGH NJW 1985, 1785.

sein wird, die bestehenden Zahlungspflichten im Zeitpunkt ihrer Fälligkeit zu erfüllen.

c) Überschuldung ist gem. § 19 I InsO zusätzlicher Eröffnungsgrund bei juristischen Personen. Sie liegt gem. § 19 II InsO vor, wenn das Vermögen des Schuldners die bestehenden Verbindlichkeiten nicht mehr deckt. Gem. § 19 II 2 InsO ist bei der Vermögensbewertung die Fortführung des Unternehmens zugrunde zu legen, wenn diese nach den Umständen überwiegend wahrscheinlich ist. Damit ist entgegen der zur KO hM eine zweistufige Prüfung erforderlich, nämlich die der rechnerischen Überschuldung und eine Fortführungsprognose. Zu Gesellschaften ohne Rechtspersönlichkeit s. § 19 III InsO, zum Nachlaß § 320 InsO. **786**

II. Verfahren

1. Insolvenzgericht. Sachlich ausschließlich zuständig ist das Amtsgericht als Insolvenzgericht. Gem. § 2 I InsO soll das Amtsgericht, in dessen Bezirk ein Landgericht seinen Sitz hat, für den ganzen Landgerichtsbezirk zuständig sein; hiervon kann die Landesregierung aber Ausnahmen machen und andere oder zusätzliche Gerichte bestimmen. **Örtlich** (ebenfalls ausschließlich) ist zuständig das Insolvenzgericht des allgemeinen Gerichtsstands (§ 13ff), davon abweichend gem. § 3 I 2 InsO das Insolvenzgericht des Ortes, an dem der Mittelpunkt einer selbständigen wirtschaftlichen Tätigkeit des Schuldners liegt. Unter hiernach mehreren zuständigen Gerichten ist gem. § 3 II InsO das zuerst angegangene Gericht ausschließlich zuständig. Zur funktionellen Zuständigkeitsverteilung zwischen Richter und Rechtspfleger s. §§ 3 Nr. 2e, 17, 18 RpflG. **787**

2. Sicherungsmaßnahmen. Das Insolvenzgericht hat gem. § 21 I InsO alle Maßnahmen zu treffen, die erforderlich erscheinen, um bis zur Entscheidung über den Antrag eine den Gläubigern nachteilige Veränderung in der Vermögenslage des Schuldners zu verhüten. Es kann gem. § 21 II InsO einen vorläufigen Insolvenzverwalter bestimmen (Nr. 1, Rn. 789), dem Schuldner ein allgemeines Verfügungsverbot auferlegen oder anordnen, daß Verfügungen des Schuldners nur mit Zustimmung des vorläufigen Insolvenzverwalters wirksam sind (Nr. 2, Rn. 790), es kann Maßnahmen der Zwangsvollstreckung gegen Schuldner untersagen oder einstweilen einstellen (Nr. 3, Rn. 791). Gem. § 21 III InsO kann es dann, wenn andere Maßnahmen nicht ausreichen, den Schuldner vorführen und in Haft nehmen lassen. **788**

a) Vorläufiger Verwalter. Für den vorläufigen Verwalter gelten gem. § 2 II Nr. 1 InsO die die Rechtsstellung des endgültigen Verwalters regelnden §§ 56, 58 bis 66 InsO entsprechend. Er darf gem. § 22 III InsO die Geschäftsräume des Schuldners betreten, dort Nachforschungen anstellen und Einsicht in Bücher und Geschäftspapiere nehmen. Der Schuldner ist zur Auskunftserteilung verpflichtet. Im übrigen hängen Rechte und Pflichten des vorläufigen Verwalters davon ab, ob gegen den Schuldner gleichzeitig ein Verfügungsverbot erlassen wurde: **aa) Mit Verfügungsverbot.** Hat das Insolvenzgericht einen vorläufigen Verwalter bestimmt und ein Verfügungsverbot (s. Rn. 790) erlassen, geht die Verwaltungs- und Verfügungsbefugnis auf den vorläufigen Verwalter über (§ 22 I 1 InsO); die Pflichten des Ver- **789**

walters sind in § 22 I 2 InsO genannt. Vom Verwalter begründete Verbindlichkeiten sind nach der Verfahrenseröffnung als Masseverbindlichkeiten (Rn. 828) zu berichtigen (§§ 55 II 1 iVm. 22 I 1 InsO). **bb) Ohne Verfügungsverbot.** Wird gem. § 21 II Nr. 1 InsO ein vorläufiger Verwalter bestellt, ohne gleichzeitig ein Verfügungsverbot gegen den Schuldner zu verhängen, hat das Gericht gem. § 22 II InsO im Rahmen des § 22 I 2 InsO die Pflichten des vorläufigen Verwalters festzulegen.

790 **b) Allgemeines Verfügungs-, Veräußerungsverbot.** Erlassene Verfügungsbeschränkungen nach § 21 II Nr. 2 InsO sind gem. § 23 I 1 InsO öffentlich bekanntzumachen. Anders als das allgemeine Verfügungsverbot nach § 106 KO führt das **Verfügungsverbot** (s. Rn. 796) nach § 21 II Nr. 2 InsO 1. Alt. zu einem absoluten Verfügungsverbot, weil § 24 I InsO auf die §§ 81f InsO verweist.[1] Unter Verstoß gegen die Beschränkung vorgenommene Verfügungen des Schuldners sind unwirksam. Ein an den Schuldner Leistender wird nur befreit, wenn er in Unkenntnis des Verfügungsverbots geleistet hat, was vermutet wird, wenn die Leistung vor Bekanntmachung des Verfügungsverbots erfolgte (§§ 24 I, 82 InsO). Die Verhängung eines **Veräußerungsverbots** nach § 21 II Nr. 2 InsO 2. Alt. hat die Wirkungen der §§ 135f BGB.

791 **c) Vollstreckungsverbot.** Das Vollstreckungsverbot des § 89 InsO gilt nur für das eröffnete Insolvenzverfahren. Deshalb und weil nach hM ein Verfügungsverbot Vollstreckungsmaßnahmen nicht hindert, ermöglicht § 21 II Nr. 3 InsO das Untersagen von Zwangsvollstreckungsmaßnahmen; die Anordnung führt zu einem Vollstreckungshindernis (s. Rn. 100ff).

III. Entscheidung

792 **1. Ablehnung der Eröffnung.** Die Eröffnung des Insolvenzverfahrens kann abzulehnen sein, weil der Antrag unzulässig (Rn. 782) oder wegen Fehlens eines Insolvenzgrundes (Rn. 784) unbegründet ist. **Mangels Masse** ist der Antrag gem. § 26 I InsO abzuweisen, wenn das Vermögen des Schuldners voraussichtlich nicht ausreichen wird, um die Kosten des Verfahrens zu decken, es sei denn, es wird ein ausreichender Kostenvorschuß gezahlt. Verfahrenskosten sind gem. § 54 InsO die Gerichtskosten und die Vergütungen und Auslagen des vorläufigen Insolvenzverwalters, des Insolvenzverwalters und der Mitglieder des Gläubigerausschusses. Im Gegensatz zur alten Regelung in §§ 107 I, 57ff KO müssen damit die Masseschulden nicht mehr abgedeckt sein. Zur Einstellung eines eröffneten Verfahrens, in dem sich die Massearmut später ergibt, s. Rn. 855.

Entschieden wird durch den Antrag verwerfenden (bei unzulässigem Antrag) oder abweisenden **Beschluß** (weil die mündliche Verhandlung fakultativ ist, § 5 II 1 InsO), gegen den gem. § 34 I InsO dem Antragsteller und im Fall der Abweisung mangels Masse zusätzlich dem Schuldner die sofortige Beschwerde (§ 6 InsO, Rn. 863) zusteht. Der **Gläubiger**, der einen unbegründeten Antrag gestellt hat, der einen Vermögensschaden des Schuldners verursacht hat, **haftet** nicht nach §§ 717 oder 945; denkbar sind aber Ansprüche aus §§ 823f, 826 BGB. Wer allerdings fahrlässig einen unbegründeten Antrag stellt, verletzt noch nicht das Recht des Schuldners am Gewerbebetrieb.[2]

---

[1] Jauernig § 69 IV. 4.; Obermüller-Hess Rn. 104.
[2] BGHZ 74, 9, 14f.

2. Eröffnung. Liegen die Voraussetzungen für die Eröffnung vor, ist das Verfahren durch einen Eröffnungsbeschluß zu eröffnen (§ 27 InsO) und ein **Insolvenzverwalter zu ernennen**. Auf Antrag des Schuldners kann das Gericht anstelle der Verwalterbestellung auch die **Eigenverwaltung** des Schuldners unter Aufsicht eines Sachwalters anordnen (§ 270 InsO, Rn. 861 f). Zum weiteren Inhalt des Beschlusses s. § 27 II InsO, zu gleichzeitig zu treffenden Anordnungen §§ 28, 29 InsO. 793

Der Beschluß ist gem. § 30 InsO sofort öffentlich bekanntzumachen und den Gläubigern, dem Insolvenzschuldner und dessen Schuldnern zuzustellen. Natürlichen Personen als Schuldnern soll ein Hinweis auf die Möglichkeit der Restschuldbefreiung gegeben werden. Zu Registereinträgen s. § 31ff InsO. Der Schuldner kann gegen den eröffnenden Beschluß gem. § 34 II InsO sofortige Beschwerde (§ 6 InsO, Rn. 863) einlegen.

§ 62 Wirkung der Eröffnung

I. Beschlagnahme

Der Erlaß des Eröffnungsbeschlusses, der nicht erst mit seiner Veröffentlichung oder Zustellung existent wird, sondern schon dann, wenn er unterschrieben wurde und den internen Gerichtsbereich verlassen hat (zB durch formlose Bekanntgabe an einen Verfahrensbeteiligten),[1] hat, wie sich aus den Einzelregelungen der §§ 80 bis 102 InsO ergibt, die Beschlagnahme des gesamten insolvenzfähigen Vermögens des Schuldners zur Folge. Das Recht des Schuldners, sein Vermögen zu verwalten und über es zu verfügen, entfällt und geht auf den Insolvenzverwalter über (Rn 795 ff). Die Einzelzwangsvollstreckung wird unzulässig (Rn. 799), der Schuldner verliert die Prozeßführungsbefugnis, soweit die Insolvenzmasse betroffen ist (Rn. 800 f). 794

Die Insolvenzmasse (Rn. 811ff) bildet ein nach wie vor im Eigentum des Schuldner stehendes, aber seiner Einwirkung entzogenes Sondervermögen. Sie ist rechtlich getrennt von dem Vermögen, über das der Schuldner frei verfügen kann (zB unpfändbare Sachen). Die Gläubiger werden nicht dinglich berechtigt, sondern erlangen das Recht, sich an dem Verfahren zu beteiligen und ihre Forderungen nach den Vorschriften der InsO zu verfolgen (§ 87 InsO).

II. Beschlagnahmewirkung

1. Verwaltungs- und Verfügungsrecht des Schuldners. Durch die Eröffnung des Insolvenzverfahrens verliert der Schuldner zwar nicht sein Eigentum an der Insolvenzmasse, gem. § 80 I InsO aber sein Recht, über das zur Masse gehörige Vermögen zu verfügen und es zu verwalten. Er wird mittelbarer Eigenbesitzer der in seinem Besitz stehenden zur Masse gehörenden Sachen. 795

a) Verfügungen des Schuldners über einen Gegenstand der Insolvenzmasse sind gem. § 81 I 1 InsO unwirksam. Dies bedeutet wegen der Möglichkeit der Genehmigung durch den Insolvenzverwalter keine Nichtigkeit, auch keine relative Unwirksamkeit iSd. §§ 135 f BGB, sondern (in Über- 796

---

[1] S. i. e. TP § 329 Rn. 5 f.

einstimmung mit der Auslegung des § 7 I KO)[1] Unwirksamkeit gegenüber allen, beschränkt auf die Zwecke des Insolvenzverfahrens.[2] Abweichend von § 7 I KO ist in § 81 I 1 InsO anstelle des Begriffs „Rechtshandlung" der Begriff „Verfügung" gewählt, worunter nach gängiger Definition Rechtsgeschäfte verstanden werden, die unmittelbar darauf gerichtet sind, auf ein bestehendes Recht einzuwirken, es zu verändern, zu übertragen oder aufzuheben.[3] Kann man unter Rechtshandlungen auch Rechtsfolgen auslösende Realakte verstehen, so können diese doch nicht als Rechtsgeschäfte angesehen werden. Da zudem die InsO auch den Begriff Rechtshandlung kennt (zB in § 129 InsO), kann nicht davon ausgegangen werden, daß auch Realakte unter den Begriff Verfügung fallen.[4] Ein anderer Erwerb als der durch Verfügung ist vielmehr nach § 91 I InsO unwirksam. Ein gutgläubiger Erwerb ist im Rahmen der §§ 81 I 2, 91 II InsO möglich.

Hat der Schuldner unwirksam verfügt, ist aber die Gegenleistung in die Masse gelangt, ist die Gegenleistung gem. § 81 I 3 InsO als Masseverbindlichkeit (Rn. 828) aus der Masse zurückzugewähren.

Beispiel: Der Schuldner S hat vor Verfahrenseröffnung seinen PKW an G verkauft, nach der Eröffnung übereignet. Der von G gezahlte Kaufpreis ist in die Masse gelangt.

Die Übertragung des Eigentums nach Eröffnung war gem. § 81 I InsO unwirksam, S ist Eigentümer geblieben, der PKW ist zur Masse zurückzugewähren. Gem. § 81 I 3 InsO ist der Anspruch des G auf Rückzahlung des Kaufpreises keine Insolvenzforderung (Rn. 829), sondern Masseverbindlichkeit (Rn. 828).

Das Verfügungsverbot gilt gem. § 81 II 1 InsO auch für Verfügungen über künftige Forderungen aus einem **Dienstverhältnis** pp. insoweit, als die Bezüge für die Zeit **nach Beendigung** des Insolvenzverfahrens betroffen sind. Gem. § 81 II 2 InsO ist die Abtretung an einen Treuhänder im Zusammenhang mit einer angestrebten Restschuldbefreiung aber möglich.

797 **b) Leistungen an den Schuldner.** Ein an den Schuldner Leistender wird gem. § 82 InsO nur befreit, wenn er in Unkenntnis der Eröffnung des Insolvenzverfahrens geleistet hat, was vermutet wird, wenn die Leistung vor Bekanntmachung der Eröffnung erfolgte. Im Gegensatz zu § 8 KO enthält § 82 InsO keine Beweislastregelung mehr. Aus der Negativfassung („wenn ... nicht kannte"), der Vermutung in Satz 2 und der Tatsache, daß diese Regelung den Schuldner des Insolvenzschuldners begünstigt, folgt aber nach allgemeinen Beweislastregelungen, daß der **Leistende** die Darlegungs- und **Beweislast** hat.

Ist keine Befreiung eingetreten, hat der Leistende einen Bereicherungsanspruch gegen den Schuldner, der außerhalb des Verfahrens verfolgt werden muß; der Gläubiger ist kein Insolvenzgläubiger (s. §§ 87, 89 InsO). Die **Leistung an die Masse** hingegen befreit, auch die Leistung an den Schuldner, wenn sie zur Masse gelangt.[5]

---

[1] RGZ 157, 294.
[2] Jauernig § 69 IV. 2.; Obermüller-Hess Rn. 203.
[3] Pal-Heinrichs vor § 104 Rn. 16 m. w. N.
[4] Jauernig § 69 IV. 2.; anders Obermüller-Hess Rn. 203.
[5] Jauernig § 69 V. 3.

2. Verwaltungs- und Verfügungsrecht des Verwalters. Nach § 80 I InsO geht mit der Verfahrenseröffnung das Verwaltungs- und Verfügungsrecht auf den Insolvenzverwalter über. Er allein kann über die Massegegenstände verfügen und das Vermögen verwalten. Insbesondere aus dieser (dem § 6 II KO entsprechenden) Vorschrift folgt die **Rechtsstellung** des Verwalters. Wie der frühere Insolvenzverwalter ist er nicht Vertreter des Schuldners oder Vertretungsorgan der Masse, sondern Inhaber eines privaten Amtes[1] und im Prozeß Partei kraft Amtes (Rn. 800). **798**

III. Einzelzwangsvollstreckung

Gem. § 89 I InsO ist während der Dauer des Insolvenzverfahrens für **Insolvenzgläubiger** die Zwangsvollstreckung weder in die Insolvenzmasse noch in das sonstige Vermögen des Schuldners zulässig. Insolvenzgläubiger sind gem. § 38 InsO Gläubiger, die einen zur Zeit der Eröffnung des Insolvenzverfahrens begründeten Vermögensanspruch gegen den Schuldner haben (s. auch Rn. 817ff). Dazu gehören nicht aussonderungs- oder absonderungsberechtigte Gläubiger, da sie Inhaber dinglicher Ansprüche sind. **799**

Gläubiger, die weder Insolvenz- noch Massegläubiger sind, also insbesondere ihre Forderung (zB aus deliktischer Handlung) nach Verfahrenseröffnung erworben haben, können in das insolvenzfreie – zB vom Verwalter freigegebene (Rn. 815) – Vermögen vollstrecken, soweit § 89 II InsO nicht entgegensteht. Obwohl § 89 I InsO das Vollstreckungsverbot nur für Insolvenzgläubiger anordnet, deren Forderungen zZt. der Verfahrenseröffnung schon bestanden haben müssen, gilt das Verbot auch für diese Gläubiger; die Masse ist gem. § 38 InsO für die Insolvenzgläubiger reserviert.[2]

Künftige Forderungen aus einem Dienstverhältnis pp. können gem. § 89 II InsO während der Dauer des Verfahrens auch von anderen Gläubigern nicht gepfändet werden, es sei denn, sie hätten Unterhaltstitel oder solche aus einer vorsätzlichen unerlaubten Handlung.

Das **Vollstreckungsverbot ist von Amts wegen** zu beachten; eine Verletzung kann mit dem einschlägigen Rechtsbehelf, meist der Vollstreckungserinnerung (§ 766) angegriffen werden, über die gem. § 89 III InsO das Insolvenzgericht entscheidet. Verboten ist auch die Vollziehung eines Arrestes oder einer einstweiligen Verfügung.[3]

Zulässig ist die Vollstreckung aus Titeln, die wegen einer Masseverbindlichkeit (§§ 53, 55) gegen den Insolvenzverwalter erstritten wurden; diese Verbindlichkeiten sind vorrangig. Soweit die Verbindlichkeiten nicht vom Insolvenzverwalter begründet wurden, ist die Vollstreckung gem. § 90 I InsO während der Dauer von sechs Monaten seit der Verfahrenseröffnung unzulässig.

---

[1] BGH NJW 1985, 1161, 1162.

[2] Jauernig § 76 II. 1.

[3] Jauernig § 76 II.

IV. Prozeßführung

800 **1. Schwebende Prozesse.** Mit der Eröffnung des Insolvenzverfahrens werden gem. § 240 alle die Masse betreffenden anhängigen Prozesse unterbrochen, also Klageverfahren, Verfahren über einen Arrest oder eine einstweilige Verfügung, Kostenfestsetzungsverfahren, Berufungs-, Beschwerdeverfahren. Kommt es nach den folgenden Ausführungen zur Aufnahme des Prozesses, ist der Insolvenzverwalter **Partei kraft Amtes.**[1]

„Klage des Rechtsanwalts Adalbert von Hinkelstein, Obelixstr. 46, 89900 Galliershausen, als Verwalter in der Insolvenz der Fa. Habenix, Asterixstr. 12, 80018 München."

a) Aktivprozesse, also Prozesse, in denen ein zur Aktivmasse gehörendes Recht geltend gemacht wird (der Schuldner somit auf Leistung eines zur Masse gehörenden Anspruchs klagt), kann der Insolvenzverwalter in der Lage, in der sie sich befinden, aufnehmen (§ 85 I InsO). Lehnt der Verwalter die Aufnahme ab, können Schuldner oder Prozeßgegner den Rechtsstreit aufnehmen; der streitige Anspruch ist durch die Ablehnung regelmäßig insolvenzfreies Vermögen des Schuldners geworden.

b) Passivprozesse, also solche, in denen ein Anspruch gegen den Schuldner geltend gemacht wird, können, wenn sie die Aussonderung, die abgesonderte Befriedigung oder eine Masseverbindlichkeit betreffen, sowohl vom Insolvenzverwalter als auch vom Gegner aufgenommen werden (§ 86 I InsO). Bei anderen Insolvenzverbindlichkeiten bleibt der Prozeß bis zum Prüfungstermin unterbrochen, weil Insolvenzgläubiger ihre Forderungen gem. § 87 InsO nur nach den Vorschriften der InsO geltend machen können. Wird die Forderung dann bestritten, ist ihre Feststellung gem. § 180 II InsO durch Aufnahme des Rechtsstreits zu betreiben (Rn. 853). Der Widersprechende erhält die bisher dem Schuldner zustehende Parteirolle.

801 **2. Neue Prozesse.** Soweit die Insolvenzmasse nicht betroffen ist, sind nach Verfahrenseröffnung Aktiv- und Passivprozesse des Schuldners möglich. Soweit die Masse betroffen ist, können Aktivprozesse nur vom Verwalter als Partei kraft Amtes (Rn. 800) geführt werden. Die Masse betreffende Passivprozesse können nicht geführt werden, weil die Gläubiger ihre Forderungen im Insolvenzverfahren anmelden müssen. In Aussonderungs-, Absonderungs- und eine Masseverbindlichkeit betreffenden Rechtsstreiten, die möglich sind, ist der Insolvenzverwalter anstelle des Schuldners Partei kraft Amtes.

V. Schwebende Verträge

802 **1. Gegenseitige Verträge im allgemeinen.** Die überwiegende Zahl der Forderungen gegen den Schuldner beruht auf gegenseitigen Verträgen. Gäbe es keine Sondervorschriften, wäre die Rechtslage bei beiderseits noch nicht erfüllten Verträgen so, daß der Verwalter die Forderung des Schuldners voll geltend machen könnte, der Vertragspartner als Insolvenzgläubiger aber nur die Quote erhalten würde.

Beispiel: Der Schuldner S hat ein Jahr vor Eröffnung des Insolvenzverfahrens bei V einen Kran zum Preis von 45 000,– DM gekauft. Geliefert werden sollte der Kran zu einem Zeitpunkt nach Eröffnung. Gäbe es § 103 InsO nicht, müßte V den Kran liefern, erhielte seinerseits aber nur die Quote; beträgt diese zB 10%, erhielte er 4500,– DM.

Das Beispiel zeigt die Notwendigkeit von Sonderregelungen; bestehen sie nicht, zB bei einseitigen Forderungen etwa aus unerlaubter Handlung, ver-

---

[1] BGH NJW 1984, 739.

bleibt es beim Grundsatz. Dabei ist der Fall unproblematisch, daß nur der Schuldner bereits erfüllt hat; der Vertragsgegner muß an den Verwalter leisten.

a) Der beiderseits erfüllte Vertrag. Hier bestehen primäre Ansprüche nicht mehr. Es können aber Schadenersatzansprüche wegen einer mangelhaften Leistung entstehen, die, wenn sie dem Vertragspartner des Schuldners zustehen, Insolvenzforderungen sind. Ist – zB wegen einer erfolgreichen Anfechtung – eine **Rückabwicklung** des Vertrages erforderlich, greift die Saldotheorie[1] ein: es besteht von vornherein nur ein einziger Anspruch zugunsten des Vertragspartners, dessen Leistung die erhaltene Gegenleistung im Wert übersteigt. Ist dies die Leistung des Vertragspartners des Schuldners, ist sein Anspruch allerdings eine der Quote unterliegende Insolvenzforderung. Sind die erfüllten Leistungen ungleichartig, besteht nur ein Zug um Zug zu erfüllender Anspruch,[2] so daß der Vertragsgegner geschützt bleibt. 803

b) Der nur vom Gläubiger erfüllte Vertrag. Hat der Gläubiger vollständig erfüllt, greift zu seinen Gunsten keine Sonderregelung der §§ 103ff InsO ein. Er muß das Risiko dafür tragen, daß er abweichend von § 320 BGB vorgeleistet hat. Er erhält nur die Insolvenzquote, ohne seine Leistung zurückzubekommen. Dieses Ergebnis findet sich auch in § 105 InsO für den Fall der teilweisen Leistung wieder: Der Vertragspartner ist wegen des bereits erbrachten Teils selbst dann nur Insolvenzgläubiger, wenn der Verwalter wegen der noch ausstehenden Leistung Erfüllung verlangt (S. 1); die Rückgabe der erbrachten Leistung kann er nicht verlangen (S. 2). Zu durch Vormerkung gesicherten Ansprüchen s. § 106 InsO. 804

c) Der beiderseits noch nicht (voll) erfüllte Vertrag. Haben beide Teile den Vertrag noch nicht voll erfüllt, wäre es unbillig, wenn der Vertragspartner des Schuldners voll erfüllen müßte, seinerseits aber nur die Quote erhielte. § 103 I InsO gibt dem Insolvenzverwalter die Möglichkeit, von der anderen Seite Erfüllung solcher Verträge zu verlangen. 805

Da der Wortlaut des § 103 I InsO fast vollständig dem des § 17 KO entspricht, ist der alte Streit nach der **Bedeutung der Vorschrift** nicht geklärt. Es wird vertreten, die Verfahrenseröffnung habe auf die Erfüllungsansprüche keinen Einfluß, sie würden erst erlöschen, wenn der Verwalter die Erfüllung ablehne, oder sogar trotz Erfüllungsverweigerung fortbestehen. Die neuere Rechtsprechung nimmt an, mit Verfahrenseröffnung würden automatisch alle Erfüllungsansprüche erlöschen.[3] Die Vorschrift berechtige den Verwalter dazu, gleichwohl Erfüllung zu verlangen und die Gegenleistung aus der Masse zu erbringen.

Wählt der Verwalter Erfüllung, hat er seinerseits aus der Masse zu leisten (§ 55 I Nr. 2 InsO). Lehnt er sie ab oder schweigt er auf eine Aufforderung nach § 103 II 2 InsO, kann der Vertragspartner Ansprüche wegen Nichterfüllung nur als Insolvenzgläubiger gegen die Masse geltend machen (§ 103 II 1 InsO), wobei dahin stehen kann, ob sich der Anspruch aus dieser Vorschrift oder aus §§ 325f BGB, pVV ergibt. Zur Rechtslage, wenn Teillei-

---

[1] S. Pal-Thomas § 818 Rn. 28ff.
[2] Pal-Thomas § 818 Rn. 29 m. w. N.
[3] BGHZ 106, 236, 241ff.

stungen erbracht wurden, s. § 105 InsO und Rn. 804, zum Kauf unter Eigentumsvorbehalt Rn. 806.

Der Insolvenzverwalter hat sich unverzüglich auf Aufforderung des Insolvenzgläubigers zu erklären. Wenn er dies unterläßt, kann er auf die Erfüllung nicht mehr bestehen (§ 103 II 3 InsO). Die Erklärung ist eine empfangsbedürftige Willenserklärung,[1] sie unterliegt keinem Formzwang, auch nicht beim Eintritt in einen Grundstückskaufvertrag. Die Erklärung kann konkludent abgegeben werden, nicht einseitig widerrufen, aber nach §§ 119ff BGB angefochten werden.

806 **2. Sonderregelungen für einzelne Verträge. a) Kauf unter Eigentumsvorbehalt.** Die im alten Konkursrecht sehr streitige Frage des Eigentumsvorbehalts in der **Insolvenz des Verkäufers** ist durch § 107 I InsO gelöst. Abweichend von § 103 InsO kann der **Käufer**, dem der Besitz übertragen wurde, Erfüllung des Kaufvertrages verlangen. In der **Insolvenz des Käufers** gilt § 103 InsO mit der Maßgabe des § 107 II InsO, daß der Verwalter mit der Abgabe seiner Erklärung, ob er Erfüllung wählt, grundsätzlich bis nach dem Berichtstermin warten kann. Wählt er Erfüllung, hat er den Restkaufpreis zu zahlen, die Masse erhält das Eigentum. Lehnt er die Erfüllung ab, kann der Verkäufer nach § 455 BGB zurücktreten und die Sache aufgrund seines Eigentums aussondern; geleistete Anzahlungen hat er der Masse zurückzugewähren.

807 **b) Sukzessivlieferverträge, Wiederkehrschuldverhältnisse.** Zwischen diesen beiden Vertragstypen wurde nach altem Konkursrecht insbesondere im Hinblick auf Stromlieferungsverträge differenziert. Unter einem Sukzessivlieferungsvertrag wurde ein einheitlicher Vertrag verstanden, bei dem der eine Teil eine bestimmte Menge in Raten liefert, der andere Teil in Raten zahlt; unter einem Wiederkehrschuldverhältnis eine Kette von Verträgen, bei denen sich der Vertragsabschluß meist stillschweigend für jeden Zeitablauf wiederholt. Die Differenzierung schien schon nach altem Recht entbehrlich;[2] sie ist es jedenfalls nach § 105 InsO. Danach kann bei teilbaren Leistungen, also auch bei allen Sukzessivlieferungsverträgen, der auf die bereits erbrachte Leistung entfallende Betrag nur als Insolvenzforderung geltend gemacht werden, selbst wenn der Verwalter wegen der noch ausstehenden Lieferung Erfüllung verlangt.

Beispiel: Der Schuldner hat aus einem Stromlieferungsvertrag mit dem Unternehmen U aus der Zeit vor Eröffnung des Insolvenzverfahrens 3500,– DM Schulden. Der Verwalter wählt Erfüllung.

Der Vertrag wird durch § 105 InsO praktisch in zwei Teile gespalten. Für die Schulden vor Insolvenzeröffnung (im Beispiel 3500,– DM) steht dem Gläubiger nur die Insolvenzquote zu; nach der Eröffnung entstehende Ansprüche sind als Masseschulden nach § 55 I Nr. 2 InsO in voller Höhe vorrangig zu befriedigen.

808 **c) Arbeits-, Dienstverträge.** Gem. § 108 I 1 InsO bestehen Dienstverhältnisse des Schuldners mit Wirkung für die Masse fort. § 113 I InsO ver-

---

[1] BGHZ 15, 333, 335.
[2] S. Jauernig § 48 II.

kürzt eine evtl. längere Frist zur fristgemäßen Kündigung auf 3 Monate, gibt aber kein Kündigungsrecht, so daß nur bei Vorliegen eines Kündigungsgrundes gekündigt werden kann. Die Vorschriften des Kündigungsschutzgesetzes sind zu beachten. S. im übrigen § 120ff InsO. Die nach §§ 61 I Nr. 1, 59 I Nr. 3 KO bisher bestehende Bevorrechtigung gewisser Lohnforderungen der Arbeitnehmer entfällt mit Inkrafttreten der InsO; unberührt bleibt das Insolvenz- (früher Konkurs-)ausfallgeld.

d) Miete, Pacht. aa) Unbewegliche Sachen, Räume. Miet- und Pacht- 809
verhältnisse des Schuldners über unbewegliche Gegenstände oder Räume bleiben gem. § 108 I 1 InsO bestehen; Ansprüche für die Zeit vor der Verfahrenseröffnung kann der andere Vertragsteil gem. § 108 II InsO nur als Insolvenzgläubiger geltend machen, so daß er nur die Quote erhält. Ist der **Schuldner Mieter** oder Pächter, kann (nur) der Verwalter ohne Rücksicht auf die vereinbarte Vertragsdauer unter Einhaltung der gesetzlichen Fristen den Vertrag kündigen (§ 109 I 1 InsO). Geschieht dies, so kann der andere Teil wegen der vorzeitigen Beendigung des Vertragsverhältnisses als Insolvenzgläubiger Schadenersatz verlangen (§ 109 II 2 InsO). Waren der Gegenstand oder die Räume zur Zeit der Eröffnung des Insolvenzverfahrens dem Schuldner noch nicht überlassen, können Verwalter oder Vermieter vom Vertrag zurücktreten (§ 109 II 1 InsO). Ein nach dem BGB bestehendes Kündigungsrecht des Vermieters ist durch § 112 InsO eingeschränkt. Ist der **Schuldner Vermieter**, bleibt der Vertrag bestehen (§ 108 I InsO). Der Verwalter kann nur bei Vorliegen eines Kündigungsgrundes nach dem BGB kündigen.

bb) Bewegliche Sachen. Für die Miete beweglicher Sachen gilt das Wahlrecht des Verwalters aus § 103 I InsO (Rn. 807). Ist der Schuldner Mieter, gilt für rückständigen Mietzins § 105 S. 1 InsO; es handelt sich um Insolvenzforderungen. Der laufende Mietzins ist Masseverbindlichkeit.

e) Sonstige. § 104 InsO beschränkt die Möglichkeit des Verwalters, bei 810
Fix- und Finanztermingeschäften Erfüllung zu verlangen. Vom Schuldner erteilte Aufträge, die sich auf das zur Insolvenzmasse gehörende Vermögen beziehen, erlöschen gem. § 115 InsO in der Regel ebenso wie nach § 116 InsO Geschäftsbesorgungsverträge und Vollmachten. Eine BGB-Gesellschaft, an der der Schuldner als Gesellschafter beteiligt ist, wird gem. § 728 BGB automatisch aufgelöst.

§ 63 Gegenstand des Verfahrens, Beteiligtenrechte

I. Insolvenzmasse

1. Grundsätze. Das Insolvenzverfahren erfaßt gem. § 35 InsO das ge- 811
samte Vermögen (Rn. 812), das dem Schuldner (Rn. 813) zur Zeit der Eröffnung des Verfahrens gehört und das er während des Verfahrens erlangt (Rn. 814). Die der Masse (als Sondervermögen, Rn. 794) zugehörigen Gegenstände bleiben Eigentum des Schuldners. Die Verfügungs- und Verwaltungsbefugnis geht aber auf den Verwalter über. Der Schuldner ist mittelba-

rer Eigenbesitzer, der Verwalter wird unmittelbarer Fremdbesitzer. Was durch anfechtbare Handlung aus der Masse gelangt ist, kann zur Masse zurückverlangt werden (Rn. 844).

812 **2. Gesamtes vollstreckbares Vermögen.** Alle vermögens- (= geld-) werte Rechte mit Ausnahme der von § 36 InsO erfaßten unpfändbaren oder der nicht dem Schuldner gehörenden Gegenstände gehören zur Masse, also zB Grundstücke, bewegliche Sachen, Forderungen gegen Dritte. Bei Persönlichkeitsrechten, die durchaus geldwert sein können, ist der Schutz der Persönlichkeit zu beachten.

Beispiel: Ein verurteilter Massenmörder, über dessen Vermögen das Insolvenzverfahren eröffnet wurde, hat die Geschichte und Motive seiner Taten in einem Tagebuch niedergelegt, das der Verwalter findet. Der Verwalter darf das Tagebuch nicht an eine Illustrierte verkaufen, was sicher möglich wäre, und dadurch zu Geld machen; der Schutz der Persönlichkeit steht entgegen.

Anders kann es sein, wenn der Verurteilte seine „Memoiren" mit dem Ziel der Veröffentlichung geschrieben hat.

Nicht erfaßt werden Person und Arbeitskraft des Schuldners. Auslandsvermögen gehört zur Masse.

Aus § 36 I InsO wird deutlich, daß nur das der Vollstreckung unterliegende Vermögen zur Masse gehört. Damit scheiden weiter aus reine Persönlichkeitsrechte und unpfändbare Sachen. Hinsichtlich der Hausratsgegenstände befindet sich in § 36 III InsO eine dem § 812 entsprechende Regelung. Die „Firma" des Einzelkaufmanns (sein Name, §§ 17f HGB) ist nicht verwertbar, anders bei der Firma der GmbH[1] und GmbH & Co KG.[2]

813 **3. Schuldnervermögen.** Nur die Gegenstände, die zum Schuldnervermögen gehören, sind Teil der Masse. Andere kann der Berechtigte aussondern (Rn. 821). Das Gesamtgut der ehelichen Gütergemeinschaft gehört gem. § 37 InsO in der Insolvenz des allein verwaltenden Ehegatten zur Masse. Das Vermögen des Ehegatten gehört nicht zur Masse; die Durchsetzung des Aussonderungsanspruchs ist aber bei beweglichen Sachen durch die Vermutung des § 1362 I BGB erschwert. Ist der Schuldner nicht allein Inhaber des Vermögensrechts, fällt nur sein Anteil in die Masse (zB sein Miteigentumsanteil, sein Nachlaßanteil).

814 **4. Zeit des Vermögenserwerbs.** Die Masse erfaßt das zur Zeit der Eröffnung vorhandene und später erworbene Vermögen. Wesentliche Änderung gegenüber § 1 KO ist, daß der früher konkursfreie **Neuerwerb** (Vermögen, das der Schuldner nach der Eröffnung erwirbt, zB Arbeitseinkommen) nunmehr in die Masse fällt. Die alte Regelung sollte dem Schuldner die Möglichkeit geben, eine neue Existenz aufzubauen; dies war schon deshalb rein theoretisch, weil nach Beendigung des Konkurses der Neuerwerb wieder dem Zugriff sowohl der alten als auch neuer Gläubiger unterlag. Nunmehr wird der Neuerwerb zur Masse gezogen; der Neugläubiger, der sich in Kenntnis des Insolvenzverfahrens (öffentliche Bekanntmachung) auf nicht sofort abgewickelte Verträge mit dem Schuldner einläßt, ist nicht schutzwür-

---

[1] BGH NJW 1983, 755f.

[2] BGH NJW 1990, 1605, 1606f.

dig. Die neue Existenz soll durch das Restschuldbefreiungsverfahren (Rn. 857) ermöglicht werden.

5. Freigabe. Der Insolvenzverwalter erhält gem. § 80 I InsO das Verwaltungs- und Verfügungsrecht über das Vermögen des Schuldners. Dies berechtigt ihn auch dazu, Gegenstände (zB nicht realisierbare Forderungen, überbelastete Grundstücke) freizugeben (s. auch § 32 III 1 InsO). Freigabe bedeutet die Aufhebung der Beschlagnahme zugunsten des Schuldners.[1] Die Freigabeerklärung ist einseitige empfangsbedürftige Willenserklärung,[2] die nicht einseitig widerrufen, aber nach §§ 119ff BGB angefochten werden kann.[3] Zulässig ist auch eine sog. modifizierte Freigabe, zB die Ermächtigung des Schuldners durch den Verwalter, eine zur Masse gehörige Forderung im eigenen Namen einzuklagen.[4] **815**

6. Soll-, Istmasse. Unter der **Istmasse** wird die Masse verstanden, die der Insolvenzverwalter tatsächlich vorfindet. In ihr fehlt, was durch eine Anfechtung noch zur Masse kommen wird. Sie enthält wegen der Rechte Dritter noch auszusondernde Gegenstände. **Sollmasse** ist der rechtliche Umfang der Masse iSd. §§ 35f InsO. **816**

II. Insolvenzgläubiger

Die Insolvenzmasse dient gem. § 38 InsO zur Befriedigung der persönlichen Gläubiger, die einen zur Zeit der Eröffnung des Insolvenzverfahrens (Rn. 819) begründeten Vermögensanspruch (Rn. 818) gegen den Schuldner haben. Dies sind die Insolvenzgläubiger. Zu ihrer Haftung für einen unbegründeten Antrag s. Rn. 792. **817**

1. Persönliche Ansprüche (Gegensatz: dingliche) sind schuldrechtliche Ansprüche des Gläubigers gegen den Schuldner. Inhaber dinglicher Ansprüche sind aussonderungs- oder absonderungsberechtigt und nicht an der Masse beteiligt. Fallen dingliche und schuldrechtliche Ansprüche zusammen, ist der Gläubiger (nur) wegen des schuldrechtlichen Anspruchs Insolvenzgläubiger.

2. Vermögensanspruch. Es muß sich um einen **Vermögensanspruch** handeln, also um eine Forderung, die auf Geld gerichtet ist oder sich inhaltlich in einen Geldleistungsanspruch umwandeln läßt und erzwingbar ist. Höchstpersönliche Ansprüche (zB Namensrecht) oder Gestaltungsrechte sind nicht geldwert. Rechte, die sich aus der Ausübung von Gestaltungsrechten ergeben, können Insolvenzforderungen sein. **Unvollkommene Verbindlichkeiten** (zB Spiel, Wette, §§ 762ff BGB) sind nicht erzwingbar und damit keine Insolvenzforderungen. **Verjährte Ansprüche** können als Insolvenzforderungen angemeldet werden, ebenso nicht fällige, die gem. § 41 I InsO als fällig gelten. Zu bedingten Forderungen s. § 42 InsO, zu Unterhaltsansprüchen § 40 InsO und zu den neu geregelten Ansprüchen von Gesamtschuldnern und Bürgen § 44 InsO. **818**

---

[1] BGH NJW 1990, 1239.
[2] BGH NJW 1994, 3232, 3233.
[3] Str., wie hier Kilger-Schmidt § 6 KO Anm. 4d aa m.w.N.
[4] BGH NJW 1987, 2018.

819 **3. Zeit der Anspruchentstehung.** Der Anspruch muß zur Zeit der Verfahrenseröffnung „begründet" sein. Der **Rechtsgrund** des Anspruchs muß vor der Verfahrenseröffnung (Rn. 793) liegen. Darunter fallen auch vorher begründete, aber aufschiebend bedingte oder betagte Forderungen.

Nach diesem Zeitpunkt entstehende Forderungen werden nicht berücksichtigt, was grundsätzlich durch die Tatsache der öffentlichen Bekanntmachung des Verfahrens gerechtfertigt ist, bei Ansprüchen aus unerlaubter Handlung aber Härten bedeuten kann.

820 **4. Rang der Insolvenzgläubiger.** Die Insolvenzordnung kennt zwei Gruppen von Insolvenzgläubigern, die persönlichen (§ 38 InsO) und die nachrangigen Insolvenzgläubiger (§ 39 InsO). Forderungen **nachrangiger** Insolvenzgläubiger sind erst dann zu berichtigen, wenn alle anderen Insolvenzgläubiger befriedigt sind. Hierzu gehören zB die seit der Verfahrenseröffnung laufenden Zinsen und die Kosten der einzelnen Insolvenzgläubiger, die nach § 63 KO im Konkursverfahren überhaupt nicht geltend gemacht werden konnten. Innerhalb der numerisch aufgezählten Fälle des § 39 I InsO ergibt sich der Rang aus der Reihenfolge der Aufzählung; bei Gleichrang entscheidet das Verhältnis der Beträge der Forderungen.

III. Rechte der Massebeteiligten

821 **1. Aussonderung.** Aussonderungsberechtigt ist nach § 47 InsO, wer aufgrund eines dinglichen oder persönlichen Rechts geltend machen kann, daß ein Gegenstand nicht zur Masse gehört. Er ist kein Insolvenzgläubiger. Sein Anspruch richtet sich nach den Gesetzen außerhalb der InsO. Soweit persönliche, also schuldrechtliche Ansprüche erwähnt sind, sind nicht Verschaffungsansprüche, sondern nur Herausgabeansprüche gemeint. Damit entspricht die Rechtslage der bei der Drittwiderspruchsklage (§ 771, s. Rn. 574ff). Wegen § 51 Nr. 1 InsO gilt anderes nur für den Sicherungseigentümer und den Inhaber einer zur Sicherheit abgetretenen Forderung. Er ist nicht aussonderungs-, sondern nur absonderungsberechtigt, während er nach hM Drittwiderspruchsklage erheben kann (Rn. 594). **Geltend gemacht** wird ein Aussonderungsrecht unabhängig vom Insolvenzverfahren gegen den Verwalter. Notfalls muß gegen ihn als Partei kraft Amtes (Rn. 800) geklagt werden.

822 **2. Ersatzaussonderung.** Ist ein normalerweise auszusondernder Gegenstand (Rn. 821) vor der Verfahrenseröffnung vom Schuldner oder danach vom Verwalter unberechtigterweise veräußert worden, steht dem Aussonderungsberechtigten gem. § 48 InsO ein Ersatzaussonderungsanspruch zu. **Voraussetzungen** sind:

- **Veräußerung** eines Gegenstandes, Rechts oder einer Forderung
- durch Schuldner vor oder Verwalter nach Verfahrenseröffnung
- **Entgeltlichkeit** der Veräußerung (§ 48 I 1 und 2 InsO: „Gegenleistung")
- die Veräußerung muß **unberechtigt** sein. Dies ist nunmehr ausdrücklich in § 48 InsO geregelt; es wurde nach Sinn und Zweck der Vorschrift auch für die Ersatzaussonderung nach § 46 KO angenommen. Unberechtigt ist die Veräußerung nicht, wenn der Aussonderungsberechtigte ihr zugestimmt hatte, was beim Verkauf von Sachen unter Eigentumsvorbehalt an

Kaufleute fast immer der Fall ist. Damit besteht in diesen Fällen kein Ersatzaussonderungsanspruch; eine Vorausabtretung der dem Weiterveräußerer zustehenden Kaufpreisforderung (verlängerter Eigentumsvorbehalt) gibt nur ein Absonderungsrecht (Rn. 823).

Rechtsfolge ist ein Anspruch auf Abtretung der Gegenleistung, soweit diese noch aussteht. Ansonsten kann die Gegenleistung herausverlangt werden, wenn sie noch unterscheidbar in der Masse ist (§ 48 S. 2 InsO, zB auf einem Anderkonto), im Gegensatz zu § 46 KO ungeachtet der Frage, wann sie in die Masse gelangt ist. Fehlt es auch hieran (zB bei Barzahlung und Vermengung mit Geld in der Kasse) kommen nur noch Ansprüche nach § 55 I Nr. 1 oder 3 InsO als Masseverbindlichkeiten oder ein Schadenersatzanspruch gegen den Verwalter (§ 60 InsO) in Betracht.

3. Absonderung. a) Überblick. Gegenstände oder Rechte, die der Aus- **823** sonderung unterliegen, gehören nicht zur Insolvenzmasse. Gegenstände oder Rechte, die der Absonderung unterliegen, gehören zur Masse, die Gläubiger sind aber zur abgesonderten Befriedigung aus dem Gegenstand oder dem Recht berechtigt. Die Aussonderung entspricht daher in der Einzelzwangsvollstreckung der Drittwiderspruchsklage (§ 771), die Absonderung der Vorzugsklage (§ 805). Ein Schwerpunkt der Änderungen durch die InsO gegenüber der KO liegt im vorrangigen Verwertungsrecht des Verwalters (§§ 165ff InsO) und in der Kostenbeteiligung der durch Absonderungsrechte gesicherten Gläubiger (§§ 170f InsO).

b) Absonderungsrechte an beweglichen Sachen. Zur Absonderung **824** berechtigen

- **rechtsgeschäftliche Pfandrechte** (§ 50 I InsO);
- **gesetzliche Pfandrechte** (§ 50 I InsO), zur Einschränkung bei Vermieter- und Verpächterpfandrechten s. § 50 II;
- **Pfändungspfandrechte** (§ 50 I InsO); dies können vor Insolvenzeröffnung entstandene sein, die aber durch die neue Regelung in § 88 InsO unwirksam werden, wenn sie **Insolvenzgläubiger** im letzten Monat vor dem Eröffnungsantrag oder danach erlangt haben; es können auch nach Verfahrenseröffnung durch die zulässige Vollstreckung von **Massegläubigern** (§ 53 InsO) entstandene sein;
- **Sicherungseigentum** oder Forderungsinhaberschaft aufgrund **Sicherungsabtretung** (§ 51 Nr. 1 InsO, also auch Globalzession, unechtes Factoring, verlängerter Eigentumsvorbehalt);
- bestimmte Zurückbehaltungsrechte (§ 51 Nr. 2, 3 InsO);
- zoll- und steuerpflichtige Sachen als Sicherheiten für öffentliche Abgaben (§ 51 Nr. 4 InsO).

c) Immobiliarrechte. Gläubiger, denen ein Recht auf Befriedigung aus **825** Gegenständen zusteht, die der Immobiliarvollstreckung unterliegen, sind gem. § 49 InsO nach Maßgabe des ZVG zur abgesonderten Befriedigung berechtigt. **Gegenstand** sind Grundstücke, grundstücksgleiche Rechte und Grundstückszubehör (§§ 864f, §§ 1120ff, 93ff, 97 BGB). Rechte sind die des § 10 I ZVG, insbesondere Grundpfandrechte. Trotz Bestehens von Absonderungsrechten kann der Verwalter gem. § 165 InsO Zwangsversteigerung oder Zwangsverwaltung betreiben lassen.

826 **d) Durchführung der Absonderung.** Gem. § 166 InsO darf der Verwalter beim Bestehen von Absonderungsrechten **bewegliche Sachen** verwerten, wenn er sie in seinem Besitz hat, und zur Sicherung abgetretene Forderungen einziehen oder anders verwerten (s. auch §§ 168f InsO). Er kann den Gegenstand auch dem Gläubiger zur Verwertung überlassen (vgl. § 170 II InsO). Gem. §§ 170f InsO haben die Gläubiger die Feststellungs- und Verwertungskosten zu tragen (zur Höhe s. § 171 InsO). Die Kosten werden vorab vom Verwertungserlös abgezogen; aus dem verbleibenden Betrag ist der absonderungsberechtigte Gläubiger zu befriedigen. Bei mehreren Absonderungsberechtigten an einem Gegenstand gilt das Prioritätsprinzip; die InsO stellt im Gegensatz zu § 49 KO keine Rangfolge mehr auf. **Unbewegliche** Sachen können nach dem ZVG verwertet (Rn. 825) oder freihändig verkauft werden.

Sind Absonderungsberechtigte **auch persönliche Gläubiger,** sind sie gem. § 52 InsO auch Insolvenzgläubiger; sie können quotenmäßige Befriedigung aus der Masse aber nur verlangen, wenn sie auf das Absonderungsrecht verzichten, oder insoweit sie bei der abgesonderten Befriedigung ausgefallen sind (Differenz zwischen Anspruch und ausgezahltem Verwertungserlös abzgl. Kosten).

Zur abweichenden Befriedigung aufgrund eines Insolvenzplans s. Rn. 859.

827 **4. Aufrechnung. a) Zulässigkeit.** Wie bei der Einzelzwangsvollstrekkung (durch die Regelung des § 392 BGB, s. Rn. 351) bleibt auch in der Insolvenz der Insolvenzgläubiger grundsätzlich zur Aufrechnung berechtigt (§ 94 InsO), wenn die Aufrechnungslage zur Zeit der Beschlagnahme durch die Insolvenzeröffnung bereits bestand; er soll nicht die Forderung des Schuldners voll begleichen, aber wegen seiner Forderung nur die Quote erhalten. Ist die Forderung des Insolvenzgläubigers zur Zeit der Eröffnung noch aufschiebend bedingt oder noch nicht fällig oder gleichartig, ist die Aufrechnung nicht unzulässig, sie kann aber erst erfolgen, wenn die fehlende Voraussetzung eingetreten ist (§ 95 I 1 InsO).

b) Unzulässigkeit. Unzulässig ist die Aufrechnung:
- im Fall des § 95 I 1 InsO, wenn die Forderung des Schuldners unbedingt und fällig wird, bevor aufgerechnet werden kann (§ 95 I 3 InsO);
- wenn die Forderung des Schuldners nach der Verfahrenseröffnung entstanden ist (§ 96 Nr. 1 InsO);
- wenn der Gläubiger seine Forderung erst nach Eröffnung von einem anderen Gläubiger erworben hat (§ 96 Nr. 2 InsO);
- wenn die Aufrechnungsmöglichkeit durch anfechtbare Rechtshandlung erworben wurde (§ 96 Nr. 3 InsO, Rn. 831ff);
- wenn die Gläubigerforderung insolvenzfrei, die Gläubigerschuld aber zur Masse geschuldet ist (§ 96 Nr. 4 InsO).

c) Nicht fällige, aber erfüllbare Forderung. Nach dem Wortlaut des § 95 I 1 InsO kann noch nicht gegen eine fällige, aber erfüllbare Forderung aufgerechnet werden. Dies weicht von § 387 BGB ab (s. Rn. 547) und widerspricht § 94 InsO. Dies dürfte auf einem Versehen des Gesetzgebers beruhen; jedenfalls ist § 95 I 1 InsO berichtigend dahin auszulegen, daß eine

Aufrechnung nicht verboten werden soll, die nach § 387 BGB bei Verfahrenseröffnung möglich gewesen wäre.[1]

5. Massegläubiger, Masseverbindlichkeiten. Massegläubiger, also Inhaber der sog. Masseansprüche, sind gem. § 53 InsO die Berechtigten der Ansprüche aus den §§ 54f InsO. Ihre Ansprüche sind aus der Insolvenzmasse vorab zu berichtigen, also vor der Aufteilung an die Insolvenzgläubiger. Masseverbindlichkeiten sind: 828

- die Gerichtskosten für das Insolvenzverfahren (§§ 53, 54 Nr. 1 InsO);
- die Vergütungen und Auslagen des vorläufigen Verwalters, des Verwalters und der Mitglieder des Gläubigerausschusses (§§ 53, 54 Nr. 2 InsO);
- Verbindlichkeiten, die durch die Verwaltung, Verwertung und Verteilung der Masse begründet werden (§§ 53, 55 I Nr. 1 InsO);
- Verbindlichkeiten aus gegenseitigen Verträgen, soweit deren Erfüllung zur Masse verlangt wird oder für die Zeit nach der Eröffnung des Verfahrens erfolgen muß (§§ 53, 55 I Nr. 2 InsO);
- Verbindlichkeiten aus einer ungerechtfertigten Bereicherung der Masse (§§ 53, 55 I Nr. 3 InsO);
- Verbindlichkeiten, die von einem mit Verfügungsbefugnis ausgestatteten vorläufigen Verwalter (Rn. 789) begründet worden sind (§§ 53, 55 II 1 InsO);
- Verbindlichkeiten aus einem Dauerschuldverhältnis, soweit der vorläufige Insolvenzverwalter die Gegenleistung in Anspruch genommen hat (§§ 53, 55 II 2 InsO).

Reicht die Masse nicht zur Befriedigung aller Massegläubiger aus, richtet sich der **Rang der Massegläubiger** nach § 209 InsO.

6. Insolvenzforderungen. Insolvenzforderungen sind die Ansprüche der Insolvenzgläubiger (§ 38 InsO, Rn. 817ff). Soweit sie nicht auf Geld gerichtet sind, sind sie mit dem Wert geltend zu machen, der für die Zeit der Verfahrenseröffnung geschätzt werden kann (§ 45 I InsO). Zu Forderungen in ausländischer Währung und wiederkehrenden Leistungen s. §§ 45 I 2, 46 InsO. Sie sind anzumelden und festzustellen (Rn. 853). Zu ihrer Begleichung s. Rn. 854. 829

§ 64 Insolvenzanfechtung

I. Zweck, Übersicht

Würde strikt nur das Vermögen des Schuldners zur Zeit der Verfahrenseröffnung in die Masse fallen, könnte der Schuldner sein Vermögen bei drohender Insolvenz dem Gläubigerzugriff entziehen, zB durch Übertragung auf nahe Angehörige. Könnten diese und ähnliche Manipulationen nicht rückgängig gemacht werden, stünde häufig keine Masse zur Verteilung mehr zur Verfügung. Vor der Verfahrenseröffnung vorgenommene Rechtshandlungen können daher **vom Verwalter** angefochten werden, wenn ein Anfechtungsgrund nach den §§ 130 bis 137 InsO vorliegt. **Voraussetzungen** sind 830

[1] Jauernig § 79 III.

eine objektiv benachteiligende (Rn. 833) Rechtshandlung (Rn. 831) vor Verfahrenseröffnung (Rn. 832) und ein Anfechtungsgrund (Rn. 833ff). Als **Rechtsfolge** muß das anfechtbar Erworbene gem. § 140 InsO zur Masse zurückgewährt werden (Rn. 844).

Außerhalb der Insolvenz findet die Anfechtung nach dem Gläubigeranfechtungsgesetz statt (Rn. 620ff).

II. Anfechtungsgegenstand

831 **1. Rechtshandlungen.** Rechtshandlung (s.a. Rn. 624) ist jedes Handeln, das eine Rechtsfolge auslöst. Hierzu gehören Willenserklärungen (zB auf Veräußerung eines Gegenstands, Anerkennung einer Forderung oder Verzicht gerichtet), Verfügungen (zB Übertragung oder Belastung von Eigentum) und auch rechtsgeschäftsähnliche Handlungen (zB Ergehenlassen eines Versäumnisurteils). **Unterlassungen** sind den positiven Handlungen gem. § 129 II InsO gleichgestellt; dies wurde ohne ausdrückliche Regelung auch zu § 29 KO angenommen, wenn es wissentlich und willentlich geschah. Daran fehlt es bei unbewußten oder fahrlässigen Unterlassungen.

Die Rechtshandlung muß **wirksam** sein, weil sonst der Gegenstand noch der Masse gehört und der Geschäftspartner keinen Vorteil hat. Liegt ein tatsächlicher Vorteil vor, kann gleichwohl auch bei Nichtigkeit angefochten werden (zB bei einer zum Schein erfolgten Eigentumsübertragung auf einen nahen Angehörigen, dessen Vorteil in der Grundbucheintragung liegt),[1] wenn die Anfechtung leichter zu beweisen ist als die die Nichtigkeit begründenden Umstände.[2]

Eine Leistung des Schuldners, für die unmittelbar eine **gleichwertige Gegenleistung** (sog. „Bargeschäft") in sein Vermögen gelangt, ist nach § 142 InsO nur anfechtbar bei der Vorsatzanfechtung nach § 133 I InsO (Rn. 838).

832 **2. Maßgeblicher Zeitpunkt.** Die Rechtshandlung muß gem. § 129 I InsO **vor Verfahrenseröffnung** vorgenommen worden sein. Sie gilt in dem Zeitpunkt als vorgenommen, in dem ihre rechtlichen Wirkungen eintreten (§ 140 I InsO). Der Zeitpunkt, in dem eine Unterlassung als Rechtshandlung „vorgenommen" worden ist, ist derjenige, in dem die unterlassene Rechtshandlung letztmals noch hätte getätigt werden können.[3] Ist für das Wirksamwerden eines Rechtsgeschäfts eine Eintragung im Grundbuch oder bestimmte Register erforderlich, ist auf den Zeitpunkt abzustellen, in dem die übrigen Voraussetzungen für das Wirksamwerden erfüllt sind, die Willenserklärung des Schuldners für ihn bindend geworden ist und der Gläubiger den Antrag auf Eintragung der Rechtsänderung gestellt hat (§ 140 II 1 InsO; zur Vormerkung s. § 140 II 2 InsO). **Nach Verfahrenseröffnung** vorgenommene Rechtshandlungen können gem. § 147 I InsO angefochten werden, wenn sie nach den Vorschriften über den öffentlichen Glauben des Grundbuchs (und bestimmter anderer Register) wirksam sind.

---

[1] Kilger-Schmidt § 29 KO Anm. 6.
[2] Ähnlich Jauernig § 80 V. 1.
[3] Obermüller-Hess Rn. 237.

3. Gläubigerbenachteiligung. Voraussetzung aller Anfechtungstatbestände ist gem. § 129 I InsO die **Benachteiligung der Insolvenzgläubiger** (s. hierzu auch Rn. 625). Die Benachteiligung einzelner Gläubiger reicht nicht aus. Ob eine Vermögensbenachteiligung vorliegt, ist nach wirtschaftlichen Gesichtspunkten zu entscheiden. An ihr fehlt es zB, wenn wertlose Vermögensgegenstände weggeben werden. Die Insolvenzmasse muß vermindert sein. Daran fehlt es auch, wenn die Rückgewähr nicht zu einer Mehrung der Insolvenzmasse führt, zB wenn ein Absonderungsrecht besteht.[1] Zu „Bargeschäften" mit gleichwertiger Gegenleistung s. Rn. 831. 833

Grundsätzlich reicht eine mittelbare Benachteiligung aus; unmittelbare Benachteiligung verlangen §§ 132, 133 II InsO. Zur Abgrenzung s. Rn. 837.

III. Anfechtungsgründe

1. Überblick. Die Anfechtungsvorschriften sind redaktionell durch die InsO im Vergleich zur KO wesentlich geändert, die Anfechtungsmöglichkeiten erheblich erweitert worden. Die Anfechtung ist geregelt für die kongruente (§ 130 InsO) und inkongruente (§ 131 InsO) Deckung, unmittelbar nachteilige Rechtshandlungen (§ 132 InsO), die vorsätzliche Benachteiligung (§ 133 InsO), die Schenkung (§ 134 InsO), kapitalersetzende Darlehen (§ 135 InsO), die stille Gesellschaft und Wechsel- und Scheckzahlungen (§ 136f InsO). Der Begriff der nahestehenden Personen ist in § 138 InsO definiert und gegenüber der KO wesentlich erweitert. Die Anfechtungsfrist (§ 146 InsO) ist jetzt Verjährungsfrist und von einem auf zwei Jahre verlängert worden. 834

2. Kongruente Deckung. Anfechtbar ist gem. § 130 InsO eine Rechtshandlung, die einem Insolvenzgläubiger eine Sicherung oder Befriedigung gewährt oder ermöglicht hat, 835

- wenn sie in den letzten 3 Monaten vor dem Eröffnungsantrag vorgenommen worden ist, wenn zur Zeit der Handlung der Schuldner zahlungsunfähig war und der Gläubiger zu dieser Zeit die Zahlungsunfähigkeit kannte, oder
- wenn sie nach dem Eröffnungsantrag vorgenommen worden ist, der Schuldner zur Zeit der Handlung zahlungsunfähig war und der Gläubiger die Zahlungsunfähigkeit bzw. den Eröffnungsantrag kannte.

Für die **Kenntnis** genügt die Kenntnis von Umständen, die zwingend auf die Zahlungsunfähigkeit oder den Eröffnungsantrag schließen lassen (§ 130 II InsO). Erforderlich ist positive Kenntnis; grobe Fahrlässigkeit reicht nicht. Die **Beweislast** hat der anfechtende Verwalter. Gegenüber nahestehenden Personen (§ 138 InsO) wird allerdings vermutet, daß sie die Zahlungsunfähigkeit oder den Eröffnungsantrag kannten (§ 130 III InsO).

Kongruente Deckung liegt vor, wenn die gewährte oder ermöglichte Sicherung bzw. Befriedigung der geschuldeten entsprach. Gegenüber § 30 KO erweitert § 131 InsO den Begriff der Deckungshandlungen auf solche, die zwar nicht selbst eine Deckung gewährt haben, aber zu einer solchen führen können, sie also **ermöglichen.** Darunter fallen etwa Prozeßhandlungen, die

[1] BGH NJW-RR 1986, 536, 538f.

wie zB ein Anerkenntnis dem Gläubiger den Zugriff auf das Schuldnervermögen zwar nicht unmittelbar geben, aber dazu Vorschub leisten. Zur Gläubigerbenachteiligung s. Rn. 833, zum Zeitpunkt der Vornahme der Rechtshandlung § 140 InsO, zur Berechnung der 3- Monatsfrist § 139 InsO.

Wenn der Eröffnungsantrag auf Überschuldung oder auf drohende Zahlungsunfähigkeit (§§ 18, 19 InsO) gestützt wird, die Zahlungsunfähigkeit aber noch nicht eingetreten ist, sind Deckungen, die nach dem Eröffnungsantrag vorgenommen werden, nicht anfechtbar.

836 **3. Inkongruente Deckung.** Anfechtbar ist gem. § 131 I InsO eine Rechtshandlung, die einem Insolvenzgläubiger eine Sicherung oder Befriedigung gewährt oder ermöglicht hat, die er nicht oder nicht in der Art oder nicht zu der Zeit zu beanspruchen hatte,

– wenn sie im letzten Monat vor dem Eröffnungsantrag oder nach diesem Antrag vorgenommen worden ist (§ 131 I Nr. 1 InsO),
– wenn sie innerhalb des zweiten oder dritten Monats vor dem Eröffnungsantrag vorgenommen worden ist und der Schuldner zur Zeit der Handlung zahlungsunfähig war (§ 131 I Nr. 2 InsO) oder
– wenn sie innerhalb des zweiten oder dritten Monats vor dem Eröffnungsantrag vorgenommen worden ist und dem Gläubiger zur Zeit der Handlung bekannt war, daß sie die Insolvenzgläubiger benachteiligte (§ 131 I Nr. 3 InsO).

Bei der Anfechtung nach § 131 I Nr. 3 InsO steht die **Kenntnis** von Umständen, die zwingend auf die Benachteiligung schließen lassen, der Kenntnis von der Benachteiligung gleich. Die **Beweislast** hat der anfechtende Verwalter, bei nahestehenden Personen (§ 138 InsO) wird die Kenntnis allerdings vermutet (§ 131 II InsO).

Eine **inkongruente Deckung** liegt vor, wenn die gewährte oder ermöglichte Sicherung bzw. Befriedigung

– nicht,

Beispiel: Zahlungen auf zwischenzeitlich erlassene oder verjährte Forderungen.

– nicht in der Art,

Beispiele: Anstelle der vereinbarten Zahlung einer Forderung erfolgt die Begleichung der Schuld durch Abtretung einer Forderung an Erfüllungs Statt; nachträglich (ohne ursprüngliche Vereinbarung) wird ein Gegenstand zur Sicherheit übereignet.

– nicht zu der Zeit

Beispiel: Begleichung einer noch nicht fälligen Forderung.

geschuldet war. Zur Gläubigerbenachteiligung s. Rn. 833, zum „Ermöglichen“ einer Deckung Rn. 835, zum Zeitpunkt der Vornahme der Rechtshandlung § 140 InsO, zur Berechnung der Frist § 139 InsO.

837 **4. Unmittelbar nachteilige Rechtshandlungen.** § 132 InsO dient als Auffangtatbestand für Rechtshandlungen, die für die Gläubiger nachteilig sind, ohne daß sie von der Anfechtung wegen kongruenter (§ 130 InsO) oder inkongruenter Deckung (§ 131 InsO) erfaßt werden. Rechtsgeschäfte, durch deren Vornahme die Insolvenzgläubiger unmittelbar benachteiligt

werden, können unter denselben **Voraussetzungen** wie bei kongruenter Deckung (Rn. 835) angefochten werden. Ihnen gleich stehen nach § 132 II InsO Rechtshandlungen, durch die der Schuldner ein Recht verliert oder nicht mehr geltend machen kann oder durch die ein vermögensrechtlicher Anspruch gegen ihn erhalten oder durchsetzbar wird.

Anfechtbares **Rechtsgeschäft** nach Abs. 1 kann zB ein einseitiges Rechtsgeschäft wie die Kündigung sein. So kann eine Kreditkündigung, durch die nach den AGB eine Aufrechnung mit Kontoguthaben ermöglicht wird, angefochten werden. **Rechtshandlungen** nach Abs. 2 sind vor allem **Unterlassungen**, die gem. § 129 II InsO den Rechtshandlungen gleichstehen. Rechtsgeschäft bzw. Rechtshandlung müssen **unmittelbar**, also durch ihre Vornahme (s.a. Rn. 627), benachteiligen; ein mittelbarer Zusammenhang reicht nicht aus.

Beispiele für unmittelbare Benachteiligung durch Unterlassungen:[1] Der Schuldner unterläßt einen Protest nach Wechselrecht und verliert deshalb Rechte, die den Protest voraussetzen; er unterläßt es, Rechtsmittel oder Rechtsbehelfe (zB Einspruch gegen Versäumnisurteil) einzulegen und verliert deshalb einen aussichtsreichen Prozeß; er unterläßt Unterbrechung der Verjährung, die Erhebung der Verjährungseinrede, die rechtzeitige Irrtumsanfechtung nach den §§ 119 ff BGB.

5. Vorsätzliche Benachteiligung. a) Normalfall (§ 133 I InsO). Nach § 133 I InsO ist eine Rechtshandlung anfechtbar, die der Schuldner 838
- in den letzten 10 Jahren vor dem Eröffnungsantrag oder nach dem Antrag
- mit dem Vorsatz, seine Gläubiger zu benachteiligen, vorgenommen hat,
- wenn der andere Teil zur Zeit der Handlung den Vorsatz des Schuldners kannte.

Die **Beweislast** (insbesondere auch für Vorsatz und Kenntnis) hat der anfechtende Verwalter. Die **Kenntnis** wird vermutet, wenn der andere Teil wußte (was vom Verwalter zu beweisen ist), daß die Zahlungsunfähigkeit des Schuldners drohte und daß die Handlung die Gläubiger benachteiligte.

Die Anfechtung wegen vorsätzlicher Benachteiligung entspricht im wesentlichen der Absichtsanfechtung nach § 31 Nr. 1 KO; allerdings spricht § 133 I InsO nicht mehr von Absicht, sondern von Vorsatz. Damit ist keine sachliche Änderung verbunden, denn anerkanntermaßen reichte auch für § 31 KO bedingter Vorsatz aus. Außerdem ist die 30jährige Frist verkürzt worden.

Zur Gläubigerbenachteiligung s. Rn. 833, zum Zeitpunkt der Vornahme der Rechtshandlung § 140 InsO, zur Berechnung der Frist § 139 InsO.

b) Entgeltliche Verträge mit nahestehenden Personen (§ 133 II InsO). Anfechtbar ist ein vom Schuldner mit einer nahestehenden Person (§ 138 InsO) 839
- innerhalb der letzten 2 Jahre vor dem Eröffnungsantrag geschlossener **entgeltlicher** Vertrag,
- durch den die Insolvenzgläubiger **unmittelbar** (s. Rn. 627, 837) benachteiligt werden,
- es sei denn, daß dem anderen Teil zur Zeit des Vertragsabschlusses ein Vorsatz des Schuldners, die Gläubiger zu benachteiligen, nicht bekannt war.

---

[1] Nach BT-Drucks. 12/2443, S. 160.

Die **Beweislast** für die unmittelbare Benachteiligung hat der Verwalter. Wie aus der Formulierung „es sei denn“ folgt, muß dagegen der Gegner die Unkenntnis vom Benachteiligungsvorsatz und den Zeitpunkt des Vertragsschlusses (um betrügerischen Rückdatierungen zu begegnen) beweisen.

Zur Gläubigerbenachteiligung s. Rn. 833, zum Zeitpunkt der Vornahme der Rechtshandlung § 140 InsO, zur Berechnung der Frist § 139 InsO.

840 **6. Unentgeltliche Leistungen.** Gem. § 134 InsO ist eine unentgeltliche Leistung des Schuldners anfechtbar, es sei denn,

- sie ist früher als 4 Jahre vor dem Eröffnungsantrag vorgenommen worden (Abs. 1),
- sie richtet sich auf ein gebräuchliches Gelegenheitsgeschenk geringen Werts (Abs. 2).

Eine **unentgeltliche Leistung** (nach § 32 KO „Verfügung“) liegt vor, wenn ein Vermögenswert des Verfügenden zugunsten einer anderen Person aufgegeben wird, ohne daß der Empfänger eine ausgleichende Gegenleistung an den Verfügenden oder mit dessen Einverständnis an einen Dritten erbringt (s. a. Rn. 628). Dabei verlangt der anfechtungsrechtliche Begriff der unentgeltlichen Verfügung zum Schutz der Gläubiger eine weitgehende Ausdeutung und setzt keine Einigung über die Unentgeltlichkeit voraus.[1] Die Bestellung einer ursprünglich nicht vereinbarten Sicherheit für eine eigene, durch eine entgeltliche Gegenleistung begründete Verbindlichkeit ist nicht als unentgeltliche Verfügung anfechtbar.[2] Zur gemischten Schenkung s. Rn. 628. Die **Beweislast** für den Zeitpunkt der Vornahme der Leistung trägt zur Erschwerung von Manipulationen der Anfechtungsgegner („es sei denn ...“).

Zur Gläubigerbenachteiligung s. Rn. 833, zum Zeitpunkt der Vornahme der Leistung § 140 InsO, zur Berechnung der Frist § 139 InsO.

841 **7. Sonstige Anfechtungsgründe.** Anfechtbar ist gem. § 135 InsO eine Rechtshandlung, die für die Forderung eines Gesellschafters auf Rückgewähr eines **kapitalersetzenden Darlehens** oder für eine gleichgestellte Forderung

- Sicherung gewährt hat, wenn die Handlung in den letzten 10 Jahren
- Befriedigung gewährt hat, wenn die Handlung im letzten Jahr

vor dem Eröffnungsantrag oder danach vorgenommen worden ist. Da im Gegensatz zu § 32a KO nicht mehr ausdrücklich auf die Vorschriften des GmbHG über kapitalersetzende Gesellschafterdarlehen Bezug genommen ist, ist klargestellt worden, daß nicht nur kapitalersetzende Darlehen eines GmbH-Gesellschafters (§ 32a I, III GmbHG), sondern auch Darlehen von Komplementären oder Kommanditisten an eine oHG oder KG, bei der kein persönlich haftender Gesellschafter eine natürliche Person ist (§§ 129a, 172a HGB), mit erfaßt werden.

Zur Gläubigerbenachteiligung s. Rn. 833, zum Zeitpunkt der Vornahme der Rechtshandlung § 140 InsO, zur Berechnung der Frist § 139 InsO. Zu den Anfechtungsgründen bei **stillen Gesellschaften** und **Wechsel- und Scheckzahlungen** s. §§ 137f InsO.

---

[1] BGH NJW-RR 1993, 1379, 1381 m. w. N.

[2] BGH NJW 1990, 2626.

IV. Geltendmachung, Wirkung

1. Geltendmachung. a) Anfechtungsberechtigter, Anfechtungsgegner. **Berechtigt** zur Anfechtung ist gem. § 129 I InsO der Insolvenzverwalter. Der vorläufige Verwalter hat kein Anfechtungsrecht. Im vereinfachten Insolvenzverfahren (§§ 311ff InsO) ist nicht der Treuhänder, sondern jeder Insolvenzgläubiger zur Anfechtung berechtigt (§ 313 II InsO). Bei Eigenverwaltung (§§ 270ff InsO) steht das Anfechtungsrecht nur dem Sachwalter zu (§ 280 InsO). **Anfechtungsgegner** kann nur ein Insolvenzgläubiger sein. Die Anfechtbarkeit kann gem. § 145 I InsO gegen seine Erben oder andere Gesamtrechtsnachfolger (zB Erbschaftskäufer) geltend gemacht werden. Gegen Einzelrechtsnachfolger kann die Anfechtbarkeit unter den Voraussetzungen des § 145 II InsO geltend gemacht werden. **842**

b) Form und Frist der Anfechtung. Die Anfechtung ist erfolgreich durchgeführt, wenn der Berechtigte (Rn. 842) die Rückgabe des Gegenstandes zur Masse verlangt und der Gegner dem Folge leistet. Geschieht dies nicht, reicht die Abgabe einer formlosen Anfechtungserklärung nicht aus; § 146 I InsO erfordert für aktives Vorgehen eine (Wider-) Klageerhebung. Die Verjährungsfrist von 2 Jahren seit der Verfahrenseröffnung wird nur durch **Klage** auf Erfüllung des Rückgewähranspruchs unterbrochen. Die Einreichung der Klage reicht gem. § 270 III, wenn sie „demnächst" zugestellt wird. Im Mahnverfahren gilt § 693 II. **843**

Will der Verwalter wegen einer gegen die Masse gerichteten Forderung die Erfüllung wegen der Anfechtbarkeit verweigern, reicht die Erhebung der nicht verjährenden **Anfechtungseinrede** (§ 146 II InsO).

2. Wirkung. a) Rückgewähranspruch. Die Geltendmachung der Anfechtung führt nicht zur Nichtigkeit des Rechtsgeschäfts. Sie hat keine dingliche Wirkung, sondern löst nur einen **schuldrechtlichen Anspruch auf Rückgewähr zur Masse** (§ 143 I 1 InsO) aus. Die Rückgewähr wird grundsätzlich **„in Natur"** geschuldet, also hat bei beweglichen Gegenständen die Rückübertragung des Besitzes und ggfls. des Eigentums zu erfolgen, bei Grundstücken Rückauflassung und die Eintragung des Schuldners als Eigentümer, bei einer Forderungsabtretung die Rückabtretung. **844**

Für den Fall, daß eine Rückgewähr in Natur **nicht möglich** ist und diese Unmöglichkeit von dem Anfechtungsgegner verschuldet wurde, hat er Wertersatz zu leisten. Dies folgt aus der Verweisung in § 143 I 2 InsO auf die Vorschriften über die Rechtsfolgen einer ungerechtfertigten Bereicherung, bei der dem Empfänger der Mangel des rechtlichen Grundes bekannt ist (§§ 819, 818 IV, 292 I, 989, 990 BGB). Der Entreicherungseinwand (§ 818 III BGB) ist grundsätzlich ausgeschlossen (§§ 819 I, 818 IV BGB), der Empfänger haftet nicht für den zufälligen Untergang (§§ 990 I, 989 BGB), Nutzungen sind nach Maßgabe der §§ 990 I, 987, 994 II BGB herauszugeben.

Der gutgläubige Empfänger einer unentgeltlichen Leistung hat nur die Bereicherung herauszugeben (§ 143 II 1 InsO); dies gilt nicht von dem Zeitpunkt an, zu dem er erfahren hat oder den Umständen nach wissen mußte, daß die unentgeltliche Leistung die Gläubiger benachteiligt (§ 143 II 2 InsO).

845 **b) Rechtsstellung des Anfechtungsgegners.** Die Rechte des Anfechtungsgegners regelt § 144 InsO. Gem. § 144 I InsO lebt seine Forderung (als Insolvenzforderung) wieder auf, wenn er das Erlangte zurückgewährt. Hat er eine Gegenleistung erbracht, ist sie ihm gem. § 144 II InsO aus der Masse zu erstatten, wenn sie noch unterscheidbar vorhanden oder die Masse um ihren Wert bereichert ist; darüber hinaus kann er die Forderung auf Rückgewähr der Gegenleistung nur als Insolvenzgläubiger geltend machen.

§ 65 Verfahren nach der Eröffnung

I. Organe des Insolvenzverfahrens

846 **1. Insolvenzgericht.** Die Durchführung des Insolvenzverfahrens ist weitgehend nicht dem Gericht, sondern besonderen Organen (Verwalter, Gläubigerversammlung, Gläubigerausschuß) überlassen. Dem Gericht obliegen im wesentlichen Verfahrenseinleitung, Verfahrensbeendigung und Prüfungs- und Aufsichtspflichten (zB über den Verwalter, § 58 InsO). Zur Zuständigkeit s. Rn. 787.

847 **2. Insolvenzverwalter.** Die Durchführung des normalen Insolvenzverfahrens obliegt dem Verwalter. Er nimmt die Masse in Besitz, ihm steht die Verwaltungs- und Verfügungsbefugnis zu, er verwertet die Masse und verteilt den Erlös. Zur Vornahme besonders bedeutsamer Rechtshandlungen bedarf er der Zustimmung des Gläubigerausschusses bzw. der Gläubigerversammlung (s. Rn. 850).

a) Bestellung. Als Insolvenzverwalter ist eine für den jeweiligen Einzelfall geeignete, insbesondere geschäftskundige und von den Beteiligten unabhängige natürliche Person zu bestellen (§ 56 I InsO). Dies geschieht gem. § 27 I 1 InsO durch das Insolvenzgericht bei der Verfahrenseröffnung. Nach § 57 S. 1 InsO können die Gläubiger in der ersten Gläubigerversammlung, die auf die Bestellung des Verwalters folgt, an dessen Stelle eine andere Person wählen. Gem. § 57 S. 2 InsO kann das Gericht die Bestellung des gewählten Verwalters nur dann versagen, wenn dieser für die Übernahme des Amtes nicht geeignet ist.

Gem. § 63 InsO hat der Verwalter einen Anspruch auf Vergütung und Auslagenersatz. Die Festsetzung erfolgt gem. § 64 InsO durch das Gericht.

b) Entlassung. Gem. § 59 InsO kann das Gericht aus wichtigem Grund den Verwalter von Amts wegen oder auf Antrag des Verwalters, des Gläubigerausschusses oder der Gläubigerversammlung entlassen. Gegen die Entlassung steht dem Verwalter die sofortige Beschwerde (§ 6 InsO, Rn. 863) zu. Gegen die Ablehnung des Antrags steht dem Verwalter, dem Gläubigerausschuß oder, wenn die Gläubigerversammlung den Antrag gestellt hat, jedem Insolvenzgläubiger die sofortige Beschwerde zu.

848 **c) Haftung.** Der Insolvenzverwalter ist allen Beteiligten gegenüber zum Schadenersatz verpflichtet, wenn er schuldhaft die Pflichten verletzt, die ihm nach der InsO obliegen (§ 60 I InsO). Für Verschulden seiner Angestellten haftet er (entgegen der Rechtsprechung zu § 82 KO) gem. § 60 II InsO grundsätzlich nicht.

Er haftet nach der Rechtsprechung zu § 82 KO zB in folgenden Fällen: wenn er das Schlußverzeichnis fehlerhaft erstellt hat,[1] eine Interessenkollision

[1] OLG Hamm ZIP 1983, 341.

nicht anzeigt,[1] Verwertungserlöse nicht abführt, die zur Absonderung Berechtigten zustehen.[2]

Daneben kann er auch aus anderen Anspruchsgrundlagen wie zB culpa in contrahendo oder §§ 823, 826 BGB haften.[3] Für die Nichterfüllung von Masseverbindlichkeiten kann er dem Massegläubiger nach § 61 InsO haften. Zur Verjährung s. § 62 InsO.

3. Gläubigerversammlung. Die Gläubigerversammlung ist **notwendiges Organ** 849
des Insolvenzverfahrens. Ihre Einberufung (§ 74 InsO) und Leitung (§ 76 I InsO) erfolgt durch das Gericht. Wann sie einzuberufen ist, regelt § 75 InsO. **Aufgaben** der Gläubigerversammlung sind: evtl. Wahl eines anderen Verwalters (Rn. 847), Beschluß über das „Ob" eines Gläubigerausschusses und dann Bestimmung seiner Mitglieder (§ 68 InsO). In dem Berichtstermin (§ 156 InsO) nimmt die Gläubigerversammlung den Bericht des Verwalters über die Lage des Unternehmens und die Ursachen der Insolvenz entgegen. Sie beschließt, ob das Unternehmen des Schuldners stillgelegt oder vorläufig fortgeführt wird (§ 157 I InsO). Sie kann den Verwalter auch beauftragen, einen Insolvenzplan auszuarbeiten (§ 157 II InsO). Einer Betriebsveräußerung muß sie in den Fällen des § 162 InsO zustimmen.

Gem. § 77 InsO können an der Gläubigerversammlung absonderungsberechtigte Gläubiger, die Insolvenzgläubiger, der Insolvenzverwalter und der Schuldner **teilnehmen**. Zum Stimmrecht s. § 77 InsO. Zur **Beschlußfassung** bedarf es gem. § 76 II InsO der absoluten Mehrheit der Stimmen gerechnet nach den Forderungsbeträgen der erschienenen Gläubiger.

4. Gläubigerausschuß. Aufgabe des **fakultativen** Gläubigerausschusses, einem in- 850
solvenzrechtlichen Selbstverwaltungsorgan, ist es gem. § 69 InsO, den Insolvenzverwalter bei seiner Geschäftsführung zu unterstützen und ihn zu überwachen. Seine Mitglieder haben sich über den Gang der Geschäfte zu unterrichten sowie die Bücher und die Geschäftspapiere einzusehen und den Geldverkehr und Geldbestand zu prüfen bzw. prüfen zu lassen. Für besonders bedeutsame Rechtshandlungen des Verwalters (s. die Beispiele in § 160 II InsO) ist die Zustimmung des Ausschusses einzuholen (§ 160 I InsO); ist keiner bestellt, die der Gläubigerversammlung. Zur Einsetzung und Wahl der Mitglieder s. §§ 67f InsO, zur Entlassung § 70 InsO, zur Haftung § 71 InsO, zur Beschlußfassung § 72 InsO, zur Vergütung der Mitglieder § 73 InsO.

II. Verlauf des normalen Verfahrens

1. Ablauf im wesentlichen. Nach Verfahrenseröffnung hat der Verwalter das ge- 851
samte zur Insolvenzmasse gehörende Vermögen sofort **in Besitz und Verwaltung zu nehmen** (§ 148 I InsO, Rn. 852). Dies ist das gesamte der Beschlagnahme (Rn. 794) unterliegende Aktivvermögen des Schuldners (dazu gehören nicht auszusondernde Gegenstände, Rn. 821).

Anschließend hat der Verwalter Verzeichnisse der einzelnen Gegenstände der Masse (§ 151 InsO) und der Gläubiger (§ 152 InsO) sowie eine Vermögensübersicht (§ 153 InsO) anzufertigen und zu hinterlegen (§ 154 InsO). Die Gläubiger, denen hierzu mit dem Eröffnungsbeschluß (s. Rn. 793) eine Frist gesetzt wurde (§ 28 I InsO), haben ihre Forderungen gem. § 174 InsO schriftlich beim Verwalter anzumelden.

Mit dem Eröffnungsbeschluß sind bereits Berichts- und Prüfungstermin festgelegt worden (s. § 29 InsO). Im **Berichtstermin** hat der Verwalter über die wirtschaftliche Lage des Schuldners und ihre Ursachen zu berichten; er hat darzulegen, ob Aussichten

---

[1] BGH NJW 1991, 982, 984.

[2] BGH NJW 1994, 511.

[3] Vgl. BGH NJW-RR 1990, 94, 96.

bestehen, das Unternehmen des Schuldners ganz oder teilweise zu erhalten, welche Möglichkeiten für einen Insolvenzplan bestehen und welche Auswirkungen sich jeweils für die Befriedigung der Gläubiger ergeben würden (§ 156 I InsO). Die Gläubigerversammlung beschließt im Berichtstermin gem. § 157 InsO (abänderbar) über die Unternehmensliquidierung oder -fortführung und evtl. die Ausarbeitung eines Insolvenzplans durch den Verwalter (Rn. 858 ff). Häufig soll das Unternehmen oder Teile davon an Dritte veräußert werden, was meist nur gelingt, wenn ein Personalabbau vorgenommen wird. Der deshalb erhobenen Forderung, § 613 a BGB für unanwendbar zu erklären, ist der Gesetzgeber nicht nachgekommen; Kündigungen im Insolvenzverfahren sind aber gegenüber der KO erleichtert worden. Im **Prüfungstermin** werden die angemeldeten Insolvenzforderungen, die nach der Anmeldung in eine Tabelle geschrieben werden (§ 175 InsO), geprüft und festgestellt (Rn. 853).

Nach dem Berichtstermin hat der Verwalter, wenn Beschlüsse der Gläubigerversammlung (zB über die Sanierung oder Ausarbeitung eines Insolvenzplans) nicht entgegenstehen, gem. § 159 InsO die Aktivmasse zu **verwerten** (Rn. 852). Nach dem Prüfungstermin kann mit der **Verteilung** des verwerteten Vermögens begonnen werden (§ 187 InsO, Rn. 854). Möglich sind Abschlagsverteilungen nach teilweiser Versilberung der Masse. Nach vollständiger Verwertung erfolgt die Schlußverteilung. Die Aufhebung des Insolvenzverfahrens wird beschlossen (§ 200 InsO, Rn. 855). Stellt sich nach der Eröffnung des Verfahrens heraus, daß die Insolvenzmasse zur Befriedigung der Kosten nicht ausreicht, ist es einzustellen, wenn kein Kostenvorschuß gezahlt wird (§ 207 InsO, Rn. 855). Zur Restschuldbefreiung s. Rn. 857.

852 **2. Verwertung der Aktivmasse.** Die Herausgabe der im Gewahrsam des Schuldners befindlichen Sachen (Rn. 851) kann vom Verwalter, wenn erforderlich, im Wege der Zwangsvollstreckung durchgesetzt werden; Titel ist gem. § 148 II InsO der Eröffnungsbeschluß. In diesem sind naturgemäß die Sachen nicht bestimmt bezeichnet. Daher darf der Gerichtsvollzieher alle im Gewahrsam des Schuldners befindliche Sachen wegnehmen; der Schuldner kann sich mit der Erinnerung nach § 766 dagegen wehren, über die das Insolvenzgericht entscheidet. Der Schuldner ist gem. § 97 InsO zur Auskunft und Mitwirkung verpflichtet; das Insolvenzgericht kann gem. § 98 InsO die Abgabe der eidesstattlichen Versicherung anordnen, ihn zwangsweise vorführen und in Haft nehmen lassen, wenn er die Auskunft nicht erteilt oder die eidesstattliche Versicherung nicht abgibt.

Über die Art der Verwertung entscheidet, wenn nicht Beschlüsse der Gläubigerversammlung entgegenstehen, der Verwalter. Er zB kann das Unternehmen veräußern (Rn. 851), Grundstücke frei veräußern oder die Zwangsversteigerung betreiben lassen (§ 165 InsO), Forderungen einziehen oder veräußern.

853 **3. Feststellung der Insolvenzforderungen.** Die Insolvenzforderungen sind innerhalb der im Eröffnungsbeschluß gesetzten Frist gem. § 174 InsO schriftlich **beim Verwalter anzumelden** und von diesem (nicht mehr wie nach der KO vom Gericht) in eine Tabelle einzutragen. Gem. § 176 InsO werden die angemeldeten Forderungen im Prüfungstermin (Rn. 851) ihrem Betrag und dem Rang nach geprüft. Zu nachträglichen Anmeldungen s. § 177 InsO. Eine Forderung gilt gem. § 178 I InsO als festgestellt, soweit gegen sie im Termin ein Widerspruch weder vom Verwalter noch von einem Insolvenzgläubiger erhoben wird. Die Feststellung oder ein Widerspruch wird vom Gericht in der Tabelle vermerkt (§ 178 II InsO). Die Eintragung wirkt für die festgestellten Forderungen wie ein rechtskräftiges Urteil gegenüber dem Verwalter und den Insolvenzgläubigern (§ 178 III); daher sind nur noch Vollstreckungsgegenklagen (§ 767), Wiederaufnahmeklagen (§§ 578 ff) oder Schadenersatzklagen nach § 826 BGB (wenn die Feststellung sittenwidrig erschlichen wurde) möglich.

Wird eine **titulierte** Forderung vom Verwalter oder einem Insolvenzgläubiger **bestritten**, muß der Bestreitende gem. § 179 II InsO die titulierte Forderung angreifen. Ein Widerspruch des Schuldners steht gem. § 178 I 2 InsO der Feststellung nicht entgegen, kann aber verhindern, daß die Tabelle insoweit Titel wird (s. Rn. 856). Eine **nicht titulierte** bestrittene Forderung muß der Gläubiger (wenn er sie noch im Verfahren geltend machen will) im Wege der (Feststellungs-) Klage gegen alle Bestreitenden geltend machen (§ 179 I InsO). Der Antrag lautet (im Umfang des § 181 InsO) auf Feststellung der angemeldeten Forderung zur Insolvenztabelle. Zur Zuständigkeit s. § 180 InsO. Ein unterbrochenes Verfahren ist gem. § 180 II InsO aufzunehmen, der Antrag auf einen Feststellungsantrag umzustellen. Anstelle des Schuldners ist der Bestreitende Partei. Bei Obsiegen des Gläubigers kann die Berichtigung der Tabelle beim Gericht verlangt werden (§ 183 II InsO).

4. Verteilung. Nach der Verwertung sind zuerst die Masseverbindlichkeiten **854** (Rn. 828) zu berichtigen. Nach dem Prüfungstermin (Rn. 851) kann dann mit der Verteilung des verwerteten Vermögens begonnen werden (§ 187 InsO). Möglich sind **Abschlagsverteilungen** nach teilweiser Versilberung der Masse (§ 187 II InsO). Vor jeder Verteilung ist vom Verwalter ein Verzeichnis der zu berücksichtigenden Forderungen zu erstellen (§ 188 InsO). Zur Berücksichtigung bestrittener Forderungen, absonderungsberechtigter Gläubiger und aufschiebend bedingter Forderungen s. §§ 189ff InsO. Über Einwendungen gegen das Verteilungsverzeichnis entscheidet das Gericht (§ 194 InsO). Gläubigerausschuß bzw. Verwalter bestimmen bei Abschlagsverteilungen gem. § 195 InsO den zu zahlenden Bruchteil.

Nach vollständiger Verwertung erfolgt die **Schlußverteilung** (§ 196 InsO), die der Zustimmung des Gerichts bedarf. Die Schlußrechnung des Verwalters wird erörtert, es können Einwendungen gegen das Schlußverzeichnis erhoben werden, über die das Gericht entscheidet. Zur Nachtragsverteilung s. §§ 203 ff InsO.

Aus der Division zwischen der Höhe des Erlöses der Verwertung des Vermögens des Schuldners (abzüglich des Masseverbindlichkeiten) und der Höhe des Wertes der Insolvenzforderungen wird die **Insolvenzquote** gebildet. Nicht nachrangige Insolvenzgläubiger erhalten von dem Verwertungserlös den entsprechenden Bruchteil ihrer Forderung.

Beispiel: Der Erlös der Verwertung des Schuldnervermögens beträgt 500 000,– DM. Die Masseverbindlichkeiten (Kosten und sonstige) betragen 100 000,– DM. Die Höhe der Forderungen der Insolvenzgläubiger beträgt 2 000 000,– DM, davon die des Gläubigers A 200 000,– DM. Die Insolvenzquote beträgt 1/5 [(500 000–100 000) ./. 2 000 000], Gläubiger A erhält 40 000,– DM.

Bleibt nach der Befriedigung der nicht nachrangigen Insolvenzgläubiger ein **Überschuß**, werden die nachrangigen Insolvenzgläubiger (§ 39 InsO, Rn. 820) befriedigt; einen dann noch verbleibenden Überschuß erhält gem. § 199 InsO der Schuldner.

5. Beendigung des Verfahrens. a) Aufhebung. Gem. § 200 InsO beschließt **855** das Insolvenzgericht nach Vollziehung der Schlußverteilung die Aufhebung des Verfahrens. Beschluß und Grund sind öffentlich bekannt zu machen und in die Register einzutragen, in welche die Eröffnung eingetragen wurde (s. Rn. 793).

b) Einstellung. Stellt sich nach der Verfahrenseröffnung heraus, daß die Masse nicht ausreicht, um die **Kosten** des Verfahrens zu decken (s. Rn. 792), ist das Verfahren gem. § 207 InsO einzustellen, sofern kein ausreichender Kostenvorschuß gezahlt wird. Stellt sich heraus, daß zwar die Kosten, aber nicht die **Masseverbindlichkeiten** (Rn. 828) gedeckt sind, hat der Verwalter dies dem Gericht anzuzeigen (§ 208 InsO). Mit der Anzeige wird die Einzelzwangsvollstreckung wegen einer Masseverbindlichkeit gem. § 210 InsO unzulässig. Die Massegläubiger sind nach Maßgabe des § 209 InsO zu befriedigen, danach ist gem. § 211 InsO das Verfahren einzustellen. Zu weiteren Einstellungsgründen s. §§ 212 f InsO.

856 **6. Rechte nach Verfahrensbeendigung.** Greifen die Vorschriften über die Restschuldbefreiung (Rn. 857) nicht ein, können die Insolvenzgläubiger nach der Aufhebung des Verfahrens (Rn. 855) ihre restlichen (also nicht befriedigten) Forderungen gegen den Schuldner unbeschränkt geltend machen (§ 201 I InsO). Soweit Forderungen festgestellt (Rn. 853) und vom Schuldner im Prüfungstermin nicht bestritten wurden, kann aus einem entsprechenden Auszug aus der Tabelle die Zwangsvollstreckung betrieben werden (§ 201 II InsO). Zur Zuständigkeit für Klagen nach §§ 731, 767f s. § 202 InsO.

857 **7. Restschuldbefreiung.** Ist der Schuldner eine natürliche Person, kann er auf Antrag (§ 287 InsO) von den im Insolvenzverfahren nicht erfüllten Verbindlichkeiten gegenüber den Insolvenzgläubigern befreit werden (§ 286 InsO). Dem Antrag ist eine Erklärung beizufügen, daß die **pfändbaren Forderungen aus einem Dienstverhältnis** pp. für die Zeit von 7 Jahren nach der **Verfahrensaufhebung** an einen vom Gericht zu bestimmenden Treuhänder **abgetreten** werden. Über den Antrag entscheidet das Insolvenzgericht durch Beschluß (§ 289 InsO). Auf Antrag eines Gläubigers sind die in § 290 InsO genannten Versagungsgründe zu berücksichtigen. Gegen den Beschluß des Gerichts steht, je nach Beschwer, dem Schuldner bzw. dem widersprechenden Gläubiger gem. § 289 II InsO die sofortige Beschwerde (§ 6 InsO, Rn. 863) zu. Zum Inhalt des stattgebenden Beschlusses s. § 291 InsO. Zur Befreiung bei einer **Einstellung** des Insolvenzverfahrens s. § 289 III InsO.

Der Treuhänder hat die durch Abtretung und sonstige Leistungen des Schuldners erlangten Beträge einmal jährlich an die Insolvenzgläubiger **nach Maßgabe des Schlußverzeichnisses zu verteilen**; nach vier und mehr Jahren sind bestimmte Prozentanteile an den Schuldner abzuführen (§ 292 InsO). Einzelzwangsvollstreckung und Bevorzugung eines Gläubigers untersagt § 294 InsO; die Aufrechnung ist nur im Umfang des § 114 II InsO möglich.

§ 295 InsO nennt **Obliegenheiten** des Schuldners, insbesondere das Ausüben einer Erwerbstätigkeit bzw. das Bemühen darum und die Herausgabe der Hälfte des durch eine Erbschaft Erlangten. Ein Verstoß gegen die Obliegenheiten führt (unter weiteren Voraussetzungen) nach § 296 InsO, die Verurteilung wegen einer Straftat nach §§ 283 bis 283c StGB gem. § 297 InsO zum Versagen der Restschuldbefreiung durch das Gericht. Bei Wohlverhalten wird die Restschuldbefreiung nach Ablauf der 7 Jahre mit Wirkung gegenüber allen Insolvenzgläubigern durch Beschluß des Insolvenzgerichts gewährt (§ 300 InsO). Damit erlöschen noch nicht getilgte Forderungen der Insolvenzgläubiger. Zu ausgenommenen Forderungen und zum Widerruf der Befreiung s. §§ 302f InsO.

III. Insolvenzplan

858 **1. Zweck, Antragsrecht.** Die Vorschriften über den Insolvenzplan (§§ 217ff InsO) ersetzen die bisherige Vergleichsordnung. Ihr Ziel ist es, eine Sanierung zu erreichen, bei der zum einen die wesentlichen Entscheidungen durch die Gläubiger getroffen werden, zum anderen die Rechtsstellung des Schuldners gestärkt wird, zB durch die Möglichkeit der Restschuldbefreiung.

Zur Planvorlage sind gem. § 218 InsO der Schuldner und der Insolvenzverwalter berechtigt. Die Gläubiger können den Insolvenzverwalter im Berichtstermin (Rn. 851) mit der Ausarbeitung eines Insolvenzplans zu beauftragen (§ 157 S. 2 InsO).

859 **2. Inhalt.** Der Insolvenzplan muß in einen darstellenden (s. § 220 InsO) und einen gestaltenden Teil gegliedert sein und die in §§ 229f InsO genannten Anlagen enthalten (§ 219 InsO).

In dem **gestaltenden Teil** des Insolvenzplans wird gem. § 221 InsO festgelegt, wie die Rechtsstellung der Beteiligten durch den Plan geändert werden soll. Die Sanierungsmaßnahmen mit ihren Auswirkungen auf die Beteiligten (dazu gehören gem. § 217 InsO auch absonderungsberechtigte Gläubiger) sind zu beschreiben. Bei der Festlegung der Rechte der Beteiligten sind gem. § 222 InsO Gruppen zu bilden, in denen zu unterscheiden ist zwischen absonderungsberechtigten, nicht nachrangigen und nachrangigen Gläubigern. Im übrigen sind der Möglichkeit von Vereinbarungen kaum Grenzen gesetzt. Es können zB Rechte der Absonderungsberechtigten gekürzt (§ 223 II InsO), Forderungen der Insolvenzgläubiger gekürzt oder gestundet (§ 225 II InsO), mit Zustimmung aller Beteiligten einer Gruppe diese unterschiedlich behandelt werden (§ 226 II InsO). In den Plan können zur dinglichen Rechtsänderung erforderliche Willenserklärungen aufgenommen werden (§ 228 InsO).

3. Annahme, Wirkung. Die Abstimmung über den Insolvenzplan (zum Stimm- **860**
recht s. § 237 InsO) erfolgt innerhalb der einzelnen Gläubigergruppen gesondert (§ 243 InsO). Zur **Annahme** des Plans muß gem. § 244 InsO **innerhalb jeder Gruppe** die Mehrheit der abstimmenden Gläubiger zustimmen und die Summe der Ansprüche der zustimmenden Gläubiger mehr als die Hälfte der Summe der Ansprüche der abstimmenden Gläubiger betragen. Die Abstimmung erfolgt entweder in dem Erörterungs- und Abstimmungstermin oder in einem speziellen Abstimmungstermin (§§ 235, 241 InsO). Für den Fall, daß die erforderlichen Mehrheiten für die Annahme des Planes nicht erreicht worden sind, enthält § 245 InsO eine Regelung, wonach die Zustimmung einer Abstimmungsgruppe in bestimmten Fällen ersetzt wird, sofern keine Benachteiligung dieser Gläubigergruppe zu befürchten ist und die Mehrheit der abstimmenden Gruppen dem Plan zugestimmt hat. Die erforderliche Zustimmung des Schuldners wird unter den Voraussetzungen des § 247 InsO ersetzt.

Der von den Gläubigern und dem Schuldner angenommene Insolvenzplan bedarf der **Bestätigung** durch das Insolvenzgericht (§§ 248 InsO).

Mit der Rechtskraft der Bestätigung des Insolvenzplans treten die im gestaltenden Teil festgelegten **Wirkungen** für und gegen alle Beteiligten ein (§ 254 I 1 InsO). Gem. § 257 I InsO kann aus dem rechtskräftig bestätigten Plan die Zwangsvollstreckung betrieben werden. Nach Rechtskraft der Bestätigung wird gem. § 258 InsO das Insolvenzverfahren aufgehoben.

IV. Eigenverwaltung des Schuldners

1. Anordnung. Das Insolvenzgericht kann gem. § 270 InsO auf Antrag des Schuld- **861**
ners und im Falle des Gläubigerantrages mit Zustimmung des Gläubigers die Eigenverwaltung der Masse unter der Aufsicht eines Sachwalters anordnen, wenn nicht zu erwarten ist, daß die Anordnung zu einer Verzögerung des Verfahrens oder zu sonstigen Nachteilen für die Gläubiger führt. Mit der Anordnung wird anstelle eines Verwalters ein Sachwalter bestellt, bei dem die Forderungen anzumelden sind (§ 270 III InsO). Für das Verfahren gelten die allgemeinen Vorschriften, wenn die §§ 270 bis 285 InsO keine Sonderregelung enthalten. Zur nachträglichen Anordnung s. § 271 InsO, zur Aufhebung § 272 InsO.

2. Rechtsstellung von Sachwalter und Schuldner. Für den **Sachwalter** gelten **862**
im wesentlichen die für den Insolvenzverwalter bestehenden Vorschriften (§ 274 InsO). Er hat zu prüfen, ob für die Durchführung des Verfahrens hinreichende Masse vorhanden ist (§§ 274 II, 22 III InsO), und eine eventuelle Massearmut dem Insolvenzgericht anzuzeigen (§ 285 InsO). Ihm obliegt die Überwachung der Geschäftsführung des Schuldners und der Ausgaben für die Lebensführung (§ 274 II InsO) sowie die Insolvenzanfechtung (§ 280 InsO).

Dem **Schuldner** obliegt die Geschäftsführung. (Mögliche) Einschränkungen seiner Rechte sind in §§ 275 ff InsO geregelt. Er darf für sich und seine Familienangehörigen der Insolvenzmasse die Beträge entnehmen, die unter Berücksichtigung der bisherigen Lebensverhältnisse eine bescheidene Lebensführung gestatten (§ 278 InsO). Die Erklärung über die Erfüllung der gegenseitigen Verträge obliegt dem Schuldner, der diese Rechte in Abstimmung mit dem Sachwalter wahrnehmen soll (§ 279 InsO). Das Verzeichnis der Massegegenstände, das Gläubigerverzeichnis und die Vermögensübersicht hat der Schuldner zu erstellen (§ 281 II 1 InsO); dem Sachwalter obliegt die Prüfung. Im Berichtstermin hat der Schuldner den Bericht zu erstatten und der Sachwalter hierzu Stellung zu nehmen (§ 281 II InsO). Der Schuldner hat Sicherungsgut zu verwerten und die Gläubiger zu befriedigen (§ 282f InsO); der Sachwalter überprüft ihn dabei.

V. Rechtsmittel

863 **1. Richterentscheidungen.** Nach § 6 I InsO ist Rechtsmittel im Insolvenzverfahren die **sofortige Beschwerde** (s.a. Rn. 225ff), die aber nur in den in der InsO **ausdrücklich genannten Fällen** statthaft ist. Diese Vorschriften (zB § 34 InsO) regeln auch, wer beschwerdeberechtigt ist; darüber hinaus muß der Rechtsmittelführer beschwert, also durch die angefochtene Entscheidung negativ betroffen sein. Das Insolvenzgericht kann (im Gegensatz zur Regelung im Beschwerderecht der ZPO, § 577 III) einer eingehenden Beschwerde abhelfen (§ 6 II 2 InsO).

Die Entscheidung des Landgerichts über die sofortige Beschwerde wird erst mit der Rechtskraft wirksam; das Landgericht kann jedoch die sofortige Wirksamkeit der Entscheidung anordnen (§ 6 III InsO). Zur Möglichkeit einer weiteren Beschwerde s. § 7 InsO.

2. Rechtspflegerentscheidungen können dann, wenn die sofortige Beschwerde für statthaft erklärt ist, mit diesem Rechtsmittel (s.a. Rn. 330ff) angefochten werden (§ 11 I RpflG nF). Da § 6 II 2 InsO die Abhilfebefugnis dem „Insolvenzgericht“, nicht nur dem Richter, zuspricht, dürfte auch der Rechtspfleger zur Abhilfe berechtigt sein.

§ 66 Verbraucherinsolvenz

I. Zweck, Voraussetzungen

864 **1. Zweck.** §§ 304ff InsO stellen ein neues vereinfachtes Verfahren zur Abwicklung von Verbraucher- und Kleininsolvenzen zur Verfügung, dessen Zweck es ist, Kleinverfahren möglichst auf der Basis eines Schuldenbereinigungsplans zwischen Gläubigern und Schuldner abzuwickeln. Im Falle des Scheiterns des Plans erfolgt die Abwicklung im Rahmen eines wesentlich vereinfachten Verfahrens.

865 **2. Voraussetzungen. a) Persönlich.** Das vereinfachte Verbraucherinsolvenzverfahren ist durchzuführen, wenn der Schuldner eine natürliche Person ist, die keine oder nur eine geringfügige selbständige Tätigkeit (insbesondere keinen in kaufmännischer Weise eingerichteten Geschäftsbetrieb erfordernd) ausübt (§ 304 InsO).

b) Sachliche Voraussetzung ist gem. § 305 InsO neben einem Antrag des Schuldners, daß der Schuldner bereits außergerichtlich mit den Gläubigern eine Schuldenbereinigung auf der Basis eines Plans innerhalb der letzten 6 Monate vor dem Eröffnungsantrag versucht hat. Bei der Antragstellung hat er eine Bescheinigung einer geeigneten Person oder Stelle über das Scheitern eines solchen außergerichtlichen Einigungsversuchs vorzulegen. Darüber hinaus ist in § 305 InsO die Vorlage einer Reihe von weiteren Unterlagen vorgeschrieben; werden diese nicht vollständig eingereicht, gilt der Antrag auf Eröffnung des Verfahrens als zurückgenommen, wenn die Unterlagen nicht binnen einen Monats nach der Aufforderung des Gerichts, sie unverzüglich zu ergänzen, nachgereicht werden (§ 305 III InsO).

II. Durchführung

1. Annahme des Schuldenbereinigungsplans. Mit dem Antrag hat der Schuldner gem. § 305 I Nr. 4 InsO einen Schuldenbereinigungsplan einzureichen. Bis zur Annahme des Plans ruht das Insolvenzverfahren gem. § 306 InsO, sofern nicht ein Gläubiger einen erneuten Insolvenzantrag stellt. Die Gläubiger können Einwendungen gegen den Schuldenbereinigungsplan erheben. Geschieht dies nicht oder wird die Zustimmung nach und unter den Voraussetzungen des § 309 InsO vom Insolvenzgericht ersetzt, gilt der Plan nach § 308 InsO als angenommen. Dies ist durch Beschluß festzustellen (§ 308 I 1 InsO). Der angenommene Schuldenbereinigungsplan hat die Wirkung eines Vergleichs iSd. § 794 I Nr. 1 (§ 308 I 2 InsO). **866**

2. Vereinfachtes Insolvenzverfahren. Sofern die Gläubiger gegen den Schuldenbereinigungsplan erhebliche Einwendungen erhoben haben, muß das Insolvenzgericht das Eröffnungsverfahren von Amts wegen wieder aufnehmen (§ 311 InsO). Das Insolvenzgericht kann anordnen, daß das gesamte Verfahren oder einzelne Verfahrensteile schriftlich durchgeführt werden, sofern die Vermögensverhältnisse des Schuldners überschaubar und die Zahl der Gläubiger oder die Höhe der Verbindlichkeiten gering sind (§ 312 II InsO). Anstelle des Insolvenzverwalters wird ein **Treuhänder** bestellt (§ 313 I InsO). Das **Anfechtungsrecht** haben nach § 313 II InsO die Insolvenzgläubiger, nicht der Treuhänder; sie sind auch zur Verwertung der Sicherungsgegenstände berechtigt (§ 313 III InsO). Nach § 314 InsO ist eine vereinfachte Verteilung dergestalt möglich, daß anstelle einer Verwertung der Insolvenzmasse der Schuldner verpflichtet wird, an den Treuhänder innerhalb einer vom Gericht festgesetzten Frist einen Betrag zu zahlen, der dem Wert der Masse entspricht, die an die Insolvenzgläubiger zu verteilen wäre. **867**

Anhang

Der Anhang enthält zunächst in Skizzen **Übersichten** über die Gliederung des 8. Buches der ZPO und die Rechtsbehelfe im Klauselerteilungs- sowie Zwangsvollstreckungsverfahren (1. Teil).

Daran schließen sich **Kurzzusammenfassungen** der Voraussetzungen der Klauselerteilung, der Zwangsvollstreckung und der entsprechenden Rechtsbehelfe an (2. Teil).

Ihre Anwendung wird in den folgenden (3. Teil) vier **Klausurbeispielen** nebst vollständigen Lösungshinweisen und Entscheidungsvorschlägen erläutert.

Abschließend sind ein Gerichtsvollzieherprotokoll und ein Pfändungs- und Überweisungsbeschluß mit kurzen Anmerkungen dargestellt (4. Teil).

Anhang 1. Übersichten

Die folgenden Übersichten zeigen:
- die Gliederung des 8. Buches der ZPO;
- die Rechtsbehelfe im Klauselerteilungsverfahren;
- die Rechtsbehelfe gegen Vollstreckungsakte;
- sowie die materiell-rechtlichen Klagen des Vollstreckungsrechts

mit kurzen Anmerkungen.

I. Zwangsvollstreckung (8. Buch ZPO, §§ 704–945)

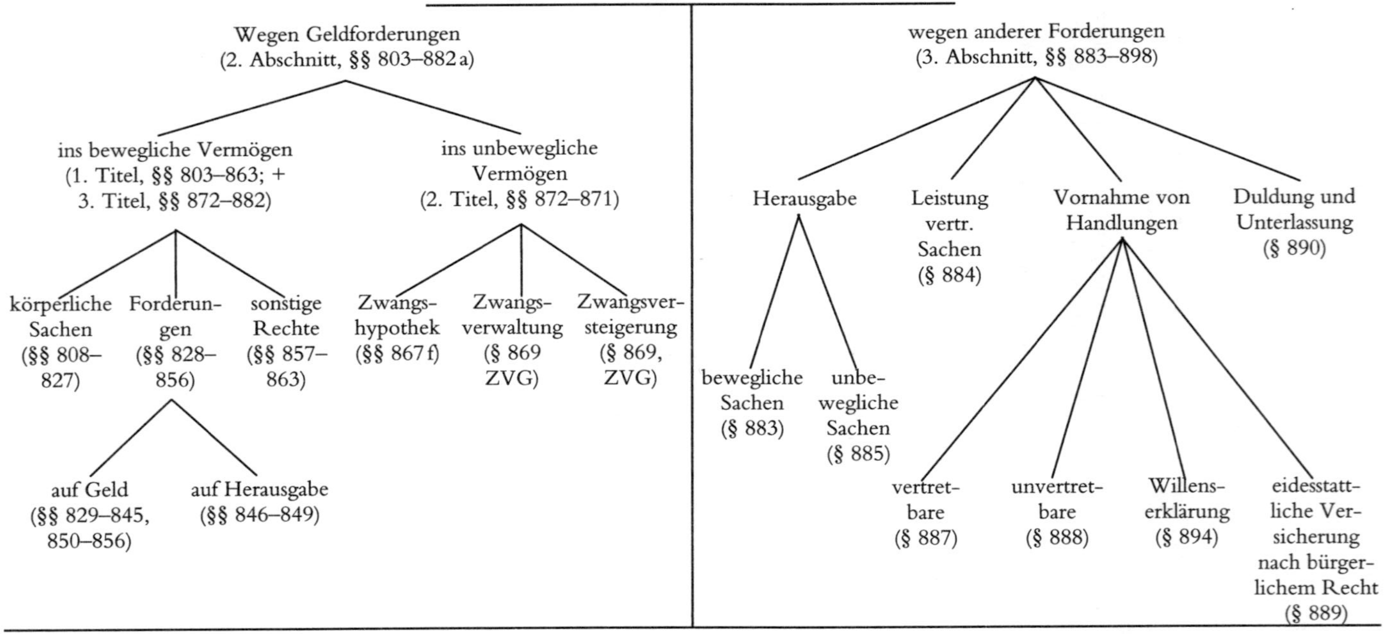

Allgemeine Vorschriften für die Zwangsvollstreckung:	1. Abschnitt (§§ 704–802)
Eidesstattliche Versicherung und Haft:	4. Abschnitt (§§ 899–915)
Arrest und einstweilige Verfügung:	5. Abschnitt (§§ 916–945)

II. Rechtsmittel und Rechtsbehelfe

1. Verfahren um die Klauselerteilung

	Gläubiger				Schuldner	
Art	**Erinnerung**	**Beschwerde**	**Beschwerde**	**Klausel-erteilungsklage**	**Erinnerung**	**Klausel-gegenklage**
Vorschrift	§ 576	§ 567	§ 54 BeurkG (§§ 20ff FGG)	§ 731	§ 732	§ 768
Anwen-dungs-bereich	Verweigerung der Klausel durch Urkundsbeamten der Geschäftsstelle	Verweigerung der Klausel durch Rechtspfleger	Verweigerung der Klausel durch Notar	Nachweis nach §§ 727–729 kann nicht durch Urkunden geführt werden	bei jeder Art von Klauselerteilung	Erteilung der Klausel nach §§ 726 I, 727–729
Ein-wendungen	Klausel muß nach § 724 erteilt werden	Klausel muß nach §§ 726 I, 727–729 erteilt werden	Klausel muß nach § 797 II erteilt werden	Klausel muß nach §§ 726ff erteilt werden; Bekl. muß – wenn möglich – materielle Einwände bringen	Klauselerteilung unzulässig	Bestreiten der für die Klauselerteilung maßgeblichen Voraussetzungen

	Gläubiger				Schuldner	
Art	**Erinnerung**	**Beschwerde**	**Beschwerde**	**Klausel-erteilungsklage**	**Erinnerung**	**Klausel-gegenklage**
Vorschrift	§ 576	§ 567	§ 54 BeurkG (§§ 20 ff FGG)	§ 731	§ 732	§ 768
Abhilfe-möglich-keit	ja, analog § 571	ja, § 571	ja, § 18 I FGG	–	ja, analog § 571	–
Ent-scheidung	Beschluß des Prozeßgerichts, dem Urkundsbeamter angehört, § 576 I	Abhilfebeschluß wenn begr., sonst Beschwerdegericht, § 568 I	Beschluß der Zivilkammer des LG, § 54 II BeurkG	Urteil des Prozeßgerichts des 1. Rechtszuges, § 731	§§ 732 I 1 bzw. 797: Beschluß des Gerichts, das „Klausel erteilt“	Urteil des Prozeßgerichts des 1. Rechtszuges, §§ 768, 767 I
Rechts-mittel	Beschwerde, §§ 576 II, 567	wenn Gericht abhilft, Beschwerde, keine weitere Beschwerde	weitere Beschwerde, § 27 FGG	Berufung	Beschwerde, § 567	Berufung

2. „Rechtsmittel" gegen Vollstreckungsakte

Art	Vollstreckungserinnerung	sofortige Beschwerde	Grundbuchbeschwerde
Vorschrift	§ 766	§ 793	§ 71 GBO
Anwendungsbereich	Maßnahmen eines Vollstreckungsorgans außer Grundbuchamt	Entscheidung eines Vollstreckungsorgans, auch Rechtspfleger (§ 11 I RpflG nF)	Eintragung einer Zwangshypothek
	Entscheidung: Ablehnung eines Antrags oder Stattgeben nach Gewährung rechtlichen Gehörs		
Art der Einwendungen	Verletzung von Vorschriften des Vollstreckungsverfahrens		
Abhilfemöglichkeit des Erstentscheidenden	ja, § 571 analog	nein, § 577 III	ja, § 75 GBO
Entscheidung	Beschluß des Vollstreckungsgerichts = AG, § 764 II	Beschluß des LG, § 568 I	Beschluß des LG, § 72 GBO
Rechtsmittel	Sofortige Beschwerde, § 793	Weitere sofortige Beschwerde, § 568 II	Weitere Beschwerde, § 78 GBO

3. Materiell-rechtliche Klagen

	Schuldner		Dritter	
Art	**Vollstreckungsgegenklage**	**Schadensersatzklage**	**Drittwiderspruchsklage**	**Vorzugsklage**
Vorschrift	§ 767	§ 826 BGB	§ 771	§ 805
Anwendungsbereich	gegen Vollstreckbarkeit von Urteilen (§ 767) und anderen Titeln (§ 795)	gegen Vollstreckung aus Urteilen und anderen Titeln	gegen Zwangsvollstreckung in bestimmte Gegenstände	gegen Pfändung einer beweglichen Sache
Art der Einwendungen	materielle Einwendungen gegen den titulierten Anspruch (zB nachträgliche Erfüllung)	Erlangung des Titels und/oder Zwangsvollstreckung stellt vorsätzlich sittenwidrige Schädigung dar	Veräußerung hinderndes Recht (zB Eigentum)	Anspruch auf vorzugsweise Befriedigung aus dem Erlös (zB Vermieterpfandrecht)
Entscheidung	Urteil des Prozeßgerichts des 1. Rechtszugs, § 767 I	Urteil; normale Zuständigkeit	Urteil des Gerichts, in dessen Bezirk die Vollstreckung stattfindet, § 771 I	Urteil des Vollstreckungsgerichts (AG bzw. des entsprechenden Landgerichts, wenn dessen Streitwertgrenze erreicht ist, § 805 II)
Rechtsmittel	Berufung	Berufung	Berufung	Berufung

Anhang 2. Kurzzusammenfassungen der Rechtsbehelfe des 8. Buches der ZPO und der Voraussetzungen der verschiedenen Arten der Mobilarvollstreckung

Im folgenden werden in Kurzzusammenfassungen noch einmal die Voraussetzungen der Erteilung der Vollstreckungsklausel und der Zwangsvollstreckung sowie die examenswichtigsten Rechtsbehelfe dargestellt. Dabei wird auf typische Probleme hingewiesen, in die Sie sich ggfls. nochmals an Hand dieses Buches und der dort angegebenen Literatur vertiefen können.

A. Die Voraussetzungen der Erteilung der Klausel und die Rechtsbehelfe im Klauselerteilungsverfahren

I. Die Voraussetzungen der Klauselerteilung **868**

1. Erfordernis der Klausel

a) **Grundsätzlich immer.**

b) Wichtige **Ausnahmen** (unter bestimmten nachzulesenden Voraussetzungen):
- Vollstreckungsbescheid, § 796 I;
- Arrest und einstweilige Verfügung, §§ 929 I, 936;
- Haftbefehle (§ 901).

2. Voraussetzungen der „einfachen" Klausel

a) **„Formelle" Voraussetzungen**

aa) **Antrag** des nach dem Titel Berechtigten

bb) **Zuständigkeit zur Erteilung**
- Urkundsbeamter der Geschäftsstelle (§ 724 II) bei vom Gericht geschaffenen Titeln;
- Notar (§ 797 II) bei notariellen Urkunden.

b) **„Materielle" (allgemeine) Voraussetzungen**

aa) **Formell wirksam scheinender Titel**
(Probleme: Vollstreckungsberechtigung bei familiengerichtlichen Titeln; Unwirksamkeit des Titels aus formellen Gründen; fehlende Unterschriften; Anwaltszwang)

bb) **Vollstreckungsreife** (Urteile müssen rechtskräftig oder für vorläufig vollstreckbar erklärt sein)

cc) **Vollstreckbarer Inhalt des Titels**
- Es muß sich um einen **Leistungstitel** handeln.
- Inhaltliche Bestimmtheit des Titeltenors selbst. Auch hinsichtlich der Gegenleistung bei Zug um Zug Titeln.

c) **„Einfache" Klausel auch**

aa) wenn die Vollstreckung von einer Sicherheitsleistung abhängt, § 726 I;

bb) bei kalendermäßiger Bestimmung des Vollstreckungsbeginns im Titel, § 751 I;

cc) bei Zug um Zug Leistungen, § 726 II (Ausnahme: Willlenserklärung, § 726 II iVm. I).

3. Weitere Voraussetzungen der titelergänzenden Klausel nach § 726

a) Anwendungsbereich:
Der Anspruch selbst oder die Vollstreckungsbefugnis müssen nach dem Inhalt des Titels

aa) bedingt oder anders als kalendermäßig befristet sein;
bb) dies muß vom Gläubiger nach allgemeinen Beweislastregeln zu beweisen sein (daran fehlt es zB bei Verfallklauseln).

b) **Funktionell zuständig ist**
aa) der Rechtspfleger (§§ 3 Nr. 3a, 20 Nr. 12 RpflG), wenn der Titel vom Gericht geschaffen wurde **(Problem:** Ist die Klausel nichtig, wenn der Urkundsbeamte der Geschäftsstelle an Stelle des Rechtspflegers gehandelt hat?);
bb) der Notar bei notariellen Urkunden.

c) Der Nachweis muß durch **öffentliche** (§§ 415, 417f) oder öffentlich beglaubigte Urkunden geführt werden. **Ausnahmen:**
aa) Die Tatsachen sind offenkundig (§ 291);
bb) der Schuldner hat sie bei einer Anhörung zugestanden iSd. § 288;
cc) der Schuldner hat in einer notariellen Unterwerfungserklärung eine sofortige Erteilung der Klausel bewilligt und auf den Nachweis verzichtet.
Problem: Reicht Unstreitigkeit?

4. Weitere Voraussetzungen der titelumschreibenden Klausel nach § 727

a) Anwendungsbereich: Es muß eine **Rechtsnachfolge** auf Seiten
aa) des Gläubigers (zB Erbfolge, Abtretung, Pfändung und Überweisung)
bb) oder des Schuldners (zB Erbschaft nach Annahme; streitig: Schuldübernahme)
cc) oder des Besitzers der streitbefangenen Sache

nach Rechtshängigkeit (§§ 727 I, 325) eingetreten sein.

§ 727 greift auch ein, wenn an die Stelle der ursprünglichen Partei eine Partei kraft Amtes (zB Konkursverwalter) getreten ist. **Nicht:** Bei Namensänderungen u. ä.

b) Funktionell zuständig ist der Rechtspfleger bzw. der Notar.
c) Zum Nachweis der Rechtsnachfolge s. o. 3. c.

869 **II. Die Rechtsbehelfe im Verfahren auf Erteilung der Klausel**

Dargestellt werden hier nur die Klauselerinnerung nach § 732 und die Klagen nach §§ 731, 768.

1. Die Klauselerinnerung, § 732

a) **Zulässigkeit**
aa) Statthaftigkeit
- Der Schuldner erhebt Einwendungen gegen die Zulässigkeit der Klauselerteilung, § 732 I 1.
- Die Vorschrift gilt gem. § 11 RpflG nF auch bei Erteilung der Klausel durch den Rechtspfleger.

bb) **Zuständigkeit**
- Gericht, dessen Geschäftsstelle (oder Rechtspfleger) die Vollstreckungsklausel erteilt hat, § 732 I 1 (Prozeßgericht, nicht Vollstreckungsgericht)
- bei notariellen Urkunden § 797 III
- ggfls. auch Familiengericht, wenn eine Familiensache tituliert ist

cc) **Form.** Schriftlich oder zu Protokoll der Geschäftsstelle (§ 569 II analog), wenn beim Prozeßgericht erster Instanz kein Anwaltszwang bestand. In diesem Fall besteht auch kein Anwaltszwang, § 78 III.
dd) **Keine Frist**
ee) **Rechtsschutzbedürfnis** fehlt, wenn die Klausel noch nicht erteilt oder die Zwangsvollstreckung völlig beendet ist.
ff) Unzulässig bei **entgegenstehendem rechtskräftigen Urteil** nach § 731.

b) **Begründetheit**
Die Erinnerung ist begründet, wenn eine der Voraussetzungen der Erteilung der Klausel (s. o. I.) nicht vorliegt.

Nicht zu berücksichtigen:
- **Einwendungen** iSd. § 767,
- **Einwendungen**, über die bereits durch Urteil nach § 768 entschieden ist.

c) **Tenor des Beschlusses**

aa) **Hauptsache**
- Die vom ... (Gericht) am ... (Datum) erteilte vollstreckbare Ausfertigung zum ... (Titelbezeichnung) und die Vollstreckung aus ihr sind unzulässig.
- bzw. Verwerfung (unzulässig) oder Zurückweisung (unbegründet) der Erinnerung.

bb) Über die **außergerichtlichen Kosten** und die **Auslagen des Gerichts** ist zu entscheiden; Gerichtsgebühren fallen nicht an.

cc) Keine vorläufige Vollstreckbarkeit, § 794 I Nr. 3.

d) **Rechtsmittel:** einfache Beschwerde, § 567.

2. Die Klage auf Erteilung der Klausel, § 731

a) Klageart: Feststellungsklage (hM).

b) **Zulässigkeit**

aa) **Statthaftigkeit**
Der Kläger (Gläubiger) klagt auf Erteilung der Klausel zu einem Urteil (§ 731) oder zu einem anderen Titel (§§ 795, 794 I Nr. ..., 731).

bb) **Zuständigkeit (ausschließlich, § 802)**
- Prozeßgericht des ersten Rechtszuges
- Sondervorschriften: § 796 III (Vollstreckungsbescheid), § 797 V (gerichtliche oder notarielle Urkunden; **Problem:** Prozeßvergleich gerichtliche Urkunde? Ganz hM: Nein)
- Ggfls. Familiengericht, wenn Familiensache tituliert.

cc) **Besondere Zulässigkeitsvoraussetzung:** Es wird die Erteilung einer qualifizierten Klausel (§§ 726 I, 727 bis 729) begehrt; die allgemeinen Voraussetzungen der Erteilung der Klausel liegen vor.

dd) **Rechtsschutzbedürfnis oder Feststellungsinteresse**
- Fehlt: Wenn öffentliche Urkunden vorhanden oder leicht zu beschaffen sind.
- Fehlt nach hM (unzutreffend), wenn die Erteilung der Klausel nicht zunächst beantragt und zumindest vom Rechtspfleger abgelehnt wurde.

c) **Begründetheit**

aa) Die nach den §§ 726 I, 727–729 maßgeblichen Umstände müssen vorliegen bzw. nachgewiesen werden.

bb) Normales Erkenntnisverfahren; es reicht aus, daß die sonst durch öffentliche Urkunden nachzuweisenden Umstände unstreitig sind. Erforderlicher Beweis kann durch alle zulässigen Beweismittel der ZPO erbracht werden, nicht nur durch Urkunden.

cc) **Materiell-rechtliche Einwendungen** des Beklagten iSd. § 767 sind im Rahmen des § 767 II, III aus prozeßökonomischen Gründen statthaft.

d) **Tenor des Urteils**

aa) Die Vollstreckungsklausel zum ... (Titelbezeichnung) ist ... (für den Kläger oder gegen den Beklagten) zu erteilen; bzw. Klageabweisung.

bb) Normale Kostenentscheidung

cc) Beim Stattgeben der Klage: Das Urteil ist nicht nur wegen der Kosten für vorläufig vollstreckbar zu erklären. Der Wert des Anspruchs, wegen dessen der Kläger nunmehr vollstrecken kann, gehört in die Sicherheitsleistung.

e) Rechtsmittel: Berufung

3. Die Klauselgegenklage, § 768

a) Klageart: prozessuale Gestaltungsklage.

b) **Zulässigkeit**
  aa) Statthaftigkeit
  Der Kläger (regelmäßig Schuldner) wendet sich gegen die Erteilung einer Klausel, weil die besonderen, bei qualifizierten Klauseln zu berücksichtigenden Umstände nicht vorliegen.
  bb) Zuständigkeit (ausschließlich, § 802)
  – Prozeßgericht des ersten Rechtszuges, §§ 768, 767 I
  – ggfls. Familiengericht, wenn der titulierte Anspruch Familiensache ist.
  cc) **Rechtsschutzbedürfnis** fehlt, wenn die Klausel noch nicht erteilt oder die Zwangsvollstreckung beendet ist.
  dd) **Besondere Zulässigkeitsvoraussetzung**
  Klausel ist nach §§ 726 I, 727 bis 729, 738, 742, 744, 745 II oder 749 erteilt worden oder hätte nach diesen Vorschriften erteilt werden müssen (bei einfacher Klausel nur Klauselerinnerung).
  ee) **Kein entgegenstehendes Urteil nach § 731** (Ausnahme: Neu entstandene Tatsachen)

c) **Begründetheit**
  aa) Die Klage ist begründet, wenn die materiellen Voraussetzungen der qualifizierten Klauseln nicht vorliegen.
  bb) **Normales Erkenntnisverfahren** mit allen zulässigen Beweismitteln der ZPO, nicht etwa nur mit Urkunden.
  – Die **Beweislast** hat der, welcher auch die für die Erteilung der Klausel maßgeblichen Umstände beweisen muß (regelmäßig der beklagte Gläubiger, str.).
  – Rein formelle Einwendungen sind nicht zu berücksichtigen.

d) **Tenor des Urteils**
  aa) Die vom ... (Gericht, Notar) am ... (Datum) erteilte vollstreckbare Ausfertigung zum ... (Titel) und die Zwangsvollstreckung aus ihr werden für unzulässig erklärt; bzw. Klageabweisung.
  bb) Normale Kostenentscheidung
  cc) Das Urteil ist nicht nur wegen der Kosten für vorläufig vollstreckbar zu erklären. Beim stattgeb. Urteil muß der Wert des titulierten Anspruchs des Beklagten in die Sicherheit oder Abwendungsbefugnis einbezogen werden.

e) Rechtsmittel: Berufung

B. Die Voraussetzungen der Zwangsvollstreckung

(Von allen Vollstreckungsorganen bei allen Vollstreckungsarten zu beachten!)

870 **I. Allgemeine Verfahrensvoraussetzungen**

1. Vollstreckungsantrag

2. Zuständigkeit

a) Örtlich: Grundsätzlich Ort der Vollstreckungshandlung; § 20 GVO für den Gerichtsvollzieher; § 764 II für das Vollstreckungsgericht.

b) **Funktionell (welches Vollstreckungsorgan?)**
  aa) **Gerichtsvollzieher**
  – Zwangsvollstreckung wegen Geldforderungen in bewegliche Sachen, §§ 803 bis 827, 831.
  – Zwangsvollstreckung wegen Ansprüchen auf Herausgabe beweglicher Sachen (§§ 883f) und unbeweglicher Sachen (§ 885).

- Eidesstattliche Versicherung (§§ 807, 899 ff)
- Hilfstätigkeit im Rahmen der Vollstreckung durch andere Organe, zB Wegnahme von Urkunden, § 836 III 2.

bb) **Vollstreckungsgericht**
- Zwangsvollstreckung wegen Geldforderungen in Forderungen und andere Vermögensrechte, §§ 828 ff
- Zwangsversteigerung, § 869, ZVG
- Zwangsverwaltung, § 869, ZVG

cc) **Grundbuchamt**
- Zwangshypothek, §§ 866 ff

dd) **Prozeßgericht**
- Zwangsvollstreckung zur Erwirkung vertretbarer (§ 887) und unvertretbarer (§ 888) Handlungen
- Zwangsvollstreckung aus Unterlassungs- und Duldungstiteln (§ 890)
- Verurteilung zur Abgabe einer Willenserklärung (§ 894)

3. Deutsche Gerichtsbarkeit

4. Zulässigkeit des Rechtsweges

5. Parteifähigkeit

6. Prozeßfähigkeit
Beim Schuldner umstritten (jetzt hM: Der Schuldner muß prozeßfähig sein).

7. Prozeßführungsbefugnis

8. Rechtsschutzinteresse (**Problem:** Vollstreckung wegen Bagatellforderungen).

II. Allgemeine Voraussetzungen der Zwangsvollstreckung 871

1. **Titel (§§ 750 I, 704, 794)**
(Probleme bei der Zwangsvollstreckung: Bestimmtheit, formelle Unwirksamkeit).

2. **Klausel (§§ 750 I, 724 ff)**
Die Richtigkeit der Erteilung der Klausel ist grundsätzlich vom Vollstreckungsorgan nicht zu prüfen; **Problem:** ist die Klausel unwirksam, wenn sie vom UdG statt vom Rechtspfleger erteilt wurde?, vom Vollstreckungsorgan zu beachten!

3. **Zustellung (§§ 750, 166 ff)**

III. Besondere Vollstreckungsvoraussetzungen 872

Vom Vollstreckungsorgan, nicht im Klauselerteilungsverfahren zu prüfen.

1. Eintritt eines Kalendertages, § 751 I

2. Nachweis der Sicherheitsleistung, § 751 I. **Problem:** Bankbürgschaft

3. Zwangsvollstreckung bei Leistungen Zug um Zug, §§ 756, 765. **Probleme:** Nachweis des Annahmeverzugs; Bestimmtheit der Zug um Zug-Leistung; Streit um die Ordnungsgemäßheit der Gegenleistung

IV. Keine allgemeinen Vollstreckungshindernisse 873

1. Hindernisse nach § 775

2. Vollstreckungsverträge (streitig!)

3. Insolvenzverfahren

V. Besondere Vermögensmassen 874

Es ist immer zu beachten, gegen welchen Schuldner und damit welche Vermögensmasse vollstreckt werden darf. Probleme kann es bei Gesellschaften, Vereinen und der Vollstreckung in den Nachlaß geben.

C. Die einzelnen Vollstreckungsarten und die entsprechenden Rechtsbehelfe

I. Die Zwangsvollstreckung wegen Geldforderungen in bewegliche Sachen, die Vollstreckungserinnerung gegen das Handeln des Gerichtsvollziehers und die sofortige Beschwerde

875 **1. Die Zwangsvollstreckung wegen Geldforderungen in bewegliche Sachen**

a) **Besonderheiten der Voraussetzungen der Zwangsvollstreckung**

aa) **Zuständigkeit**
- Funktionell zuständig ist der Gerichtsvollzieher.
- Örtliche Zuständigkeit: § 154 GVG, § 20 GVO.

bb) **Antrag:** Der Gerichtsvollzieher hat die Weisungen des Gläubigers zu beachten, soweit sie nicht gesetzwidrig sind.

b) **Besondere Voraussetzungen der Zwangsvollstreckung in bewegliche Sachen**

aa) **Gegenstand:**
- Bewegliche Sachen, §§ 803, 865;
- **Einschränkung: Zubehör,** § 865 II 1;
- Erweiterung: Früchte auf dem Halm, § 810.

bb) **Gewahrsam** des Schuldners (§ 808) oder eines zur Herausgabe bereiten Dritten, § 809. Bei Ehegatten: § 739 (hM: Im Vollstreckungsverfahren unwiderlegbar).

cc) **Kein evidentes Dritteigentum**

dd) **Keine Unpfändbarkeit, §§ 811, 812 (besonders wichtig: § 811 Nr. 5)**
Verzicht des Schuldners vor (allgemeine Ansicht) und bei oder nach der Pfändung (hM) ist unzulässig.

c) **Durchführung der Pfändung**

aa) Aufforderung zur freiwilligen Leistung, § 754; bei freiwilliger Leistung Quittierung, § 757

bb) Zwangsvollstreckung in Wohnungen zur Nachtzeit (§ 188) sowie an Sonn- und Feiertagen nur mit richterlicher Erlaubnis, § 758 a IV

cc) **Pfändungsakt**
- **Durchsuchung** (§ 758) der Wohnung des Schuldners gegen dessen Willen nur mit richterlichem Beschluß (§ 758 a)
- **Zwangsbefugnisse, §§ 758 f; streitig:** „Verfolgungsrecht".
- **Inbesitznahme der Sachen, § 808**
  - – Wegnahme von Geld pp., § 808 II 1;
  - – andere Sachen bleiben grundsätzlich beim Schuldner, § 808 II 1.
- Pfändung ist durch Pfandsiegel oder -anzeige **kenntlich zu machen.** Verstoß führt zur **Unwirksamkeit** (= Nichtigkeit), § 808 II 2.
- Benachrichtigung des Schuldners, § 808 III
- Protokoll, § 762
- Anschlußpfändung durch Aufnahme ihrer Erklärung ins Protokoll, § 826 I. Voraussetzungen: Wirksame (= nicht nichtige) Erstpfändung.

dd) **Umfang der Pfändung**
- Keine Überpfändung, § 803 I 2
  Ausnahme: Nur ein pfändbarer Gegenstand.
- Keine zwecklose Pfändung, § 803 II

d) Verwertung

aa) Geld ist an Gläubiger abzuliefern, § 815 I

bb) Ansonsten grundsätzlich Versteigerung, §§ 814 ff.

cc) Sondervorschriften für Wertpapiere pp., §§ 821 ff.

dd) Verteilungsverfahren, §§ 872 ff.

2. Die Vollstreckungserinnerung (§ 766), gegen das Handeln des Gerichtsvollziehers 876

a) **Wesen:** Rechtsmittelähnlicher besonderer Rechtsbehelf des Vollstreckungsverfahrens.

b) **Zulässigkeit**

aa) **Statthaftigkeit**

- Gegen jedes auf Zwangsvollstreckung gerichtetes Verhalten des Gerichtsvollziehers.
- Gegen Weigerung des Gerichtsvollziehers, einen Vollstreckungsauftrag durchzuführen.
- Gegen Kostenansatz des Gerichtsvollziehers.
- Gegen Vorpfändung des Gläubigers nach § 845.

bb) **Zuständigkeit zur Entscheidung (ausschließlich, § 802)**

Zuständig ist das Vollstreckungsgericht (Amtsgericht), in dessen Bezirk die Zwangsvollstreckung stattfindet, §§ 766, 764 II. Entscheidung durch den Richter, § 20 Nr. 17a RpflG.

cc) **Form**

Schriftlich oder zu Protokoll der Geschäftsstelle, § 529 II analog.

dd) **Keine Frist**

ee) **Allgemeine Verfahrensvoraussetzungen**

- Kein bestimmter Antrag erforderlich.
- **Rechtsschutzinteresse:**
  - – vom Beginn der Zwangsvollstreckung in bestimmte Gegenstände oder Rechte bis zum vollständigen Abschluß.
  - – Vorher: Wenn Zwangsvollstreckung unmittelbar droht und spätere Entscheidung nicht hilft.
  - – Später: Gegen Kostenansatz.

ff) **Beschwer**

- Der Gläubiger ist beschwert, wenn das Vollstreckungsorgan ganz oder teilweise von seinem Vollstreckungsantrag abweicht.
- Der Schuldner ist immer beschwert.
- Dritte sind beschwert, wenn sie sich auf die Verletzung vollstreckungsrechtlicher Verfahrensvorschriften stützen, die zumindest auch ihrem Schutz dienen.

c) **Begründetheit**

aa) Die Erinnerung des Schuldners oder eines Dritten ist ganz oder teilweise begründet, wenn irgendeine Voraussetzung der Zwangsvollstreckung fehlt.

bb) Die Erinnerung des Gläubigers ist begründet, wenn alle Voraussetzungen der begehrten Vollstreckungsmaßnahme vorliegen.

cc) Die Erinnerung gegen den Kostenansatz ist begründet, wenn dieser falsch ist oder die Kosten trotz eines Antrages nicht beigetrieben werden.

dd) **Umfang der Prüfung**

- Grundsätzlich ist das gesamte Vollstreckungsverfahren (generelle Zulässigkeit der Zwangsvollstreckung und Zulässigkeit der konkreten durchgeführten oder begehrten Maßnahme) zu überprüfen.
- Begrenzung der Prüfung nur bei eingeschränktem Erinnerungsantrag.

ee) **Maßgeblicher Zeitpunkt**

- Nach hM grundsätzlich Zeitpunkt der Beschlußfassung.
- Sehr streitig bei Unpfändbarkeitsvorschriften; hM:
  - – Bei Wegfall der Voraussetzungen Zeitpunkt der Beschlußfassung.
  - – Bei nachträglichem Eintritt der Unpfändbarkeit Zeitpunkt der Pfändung.

d) **Möglicher Tenor des Beschlusses**
  aa) Die Erinnerung wird verworfen (unzulässig) oder zurückgewiesen (unbegründet).
  bb) Eine ganz bestimmte Vollstreckungsmaßnahme wird für unzulässig erklärt (Pfändungsmaßnahme eines Gerichtsvollziehers) oder aufgehoben (Pfändungsbeschluß).
  cc) Eine bestimmte Maßnahme wird angeordnet (der Gerichtsvollzieher wird angewiesen, die Pfändung einer Sache nicht mit einer bestimmten Begründung abzulehnen).
  dd) Über die außergerichtlichen **Kosten** und die Auslagen des Gerichts ist zu entscheiden. Gerichtsgebühren fallen nicht an.
  ee) Keine Entscheidung über die vorläufige Vollstreckbarkeit, § 794 I Nr. 3.
  ff) **Aussetzung der Vollziehung** des Beschlusses, § 572 II analog

e) **Streitwert**
Streitwert ist bei einer Erinnerung des Gläubigers der Wert der Forderung, wegen der vollstreckt werden soll, bei einer Erinnerung des Schuldners und eines Dritten in der Regel der geringere Wert aus der Forderung des Gläubigers bzw. des gepfändeten Gegenstandes (§ 6).

f) **Rechtsmittel:** sofortige Beschwerde, § 793

877 **3. Die sofortige Beschwerde im Vollstreckungsverfahren, § 793**
Beachte: Die Ausführungen gelten für die sofortige Beschwerde gegen die Erinnerungsentscheidung; zu Rechtspflegerentscheidungen s. Rn. 880.

a) **Zulässigkeit**
  aa) **Statthaftigkeit**
  Die sofortige Beschwerde nach § 793 ist statthaft.
  - gegen Entscheidungen.
  - im Vollstreckungsverfahren,
  - die ohne mündliche Verhandlungen ergehen können.

  Hat der Richter ausnahmsweise eine Vollstreckungsmaßnahme getroffen (etwa an Stelle des Rechtspflegers ohne Anhörung des Schuldners einen Pfändungsbeschluß erlassen), findet die Vollstreckungserinnerung, § 766, statt.
  bb) **Zuständigkeit zur Entscheidung**
  Es entscheidet das übergeordnete Gericht, § 568.
  cc) **Form**
  - Die sofortige Beschwerde ist schriftlich einzulegen, § 569 II 1.
  - Sie kann zu Protokoll der Geschäftsstelle erklärt werden, wenn der Rechtsstreit im ersten Rechtszug dem Anwaltszwang nicht unterlag, § 596 II 2. In diesem Fall kein Anwaltszwang, § 78 III.

  dd) **Frist:** Notfrist von 2 Wochen nach Zustellung der Entscheidung, § 577 II 1.
  ee) **Rechtsschutzinteresse**
  - Vom Beginn der Zwangsvollstreckung bis zur vollständigen Beendigung.
  - Bei der Anfechtung von Erinnerungsentscheidungen zweifelhaft, wenn die Vollstreckungsmaßnahme bereits aufgehoben ist. Trotzdem fehlt ein Rechtsschutzinteresse nicht, weil der Betroffene sonst keinen Rechtsschutz erhält.

  ff) **Beschwer**
  - „Formelle" Beschwer maßgeblich für die Beteiligten an der angefochtenen Entscheidung.
  - Dritte können beschwert sein, wenn erstmals durch die angefochtene Entscheidung ihrem Schutz dienende vollstreckungsrechtliche Verfahrensvorschriften beeinträchtigt sind.
  - Zweifelhaft Gerichtsvollzieher; hM: Nein.

b) **Begründetheit**
Die sofortige Beschwerde ist begründet, wenn die angefochtene Entscheidung unrichtig ist.

c) **Tenor des Beschlusses des Beschwerdegerichts**
aa) Eine unzulässige sofortige Beschwerde wird verworfen, eine unbegründete zurückgewiesen.
bb) Ist die sofortige Beschwerde begründet,
– ist die angefochtene Entscheidung abzuändern oder aufzuheben
– und über den ursprünglichen Antrag zu entscheiden.
cc) Kosten

d) **Rechtsmittel**
Weitere sofortige Beschwerde unter den Voraussetzungen der §§ 577, 568 II.

II. Die Zwangsvollstreckung wegen Geldforderungen in Forderungen und andere Vermögensrechte, die Rechtspflegererinnerung und die Einziehungsklage

1. Die Zwangsvollstreckung wegen Geldforderungen in Forderungen und andere Vermögensrechte 878

a) **Besonderheiten der Prozeßhandlungsvoraussetzungen**
aa) **Vollstreckungsantrag**
Erforderlich ist die genaue Angabe von:
– Gläubiger, Schuldner, Drittschuldner
– Schuldgegenstand und Schuldgrund der zu pfändenden Forderung.
bb) **Zuständigkeit**
– **Funktionell:** Vollstreckungsgericht, § 828 I (Amtsgericht, § 764 I); es entscheidet der Rechtspfleger, § 20 Nr. 17 RpflG.
– **Örtlich:** Allgemeiner Gerichtsstand des Schuldners, hilfsweise Ort des Vermögens des Schuldners, § 828 II.
cc) **Rechtsschutzbedürfnis:** Zweifelhaft bei:
– Pfändung von Forderungen des Schuldners gegen den Gläubiger (**Aufrechnung!**); möglich ist die Pfändung jedenfalls, wenn die Aufrechnung vertraglich oder gesetzlich ausgeschlossen ist.
– Pfändung von dem Gläubiger bereits abgetretenen Forderungen des Schuldners (Gläubiger hat durch die Abtretung bereits mehr erlangt als durch die Pfändung und Überweisung!). Nach hM besteht ein Rechtsschutzbedürfnis, da bei der Pfändung der Nachweis besser geführt werden kann als bei einer formlosen Abtretung und weil in Beweisurkunden vollstreckt werden kann, § 836 III 2.

b) **Besonderheiten der Pfändung von Forderungen**
aa) **Gegenstand der Vollstreckung**
– Geldforderungen; auch einredebehaftete, betagte oder befristete, § 829.
– Herausgabe- oder Lieferansprüche, §§ 846 ff.
– Andere Vermögensrechte, § 857:
– – Vermögens-, = geldwerte Rechte,
– – keine Persönlichkeitsrechte,
– – Rechte, keine bloßen Chancen.
– Die Forderung unterliegt weder der Immobiliar- (§ 865) noch der Gerichtsvollziehervollstreckung (zB § 831).
bb) **Pfändung künftiger Forderungen**
Zulässig, wenn die Rechtsbeziehung Schuldner-Drittschuldner bereits besteht, aus der sich – genügend bestimmbare – Forderungsrechte ergeben können.

cc) **Pfändungsbeschränkungen**
- § 851 (evtl. in Verbindung mit § 857 I, III)
  - – gesetzlich unübertragbar = unpfändbar (zB § 399 BGB 1. Alt.).
  - – Vertraglich unübertragbar = pfändbar, wenn Gegenstand der Pfändung unterliegt, § 851 II (§ 399 BGB 2. Alt.).
  - – Zweckgebundene Ansprüche sind nach § 851 I nur im Rahmen der Zweckbindung übertragbar und damit pfändbar.
- Unpfändbarkeit aus sozialen Gründen
  - – Unpfändbarkeit: § 850 a
  - – Bedingte Pfändbarkeit: § 850 b
  - – Beschränkte Pfändbarkeit: §§ 850 c bis 850 i
  - – Sondervorschriften in Sozialgesetzen, zB § 54 SGB-AT

dd) **Erweiterungen: § 850d**

ee) **Umfang der Pfändung, § 803**

c) **Pfändungsvorgang**

aa) Kein rechtliches Gehör für Schuldner, § 834. Ausnahme: § 850b

bb) Umfang der Prüfung durch den Rechtspfleger:
- Zulässigkeit der Zwangsvollstreckung
- „Schlüssigkeit":
  Nach dem Verbringen des Gläubigers besteht eine Forderung des Schuldners gegen den Dritten, die nicht unpfändbar ist.

Der Schuldner kann **nicht einwenden**, die Forderung bestehe nicht, da nur „Schlüssigkeitsprüfung"!

cc) **Zustellung** des Pfändungs- (und meist Überweisungs-) beschlusses an:
- Drittschuldner (Wirksamkeitsvoraussetzung!), §§ 829 III, 835 III 1
- Schuldner.

Zustellung im Parteibetrieb, also auf Antrag durch den Gerichtsvollzieher.

879 2. Die Vollstreckungserinnerung (§ 766) bei der Forderungspfändung

Gegen Vollstreckungsmaßnahmen (Stattgeben eines Antrags ohne rechtliches Gehör, § 834!) findet die Vollstreckungserinnerung statt.

a) **Zulässigkeit**

Hier ist zwischen Vollstreckungsmaßnahme und Entscheidung abzugrenzen. S. im übrigen Rn. 876.

b) **Begründetheit**

Die Erinnerung ist begründet, wenn die angegriffene Maßnahme des Rechtspflegers unzutreffend ist.

c) **Tenor des Beschlusses**

aa) Eine unzulässige Erinnerung wird verworfen, eine unbegründete Erinnerung zurückgewiesen.

bb) Ist die Erinnerung begründet, muß die angefochtene Maßnahme abgeändert oder aufgehoben und erneut über den zugrunde liegenden Antrag entschieden werden.

cc) **Ein Nichtabhilfebeschluß des Rechtspflegers lautet:**

„Der Erinnerung des ... (Parteibezeichnung) gegen ... (angefochtene Entscheidung) wird nicht abgeholfen. Die Sache wird dem ... (Richter) zur Entscheidung vorgelegt." Der Beschluß ist zu begründen und den Beteiligten mitzuteilen.

dd) **Kostenentscheidung**
- Über die außergerichtlichen Kosten und die Auslagen des Gerichts ist stets zu entscheiden.
- Das Erinnerungsverfahren ist gerichtsgebührenfrei.

ee) **Keine Entscheidung** über die vorläufige **Vollstreckbarkeit,** § 794 I Nr. 3

ff) **Aussetzung der Vollziehung** der Entscheidung, § 11 IV RpflG, § 572 II

d) **Rechtsmittel**
Sofortige Beschwerde nach § 793.

3. Die sofortige Beschwerde gegen Rechtspflegerentscheidungen des Vollstreckungsgerichts 880
Gem. § 11 I RpflG nF findet auch gegen Rechtspflegerentscheidungen im Vollstreckungsverfahren die sofortige Beschwerde nach § 793 statt. Eine Entscheidung liegt vor, wenn ein Antrag zurückgewiesen oder ihm nach Gewährung rechtlichen Gehörs stattgegeben wird. S. im übrigen Rn. 877.

4. Die Einziehungsklage 881
a) **Klageart**
Es handelt sich um eine normale Leistungsklage. Der Kläger zieht eine Forderung des Schuldners gegen den beklagten Drittschuldner ein.
b) **Zulässigkeit**
Beachte: Es gibt keine besonderen Zulässigkeitsprobleme, da es sich um eine normale Leistungsklage handelt. Folgende Punkte werden aber in Klausuren häufig problematisiert:
aa) **Zuständigkeit**
Maßgeblich ist die Zuständigkeit für einen gedachten Prozeß Schuldner gegen Drittschuldner. Daher kommt, je nach Art der Forderung, auch die familiengerichtliche oder arbeitsgerichtliche Zuständigkeit in Betracht. **§ 802 gilt nicht**, so daß auch §§ 38 ff anwendbar sind.
bb) **Einwand der Rechtshängigkeit bzw. Rechtskraft**
Problem: Hat der Schuldner bereits einen Titel gegen den Drittschuldner, den der Gläubiger auf sich umschreiben lassen kann?
cc) **Streitverkündung**
Der Gläubiger muß gem. § 841 dem Schuldner den Streit verkünden. Verstoß führt nicht zur Unzulässigkeit der Klage!
c) **Begründetheit**
Die Klage ist begründet, wenn der klagende Gläubiger berechtigt ist, eine dem Schuldner gegen den Drittschuldner zustehende Forderung einzuziehen.
aa) **Einziehungsberechtigung**
- Der Kläger muß einen **wirksamen** Pfändungs- und Überweisungsbeschluß hinsichtlich der einzuziehenden Forderung erwirkt haben. **Häufiges Problem:** Ordnungsgemäße Zustellung von Pfändungs- und Überweisungsbeschluß an den Drittschuldner (**Wirksamkeitsvoraussetzung**, §§ 829 III, 835 III).
- **Anfechtbarkeit**
Grundsätzlich ist nur die **Wirksamkeit** des Pfändungs- und Überweisungsbeschlusses zu prüfen, nicht die bloße Anfechtbarkeit. Nur die Anfechtbarkeit aus **materiellem Recht** (§ 851, § 399 BGB) ist zu berücksichtigen (hM), weil sie besser im Erkenntnis- als im Erinnerungsverfahren untersucht werden kann.

bb) **Bestehen des Anspruchs Schuldner gegen Drittschuldner**
- Zu prüfen ist, ob dem Schuldner gegen den Drittschuldner der vom klagenden Gläubiger gepfändete und ihm überwiesene Anspruch zusteht. Diese Untersuchung hat wie bei einer normalen Leistungsklage genau zu erfolgen. **Beachte unbedingt** bei der Argumentation: Der Gläubiger ist nicht Forderungsinhaber; er ist lediglich berechtigt, eine Forderung des Schuldners gegen den Drittschuldner einzuziehen. Forderungsinhaber ist (bei der üblichen Überweisung zur Einziehung) nach wie vor der Schuldner.
- Typisches **Problem:** Erfüllungseinwand des Drittschuldners. Zu beachten:

– – Erfüllung gegenüber Schuldner vor der Wirksamkeit der Pfändung ist immer zu berücksichtigen.
– – Erfüllung gegenüber Schuldner nach der Wirksamkeit der Pfändung in Unkenntnis der Pfändung: § 407 BGB analog (hM).
– – Erfüllung an erstpfändenden Gläubiger: § 836 II analog (hM).
– – Aufrechnung: § 392 BGB; § 394 BGB gilt nach dem Übergang der Forderung auf einen Dritten nicht mehr.

d) **Entscheidungsform** wie bei normaler Leistungsklage

882 **III. Die Herausgabevollstreckung**

1. Besonderheiten bei den Voraussetzungen der Zwangsvollstreckung

a) Der Titel muß auf Herausgabe oder Leistung von Sachen gerichtet sein.
b) **Funktionelle Zuständigkeit:** Gerichtsvollzieher, §§ 883 I, 885 I

2. Herausgabe beweglicher Sachen

a) **Gegenstand der Vollstreckung:**
aa) Herausgabe einer bestimmten beweglichen Sache (§ 883 I 1. Alt.);
bb) Herausgabe einer Menge bestimmter beweglicher Sachen (§ 883 I 2. Alt.);
cc) Leistung einer bestimmten Menge vertretbarer Sachen oder Wertpapiere (§ 884).

b) **Verfahren**
aa) Der Gerichtsvollzieher hat die Sachen dem Schuldner wegzunehmen und dem Gläubiger zu übergeben.
bb) Nach § 758a I, II ist bei einem Widerspruch des Schuldners gegen die Durchsuchung eine richterliche Durchsuchungsanordnung erforderlich.
cc) Die Pfändungsschutzvorschriften (§§ 811f) sind nicht anwendbar.

3. Herausgabe unbeweglicher Sachen

a) Gegenstand der Vollstreckung:
Herausgabe- oder Räumung unbeweglicher Sachen. Die Vollstreckung ist nach hM (unzutreffend) auch gegen Mitbewohner einer Wohnung, die nicht Mieter sind, aufgrund eines **Titels nur gegen den Mieter** möglich.

b) **Verfahren**
aa) Der Gerichtsvollzieher setzt den Schuldner aus dem Besitz und weist den Gläubiger in den Besitz sein, § 885 I.
bb) Eine richterliche Durchsuchungsanordnung ist gem. § 758a II bei Räumungstiteln nicht erforderlich.

883 **IV. Die Handlungsvollstreckung**

1. Die Vollstreckung zur Erwirkung vertretbarer Handlungen

Begriff: Ein anderer als der Schuldner kann die Handlung mit dem gleichen rechtlichen und wirtschaftlichen Erfolg vornehmen wie der Schuldner selbst.

a) **Besonderheiten der Verfahrensvoraussetzungen**
aa) **Der Antrag** muß die Handlung, zu der der Gläubiger ermächtigt werden soll, konkret bezeichnen.
bb) **Zuständigkeit** (örtlich und funktionell): Prozeßgericht des ersten Rechtszugs, § 887 I.

b) **Durchführung**
aa) Rechtliches Gehör für den Schuldner, § 891
bb) Der Gläubiger wird durch **Beschluß** ermächtigt, die Handlung selbst durchzuführen (**Ersatzvornahme**).
cc) Auf Antrag ist der Schuldner gleichzeitig zur Zahlung der voraussichtlichen Kosten der Ersatzvornahme zu verurteilen, § 887 II.
dd) Richterliche Anordnung bei Widerstand des Schuldners entbehrlich.

ee) Erfüllungseinwand des Schuldners (sehr **streitig**) richtigerweise wohl nicht zu beachten.

2. Die Erzwingung unvertretbarer Handlungen

Begriff: Ein anderer als der Schuldner kann die geschuldete Leistung nicht oder nicht mit dem gleichen rechtlichen oder wirtschaftlichen Erfolg wie der Schuldner selbst vornehmen.

a) **Besonderheiten der Verfahrensvoraussetzungen**
   aa) **Der Antrag** muß die vorzunehmende Handlung möglichst genau bezeichnen.
   bb) **Zuständigkeit** (örtlich und funktionell): Prozeßgericht des ersten Rechtszuges, § 888 I.

b) **Durchführung**
   aa) Rechtliches Gehör für Schuldner, § 891.
   bb) Gegen den Schuldner kann durch **Beschluß**
   – ein Zwangsgeld, ersatzweise Zwangshaft,
   – Zwangshaft
   angeordnet werden, wobei die Verhältnismäßigkeit zu beachten ist.
   cc) Wegen des Beugecharakters darf nicht mehr vollstreckt werden, wenn der Schuldner die Handlung vornimmt.
   dd) Aus dem Beschluß muß ggfls. der Gläubiger selbst die Zwangsvollstreckung betreiben:
   – bei Zwangsgeld nach den Vorschriften über die Zwangsvollstreckung wegen Geldforderungen,
   – bei Zwangshaft nach §§ 904 ff.

V. Die Zwangsvollstreckung zur Erwirkung von Duldungen und Unterlassungen, § 890 **884**

1. Besonderheiten der Verfahrensvoraussetzungen der Zwangsvollstreckung
   a) **Zuständig**: Prozeßgericht des ersten Rechtszugs, § 890 I.
   b) **Vorherige Androhung** des Ordnungsmittels, § 890 II
   c) Der Schuldner muß gegen die titulierte Verpflichtung
   – **verstoßen** haben (ggfls. durch Beweisaufnahme zu klären);
   – dies muß **schuldhaft** (hM) geschehen sein.

2. Durchführung
   a) Rechtliches Gehör für Schuldner, § 891.
   b) Gegen den Schuldner kann durch **Beschluß:**
   – ein Ordnungsgeld (siehe Art. 6 I 1 EGStGB) ersatzweise Ordnungshaft,
   – oder Ordnungshaft (siehe Art. 6 II 1 EGStGB)
   angeordnet werden, wobei die Verhältnismäßigkeit zu beachten ist.
   c) Nach hM darf noch vollstreckt werden, wenn der Titel nach einem Verstoß ohne Rückwirkung wegfällt.
   d) Die Vollstreckung der Ordnungsmittel erfolgt von Amts wegen.

D. Klagen aus dem oder mit Bezug zu dem materiellen Recht

I. Die Vollstreckungsgegenklage, § 767 **885**

1. Klageart: Gestaltungsklage.

2. Abgrenzung zu anderen Rechtsbehelfen
   a) **Erinnerung (§ 766):**
   Erinnerung: Unzulässigkeit einer Vollstreckungsmaßnahme aus formellen Gründen.

Vollstreckungsgegenklage: Beseitigung der Vollstreckbarkeit eines Titels aus materiell-rechtlichen Gründen.
Überschneidungen möglich bei § 775 Nr. 4 oder 5. Streitig: Vollstreckungsverträge.

b) **Leistungs- bzw. Feststellungsklage** wegen des Anspruchs, der die materiellrechtliche Einwendung gibt, bleibt möglich.

c) **Abänderungsklage, § 323** (führt im Gegensatz zur Vollstreckungsgegenklage zur Durchbrechung der Rechtskraft).
   aa) Mindermeinung: Bei nachträglicher Änderung der Umstände wahlweise §§ 767, 323.
   bb) Herrschende Meinung:
   - § 323: Die Umstände haben sich gewandelt, die sich von vornherein als wandelbar darstellen und ein quantitatives Element enthalten.
   - § 767: Scharf umrissene, punktuelle Ereignisse sowie rechtshemmende oder rechtsvernichtende Tatsachen.

d) **Berufung**
   aa) Wahlrecht, solange Urteil nicht rechtskräftig. Berufung ist kein einfacherer und billigerer Weg.
   bb) Wenn Berufung eingelegt, kein Rechtsschutzbedürfnis für § 767.

e) **Schadenersatzklage aus § 826 BGB**
   Der Titel selbst ist sittenwidrig erwirkt und/oder die Vollstreckung ist sittenwidrig.

f) **Prozeßvergleich**
   aa) ursprüngliche Unwirksamkeit des Vergleichs: hM: Fortsetzung des alten Verfahrens.
   bb) Erfüllung und ähnliches: § 767
   cc) Wenn Erfüllung eingewandt wird, kann auch die ursprüngliche Unwirksamkeit im Rahmen des § 767 geltend gemacht werden.
   dd) Sehr streitig: Nachträglicher Wegfall des Vergleichs (Aufhebung, Rücktritt pp.)
   - Rechtsprechung: § 767
   - aA: Fortsetzung des alten Verfahrens

g) **Klage auf Herausgabe des Titels** kann nach hM mit der Vollstreckungsgegenklage verbunden oder anschließend erhoben werden.

3. Zulässigkeit der Vollstreckungsgegenklage

a) **Statthaftigkeit**
   Die Vollstreckungsgegenklage ist statthaft bei materiellen Einwendungen gegen die Vollstreckbarkeit des titulierten Anspruchs. Urteile: § 767 I. Andere Titel (§ 794): §§ 795, 767 I (erwähnen!).

b) **Zuständigkeit**
   aa) Prozeßgericht des 1. Rechtszugs, § 767 I, unabhängig vom Streitwert.
   bb) Sondervorschriften bei vollstreckbaren Urkunden (§ 797 V) und Vollstrekkungsbescheid (§ 796 III).
   cc) ggfls. Familiengericht, wenn eine Familiensache tituliert.

c) **Rechtsschutzbedürfnis**
   aa) Ein Titel ist vorhanden (die Klausel muß noch nicht erteilt sein) und die Zwangsvollstreckung ist noch nicht beendet (der Titel ist noch nicht herausgegeben).
   bb) Fehlt: Wenn Berufung eingelegt ist.
   cc) Fehlt, wenn der Titel unwirksam ist.
   dd) Fehlt, wenn das alte Verfahren fortzusetzen ist (Unwirksamkeit des Prozeßvergleichs).

ee) Fehlt, wenn ein billigerer und einfacherer Weg gegeben ist, der zum selben Ziel führt. Hier ist insbesondere an die Möglichkeit einer Erinnerung zu denken.

d) **Klageänderung**
Wechselt der Kläger die Einwendungen gegen den titulierten Anspruch aus, handelt es sich nach hM. um eine Klageänderung, § 267 ist zu beachten.

e) **Nicht:** § 767 II! Frage der Begründetheit!

4. Begründetheit

a) Aktivlegitimiert (Anspruchsinhaber) Schuldner (als Kläger).

b) Passivlegitimiert (Anspruchsgegner) Gläubiger (als Beklagter). Bei Abtretung evtl. auch Zessionar, da Titelumschreibung möglich! Regelmäßig sind keine Ausführungen hierzu erforderlich.

c) Die Klage ist begründet, wenn dem Kläger eine nach § 767 II oder III nicht ausgeschlossene materiell-rechtliche Einwendung zusteht, die die Wirkung hat, daß der Anspruch nicht mehr oder nur eingeschränkt geltend gemacht werden kann (soweit § 767 II gilt, rechtshemmend oder rechtsvernichtend).
Beispiele: Erfüllung, Abtretung, Zurückbehaltungsrecht, § 242 BGB, Stundung, Verjährung, Erlaß, Verzicht, Vergleich, befreiende Unmöglichkeit, Rücktritt, befreiende Schuldübernahme, Pfändung des titulierten Anspruchs, Klagerücknahme nach Erlaß des Urteils vor dessen Rechtskraft.

d) **Kein Ausschluß nach § 767 II** (Sondervorschrift für den Vollstreckungsbescheid: § 796 II):

aa) Einwendungen müssen nach Schluß der mündlichen Verhandlung entstanden sein. Objektive Möglichkeit der Geltendmachung ausreichend; Kenntnis nicht erforderlich!

bb) Keine Möglichkeit der Geltendmachung durch Einspruch.
- hM: Einwendungen nach Ablauf der Einspruchsfrist entstanden.
- aA: Bei Vollstreckung während der Frist Einspruch, sonst § 767.

cc) **§ 767 II gilt nicht bei:**
- Prozeßvergleichen, Anwaltsvergleichen,
- gerichtlichen oder notariellen Urkunden, § 797 IV,
- Kostenfestsetzungsbeschlüssen.

dd) Die Vorschrift des § 767 II kann nach hM nicht durch §§ 242 oder 826 BGB überwunden werden. Insoweit kann allenfalls die Schadenersatzklage nach § 826 BGB erhoben werden.

ee) Besonderheiten:
- **Gestaltungsrechte**
  - – Rechtsprechung: Es kommt auf die objektive Entstehung des Rechts an, nicht auf seine Ausübung.
  - – hM in der Literatur: Maßgeblich ist der Zeitpunkt der Ausübung, weil erst dadurch der Anspruch vernichtet wird.
- **Abtretung oder gesetzlicher Forderungsübergang**
  Erlangt der Schuldner nach mündlicher Verhandlung Kenntnis von vorheriger Abtretung, gilt § 767 II nicht. Vor Kenntnis kann er mit befreiender Wirkung an den Kläger leisten, nach Kenntnis nicht (§ 407 BGB). Dieser materielle Umstand ist erst nach Schluß der mündlichen Verhandlung eingetreten.

e) § 767 III darf bei einer neuen Vollstreckungsgegenklage nicht eingreifen.

5. Tenor

a) Die Zwangsvollstreckung aus ... (Titel) vom ... (Datum) wird (ganz oder teilweise) für unzulässig erklärt. Wenn nur der Beklagte nicht vollstrecken darf, evtl. aber ein anderer, darf nur die Vollstreckung des Beklagten für unzulässig erklärt werden.

b) Kosten.
c) Das Urteil ist in vollem Umfang für vorläufig vollstreckbar zu erklären. Der Wert der Forderung, wegen der der Beklagte nicht vollstrecken kann, ist beim stattgebenden Urteil in die Sicherheitsleistung einzubeziehen.

886 **II. Die Drittwiderspruchsklage, § 771**

1. Klageart: Prozessuale Gestaltungsklage (hM)

2. Zulässigkeit

a) **Zuständigkeit**

aa) **Örtlich:** Gericht in dessen Bezirk die Zwangsvollstreckung erfolgt, § 771 I. **Ausschließlich**!, §§ 771 I, 802.

bb) **Sachlich**: Nach Streitwert (GVG). **Nicht ausschließlich**, da nicht im 8. Buch geregelt; § 39 gilt.

b) **Rechtsschutzinteresse**

aa) Vom Beginn der Zwangsvollstreckung in bestimmten Gegenstand bis zum Ende der Zwangsvollstreckung (Auskehr des Erlöses). Bei Herausgabevollstreckung u. U. schon vor der Vollstreckung, da sonst kein Rechtsschutz.

bb) Nichtigkeit einer Vollstreckungsmaßnahme läßt Rechtsschutzbedürfnis nicht entfallen: Der Dritte ist durch den Schein der wirksamen Pfändung beschwert. In **Klausuren** sollte man, weil es nicht darauf ankommt, die Frage der Nichtigkeit **offenlassen.**

cc) Möglichkeit der Erinnerung macht § 771 nicht unzulässig – anderes Ziel! Ausnahme: Erinnerung führt für alle Beteiligten zum endgültigen Ergebnis.

3. Begründetheit

Die Klage ist begründet, wenn dem Dritten (Kläger) „ein die Veräußerung hinderndes Recht" zusteht, das nicht durch Einwendungen des Beklagten ausgeschlossen ist. Ein die Veräußerung hinderndes Recht liegt vor, **wenn der Schuldner, veräußerte er den Gegenstand selbst, widerrechtlich in den Rechtskreis des Dritten (Klägers) eingreifen würde.**

a) Veräußerung hindernde Rechte.

aa) Eigentum, Miteigentum, Gesamthandseigentum

bb) Vorbehaltseigentum:
- Der Käufer hat die Klage aus § 771, da sein Anwartschaftsrecht verletzt wird (bei Vollstreckung durch Gläubiger des Verkäufers).
- Der Verkäufer als Eigentümer hat § 771, wenn Gläubiger des Käufers vollstrecken (hM).

cc) **Sicherungseigentum und Sicherungsabtretung**
- Stellung des **Sicherungsgebers:**
  Der Sicherungsgeber hat ein Interventionsrecht, solange nicht die Verwertungsreife eingetreten ist und damit die Forderung oder das Eigentum dem Sicherungsnehmer auch wirtschaftlich zusteht (hM). Das Sicherungsgut dient grundsätzlich nur der Sicherung des Gläubigers, nicht dessen Befriedigung.
- Stellung des **Sicherungsnehmers:**
  - – Mindermeinung: Sicherungseigentum ist bei wirtschaftlicher Betrachtungsweise einem besitzlosen Pfandrecht ähnlich; daher § 805, nicht § 771. Auch im Insolvenzverfahren hat der Sicherungseigentümer nur ein Absonderungsrecht.
  - – hM: § 771 für Sicherungseigentümer, der juristisch Volleigentümer ist. Er muß das Recht haben, den Gegenstand selbst zu verwerten.

dd) **Inhaberschaft an Forderungen** bei der Forderungsvollstreckung

ee) Beschränkt dingliche Rechte.

ff) **Uneigennützige Treuhand** (zB Inkassozession)
- Der **Treugeber** hat ein Recht zur Intervention, da ihm wirtschaftlich das Treugut gehört.
- Der **Treuhänder** kann nicht intervenieren, da ihm wirtschaftlich das Treugut nicht zusteht

gg) **Besitz an beweglichen Sachen**
- hM: Mittelbarer oder unmittelbarer Besitz gibt § 771.
- aA: Kein Interventionsrecht, da Besitz nur ein tatsächliches Herrschaftsverhältnis darstellt.

hh) **Obligatorische Ansprüche**
- Anspruchsinhaberschaft gibt ein Interventionsrecht, wenn der Anspruch gepfändet wird.
- Objekt des Anspruchs.
  - – Herausgabeansprüche geben § 771, da überlassene Gegenstände nicht zum Schuldnervermögen gehören (zB Miete, Leihe).
  - – Rückgewähransprüche aus Anfechtung nach dem AnfG oder der InsO geben § 771, da sie wirtschaftlich Herausgabeansprüchen nahestehen (hM: aA, auch BGH: § 805).
  - – Verschaffungsansprüche (zB Kauf) geben § 771 nicht, da der Gegenstand selbst wirtschaftlich noch zum Schuldnervermögen gehört.

b) **„Einwendungen" des Beklagten (Beachten:** Wenn die Tatsachen unstreitig sind, sind sie schon in der Schlüssigkeitsprüfung zu untersuchen).

aa) **Scheingeschäft (§ 117 BGB), Sittenwidrigkeit (§ 138 BGB)**
Ansatz: Nichtigkeit der Einigung über den Eigentumserwerb

bb) Inhaberschaft vorrangigen Pfandrechts (bei Forderungspfändung)

cc) **Einwand der unzulässigen Rechtsausübung** (§ 242 BGB) mit der Begründung, der klagende Dritte hafte materiell-rechtlich selbst, bei
- § 128 HGB
- Gesamtschuldnerschaft
- Bürgschaft

dd) **Einrede gem. § 9 AnfG**, der klagende Dritte sei gem. § 11 AnfG verpflichtet, den Gegenstand zur Verfügung zu stellen, und müsse deshalb die Zwangsvollstreckung dulden.

ee) Der Kläger ist materiell-rechtlich zur Übertragung des Eigentums an den Beklagten verpflichtet.

ff) **§ 1365 BGB bei der Teilungsversteigerung.**

gg) Der Kläger stützt seine Berechtigung auf eine gegenüber dem Beklagten unerlaubte Handlung.

4. Tenor

a) Die Zwangsvollstreckung des Beklagten aus dem ... (bestimmten Titel) in ... (den bestimmten Vollstreckungsgegenstand) wird für unzulässig erklärt; bzw. Klageabweisung.

b) Kosten

c) Das stattgebende Urteil ist in vollem Umfang, also nicht nur wegen der Kosten, für vorläufig vollstreckbar zu erklären. Der dem Streitwert entsprechende Betrag (geringerer Wert entweder der Höhe der Forderung des Beklagten oder des Wertes der Sache) gehört in die Sicherheitsleistung.

III. Die Klage auf vorzugsweise Befriedigung, § 805 887

1. Klageart: Prozessuale Gestaltungsklage

2. Zulässigkeit

a) **Statthaftigkeit**

aa) Zwangsvollstreckung wegen Geldforderungen in bewegliche Sachen, bb) wenn der Gläubiger mit einem Pfand- oder Vorzugsrecht besseren Rangs vor dem Beklagten befriedigt werden will.

b) **Zuständigkeit (ausschließlich, § 802)** gem. § 805 II:

aa) Vollstreckungsgericht, also das Amtsgericht, in dessen Bezirk die Zwangsvollstreckung stattgefunden hat.

bb) Bei sachlicher Zuständigkeit des Landgerichts das Landgericht, in dessen Bezirk sich das Vollstreckungsgericht befindet.

c) **Rechtsschutzbedürfnis**

aa) Von der Pfändung bis zur Auskehr des Erlöses

bb) Fehlt, wenn das Verteilungsverfahren nach §§ 872 ff zulässig ist.

3. Begründetheit

Die Klage ist begründet, wenn dem Kläger ein Anspruch auf vorzugsweise Befriedigung aus dem Erlös gegen den Pfändungsgläubiger zusteht. Der Kläger muß also ein Pfand- oder Vorzugsrecht haben, das dem Pfändungspfandrecht des Beklagen vorgeht.

a) **Der Rang der Rechte ergibt sich aus folgender Reihenfolge:**

aa) Vorrangig sind nachträglich gutgläubig erworbene Pfandrechte, § 1208 BGB.

bb) Bei privilegierten, gleichwertigen Rechten gilt das **Prioritätsprinzip:** Wer zuerst kommt, mahlt zuerst, § 804 III.

cc) Bei gleichzeitiger Pfändung für zwei Gläubiger besteht Gleichrang: Der Erlös wird im Verhältnis der Forderungen verteilt.

dd) Nachrangig: Nichtprivilegierte Vorzugsrechte.

b) **Anspruchsgegner sind**

aa) der pfändende Gläubiger,

bb) der einer vorrangigen Befriedigung widersprechende Schuldner.

c) **Auch Rechte des § 771 können mit § 805 geltend gemacht werden.**

4. Tenor

a) Der Kläger ist aus dem Reinerlös des am ... (Datum) gepfändeten ... (genauer gepfändeter Gegenstand) bis zum Betrag von ... DM (Höhe der Forderung des Klägers) vor dem Beklagten zu befriedigen.

b) Kosten

c) Das stattgebende Urteil ist in vollem Umfang, nicht nur wegen der Kosten, für vorläufig vollstreckbar zu erklären. Der dem Streitwert entsprechende Betrag ist in die Sicherheitsleistung einzubeziehen.

E. Arrest und einstweilige Verfügung

888 I. Einstweiliger Rechtsschutz im Zivilprozeß

1. Arten

a) Einstweilige Einstellung der Zwangsvollstreckung, zB §§ 707, 719, 769.

b) Einstweilige Anordnung in Ehesachen, zB §§ 620 bis 620 g.

c) Arrest, §§ 916 ff.

d) Einstweilige Verfügung, §§ 935 ff.

2. Arrest, §§ 916 bis 934

a) **Anwendungsbereich**

Sicherung der Zwangsvollstreckung in das bewegliche und unbewegliche Vermögen wegen einer Geldforderung oder einer Forderung, die in eine Geldforderung übergehen kann, § 916.

b) **Arten**

aa) dinglicher Arrest, § 917 („Beschlagnahme des Vermögens")

bb) persönlicher Arrest, § 918 (Freiheitsbeschränkungen oder Haft).

3. Einstweilige Verfügung, §§ 935 bis 945 (§§ 916 bis 934)

a) **Sicherungsverfügung, § 935**
Sicherung eines Individualanspruchs auf eine gegenständliche Leistung

b) **Regelungsverfügung, § 940**
Einstweilige Sicherung des Rechtsfriedens bis zur Entscheidung des streitigen Rechtsverhältnisses

c) **Leistungsverfügung (analog §§ 935, 940)**
Vorläufige Befriedigung eines Anspruchs

d) Eine genaue Trennung zwischen Sicherungs- und Regelungsverfügung ist nicht erforderlich.

II. Arrestverfahren **889**

1. Antrag, § 920

a) Bezeichnung des Anspruchs
b) Angabe des Geldbetrages
c) Bezeichnung des Arrestgrundes.
d) Glaubhaftmachung, §§ 920, 294
e) § 920 III: Erklärung zu Protokoll der Geschäftsstelle möglich (also kein Anwaltszwang, § 78 III; wohl, wenn vor dem Landgericht mündliche Verhandlung anberaumt wird).

2. Zuständigkeit (§ 919) wahlweise:

a) Gericht der Hauptsache (§ 943)
b) Amtsgericht, in dessen Bezirk Vermögen (dinglicher Arrest) oder Person (persönlicher Arrest) sich befinden.

3. Freigestellte mündliche Verhandlung, § 921

4. Entscheidung, § 922

a) Urteil nach mündlicher Verhandlung, § 923 I
b) Beschluß, wenn ohne mündliche Verhandlung entschieden wird, § 922 II, III.

5. Zustellung des Beschlusses (Urteil wie sonst):

a) **Stattgebend:** Parteizustellung durch Antragsteller, § 922 II.
b) **Ablehnend:** Durch Gericht nur an den Antragsteller, § 922 III.

6. Rechtsbehelfe bzw. -mittel

a) Gegen Urteil: Berufung
b) Gegen stattgebenden Beschluß: Widerspruch des Antragsgegners, § 924 I. Mündliche Verhandlung erforderlich, Entscheidung durch Urteil.
c) Gegen ablehnenden Beschluß: Einfache Beschwerde des Antragstellers, § 567 I
d) Anordnung der Klageerhebung zur Hauptsache, § 926 I
Zuständig Rechtspfleger, § 20 Nr. 14 RpflG. Unterbleibt Klage, Aufhebung des Arrestes durch Endurteil des Arrestgerichts, § 926 II.
e) Aufhebung wegen veränderter Umstände, § 927
f) Aufhebung nach Sicherheitsleistung, § 934 (nur Vollzug!).

7. Arrestvollzug, §§ 928 bis 934

Es sind nur Pfändungs –, **nicht aber Verwertungsmaßnahmen** statthaft.

a) Pfändung durch den Gerichtsvollzieher, § 930 I 1
b) Forderungspfändung, § 930 I 3 durch das Arrestgericht als Vollstreckungsgericht
c) Eintragung einer Sicherungshypothek, § 932
d) Klausel normalerweise nicht erforderlich, § 929 I
e) Die **Vollziehungsfrist** des § 922 II ist zu beachten! (1 Monat nach Verkündung oder Zustellung an den Antragsteller).

890 **III. Entscheidung über den Arrestantrag**

1. Zulässigkeit

a) **Allgemeine Prozeßvoraussetzungen**
b) **Zuständigkeit, § 919**
c) **Ordnungsgemäßer Antrag, §§ 920, 253**
d) **Behauptung eines Arrestanspruchs**
e) **Arrestgrund, §§ 917 f:**
  aa) wohl hM Zulässigkeitsvoraussetzung.
  bb) aA: Begründetheitsfrage (praktische Erwägungen, weil sonst bei fehlendem Anspruch Arrestgrund geprüft werden muß).
f) **Rechtsschutzbedürfnis** kann fehlen bei:
  aa) Ohne Sicherheitsleistung vorläufig vollstreckbarem Urteil,
  bb) ausreichender dinglicher Sicherung.
  Bei gegen Sicherheit vorläufig vollstreckbarem Urteil ist § 720 a zu beachten!

2. Begründetheit

Der Antrag ist begründet, wenn ein Arrestanspruch vorgetragen und glaubhaft gemacht ist. Auf die Glaubhaftmachung kann unter Umständen verzichtet werden, wenn der Arrest von einer Sicherheit abhängig gemacht wird.

3. Tenor

a) Der Arrest über das Vermögen (oder die Person) des Antragsgegners ist wegen des Anspruchs des Gläubigers (Grund und Höhe bezeichnen) anzuordnen.
b) Beachten:
  aa) Keine Anordnung der vorläufigen Vollstreckbarkeit erforderlich
  bb) Evtl. Sicherheitsleistung durch Antragsteller, § 921 II
  cc) „Lösungssumme", § 923

891 **IV. Besonderheiten der einstweiligen Verfügung**

Grundsätzlich gelten die Vorschriften über den Arrest auch für die einstweilige Verfügung, § 936. Folgende **Besonderheiten** gibt es:

1. Zuständigkeit

a) **Grundsätzlich: Gericht der Hauptsache,** §§ 937 I, 943
b) **Ausnahme** für besondere Eilfälle und Eintragungen von Vormerkungen und Widersprüchen im Grundbuch, § 942: Zuständigkeit des Amtsgerichts.
  Im Fall des § 942 I ist dann eine Frist zur Beantragung eines Termins zur mündlichen Verhandlung über die Rechtmäßigkeit der einstweiligen Verfügung beim Gericht der Hauptsache zu setzen. Ein **Widerspruch** ist in diesen Fällen **unzulässig.**

2. Grundsätzlich mündliche Verhandlung, § 937 II

3. § 923 („Lösungssumme") gilt nicht, § 939

4. Die Anordnungen **können nach** freiem Ermessen **des Gerichts ergehen, § 938 – im Rahmen des gestellten Antrags, § 308 I –.** Beachten: **§ 938 I.**

5. Ein Verfügungsgrund wird unwiderlegbar vermutet **bei**

– Eintragung einer Vormerkung, § 885 BGB,
– Eintragung eines Widerspruchs, § 899 BGB,

im Grundbuch durch einstweilige Verfügung.

Anhang 3. Klausurbeispiele

Im folgenden werden Klausurbeispiele dargestellt, die zum Teil Gegenstand einer Originalexamensklausur waren. Zunächst wird jeweils der Inhalt des Aktenauszugs wiedergegeben. Dann wird versucht, die Lösung in Form eines Gutachtens zu finden. Schließlich wird die Entscheidung selbst dargestellt, um die Darstellung der Formalien aufzuzeigen, aber auch um einige Hinweise zur Darstellung des „Tatbestandes" sowie zum Urteilsstil zu geben.

1. Klausurbeispiel: Erinnerung gegen das Handeln des Gerichtsvollziehers 892

Aktenauszug

I. Schriftsatz des Rechtsanwalts Dr. Kleinlich aus Essen vom 20. März 1987, gerichtet an das Amtsgericht Essen:

Namens und im Auftrag meiner Mandantin, der Fa. Schlau GmbH & Co. KG, Bahnhofstraße 7, 4300 Essen 14, gesetzlich vertreten durch ihre persönlich haftende Gesellschafterin, die Fa. Schlau GmbH, diese vertreten durch ihren Geschäftsführer Emil Schlau, wohnhaft ebenda, lege ich gegen die Pfändungsmaßnahmen des Gerichtsvollziehers Schuldnerschreck in Essen vom 2. März 1987 und 12. März 1987 **Erinnerung** ein.

Am 2. März 1987 hat der Gerichtsvollzieher im Auftrag des Gläubigers Reich bei der Schuldnerin, Fa. Schlau GmbH, Bahnhofstraße 7, 4300 Essen 14, einen in den Büroräumen liegenden wertvollen Perserteppich gepfändet. Grundlage hierfür war ein Urteil des Landgerichts Bochum vom 13. Februar 1987 über 10 000,– DM. Die Büroräume werden von den Firmen Schlau GmbH und Schlau GmbH & Co. KG gemeinsam genutzt. Der Teppich allerdings steht im Eigentum der Erinnerungsführerin, der Schlau GmbH & Co. KG.

Der Gerichtsvollzieher traf, als er die Büroräume betrat, nur die Angestellte Meier an, die damals den erkrankten Geschäftsführer der Schuldnerin vertrat. Ihren Hinweis, daß der Teppich nicht der Schuldnerin, sondern der KG gehöre, beantwortete der Gerichtsvollzieher mit der Frage, ob die Angestellte mit der Zwangsvollstreckung nicht einverstanden sei. Sie erwiderte, wenn alles Rechtens sei, könne der Gerichtsvollzieher den Teppich ruhig pfänden. Sie habe gegen die Pfändung nichts einzuwenden. Der Gerichtsvollzieher legte die Pfandmarken an; die Angestellte unterschrieb das Pfändungsprotokoll, in dem u. a. eine Einverständniserklärung enthalten war.

Noch am gleichen Tag telefonierte die Angestellte mit dem Geschäftsführer der Schuldnerin. Dieser erklärte, daß er mit der Zwangsvollstreckung nicht einverstanden sei. Er kenne das Urteil, aus dem der Gerichtsvollzieher vollstreckt habe, nicht einmal. Wie sich inzwischen herausgestellt hat, hat der Gerichtsvollzieher die Pfändung durchgeführt, obwohl der Gläubiger Reich die nach dem Titel erforderliche Sicherheitsleistung in Höhe von 12 500,– DM nicht erbracht hatte.

Am 12. März 1987 erschien der Gerichtsvollzieher erneut und pfändete den Teppich noch einmal, diesmal im Auftrag des Gläubigers Reichlich. Er zeigte ein anderes Urteil des Landgerichts Bochum vor, das gegen die Schuldnerin gerichtet war. Der Geschäftsführer der Komplementär-GmbH meiner Mandantin erklärte nunmehr, er stimme der Pfändung nicht zu. Das von seiner Angestellten bei der ersten Pfändung gegebene Einverständnis widerrufe er. Der Gerichtsvollzieher zuckte jedoch lediglich mit den Schultern und vermerkte die zweite Pfändung im Pfändungsprotokoll, ohne nochmals Pfandsiegel anzulegen und den Geschäftsführer der Komplementär-GmbH meiner Mandantin das Protokoll unterschreiben zu lassen.

Ich beantrage namens meiner Mandantin,
die Zwangsvollstreckung in den Teppich für unzulässig zu erklären.
gezeichnet Dr. Kleinlich, Rechtsanwalt.

II. Schriftsatz des Rechtsanwalts Dr. Gesetzestreu aus Bochum vom 27. März 1987, gerichtet an das Amtsgericht Essen:

Hiermit lege ich namens meiner Mandantin, der Schuldnerin, **Erinnerung** gegen das Vorgehen des Gerichtsvollziehers Schuldnerschreck bei der Pfändung des Teppichs ein und beantrage,

die Zwangsvollstreckung für unzulässig zu erklären.

Der Gerichtsvollzieher hat die Vollstreckung unzulässigerweise durchgeführt. Die Pfändungen sind gegen den Willen des Mitgewahrsaminhabers, der Schlau GmbH & Co. KG, erfolgt. Der Geschäftsführer ihrer Komplementär-GmbH, meiner Mandantin, hat der zweiten Pfändung ausdrücklich widersprochen und erklärt, er widerrufe ein eventuelles Einverständnis seiner Angestellten mit der ersten Pfändung. Die Angestellte war nicht berechtigt, ihr Einverständnis zu erklären. Meine Mandantin hat ihr zwar für den Fall der Erkrankung ihres Geschäftsführers umfassende Vollmacht erteilt. Diese bezog sich aber nicht auf die abgegebene Einverständniserklärung. Dies ist zwar nie ausdrücklich erklärt worden, aber selbstverständlich; die Angestellte hat den Interessen ihrer Arbeitgeberin extrem zuwidergehandelt. Hinzu kommt, daß der gepfändete Teppich nicht der Schuldnerin, sondern der Schlau GmbH & Co. KG gehört. Diese ist schon kraft Gesetzes personenverschieden von der Schuldnerin. Daran ändert es nichts, daß die Schuldnerin ihre persönlich haftende Gesellschafterin ist. Die Geschäfte beider Firmen werden streng getrennt. Dies wird auch daraus deutlich, daß zwei verschiedene Rechtsanwälte beauftragt worden sind.
Weiter ist das Vorgehen des Gerichtsvollziehers deshalb fehlerhaft, weil die Sicherungsvollstreckung, die er offenbar für den Gläubiger Reich durchführen wollte, unzulässig war. Zum Zeitpunkt der Pfändung war noch keine vollstreckbare Ausfertigung des zugrunde liegenden Urteils zugestellt worden. Dies und die Einhaltung der Wartefrist wäre aber nach § 750 III erforderlich gewesen.
Weiter ist das Vorgehen des Gerichtsvollziehers bei der Pfändung durch den Gläubiger Reichlich aus einem zusätzlichen Grund unzulässig gewesen. Es durfte überhaupt keine vollstreckbare Ausfertigung des Urteils erteilt werden, weil der Gläubiger eine solche nicht beantragt hat. Sie ist ihm einfach „von Amts wegen“ zugesandt worden; dies hat er ausgenutzt, obwohl er mit der Schuldnerin vereinbart hatte, die Zwangsvollstreckung vorerst nicht zu betreiben.
Die Pfändung ist aus den genannten Gründen aufzuheben.
gez. Gesetzestreu, Rechtsanwalt.

III. Schreiben des Obergerichtsvollziehers Heinz Schuldnerschreck vom 15. April 1987, gerichtet an das Amtsgericht Essen:

Ich nehme zu den Erinnerungen wie folgt Stellung:
Am 2. März 1987 habe ich in den Geschäftsräumen der Schuldnerin einen Teppich, Schätzwert 5000,– DM, gepfändet. Vor den Büroräumen befinden sich zwei Firmenschilder, einmal das der Schuldnerin und dann eines der Fa. Schlau GmbH & Co. KG. Innerhalb der Büroräumlichkeiten ist eine Trennung zwischen den Firmen nicht erfolgt. Mir ist bekannt, daß der Geschäftsführer der Schuldnerin, einer Ein-Mann-GmbH, praktisch allein auch für die Erinnerungsführerin tätig ist. Er hat nur eine Angestellte, die ich bei meiner Pfändung angetroffen habe.

Die Erstpfändung erfolgte aufgrund des gegen Sicherheitsleistung in Höhe von 12500,– DM für vorläufig vollstreckbar erklärten Urteils des Landgerichts Bochum vom 13. Februar 1987 zugunsten des Gläubigers Bernd Reich, Drosselgasse 1, 4358 Haltern, wegen einer Forderung über 10000,– DM nebst Zinsen. Des Nachweises, daß die Sicherheitsleistung erbracht worden ist, bedurfte es nicht, weil ich lediglich eine Sicherungsvollstreckung durchgeführt und dies auch im Pfändungsprotokoll vermerkt habe.
Am 12. März 1987 habe ich den Teppich im Wege der Anschlußpfändung erneut aufgrund einer vollstreckbaren Ausfertigung des für vorläufig vollstreckbar erklärten Urteils des Landgerichts Bochum vom 23. Februar 1987 zugunsten des Gläubigers Detlef Reichlich, Amselstraße 16, 4690 Herne 2, wegen einer Forderung über 5000,– DM gepfändet. Der Hergang der Pfändung ist in der Erinnerungsschrift zutreffend geschildert.
Entgegen der Auffassung der Schuldnerin meine ich, daß bei der erfolgten Sicherungsvollstreckung keine vollstreckbare Ausfertigung hätte zugestellt werden müssen. § 750 III gilt hinsichtlich der Zustellung der Vollstreckungsklausel nur in den Fällen, in denen die Klausel nach den §§ 726ff erteilt worden ist. Vorsorglich habe ich am 8. April 1987 auch noch eine vollstreckbare Ausfertigung des Urteils zugestellt; die Zustellungsurkunde füge ich bei.
Bei der Zustellung der vollstreckbaren Ausfertigung des Urteils habe ich den Teppich abgezogen. Er ist gestern versteigert worden. Der Versteigerungserlös betrug 6000,– DM. Diesen Betrag habe ich zur Durchführung eines Verteilungsverfahrens hinterlegt.
gez. Heinz Schuldnerschreck.

IV. Schriftsatz des Rechtsanwalts Dr. Kleinlich vom 15. Mai 1987, gerichtet an das Amtsgericht Essen:

Namens meiner Mandantin muß die eingelegte Erinnerung **für erledigt erklärt** werden, weil trotz der Erinnerung und der Tatsache, daß zum Teil lediglich eine Sicherungsvollstreckung durchgeführt worden ist, der Gerichtsvollzieher rechtswidrigerweise den Teppich versteigert hat. Dies werde ich noch im Rahmen einer Dienstaufsichtsbeschwerde sowie einer Amtshaftpflichtklage klären lassen.

Ich beantrage, die Kosten des Erinnerungsverfahrens den Gläubigern Reich und Reichlich aufzuerlegen.
gez. Dr. Kleinlich, Rechtsanwalt.

V. Schreiben des Herrn Bernd Reich vom 19. Mai 1987, gerichtet an das Amtsgericht Essen:

Ich erkläre ebenfalls die Hauptsache hinsichtlich der Erinnerung der Schlau GmbH & Co. KG für erledigt. Die Kosten hat aber, was ich hiermit beantrage, die Schlau GmbH & Co. KG zu tragen.
Die Vollstreckung ist zumindest jetzt nicht mehr zu beanstanden, weil, was ohnehin nicht erforderlich gewesen wäre, eine vollstreckbare Ausfertigung zugestellt worden und die Wartefrist abgelaufen ist.
gez. Bernd Reich.

VI. Schriftsatz des Rechtsanwalts Groß aus Herne 2 vom 20. Mai 1987, gerichtet an das Amtsgericht Essen:

Namens meines Mandanten, des Gläubigers Reichlich, beantrage ich, die Erinnerung der Schuldnerin zurückzuweisen. Der Erledigungserklärung der Schlau GmbH & Co. KG stimme ich zu und beantrage, ihr die Kosten der Erinnerung aufzuerlegen.
Die Pfändung durch meinen Mandanten war ordnungsgemäß. Er hat zwar tatsächlich die Erteilung einer vollstreckbaren Ausfertigung des Urteils nicht ausdrücklich beantragt; dies war aber auch nicht erforderlich, weil sich ein solcher Antrag schon konkludent aus der Durchführung der Klage ergibt.

Es trifft zu, daß nach Erlaß des Titels Verhandlungen mit der Schuldnerin stattgefunden haben. Diese sind aber erfolglos geblieben. Insbesondere hat mein Mandant nie zugesagt, er werde aus dem Urteil nicht vollstrecken.
gez. Groß, Rechtsanwalt.

VII. Bearbeitervermerk

Die Entscheidung des Amtsgerichts in dem Erinnerungsverfahren der Schuldnerin und der Fa. Schlau GmbH & Co. KG ist zu entwerfen. Sie ergeht am 26. Mai 1987 unter dem Aktenzeichen 4 M 36/87 AG Essen durch den Richter am Amtsgericht Fuchs. Es ist davon auszugehen, daß in den beigezogenen Gerichtsvollzieherakten die geschilderten Vollstreckungsvorgänge urkundlich belegt sind und daß auch die Zustellung der vollstreckbaren Ausfertigung des Urteils des Landgerichts Bochum nachgewiesen ist. Das Verteilungsverfahren ist noch nicht durchgeführt worden.

893 **Lösung in Gutachtenform**

Die Lösung folgt hier streng den oben angegebenen Prüfungsschemen, um deren Anwendung zu demonstrieren. Sie werden sehen, daß ein Großteil der gedanklich zu untersuchenden Punkte völlig unproblematisch ist und keiner Erwähnung in den Gründen bedarf.

894 **Die Erinnerung der Schuldnerin gegen die durch den Gläubiger Reich veranlaßte Pfändung**

I. Zulässigkeit

1. Statthaftigkeit. Der Schuldner hat eine Vollstreckungserinnerung eingelegt, denn er beanstandet das Vorgehen des Gerichtsvollziehers und erhebt Einwendungen iSd. § 766. Damit ist die Erinnerung statthaft.

2. Zuständigkeit. Der Schuldner hat das zuständige Vollstreckungsgericht angerufen, § 764 II. **Kein Problem**, keine Erwähnung in den Gründen!

3. Form. Die Schriftform ist eingehalten. **Kein Problem**, keine Erwähnung in den Gründen!

4. Allgemeine Verfahrensvoraussetzungen. a) Ein bestimmter Antrag ist nicht erforderlich, wenn auch gestellt. **Kein Problem**, keine Erwähnung in den Gründen!
b) Fraglich ist allerdings, ob dem Schuldner das **Rechtsschutzbedürfnis** für die eingelegte Erinnerung fehlt, da der Teppich inzwischen versteigert worden ist. Die Frage ist zu verneinen. Die Zwangsvollstreckung ist noch nicht beendet, weil der hinterlegte Erlös noch nicht verteilt ist. Auch das Verteilungsverfahren nach den §§ 872ff, das der Gerichtsvollzieher in Gang gesetzt hat, gehört zur Zwangsvollstreckung.
Die Einleitung des Verteilungsverfahrens hindert auch eine Vollstreckungserinnerung durch den Schuldner nicht. Der Schuldner kann, auch wenn das Verteilungsverfahren bereits angeordnet worden ist, noch Erinnerung einlegen und die Verletzung von Verfahrensvorschriften rügen. Dies gilt insbesondere deshalb, weil der Schuldner im Verteilungsverfahren selbst kein Widerspruchsrecht hat und keine Rechtsbehelfe geltend machen kann (s. o. Rn. 378). Bei einem Erfolg würde ihm der Erlös zustehen.

895 **II. Die Begründetheit der Erinnerung**

Die Erinnerung wäre begründet, wenn eine der Voraussetzungen der Zwangsvollstreckung fehlen würde oder der Gerichtsvollzieher die für seine Vollstreckung geltenden Verfahrensvorschriften nicht beachtet hätte.

1. Die Voraussetzungen der Zwangsvollstreckung.

a) Allgemeine Verfahrensvoraussetzungen.

- Ob der Gläubiger vor der Vollstreckung einen Vollstreckungsantrag gestellt hat, ist nicht feststellbar. Da die Parteien hierüber nicht streiten, kann der Antrag unterstellt werden. **Kein Problem**, keine Erwähnung in den Gründen!

- Es hat der funktionell zuständige Gerichtsvollzieher vollstreckt. Seine örtliche Zuständigkeit kann nicht festgestellt werden; sie kann problemlos unterstellt werden. **Kein Problem**, keine Erwähnung in den Gründen!
- Auch die weiteren Verfahrensvoraussetzungen liegen unzweifelhaft vor. **Kein Problem**, keine Erwähnung in den Gründen!

b) Allgemeine Voraussetzungen der Zwangsvollstreckung. aa) Ein Titel liegt vor. Auch eine Klausel ist erteilt worden. **896**

bb) Das Urteil ist auch zugestellt worden. Es könnte aber ein Verstoß gegen § 750 III vorliegen, weil zur Zeit des Beginns der Zwangsvollstreckung die Vollstreckungsklausel noch nicht zugestellt war und die Wartefrist nicht eingehalten worden ist. Dies würde aber voraussetzen, daß hier überhaupt eine vollstreckbare Ausfertigung hätte zugestellt werden müssen (1). Sollte dies der Fall gewesen sein, könnte ein evtl. Mangel geheilt worden sein (2).

(1) Die Frage, ob bei einer Sicherungsvollstreckung nach § 720a vor deren Beginn auch dann eine vollstreckbare Ausfertigung des Urteils zugestellt werden muß, wenn die Klausel nach § 724, nicht nach den in § 750 II genannten anderen Vorschriften, §§ 726ff, erteilt worden ist, ist umstritten.

- ZT wird die Auffassung vertreten, der Begriff der Vollstreckungsklausel in § 750 III beziehe sich, wie aus der Systematik des Gesetzes folge, nur auf die in § 750 II genannten Klauseln. Sei bei einer normalen Vollstreckung die Zustellung einer vollstreckbaren Ausfertigung nicht erforderlich, wie dies bei einer Klauselerteilung nach § 724 der Fall ist, sei auch eine Sicherungsvollstreckung hiervon nicht abhängig.[1]
- Die inzwischen wohl hM geht demgegenüber davon aus, daß bei der Sicherungsvollstreckung auf jeden Fall die Zustellung einer vollstreckbaren Ausfertigung erforderlich sei.[2]

(2) Hier ist jedoch die Zustellung der vollstreckbaren Ausfertigung inzwischen nachgeholt worden; außerdem ist noch vor der Versteigerung das Urteil des Landgerichts Bochum rechtskräftig geworden, so daß die Verpflichtung zur Zahlung der Sicherheitsleistung entfallen ist. Hierdurch könnte ein Mangel der Vollstreckung geheilt worden sein.

Das setzt allerdings voraus, daß der Mangel überhaupt geheilt werden kann, der Vollstreckungsakt also nicht nichtig ist. Dies ist zu bejahen. Die fehlende Zustellung der Vollstreckungsklausel führt nicht zur Nichtigkeit, sondern nur zur Anfechtbarkeit nachfolgender Vollstreckungsakte. Hier kann nichts anderes gelten, als im Fall der fehlenden Zustellung sogar des Titels (s. Rn. 85 u. 908).

(3) Zur Zeit der Erinnerungsentscheidung ist also jedenfalls die Vollstreckung zulässig. Insoweit liegt kein Verfahrensfehler mehr vor.

c) Besondere Vollstreckungsvoraussetzungen sind nicht gegeben. **Kein Problem,** keine Erwähnung in den Gründen!

d) Vollstreckungshindernisse bestehen nicht. **Kein Problem**, keine Erwähnung in den Gründen!

e) Vermögensmasse. Es ist auch nicht ersichtlich, daß in eine falsche Vermögensmasse vollstreckt worden wäre. **Kein Problem**, keine Erwähnung in den Gründen!

2. Vom Gerichtsvollzieher zu beachtende Verfahrensvorschriften. a) Der Gerichtsvollzieher hat eine bewegliche Sache gepfändet. **Kein Problem**, keine Erwähnung in den Gründen! **897**

b) Es könnte aber eine Verletzung des § 809 vorliegen. Diese Vorschrift schützt jedoch ausschließlich den durch die Zwangsvollstreckung in seinem Gewahrsam betroffenen

---

[1] StJ-Münzberg § 750 Rn. 5 m.w.N.; Brox-Walker Rn. 154.

[2] OLG Stuttgart MDR 1990, 61; OLG Karlsruhe DGVZ 1990, 186ff; KG DGVZ 1988, 93ff; MK-Arnold § 750 Rn. 94; TP § 750 Rn. 18.

Dritten, nicht den Schuldner. Mit dieser Begründung kann der Erinnerung der Schuldnerin nicht stattgegeben werden.
c) Auch mit dem Einwand, die Pfändung habe in das Eigentum der Schlau GmbH & Co. KG eingegriffen, kann die Schuldnerin im Erinnerungsverfahren nicht gehört werden. Dies ist ein materiell-rechtlicher Einwand.
Man könnte allerdings daran denken, daß sich der Gerichtsvollzieher bei der Pfändung einer Sache, die im Mitgewahrsam eines Dritten steht, davon hätte vergewissern müssen, daß sie auch tatsächlich der Schuldnerin gehört. Bei der Pfändung nach § 809 muß der Gerichtsvollzieher sich ausnahmsweise davon überzeugen, daß die Sache, auf die er zugreifen will, dem Schuldner gehört.[1] Aber auch hier hätte allenfalls der Eigentümer die Möglichkeit, mit dieser Begründung Erinnerung einzulegen. Nur seinem Schutz würde die Prüfungspflicht dienen. Die Schuldnerin war bei der Pfändung nicht Eigentümerin, so daß ihre Belange nicht berührt worden sind.
d) Daß die gepfändete Sache nach §§ 811 f unpfändbar sein könnte, ist nicht ersichtlich. **Kein Problem**, keine Erwähnung in den Gründen!
e) Schließlich ist nicht erkennbar, daß der Gerichtsvollzieher bei der Durchführung der Pfändung fehlerhaft gehandelt haben könnte. **Kein Problem**, keine Erwähnung in den Gründen!
3. Weitere Gründe dafür, daß die durch den Gläubiger Reich veranlaßte Pfändung fehlerhaft gewesen sein könnte, sind nicht ersichtlich. Die Erinnerung ist insoweit unbegründet.
4. **Hinweis:** Die ausführliche Prüfung oben sollte verdeutlichen, wie die Prüfungsschemata zu benutzen sind. Sie haben gesehen, daß ein Großteil der Punkte völlig unproblematisch ist und später auch keiner Erwähnung in den Gründen bedarf. Sie haben aber auch erkennen können, daß man bei dieser systematischen Vorgehensweise zwangsläufig auf die Probleme der Klausur stößt und den methodischen Ansatz für ihre Prüfung automatisch erkennt.
Im folgenden werden nur noch die eigentlichen Probleme behandelt.

898 Die Erinnerung der Schuldnerin gegen die durch den Gläubiger Reichlich veranlaßte Anschlußpfändung

I. Zur Zulässigkeit der Erinnerung s. o. Rn. 894.

II. Begründetheit der Erinnerung

1. Eine Anschlußpfändung nach § 826 setzt lediglich eine nach außen **wirksame Erstpfändung** voraus. Diese darf also nicht nichtig gewesen sein. Dies ist oben bereits festgestellt worden.
2. Weiter macht die Schuldnerin geltend, der Gläubiger habe **ohne Antrag** eine vollstreckbare Ausfertigung des Urteils erhalten.
Zu prüfen ist, ob die Schuldnerin diesen Einwand im konkreten Fall überhaupt mit der Erinnerung nach § 766 geltend machen darf. Dies ist zu verneinen. Es liegt eine formell ordnungsgemäß scheinende vollstreckbare Ausfertigung eines Titels vor. Mehr hat das Vollstreckungsorgan nicht zu berücksichtigen. Ihre Einwände hätte die Schuldnerin im Wege der Klauselerinnerung geltend machen müssen.

899 3. Schließlich beruft sich die Schuldnerin auf eine **Vollstreckungsvereinbarung** mit dem Gläubiger.
a) Auch hier stellt sich zunächst die Frage, ob dieser Einwand mit der Erinnerung überhaupt geltend zu machen ist. Dies würde voraussetzen, daß das Vollstreckungsorgan eine Vollstreckungsvereinbarung überhaupt zu berücksichtigen hat. Die hM bejaht dies (Rn. 108).
b) Gleichwohl kann der Erinnerung der Schuldnerin mit dieser Begründung nicht stattgegeben werden. Einmal hat sie den Nachweis nicht geführt, daß eine Vollstrek-

[1] Musielak-Becker § 809 Rn. 6 m. w. N.; StJ-Münzberg § 809 Rn. 4.

kungsvereinbarung zustande gekommen ist, wenn man dies überhaupt für substantiiert vorgetragen hält. Jedenfalls ist streitig, ob eine Vollstreckungsvereinbarung getroffen worden ist. Dieser Streit kann aber nicht im Wege der Vollstreckungserinnerung analog § 766, sondern nur im Wege der Vollstreckungsgegenklage (§ 767 analog) ausgefochten werden (Rn. 109).

Die Erinnerung der Schlau GmbH & Co. KG gegen die durch den Gläubiger Reich veranlaßte Pfändung 900

I. Insoweit ist nur noch über die **Kosten** des Erinnerungsverfahrens zu entscheiden, weil die Beteiligten dieses Teils der Erinnerung die Hauptsache für erledigt erklärt haben. Nach § 91a I 1 ist über die Kosten des Rechtsstreits unter Berücksichtigung des bisherigen Sach- und Streitstandes nach billigem Ermessen zu entscheiden. Die Kosten sind also der Partei aufzuerlegen, die in dem Erinnerungsverfahren voraussichtlich unterlegen wäre. Dies setzt eine Prüfung von Zulässigkeit und Begründetheit der Erinnerung vor Eintritt eines erledigenden Ereignisses voraus.

II. Zu prüfen ist zunächst, ob die Erinnerung der Schlau GmbH & Co. KG **zulässig** gewesen wäre. Problematisch kann hier allenfalls die Beschwer (oder Erinnerungsbefugnis) sein. Die Schlau KG ist an dem Vollstreckungsverfahren selbst nur mittelbar beteiligt. Sie kann also nur dann Erinnerung einlegen, wenn sie geltend macht, in einem Verfahrensrecht betroffen zu sein, das auch ihrem Schutz dient. Dies ist hier § 809. Die Vorschrift macht die Vollstreckung in Sachen, die im Gewahrsam oder auch Mitgewahrsam eines an der Vollstreckung nicht beteiligten Dritten stehen, von dessen Herausgabebereitschaft abhängig. Damit bezweckt sie den Schutz dieses Dritten. Die Schlau KG war also durch die Vollstreckung in die in ihrem Mitgewahrsam stehende Sache möglicherweise beschwert. Dies reicht aus, ohne daß untersucht werden muß, ob tatsächlich Mitgewahrsam bestand. Die Schlau KG ist erinnerungsbefugt.
Ob die Einleitung des Verteilungsverfahrens dazu führt, daß die Erinnerung der Schlau KG unzulässig geworden ist, kann dahinstehen bleiben, weil die Erinnerung bereits vor Einleitung des Verfahrens eingelegt und die Hauptsache für erledigt erklärt worden ist.

III. Die Erinnerung wäre **begründet** gewesen, wenn die Vollstreckung des Gerichtsvollziehers gegen § 809 verstoßen hätte. 901
Hier ist problematisch, daß die Angestellte der Schlau KG zunächst erklärt hat, sie habe nichts gegen die Pfändung. Später hat der Geschäftsführer ihrer Komplementär-GmbH – im Rahmen der Anschlußpfändung – der Pfändung widersprochen und auch das Einverständnis der Angestellten „widerrufen". Dies wirft die Fragen auf, ob der Dritte sowohl in die Pfändung als auch in die Wegnahme der Sachen einwilligen muß und welche Bedeutung ein einmal gegebenes Einverständnis hat.
1. Zu prüfen ist zunächst, ob die **Herausgabebereitschaft** des Dritten iSd. § 809 sich nur auf die Pfändung oder auch auf die Wegnahme der Sache beziehen müssen. Schon aus dem Wortlaut des § 809: „zur Herausgabe bereit" folgt, daß die Herausgabebereitschaft sich auch auf die Wegnahme der Sache selbst beziehen muß, das Einverständnis also nicht nur mit der Pfändung zu erklären ist.[1] 902
Fraglich ist, ob die Erklärung der Angestellten der Schlau KG als eine derartige Erklärung, mit der Herausgabe einverstanden zu sein, auszulegen ist. Dies dürfte zu bejahen sein. Die Angestellte hat auf die Frage des Gerichtsvollziehers, ob sie mit der Vollstreckung einverstanden sei, erklärt, sie habe nichts gegen die Pfändung. Der Gerichtsvollzieher hatte nach dem Einverständnis mit der Zwangsvollstreckung, zu der die Wegnahme gehört, gefragt. Die Antwort, in der nur von der Pfändung die Rede war, kann aus der Sicht eines objektiven Erklärungsempfängers nicht als Einschränkung angesehen werden. Dies hätte deutlicher zum Ausdruck gebracht werden müssen, falls

[1] Musielak-Becker § 809 Rn. 4; TP § 809 Rn. 3; Brox-Walker Rn. 253; ganz hM.

es gewollt gewesen sein sollte. Zudem ist das Einverständnis noch schriftlich im Protokoll des Gerichtsvollziehers erklärt worden. Die Angestellte war hierzu auch bevollmächtigt. Das Vorbringen der Schlau KG zur fehlenden Vollmacht ist unerheblich. Sie erklärt selbst, die Angestellte sei während der Dauer der Erkrankung des Geschäftsführers umfassend bevollmächtigt gewesen. Eine Verletzung der Pflichten des Arbeitsvertrages, sollte sie überhaupt vorliegen, kann aber nicht zu einer Einschränkung der Vollmacht nach außen führen.

903 2. Zu prüfen ist weiterhin, ob die Schlau KG das erklärte Einverständnis **wirksam widerrufen** hat. Die Einverständniserklärung stellt eine Prozeßhandlung dar. Sie ist eine in der Zivilprozeßordnung geregelte, auf das Verfahren einwirkende Erklärung. Prozeßhandlungen – jedenfalls „Erwirkungshandlungen" wie Anträge, Behauptungen und Beweisführungen – sind grundsätzlich frei widerruflich.[1] Dies gilt jedoch nach allgemeiner Auffassung dann nicht, wenn der Prozeßgegner bereits eine schützenswerte Rechtsstellung erlangt hat, auf die er sich einstellen konnte.[2] Dies wird man hier bejahen müssen. Aufgrund der Einverständniserklärung der Angestellten der Schlau KG hatte der Gläubiger Reich die Möglichkeit erlangt, in den Teppich zu vollstrekken. Hierauf durfte er vertrauen. Aus diesen Gründen ist auch anerkannt, daß die Einverständniserklärung nach § 809 nach der Pfändung nicht widerruflich ist.[3]

3. § 809 steht also der Vollstreckung des Gläubigers Reich nicht entgegen, weil die Schlau KG ihr Einverständnis abgegeben hat und dies unwiderruflich ist. Es kann deshalb hier sogar dahinstehen, ob überhaupt ein berücksichtigungsfähiger Mitgewahrsam iSd. § 809 vorlag.

Die Erinnerung wäre insoweit unbegründet gewesen. Wegen dieses Teils des Verfahrens hat die Schlau KG die Kosten zu tragen.

904 **Die Erinnerung der Schlau KG gegen die durch den Gläubiger Reichlich veranlaßte Anschlußpfändung**

I. Auch hier geht es nur um die Kosten des Rechtsstreits. Zu prüfen ist also erneut, ob die Erinnerung der Schlau KG insoweit zulässig und begründet gewesen wäre. Zur **Zulässigkeit** gilt das zuvor Gesagte entsprechend.

II. Begründetheit der Erinnerung

Auch hier kommt es nur darauf an, ob die Anschlußpfändung gegen § 809 verstoßen hat. Dies würde voraussetzen, daß berücksichtigungsfähiger Mitgewahrsam verletzt wurde und die KG bei der Anschlußpfändung erneut ihr Einverständnis hätte erteilen müssen.

905 1. Fraglich ist zunächst, ob der **Gewahrsam** der Schlau KG **verletzt** worden ist. Dies wäre dann der Fall, wenn sie Allein- oder Mitgewahrsamsinhaberin an dem gepfändeten Teppich gewesen ist. Auch beim Mitgewahrsam greift § 809 ein.

Hier befand sich der Teppich in einem von der Schuldnerin und der Schlau KG gemeinsam benutzten Büro. Die Schuldnerin ist juristische Person, die Schlau KG Personenhandelsgesellschaft. Der Gewahrsam einer juristischen Person wird durch ihre Organe ausgeübt. Dies ist der Geschäftsführer der Schuldnerin. Der Gewahrsam einer Personenhandelsgesellschaft wird von den Gesellschaftern ausgeübt. Persönlich haftende Gesellschafterin der KG ist wiederum die Schuldnerin, die, trifft ihr Vorbringen zu, über ihren Geschäftsführer Eigengewahrsam, gleichzeitig aber auch Fremdgewahrsam der KG ausübt. Bei der Prüfung, ob Mitgewahrsam vorliegt, darf der Gerichtsvollzieher nach hM nur auf äußere Umstände abstellen (s. o. Rn. 124). Da das Büro von zwei verschiedenen Firmen, nämlich der Schuldnerin und der erinnerungsführenden KG benutzt wird, weiter vor den Büroräumen Firmenschilder beider Firmen angebracht

---

[1] TP Einl. III Rn. 22.
[2] TP Einl. III Rn. 22.
[3] MK-Schilken § 809 Rn. 7 m. w. N.; Musielak-Becker § 809 Rn. 4; TP § 809 Rn. 3.

sind, mußte der Gerichtsvollzieher von Mitgewahrsam der KG und der Schuldnerin ausgehen. Die Pfändung war nur bei Herausgabebereitschaft der KG zulässig.

2. Es bleibt die Frage zu klären, ob das bei der Erstpfändung erteilte Einverständnis fortwirkt oder ob die KG bei der **Anschlußpfändung erneut ihr Einverständnis** hätte erteilen müssen. **906**

a) ZT wird die Meinung vertreten, bei der Anschlußpfändung sei § 809 unbeachtlich, weil sie den Besitz des Dritten nicht beeinträchtige.[1]

b) Die wohl hM nimmt demgegenüber an, daß die Einwilligung bei einer Anschlußpfändung erneut erteilt werden müsse.[2] Dies wird zu Recht damit begründet, daß § 809 nicht nur den Gewahrsam schützt, sondern auch das möglicherweise dahinterstehende Recht des Dritten. Der Dritte kann ein Interesse daran haben, daß in die Sache nur zugunsten eines bestimmten Gläubigers vollstreckt wird. Hier können die Rechtsbeziehungen zwischen dem Dritten und dem Schuldner eine Rolle spielen.

III. Durch die Versteigerung des Teppichs ist ein **erledigendes Ereignis** eingetreten, weil der Besitz an ihm der Schlau KG nicht mehr verschafft werden kann.

IV. Die Erinnerung der Schlau KG gegen die Anschlußpfändung des Gläubigers Reichlich wäre also zulässig und begründet gewesen. Insoweit hat der Gläubiger Reichlich die Kosten des Verfahrens zu tragen.

Tenor: **907**

Die Erinnerung der Schuldnerin ist zwar zulässig, aber unbegründet, so daß sie zurückzuweisen ist. Hinsichtlich der Erinnerung der Schlau KG ist die Hauptsache übereinstimmend für erledigt erklärt worden. Dies kann, muß aber nicht, im Tenor deklaratorisch festgehalten werden.

Bei der Kostenentscheidung ist zunächst zu berücksichtigen, daß Gerichtsgebühren nicht entstehen. Die unterlegene Partei hat hingegen die Auslagen des Gerichts zu tragen. Diese und die außergerichtlichen Kosten sind zu verteilen, da die Parteien teilweise unterlegen sind bzw. obsiegen. Dabei hat die Schuldnerin ihre außergerichtlichen Kosten selbst zu tragen, weil sie in voller Höhe unterliegt. Der Gläubiger zu 1) obsiegt voll; seine außergerichtlichen Kosten sind zwischen der Schuldnerin und der Schlau KG zu verteilen, ohne daß eine Quote angegeben werden muß, § 100 I. Im Verhältnis zum Gläubiger zu 2) obsiegt die Schlau-KG, die Schuldnerin unterliegt. Damit haben die Schuldnerin und der Gläubiger zu 2) je zur Hälfte die außergerichtlichen Kosten des Gläubigers zu 2) zu tragen. Die Schlau-KG muß ihre Kosten zur Hälfte selbst tragen, weil sie mit der Erinnerung gegen den Gläubiger zu 1) unterliegt; die andere Hälfte muß der insoweit unterliegende Gläubiger zu 2) tragen. Die Schuldnerin trägt die Auslagen des Gerichts, je in Höhe der Hälfte der Auslagen haften der Gläubiger zu 2) und die Schlau-KG als Gesamtschuldner mit der Schuldnerin.

Einer Entscheidung über die vorläufige Vollstreckbarkeit bedarf es gem. § 794 I Nr. 3 nicht.

---

[1] BL-Hartmann § 826 Rn. 3 m. w. N..

[2] OLG Düsseldorf OLGZ 1973, 50, 52; Musielak-Becker § 826 Rn. 4; StJ-Münzberg § 826 Rn. 6; TP § 826 Rn. 2; Brox-Walker Rn. 344.

908 **Entscheidungsentwurf:**

Amtsgericht Essen
4 M 36/87

Beschluß

In der Zwangsvollstreckungssache

1) des Herrn Bernd Reich, Drosselgasse 1, 4358 Haltern;
2) des Herrn Detlef Reichlich, Amselstraße 16, Herne 2;

Gläubiger und Erinnerungsgegner,

Verfahrensbevollmächtigter des Gläubigers zu 2): Rechtsanwalt Groß in Herne 2,

gegen

die Fa. Schlau GmbH, Bahnhofstraße 7, 4300 Essen 14, vertreten durch ihren Geschäftsführer Emil Schlau, wohnhaft ebenda;

Schuldnerin und Erinnerungsführerin zu 1),

Verfahrensbevollmächtigter: Rechtsanwalt Gesetzestreu in Bochum,

Weitere Beteiligte und Erinnerungsführerin zu 2): Fa. Schlau GmbH & Co. KG, Bahnhofstraße 7, 4300 Essen 14, gesetzlich vertreten durch ihre persönlich haftende Gesellschafterin, die Fa. Schlau GmbH, diese vertreten durch ihren Geschäftsführer Emil Schlau, wohnhaft ebenda;
Verfahrensbevollmächtigter: Rechtsanwalt Dr. Kleinlich in Essen,

hat das Amtsgericht Essen am 26. Mai 1987 durch den Richter am Amtsgericht Fuchs beschlossen:

Die Erinnerung der Schuldnerin wird zurückgewiesen.
Im übrigen ist die Hauptsache erledigt.
Die Entscheidung ergeht gerichtsgebührenfrei. Die Schuldnerin trägt die Auslagen des Gerichts; in Höhe von je der Hälfte der Auslagen haften der Gläubiger zu 2) und die Erinnerungsführerin zu 2) als Gesamtschuldner mit ihr.
Die Schuldnerin trägt ihre außergerichtlichen Kosten selbst. Sie und die Erinnerungsführerin zu 2) tragen die außergerichtlichen Kosten des Gläubigers zu 1). Der Gläubiger zu 2) und die Schuldnerin tragen die außergerichtlichen Kosten des Gläubigers zu 2) je zur Hälfte. Die Erinnerungsführerin zu 2) und der Gläubiger zu 2) tragen die außergerichtlichen Kosten der Erinnerungsführerin zu 2) je zur Hälfte.

Gründe:

Die Gläubiger betreiben die Zwangsvollstreckung gegen die Schuldnerin. Im Rahmen der Vollstreckung wurde für beide Gläubiger ein Teppich gepfändet und schließlich versteigert. Er befand sich in einem von der Schuldnerin und der Erinnerungsführerin zu 2) gemeinsam genutzten Büroraum. Die Schuldnerin und die Erinnerungsführerin zu 2) haben gegen die Art und Weise der Zwangsvollstreckung Erinnerung eingelegt, die die Schuldnerin aufrechterhält, die Erinnerungsführerin zu 2) mit Zustimmung der Gläubiger nach der Versteigerung für erledigt erklärt.[1]
Im Auftrag des Gläubigers zu 1), der aus einem gegen Sicherheitsleistung in Höhe von 12 500,– DM für vorläufig vollstreckbar erklärten Urteil des Landgerichts Bochum

---

[1] Bei der Darstellung des Sachverhalts hier empfiehlt sich dringend die vorgenommene Einleitung. Würde der Sachverhalt rein historisch wiedergegeben, würde kaum deutlich, was die Beteiligten im einzelnen wollen und geltend machen. Außerdem wird durch diese Einleitung die Wiedergabe der Anträge ersetzt.

vom 13. 2. 1987 über 10000,– DM nebst Zinsen die Zwangsvollstreckung betreibt, pfändete der Gerichtsvollzieher am 2. 3. 1987 in dem Büroraum der Schuldnerin und der Erinnerungsführerin zu 2) einen Teppich im Wege der Sicherungsvollstreckung. Eine vollstreckbare Ausfertigung des Urteils war der Schuldnerin zu diesem Zeitpunkt noch nicht zugestellt worden. Die Zustellung wurde am 16. 3. 1987 nachgeholt.[1] Das Urteil ist inzwischen rechtskräftig.

Der Teppich stand im Eigentum der Erinnerungsführerin zu 2). Deren Angestellte, die auch für die Schuldnerin tätig ist und mit umfassender Vollmacht den Geschäftsführer der Schuldnerin damals vertrat, wies den Gerichtsvollzieher bei der Pfändung auf das Eigentum der Erinnerungsführerin zu 2) hin. Auf die Frage des Gerichtsvollziehers, ob sie mit der Zwangsvollstreckung einverstanden sei, erklärte sie, sie habe nichts gegen die Pfändung einzuwenden, wenn sie Rechtens sei. Außerdem unterschrieb sie eine Einverständniserklärung im Protokoll des Gerichtsvollziehers.

Am 12. 3. 1987 pfändete der Gerichtsvollzieher durch Vermerk im Pfändungsprotokoll den Teppich erneut, diesmal im Auftrag des Gläubigers zu 2). Dieser betreibt die Zwangsvollstreckung gegen die Schuldnerin aus einem vorläufig vollstreckbaren Urteil des Landgerichts Bochum über 5000,– DM. Der Gläubiger zu 2) hatte, ohne einen entsprechenden Antrag gestellt zu haben, eine vollstreckbare Ausfertigung des Urteils erlangt. Bei der Anschlußpfändung erklärte der nunmehr anwesende Geschäftsführer der Schuldnerin, er sei mit der Pfändung nicht einverstanden und widerrufe auch das bei der Erstpfändung gegebene Einverständnis seiner Angestellten.

Der Teppich wurde versteigert. Der Gerichtsvollzieher hinterlegte den Erlös von 6000,– DM beim Amtsgericht zur Durchführung eines Verteilungsverfahrens.[2] Die Schuldnerin beruft sich, wie auch die Erinnerungsführerin zu 2), zur Begründung ihrer Erinnerung darauf, daß die Erinnerungsführerin zu 2) nicht zur Herausgabe bereit gewesen sei. Auch habe der Teppich der Erinnerungsführerin zu 2) gehört. Zusätzlich wendet die Schuldnerin ein, mangels Zustellung einer vollstreckbaren Ausfertigung des Titels sei die Vollstreckung des Gläubigers zu 1), mangels wirksamer Klauselerteilung die des Gläubigers zu 2) unzulässig. Weiter behauptet die Schuldnerin, sie habe nach Erwirkung des Titels mit dem Gläubiger zu 2) vereinbart, daß dieser zunächst nicht vollstrecken solle.

Der Gläubiger zu 1) beruft sich darauf, daß die Vollstreckung jedenfalls deshalb zulässig sei, weil die Zustellung der vollstreckbaren Ausfertigung des Urteils nachgeholt worden sei. Der Gläubiger zu 2) meint, die Klausel zu dem Urteil hätte ihm auch ohne besonderen Antrag erteilt werden müssen.[3]

I. Die Erinnerung der Schuldnerin ist gem. § 766 zulässig, aber unbegründet.[4]

---

[1] Hier wird die zu Anfang des Absatzes begonnene historische Darstellung verlassen. Dies ist aber sachgerecht, weil bei einem rein zeitlichen Aufbau die genannte Tatsache erst nach der Darstellung der Anschlußpfändung wiedergegeben werden könnte. Hierunter würde das Verständnis leiden.

[2] Die Hinterlegung muß erwähnt werden, weil sie im Rahmen des Rechtsschutzbedürfnisses eine Rolle spielt.

[3] Rechtsansichten sollen in der Regel zwar nicht mitgeteilt werden. Hier ist es aber zwingend erforderlich, weil die Gläubiger nur Rechtsansichten vorbringen. Stellte man sie nicht dar, müßte die Partei meinen, das Gericht habe bei seiner Entscheidung ihr Vorbringen unberücksichtigt gelassen.

[4] Gliederungen in „Entscheidungsgründen" sind in der Praxis noch nicht durchgängig üblich. Sie setzen sich aber immer mehr durch, weil sie die Verständlichkeit erheblich erleichtern. Durch einen neuen Gliederungspunkt wird der Leser automatisch darauf aufmerksam gemacht, daß ein neuer Gedankengang folgt. Es sollte aber nicht zu stark untergliedert werden; hier dürfte die Grenze des Zumutbaren bereits erreicht sein.

1. Die Erinnerung ist zulässig.[1] Die Schuldnerin geht gegen eine auf Zwangsvollstreckung gerichtete Handlung des Gerichtsvollziehers vor, § 766 I 1. Ihr fehlt[2] trotz der Versteigerung des Teppichs nicht das Rechtsschutzbedürfnis für die Erinnerung.[3] Die Zwangsvollstreckung ist noch nicht beendet. Der hinterlegte Erlös ist noch nicht verteilt. Auch das Verteilungsverfahren nach den §§ 872ff[4] gehört zur Zwangsvollstreckung. Die Einleitung des Verteilungsverfahrens hindert eine Vollstreckungserinnerung durch den Schuldner nicht. Der Schuldner kann, auch wenn das Verteilungsverfahren bereits angeordnet worden ist, noch Erinnerung einlegen und die Verletzung von Verfahrensvorschriften rügen. Dies gilt insbesondere deshalb, weil der Schuldner im Verteilungsverfahren kein Widerspruchsrecht hat und keine Rechtsbehelfe geltend machen kann.

2. Die Erinnerung ist aber unbegründet, weil die Zwangsvollstreckung beider Gläubiger zulässig ist.

a) Die Zwangsvollstreckung des Gläubigers zu 1) ist zulässig.

Dem steht nicht entgegen, daß § 750 III widersprechend zur Zeit des Beginns der Zwangsvollstreckung die Vollstreckungsklausel noch nicht zugestellt und die Wartefrist nicht eingehalten worden ist. Selbst wenn dies, was offen bleiben kann, erforderlich war, so wäre der hierin liegende Mangel des Vollstreckungsverfahrens, der nicht zur Nichtigkeit der Pfändung führte, vor Einlegung der Erinnerung durch die Schuldnerin durch die nachfolgende Zustellung geheilt worden. Dadurch ist die Anfechtbarkeit entfallen.[5]

Die Vollstreckung vor Ablauf der Wartefrist und vor der Zustellung der Klausel führt nicht zur Nichtigkeit, sondern nur zur Anfechtbarkeit der Vollstreckungshandlung. Nichtig sind Vollstreckungshandlungen nur bei besonders schweren Mängeln der Vollstreckung.[6] Dies wird daraus deutlich, daß das Gesetz, wie in den Rechtsbehelfen, zB § 766, zum Ausdruck kommt, bei Fehlern der Vollstreckung lediglich von einer Anfechtbarkeit, die im Willensbereich des Betroffenen liegt, ausgeht. Die Erinnerungsentscheidung stellt auch keine rein deklaratorische Entscheidung dar.

Nicht einmal ein Fehler bei der Zustellung des Titels – auch deren Fehlen überhaupt – ist so schwerwiegend, daß von dem Grundsatz abgewichen und eine Nichtigkeit der Vollstreckungsmaßnahme angenommen werden muß.[7] Das Gesetz selbst läßt Ausnahmen von dem Erfordernis der Zustellung zu (§ 845), es geht im Erkenntnisverfahren von einer Heilbarkeit von Zustellungsmängeln (§ 187), nicht von einem unverzicht-

---

[1] Die Zulässigkeit der Erinnerung ist eigentlich unproblematisch. Es dürfte jedoch nicht falsch sein, kurz auf sie einzugehen. Durch die folgende Prüfung der Statthaftigkeit wird begründet, daß eine Erinnerung nach § 766 vorliegt. Dies ist wohl erforderlich. Auch zum Rechtsschutzbedürfnis konnte man ein Wort sagen.

[2] Man findet häufig die Begründung, daß ein Rechtsschutzbedürfnis **gegeben** ist. Dies ist m. E. vom Ansatz her falsch. § 766 und die meisten anderen entsprechenden Vorschriften schreiben im Gegensatz zu § 256 nicht ausdrücklich vor, daß ein spezielles Rechtsschutzinteresse vorliegen muß. Es kann nur ausnahmsweise fehlen, wenn mit einer gerichtlichen Entscheidung noch nicht oder nicht mehr geholfen werden kann.

[3] Das mögliche Fehlen des Rechtsschutzinteresses ist der (immer zu erwähnende) Ansatz für die kommende Prüfung der Bedeutung der Hinterlegung.

[4] Gesetzliche Vorschriften sollten immer erwähnt werden.

[5] Die drei ersten Sätze des Absatzes nehmen das gesamte Ergebnis der folgenden Prüfung vorweg. Sie werden im nächsten Teil unabhängig voneinander begründet; zunächst, daß keine Nichtigkeit vorlag, sodann die Heilung.

[6] Die Nichtigkeit wird hier zunächst definiert. Im folgenden Satz wird die Definition begründet. Jeder Satz läßt sich mit dem folgenden durch ein „denn“ verknüpfen.

[7] Nach der grundlegenden Definition folgt nunmehr die Begründung, warum hier im Einzelfall kein besonders schwerer Mangel und damit keine Nichtigkeit vorliegt.

baren Recht (§ 295 II) aus.[1] Nichts anderes kann im Rahmen des § 750 III gelten, der wie § 750 I nur eine Warnfunktion hat.

Durch die am 8. 4. 1987 nachgeholte Zustellung der vollstreckbaren Ausfertigung ist der Verfahrensmangel geheilt worden.[2] Die Wartefrist ist abgelaufen. Das Urteil ist rechtskräftig. Mit dieser Begründung ist die Zwangsvollstreckung nicht mehr anfechtbar. Jetzt liegen die Voraussetzungen der Zwangsvollstreckung vor. Die Möglichkeit der Heilung von Verfahrensmängeln kennt die Zivilprozeßordnung an verschiedenen Stellen (zB § 295), gerade auch bei der Zustellung, § 187. Hinzu kommt, daß ein Staatsakt – ein solcher ist auch die Pfändung –, auch wenn er fehlerhaft ist, grundsätzlich wirksam, aber anfechtbar; damit nicht aufschiebend, sondern auflösend bedingt ist. Durch die Heilung tritt nicht etwas ein, was nicht bestand, sondern es bleibt erhalten, was bestand, aber gefährdet war. Dies benachteiligt die Parteien nicht. Den Interessen des Gläubigers dient es ohnehin; aber auch die Schuldnerin bleibt hinlänglich geschützt. Vor der Zustellung wäre ihre Erinnerung begründet. Nach der nachfolgenden Zustellung ist sie nicht mehr schutzwürdig. Das Urteil ist ihr bekannt. Sie kann noch freiwillig leisten. Es wäre bloße Förmelei zu verlangen, nach der nachfolgenden Zustellung die ohnehin nicht nichtige und zur Verstrickung führende Pfändung noch einmal nachzuholen. Schon die Verstrickung stellt nach hM die Grundlage für die nachfolgende Verwertung der Sache dar.[3]

Auf das Eigentum der Erinnerungsführerin zu 2) und eine mögliche Verletzung deren Gewahrsams kann die Schuldnerin sich nicht berufen. Der Gerichtsvollzieher hat, von evidenten Ausnahmen abgesehen, die Eigentumsverhältnisse nicht zu überprüfen. Ob dies auch gilt, wenn die Sachen im Gewahrsam eines Dritten stehen, kann hier offen bleiben. Mit dieser Begründung kann die Schuldnerin keine Erinnerung einlegen. Eine Prüfungspflicht, sollte sie bestehen, würde sich nur gegenüber dem Eigentümer ergeben. Dies gilt auch für eine mögliche Verletzung des § 809, des Gewahrsams eines Dritten. Dieses Recht dient ausschließlich dem Schutz des Gewahrsams des Dritten.

b) Auch die Zwangsvollstreckung des Gläubigers zu 2) ist zulässig. Die Anschlußpfändung nach § 826 ist – abgesehen von der Heilung – nicht wegen der möglichen Verletzung des § 750 III unwirksam. Sie setzt, wie sich aus der Prüfungskompetenz und -möglichkeit des Gerichtsvollziehers ergibt, lediglich wirksame, also nicht nichtige Erstpfändung voraus.[4]

Mit dem Einwand, der Gläubiger habe ohne Antrag eine vollstreckbare Ausfertigung des Urteils erhalten, kann die Schuldnerin im Rahmen der Erinnerung nach § 766 nicht gehört werden. Es liegt eine formell ordnungsgemäß scheinende vollstreckbare Ausfertigung eines Titels vor. Mehr hat das Vollstreckungsorgan nicht zu berücksichtigen. Ihre Einwände hätte die Schuldnerin im Wege der Klauselerinnerung (§ 732) geltend machen müssen.

---

[1] Eine Argumentation mit dem Gesetz ist besser als jede andere. Hier folgt die Tatsache, daß keine Nichtigkeit vorliegt, beinahe zwingend aus den genannten Vorschriften.

[2] Es folgt die Begründung für die eingangs aufgestellte These, daß eine Heilung eingetreten ist und welche Folge dies hat. Diese Unterpunkte (Nichtigkeit, Heilung) hätten noch verständlicher durch eine weitere Untergliederung dargestellt werden können. Hier geht die Gliederung aber schon recht weit.

[3] Eine nähere Begründung dafür, warum man der hM. folgt, ist hier nicht notwendig. Einmal ist die Rechtsprechung in dieser Frage ohnehin gefestigt. Zum anderen wird hiermit nur eins von mehreren Argumenten untermauert; würde man hier nähere Ausführungen zum Theorienstreit machen, würde ein völlig falscher Schwerpunkt gesetzt.

[4] Hier wird die These – es ist nur eine äußerlich wirksam erscheinende Erstpfändung erforderlich – durch einen eingeschobenen Nebensatz ausreichend begründet.

Ob die Parteien die streitige Vollstreckungsvereinbarung getroffen haben, hat das Gericht nicht zu entscheiden. Dieser Streit kann nicht im Wege der Vollstreckungserinnerung analog § 766, sondern nur im Wege der Vollstreckungsgegenklage analog § 767 ausgefochten werden. Das Prozeßgericht ist mit den Mitteln des Erkenntnisverfahrens besser dazu in der Lage, hierüber zu entscheiden. Die Vollstreckungsorgane und damit auch das Erinnerungsgericht haben in aller Regel nur „liquide", also schriftlich nachgewiesene materiell-rechtliche Umstände zu berücksichtigen, wie aus § 775 Nr. 4 und 5 folgt.

II. Die Kostenentscheidung beruht auf den §§ 91, 92, 91 a, 100, 1 ff GKG. Soweit die Hauptsache erledigt ist, haben die Erinnerungsführerin zu 2) und der Gläubiger zu 2) die Kosten zu tragen.[1]

1. Die Erinnerungsführerin zu 2) hat – neben der ebenfalls unterliegenden Schuldnerin – die außergerichtlichen Kosten des Gläubigers zu 1) zu tragen. Ihre Erinnerung gegen die Zwangsvollstreckung des Gläubigers zu 1) war von Anfang an zwar zulässig, aber unbegründet.[2] Die Zwangsvollstreckung war zulässig, insbesondere lag eine Verletzung des § 809 nicht vor. Die Erinnerungsführerin zu 2) hat ihre Bereitschaft zur Herausgabe des Teppichs erklärt. Auf Befragen des Gerichtsvollziehers, ob sie mit der Zwangsvollstreckung einverstanden sei, hat ihre Angestellte geantwortet, sie habe nichts gegen die Pfändung. In dieser Antwort liegt auch das Einverständnis mit der Wegnahme und der Verwertung der Sache, so daß offen bleiben kann, ob sich das Einverständnis auch auf die Verwertung beziehen muß.[3] Der Gerichtsvollzieher hatte nach dem Einverständnis mit der Zwangsvollstreckung, zu der die Wegnahme gehört, gefragt. Die Antwort, in der nur von der Pfändung die Rede war, kann aus der Sicht des objektiven Erklärungsempfängers nicht als Einschränkung angesehen werden. Dies hätte die Angestellte deutlicher zum Ausdruck bringen müssen, falls sie es gewollt haben sollte. Außerdem hat sie ihr Einverständnis noch schriftlich erklärt. Die Angestellte war hierzu auch bevollmächtigt. Das Vorbringen der Erinnerungsführer zur fehlenden Vollmacht ist unsubstantiiert. Sie erklären selbst, die Angestellte sei während der Dauer der Erkrankung des Geschäftsführers umfassend bevollmächtigt gewesen. Eine Verletzung der Pflichten des Arbeitsvertrages, sollte sie überhaupt vorliegen, kann aber nicht zu einer Einschränkung der Vollmacht nach außen führen.

Die Erklärung hat der Geschäftsführer Schlau nicht wirksam widerrufen. Sie ist unwiderruflich. Es handelt sich um eine Prozeßhandlung. Diese sind dann nicht widerruflich, wenn durch sie der Gegner bereits eine schützenswerte Rechtsposition erlangt hat.[4] Dies war angesichts der Einverständniserklärung der Fall. Die Erklärung versetzte

---

[1] Die Kostenentscheidung muß nur hinsichtlich des erledigten Teils näher begründet werden.

[2] Eine „zwar – aber" Argumentation widerspricht eigentlich einem Urteilsstil reinster Form. Unter dem Punkt „zwar" wird meistens etwas abgehandelt, worauf es für die Entscheidung nicht ankommt, weil das „aber" letztlich entscheidend ist. Diese „zwar – aber" Argumentation läßt sich allerdings nicht vermeiden, wenn man, bevor man zu dem „aber" kommt, einen logisch vorrangigen Punkt bejahen muß. Dies gilt grundsätzlich vor allem für die Frage der Zulässigkeit einer Klage oder eines Rechtsmittels. Diese darf nicht dahinstehen bleiben, weil im Fall der Unzulässigkeit keine Sachentscheidung ergehen darf. Hier hätte aber trotz allem die Zulässigkeit offen bleiben können, weil eine Sachentscheidung nicht ergeht. Es wird nur über die Kosten des Rechtsstreits entschieden.

[3] Hier wird angedeutet, daß ein Problem bekannt ist. Praktisch richtig werden nähere Ausführungen dazu aber nicht gemacht, weil es auf die Entscheidung der Streitfrage nicht ankommt.

[4] Daß Prozeßhandlungen unwiderruflich sind, wenn der Gegner bereits eine schützenswerte Rechtsposition erlangt hat, ist allgemein anerkannt. Daher bedurfte die

den Gläubiger zu 2) dazu in die Lage, die im Gewahrsam der Erinnerungsführerin zu 2) stehende Sache zu pfänden.

2. Der Gläubiger zu 2) hat die Hälfte der außergerichtlichen Kosten der Erinnerungsführerin zu 2) zu tragen. Die Erinnerung der Erinnerungsführerin zu 2) gegen die von diesem betriebene Vollstreckung war bei ihrer Einlegung vor Eintritt des erledigenden Ereignisses – Versteigerung – zulässig und begründet.

a) Die Erinnerung war zulässig. Insbesondere war die Erinnerungsführerin zu 2) beschwert. Sie hat sich auf die Verletzung einer Vorschrift, nämlich des § 809 berufen, die auch ihren Schutz als Gewahrsamsinhaberin bezweckt.[1]

b) Die Erinnerung wäre ohne Eintritt des erledigenden Ereignisses begründet gewesen, weil der Gerichtsvollzieher die Anschlußpfändung unter Verletzung des § 809 vorgenommen hat. Die Erinnerungsführerin zu 2) hatte der Anschlußpfändung ausdrücklich widersprochen. Dieses Recht stand ihr auch zu, obschon sie zu der Erstpfändung ihr Einverständnis gegeben hatte. Weder § 809 noch § 826 schränken das Recht des Dritten insoweit ein. Eine restriktive Auslegung der Vorschriften ist nicht sachgerecht. Der Dritte kann ein anerkennenswertes Interesse daran haben, daß nur eine bestimmte Person die Zwangsvollstreckung gegen die Schuldnerin betreibt. § 809 stellt die Entscheidung über die Herausgabe in das freie Ermessen des Dritten. Dem kann nicht entgegengehalten werden,[2] der Besitz sei nicht teilbar, so daß das einmal gegebene Einverständnis fortdauere. Es geht nicht um eine Teilung des Besitzes, sondern nur um die Frage, zu wessen Gunsten der Dritte seinen Besitz aufgeben will.

Der Mitgewahrsam der Erinnerungsführerin zu 2) ist auch verletzt worden. Die Pfändung war nur bei Herausgabebereitschaft der KG zulässig. Der Teppich befand sich in einem von der Schuldnerin und der Schlau KG gemeinsam benutzten Büro, so daß Mitgewahrsam bestand. Der Gewahrsamsinhaber hat widersprochen. Der Gewahrsam einer juristischen Person wird durch ihre Organe ausgeübt. Dies ist der Geschäftsführer der Schuldnerin. Der Gewahrsam einer Personenhandelsgesellschaft wird von den Gesellschaftern ausgeübt. Persönlich haftende Gesellschafterin der KG ist wiederum die Schuldnerin, die über ihren Geschäftsführer Eigengewahrsam, gleichzeitig aber auch Fremdgewahrsam der KG ausübt. Der Gerichtsvollzieher mußte ohne weitere Prüfung von Mitgewahrsam der KG und der Schuldnerin ausgehen. Er darf nur auf äußere Umstände abstellen. Mehr gehört nicht zu seiner Prüfungskompetenz. Die äußeren Umstände wiesen auf Mitgewahrsam hin. Das Büro wurde von zwei verschiedenen Firmen, nämlich der Schuldnerin und der erinnerungsführenden KG benutzt. Vor den Büroräumen waren Firmenschilder beider Firmen angebracht.

Unterschrift des Richters

These hier wohl keiner näheren Begründung. Diese wäre nur erforderlich gewesen, wenn die Parteien über diesen Punkt gestritten hätten.

[1] Hier mußte die Zulässigkeit bejaht werden, weil auch die Begründetheit angenommen wird. Das einzig zu erörternde Problem lag in der Erinnerungsbefugnis des Dritten. Sie wird in der gebotenen Kürze bejaht.

[2] Hier wird deutlich, wie man sich auch ohne „zwar – aber“ mit Gegenargumenten im „reinen Urteilsstil“ auseinandersetzen kann.

909 **2. Klausurbeispiel: Einziehungsklage (Anwaltsklausur)**

Aktenauszug

I. Vermerk:

Heute erschien Herr Egon Habenichts in der Sprechstunde und überreichte die anliegende Klageschrift und den Pfändungs- und Überweisungsbeschluß. Zur Sache erklärte er:
Ich habe für die Anschaffung aller erforderlichen Sachen, auch für die Schuldnerin, die selbst nicht berufstätig war, gesorgt. Taschengeld habe ich ihr trotz ihrer Aufforderungen nie gegeben, weil ich mich hierzu nicht verpflichtet fühlte. Die permanenten schriftlichen Aufforderungen der Schuldnerin haben letztendlich auch dazu geführt, daß die Ehe zwischen uns gescheitert ist. Seit Anfang August 1997 leben wir getrennt.
Den Pfändungs- und Überweisungsbeschluß des Klägers habe ich erst nach Rückkehr aus einem Skiurlaub, drei Wochen nach der angeblichen Zustellung, erhalten. Vorher bin ich dazu nicht angehört worden. Ich sehe auch deshalb nicht ein, daß ich zahlen muß, weil ich noch eine Menge Geld von meiner Noch-Ehefrau bekomme. Ich habe mit ihr gemeinsam einen Kredit bei einer Teilzahlungsbank aufgenommen. Hier stehen noch 20 000,– DM offen, die tituliert worden sind. Ich habe teilweise auch schon gezahlt; wie viel, weiß ich allerdings nicht; die Unterlagen hat meine Frau entwendet.

Herr Habenichts möchte wissen, ob es Erfolg verspricht, sich gegen die Klage zu wehren. Wenn ja, soll ein Schriftsatz an das Gericht erstellt werden, wobei der Mandant sich fragt, was er vor dem Familiengericht solle; er sei ja nicht mit dem Kläger verheiratet. Ggfls. sollen auch andere erforderliche Rechtsbehelfe ergriffen werden, aber nur gegen den Kläger, aus taktischen Gründen nicht gegen die Ehefrau oder die Teilzahlungsbank. Eine schriftliche Vollmacht ist erteilt, Vorschuß gezahlt. Prozeßkostenhilfe will Herr Habenichts trotz Belehrung nicht (er verdient nach wie vor 2800,– DM netto monatlich). Besteht ganz oder zT keine Erfolgsaussicht, möchte Herr Habenichts hiervon schriftlich unterrichtet werden, ebenso über die Gründe für die Einlegung eines evtl. weiteren Rechtsbehelfs.
Die Zustellungsurkunde bzgl. des Pfändungs- und Überweisungsbeschlusses habe ich eingesehen; die Zustellung ist danach am 31. 1. 98 an Frau Susi Salbei als Lebensgefährtin des Mandanten im Wege der Ersatzzustellung erfolgt. Der Titel, den die Teilzahlungsbank erwirkt hat, wird nachgereicht. Das Gericht hat einen Termin auf den 15. 12. 1998 anberaumt und eine Frist zur Erwiderung binnen zwei Wochen nach Zustellung gesetzt.

Herrn Rechtsreferendar Nöchtekern mit der Bitte um Entwurf der erforderlichen Schriftsätze bzw. des Schreibens an den Mandanten.

Bochum, 15. 10. 98
Rechtsanwalt Kräher

II. Klageschrift des Rechtsanwalts Bruno Girich vom 10. 10. 1998, gerichtet an das Amtsgericht Bochum (Familiengericht)

In dem Rechtsstreit
des Rechtsanwalts Bruno Girich, Lindenallee 1–3, 43630 Bochum,

Klägers,

gegen

Herrn Egon Habenichts, Stahlstraße 13, 43630 Bochum,

Beklagten,

erhebe ich Klage

mit dem Antrag,
den Beklagten zu verurteilen, an mich 840,– DM nebst
4% Zinsen seit Klagezustellung zu zahlen.

Begründung:

Der Kläger hat die Ehefrau des Beklagten in einem Scheidungsprozeß gegen ihren früheren Ehemann vertreten. Aus dieser Vertretung resultiert eine titulierte Honorarforderung über 2600,– DM zuzüglich 4% Zinsen seit dem 3. Januar 1992. Dem Kläger ist aus Gesprächen mit seiner Mandantin bekannt, daß ihr jetziger Ehemann, der Beklagte, mit dem sie bereits während des genannten Scheidungsverfahrens zusammenlebte, ein Einkommen von 2800,– DM netto monatlich bezieht. Schon damals fragte mich die Schuldnerin, ob und welche Ansprüche sie bei einer Heirat mit dem Beklagten gegen diesen hätte. Ich habe ihr damals erklärt, daß sie nach der Rechtsprechung etwa 5% des Nettoeinkommens des Ehemannes als Taschengeld erhalten könne. Mir ist auch bekannt, daß die Schuldnerin den Beklagten schon im Januar 1997 aufgefordert hat, monatlich 140,– DM Taschengeld an sie zu zahlen. Sie hat dies Monat für Monat mit Klageandrohung getan. Der Beklagte zahlte an sie nicht.
Nunmehr habe ich wegen meines titulierten Honoraranspruchs den Anspruch der Ehefrau gegen den Beklagten auf Zahlung von rückständigem Taschengeld für die Zeit von Februar bis Juli 1997 (840,– DM) durch Pfändungs- und Überweisungsbeschluß des Amtsgerichts Bochum vom 17. Januar 1998 (6 M 57/98) gepfändet und mir zur Einziehung überweisen lassen. Gleichwohl hat der Beklagte nicht gezahlt, so daß Klage erforderlich war.
gez. Girich, Rechtsanwalt.

III. Amtsgericht Bochum, 17. Januar 1998
6 M 57/98

Pfändungs- und Überweisungsbeschluß

in der Zwangsvollstreckungssache des Rechtsanwalts Bruno Girich, Lindenallee 1–3, 43630 Bochum
Gläubigers,

gegen Frau Elvira Habenichts, Hauptstr. 98, 43630 Bochum
Schuldnerin.

Aufgrund der vollstreckbaren Ausfertigung des Urteils des Amtsgerichts Bochum vom 30. 12. 1992 (3 C 123/92) kann der Gläubiger von der Schuldnerin beanspruchen:
2600,00 DM Hauptforderung; 104,00 DM Zinsen (4% seit dem 3. 1. 92), 305,00 DM Kosten (frühere Vollstreckungsmaßnahmen und Kosten dieses Beschlusses).

Wegen dieser Ansprüche werden die angeblichen Forderungen der Schuldnerin an
Herrn Egon Habenichts, Stahlstraße 13, 43630 Bochum
Drittschuldner

aus rückständigem Taschengeld für die Monate Februar bis Juli 1997 in Höhe von 840,00 DM (140,00 DM monatlich) gepfändet.

Berechnung der Kosten: (hier nicht aufgeführt)

Der Drittschuldner darf, soweit die Forderung gepfändet ist, an den Schuldner nicht mehr zahlen.
Der Schuldner darf insoweit nicht über die Forderung verfügen, insbesondere sie nicht einziehen.

Zugleich wird dem Gläubiger die bezeichnete Forderung in Höhe des gepfändeten Betrages zur Einziehung überwiesen. Daher hat der Drittschuldner die gepfändeten Beträge an den Gläubiger auszuzahlen.

Gerecht, Dipl. Rechtspfleger

IV. Bearbeitervermerk

Die Zustellung der Klageschrift erfolgte am 14. 10. 1998 (AZ: 12 F 219/98). Die Aufgabenstellung ergibt sich aus dem Vermerk des Rechtsanwalts Kräher vom 15. 10. 98. Wird aufgrund der gefundenen Lösung nur ein Schreiben an den Mandanten für erforderlich gehalten, so hat dieses eine § 313 Abs. 2 ZPO entsprechende Sachverhaltsdarstellung zu enthalten. In evtl. Schriftsätzen bzw. dem Schreiben an den Mandanten ist zur Rechtslage Stellung zu nehmen.

Lösung in Gutachtenform

910 I. Überlegungen zur Aufgabenstellung

Die Aufgabe gibt dem Klausurverfasser eine fertige Klageschrift, die Tatsachenerklärungen des Mandanten und den Pfändungs- und Überweisungsbeschluß an die Hand. Der Mandant will sich gegen die Klage nur verteidigen, wenn dies Erfolg verspricht. Er benennt aber auch eventuelle Gegenansprüche, bei denen die Möglichkeit einer Aufrechnung oder im Fall eines Aufrechnungsverbots einer Widerklage zu prüfen ist. Der Auftrag, eventuell erforderliche Rechtsbehelfe einzulegen, erweitert den Umfang der Aufgabe stark; andererseits wird er auf das Verhältnis zum Kläger beschränkt. Damit wird aus klausurtaktischer Sicht schon nahegelegt, an die Möglichkeit einer Anfechtung des Pfändungs- und Überweisungsbeschlusses zu denken.
Aus diesen Überlegungen zu Beginn wird deutlich, daß der Klausurverfasser sich zunächst einmal sehr genau mit der Aufgabenstellung beschäftigen muß, die bei Anwaltsklausuren nicht immer im Entwurf eines Schriftsatzes aus der jeweiligen Mandantenrolle heraus bestehen muß. Die Aufgabenstellung kann vielmehr sehr individuell gewählt sein.[1] In der Regel wird nur ein Gutachten mit vorangestellter, § 313 II entsprechender Sachverhaltsdarstellung, nicht aber die praktische Leistung verlangt.
Die Klausurthematik ist hier vom Autor erdacht. Die rechtliche Problematik ist mit der Aufgabenstellung „Entscheidung des Gerichts" in der 2. Auflage dargestellt. Gerade der Vergleich der verschiedenen Aufgabenstellungen zeigt die speziellen Probleme, mit denen der Verfasser bei einer Anwaltsklausur konfrontiert wird. Die sich daraus ergebenden Probleme würden insgesamt den Rahmen einer Klausur wohl sprengen.
Zunächst muß von der Aufgabenstellung her untersucht werden, ob die Rechtsverteidigung unter Berücksichtigung des Vorbringens des Mandanten Aussicht auf Erfolg verspricht. Dies kann nur durch ein relationsmäßiges Gutachten überprüft werden, wenn es auch hier nicht zur Aufgabenstellung gehört. Erfolg verspräche die Rechtsverteidigung zunächst, wenn die Klage unzulässig oder schon aufgrund des eigenen Vorbringens des Klägers unbegründet (das Klägervorbringen unschlüssig) wäre.

911 II. Zulässigkeit der Klage

1. Problematisch kann nur die **Zuständigkeit** des Familiengerichts sein. Diese ergibt sich aus § 621 I Nr. 5, § 23b I Nr. 6 GVG. Geltend gemacht wird hier ein Anspruch der Ehefrau gegen ihren Mann. Die Pfändung und Überweisung ändert den Charakter der Forderung nicht. Es ist eine Unterhaltsforderung betroffen. Der Kläger will nur die Forderung der Schuldnerin gegen den Mandanten einziehen.
Im übrigen ist hier zu beachten, daß selbst die Unzuständigkeit des Familiengerichts nicht zur Unzulässigkeit der Klage führen könnte, weil es nur um die funktionelle

---

[1] S. Augstein NWVBl. 1994, 475ff.

Zuständigkeit innerhalb des zuständigen Amtsgerichts Bochum geht und damit um eine Frage der Geschäftsverteilung. Wäre nicht das Familiengericht zuständig, wäre die Zivilabteilung beim Amtsgericht Bochum zuständig.
2. Zur Frage, ob die Einziehungsberechtigung ein Problem der Zulässigkeit oder der Begründetheit der Klage ist, s. o. Rn. 343.
3. Die **fehlende Streitverkündung** (§ 841) berührt die Zulässigkeit der Klage nicht (s. Rn. 342).

III. Schlüssigkeit des Klägervorbringens 912

Dem Kläger stünde ein Anspruch gegen den Beklagten auf Zahlung der geltend gemachten Forderung zu, wenn er berechtigt wäre, diese geltend zu machen, und der Schuldnerin, der Ehefrau des Beklagten, gegen diesen ein Anspruch auf Zahlung von rückständigem Taschengeld in Höhe von 840,– DM zustehen würde.
1. Die **Einziehungsberechtigung** des Klägers könnte sich aus dem Überweisungsbeschluß ergeben.
a) Gem. §§ 835 I, 836 I darf der Kläger Zahlung an sich selbst verlangen, ist also einziehungsbefugt, wenn der Überweisungsbeschluß wirksam ist.
b) Bedenken hinsichtlich der Wirksamkeit des Überweisungsbeschlusses könnten sich daraus ergeben, daß möglicherweise die **Zustellung** des Pfändungs- und Überweisungsbeschlusses **fehlerhaft** war. Die Zustellung an den Drittschuldner, den Beklagten, ist Wirksamkeitsvoraussetzung der Überweisung, §§ 835 III, 829 III. Die Zustellung erfolgt gem. § 829 II 1 im Parteibetrieb, so daß die §§ 166ff Anwendung finden.
aa) Hier könnte eine wirksame **Ersatzzustellung** nach § 181 I vorliegen; dem Be- 913
klagten selbst ist der Beschluß nicht übergeben worden. Die Ersatzzustellung wäre möglich, wenn die nichteheliche Lebensgefährtin des Beklagten ein „zu der Familie" gehörender erwachsener Hausgenosse wäre.

- Ein Teil der Rechtsprechung und Literatur hält die Ersatzzustellung an den Lebensgefährten für zulässig.[1] Der Zweck des § 181, den Zugang des Schriftstücks an den Adressaten sicherzustellen, werde auch hier erfüllt. Für moralische Wertungen lasse die Vorschrift keinen Raum.
- Überwiegend wird angenommen, die Ersatzzustellung an den Lebensgefährten sei unzulässig.[2] Es sei zwar nicht notwendig, daß der Zustellungsempfänger selbst Familienmitglied im familienrechtlichen Sinn sei; er müsse aber zumindest in einen Familienverband aufgenommen sein. Daran fehle es, wenn Adressat und Empfänger allein zusammenlebten. Entscheidend sei, daß keine objektiven Kriterien für die Entscheidung der Frage vorhanden seien, ob jemand Lebensgefährte des Adressaten sei, und die Prüfungspflicht für den Zustellungsbeamten überspannt werde.

In dieser Frage können beide Auffassungen vertreten werden. Ich meine, daß § 181 analog anzuwenden ist. Sicherlich gehört der Lebensgefährte, der mit dem Adressaten allein zusammenlebt, nicht zu einer Familie. Wo aber soll von der Zielrichtung des § 181 I her gesehen der Unterschied liegen, wenn zB außer dem „Paar" noch der Vater des Adressaten in der Wohnung lebt, so daß eine Familie existiert? Die Aushändigung des Schriftstücks an den Adressaten ist bei der Ersatzzustellung an den Lebensgefährten genauso (un)sicher wie bei der Zustellung an einen Ehegatten oder die Haushälterin. Die Prüfungspflicht für den Zustellungsbeamten wird entgegen der Auffassung des BGH nicht geringer, wenn man die Ersatzzustellung für unzulässig hält. Da eine Niederlegung (§ 182) nur zulässig ist, wenn eine Ersatzzustellung nach § 181 nicht möglich ist, müßte der Zustellungsbeamte nach den vom BGH aufgestellten

---

[1] OVG Hamburg NJW 1988, 1807; OLG Celle FamRZ 1983, 202, 203; Zö-Stöber, § 181 Rn. 10.
[2] BGH NJW 1987, 1562f; BFH NJW 1982, 2895, 2896; OLG München NStZ 1986, 134; MK-v. Feldmann § 181 Rn. 13f; TP § 181 Rn. 6.

Kriterien prüfen, ob zB die angetroffene Frau, die nicht Adressatin der Zustellung ist, dessen Ehefrau, Haushälterin oder Lebensgefährtin ist. Falls sie „nur" Lebensgefährtin ist, wäre weiter zu fragen, wer außer ihr und dem Adressaten noch in der Wohnung lebt, und zu prüfen, ob sich daraus ein „Familienverband" ergibt.

bb) Hält man die Zustellung für unwirksam, bleibt allerdings zu prüfen, ob der Zustellungsfehler geheilt ist. Dies ist zu bejahen. Die Voraussetzungen des § 187, der auch im Vollstreckungsverfahren anwendbar ist, liegen vor. Der Drittschuldner, der Beklagte, ist in den Besitz des Beschlusses gelangt. Die förmliche Zustellung war beabsichtigt. Damit kann und wird das Gericht den Zustellungsmangel als geheilt ansehen. Hieran scheitert die Einziehungsbefugnis des Klägers jedenfalls nicht.

914 c) Weiter ist zu untersuchen, ob der Einziehungsbefugnis des Klägers entgegensteht, daß die gepfändete Forderung möglicherweise **unpfändbar** ist.

aa) Fraglich ist, ob die Unpfändbarkeit bei der Einziehungsklage überhaupt zu prüfen ist. Die Wirksamkeit der Pfändung ist nicht betroffen, da nur ein Verstoß gegen Pfändungsbeschränkungen vorliegt. Grundsätzlich ist daher nur eine Anfechtung des Pfändungs- und Überweisungsbeschlusses möglich. Nach hM ist allerdings die auf materielles Recht begründete Unpfändbarkeit auch im Einziehungsprozeß zu berücksichtigen (s. o. Rn. 347).

bb) Folgt man der hM, ist zu untersuchen, ob der Taschengeldanspruch aus materiellem Recht gem. § 851, § 399 BGB unpfändbar ist.

Daß der Taschengeldanspruch unpfändbar ist, ist allgemein anerkannt. Streitig ist allerdings, ob die Unpfändbarkeit sich aus § 850b oder aus § 851 in Verbindung mit § 399 BGB ergibt. Im ersten Fall würde es sich um eine Unpfändbarkeit aus dem Vollstreckungsrecht, im zweiten Fall aus dem materiellen Recht (§ 399 BGB) handeln.

- Die hM geht von einer bedingten Pfändbarkeit nach § 850b I Nr. 2 aus.[1] Zur Begründung wird angeführt, bei dem Taschengeldanspruch handele es sich um einen Teil des Unterhaltsanspruchs, so daß schon nach dem Wortlaut der Vorschrift § 850b I Nr. 2 Anwendung finde. Gründe zur Anwendung des § 851 bestünden nicht. Taschengeld sei nicht wie Wirtschaftsgeld zweckgebunden, sondern stehe zur freien Verfügung. Es gehe in das Eigentum der Frau über. Die Höhe lasse sich nach objektiven Kriterien bestimmen. Man greife auch nicht in interne Angelegenheiten der Eheleute ein, wenn man von einer bedingten Pfändbarkeit nach § 850b ausgehe; hier könne nichts anderes gelten, als bei einer Klage des nicht verdienenden Ehegatten auf Zahlung von Taschengeld.
- Nach aA soll die Taschengeldforderung absolut unpfändbar iSd. § 851 sein.[2] Zur Begründung wird angeführt, es handele sich um einen höchstpersönlichen Anspruch, der unübertragbar sei iSd. § 399 BGB 1. Alt. und damit gem. § 851 auch unpfändbar. Die Höhe des Taschengeldes sei von Fall zu Fall unbestimmt. Außerdem handele es sich nicht um eine Rente iSd. § 850b. Der Anspruch stelle immer nur einen Teil des Gesamtbeitrages zum Familienunterhalt dar.

Folgt man der hM, liegt eine rein vollstreckungsrechtliche Unpfändbarkeit vor, die im Einziehungsprozeß nicht zu berücksichtigen ist. Damit wäre der Kläger nach seinem Vorbringen weiterhin einziehungsberechtigt. Folgt man der aA, liegt eine materiellrechtlich begründete Unpfändbarkeit vor, die im Einziehungsprozeß zu berücksichtigen ist. Damit wäre der Kläger nicht einziehungsbefugt. Die Klage wäre schon nach seinem Vorbringen unbegründet.

Der **Beklagtenanwalt** wird sich in einer Klageerwiderung auf den Standpunkt stellen, der Taschengeldanspruch sei unpfändbar. Allerdings muß er sich bewußt sein und dem Mandanten klar machen, daß die Rechtsprechung ganz überwiegend anderer Auffas-

---

[1] OLG Stuttgart FamRZ 1997, 1494; OLG Celle NJW 1991, 1960; OLG München NJW-RR 1988, 894f; BL-Hartmann § 850b Rn. 4; TP § 850b Rn. 8.

[2] LG Braunschweig Rpfleger 1997, 394f; MK-Smid § 850b Rn. 7 m. w. N.

sung und die Wahrscheinlichkeit groß ist, daß das entscheidende Gericht sich der herrschenden Rechtsprechung anschließt. Die rechtliche Prüfung darf daher an dieser Stelle nicht enden.

2. Zu untersuchen ist, ob der Schuldnerin nach dem Vorbringen des Klägers gegen den Beklagten ein **Anspruch auf Zahlung von Taschengeld** zusteht. Anspruchsgrundlage hierfür ist § 1360a BGB. Zum Unterhalt des nicht getrennt lebenden Ehegatten gehört auch, wie allgemein anerkannt ist, ein Taschengeld. Der Höhe nach beläuft es sich nach der Unterhaltsliteratur auf etwa 5% des Nettoeinkommens.[1] **915**
Unerheblich ist, daß hier das Taschengeld für die Vergangenheit verlangt wird. Der Beklagte war mit den streitigen Forderungen in Verzug, §§ 1360a, 1613 I BGB. Die spätere Trennung des Beklagten von der Schuldnerin ist ebenfalls ohne Belang; es gibt keine Vorschrift, die besagt, daß der bestehende Anspruch dann nicht mehr geltend gemacht werden kann.

3. Der Zinsanspruch des Klägers ergibt sich aus den §§ 286, 291 BGB, und zwar, folgt man der Rechtsprechung des BGH, wegen der Anwendbarkeit des § 187 BGB vom Tag nach Eintritt der Rechtshängigkeit an.[2]

4. **Ergebnis** der Schlüssigkeitsprüfung:
Folgt man der hM, hat der Kläger einen Anspruch auf Zahlung von 840,– DM nebst 4% Zinsen vom Tag nach der Zustellung der Klage an schlüssig dargelegt.

IV. Die Erheblichkeit des Mandantenvorbringens **916**

In der Situation, in der der Klausurverfasser von der Aufgabenstellung her steht, ist noch nicht abzusehen, wie der Kläger auf ein Vorbringen des Beklagten reagieren wird, ob er es bestreiten oder unstreitig lassen wird. Es bietet sich gleichwohl eine Prüfung in der „Beklagtenstation" der Relation an, weil von dem ungünstigsten Fall (des Bestreitens) ausgegangen werden muß. Auch kann nur so ermittelt werden, für welche Tatsachen der Beklagte evtl. Beweis antreten muß.
Hier kommen nur die Tatsachen für eine Untersuchung in Betracht, die der Mandant im Hinblick auf Gegenansprüche gegen seine Frau genannt hat. Fraglich ist, ob er mit Gegenansprüchen aufrechnen kann; wenn ja, ob es taktisch besser ist, die Aufrechnung haupt- oder hilfsweise zu erklären.

1. Zunächst ist zu untersuchen, ob einer Aufrechnung des Beklagten **§ 394 BGB** entgegenstehen würde. Die Vorschrift ist jedoch nicht anwendbar, weil dieses Aufrechnungsverbot, das nach Sinn und Zweck nur dem ursprünglichen Inhaber der unpfändbaren Forderung zugute kommen soll, entfällt, wenn die Forderung auf einen Dritten übergegangen ist.[3]

2. Hier könnte jedoch die Aufrechnung an der 2. Alternative des **§ 392 BGB** scheitern, soweit der Beklagte Zahlungen nach der Beschlagnahme der Forderung erbracht hat. Dies könnte gegenüber der Schuldnerin einen Anspruch aus § 426 I BGB begründen. Dieser wäre nach der Beschlagnahme und später als die streitige in Beschlag genommene Forderung der Schuldnerin fällig geworden. Insoweit reichen die Erklärungen des Beklagten zur Prüfung aber nicht aus.

3. Im übrigen ist eine Aufrechnung unter Berücksichtigung der Angaben des Beklagten nicht erfolgversprechend, weil der Beklagte einen Anspruch aus § 426 BGB jedenfalls der Höhe nach nicht substantiiert erläutert hat. Einmal steht nicht fest, ob und welche Zahlungen geleistet wurden. Zum anderen ist nicht ersichtlich, inwieweit der Beklagte im Innenverhältnis zu seiner Frau zur Zahlung verpflichtet ist. Weitere Aufklärung vermag der Beklagte nicht zu geben; Auskunftsverlangen gegen seine Ehefrau oder die Teilzahlungsbank kommen nach dem erteilten Auftrag nicht in Betracht (be-

---

[1] Pal-Diederichsen, § 1360a BGB Rn. 4.
[2] BGH NJW-RR 1990, 519.
[3] BGHZ 35, 318, 327.

achten Sie, daß diese Einschränkung der Prüfung nur auf der Aufgabenstellung beruht; wäre diese anders, käme als Ergebnis auch eine Rückfrage beim Mandanten oder ein Auskunftsverlangen in Frage).
Mit einem Befreiungsanspruch aus § 426 I BGB, soweit noch nicht gezahlt ist, kann der Beklagte deshalb nicht aufrechnen, weil dieser gegenüber der Geldforderung seiner Frau nicht gleichartig ist.

917 **V. Rechtsmittel gegen den Pfändungs- und Überweisungsbeschluß**

Nach dem bisher gefundenen Ergebnis wäre die Rechtsverteidigung des Mandanten wenig erfolgversprechend; nur mit seinem ausdrücklichen Einverständnis nach Belehrung über das große Risiko wäre ein auf eine Klageabweisung zielendes Vorgehen möglich. Sachgerecht wäre es vielmehr; die Rechtsauffassung des Gerichts durch eine Säumnis zu erkunden. Das Gericht dürfte ein Versäumnisurteil nur erlassen, wenn es der Auffassung ist, der Taschengeldanspruch sei bedingt pfändbar nach § 850b.
Es kommt aber auch eine Anfechtung des Pfändungs- und Überweisungsbeschlusses in Betracht. Würde dieser aufgehoben, entfiele die Einziehungsbefugnis für den Kläger. Voraussetzung wäre, daß eine Anfechtung erfolgversprechend ist und die Möglichkeit besteht, dadurch den bereits anhängigen Rechtsstreit zu beeinflussen. Über eine Erinnerung hätte nicht das Prozeßgericht, sondern das Vollstreckungsgericht zu entscheiden.

918 **1. Erfolgsaussichten einer Anfechtung des Pfändungs- und Überweisungsbeschlusses. a) Zulässigkeit eines Rechtsbehelfs.** Als Rechtsbehelf gegen den Pfändungs- und Überweisungsbeschluß kommt die Erinnerung nach § 766 oder die sofortige Beschwerde nach § 793 iVm. § 11 I RpflG nF in Betracht. Da der Mandant nicht angehört wurde, könnte man an die Vollstreckungserinnerung nach § 766 denken. Unklar ist aber, ob nicht vielleicht die Schuldnerin angehört wurde; § 850b III schreibt eine Anhörung vor (im übrigen wohl auch des Drittschuldners). Folgt man der Auffassung, es könne nicht zwei unterschiedliche Rechtsbehelfe geben (s. Rn. 323), wäre die sofortige Beschwerde der richtige Weg. Dies gilt auch, wenn man der Auffassung ist, im Fall der obligatorischen Anhörung sei immer von einer Entscheidung auszugehen (s. Rn. 324). Andererseits läßt der Pfändungs- und Überweisungsbeschluß nicht erkennen, daß der Rechtspfleger sich der bedingten Pfändbarkeit bewußt war und die Billigkeit der Pfändung geprüft hat.
Letztlich ist die Frage, welcher Rechtsbehelf hier Anwendung findet, nur bedeutsam im Hinblick auf die Rechtsbehelfsfrist. Der Anwalt müßte nicht ausdrücklich erklären, welchen Rechtsbehelf er einlegt; die Erklärung, es werde „Rechtsmittel" eingelegt, reichte aus. Die Erinnerung nach § 766 wäre mangels Fristbindung auf jeden Fall noch möglich. Die sofortige Beschwerde wäre demgegenüber befristet (2 Wochen ab Zustellung). Wäre trotz der Frist auch die sofortige Beschwerde noch zulässig, käme es hierauf nicht an.
aa) **Fristversäumung**? Unterstellt, die sofortige Beschwerde sei statthaft, wäre zu untersuchen, ob die 2-wöchige Frist zu ihrer Einlegung eingehalten ist. Der Beschluß wurde am 31. 1. 98 zugestellt; die Frist wäre demnach längst abgelaufen.
(1) Der Fristbeginn setzt aber eine ordnungsgemäße Zustellung voraus. Die Zustellung war nach wohl überwiegender Rechtsprechung fehlerhaft (s. Rn. 913). Dieser Fehler kann nicht als geheilt angesehen werden (§ 187 S. 2), denn im Blick auf den Rechtsbehelf sollte durch die Zustellung eine Notfrist (§ 577 II 1) in Lauf gesetzt werden (s. Rn. 85!). Damit wäre, folgt das Gericht der Auffassung, es liege ein Zustellungsmangel vor, die sofortige Beschwerde noch nicht verfristet.
(2) Es kommt auch ein Wiedereinsetzungsantrag nach § 233 in Betracht. Wiedereinsetzung ist zu gewähren, wenn eine Partei ohne ihr Verschulden verhindert war, eine Notfrist einzuhalten. Hier hätte allerdings der Mandant Rechtsmittel einlegen können, nachdem er den Beschluß von seiner Lebensgefährtin erhalten hatte. Unverschuldet

dürfte die Nichteinhaltung der Frist aber auch dann sein, wenn man ohne Verschulden annehmen durfte, es handele sich überhaupt nicht um einen fristgebundenen Rechtsbehelf. Davon dürfte hier auszugehen sein. Die hM nimmt an, daß es bei der Frage, welcher Rechtsbehelf statthaft ist, darauf ankommt, ob der Rechtsbehelfsführer angehört worden ist. Der Beklagte ist nicht angehört worden. Außerdem kann er sich darauf berufen, daß nach der herrschenden Rechtsprechung (auch des BGH) die Zustellung fehlerhaft war und damit keine Frist in Lauf setzen konnte. Nur für den Fall, daß das Vollstreckungsgericht in beiden Fragen der herrschenden Rechtsprechung nicht folgt, wäre die Erinnerung verfristet. Unter diesen Umständen ist die Fristversäumnis nicht verschuldet. Ein Wiedereinsetzungsantrag hätte Erfolg.
(3) Damit kommt es letztlich auf die Frage, welcher Rechtsbehelf statthaft ist, nicht an. Es ist auch nicht erforderlich, zB durch Akteneinsicht festzustellen, ob die Schuldnerin vor Erlaß des Beschlusses angehört wurde.
bb) Ansonsten könnte allenfalls noch die **Erinnerungs- bzw. Beschwerdebefugnis** fraglich sein, weil der Beklagte nicht Vollstreckungsschuldner ist. Als Drittschuldner ist er allerdings uneingeschränkt erinnerungsbefugt (s. Rn. 326).
cc) Einzulegen ist die Erinnerung beim Vollstreckungsgericht, gem. § 764 II also hier beim Amtsgericht Bochum. Auch eine sofortige Beschwerde kann gem. § 577 II 2 dort eingelegt werden.

b) Begründetheit der Erinnerung bzw. sofortigen Beschwerde. Die Erinnerung bzw. sofortige Beschwerde wäre begründet, wenn der Erlaß des Pfändungs- und Überweisungsbeschlusses unzulässig war. Dabei muß nach dem Sachverhalt wohl davon ausgegangen werden, daß die allgemeinen und besonderen Vollstreckungsvoraussetzungen vorlagen. **919**
aa) Vorsorglich wird sich ein Anwalt auch in diesem Verfahren auf den Standpunkt stellen; der Taschengeldanspruch sei unpfändbar (s. Rn. 914).
bb) **Verletzung des § 850b**? (1) Die Unzulässigkeit des Pfändungsbeschlusses könnte sich bereits daraus ergeben, daß der Beklagte vor seinem Erlaß nicht angehört wurde (§ 850b III). Die Verletzung dieser Vorschrift rechtfertigt wie die überwiegenden Fälle der Verletzung des rechtlichen Gehörs jedoch die Aufhebung des Beschlusses nicht;[1] es reicht aus, wenn der Betroffene im Rechtsmittelverfahren rechtliches Gehör erhält.
(2) Die in § 850b genannten Ansprüche sind nur pfändbar, wenn dies der Billigkeit entspricht. Dies soll nach einer Auffassung[2] nie der Fall sein. Die Argumente, die dazu angeführt werden, sind allerdings dieselben, die andere zur Unpfändbarkeit des Anspruchs gem. § 851 heranziehen (s. Rn. 914).
(3) Ob die Vollstreckung gegen die Schuldnerin fruchtlos war oder sein würde (s. § 850b II), läßt sich dem Sachverhalt nicht sicher entnehmen. Hier steht es dem Anwalt frei, im Erinnerungsschriftsatz ohne Verstoß gegen die Wahrheitspflicht das Gegenteil zu behaupten.
(4) Jedenfalls wäre der Anspruch nur nach den Vorschriften über die Pfändung von Arbeitseinkommen pfändbar, § 850b II. 140,– DM monatlich liegen innerhalb der Pfändungsfreigrenzen des § 850c I. Jedoch ist der Taschengeldanspruch nur ein Teil des gesamten Unterhaltsanspruchs. Da dieser während der Ehe schwer zu bemessen ist, zieht die Rechtsprechung als Anhaltspunkt den Unterhaltsanspruch bei Getrenntleben heran.[3] Dieser bemißt sich nach der Rechtsprechung auf etwa $^3/_7$ des Nettoeinkommens, also hier auf 1200,– DM. Damit liegt der Unterhaltsanspruch insgesamt innerhalb der Pfändungsfreigrenze; der Taschengeldanspruch als Teil davon darf nicht gepfändet werden.[4]

---

[1] LG Lübeck Rpfleger 1993, 207.
[2] LG Köln NJW-RR 1992, 835, 836.
[3] OLG Celle NJW 1991, 1960f.
[4] TP § 850b Rn. 8.

cc) Damit wäre eine Erinnerung bzw. sofortige Beschwerde gegen den Pfändungs- und Überweisungsbeschluß voraussichtlich begründet.

920 **2. Auswirkungen auf den anhängigen Rechtsstreit.** Eine unmittelbare Auswirkung hat die Fehlerhaftigkeit des Pfändungs- und Überweisungsbeschlusses auf die Einziehungsklage nicht. Würde der Beschluß allerdings aufgehoben, entfiele die Einziehungsbefugnis für den Kläger. Damit ist es wichtig, vor der Entscheidung über die Einziehungsklage zu einer Entscheidung über den Rechtsbehelf gegen den Pfändungs- und Überweisungsbeschluß zu kommen. Hierzu kommen folgende taktische Möglichkeiten in Betracht:

a) Der Rechtsbehelf muß sofort eingelegt werden verbunden mit dem Antrag, die Zwangsvollstreckung aus dem Pfändungs- und Überweisungsbeschluß **einzustellen**; ein Einstellungsbeschluß würde die Einziehungsberechtigung des Klägers bereits hemmen (§ 775 Nr. 2). Demgegenüber sollte die Klageerwiderungsfrist bis zum letzten Tag ausgeschöpft werden.

b) Fraglich ist, ob im Einziehungsprozeß ein **Aussetzungsantrag** nach § 148 Erfolg verspricht.

aa) Das Rechtsbehelfsverfahren ist im Hinblick auf die Einziehungsberechtigung des Klägers vorgreiflich.

bb) Anhängig wäre das Rechtsbehelfsverfahren im Zeitpunkt der Entscheidung über den Aussetzungsantrag.

cc) Die Aussetzung steht allerdings im Ermessen des Gerichts, § 148; wie es dieses ausüben wird, ist nicht abzuschätzen. Es besteht aber die Möglichkeit, gegen eine Ablehnung der Aussetzung sofortige Beschwerde einzulegen (§ 252), und zwar unabhängig davon, daß ein Rechtsmittel in der Hauptsache nicht gegeben ist.[1]

c) Insgesamt muß zumindest die durch einen Aussetzungsantrag und eine gegen die evtl. Ablehnung gerichtete sofortige Beschwerde gewonnene Zeit wohl ausreichen, um rechtzeitig zu einer Aufhebung des Pfändungs- und Überweisungsbeschlusses zu kommen. Notfalls könnte weitere Zeit auch noch dadurch gewonnen werden, daß der Beklagte ein Versäumnisurteil gegen sich ergehen läßt.

921 **3. Beweisfragen.** Bisher ist nicht bekannt, wie der Gläubiger im Rechtsbehelfsverfahren vortragen wird. Bestreiten wird er möglicherweise den Zeitpunkt, zu dem der Drittschuldner den Beschluß von seiner Lebensgefährtin erhielt. Dies wäre aber nicht erheblich; der Zeitpunkt spielt keine Rolle. Die Höhe des Einkommens des Drittschuldners wird wohl nicht bestritten werden, da der Gläubiger im anhängigen Rechtsstreit dasselbe vorgetragen hat. Da auch der Gläubiger im Besitz der Zustellungsurkunde des Gerichtsvollziehers ist, wird er ohne Verstoß gegen die Wahrheitspflicht nicht bestreiten können, daß die Zustellung an die Lebensgefährtin des Mandanten erfolgte.

Zum jetzigen Zeitpunkt erscheint daher im Rechtsbehelfsverfahren ein Beweisantritt nicht erforderlich.

Dies gilt ähnlich für das Klageverfahren. Es sollte lediglich Beweis dafür angetreten werden, daß ein Rechtsbehelf eingelegt wurde. Möglicherweise hat der Gläubiger hiervon noch keine Kenntnis und bestreitet es. Außerdem wird das Gericht zur Entscheidung über den Aussetzungsantrag an einer Einsicht in die Vollstreckungsakten interessiert sein.

4. Die Rechtsverteidigung verspricht damit **hinreichende Aussicht auf Erfolg**.

---

[1] Zö-Greger § 252 Rn. 2.

Schriftsatzentwürfe: 922

1. Erinnerungsschrift

Rechtsanwalt Kräher, Bochum

Amtsgericht Bochum
Vollstreckungsgericht
6 M 57/98

In der Zwangsvollstreckungssache

des Rechtsanwalts Bruno Girich, Lindenallee 1–3, 43630 Bochum,
Gläubigers,

gegen

Frau Elvira Habenichts, Hauptstr. 98, 43630 Bochum
Schuldnerin,

Drittschuldner:
Egon Habenichts, Stahlstraße 13, 46330 Bochum,

Prozeßbevollmächtigter: Rechtsanwalt Kräher in Bochum

lege ich namens und kraft beiliegender Vollmacht des Drittschuldners Egon Habenichts gegen den Pfändungs- und Überweisungsbeschluß vom 17. 01. 1998 – 6 M 57/98 –

Rechtsmittel

ein mit dem Antrag,

den Pfändungs- und Überweisungsbeschluß aufzuheben und den Antrag auf seinen Erlaß zurückzuweisen.[1]

Zudem wird beantragt,

die Zwangsvollstreckung bis zur Entscheidung einstweilen einzustellen.

Begründung

I. Der Gläubiger hat eine titulierte Forderung über 2600,– DM nebst Zinsen gegen Schuldnerin. Aufgrund dieses Titels wurden durch den angefochtenen Beschluß deren angebliche Ansprüche auf Zahlung von rückständigem Taschengeld für die Zeit von Februar bis Juli 1997 in Höhe von 840,– DM zugunsten des Gläubigers gepfändet und ihm zur Einziehung überwiesen. Dieser Beschluß erging ohne Anhörung des Drittschuldners und wurde dem seit August 1997 von der Schuldnerin getrennt lebenden Drittschuldner in seiner Wohnung durch Ersatzzustellung an seine Lebensgefährtin am 31. 1. 1998 zugestellt. Andere Personen wohnen dort nicht. Der Drittschuldner erhielt den Beschluß von ihr drei Wochen später.
Der Drittschuldner erzielt ein monatliches Nettoeinkommen von 2800,– DM. Die Schuldnerin hatte seit der Heirat bis zur Trennung kein Einkommen. Ihre jetzigen finanziellen Verhältnisse sind dem Drittschuldner nicht bekannt. Er weiß auch nicht,

[1] Dieser Antrag beinhaltet den Tenor der begehrten Entscheidung in der Hauptsache. Er ist nicht unbedingt erforderlich bei einer Erinnerung, hier aber auch nicht gefährlich. Kostenanträge sind in Anwaltsschriftsätzen dagegen überflüssig und wegzulassen, es sei denn, es würde nur um die Kosten gestritten (Erledigung, sofortiges Anerkenntnis) oder ein Antrag sei notwendig (§ 269).

ob sie jetzt oder zur Zeit des Zusammenlebens Vermögen hat oder hatte; vorsorglich muß dies behauptet werden.[1]

II. Die Erinnerung ist zulässig.

1. Sie ist nicht verspätet eingelegt. Richtiger Rechtsbehelf gegen den ohne Anhörung des Drittschuldners ergangenen Beschluß ist die Erinnerung nach § 766. Insoweit liegt keine Entscheidung des Vollstreckungsgerichts vor.

Selbst wenn das Gericht der Auffassung sein sollte, die sofortige Beschwerde nach § 793 sei hier statthaft, wäre sie nicht verfristet, weil die Frist noch nicht läuft. Die Zustellung war nämlich fehlerhaft. Nach herrschender Rechtsprechung ist die Ersatzzustellung an den nicht in einer Familie mit dem Zustellungsadressaten zusammenlebenden nichtehelichen Lebensgefährten unzulässig. Die Voraussetzungen des § 181 I liegen nicht vor, weil eine Familie nicht existiert. Die Vorschrift kann auch nicht analog angewandt werden. Es sind keine objektiven Kriterien für die Entscheidung der Frage vorhanden, ob jemand Lebensgefährte des Adressaten ist. Die Prüfungspflicht für den Zustellungsbeamten würde überspannt. § 187 findet keine Anwendung nach Satz 2 der Vorschrift.

Nur vorsorglich[2] wird beantragt,

dem Drittschuldner Wiedereinsetzung in den vorigen Stand zu gewähren.

Der Drittschuldner ist nicht angehört worden. Damit ist nach herrschender Rechtsprechung die unbefristete Vollstreckungserinnerung der richtige Rechtsbehelf. Außerdem war nach der herrschenden Rechtsprechung (auch des BGH) die Zustellung fehlerhaft und konnte keine Frist in Lauf setzen. Nur für den Fall, daß das Vollstreckungsgericht in beiden Fragen der herrschenden Rechtsprechung nicht folgt, wäre die sofortige Beschwerde verfristet. Unter diesen Umständen ist die Fristversäumnis nicht verschuldet, es ist Wiedereinsetzung zu gewähren.

2. Der Drittschuldner ist durch den Pfändungs- und Überweisungsbeschluß in eigenen Rechten betroffen und deshalb erinnerungsbefugt. Er wird auskunfts- und evtl. schadenersatzpflichtig (§ 840). Er kann deshalb alle Mängel des Beschlusses mit der Erinnerung angreifen.

III. Die Erinnerung ist begründet.

1. Ein Taschengeldanspruch ist nach § 851 unpfändbar. Er ist zweckgebunden und höchstpersönlicher Natur. Das Gericht kann nicht in die Entscheidung der Eheleute innerhalb einer intakten Ehe eingreifen, ob und wieviel Taschengeld zu zahlen ist.[3]

2. Jedenfalls liegen die Voraussetzungen des § 850b nicht vor. Aus dem zuvor Ausgeführten folgt, daß die Pfändung des Taschengeldanspruchs in jedem Fall unbillig ist (§ 850b II). Zudem hat der Gläubiger nicht dargetan, ob bisher die Vollstreckung gegen die Schuldnerin erfolglos gewesen ist oder daß sie keinen Erfolg verspricht. Es wird ausdrücklich behauptet, daß die Schuldnerin pfändbares bewegliches Vermögen besitzt. Auf jeden Fall ist die Pfändung unzulässig, weil die Pfändungsfreigrenze nicht überschritten wird (§§ 850b II, 850c I). Der Gesamtunterhaltsanspruch, von dem der Taschengeldanspruch nur ein Teil ist, beläuft sich auf 3/7 des Nettoeinkommens. Weil während der Ehe die Höhe des Anspruchs nicht meßbar ist, ist auf die Bemessung des

---

[1] Dies darf ohne Verletzung der Wahrheitspflicht behauptet werden. Das Vorbringen ist im übrigen nicht unsubstantiiert, weil der Gläubiger darlegen muß, daß eine Vollstreckung in das Vermögen der Schuldnerin aussichtslos erscheint (§ 850b II).

[2] Hier dürfte der Gebrauch des Wortes „vorsorglich" angebracht sein. Im übrigen sollte in anwaltlichen Schriftsätzen zurückhaltend von diesem und ähnlichen Worten Gebrauch gemacht werden. Der Nichtjurist vermag sich unter den Worten „äußerst hilfsweise" wenig vorzustellen.

[3] An dieser Stelle weitere Ausführungen zu machen, erscheint entbehrlich, weil es letztlich auf diese Frage nicht ankommt.

Anspruchs im Fall des Getrenntlebens zurückzugreifen. 3/7 des Nettoeinkommens des Drittschuldners sind 1200,– DM. Dieser Betrag liegt innerhalb der Pfändungsfreigrenze.
IV. Der Einstellungsantrag stützt sich auf § 766 I 2. Die sofortige Einstellung ist dringend erforderlich, weil der Gläubiger bereits Klage gegen den Drittschuldner erhoben hat. Das Gericht hat Termin auf den

15. 12. 1998

anberaumt. Solange der Pfändungs- und Überweisungsbeschluß existent ist, muß es ungeachtet der Anfechtbarkeit von der Einziehungsbefugnis des Gläubigers ausgehen. Es wird deshalb gebeten, umgehend über die Erinnerung, jedenfalls über den Einstellungsantrag zu entscheiden.[1]

gez. Kräher, Rechtsanwalt

2. Klageerwiderungsschrift

Rechtsanwalt Kräher, Bochum
An das Amtsgericht
– Familiengericht –
Bochum

In dem Rechtsstreit

Girich ./. Habenichts
12 F 219/98

zeige ich die Interessenvertretung des Beklagten an.

Ich werde für diesen beantragen,

die Klage abzuweisen.

Begründung:

I. Der vom Kläger geschilderte Sachverhalt ist zutreffend. Ergänzend ist allerdings noch folgendes vorzutragen:[2]

Der Beklagte hat die Schuldnerin im Januar 1997 geheiratet. Sie war während des Zusammenlebens mit ihm nicht erwerbstätig. Der Beklagte selbst verdiente damals wie heute monatlich 2800,– DM netto. Im August 1997 zog die Schuldnerin aus der Ehewohnung aus; seitdem leben die Eheleute Habenichts getrennt.
Der Pfändungs- und Überweisungsbeschluß ist ohne Anhörung des Beklagten ergangen. Er ist ihm am 31. 1. 1998 im Wege der Ersatzzustellung an seine jetzige Lebensgefährtin, Frau Susi Salbei, zugestellt worden. Der Beklagte erhielt ihn erst etwa drei Wochen später nach Rückkehr aus einem Skiurlaub.

II. Die Klage ist unbegründet. Der Kläger ist nicht berechtigt, die gepfändete Forderung der Schuldnerin gegen den Beklagten einzuziehen. Dies ergibt sich aus der Tatsache, daß die Forderung der Schuldnerin aus materiell-rechtlichen Gründen unpfändbar ist. Dies hat das Gericht im vorliegenden Einziehungsprozeß mit der Folge, daß dem Kläger die Einziehungsbefugnis fehlt, zu berücksichtigen.[3]

---

[1] Derartige Bitten sind in der Praxis üblich und nicht zu beanstanden.

[2] Es wäre verfehlt, hier in der Klageerwiderung den gesamten Sachverhalt nochmals darzustellen. Die Aufgabenstellung schreibt einen vollständigen Sachverhalt nur dann vor, wenn ausschließlich ein Schreiben an den Mandanten gefertigt wird.

[3] Die Rechtsausführungen in den Schriftsätzen sollten im Urteilsstil gemacht werden.

1. Die Unpfändbarkeit aus materiell-rechtlichen Gründen ist im Einziehungsprozeß zu berücksichtigen. Insoweit ist das Gericht nicht an den Pfändungs- und Überweisungsbeschluß gebunden. Die Entscheidung darüber, ob ein Anspruch aus materiellem Recht unübertragbar und deshalb unpfändbar ist, ist im Erkenntnisverfahren vor dem Prozeßgericht genau so sachgerecht zu prüfen und zu entscheiden wie im vereinfachten Verfahren vor dem Vollstreckungsgericht.

2. Die gepfändete Forderung ist gem. § 851 I unpfändbar. Sie ist nach der ersten Alternative des § 399 BGB – und damit aus materiellem Recht – unübertragbar.

Durch eine Übertragung würde sich der Inhalt der Forderung ändern. Dies ergibt sich einmal aus ihrer Zweckgebundenheit. Das Taschengeld wird gezahlt, damit der nichtverdienende Ehegatte die Möglichkeit hat, unabhängig von seinem Ehepartner und ohne dessen Befragung persönliche Bedürfnisse zu befriedigen. Zugunsten des Taschengeld zahlenden Ehegatten muß auch sichergestellt werden, daß der andere Ehegatte das Geld dementsprechend ausgeben kann. Ansonsten wäre er – jedenfalls innerhalb einer funktionierenden Ehe – gezwungen, dem anderen Ehegatten erneut Taschengeld zu zahlen.

Außerdem ist der Anspruch höchstpersönlicher Natur. Ob und in welcher Höhe der nichtverdienende Ehegatte Taschengeld beansprucht und erhält, unterliegt in der gleichberechtigten, partnerschaftlichen Ehe der Übereinkunft zwischen den Ehegatten. Der Zwangseingriff des Staates durch eine Pfändung, die, unterstellt man den Anspruch § 850b I Nr. 2, gem. Absatz 2 dieser Vorschrift zulässig sein kann, würde unzulässigerweise den Privatbereich der Eheleute tangieren, in eine Entscheidung eingreifen, die grundsätzlich allein ihnen zusteht und in die der Staat sich nicht einmischen darf, solange kein Streit zwischen den Eheleuten selbst besteht.

Dem läßt sich nicht entgegenhalten,[1] die Unübertragbarkeit beruhe auf einer Vereinbarung zwischen den Eheleuten (§ 399 BGB 2. Alt.), so daß die Forderung nach § 851 II pfändbar sei. Der Vereinbarung zwischen den Eheleuten obliegt es schon, ob überhaupt ein Taschengeld gezahlt werden soll. Dann handelt es sich nicht um eine Vereinbarung über die Abtretbarkeit. Ist die Zahlung von Taschengeld vereinbart, kann schon aus Gründen der Rechtssicherheit nichts anderes gelten.

Weiter steht nicht entgegen, daß zu Recht angenommen wird, der Anspruch auf Zahlung des Taschengeldes sei von dem berechtigten Ehegatten einklagbar. Bei einer intakten Ehe kommt es nicht zum Streit über das Taschengeld. Die intakte Ehe aber muß der Ausgangspunkt der Argumentation sein, nicht die Ehe, in der sich die Partner nicht einmal über ein Taschengeld einigen können und deshalb das Gericht in Anspruch nehmen. Außerdem betrifft die Tatsache, daß der Taschengeldanspruch einklagbar ist, nur den Streit zwischen den Eheleuten selbst. Daraus kann noch nicht gefolgert werden, daß der Staat zwangsweise eingreifen darf, wenn die Ehegatten, wie dies sein sollte, sich einig sind. Weiter mag der Anspruch der Höhe nach zwar objektivierbar sein. Auch insoweit spielt innerhalb der funktionierenden Ehe aber in erster Linie die Vereinbarung zwischen den Eheleuten eine Rolle. Es darf nicht unberücksichtigt bleiben, daß die Bedürfnisse verschiedener nichtverdienender Ehegatten durchaus unterschiedlich sind. Dem wird in einer partnerschaftlichen Ehe Rechnung getragen.

Schließlich steht auch § 850b I Nr. 2 der Annahme nicht entgegen, daß der Taschengeldanspruch nach § 851, § 399 BGB unpfändbar ist. Offenbleiben kann, ob der Taschengeldanspruch eine Rente iSd. Vorschrift darstellt und als unselbständiger Teil des gesamten Unterhaltsanspruch angesehen werden muß. Es ist nicht ersichtlich, daß der Gesetzgeber die Pfändbarkeit der Unterhaltsrenten einheitlich und abschließend in § 850b I Nr. 2 regeln wollte mit der Folge, daß sie in jedem Fall unter den Voraussetzungen des Absatzes 2 der Vorschrift für pfändbar erklärt werden können. Dies müßte

---

[1] Hier wird ein Weg deutlich, sich im Urteilsstil mit Gegenargumenten auseinanderzusetzen.

auch für das Wirtschaftsgeld gelten, das allgemein nach § 851, § 399 BGB für unpfändbar gehalten wird.
3. Die zu berücksichtigende Unpfändbarkeit aus materiellem Recht hat zur Folge, daß kein Einziehungsrecht für den Kläger besteht.[1]

III. Für den Fall, daß das Gericht dem nicht folgt, wird beantragt,

das Verfahren nach § 148 ZPO auszusetzen.

Der Beklagte hat mit am gleichen Tage eingegangenem Schriftsatz vom 16. 10. 1998 beim Vollstreckungsgericht Rechtsmittel gegen den Pfändungs- und Überweisungsbeschluß eingelegt.

Beweis: Beiziehung der Akten 6 M 57/98 Amtsgericht Bochum

Die Entscheidung über das Rechtsmittel ist für den vorliegenden Rechtsstreit vorgreiflich. Wird der Pfändungs- und Überweisungsbeschluß aufgehoben, entfällt die Einziehungsbefugnis für den Kläger.
Das Rechtsmittel ist auch erfolgversprechend. Die Pfändung war zumindest deshalb unzulässig, weil der gesamte gedachte Unterhaltsanspruch der Schuldnerin in Höhe von 1200,– DM, von dem das Taschengeld nur ein Teil ist, die Pfändungsfreigrenze nicht überschritt.
Wegen der Einzelheiten nehme ich auf die beigefügte Abschrift der Rechtsmittelschrift Bezug.
Ich bitte, über den Aussetzungsantrag noch vor der mündlichen Verhandlung zu entscheiden.

gez. Kräher, Rechtsanwalt

3. Mandantenanschreiben

Rechtsanwalt Kräher, Bochum

Herrn Egon Habenichts, Stahlstraße 13, 43630 Bochum

Sehr geehrter Herr Habenichts,

in Ihrer Streitsache gegen den Rechtsanwalt Girich habe ich heute die in der Anlage beigefügte Rechtsmittelschrift bei Gericht eingereicht. Zur näheren Erläuterung weise ich auf folgendes hin:
1. Ohne Einlegung des Rechtsmittels gegen den Pfändungs- und Überweisungsbeschluß verspricht eine Verteidigung gegen die Klage des Rechtsanwalts kaum Aussicht auf Erfolg.
Die Klage ist zulässig. Das Familiengericht ist zuständig (§ 621 I Nr. 5 ZPO), da letztlich nur der Taschengeldanspruch Ihrer Frau gegen Sie geltend gemacht wird. Daß der Kläger Ihrer Frau entgegen § 841 ZPO nicht den Streit verkündet hat, hat auf die Zulässigkeit der Klage keinen Einfluß. Es kann allenfalls Schadenersatzansprüche Ihrer Frau gegen den Kläger auslösen.
Die Klage ist nach dem jetzigen Stand der Dinge auch begründet. Aufgrund des Pfändungs- und Überweisungsbeschlusses ist der Kläger berechtigt, den Anspruch Ihrer Frau gegen Sie auf Zahlung von Taschengeld einzuziehen. Ich habe mich in dem ebenfalls als Anlage beigefügten Entwurf der Klageerwiderung zwar auf den Standpunkt gestellt, der Taschengeldanspruch sei unpfändbar; die herrschende Rechtsprechung ist aber anderer Auffassung. Auch wenn das Gericht daran nicht gebunden ist, ist die Wahrscheinlichkeit doch groß, daß es ihr folgen wird. Danach ist die Frage einer Unpfänd-

---

[1] Dieser Satz ist, wenn man die Unpfändbarkeit aus materiellem Recht berücksichtigt, so selbstverständlich, daß er nicht näher begründet werden kann.

barkeit aus § 850b II ZPO wegen der Pfändungsfreigrenze in dem Einziehungsprozeß, der gegen Sie geführt wird, nicht zu prüfen.

Dem Grunde nach ergibt sich der Taschengeldanspruch aus § 1360a BGB. Der Höhe nach entspricht der geltend gemachte Betrag 5% Ihres Nettoeinkommens. Dies entspricht der Auffassung der Rechtsprechung. Durch die Mahnungen Ihrer Frau waren Sie auch in Verzug, so daß der Anspruch für die Vergangenheit geltend gemacht werden kann.

Durch eine Aufrechnung wegen Ihrer Zahlungen an die Teilzahlungsbank kann der klägerische Anspruch nicht zum Erlöschen gebracht werden. Es ist jedenfalls nicht erkennbar, wie hoch evtl. Ansprüche Ihrerseits gegen Ihre Frau sind. Dazu müßten mir schon nähere Einzelheiten bekannt sein zu Vereinbarungen mit Ihrer Frau und dazu, wieviel Sie bisher gezahlt haben. Ich habe davon abgesehen, die Aufrechnung in den Prozeß einzuführen. Eine Hilfsaufrechnung würde im Fall Ihres Unterliegens zu zusätzlichen Kosten führen, da sie gem. § 19 III GKG den Streitwert erhöhen würde.

2. Es ist nach meiner Meinung aber aussichtsreich, dem Kläger die Einziehungsberechtigung dadurch zu nehmen, daß der Pfändungs- und Überweisungsbeschluß angefochten wird. Mit seiner Aufhebung würde die Einziehungsberechtigung entfallen. Zu den Erfolgsaussichten der Erinnerung verweise ich auf den Rechtsmittelschriftsatz. Entscheidend ist allerdings, daß der Pfändungs- und Überweisungsbeschluß aufgehoben wird, bevor über die Klage entschieden wird. Ich werde deshalb mit der Einreichung meiner Erwiderungsschrift bis zum Ende der gesetzten Frist warten. Ob das Gericht dem Aussetzungsantrag stattgibt, steht in seinem Ermessen. Notfalls muß ich, um Zeit zu gewinnen, sofortige Beschwerde nach § 252 ZPO einlegen, falls der Antrag zurückgewiesen wird. Wenn keine andere Möglichkeit bleibt, könnte es auch erforderlich werden, ein Versäumnisurteil gegen Sie ergehen zu lassen, um durch einen Einspruch weitere Zeit zu gewinnen.

Im Ergebnis zweifele ich aber nicht daran, daß dem Rechtsmittel rechtzeitig stattgegeben wird und Sie damit auch in dem Prozeßverfahren gewinnen. Allerdings muß ich Sie darauf hinweisen, daß der Kläger dann die Hauptsache für erledigt erklären kann. Die Prozeßkosten werden Sie dann wohl tragen müssen, weil die Klage ohne den Wegfall des Pfändungs- und Überweisungsbeschlusses begründet gewesen wäre.

Mit freundlichen Grüßen
gez. Kräher, Rechtsanwalt

3. Klausurbeispiel: Vollstreckungsgegenklage (Anwaltsklausur) 923

Aktenauszug

I. Vermerk:

1. Heute erschien Herr Dagobert Völlert in der Sprechstunde und überreichte die anliegenden Schriftstücke. Zur Sache erklärte er:
Die Angaben, die die Fa. Lippe-Rent zu den Zahlungen gemacht hat, sind zutreffend, wie mir Herr Gerhard Köpfel, Kölner Str. 11, Mönchengladbach, bestätigt hat. Die Zahlungen erfolgten in der Form, daß Herr Simonsson, der in Dänemark wohnhaft ist, die Beträge jeweils auf ein Konto seines Schwiegervaters, Herrn Köpfel, nach Deutschland überwies und sodann Herr Köpfel die Beträge an die Fa. Lippe-Rent weiterleitete.
Inzwischen war der Gerichtsvollzieher schon bei mir. Ich habe nach der Androhung, pfänden zu wollen, am 30. 4. 87 200,– DM an ihn gezahlt. Gleichwohl hat er meinen Wohnzimmerschrank aus echter Eiche, Marke „Ideal", und die gescheckte Polstergarnitur, Marke „Optimal", gepfändet. Der Vollstreckungsauftrag beinhaltet als Forderung die vollen 10 500,– DM nebst Zinsen und die Kosten. Mein Anwalt, der Rechtsbeistand Steckenbrauer, hat mir erklärt, er dürfe mich nicht vertreten. Geld will er von mir nicht haben, weil wir früher zusammen Fußball gespielt haben.
Ich bitte abzuklären, ob ein Vorgehen gegen die Fa. Lippe-Rent Erfolg verspricht, und um Einleitung der entsprechenden Schritte. Über mein Verhältnis zu Herrn Simonsson möchte ich aus Gründen, die ich nicht nennen will, keine weiteren Angaben machen, selbst wenn das für mich von finanziellem Nachteil ist. Ich bitte um schriftliche Unterrichtung, falls ein Vorgehen gegen die Fa. Lippe-Rent ganz oder teilweise aussichtslos erscheint.
2. Ich habe die genannten Titel eingesehen. Die schriftlichen Angaben treffen zu. Das Versäumnisurteil ist seit dem 21. 11. 1985 rechtskräftig. Das Rechenwerk der Fa. Lippe-Rent habe ich überprüft; es trifft zu.
3. Frau Stationsreferendarin Gräfin Sanchez
mit der Bitte um weitere Veranlassung.

4933 Blomberg, Gartenweg 1, 2. 5. 1987
Bertl Vogst, Rechtsanwalt

II. Schriftsatz vom 17. April 1987

Rechtsbeistand
Fritz Steckenbrauer
Bahnhofsplatz 1
4933 Blomberg

Firma Lippe-Rent-Autovermietung GmbH
Gallestraße 10
4930 Detmold

Herr Dagobert Völlert, Gartenstr. 21, 4933 Blomberg, hat mich mit der Wahrnehmung seiner Interessen beauftragt. In seinem Namen und kraft beiliegender Vollmacht fordere ich Sie auf, die gegen ihn angekündigte Zwangsvollstreckung zur Vermeidung einer Klage zu unterlassen.
Nach den mir vorliegenden Unterlagen hat das Landgericht Detmold meinen Mandanten mit Versäumnisurteil vom 12. 1. 1985, Aktenzeichen: 10 O 311/84, verurteilt, an Sie 10 500,– DM nebst 8% Zinsen seit dem 16. 10. 1984 zu zahlen. Nach Einspruch und einer dann durchgeführten Beweisaufnahme wurde diese Entscheidung durch ein weiteres Versäumnisurteil vom 2. 11. 1985 mit der Maßgabe aufrechterhal-

ten, daß mein Mandant in Höhe von 6000,– DM als Gesamtschuldner mit einem Herrn Erling Simonsson hafte. Hintergrund war, daß mein Mandant als Fahrer mit einem von Ihnen gemieteten LKW einen Unfall gebaut hatte. Mieter des LKW war Herr Simonsson, den Ihre Mandantin ebenfalls anderweitig gerichtlich in Anspruch nahm. Mit ihm wurde am 20. 10. 1984 ein Prozeßvergleich geschlossen, in dem sich Herr Simonsson zur Zahlung von 6000,– DM an Ihre Mandantin verpflichtete.
Nunmehr hat mein Mandant von dem Gerichtsvollzieher Reinhard Hergest in Blomberg die Nachricht erhalten, daß Sie aus dem zugegebenerweise rechtskräftigen Versäumnisurteil vom 2. 11. 1985 die Zwangsvollstreckung betreiben wollen.
Die Zwangsvollstreckung aus dem oben genannten Versäumnisurteil ist jedoch unzulässig, weil Sie wegen Ihrer Ansprüche befriedigt sind. Nach Informationen des Mandanten hat Herr Simonsson nämlich in der Zwischenzeit in Form von Ratenzahlungen den Gesamtbetrag in Höhe von 6000,– DM an Sie gezahlt. Zum Teil mögen die Zahlungen zwar geleistet worden sein, während der Rechtsstreit gegen meinen Mandanten noch anhängig war. Da sämtliche Zahlungen aber an Sie selbst erfolgt sind, hatten Sie von dem jeweiligen Zahlungseingang Kenntnis. Sie unterließen es in treuwidriger Weise, die Ihnen bekannten Zahlungen dem Gericht gegenüber bekannt zu geben, um sich so in treu- und sittenwidriger Weise ein Urteil über eine angebliche Schuld zu beschaffen, die bereits zum größten Teil bezahlt war. Aufgrund des vorgenannten Sachverhalts stellt das Erwirken des Versäumnisurteils vom 2. 11. 1985 eindeutig ein sittenwidriges Verhalten dar.

Nach alledem steht daher fest, daß Ihnen kein Anspruch mehr zusteht. Zur Vermeidung einer negativen Feststellungsklage fordere ich Sie auf, bis zum

24. April 1987

verbindlich zu erklären, daß Sie den Vollstreckungsauftrag zurücknehmen und meinem Mandanten den Titel herausgeben. Zudem haben Sie die durch meine Inanspruchnahme entstandenen Kosten zu tragen, die ich Ihnen noch gesondert aufgeben werde.
gez. Steckenbrauer, Rechtsbeistand

III. Schriftsatz des Rechtsanwalts Dr. Kreitler vom 25. 4. 1987
Rechtsanwalt Dr. Paul Kreitler
Herbergerallee 121
4930 Detmold

Hiermit zeige ich an, daß ich die Fa. Lippe-Rent vertrete.
In ihrem Namen beantworte ich Ihr Schreiben vom 17. 4. 1987 wie folgt:

Das Landgericht Detmold hat Ihren Mandanten, wie dieser richtig darlegt, mit Versäumnisurteil vom 12. 1. 1985 verurteilt, an die Klägerin 10 500,– DM nebst 8% Zinsen seit dem 16. 10. 1984 zu zahlen.
Dieses Versäumnisurteil ist nach Einspruch durch ein weiteres Versäumnisurteil vom 2. 11. 1985 zum selben Aktenzeichen mit der Maßgabe aufrechterhalten worden, daß der Beklagte in Höhe von 6000,– DM als Gesamtschuldner mit einem Herrn Simonsson hafte. Die Kosten des Verfahrens, die in Höhe von 3641,70 DM festgesetzt wurden, sind ebenfalls von Ihrem Mandanten zu tragen. Die Kosten wurden mit 4% für verzinslich erklärt, das genaue Datum des Zinsbeginns ist derzeit nicht festzustellen, da sich der Kostenfestsetzungsbeschluß bei dem zuständigen Gerichtsvollzieher befindet.
Wegen desselben Unfalles hatte meine Mandantin auch Herrn Simonsson in Anspruch genommen und mit diesem einen Vergleich dahin geschlossen, daß Herr Simonsson sich verpflichtete, insgesamt 6000,– DM in monatlichen Raten von 400,– DM an die damalige Klägerin zu zahlen. Diese Ratenzahlungen wurden in der Zeit vom 9. 1. 1985 bis zum 4. 3. 1986 erbracht, und zwar je 400,– DM am 9. 1. 1985, 1. 2. 1985,

2. 3. 1985, 3. 4. 1985, 3. 5. 1985, 5. 6. 1985, 5. 7. 1985, 5. 8. 1985, 3. 9. 1985, 2. 10. 1985, 5. 11. 1985, 4. 12. 1985, 3. 1. 1986, 4. 2. 1986, 4. 3. 1986.
Diese Zahlungen wurden auf die Zinsen und die Hauptforderung meiner Mandantin gegen Ihren Mandanten verrechnet. Danach ergibt sich per 4. 3. 1986 eine restliche Hauptforderung meiner Mandantin in Höhe von DM 5181,68.
8% Zinsen hierauf vom 5. 3. 1984 bis zum 31. 3. 1985 (386 Zinstage) DM 444,47; hinzu kommen die festgesetzten Kosten DM 3641,70 sowie 4% Zinsen hierauf mindestens vom 2. 11. 1985 bis zum 31. 3. 1986 DM 205,55 (508 Zinstage) sowie bislang bei meiner Mandantin aufgelaufene Vollstreckungskosten in Höhe von DM 141,90, so daß sich die Restforderung per 31. 3. 1987 auf **DM 9615,30**
beläuft.
Der Vorwurf des sittenwidrigen Handelns ist absurd. Meine Mandantin ist berechtigt, die Zahlungen des Herrn Simonsson im Verhältnis zu Ihrem Mandanten zunächst auf die Zinsen zu verrechnen. Denn Herr Simonsson und Ihr Mandant sind keine echten Gesamtschuldner. Zwischen der Forderung meiner Mandantin an Ihren Mandanten und der Forderung meiner Mandantin an Herrn Simonsson besteht keine Identität. Schon der Forderungsinhalt ist unterschiedlich; während die Forderung gegen Ihren Mandanten verzinslich ist, war es diejenige gegen Herrn Simonsson nicht. Auch beruhen beide Forderungen auf unterschiedlichen Schuldgründen. Demzufolge greift auch nicht die Regel des § 426 BGB ein. Simonsson und Ihr Mandant sind nur Schein-Gesamtschuldner und die Leistung des einen ist dem anderen – wie von meiner Mandantin vorgenommen – anzurechnen.
Der angekündigten Feststellungsklage sehen wir gelassen entgegen.

Mit freundlichen kollegialen Grüßen
gez. Dr. Kreitler, Rechtsanwalt.

IV. Bearbeitervermerk

Die Angelegenheit ist relationsmäßig zu begutachten.
Sollten die Erfolgsaussichten der Rechtsverfolgung ganz oder teilweise bejaht werden, so ist eine Klageschrift zu entwerfen.
Werden die Erfolgsaussichten der Rechtsverfolgung ganz oder teilweise verneint oder erscheint die Rechtsverfolgung mit erheblichen Risiken verbunden, so ist dies dem Mandanten in einem Anschreiben mitzuteilen.
Dem Gutachten ist eine Sachverhaltsschilderung voranzustellen, die den Anforderungen des § 313 Abs. 2 ZPO entspricht und der Verfahrenssituation Rechnung trägt. Dies gilt nicht, soweit eine solche in der Schrift an das Gericht oder den Mandanten enthalten ist.
Sollte eine Frage für beweiserheblich gehalten werden, so ist eine Prognose zu der Beweislage (zB Beweislast, Qualität der Beweismittel etc.) zu erstellen.
In dem evtl. Anschreiben an den Mandanten kann zur Begründung konkret auf einzelne Passagen des Gutachtens Bezug genommen werden.
Die Formalien sind in Ordnung.
Geschäftsführer der Fa. Lippe-Rent sind die unter deren Anschrift ladbaren Herren Hans Kohlhaas und Heinz Stempel.

Lösung in Gutachtenform

I. Überlegungen zur Aufgabenstellung 924

Die Aufgabenstellung verlangt eine relationsmäßige Begutachtung und Schriftsatzentwürfe. Die Besonderheit besteht hier darin, daß die Relation schon vor Klageeinreichung anzufertigen ist. Dabei kann der Bearbeiter nur auf den vorprozessualen Schriftverkehr zurückgreifen. Konkret ist der Sachverhalt bis auf einen Punkt, zu dem sich die Fa. Lippe-Rent noch nicht geäußert hat (Zahlung an den Gerichtsvollzieher), unstreitig.

Das Mandantenschreiben ist nur zu fertigen, wenn nicht in vollem Umfang gegen die Vollstreckung vorgegangen wird. In ihm kann zur Rechtslage auf Passagen des Gutachtens Bezug genommen werden. Dagegen muß die Klageschrift nach der Aufgabenstellung, weil nicht besonders erwähnt, jedenfalls keine ausführlichen Darlegungen zur Rechtslage enthalten, weil diese nach der ZPO nicht vorgeschrieben sind.
Einer gesonderten Sachverhaltsdarstellung bedarf es hier nur, wenn diese nicht in der Klageschrift oder dem Mandantenschreiben enthalten ist. ME ist dem Verfasser damit **nicht** die freie Auswahl überlassen, an welcher Stelle er den Sachverhalt darstellen will. Im Vordergrund steht die praktische Leistung. Die Klageschrift verlangt eine Sachverhaltsdarstellung jedenfalls insoweit, als die Tatsachen zur Begründung des Anspruchs genannt sein müssen. Wird aus taktischen Gründen trotz und ohne Verletzung der Wahrheitspflicht Sachverhalt verschwiegen, müßte hierzu im Schreiben an den Mandanten Stellung genommen werden. Rechtlich nicht wesentlicher Sachverhalt ist weder in einer Klageschrift noch im Urteil (§ 313 Abs. 2!) darzustellen. Damit ist der Sachverhalt dem Gutachten wohl nur dann voranzustellen, wenn eine Klage für aussichtslos gehalten wird. Im Mandantenschreiben würde ein Anwalt in der Praxis nicht noch einmal den dem Mandanten bekannten Sachverhalt wiederholen.

II. Aufbaufragen

Die folgenden Erörterungen, das sei nur vorsorglich erwähnt, gehören natürlich nicht in eine Klausur.
Die Aufgabenstellung unterscheidet sich grundsätzlich von der, die Entscheidung eines Gerichts zu entwerfen. Der einen potentiellen Kläger vertretende Anwalt muß sich zunächst Gedanken darüber machen, ob und welche Ansprüche seinem Mandanten überhaupt zustehen. Die dabei anzustellenden Erörterungen ähneln eher dem Gutachten, wie es Juristen von der Universität her kennen. Der Unterschied liegt allerdings darin, daß das Gutachten relationsmäßig aufbereitet werden muß.
Prozessuale Fragen stellen sich anfangs nicht. Die Fragen etwa, vor welchem Gericht in welcher Form geklagt werden soll, können erst beantwortet werden, wenn die materiell-rechtliche Prüfung abgeschlossen ist. Die Zuständigkeit des Gerichts zB – die Vollstreckungsgegenklage ist hier eine Ausnahme – kann erst bestimmt werden, wenn der Streitwert bekannt ist, also regelmäßig die Höhe des geltend zu machenden Anspruchs.
Daraus folgt mE folgender grober Aufbau des Gutachtens in diesen Klausuren:
– Materielle Rechtslage unter Berücksichtigung des Begehrens des Mandanten.
– Prozessuale Fragen zur Durchsetzung des Anspruchs.
Eine weitere Besonderheit besteht hier darin, daß eine Vollstreckungsgegenklage oder eine negative Feststellungsklage in Betracht kommen. Beide haben in etwa gemeinsam, daß weniger ein Anspruch des Klägers gegen den Beklagten zu prüfen ist (läßt man die Frage außer Betracht, ob § 767 selbst Anspruchsgrundlage ist, s. Rn. 512) als die Frage, ob und in welcher Höhe der Beklagte (noch) einen Anspruch gegen den Kläger hat.

III. Begehren des Mandanten

Der Mandant meint, der Anspruch der Lippe-Rent sei voll befriedigt. Er will, daß nicht mehr gegen ihn vollstreckt wird. Außerdem will er zur Vermeidung weiterer Vollstreckung den Titel herausgegeben haben.

IV. Begründetheit einer möglichen Klage 925

1. Ansprüche aufgrund des vom Mandanten vorgebrachten Sachverhalts.[1]

a) Anspruch auf Unterlassung der Zwangsvollstreckung und Herausgabe des Titels aus § 826 BGB.

aa) **Sittenwidrige Schädigung**. Die Fa. Lippe-Rent könnte den Mandanten sittenwidrig geschädigt haben. Dazu ist es nach der Rechtsprechung[2] Voraussetzung, daß der Titel objektiv unrichtig und in sittenwidriger Weise erschlichen wurde oder ausgenutzt wird (s. Rn. 566ff). Schon die Sittenwidrigkeit erscheint sehr zweifelhaft, weil die Fa. Lippe-Rent der Auffassung war, sie könne die Zahlungen Simonssons anders verrechnen als auf die Hauptforderung.

bb) Jedenfalls wird es deshalb an einem **vorsätzlichen Handeln** fehlen. Allenfalls wegen der Vollstreckung, die über den von der Beklagten als Restforderung genannten Betrag von 9615,30 DM hinausgeht, kommt ein solcher Anspruch in Betracht. Insoweit läßt sich aber eine Vollstreckungsgegenklage leichter begründen.

b) Erfüllung des Anspruchs der Fa. Lippe-Rent auf Zahlung von 10500,– DM nebst 8% Zinsen und 3641,70 DM Kosten nebst 4% Zinsen.

Der Mandant könnte mit einer Vollstreckungsgegenklage oder negativen Feststellungsklage gegen die Fa. Lippe-Rent vorgehen, wenn der titulierte Anspruch ganz oder teilweise untergegangen oder die Lippe-Rent nicht mehr Inhaberin des Anspruchs wäre. In beiden Fällen wäre zu prüfen, ob und inwieweit der Anspruch erfüllt wurde.[3]

Gezahlt haben Herr Simonsson 6000,– DM und der Mandant selbst 200,– DM.

aa) Zunächst ist zu prüfen, welchen Einfluß die Zahlungen des Simonsson auf den Anspruch der Lippe-Rent gegen den Mandanten hatten.

(1) Bei Leistungen von Gesamtschuldnern gilt § 422 I 1 BGB. Die Leistungen eines Gesamtschuldners haben Erfüllungswirkung für alle.

(2) Zu prüfen ist weiter, welche Forderung der Lippe-Rent Herr Simonsson erfüllt hat.

Seine Leistungen sind eindeutig auf die Hauptforderung erfolgt. Zur Zinszahlung war er nach dem mit geschlossenen Vergleich nicht verpflichtet. Schon deshalb kann seine

---

[1] Schlüssigkeit in der Relationstechnik bedeutet, daß sich aus dem Vortrag des Klägers der geltend gemachte Klageanspruch ergibt. Davon kann man an dieser Stelle noch nicht sprechen, weil noch kein Klagevortrag existiert. Außerdem gehört es durchaus mit zu den Aufgaben des Anwalts zu ermitteln, was vorzutragen ist. Grundlage der Prüfung hier kann demnach nur die ungefilterte Sachdarstellung des Mandanten sein.

[2] Ein Anwalt wird sich bei der Prüfung der Rechtslage regelmäßig auf den Standpunkt einer gefestigten Rechtsprechung stellen müssen. Mag er auch (selbst mit guten Argumenten) anderer Auffassung sein, muß er sich und seinem Mandanten doch vor Augen halten, daß es kaum gelingen wird, die Rechtsprechung zu verändern. Eigene Rechtsanschauungen muß der Anwalt notfalls zurückstellen, da er in erster Linie die Interessen des Mandanten wahrzunehmen hat (MK-Hanau § 276 BGB Rn. 151 m.w.N.). Daraus folgt mE in Anwaltsklausuren, daß der Verfasser sich nicht gegen eine ständige Rechtsprechung entscheiden darf und sich auch mit Gegenauffassungen nicht auseinandersetzen muß. Anders kann es nur da sein, wo der Mandantenauftrag gerade dahin geht, eine für falsch gehaltene Auffassung der Rechtsprechung trotz der damit verbundenen Risiken durch diese erneut überprüfen zu lassen.

[3] Deshalb ist hier statt einer Anspruchsgrundlage die Frage der Erfüllung als Ansatz gewählt worden. Das besondere Problem liegt hier darin, daß die prozessuale Durchsetzbarkeit wegen § 767 II nicht mit dem Umfang der Erfüllung übereinstimmen muß. Würde die Prüfung von § 767 ausgehen, müßte der Umfang der Erfüllung evtl. erneut untersucht werden, wenn eine negative Feststellungsklage als Ansatz gewählt wird.

Zahlung nur als Zahlung auf die Hauptforderung angesehen werden. Im übrigen läge, was aus den Überweisungsträgern folgt, auch eine Leistungsbestimmung nach § 366 I BGB vor.
(3) Weiter ist zu untersuchen, ob diese Leistungsbestimmung durch Simonsson auch für den Mandanten gilt. Dies ist zu bejahen. Wegen § 422 I 1 BGB ist die Hauptforderung durch Zahlung erfüllt. Die Lippe-Rent kann nicht im Verhältnis zum Mandanten eine andere Verrechnung vornehmen. Dies würde eine Umgehung der genannten Vorschrift darstellen.
(4) Es dürfte nicht darauf ankommen und nicht zu untersuchen sein, ob tatsächlich ein Gesamtschuldverhältnis zwischen dem Mandanten und Simonsson besteht. Jedenfalls im Verhältnis der Streitparteien zueinander ist dies durch das Urteil des Landgerichts Detmold bindend festgestellt.
(5) Die Zahlung durch Simonsson führt allerdings nicht zum Erlöschen der Forderung. Sie hat nur die Wirkung des § 422 I 1 BGB. Die Forderung selbst geht, soweit der Mandant im Innenverhältnis zu Simonsson haftet, nach § 426 II 1 BGB auf Simonsson über. Dies ist allerdings nur ein Problem des Ansatzes. Es darf hier nur die **Erfüllungswirkung** geprüft werden, nicht aber ein **Erlöschen der Forderung**.
(6) Damit ist durch die Zahlungen Simonssons die Hauptforderung der Lippe-Rent in Höhe von 6000,– DM erfüllt worden. Gleichzeitig ist vom jeweiligen Zahlungstag an auch der Anspruch auf Zahlung von Zinsen untergegangen.
bb) Fraglich ist, welche rechtliche Bedeutung es hat, daß die Lippe-Rent im Wege der Zwangsvollstreckung gegen den Mandanten 200,– DM erlangt hat. Zahlungen zur Abwendung der Zwangsvollstreckung aufgrund vorläufig vollstreckbarer Urteile haben keine Erfüllungswirkung (s. Rn. 147). Hier war das Versäumnisurteil aber rechtskräftig. Dann tritt durch eine freiwillige Zahlung Erfüllung ein (s. Rn. 147). Gem. §§ 366, 367 I BGB wurde mangels anderer Bestimmung die Kostenforderung erfüllt. Insoweit ist vom Zeitpunkt der Zahlung an auch der entsprechende Zinsanspruch untergegangen.

926 **c) Prozessuale Durchsetzbarkeit des Erfüllungseinwands.** Würde eine Vollstreckungsgegenklage erhoben, wäre der Erfüllungseinwand möglicherweise zT nach § 767 II präkludiert. Dies wäre nur dann zu prüfen, wenn es bei einer negativen Feststellungsklage genauso der Fall wäre. Zwar ist ungeachtet des Feststellungsinteresses auch eine negative Feststellungsklage neben einer Vollstreckungsgegenklage möglich. Derartige Klagen dürfen aber nicht zu einer Umgehung des § 767 II führen (vgl. Rn. 489, 572). Deshalb ist zu prüfen, ob die Einwendungen des Mandanten nach § 767 II **präkludiert** sind.
aa) Die Zahlungen in der Zeit bis zur letzten mündlichen Verhandlung, auf die das letzte Versäumnisurteil ergangen ist, sind eindeutig präkludiert. Nach allgemeiner Auffassung kommt es nur auf die objektive Möglichkeit der Geltendmachung einer Einwendung an, nicht also darauf, ob Kenntnis von den Einwendungen bestand. Dies folgt aus dem Wortlaut des § 767 II: „entstanden".
bb) Fraglich ist, wie die Zahlung in der Zeit zwischen der mündlichen Verhandlung und der Rechtskraft des Urteils zu beurteilen ist.
(1) Nach hM, insbesondere der Rechtsprechung, ist der Zeitpunkt des Ablaufs der Einspruchsfrist maßgeblich (s. Rn. 521). Die Zahlung zwischen ihr und der Rechtskraft des Versäumnisurteils konnte der Mandant durch einen Einspruch gegen das Versäumnisurteil geltend machen. Es handelte sich nicht um ein 2. Versäumnisurteil iSd. § 345. Zwischen dem ersten und dem letzten Versäumnisurteil muß eine mündliche Verhandlung stattgefunden haben, weil ansonsten keine Beweisaufnahme hätte durchgeführt werden dürfen.
(2) Nach aA soll sich die Bedeutung des letzten Satzteils in § 767 II darin erschöpfen, daß während des Laufes der Einspruchsfrist die Einwendung nicht gleichzeitig mit einer Vollstreckungsgegenklage geltend gemacht werden könne (s. o. Rn. 521).

Der Anwalt wird sich hier auf den Standpunkt der Rechtsprechung stellen müssen (s. Rn. 925).

cc) Nach dem bisher gefundenen Ergebnis würde das Vorbringen des Mandanten nur wegen eines Betrages von 1600,– DM Hauptforderung und 200,– DM Kosten, jeweils nebst Zinsen, die Klage rechtfertigen; im übrigen wären seine Einwendungen gem. § 767 II präkludiert. **927**

(1) Hier ist aber zu berücksichtigen, daß die **Forderung** der Lippe-Rent möglicherweise nach § 426 II 1 BGB auf Herrn Simonsson **übergegangen** ist, da er die Zahlungen geleistet hat. Hiervon hat der Mandant erst nach dem Vorprozeß Kenntnis erlangt. Es handelt sich um einen gesetzlichen Forderungsübergang, so daß über § 412 BGB § 407 BGB Anwendung findet. Der Mandant kann, nachdem er Kenntnis von den Zahlungen des Herrn Simonsson erlangt hat, nicht mehr befreiend an die Lippe-Rent leisten. Dies ist ein Umstand, der erst nach der mündlichen Verhandlung eingetreten ist und auch nicht mehr mit dem Einspruch geltend gemacht werden konnte. Entsprechend zur anerkannten Rechtslage bei der Abtretung wäre demnach § 767 II nicht anzuwenden (s. Rn. 522).

(2) Problematisch ist aber, daß der **Umfang** des Forderungsübergangs nicht feststellbar ist. Es ist nicht ersichtlich, wie der Mandant und Herr Simonsson im Innenverhältnis haften. Die Regel des § 426 I 1 BGB dürfte nicht angewandt werden können, weil sich dem Vorbringen des Mandanten nicht entnehmen läßt, daß nichts anderes bestimmt ist. Da der Mandant dafür darlegungspflichtig wäre, daß die Voraussetzungen des § 767 II nicht vorliegen, aber keine näheren Auskünfte geben will, muß im Prozeß von der Anwendung des § 767 II ausgegangen werden.

d) Ein Anspruch auf Herausgabe des Titels aus § 371 BGB oder § 757 I besteht schon deshalb nicht, weil der titulierte Anspruch noch nicht vollständig erfüllt ist (s. Rn. 557).

2. Erheblichkeit des bisherigen Vorbringens der Lippe-Rent. Die Lippe-Rent hat bisher die von dem Mandanten vorgetragenen Zahlungen nicht bestritten, sie vielmehr selbst ausführlich dargelegt. Damit ist erhebliches Gegenvorbringen bisher nicht ersichtlich. Lediglich zur Frage der freiwilligen Zahlung von 200,– DM hat sie sich noch nicht geäußert. Sollte sie die Zahlung bestreiten, wäre dies insoweit erheblich.

3. Beweisfragen. Der Nachweis der Zahlung der 200,– DM dürfte für den Mandanten durch Vorlage der Gerichtsvollzieherquittung, die sich in seinem Besitz befinden müßte, evtl. auch durch Zeugnis oder Auskunft des Gerichtsvollziehers oder Beiziehung der Vollstreckungsakten leicht sein.

V. Zulässigkeitsfragen der zu erhebenden Klage **928**

1. Klageart. In Betracht kommen, wie bereits erwähnt, eine Vollstreckungsgegenklage oder eine negative Feststellungsklage; beide können auch miteinander verbunden werden.[1] Da die negative Feststellungsklage dem Titel die Vollstreckbarkeit nicht nimmt, liegt eine Vollstreckungsgegenklage eher im Interesse des Mandanten. Eine Verbindung beider Klagen erscheint nicht notwendig; die Erfüllungswirkung der Zahlungen Simonssons ist abschließend zu prüfen; weitere Zahlungen durch ihn sind nicht zu erwarten. Sollte im Verlauf des Rechtsstreits eine andere präjudizielle Frage streitig werden, die Auswirkungen für die Zukunft zeitigen kann, kann immer noch Zwischenfeststellungsklage erhoben werden.

2. Zuständiges Gericht. Die Vollstreckungsgegenklage ist ungeachtet des Streitwerts (s. Rn. 498) beim Landgericht Detmold zu erheben, das das Prozeßgericht des ersten Rechtszugs war.

3. Klageantrag. Die Zwangsvollstreckung ist nur in Höhe von 1600,– DM Hauptforderung und 200,– DM Kosten nebst jeweiliger Zinsen unzulässig. Dabei ist noch

---

[1] Brox-Walker Rn. 1318.

zu beachten, daß dem Mandanten kein Anspruch darauf zusteht, daß die Zwangsvollstreckung aus den Versäumnisurteilen **generell für unzulässig** erklärt wird. Es darf nur die **Zwangsvollstreckung durch die Lippe-Rent** für unzulässig erklärt werden. Soweit Simonsson im Innenverhältnis zum Mandanten für deren Forderung nicht haftet, ist der Anspruch gem. § 426 II BGB auf Simonsson übergegangen. Dieser kann – ggfls. im Wege der Klage auf Erteilung der Klausel, § 731 – eine Umschreibung des auf die Lippe-Rent lautenden Titels erreichen. Insoweit bleibt dann die Vollstreckung zulässig. Dies gilt nicht für den Kostenfestsetzungsbeschluß.
Außerdem sollte, soweit die Vollstreckung unzulässig ist, deren Einstellung nach § 769 I beantragt werden, da die Lippe-Rent immer noch wegen der vollen titulierten Forderung vollstreckt. Zur Glaubhaftmachung (§ 769 I 2) dürfte es ausreichen, den Schriftsatz der Gegenseite, in dem die Zahlungen bestätigt werden, einzureichen. Der Mandant sollte darauf hingewiesen werden, daß dieser Antrag vor Vorschußzahlung nicht bearbeitet wird.[1]

Schriftsatzentwürfe:

929 **1. Mandantenschreiben**

Rechtsanwalt Bertl Vogst

Herrn Dagobert Völlert
Gartenstr. 21
4930 Blomberg

Betr.: Völlert./. Lippe-Rent

Sehr geehrter Herr Völlert,

in der o.a. Angelegenheit habe ich die Sach- und Rechtslage überprüft, wie Sie dem beigefügten Gutachten entnehmen können, und die ebenfalls in der Anlage beigefügte Klage erhoben.
Ein weitergehendes Vorbringen gegen die Fa. Lippe-Rent verspricht keine Aussicht auf Erfolg. Die Zahlungen, die im Laufe des vorangegangenen Prozesses geleistet wurden, können jetzt nicht mehr geltend gemacht werden (s. II 1c des Gutachtens). Weiteren Erfolg könnten Sie nur dann haben, wenn Sie nähere Einzelheiten über Ihr Innenverhältnis zu Herrn Simonsson offen legen würden (II 1c cc des Gutachtens). Dies wollen Sie jedoch nicht, wie Sie mir erklärt haben.
Ich bitte Sie noch vorsorglich, mir die Gerichtsvollzieherquittung über die Zahlung der 200,– DM einzureichen und das Aktenzeichen des Vollstreckungsverfahrens bekannt zu geben.
Das Gericht wird Sie in Kürze zur Zahlung des Prozeßkostenvorschusses auffordern. Bitte zahlen Sie den Vorschuß umgehend; vorher werden Ihr Klageverfahren und der Antrag auf Einstellung der Zwangsvollstreckung nicht bearbeitet.

Mit freundlichen Grüßen
Vogst, Rechtsanwalt

---

[1] BL-Hartmann § 769 Rn. 2.

2. Klageschrift 930

An das
Landgericht Detmold

Klage
In Sachen

des Herrn Dagobert Völlert, Gartenstraße 21, 4933 Blomberg,
Klägers,
– Prozeßbevollmächtigter: Rechtsanwalt Vogst, 4930 Detmold, –

gegen

die Firma Lippe-Rent Auto-Vermietung GmbH, Gallestraße 10, 4930 Detmold, vertreten durch die Geschäftsführer Hans Kohlhaas und Heinz Stempel, ebenda,
Beklagte,
– Prozeßbevollmächtigter: Rechtsanwalt Dr. Kreitler, 4930 Detmold, –

erhebe ich namens und im Auftrag des Klägers Klage und

beantrage:

1. die Zwangsvollstreckung der Beklagten aus den Versäumnisurteilen des Landgerichts Detmold vom 12. 1. 1985 und 2. 11. 1985, 10 O 311/84, wegen eines Betrages von 1600,– DM und 8% Zinsen aus jeweils 400,– DM seit dem 05. 12. 1985, 4. 1. 1986, 5. 2. 1986 und 5. 3. 1986 für unzulässig zu erklären;
2. die Zwangsvollstreckung aus dem Kostenfestsetzungsbeschluß in gleicher Sache wegen eines Betrages von 200,– DM und 4% Zinsen aus 200,– DM seit dem 1. 5. 1987 für unzulässig zu erklären.

Für den Fall der Anordnung eines schriftlichen Vorverfahrens beantrage ich bei Vorliegen der Voraussetzungen Erlaß eines Anerkenntnis- bzw. Versäumnisurteils.[1]
I. Der Kläger wendet sich mit dem Einwand der Erfüllung des titulierten Anspruchs gegen die Vollstreckung durch die Beklagte aus einem rechtskräftigen Versäumnisurteil wegen eines Teilbetrages von 1600,– DM und aus einem Kostenfestsetzungsbeschluß in gleicher Sache wegen eines Betrages von 200,– DM.[2]
Der Kläger verursachte als Fahrer eines von einem Herrn Simonsson bei der Beklagten gemieteten LKW's einen Verkehrsunfall. Er und Herr Simonsson wurden von der Beklagten in getrennten Prozessen auf Schadenersatz in Anspruch genommen. Durch Versäumnisurteil des Landgerichts Detmold vom 5. 1. 1985 (10 O 311/84) wurde der Kläger verurteilt, an die Beklagte 10500,– DM nebst 8% Zinsen seit dem 16. Oktober 1984 zu zahlen. Nach einem Einspruch des Klägers wurde das Versäumnisurteil nach

---

[1] Dieser Antrag empfiehlt sich in jeder Klageschrift, wenn Anerkenntnis- bzw. Versäumnisurteile zulässig sind. Die Anordnung des schriftlichen Vorverfahrens liegt im Ermessen des Gerichts und ist durch einen Antrag auf Durchführung eines frühen ersten Termins nicht zu verhindern. Zeitverzögernde Rückfragen des Gerichts können durch den Antrag in der Klageschrift vermieden werden. Dagegen sind Kostenanträge und solche zur vorläufigen Vollstreckbarkeit (Ausnahme Antrag nach § 710, der aber besonders begründet werden muß) überflüssig, da von Amts wegen zu entscheiden ist.

[2] Gerade bei Vollstreckungsgegenklagen halte ich den Einleitungssatz für sehr wichtig, weil sonst in der Regel zu spät klar wird, worum die Parteien streiten. Zudem wird so gleich der vom Kläger erhobene Anspruch (§ 313 II 1) dargestellt.

Durchführung einer Beweisaufnahme durch ein weiteres Versäumnisurteil[1] vom 2. 11. 1985 mit der Maßgabe aufrechterhalten, daß der Kläger in Höhe von 6000,– DM als Gesamtschuldner mit Herrn Simonsson hafte. Dieser hatte sich in einem Prozeßvergleich zur Zahlung dieser Summe – ohne Zinsen – verpflichtet. Das Versäumnisurteil ist seit dem 2. 11. 1985 rechtskräftig. In der Zeit von Januar 1985 bis März 1986 zahlte Herr Simonsson 6000,– DM an die Beklagte in monatlichen Raten zu je 400,– DM, und zwar nach Rechtskraft des Versäumnisurteils je 400,– DM am 4. 12. 1985, 3. 1. 1986, 4. 2. 1986 und 4. 3. 1986.[2] Außerdem zahlte der Kläger selbst am 30. 4. 1987 200,– DM zur Abwendung der Zwangsvollstreckung an den Gerichtsvollzieher Hergest. Die Zahlungen Simonssons sind zwischen den Parteien vorprozessual unstreitig gewesen, so daß der Kläger von Beweisantritten vorerst absieht. Die Quittung des Gerichtsvollziehers über die Zahlung der 200,– DM wird im Fall des Bestreitens der Beklagten vorgelegt.

II. Entgegen der vorprozessual von der Beklagten vertretenen Auffassung befreiten die Leistungen des Mitgesamtschuldners Simonsson auch den Kläger von seiner Schuld gegenüber der Beklagten (§ 421 BGB). Diese Zahlungen sind auf die Hauptschuld geleistet worden. Herr Simonsson schuldete keine Zinsen.

Die Zahlung der 200,– DM ist als Erfüllung anzusehen, da die zugrunde liegenden Titel rechtskräftig waren. Durch sie ist gem. §§ 366, 367 I BGB der Anspruch aus dem Kostenfestsetzungsbeschluß teilweise erfüllt worden.[3]

III. Weiter wird beantragt,

> die Zwangsvollstreckung aus den im Klageantrag genannten Titeln im dort beschriebenen Umfang einstweilen einzustellen.

Die Klage ist offensichtlich begründet.

Die Zahlungen durch Simonsson werden von der Beklagten nicht bestritten. Zur Glaubhaftmachung wird auf den in der Anlage beigefügten Schriftsatz der Beklagten vom 25. 4. 1987 Bezug genommen. Der Gerichtsvollzieher hat bereits Gegenstände beim Kläger gepfändet.

Gez. Vogst, Rechtsanwalt

---

[1] Hier darf man, weil es sich um einen terminus technicus handelt, nicht etwa von einem 2. Versäumnisurteil sprechen.

[2] Die Wiedergabe der einzelnen Zahlungsdaten ist wegen der Zinsen erforderlich.

[3] Weitere Rechtsausführungen sind in einer praktischen Erfordernissen entsprechenden Klageschrift mE nicht erforderlich.

4. Klausurbeispiel: Drittwiderspruchsklage 931

Aktenauszug

I. Klageschrift

4400 Münster, den 1. 2. 1987.

Heino Anders,
Rechtsanwalt

An das
Landgericht
4400 Münster

Klage

der Chefsekretärin Maria Fritz, Bahnhofstraße 16, 4400 Münster

Klägerin,

Prozeßbevollmächtigter: Rechtsanwalt Heino Anders, 4400 Münster,

gegen

den Architekten Robert Schwarz, Geiststraße 20, 4400 Münster,

Beklagten.

Ich erhebe hiermit namens und in Vollmacht der Klägerin Klage und werde beantragen:

1. Die am 12. 1. 1987 erfolgte Zwangsvollstreckung aus dem Urteil des Landgerichts Münster vom 4. 8. 1986 (23 O 79/86) in den Farbfernseher „Grünstich 810 Color" für unzulässig zu erklären;
2. die am 5. 1. 1987 erfolgte Zwangsvollstreckung aus dem Urteil des Landgerichts Münster vom 4. 8. 1986 (23 O 79/86) in den LKW „Brummi 1000", Kennzeichen MS-RS 555, für unzulässig zu erklären.

Begründung:

Der Beklagte ist Inhaber eines rechtskräftigen Urteils des Landgerichts Münster gegen den Schuldner, Herrn Franz Albers, Domplatz 10, 4400 Münster. Herr Albers ist zur Zahlung von 55 000,– DM verurteilt worden. Der Beklagte betreibt aus dem Titel die Zwangsvollstreckung gegen den Schuldner. Er ließ die in den Klageanträgen aufgeführten Gegenstände durch den Gerichtsvollzieher pfänden. Dies ist unzulässig, weil die gepfändeten Gegenstände der Klägerin gehören.
Am 2. 1. 1986 erwarb die Klägerin von ihrem geschiedenen Ehemann, dem Fernsehhändler Holger Fritz, den gepfändeten Farbfernseher zum Preis von 1600,– DM unter Eigentumsvorbehalt. Die letzte Rate zahlte die Klägerin am 1. 12. 1986.
Beweis: Vorlage des Kaufvertrages sowie der Quittungen.
Die Klägerin wies den Gerichtsvollzieher bei der Pfändung darauf hin, daß der Fernseher nicht im Eigentum des Vollstreckungsschuldners stehe. Sie zeigte ihm den auf ihren Namen lautenden Garantieschein. Den Kaufvertrag hatte sie nicht zur Hand. Gleichwohl pfändete der Gerichtsvollzieher den Fernseher. Er hatte zuvor mit der Prozeßbevollmächtigten des Beklagten telefoniert; diese erklärte, die Vollstreckung solle auf jeden Fall durchgeführt werden.
Auch der LKW durfte nicht gepfändet werden. Die Klägerin erwarb ihn bereits am 15. 9. 1986 von dem Vollstreckungsschuldner selbst.
Beweis: Vorlage des Kaufvertrages vom 15. 9. 1986.
Noch am Tag des Abschlusses des Kaufvertrages erhielt die Klägerin sämtliche Fahrzeugschlüssel. Sie bezahlte den Kaufpreis in bar.

Beweis: Vorlage der Quittung.
Die Klägerin forderte den Beklagten mit Schreiben vom 20. 1. 1987 vergeblich dazu auf, die Pfandgegenstände freizugeben. So bleibt ihr nur der Weg der Klage.
gez. Anders, Rechtsanwalt.

II. Schriftsatz der Rechtsanwältin Christiane Werding aus Münster, gerichtet an das Landgericht Münster

In der Sache

Fritz gegen Schwarz
Aktenzeichen: 13 O 56/87

zeige ich an, daß ich den Beklagten vertrete. Vollmacht füge ich bei.
In der mündlichen Verhandlung werde ich für den Beklagten beantragen,
die Klage abzuweisen.

Begründung:

1. Die Klägerin weist jetzt erstmals nach, daß sie Eigentümerin des Farbfernsehers geworden ist. Außerprozessual hat sie dies nicht getan. In dem von der Klägerin angeführten Telefonat zwischen der Unterzeichneten und dem Gerichtsvollzieher hat die Unterzeichnete danach gefragt, ob die Klägerin einen Kaufvertrag über den Fernseher vorlegen könne. Dies verneinte der Gerichtsvollzieher auf Befragen der Klägerin. Die Klägerin konnte nur eine Garantieurkunde vorlegen, aus der sich ihr Eigentum nicht ergibt. Der Aufforderung, das Eigentum genauer darzulegen, insbesondere den Kaufvertrag vorzulegen, kam die Klägerin nicht nach. Sie hatte nicht einmal mitgeteilt, daß es sich um einen Ratenkaufvertrag handelte. Erst jetzt nach Vorlage des Kaufvertrages und nach dem Nachweis, daß der Kaufpreis auch gezahlt worden ist, ist für den Beklagten nachvollziehbar und nachgewiesen, daß die Klägerin Eigentümerin des Fernsehers ist. Dieser stand in der Wohnung des Vollstreckungsschuldners, die dieser mit der Klägerin gemeinsam bewohnte.
Im übrigen wird darauf hingewiesen, daß die Klage insoweit auch unzulässig sein dürfte. Der Fernseher ist bereits am 4. 2. 1987 versteigert und dem Ersteher ausgehändigt worden. Den Erlös hat der Beklagte bisher nicht erhalten.
2. Es wird bestritten, daß die Klägerin Eigentümerin des gepfändeten LKWs ist. Ein Eigentumsübergang von dem Vollstreckungsschuldner auf die Klägerin ist nicht erfolgt. Bei dem vorgelegten Kaufvertrag handelt es sich um ein Scheingeschäft. Der Schuldner, der früher Fuhrunternehmer war, gab im Jahre 1985 die eidesstattliche Versicherung ab. Seitdem arbeitet er nur sporadisch; seine Einkünfte liegen regelmäßig unter der Pfändungsfreigrenze. Vollstreckungsversuche des Beklagten verliefen – von den beiden gepfändeten Gegenständen abgesehen – ergebnislos. Der Gerichtsvollzieher hat bei beiden Pfändungen, die Gegenstand des Rechtsstreits sind, festgestellt, daß die Zwangsvollstreckung teilweise fruchtlos ausgefallen ist. Kurz vor Abschluß des „Kaufvertrages" zwischen der Klägerin und dem Schuldner wurde dieser erneut zur Abgabe einer eidesstattlichen Versicherung geladen, nämlich am 14. 8. und 17. 8. 1986 von zwei verschiedenen Gläubigern. Der Ladung leistete er nicht Folge. Es liegen entsprechende Haftbefehle vor. Damit diente der „Kaufvertrag" nur dazu, den LKW aus dem Vermögen des Schuldners zu schaffen.
Dies ergibt sich auch aus weiteren Tatsachen. Der LKW hat nach der Schätzung des Gerichtsvollziehers noch einen Wert von 30 000,– DM. Nach dem Kaufvertrag sollte die Klägerin lediglich 20 000,– DM bezahlen. Sie hat weder einen Führerschein für den LKW noch betreibt sie ein entsprechendes Gewerbe.
Selbst wenn man unterstellen würde, der Kaufvertrag sei tatsächlich geschlossen worden und nicht als Scheingeschäft nichtig, so wäre gleichwohl die Klägerin keine Eigentümerin geworden. Eine Übergabe fand nicht statt. Der LKW befand sich zur Zeit des Abschlusses des Kaufvertrages auf dem Gelände der Firma Münsterland, Kanalstra-

ße 4, 4400 Münster, und wurde dort auch vom Gerichtsvollzieher gepfändet. Der Geschäftsführer der Firma Münsterland kennt die Klägerin überhaupt nicht. Der Reparaturauftrag hinsichtlich des LKWs wurde von dem Vollstreckungsschuldner Albers erteilt. Der Auftrag wurde noch im November 1986 erweitert. Herr Albers versprach auch mehrfach dem Geschäftsführer Krause, daß er die Reparatur bezahlen werde. Einen Teilbetrag bezahlte er bereits persönlich. Bei dieser Gelegenheit, von Herrn Krause auf die Restzahlung angesprochen, erklärte er, er wolle den LKW veräußern, da er ihm zu teuer geworden sei.
Beweis: Zeugnis des Herrn Peter Krause, Kanalstraße 4, 4400 Münster.
Hilfsweise wird der Klage hinsichtlich des LKWs die Anfechtbarkeit der Veräußerung entgegengehalten. Der Beklagte ficht den Kaufvertrag und die nach wie vor bestrittene Übereignung aus allen in Betracht kommenden Anfechtungsgründen an. Daß der Schuldner in der Absicht handelte, seine Gläubiger zu benachteiligen, ergibt sich daraus, daß hier ein Fall inkongruenter Deckung vorliegt. Bei einem Wert der Sache von 30 000,– DM wurden angeblich nur 20 000,– DM als Kaufpreis vereinbart. Damit spricht ein Anscheinsbeweis für eine Benachteiligungsabsicht des Schuldners. Die Veräußerung erfolgte nur deshalb, weil der Schuldner den LKW nicht bei der eidesstattlichen Versicherung angeben wollte, die er kurze Zeit später abgeben mußte.
Beweis: Zeugnis des Herrn Albers.
Dies alles war der Klägerin bekannt. Sie lebte mit dem Zeugen zusammen und war über seine Vermögenslage genau informiert.
gez. Werding, Rechtsanwältin.

III. Schriftsatz des Rechtsanwalts Anders vom 9. 3. 1987, gerichtet an das Landgericht Münster

In Sachen

Fritz gegen Schwarz
Aktenzeichen: 13 O 56/87

kündige ich hinsichtlich des Klageantrags zu Ziffer 1) nunmehr folgenden neuen Antrag an:

Der Beklagte wird verurteilt,
an die Klägerin 1000,– DM nebst 4% Zinsen seit Rechtshängigkeit zu zahlen.

Der Klageantrag zu Ziffer 2) bleibt aufrechterhalten.

Begründung:

1. Es trifft zu, daß der gepfändete Fernseher inzwischen versteigert worden ist. Damit hat sich die Drittwiderspruchsklage erledigt. Die Klägerin kann von dem Beklagten aber nunmehr Herausgabe des Erlöses verlangen. Dieser beträgt, wie die Klägerin telefonisch von dem Gerichtsvollzieher erfahren hat, 1000,– DM.
2. Der gepfändete LKW ist von der Klägerin ordnungsgemäß erworben worden. Es handelte sich um einen Notverkauf des Schuldners. Er konnte die Unkosten des LKWs, insbesondere die angefallenen Reparaturkosten nicht mehr tragen.
Beweis: Zeugnis Hans Albers.
Der Schuldner hatte nicht die Absicht, Gläubiger zu benachteiligen. Er wollte nur dafür Sorge tragen, nicht noch mehr Kosten und damit Schulden zu verursachen. Jedenfalls weiß die Klägerin nichts davon, daß der Schuldner in Gläubigerbenachteiligungsabsicht handelte. Sie war keineswegs über seine Vermögensverhältnisse informiert. Sie hat auch vor, den LKW zu nutzen. Sie will eine Speditionsfirma gründen. Die entsprechenden Anträge bei den zuständigen Behörden sind gestellt, aber noch nicht beschieden. Der Kfz-Brief wurde inzwischen auf die Klägerin umgeschrieben.

Beweis: Vorlage einer Kopie des Kfz-Briefes.
Den Reparaturauftrag hat der Zeuge Albers tatsächlich selbst erteilt. Dies ist auch nur folgerichtig, weil er zu dem Zeitpunkt noch Eigentümer des LKWs war. Anschließend hat er aber gegenüber der Firma Münsterland erklärt, für die restliche Werklohnforderung werde die Klägerin aufkommen. Er hat der Klägerin zur Zeit des Abschlusses des Kaufvertrages seinen Herausgabeanspruch gegen die Fa. Münsterland abgetreten. Sie wartete nur noch darauf, daß sie ein Firmengründungsdarlehen ausgezahlt bekomme. Zutreffend ist, daß der Zeuge Albers erklärt hat, er wolle den LKW verkaufen. Dies hat er dann ja auch getan, nämlich an die Klägerin.
Beweis: Zeugnis Hans Albers.
Die Klägerin und der Zeuge Albers haben vorübergehend zusammengelebt. Sie haben sich Ende Januar 1987 aber wegen unüberbrückbarer persönlicher Differenzen wieder getrennt.
gez. Anders, Rechtsanwalt.

IV. Sitzungsprotokoll

4400 Münster, den 23. 3. 1987

Öffentliche Sitzung
der 13. Zivilkammer des
Landgerichts Münster

Geschäfts-Nummer: 13 O 56/87

Gegenwärtig:

Vorsitzender Richter am Landgericht
Schmidt-Schleichter

als Vorsitzender

Richter am Landgericht May
Richter am Landgericht Jürgens
als beisitzende Richter

Justizangestellte Carusa
als Urkundsbeamtin der Geschäftsstelle

In der Sache

Fritz ./. Schwarz

erschienen bei Aufruf:

1. für die Klägerin Rechtsanwalt Anders
2. für den Beklagten Rechtsanwältin Werding
3. die gem. § 273 II Nr. 4 ZPO vorsorglich geladenen Zeugen Albers und Krause.

Die Zeugen wurden gem. § 395 ZPO belehrt und verließen den Sitzungssaal.

Der Klägervertreter stellt den Antrag zu Ziffer 2) aus der Klageschrift vom 5. 2. 1987 sowie den Zahlungsantrag aus dem Schriftsatz vom 9. 3. 1987.

Die Beklagtenvertreterin erklärte:
Mein Mandant hat heute durch Überweisung von dem Gerichtsvollzieher den Versteigerungserlös abzüglich der Kosten der Versteigerung in Höhe von insgesamt 910,– DM erhalten. Wegen dieses Betrages ohne Zinsen wird die Klageforderung hinsichtlich des Klageantrages zu 1) ohne Zinsen und unter Protest gegen die Kosten anerkannt. Im übrigen wird beantragt, die Klage abzuweisen.

v. u. g.

Der Klägervertreter beantragte den Erlaß eines Teilanerkenntnisurteils.
Nach Einsicht in einen von der Beklagtenvertreterin vorgelegten Kontoauszug erklärte der Klägervertreter: Es wird nicht bestritten, daß die genannte Summe von 910,– DM heute dem Konto des Beklagten gutgeschrieben worden ist.

B. u. v.:

Die vorbereitend geladenen Zeugen sollen vernommen werden.

1. Zur Person:
Ich heiße Peter Krause, bin 42 Jahre alt, von Beruf Kfz-Meister, wohnhaft in Münster, mit den Parteien nicht verwandt und verschwägert.
Zur Sache:
Mitte 1986 bekam ich von dem Beklagten den Auftrag, Reparaturarbeiten an einem LKW durchzuführen. Unter anderem mußte der Motor ersetzt werden. Nach Durchführung der Arbeiten stellte ich anläßlich einer Probefahrt fest, daß auch das Getriebe des LKWs schadhaft war. Daraufhin bekam ich dann im November 1986 den Auftrag, auch das Getriebe zu reparieren. Diesen Auftrag erteilte Herr Albers mir persönlich am Telefon, als ich ihn auf den Defekt des Getriebes hinwies. Später kam er dann noch in unser Geschäft, wo wir im einzelnen besprachen, was gemacht werden sollte. Dabei sprach ich ihn auch darauf an, daß die Reparatur des Motors noch nicht voll bezahlt worden sei. Herr Albers erklärte mir dann, die Bezahlung ginge schon in Ordnung. Er hätte den LKW inzwischen verkauft. Mit dem Käufer hätte er vereinbart, daß dieser die Motorreparatur bezahlen solle. Auch für die Kosten der Getriebereparatur werde der Käufer einstehen. Auf meine Frage, wer der Käufer denn sei und ob er zahlungskräftig sei, nannte er mir den Namen der Frau Fritz. Da ich sie nicht kannte, wies ich Herrn Albers ausdrücklich darauf hin, daß ich ihn nicht aus seiner Schuld entlassen könnte. Hiermit war er einverstanden. Die Rechnung über den Einbau des neuen Motors sandte ich dann an Frau Fritz. Sie zahlte diese Reparatur auch, indem Herr Albers mir einen Verrechnungsscheck von ihr übergab. Herr Albers hat nicht erklärt, er wolle den LKW verkaufen. Er hat mir nur gesagt, er habe ihn bereits verkauft.

v. u. g.

2. Zur Person:
Ich heiße Hans Albers, bin 52 Jahre alt, von Beruf Kellner, ich wohne in Münster, mit den Parteien dieses Rechtsstreits bin ich nicht verwandt und nicht verschwägert.
Der Zeuge wurde gem. § 384 Nr. 2 ZPO belehrt.
Zur Sache:
Es trifft zu, daß ich früher Eigentümer des fraglichen LKWs war. Ich habe den LKW zum 15. 9. 1986 an Frau Fritz verkauft. Ich hatte es damals sehr eilig, da ich dringend Geld brauchte. Da es zu der damaligen Zeit auf dem Speditionsmarkt nicht sehr gut aussah, habe ich die Klägerin davon überzeugt, daß sie den LKW kaufen und selbst eine Autoverleihfirma aufmachen solle. Der Verkauf mußte schnell passieren, da ich schon die Motorreparatur nicht mehr bezahlen konnte. Demgegenüber war mir bekannt, daß die Klägerin aus einer Erbschaft hinreichend Geld zum Kauf des LKWs zur Verfügung hatte.
Nach dem Verkauf an die Klägerin habe ich nie geäußert, ich wolle den LKW verkaufen. Ich habe nur gegenüber der Firma Münsterland erklärt, ich hätte ihn bereits verkauft. Den Auftrag, die Getriebereparatur durchzuführen, habe ich im Namen der Klägerin erteilt. Der Klägerin habe ich gesagt, sie solle die letzte Reparatur bezahlen und dann den Wagen von der Fa. Münsterland mitnehmen und behalten. Schon die Motorreparatur zahlte ich mit einem Verrechnungsscheck, den sie mir gegeben hatte.

v. u. g.

Anträge zur Beeidigung der Zeugen wurden nicht gestellt.

B. u. v.:

Die Zeugen bleiben unbeeidigt.

Die Sach- und Rechtslage wurde erörtert.
Die Parteivertreter verhandelten mit den eingangs gestellten Anträgen zur Sache und zum Ergebnis der Beweisaufnahme.

B. u. v.:

Termin zur Verkündung einer Entscheidung ist am
30. März 1987, 9.00 Uhr, Saal 6..

gez. Schmidt-Schleichter, Carusa.

V. Bearbeitervermerk

Die in der Klageschrift aufgeführten Urkunden lagen der Klageschrift bei. Sie haben den angegebenen Inhalt.
Die Klage ist dem Beklagten am 3. 2., der Schriftsatz vom 9. 3. am 12. 3. 87 zugestellt worden.
Die Entscheidung des Landgerichts ist zu entwerfen.

932 Rechtliche Lösung in Gutachtenform

I. Klageart

Beim Klageantrag zu 2) handelt es sich um eine Drittwiderspruchsklage, § 771; die Klägerin macht ihr Eigentum an bestimmten gepfändeten Gegenständen geltend. Im übrigen liegt eine normale Leistungsklage vor.

933 II. Zulässigkeit der Klage

1. Die erhobene Drittwiderspruchsklage ist **statthaft**, weil die Klägerin sich auf ein die Veräußerung hinderndes Recht an bestimmten gepfändeten Gegenständen beruft.
2. Das Landgericht Münster ist bzgl. des Antrags zu 2) örtlich (§ 771 I) ausschließlich (§ 802) und auch sachlich **zuständig**, §§ 23 Nr. 1, Nr. 71 I GVG. Jedenfalls folgt die sachliche Zuständigkeit auch aus § 39.
3. Das **Rechtsschutzinteresse** fehlt nicht. Soweit sich die Klägerin gegen die Vollstreckung in den LKW wendet, bestehen keine Bedenken hinsichtlich ihres Rechtsschutzbedürfnisses. Die Zwangsvollstreckung hat begonnen und ist noch nicht beendet. Hinsichtlich des Fernsehers ist ein Rechtsschutzbedürfnis nicht zu prüfen, weil insoweit der Klageantrag umgestellt worden ist.
4. Den Klageantrag zu Ziffer 1) hat die Klägerin ausgewechselt. Ob hierin eine **Klageänderung** liegt und diese zulässig ist, kann gem. § 267 dahinstehen. Der Beklagte hat nicht gerügt.
5. Die Zulässigkeitsfragen sind hier im Gutachten alle geprüft worden. Probleme tauchen nicht auf. Einer **Erwähnung in den Entscheidungsgründen** bedarf es nicht.

934 III. Begründetheit der Klage

1. Begründetheit der Zahlungsklage. Hier ist nur eine Schlüssigkeitsprüfung notwendig, weil der Sachverhalt insoweit unstreitig ist.
a) Soweit der Beklagte die Klageforderung **anerkannt** hat, ist er ohne weitere Sachprüfung zu verurteilen, § 307.
b) Zu prüfen bleibt, ob die Klägerin einen Anspruch auf Zahlung der verbleibenden Summe von 90,– DM sowie von Zinsen schlüssig dargelegt hat.
aa) In Betracht kommt ein Anspruch wegen einer Verletzung von Pflichten aus einem **gesetzlichen Schuldverhältnis** (Rn. 649). Weder dem Grunde noch der Höhe nach aber dürfte das Vorbringen der Klägerin hierzu ausreichen. Die Klägerin hat nicht vorgetragen, wie hoch der tatsächliche Wert des Fernsehgerätes war. Ohne weiteres wird man nicht davon ausgehen können, daß dieser dem Versteigerungserlös entsprach, so daß der noch offene Betrag von 90,– DM als Schadenersatz zu leisten wäre. Auch ist

dem Beklagten vorprozessual das Eigentum der Klägerin nicht hinreichend dargelegt worden (s.d. die Ausführungen unten zur Kostenentscheidung), so daß ein Verschulden nicht ersichtlich ist.

bb) Als Anspruchsgrundlage für die Hauptforderung kommt weiter § 812 I 1 2. Alt. BGB (**Eingriffskondiktion**) in Betracht. Der Beklagte hat den Versteigerungserlös auf sonstige Weise, nämlich durch eine Handlung des Gerichtsvollziehers erlangt. Dies geschah ohne rechtlichen Grund auf Kosten der Klägerin, wenn der Erlös aus dem versteigerten Fernseher materiell-rechtlich der Klägerin zustand. 935

Zwischen den Parteien ist inzwischen unstreitig, daß die Klägerin Eigentümerin des Fernsehers war. Sie hat ihn unter Eigentumsvorbehalt gekauft. Die Raten sind gezahlt, so daß die Klägerin Eigentum erworben hat. Ihr Eigentum am Fernseher setzte sich analog § 1247 S. 2 BGB am Versteigerungserlös fort.

Damit stand der Erlös dem Beklagten nicht zur Befriedigung seiner Forderung zu, weil er nicht zum Vermögen des Schuldners gehörte. Auf die Pfandrechtstheorien kommt es hier nicht an. Nach der gemischt-privatrechtlich-öffentlich-rechtlichen Theorie hat der Beklagte kein Pfändungspfandrecht erworben, weil die gepfändete Sache schuldnerfremd war. Nach der öffentlich-rechtlichen Theorie ist durch die wirksame Pfändung zwar die Verstrickung und damit auch ein Pfändungspfandrecht entstanden. Dieses gibt aber kein materielles Recht dazu, den Erlös behalten zu dürfen.

Fraglich ist allerdings, ob der dem Grunde nach gegebene Bereicherungsanspruch auch die hier noch offenen 90,– DM erfaßt. Dabei handelt es sich um die Vollstreckungskosten.

- ZT wird angenommen, daß der Vollstreckungsgläubiger den Bruttoerlös herauszugeben habe einschließlich der Vollstreckungskosten. Insoweit habe der Gläubiger nämlich die Befreiung von seiner Verbindlichkeit gegenüber der Staatskasse erlangt.
- Nach hM beschränkt sich der Anspruch auf Zahlung des Nettoerlöses. Wegen der Vollstreckungskosten ist der Gläubiger nicht bereichert, weil der Schuldner diese zu tragen hat und damit bereichert ist. Der Gläubiger hat nur eine Vorschußpflicht (s. Rn. 651).

cc) Ein **Zinsanspruch** aus Verzug besteht nicht, weil der Beklagte nicht gemahnt geworden ist. Eine Mahnung, die in der Zustellung des Schriftsatzes gesehen werden könnte (§ 284 I 2 BGB), mit dem die Klägerin Zahlung des Erlöses verlangt hat, würde daran scheitern, daß zu dieser Zeit noch kein Anspruch der Klägerin bestand. Damit können Zinsen erst vom Tag nach der mündlichen Verhandlung an verlangt werden, § 291 S. 1 2. HS BGB.

2. Schlüssigkeit des Vorbringens der Klägerin hinsichtlich des Klageantrages zu 2). Die Klage wäre nach dem Vorbringen der Klägerin begründet, wenn ihr Vortrag ergäbe, daß sie ein die Veräußerung hinderndes Recht, hier das Eigentum, an dem LKW hätte, und ihrer Intervention keine Einwendungen des Beklagten entgegenstünden. 936

a) Die Klägerin könnte das **Eigentum** nach § 929 S. 1 BGB erworben haben.

Die **Einigung** über den Eigentumsübergang könnte schon in dem schriftlichen Kaufvertrag gesehen werden. Jedenfalls ist sie konkludent dadurch erfolgt, daß die Klägerin in Erfüllung des Kaufvertrages die Schlüssel zum LKW erhielt und ihrerseits den Kaufpreis zahlte.

Fraglich ist, ob der LKW der Klägerin auch **übergeben** worden ist. Hier kommt eine Übergabe nach § 929 S. 1 BGB durch Verschaffung des unmittelbaren Besitzes in Betracht. Die Klägerin hat die Schlüssel zu dem LKW erhalten. Dies reicht zur Verschaffung des unmittelbaren Besitzes nach § 854 I BGB jedenfalls dann aus, wenn andere Schlüssel nicht vorhanden sind.[1] Letzteres ist hier nicht ersichtlich. Trotzdem ist eine

[1] Pal-Bassenge § 854 BGB Rn. 6.

Übergabe nach § 929 S. 1 BGB hier sehr zweifelhaft, weil der LKW zu dem fraglichen Zeitpunkt bei der Fa. Münsterland stand, die unmittelbaren Besitz hatte.
Jedenfalls ist aber eine Übergabe nach § 931 BGB durch Abtretung des Herausgabeanspruchs erfolgt. Der Zeuge Albers war als vorheriger Eigentümer des LKWs auch zur Eigentumsübertragung berechtigt.
b) Im Rahmen der Schlüssigkeitsprüfung könnte man allenfalls noch untersuchen, ob die **Einigung** zwischen der Klägerin und dem Zeugen Albers nach § 138 II BGB **nichtig** ist, weil der Kaufpreis des LKWs und sein wahrer Wert erheblich differieren. Jedenfalls ist aber dem Vorbringen der Klägerin nicht zu entnehmen, daß sie eine Zwangslage des Zeugen Albers oder dessen Unerfahrenheit ausgenutzt hätte.
c) Die Klägerin hat also schlüssig vorgetragen, daß ihr als Eigentümerin ein die Veräußerung hinderndes Recht an dem LKW zusteht.

937 **3. Erheblichkeit des Beklagtenvorbringens hinsichtlich des Klageantrages zu 2).**
a) Die anspruchsbegründenden Tatsachen, der Eigentumserwerb, werden vom Beklagten nicht bestritten. Insoweit ist sein Vorbringen unerheblich.
b) Fraglich ist, ob nach dem Vorbringen des Beklagten die Übereignung des LKWs als **Scheingeschäft** gem. § 117 BGB nichtig ist.
aa) Ein Scheingeschäft liegt vor, wenn die Parteien einverständlich nur den äußeren Schein des Abschlusses eines Rechtsgeschäfts hervorrufen, dagegen die mit dem betreffenden Rechtsgeschäft verbundenen Rechtswirkungen nicht eintreten lassen wollen.[1]
bb) Wollten die Klägerin und der Zeuge den LKW aus dem Zugriffsbereich der Gläubiger bringen, mußten sie eine wirksame Übereignung vereinbaren. § 117 BGB wäre hier nur anwendbar, wenn die Klägerin und der Zeuge eine Scheinübertragung für ausreichend gehalten hätten. Es ist zweifelhaft, ob das Beklagtenvorbringen insoweit ausreichend ist. Im Zusammenhang damit, daß der Zeuge Albers sich auch weiterhin als Eigentümer ausgab, indem er alle Reparaturaufträge im eigenen Namen erteilte und bezahlte sowie erklärte, den LKW verkaufen zu wollen, könnte dies aber angenommen werden. Dann wäre das Beklagtenvorbringen insoweit erheblich.
c) Auch dem Beklagtenvorbringen läßt sich nicht entnehmen, daß die Einigung zwischen der Klägerin und dem Zeugen Albers gem. § 138 II BGB nichtig wäre. Es fehlt der Vortrag, daß die Klägerin eine Notlage des Zeugen oder dessen Unerfahrenheit ausgenutzt habe.

938 d) Zu prüfen ist weiter, ob nach dem Vorbringen des Beklagten dem Anspruch der Klägerin die Einrede der **Anfechtbarkeit nach § 5 AnfG aF**[2] entgegensteht, daß die Klägerin gem. § 7 AnfG aF zur Rückübertragung des LKWs auf den Zeugen Albers verpflichtet ist und damit die Zwangsvollstreckung in den LKW dulden muß.
aa) Der Beklagte ist gem. § 2 AnfG aF anfechtungsberechtigt, weil er einen Titel gegen den Schuldner Albers hat und die Zwangsvollstreckung gegen diesen fruchtlos gewesen ist.
bb) Der Beklagte ficht auch eine **Rechtshandlung** iSd. § 1 AnfG aF an, nämlich die Eigentumsübertragung.

939 cc) Dem Beklagten könnte ein **Anfechtungsrecht** nach § 3 I Nr. 1 AnfG aF zustehen.
Dazu müßte zunächst die Übereignung des LKWs zu einer objektiven **Gläubigerbenachteiligung** geführt haben. Hierbei reicht im Rahmen der Anfechtung nach Abs. 1

---

[1] BGHZ 36, 85, 88.

[2] Die Entscheidung ist hier vor Inkrafttreten des neuen AnfG zu treffen, so daß das alte Recht Anwendung findet. Der Sachverhalt ist hier bewußt zeitlich nicht umgestellt worden, weil das alte Recht auch in Zukunft noch insoweit Bedeutung behält, als bei vor dem 1. 1. 1999 vorgenommenen Rechtshandlungen zu überprüfen ist, ob das neue Recht weitergehend ist (s. Rn. 621).

Nr. 1 eine mittelbare Benachteiligung aus. Der LKW als Vollstreckungsobjekt ist aus dem Vermögen des Schuldners Albers ausgeschieden. Hinzu kommt, daß vor der Übereignung ein Vermögensgegenstand im Wert von 30000,– DM als Zugriffsobjekt zur Verfügung stand, danach allenfalls noch die gezahlten 20000,– DM. Aber auch diese sind offensichtlich nicht mehr bei dem Zeugen vollstreckbar vorhanden. Ansonsten wäre die Zwangsvollstreckung gegen ihn nicht erfolglos geblieben.
Der Zeuge Albers hatte auch die **Absicht**, seine Gläubiger zu benachteiligen. Der Vortrag des Beklagten ist insoweit substantiiert genug. Mehr als die Behauptung, die Absicht läge vor, kann nicht aufgestellt werden. Dabei muß insbesondere berücksichtigt werden, daß es sich um eine innere Tatsache handelt. Schließlich kannte die Klägerin auch die Benachteiligungsabsicht des Zeugen Albers.
Damit hat der Beklagte einen Anfechtungsgrund nach § 3 I Nr. 1 AnfG aF schlüssig vorgetragen. Die Frist des § 12 AnfG aF ist nicht abgelaufen. Insoweit ist das Vorbringen des Beklagten erheblich.
dd) Geprüft werden könnte weiterhin, ob eine Anfechtung nach § 3 I Nr. 2 AnfG aF in Betracht kommt. Dies würde voraussetzen, daß die Vorschrift auf ein **eheähnliches Verhältnis**, wie es bei der Klägerin und dem Zeugen Albers vorlag, **entsprechend anzuwenden** ist. Dies ist aber wegen des Ausnahmecharakters der Vorschrift zu verneinen.
ee) Schließlich könnte sich aus dem Vorbringen des Beklagten noch ein Anfechtungsrecht nach § 3 I Nr. 3 AnfG aF ergeben. Dies würde voraussetzen, daß es sich bei der Veräußerung des LKWs um eine **unentgeltliche Zuwendung** handelte. Die Klägerin hat aber für den LKW 20000,– DM gezahlt. Es geht um einen einheitlichen Vertrag, der nicht in einen entgeltlichen und einen unentgeltlichen Teil aufgespalten werden kann. Die Gegenleistung, die vereinbart worden ist, stellt auch keine „verschleierte Schenkung" dar. Daran könnte man nur dann denken, wenn die Gegenleistung offensichtlich angesichts des Wertes des Gegenstandes, der veräußert wird, nur eine „Bagatelle" darstellt. Dies ist hier nicht der Fall, da mehr als die Hälfte des Wertes als Kaufpreis vereinbart wurde.
ff) Damit hat der Beklagte lediglich ein Anfechtungsrecht aus § 3 I Nr. 1 AnfG aF schlüssig vorgetragen.
e) Zu prüfen ist weiterhin, ob dem Anspruch der Klägerin der Einwand der **unzulässigen Rechtsausübung** (§ 242 BGB) entgegensteht, weil sie materiell-rechtlich gem. § 419 BGB aF[1] selbst für die Schuld des Zeugen Albers haftet. **940**
aa) Der LKW war der einzige Vermögensgegenstand des Zeugen. Dies war der Klägerin bekannt. Ihre Gegenleistung ist nach zutreffender hM nicht zu berücksichtigen.
bb) Damit ist das Vorbringen des Beklagten auch insoweit erheblich.
f) Erheblich ist daher das Vorbringen des Beklagten zum Scheingeschäft (bedenklich), zur Absichtsanfechtung und zur Vermögensübernahme.

4. Beweisstation hinsichtlich des Klageantrages zu 2). a) Nach dem Ergebnis von Schlüssigkeits- und Erheblichkeitsprüfung sind folgende Tatsachen **beweiserheblich**: **941**
aa) Die Behauptung, es handele sich um ein Scheingeschäft, mit den dazugehörigen Tatsachen. Den Hauptbeweis, die ausdrückliche Vereinbarung, daß die Eigentumsübertragung nur zum Schein erfolgen sollte, hat der Beklagte nicht angetreten. Er hat nur für Indizien Beweis angetreten, nämlich dafür, daß der Zeuge Albers sich auch nach der angeblichen Eigentumsübertragung als Eigentümer des LKWs gerierte. Es läßt sich wohl vertreten anzunehmen, daß diese Indizien den Schluß auf ein Schein-

---

[1] Die Vorschrift tritt mit Ablauf des 31. 12. 1998 außer Kraft (Art. 33 Nr. 16 EGInsO). Sie gilt allerdings noch für vor dem 1. 1. 1999 geschlossene Verträge weiter (Pal-Heinrichs § 419 BGB Rn. 1). Deshalb sind zwar die Darstellungen in der Vorauflage zu § 419 BGB in dieser Auflage nicht mehr enthalten; das Klausurbeispiel ist aber bewußt nicht umgestellt worden.

geschäft zulassen. Dann sind die entsprechenden unter Beweis gestellten Tatsachen – Reparaturauftrag und Bezahlung durch den Zeugen Albers, dessen Verkaufsabsicht – beweiserheblich.
bb) Bei der Frage der Absichtsanfechtung sind beweiserheblich die Gläubigerbenachteiligungsabsicht des Zeugen Albers und die Kenntnis der Klägerin hiervon.
cc) Hinsichtlich der Vermögensübernahme ist beweiserheblich nur die Kenntnis der Klägerin davon, daß es sich bei dem LKW um den einzigen Vermögensgegenstand des Zeugen handelte. Die weiteren Tatsachen (einziger Vermögensgegenstand, rechtsgeschäftlicher Erwerb usw.) sind unstreitig und damit nicht beweisbedürftig.

942 b) Die **Beweisaufnahme hat ergeben**: aa) Das Vorliegen eines **Scheingeschäfts** dürfte der Beklagte nicht bewiesen haben. Für die Haupttatsachen liegt kein Beweisantritt vor. Die Indizien sind ebenfalls nicht bewiesen. Der Zeuge Albers hat bestritten, sich weiter als Eigentümer geriert und eine Reparatur im eigenen Namen bestellt und bezahlt zu haben. Auch der Zeuge Krause hat diese Tatsachen nicht bestätigt, vielmehr das Gegenteil bekundet. Damit sind die Aussagen für das Beweisthema schon unergiebig; auf die Glaubhaftigkeit der Bekundungen kommt es nicht an. Mangels anderer vorliegender Beweismittel könnte allein die Tatsache, daß die Aussagen unglaubhaft sind, nicht dazu führen, daß man das Gegenteil für bewiesen erachtet.
bb) Fraglich ist, ob die **Gläubigerbenachteiligungsabsicht** des Zeugen Albers und die Kenntnis der Klägerin hiervon bewiesen sind.
Der Zeuge Albers hat bestritten, den LKW nur in der Absicht verkauft zu haben, seine Gläubiger zu benachteiligen. Die Veräußerung habe er vielmehr nur vorgenommen, weil er die Reparaturkosten für den LKW nicht mehr habe tragen können. Die Benachteiligungsabsicht könnte sich aber daraus ergeben, daß der LKW weit unter Wert veräußert worden ist. Man könnte hier daran denken, die Grundsätze des „inkongruenten Deckungsgeschäfts" anzuwenden (s. o. Rn. 626). Dies dürfte allerdings nicht richtig sein, weil das Deckungsgeschäft kongruent war. Es entsprach genau dem, was schuldrechtlich vereinbart worden war.
Allein die Tatsache, daß der vereinbarte Kaufpreis weit unter dem tatsächlichen Wert des LKWs lag, dürfte hier wohl zum Beweis der Gläubigerbenachteiligungsabsicht nicht ausreichen. Es ist auch die Aussage des Zeugen Albers zu berücksichtigen, daß zum Zeitpunkt des Verkaufs des LKWs der Markt schlecht war. Zudem wollte der Zeuge durch den Verkauf von seiner Verpflichtung, die Reparaturkosten aufzubringen, befreit werden.
Selbst wenn man jedoch den Nachweis der Gläubigerbenachteiligungsabsicht bejaht, würde die Anfechtung letztlich daran scheitern, daß der Beklagte nicht bewiesen hat, daß die Klägerin diese Benachteiligungsabsicht des Zeugen kannte. Voraussetzung hierfür wäre, daß sie Einblick in die Vermögensverhältnisse des Zeugen gehabt hätte. Zumindest hätte sie wissen müssen, daß überhaupt Gläubiger vorhanden waren, die der Zeuge hätte benachteiligen können. Für die Kenntnis der Klägerin von den Vermögensverhältnissen des Zeugen hat der Beklagte aber keinen Beweis angetreten.[1]
cc) Die Annahme einer Haftung der Klägerin nach § 419 BGB aF scheitert ebenfalls am fehlenden Beweisantritt zur Kenntnis der Klägerin von den Vermögensverhältnissen des Zeugen. Allein die Tatsache, daß die Klägerin mit dem Zeugen zusammenlebte, reicht nicht aus, um annehmen zu können, sie sei mit seinen Vermögensverhältnissen vertraut.
c) Die Prüfung in der Beweisstation hat ergeben, daß der Beklagte die für die Annahme eines Scheingeschäfts, der Gläubigeranfechtung oder der Vermögensübernahme maßgeblichen Tatsachen nicht bewiesen hat. Die Beweislast für die genannten Um-

---

[1] Daraus folgt im übrigen auch, daß die zur Benachteiligungsabsicht durchgeführte Beweisaufnahme überflüssig war. Hierauf darf man aber in einer Klausur nicht hinweisen: Keine Kritik am Verfahren des Gerichts!

stände trägt der Beklagte, weil er hieraus Rechte herleitet. Daher ist die Klage insoweit begründet.

5. Gesamtergebnis. Die Klage ist hinsichtlich des Klageantrags zu 2) begründet. 943
Hinsichtlich des Klageantrags zu 1) ist sie in der Hauptsache nur insoweit begründet, als der Beklagte die Klageforderung anerkannt hat. Zinsen stehen der Klägerin erst vom 24. März 1987 an zu.

IV. Die Kostenentscheidung 944

Die Kosten hinsichtlich des anerkannten Teils dürfte gem. § 93 wohl die Klägerin zu tragen haben:

1. Der Beklagte hat **„sofort"**, nämlich zum frühestmöglichen Zeitpunkt in der mündlichen Verhandlung die Klageforderung anerkannt.
2. Damit bleibt zu prüfen, ob er **Anlaß zur Klage** gegeben hat. Der Vollstreckungsgläubiger gibt zur Drittwiderspruchsklage keinen Anlaß, solange ihm die klagebegründenden Tatsachen nicht bekannt oder nicht ausreichend nachgewiesen sind.[1] Diese Voraussetzungen liegen hier vor. Das Eigentum der Klägerin ist dem Beklagten vorprozessual nicht hinreichend nachgewiesen worden. Ihm wurde nur ein Garantieschein gezeigt. Kaufvertrag und Quittungen hat die Klägerin nicht vorgelegt. Nur damit konnte sie ihr Eigentum hinreichend sicher beweisen.
3. Es könnte hier eine Kostenentscheidung nach **§ 92 II** in Betracht kommen. Angesichts eines Gesamtstreitwertes von 31 000,– DM ist das Unterliegen der Klägerin wegen eines Betrages von 1000,– DM relativ geringfügig. Die Grenze dürfte etwa bei 10% zu ziehen sein. Weitere Voraussetzung ist aber, daß die Mehrforderung keine zusätzlichen Kosten verursacht hat. Diese Voraussetzung liegt nicht vor, weil zwischen den Streitwerten von 30 000,– DM und 31 000,– DM ein Gebührensprung liegt. Damit sind die Kosten zu quoteln. Hier ist es wohl gerechtfertigt, der Klägerin 1/30 und dem Beklagten 29/30 der Kosten aufzuerlegen.
4. Die Kostenentscheidung ist **im Urteil** zu treffen, nicht etwa in einem gesonderten Beschluß.

V. Tenor 945

Nach dem gefundenen Ergebnis lautet der Tenor wie folgt:

1. Hauptsache

a) Zunächst ist der Beklagte zur Zahlung des anerkannten Teils, nämlich von 910,– DM zu verurteilen. Zinsen stehen der Klägerin insoweit vom 24. März 1987 an zu.

b) Hinsichtlich des LKWs ist wie folgt zu tenorieren:

„Die Zwangsvollstreckung des Beklagten aus dem Urteil des Landgerichts Münster vom 04. August 1986 (23 O 79/86) in den LKW „Brummi 1000", Kennzeichen MS – RS 555, wird für unzulässig erklärt."

c) Die weitergehende Klage ist abzuweisen.

2. Nebenentscheidungen

a) Zu den Kosten des Rechtsstreits s. o. Rn. 944.

b) Das Urteil ist trotz seines Gestaltungscharakters insgesamt für vorläufig vollstreckbar zu erklären. Dabei ist zu berücksichtigen, daß hinsichtlich des anerkannten Teils eine Sicherheitsleistung oder eine Abwendungsbefugnis nicht in Betracht kommt, § 708 Nr. 1. Andererseits ist neben den Kosten, wegen welcher die Klägerin vollstrecken kann, der Wert des LKW in die Höhe der Sicherheit einzubeziehen. Daher liegen die Voraussetzungen des § 709 S. 1 vor. Die Kosten betragen aufgerundet etwa 4000,– DM (die Gebührenerhöhung 1994 und die Tatsache, daß nunmehr 3 Gerichtsgebühren als Vorschuß zu zahlen sind, sind dabei nicht berücksichtigt).

---

[1] TP § 93 Rn. 6.

Der Beklagte kann wegen 1/30 seiner Kosten, aufgerundet 200,– DM, vollstrecken, so daß die Voraussetzungen der §§ 708 Nr. 11, 711 vorliegen. Also lautet die Entscheidung über die vorläufige Vollstreckbarkeit:
„Das Urteil ist vorläufig vollstreckbar, für die Klägerin hinsichtlich des Ausspruchs zu Ziffer 2 und der Kosten allerdings nur gegen Sicherheitsleistung in Höhe von 34 000,– DM. Es bleibt der Klägerin nachgelassen, die Zwangsvollstreckung des Beklagten durch Sicherheitsleistung in Höhe von 200,– DM abzuwenden, wenn nicht der Beklagte vor der Vollstreckung Sicherheit in gleicher Höhe leistet."
Es wäre gem. §§ 771 III, 770 auch möglich, das Urteil zwar ganz für vorläufig vollstreckbar zu erklären, aber anzuordnen, daß die Pfändung des LKW bis zur Rechtskraft oder einer anders lautenden Entscheidung des Berufungsgerichts aufrechterhalten bleibt (s. §§ 775 Nr. 1, 776 S. 1). Dann müßte hier nur wegen der Vollstreckung der Kosten die Sicherheitsleistung angeordnet werden. Die Entscheidung würde lauten:
„Das Urteil ist vorläufig vollstreckbar, wegen der von der Klägerin zu vollstreckenden Kosten aber nur gegen Sicherheitsleistung in Höhe von 4000,– DM. Die Pfändung des im Tenor genannten LKWs darf bis zur Rechtskraft des Urteils oder einer anders lautenden Entscheidung des Berufungsgerichts nicht aufgehoben werden. Es bleibt der Klägerin nachgelassen, die Zwangsvollstreckung des Beklagten durch Sicherheitsleistung in Höhe von 200,– DM abzuwenden, wenn nicht der Beklagte vor der Vollstreckung Sicherheit in gleicher Höhe leistet."

946 Entscheidungsvorschlag

Landgericht Münster
13 O 56/87

IM NAMEN DES VOLKES

ANERKENNTNISTEIL- UND SCHLUSSURTEIL

In dem Rechtsstreit

der Chefsekretärin Maria Fritz, Bahnhofstraße 16, 4400 Münster,

Klägerin,

Prozeßbevollmächtigter: Rechtsanwalt Anders in Münster,

gegen

den Architekten Robert Schwarz, Geiststraße 20, 4400 Münster,

Beklagten,

Prozeßbevollmächtigte: Rechtsanwältin Werding in Münster,

hat die 13. Zivilkammer des Landgerichts Münster auf die mündliche Verhandlung vom 23. März 1987 durch den Vorsitzenden Richter am Landgericht Schmidt-Schleichter und die Richter am Landgericht May und Jürgens

für Recht erkannt:

1. Der Beklagte wird verurteilt, an die Klägerin 910,– DM nebst 4% Zinsen seit dem 24. März 1987 zu zahlen.
2. Die Zwangsvollstreckung des Beklagten aus dem Urteil des Landgerichts Münster vom 4. August 1986 (23 O 79/86) in den LKW „Brummi 1000", Kennzeichen MS-RS 555, wird für unzulässig erklärt.
3. Im übrigen wird die Klage abgewiesen.
4. Der Beklagte trägt die Kosten des Rechtsstreits zu 29/30, die Klägerin zu 1/30.
5. Das Urteil ist vorläufig vollstreckbar, hinsichtlich des Ausspruchs zu Ziffer 2 und der Kosten allerdings nur gegen Sicherheitsleistung in Höhe von 34 000,– DM. Es bleibt der Klägerin nachgelassen, die Zwangsvollstreckung des Beklagten durch Sicherheits-

leistung in Höhe von 200,– DM abzuwenden, wenn nicht der Beklagte vor der Vollstreckung Sicherheit in gleicher Höhe leistet.

Tatbestand:

Der Beklagte erwirkte gegen den Zeugen Albers einen Titel, durch den dieser zur Zahlung von 46 000,– DM verurteilt wurde. Aufgrund dieses Titels pfändete er einen Farbfernseher und einen LKW bei dem Zeugen. Die Klägerin wendet sich gegen diese Zwangsvollstreckung und macht geltend, sie sei Eigentümerin der gepfändeten Gegenstände; nach der Versteigerung des Fernsehers geht es insoweit noch um den erzielten Erlös.[1]

Im Januar 1986 kaufte die Klägerin den Farbfernseher auf Raten unter Eigentumsvorbehalt von ihrem geschiedenen Ehemann. Die letzte Rate zahlte sie am 1. Dezember 1986. Die Pfändung erfolgte am 12. 1. 1987; hierbei legte die Klägerin den Garantieschein vor, nicht aber, trotz Verlangens der Bevollmächtigten des Beklagten, den Kaufvertrag und die Zahlungsquittungen. Der Fernseher wurde am 4. 2. 1987 versteigert. Der Erlös betrug 1000,– DM. Am 23. März 1987 wurde dem Konto des Beklagten der ihm von dem Gerichtsvollzieher überwiesene Erlös abzüglich der Vollstreckungskosten, insgesamt 910,– DM, gutgeschrieben. Mit ihrer Klage vom 1. 2. 1987, zugestellt am 3. 2. 1987, hat die Klägerin zunächst insoweit den Antrag angekündigt, die Zwangsvollstreckung in den Fernseher für unzulässig zu erklären. Nach der Versteigerung hat sie die Klage auf Herausgabe des Erlöses umgestellt.

Durch schriftlichen Kaufvertrag vom 15. 9. 1986 verkaufte der Zeuge Albers den LKW „Brummi 1000“ zum Preis von 20 000,– DM an die Klägerin. Der Wert des LKWs betrug 30 000,– DM. Er befand sich auf dem Gelände der Firma Münsterland in Münster. Am Tage des Kaufvertragsschlusses erhielt die Klägerin die Schlüssel des LKWs. Der Kfz.-Brief wurde später auf ihren Namen umgeschrieben.

Die Klägerin beantragt,

1. den Beklagten zu verurteilen, an sie 1000,– DM nebst 4% Zinsen seit dem 11. März 1987 zu zahlen;
2. die am 5. 1. 1987 erfolgte Zwangsvollstreckung aus dem Urteil des Landgerichts Münster vom 4. 8. 1986 (23 O 79/86) in den LKW „Brummi 1000“, amtliches Kennzeichen MS-RS 555, für unzulässig zu erklären.

Der Beklagte erkennt die Klageforderung zu Ziffer 1) wegen eines Teilbetrages von 910,– DM ausschließlich Zinsen unter Protest gegen die Kostenlast an und beantragt im übrigen,

die Klage abzuweisen.

Der Beklagte behauptet, der Kaufvertrag über den LKW habe ein Scheingeschäft dargestellt. Dies schließt er daraus, daß, wie unstreitig ist,[2] der Zeuge Albers 1984 die eidesstattliche Versicherung abgegeben und am 14.8. und 17. 8. 1986 erneut die Ladung zur Abgabe der eidesstattlichen Versicherung erhalten habe. Der Kaufvertrag habe, so behauptet der Beklagte weiter, lediglich dazu gedient, den LKW dem Zugriff der Gläubiger des Vollstreckungsschuldners zu entziehen. Noch Ende November 1986

---

[1] Durch diesen einleitenden Absatz werden bereits wichtige Umstände mitgeteilt. Außerdem wird dem kundigen Leser klar gemacht, daß es sich teilweise um eine Drittwiderspruchsklage handelt.

[2] Hier und im folgenden werden innerhalb des streitigen Beklagtenvorbringens unstreitige Tatsachen wiedergegeben. Dies ist deshalb notwendig, weil es dem Verständnis dient. Würden die Tatsachen im unstreitigen Teil dargestellt, würde ihr Sinn, jedenfalls zunächst, nicht klar. Wichtig ist aber, auch anzugeben, daß die Tatsachen unstreitig sind.

habe der Zeuge Albers dem Zeugen Krause im eigenen Namen einen ergänzenden Reparaturauftrag erteilt und die Reparatur selbst bezahlt. Dabei habe er erklärt, er habe vor, den LKW zu veräußern.
Hilfsweise hält der Beklagte „dem Klageantrag die Anfechtbarkeit der Veräußerung" entgegen. Er ficht die Übereignung aus allen in Betracht kommenden Anfechtungsgründen an. Er meint, wegen der Divergenz zwischen wirklichem Wert und Kaufpreis des LKWs liege ein Fall inkongruenter Deckung vor. Die Gläubigerbenachteiligungsabsicht ergebe sich daraus, daß, wie er behauptet,[1] der Zeuge Albers den LKW nur veräußert habe, um ihn nicht im Vermögensverzeichnis aufführen zu müssen. Es sei, wie unstreitig ist,[2] sein einziger Vermögenswert gewesen. Dies sei, so behauptet der Beklagte, der Klägerin bekannt gewesen, da sie über die Vermögenslage des Zeugen, mit dem sie unstreitig bis Ende Januar 1987 zusammenlebte,[3] informiert gewesen sei.

Die Klägerin behauptet demgegenüber, bei dem Verkauf des LKW habe es sich um einen Notverkauf gehandelt. Der Zeuge Albers habe die Reparaturkosten nicht mehr zahlen können. Den zweiten Reparaturauftrag habe er in ihrem Namen erteilt und bezahlt.[4]

Das Gericht hat über die Parteibehauptungen Beweis erhoben durch uneidliche Vernehmung der Zeugen Albers und Krause. Zum Ergebnis der Beweisaufnahme wird Bezug genommen auf die Niederschrift der mündlichen Verhandlung vom 23. März 1987.

Entscheidungsgründe:

Die Klage ist nach dem Vorbringen beider Parteien und dem Ergebnis der Beweisaufnahme überwiegend begründet.[5] Die Klägerin kann Zahlung des von dem Beklagten anerkannten Betrages verlangen. Auch interveniert sie zu Recht gegen die Vollstrekkung in den LKW.
I. Die Klägerin kann Zahlung im Umfang des Anerkenntnisses des Beklagten verlangen. Dies folgt bereits aus § 307. Weitere Zahlungsansprüche stehen ihr allerdings nur hinsichtlich eines Teils der Zinsforderung zu.
1. Die Klägerin hat keinen Anspruch auf Ersatz des Versteigerungserlöses gegen den Beklagten.
Ein Schadenersatzanspruch wegen einer Verletzung von Pflichten aus einem gesetzlichen Schuldverhältnis – der Zwangsvollstreckung – steht der Klägerin nicht zu. Sie hat nichts dazu vorgetragen, welchen Wert der Fernseher hatte. Es ist nicht ersichtlich, daß der Wert über den von dem Beklagten anerkannten Betrag hinausging. Zudem ist, wie sich aus den Ausführungen unten zur Kostenentscheidung ergibt, ein Verschulden des Beklagten nicht erkennbar.
Aber auch ein Anspruch aus § 812 I 1 2. Alt. BGB steht der Klägerin nicht zu. Dieser Anspruch erfaßt die Vollstreckungskosten nicht. Hinsichtlich dieser ist der Beklagte als Vollstreckungsgläubiger nicht bereichert, weil der Schuldner die Kosten zu tragen hat, § 788. Damit ist dieser bereichert. Der Gläubiger hat nur eine Vorschußpflicht. Dem

---

[1] Gibt man innerhalb der Darstellung von Rechtsansichten Tatsachen wieder, muß man dies auch deutlich machen.

[2] Darstellung unstreitigen Sachverhalts im streitigen Teil.

[3] Darstellung unstreitigen Sachverhalts im streitigen Teil.

[4] Hier war wohl eine Replik im Tatbestand erforderlich. Wären die Tatsachen im streitigen Klägervortrag wiedergegeben worden, wären sie unverständlich gewesen.

[5] Die Zulässigkeit der Klage ist hier völlig unproblematisch, so daß sie nicht begründet werden muß. Allenfalls hätten Ausführungen zur Klageart und zur Zuständigkeit gemacht werden können.

kann auch nicht entgegengehalten werden, daß der Gläubiger die Kosten häufig nicht beim Schuldner beitreiben kann. Würde man darauf abstellen, wären die Vollstrekkungskosten Aufwendungen des Gläubigers dafür, das Verwertungsrecht zu erlangen. Erwerbskosten, die anläßlich des Eigentumserwerbs am Erlös anfallen, sind bereicherungsrechtlich vom herauszugebenden Betrag abzusetzen.

2. Ein Zinsanspruch steht der Klägerin erst vom 24. 3. 87 an zu, § 291 BGB. Ein Verzug des Beklagten ist nicht ersichtlich. Zum Zeitpunkt der Rechtshängigkeit, der Zustellung des Schriftsatzes, mit dem die Klägerin Zahlung des Erlöses verlangt hat, stand der Klägerin der Rückzahlungsanspruch noch nicht zu. Zu diesem Zeitpunkt hatte der Beklagte das Geld noch nicht erlangt.

II. Der Klägerin steht aufgrund ihres Eigentums ein Anspruch[1] darauf zu, daß die Zwangsvollstreckung in den LKW,[2] den der Beklagte hat pfänden lassen, gem. § 771 für unzulässig erklärt wird. Sie ist am 15. September 1986 Eigentümerin des LKW geworden.

1. Eine Einigung im Sinne des § 929 BGB über den Eigentumsübergang zwischen ihr und dem Zeugen Albers liegt jedenfalls schlüssig darin, daß der Zeuge der Klägerin in Erfüllung des schriftlichen Kaufvertrages über den LKW nach der Entgegennahme des Kaufpreises die Schlüssel zum LKW aushändigte. Dadurch hat der Zeuge zu erkennen gegeben, daß er seinen Pflichten aus dem Kaufvertrag nachkommen und damit auch das Eigentum übertragen wollte. Die Klägerin hat dieses Angebot durch die Annahme der Schlüssel konkludent angenommen.

Die Einigung über den Eigentumsübergang ist nicht nichtig.[3]

Es handelte sich nicht um ein Scheingeschäft im Sinne des § 117 BGB. Es fehlt an der Voraussetzung, daß die Vertragsparteien einverständlich nur den Schein des Abschlusses eines Rechtsgeschäfts hervorrufen, dagegen die mit ihm verbundenen Rechtswirkungen nicht eintreten lassen wollten. Schon nach dem eigenen Vorbringen des Beklagten wollten der Zeuge Albers und die Klägerin den LKW durch die Übereignung an die Klägerin dem Zugriff der Gläubiger des Zeugen entziehen. Dies konnte rechtlich aber nur geschehen, wenn die Eigentumsübertragung wirklich gewollt und nicht zum Schein erfolgt war. Ansonsten wäre der Zeuge Albers Eigentümer geblieben. Der LKW hätte weiterhin dem Zugriff der Gläubiger gedient. Der Beklagte hat auch nicht bewiesen, daß die Vertragsparteien davon ausgegangen wären, eine Scheinvereinbarung reiche aus. Die dafür sprechenden Indizien – Reparaturauftrag im Namen und für Rechnung des Zeugen Albers; dessen Erklärung, er wolle den LKW veräußern – sind in der Beweisaufnahme nicht bestätigt worden. Die Zeugen Albers und Krause haben vielmehr übereinstimmend bekundet, daß die Folgereparatur für die Klägerin in Auftrag gegeben und die erste von ihr bezahlt wurde. Der Zeuge Albers soll nicht erklärt haben, er wolle den LKW verkaufen, sondern „er habe verkauft". Da die beweiserheblichen Tatsachen von den Zeugen nicht bestätigt wurden,[4] bedarf es keiner Ausführungen zu der Glaubhaftigkeit ihrer Aussagen. Auch wenn den Zeugen kein Glauben geschenkt werden könnte, stünde damit das Gegenteil ihrer Aussage noch nicht fest.

---

[1] Hier wird das Eigentum der Klägerin als Anspruchsgrundlage herangezogen; s. d. oben Rn. 589.

[2] Es ist unbedingt darauf zu achten, daß hier die Vollstreckung in einen bestimmten Gegenstand für unzulässig erklärt werden soll.

[3] Beachten Sie den Ansatz: Nichtigkeit der Einigung über den Eigentumserwerb, nicht etwa des Kaufvertrages!

[4] Häufig wird der Fehler gemacht, eine umfangreiche Beweiswürdigung auch dann vorzunehmen, wenn eine Aussage für das Beweisthema unergiebig ist. Die Aussage kann noch so glaubhaft oder unglaubhaft sein; wenn sie das einzige Beweismittel ist, ist das Beweisthema weder bewiesen noch widerlegt.

Nach dem Vorbringen der Parteien ist die Einigung weiterhin nicht nach § 138 BGB nichtig. Eine Nichtigkeit nach § 138 I BGB wegen der von dem Beklagten behaupteten Gläubigerbenachteiligungsabsicht kommt nicht in Betracht. Insoweit sind die Vorschriften des Gläubigeranfechtungsgesetzes vorrangige Spezialvorschriften. Daß die Klägerin und der Zeuge Albers über die im Rahmen des genannten Gesetzes zu prüfenden Umstände hinaus sittenwidrig handelten, läßt sich dem Vorbringen des Beklagten nicht entnehmen. Eine Nichtigkeit nach § 138 II BGB – etwa wegen des Mißverhältnisses zwischen dem vereinbarten Kaufpreis und dem tatsächlichen Wert des LKWs – liegt ebenfalls nicht vor. Der Beklagte hat nicht vorgetragen, daß die Klägerin eine Zwangslage[1] des Zeugen ausgenutzt habe.
Darlegungs- und beweispflichtig für die zur Nichtigkeit der Einigung führenden Umstände ist der Beklagte. Die Nichtigkeit eines Rechtsgeschäfts muß derjenige beweisen, der sich darauf beruft.
2. Der LKW ist der Klägerin auch übergeben worden, § 931 BGB. Der Zeuge Albers hat ihr den Herausgabeanspruch gegen die Fa. Münsterland abgetreten, so daß dahin stehen bleiben kann, ob sie den unmittelbaren Besitz an dem LKW erlangt hat.
3. Schließlich war der Zeuge als damaliger Eigentümer des LKW auch berechtigt, das Eigentum auf die Klägerin zu übertragen.
4. Der Beklagte kann dem Widerspruchsrecht der Klägerin nicht im Wege der Einrede nach § 5 AnfG aF entgegenhalten, daß die Klägerin den LKW als zum Vermögen des Zeugen Albers gehörig zurückgewähren, § 7 AnfG aF, und damit die Zwangsvollstreckung dulden müßte.[2] Die vom Beklagten gem. § 2 AnfG aF zulässigerweise – er ist Inhaber eines Titels, die Vollstreckung gegen den Zeugen Albers war erfolglos – geltend gemachte Anfechtung scheitert daran, daß dem Beklagten kein Anfechtungsrecht zusteht.
a) Ein Anfechtungsrecht nach § 3 I Nr. 1 AnfG aF wegen einer absichtlichen Gläubigerbenachteiligung hat der Beklagte nicht nachgewiesen. Ob die weiteren Voraussetzungen dieser Norm vorliegen, kann offen bleiben,[3] weil der Beklagte jedenfalls den Beweis dafür nicht erbracht hat, daß die Klägerin Kenntnis von einer evtl. Benachteiligungsabsicht des Schuldners, des Zeugen Albers, hatte. Dies kann nicht allein mit dem geringen Kaufpreis und der Tatsache, daß die Klägerin keinen LKW-Führerschein hatte, begründet werden. Schon begrifflich setzt die Kenntnis von einer Gläubigerbenachteiligungsabsicht voraus, daß dem Anfechtungsgegner die Vermögensverhältnisse des Schuldners bekannt sind. Ist ausreichendes Vermögen da, ist es unerheblich, wenn ein Gegenstand unter Wert verkauft wird. Dies kann seinen Grund auch darin haben, daß der Veräußernde über keine liquiden Mittel verfügt. Weiter muß dem Anfechtungsgegner bekannt sein, daß es überhaupt Gläubiger gibt, die benachteiligt werden können. Der Beklagte hat aber gerade für die von dieser bestrittene Kenntnis der Klägerin von der Vermögenslage des Schuldners keinen Beweis angetreten. Allein die Tatsache, daß die Klägerin zur fraglichen Zeit mit dem Vollstreckungsschuldner zusammenlebte, reicht hierzu nicht aus. Dies bedeutet noch nicht zwangsläufig, daß sie auch in seine Vermögensverhältnisse eingeweiht war. Die Beweislast für das Vorliegen des Anfechtungstatbestandes trifft den Beklagten als Anfechtenden.
b) Ein Anfechtungsrecht nach § 3 I Nr. 2 AnfG aF ergibt sich schon aus dem eigenen Vorbringen des Beklagten nicht. Die Klägerin gehört nicht zu den in der Vorschrift

---

[1] Die anderen Umstände des § 138 II BGB kommen offensichtlich nicht in Betracht.

[2] Beachten Sie den Ansatz der Prüfung der Gläubigeranfechtung. Methodisch saubere Argumentation ist äußerst wichtig!

[3] Hier wäre es mE verfehlt, lange Ausführungen zu der Frage zu machen, ob die Benachteiligungsabsicht nachgewiesen ist, um dann die Anfechtung an der fehlenden Kenntnis der Klägerin scheitern zu lassen. Richtigerweise war die Beweisaufnahme hier sogar entbehrlich.

genannten nahen Angehörigen des Schuldners Albers. Die Vorschrift kann auch nicht deshalb entsprechend angewandt werden, weil die Klägerin zur maßgeblichen Zeit mit dem Zeugen eheähnlich zusammenlebte. Eine analoge Anwendung der Norm scheitert schon an ihrem Ausnahmecharakter.

c) Schließlich folgt ein Anfechtungsrecht nicht aus § 3 I Nr. 3 AnfG aF. Das Eigentum am LKW ist der Klägerin von dem Zeugen nicht unentgeltlich verschafft worden. Er hat vereinbarungsgemäß 20 000,– DM für den LKW erhalten. Die Unentgeltlichkeit folgt auch nicht daraus, daß der vereinbarte Kaufpreis weit unter dem tatsächlichen Wert der Sache lag. Einmal handelt es sich um ein Rechtsgeschäft über einen Gegenstand, das deshalb nicht in einen entgeltlichen und einen unentgeltlichen Teil aufgespalten werden kann. Zum anderen beträgt der Kaufpreis mehr als die Hälfte des tatsächlichen Wertes, so daß von einer verschleierten Schenkung keine Rede sein kann.

5. Die Geltendmachung des Widerspruchsrechts durch die Klägerin ist nicht deshalb rechtsmißbräuchlich (§ 242 BGB), weil die Klägerin materiell-rechtlich selbst, nämlich aus § 419 BGB aF, für die titulierte Forderung des Beklagten haftet.[1] Die Voraussetzungen des § 419 BGB aF hat der Beklagte nicht nachgewiesen.

Es kann dahinstehen, ob die Haftung als Vermögensübernehmer dem Drittwiderspruchskläger entgegengehalten werden kann. Auch ist nicht entscheidungserheblich, ob die Klägerin allein durch den Ankauf des LKWs das gesamte Vermögen des Zeugen Albers übernommen hat und in diesem Zusammenhang zu berücksichtigen ist, daß anstelle des Wertes des LKWs 20 000,– DM in das Vermögen des Schuldners Albers flossen. Weil die Klägerin nur einen Vermögensgegenstand übernommen hat, hätte sie, um gem. § 419 BGB aF zu haften, wissen oder jedenfalls die Tatsachen kennen müssen, aus denen sich ergibt, daß es sich um das einzige Vermögen des Schuldners handelte.

Diese einschränkende Auslegung des § 419 BGB aF folgt einmal daraus, daß in diesen Fällen die Warnfunktion des § 311 BGB fehlt, der eine notarielle Beurkundung eines Vertrages vorschreibt, durch den jemand sein gegenwärtiges Vermögen überträgt. Beim Abschluß eines solchen Vertrages wird dem Übernehmer deutlich, worauf er sich einläßt. Zum anderen gebietet der Verkehrsschutz diese Auslegung des § 419 BGB aF. Wegen der drohenden Mithaftung müßte sich sonst ein Vertragspartner vor Geschäftsabschluß nach den Vermögensverhältnissen des anderen Teils erkundigen, und zwar unabhängig von der Frage, ob das Vermögen ausreicht, um die vertragliche Gegenleistung zu erbringen.

Die von ihr bestrittene Kenntnis der Klägerin von den Vermögensverhältnissen des Zeugen Albers hat der Beklage aber, wie bereits dargestellt, nicht bewiesen. Er hat keinen Beweis angetreten. Da er hieraus den Einwand der unzulässigen Rechtsausübung herleiten will, trifft ihn die Beweislast.

III. Die Kostenentscheidung folgt aus den §§ 92 I, 93.

Die Klägerin hat die Kosten des Rechtsstreits zu tragen, soweit der Beklagte die Klageforderung anerkannt hat. Das Anerkenntnis des Beklagten erfolgte zum frühestmöglichen Zeitpunkt. Dies war die mündliche Verhandlung vom 23. März 1987. Erst am Morgen dieses Tages hatte der Beklagte den Versteigerungserlös erhalten.

Er hat auch keine Veranlassung zur Klageerhebung gegeben. Der Vollstreckungsgläubiger gibt zur Drittwiderspruchsklage keinen Anlaß, solange ihm die klagebegründenden Tatsachen nicht bekannt oder nicht ausreichend nachgewiesen sind. Vorher kann er zur Freigabe der gepfändeten Gegenstände nicht gezwungen werden. Sie würde dazu führen, daß auf Antrag des Schuldners die Pfandsiegel entfernt würden. Damit würde die Verstrickung des gepfändeten Gegenstandes entfallen. Der Gegenstand könnte veräußert werden. Stellte sich erst später heraus, daß der Dritte überhaupt nicht Eigentümer des gepfändeten Gegenstandes war, so daß die Freigabe zu Unrecht erklärt wur-

---

[1] Beachten Sie den Ansatz zur Prüfung der Vermögensübernahme.

de, bestünde für den Vollstreckungsgläubiger die Gefahr, daß er auf den ursprünglich gepfändeten Gegenstand nicht mehr zurückgreifen könnte. Das Eigentum der Klägerin ist dem Beklagten vorprozessual nicht hinreichend nachgewiesen worden. Er hat zu Recht die Vorlage des Kaufvertrages und der Zahlungsquittungen verlangt. Nur dadurch konnte die Klägerin ihr Eigentum nachweisen. Die auf ihren Namen lautenden Garantieurkunden konnten keinen Beweis für das Eigentum der Klägerin erbringen.
§ 92 II konnte nicht angewandt werden. Die Zuvielforderung der Klägerin hat Kosten verursacht. Zwischen den Streitwerten von 30 000,– DM bzw. 31 000,– DM befindet sich ein Gebührensprung.
IV. Die Entscheidung über die vorläufige Vollstreckbarkeit beruht auf den §§ 708 Nr. 1, 11, 709 S. 1, 711. Das Urteil war trotz des Gestaltungscharakters des Ausspruchs zu 2) des Tenors wegen § 775 Nr. 1 in vollem Umfang für vorläufig vollstreckbar zu erklären. Zum Schutz des Beklagten für den Fall einer Abänderung des Urteils in 2. Instanz war wegen § 776 S. 1 der Wert des LKW in die von der Klägerin zu leistende Sicherheit einzubeziehen. Hinzu kommen die Kosten des Rechtsstreits, wegen welcher die Klägerin vollstrecken kann.

An das
Amtsgericht Düsseldorf

40123 Düsseldorf

Antrag:

Es wird beantragt, den unten entworfenen Beschluß zu erlassen

X die Zustellung zu vermitteln **(1)**

X an Drittschuldner mit Aufforderung nach § 840 ZPO

• Prozeßkostenhilfe ist bewilligt **(2)**

Düsseldorf, 2. 5. 1997 Kaiser

(Ort und Tag) (Unterschrift)

Amtsgericht Ort und Tag Düsseldorf, 3. 5. 1997

Gesch. Nr.: 20 M 922/97 (Bitte bei allen Schreiben angeben!)

Pfändungs- und Überweisungsbeschluß

in der Zwangsvollstreckungssache

des Herrn Arnulf Rinderbauch, Martin-Luther-Platz 39 a, 40088 Düsseldorf **(3)**

Gläubiger s,

Verfahrensbevollm.: Rechtsanwalt Karl Kaiser, Königsallee 220, Düsseldorf,

gegen

Frau Friedel Schwartemagen, Ottostr. 1, 40123 Düsseldorf, **(4)**

Schuldner in,

Verfahrensbevollm.: – -

Aufgrund der vollstreckbaren Ausfertigung des Urteils (genaue Titelbezeichnung) des LG Düsseldorf vom 15. September 1988–32 O 110/87 - **(5)**

kann/~~können~~ der/~~die~~ Gläubiger/~~in~~/~~innen~~ von ~~dem~~/der/~~den~~ Schuldner/~~n~~/in/~~innen~~ beanspruchen: **(6)**

15 100, 45 DM Hauptforderung

DM 8 % Zinsen seit dem 1. 10. 1986 aus der Hauptforderung

DM vorgerichtliche Kosten

DM festgesetzte Kosten – ~~Kosten des automatisierten Mahnverfahrens~~

DM Kosten des Mahnbescheids

DM Kosten des Vollstreckungsbescheids

DM % Zinsen seit dem aus den Kosten

DM Kosten früherer Vollstreckungsmaßnahmen **(7)**

abzüglich am 15. 10. 1988 gezahlter 99,36 DM. **(8)**

Wegen dieser Ansprüche sowie der Gerichts-, Anwalts- und Zustellungskosten für diesen Beschluß (vgl. ums. Kostenrechnung) wird die angebliche Forderung des Schuldners an den Arbeitgeber **(9)**

genaue Bezeichnung des **Drittschuldners** – Firmenbezeichnung bzw. Vor- und Zuname, Vertretungsberechtigte, genaue Anschrift

Fa. Maximilian Humbug GmbH & Co KG, vertr. durch die Maximilian Humbug GmbH, diese vertr. Durch den Geschäftsführer Max Humbug, alle Ottilienstr. 13, 40012 Düsseldorf **(10)**

Drittschuldner

auf Zahlung des gesamten Arbeitseinkommens(einschließlich des Geldwertes von Sachbezügen) solange gepfändet, bis der Gläubigeranspruch gedeckt ist. **(11)**

Der Arbeitgeber (Drittschuldner) darf, soweit die Forderung gepfändet ist, nicht mehr an den Schuldner zahlen. **(12)**
Der Schuldner darf den gepfändeten Teil des Arbeitseinkommens nicht mehr verlangen, ihn auch nicht verpfänden oder abtreten. **(13)**
Soweit die Forderung des Schuldners an den Arbeitgeber gepfändet ist, wird sie dem Gläubiger zur Einziehung überwiesen. **(14)**

A. Berechnung des pfändbaren Arbeitseinkommens

Von der Pfändung sind ausgenommen und nicht mitzurechnen: **(15)**

1. Beträge, die unmittelbar aufgrund steuer- oder sozialrechtlicher Vorschriften zur Erfüllung gesetzlicher Verpflichtungen des Schuldners abzuführen sind, ferner auf den Auszahlungszeitraum entfallende Beiträge, die der Schuldner nach den Vorschriften der Sozialversicherungsgesetze zur Weiterversicherung entrichtet oder an eine Ersatzkasse oder ein Unternehmen der privaten Krankenversicherung leistet, soweit diese Kassenbeiträge den Rahmen des Üblichen nicht übersteigen,
2. Aufwandsentschädigungen, Auslösungsgelder und andere soziale Zulagen für auswärtige Beschäftigung, das Entgelt für selbstgestelltes Arbeitsmaterial, Gefahren-, Schmutz- und Erschwerniszulagen (alle Beträge jedoch nur in üblicher Höhe),
3. Die Hälfte der für die Leistung von Mehrarbeitsstunden gezahlten teile des Arbeitseinkommens,
4. Weihnachtsvergütungen bis zur Hälfte des monatlichen (Brutto-) Einkommens, höchstens aber bis 540,– DM,
5. Die in § 850 a Nr. 2, 5 bis 8 genannten Bezüge (zB Urlaubs- und Treuegelder, Heirats- und Geburtshilfen, Erziehungsgelder, Sterbe- und Gnadenbezüge sowie Blindenzulagen),
6. Berlin-Zulage nach § 28 Abs. 10 BerlinFG bzw. § 851 ZPO.

B. Berechnung des pfändbaren Betrages **(16)**

1. Das nach A errechnete Nettoeinkommen des Schuldners ist unpfändbar, wenn es, je nach Zeitraum, für den es gezahlt wird, nicht mehr beträgt als 1209.- DM monatlich, 279.- DM wöchentlich oder 55, 80 DM täglich. Gewährt der Schuldner aufgrund einer gesetzlichen Verpflichtung seinem Ehegatten, einem früheren Ehegatten oder einem Verwandten oder nach §§ 1615 l, 1615 n BGB der Mutter eines nichtehelichen Kindes Unterhalt, so erhöht sich der Betrag, bis zu dessen Höhe Arbeitseinkommen unpfändbar ist, auf bis zu 3081.- DM monatlich, 711.- DM wöchentlich oder 142,40 DM täglich und zwar um 468.- DM monatlich, 108.- DM wöchentlich oder 21,60 täglich für die erste Person, der Unterhalt gewährt wird, und um je 351.- DM monatlich, 81.- DM wöchentlich oder 16,20 DM täglich für die zweite bis fünfte Person.
2. Übersteigt das Arvbeitseinkommen den Betrag, bis zu dessen Höhe es je nach der Zahl der Personen, denen der Schuldner Unterhalt gewährt, nach Absatz 1 unpfändbar ist, so ist es hinsichtlich des überschießenden Betrages zu einem Teil unpfändbar, und zwar in Höhe von drei Zehnteln, wenn der Schuldner keiner der in Absatz 1 genannten Personen Unterhalt gewährt, zwei weiteren Zehnteln für die erste Person, der Unterhalt gewährt wird, und je einem weiteren Zehntel für die zweite bis fünfte Person. Der Teil des Arbeitseinkommens, der 3796.- DM monatlich, 876.- DM wöchentlich oder 175,20 DM täglich übersteigt, bleibt bei der Berechnung des unpfändbaren Betrages unberücksichtigt.
3. Bei der Berechnung des nach Absatz 2 pfändbaren Teils des Arbeitseinkommens ist das Arbeitseinkommen, gegebenenfalls nach Abzug des nach Absatz 2 Satz 2 pfändbaren Betrags, nach unten abzurunden, und zwar bei Auszahlung für Monate auf einen durch 20.- DM, bei Auszahlung für Wochen auf einen durch 5.- DM oder bei Auszahlung nach Tagen auf einen durch 1. DM teilbaren Betrag.
4. Hat eine Person, welcher der Schuldner auf Grund gesetzlicher Verpflichtung Unterhalt gewährt, eigene Einkünfte, so kann das Vollstreckungsgericht auf Antrag des Gläubigers nach billigem Ermessen bestimmen, daß diese Person bei der Berechnung des unpfändbaren Teils des Arbeitseinkommens ganz oder teilweise unberücksichtigt bleibt; soll die Person nur teilweise berücksichtigt werden, so ist Absatz 3 Satz 2 nicht anzuwenden.

C. Der pfändbare Betrag unter Berücksichtigung von Unterhaltspflichten des Schuldners ergibt sich aus der Tabelle zu § 850 c Absatz 3 ZPO (Fassung vom 1. 4. 1992, BGBl. I S. 747). (17)

I. Gerichtskosten

Gebühr (Nr. 1640 Kost.-Verz. GKG) 20,00 DM

II. Anwaltskosten

1. Gebühr (§§ 11, 31, 57 BRAGO) 241,50 DM
2. Auslagenpauschale (§ 26 BRAGO) 36,30 DM
3. Umsatzsteuer (§ 25 Abs. 2 BRAGO) 41,67 DM

Summe II: 319,47 DM

(18)

III Zustellungskosten (GVKostG)

1. Zustellung an Drittschuldner, § 16 DM 10,00
2. Zustellung an Schuldner, § 16 DM 2,50
3. Beglaubigung von Seiten (§§ 35 Abs. 1 Nr. 1, 36) DM
4. Schreibauslagen 3 Seiten (§ 16 Abs. 7) DM 3,00
5. Auslagen f. Zustellung (§ 35 Abs. 1 Nr. 3) DM 6,00
6. Auslagen für Nachnahme (§ 35 Abs. 1 Nr. 3) DM
7. Vordruckpauschsatz (§ 35 Abs. 1 Nr. 2) DM
8. Wegegeld (§ 37) 6 km DM 3,00
9. ....

Summe III: DM 24,50

ausgefertigt Bleibgerecht

Gänsefüßchen, Justizangestellte (als Urkundsbeamter der Geschäftsstelle) Rechtspfleger

Anmerkungen zum Pfändungs- und Überweisungsbeschluß

(1) Antrag auf Vermittlung der Zustellung, § 166 II 1.
(2) Anmerkung, ob zur Durchführung des Vollstreckungsverfahrens Prozeßkostenhilfe bewilligt worden ist.
(3) Genaue Bezeichnung des Gläubigers.
(4) Genaue Bezeichnung des Schuldners.
(5) Genaue Bezeichnung des Vollstreckungstitels.
(6) Bezeichnung des Anspruchs des Gläubigers, wegen dessen die Zwangsvollstreckung betrieben wird. Sie kann unter der titulierten Summe liegen, wenn nur wegen einer Teilforderung vollstreckt wird.
(7) Hier können bisher entstandene Vollstreckungskosten (§ 788) aufgeführt werden.
(8) Angabe bisher auf die titulierte Schuld geleisteter Zahlungen.
(9) Es wird nur die **angebliche** Forderung des Schuldners gepfändet. Der Rechtspfleger macht nur eine Schlüssigkeitsprüfung (Rn. 281).
(10) Genaue Bezeichnung des Drittschuldners.
(11) Genaue Bezeichnung des gepfändeten Anspruchs, hier des Anspruchs der Schuldnerin auf Zahlung von Arbeitslohn gegen die Drittschuldnerin.
(12) Arrestatorium (§ 829 I 1, s. Rn. 282).
(13) Inhibitorium (§ 829 I 2, s. Rn. 282).
(14) Überweisungsbeschluß (§ 835), und zwar zur Einziehung.
(15) Bezüge, die nach den maßgeblichen Vorschriften (zB § 850a) nicht gepfändet werden dürfen.
(16) Pfändungsgrenzen nach § 850c.
(17) Blankettbeschluß iSd. § 850c III 2 (Bezugnahme auf die Tabelle).
(18) Berechnung der Gerichts- und Anwaltskosten für den Erlaß des Pfändungs- und Überweisungsbeschlusses. Die Gebührenvorschriften sind aufgeführt.
(19) Berechnung der Zustellungskosten des Gerichtsvollziehers. Sie wird bei der Zustellung vom Gerichtsvollzieher erstellt.

Ostwald Klose **1)**
Obergerichtsvollzieher
Tiefe Mark 133
44287 Dortmund

Auftrag zur Zwangsvollstreckung und gleichzeitigen Zustellung ~~schriftlich/mündlich erteilt~~ durch Vermittlung der Geschäftsstelle eingegangen.

Dortmund, 20. 5. 1997 **Klose**
(Ort und Tag) (Unterschrift)

Vollstreckung versucht (niemand angetroffen)

am:	Uhrzeit	Unterschrift
23.5.97	9.34	**Klose**

DR II 2002/97 **2)**
(Bitte bei allen Schreiben angeben!)

Dortmund, 6. 6. 1997
(Ort und Tag)

Vollstreckungsprotokoll

Gläubiger Helmut Meierhoff, Bahnstr. 23, 46267 Dortmund

3) vertreten durch Rechtsanwälte Eintreib und Partner, Unna

Schuldner Heinz-Otto Müller, Bahnhofstr. 123, 46167 Dortmund

vertreten durch ....

Titel 4) Vollstreckungsbescheid – ~~Urteil – Vergleich – Beschluß – notarielle Urkunde~~ – des Amtsgerichts – ~~des Arbeitsgerichts – des Landgerichts – des Oberlandesgerichts – vollstreckbarer Auszug aus dem Beitragsbescheid – des Notars –~~ ______ in Hagen vom 2. 4. 1997 Az: 130 B 1211/97

5) am ______ – heute – an Schuldner – ~~Schuldnervertreter~~ – zugestellt.

6) ~~Urkunde über Sicherheitsleistung – Hinterlegungsschein HL ______ des – Bankbürgschaftsurkunde der –~~ ______ ~~am~~ ______ ~~– heute – an – Schuldner – Schuldnervertreter – zugestellt.~~

7) Beschluß des AG Dortmund vom (Az: 20 M 124/97) nach – ~~§ 758 ZPO~~ – Art 13 Abs. 2 GG – ~~§ 761 ZPO~~ – liegt vor.

Forderung

8)

a) ~~Hauptforderung~~ – Teilforderung – ~~Restforderung~~	2000,00 DM
nebst ______ v. H. Zinsen	______ DM
von ______ DM vom ______ bis ______	______ DM
von ______ DM vom ______ bis ______	______ DM
von ______ DM vom ______ bis ______	______ DM
b) Wechselunkosten	______ DM
c) Vorgerichtliche Mahnkosten lt. Titel	______ DM
d) Kosten des Mahnverfahrens	______ DM
e) Kosten lt. Kostenfestsetzungsbeschluß	______ DM
nebst 4 v. H. Zinsen vom ______ bis ______	______ DM
f) Kosten einer früheren Zwangsvollstreckung	______ DM
e) Kosten des Bevollmächtigten für diesen Antrag	______ DM
abzüglich am ______ gezahlter ______ DM zusammen:	______ DM
und am ______ gezahlter ______ DM	______ DM

Forderung des Gläubigers:	______ DM
zzgl. Vollstreckungskosten 4. Seite:	58,00 DM
Gesamtzahlung:	2058,00 DM

Nicht zu ermittelnder Schuldner 9)

Um wegen der Forderung des Gläubigers und der weiteren Kosten der Zwangsvollstreckung sowie der Zinsen bis zur Zahlung in das bewegliche Vermögen des Schuldners zu vollstrecken, habe ich mich heute um 14.30 Uhr ~~nach~~ ______ – in die Wohnung/~~Geschäftsräume~~ des Schuldners – ~~an Ort und Stelle~~ – begeben. ~~Der Schuldner ist – nicht zu ermitteln – angeblich verzogen nach~~ ______ ~~– angeblich verzogen – und hat pfändbare Habe nicht hinterlassen.~~

______

(Ober-Gerichtsvollzieher)

Abwesenheit d. Schuldners ~~Ich traf weder den Schuldner noch einen zur Familie gehörigen oder bei dem Schuldner angestellten Erwachsenen an – und fand die Wohnung – Geschäftsräume – verschlossen.~~

Zahlungs-aufforderung 10) Ich habe den Schuldner – ~~gesetzlichen Vertreter – selbst~~ – nicht angetroffen, sondern – die ~~– den~~ – Ehefrau, ~~Ehemann, Sohn, Tochter, Mutter, Vater, Gewerbegehilfen~~ Klothilde Müller ______. ~~Der – Die – Angetroffene wurde von mir als zur Einwilligung berechtigt angesehen, weil~~ ______. ~~Der~~ – Die Angetroffene wurde mit meinem Auftrag bekannt gemacht und aufgefordert, den geschuldeten Betrag nebst Zinsen und Kosten der Zwangsvollstreckung zu zahlen.

Zahlungs-nachweis 11) Hierauf wurde mir nachgewiesen

durch	vom	die Zahlung von	an
		DM	
		DM	

Zahlung durch Scheck 12) Der nebenstehende Betrag wurde mit Bar- Verrechnungs- Scheck gezahlt und wie angegeben verrechnet. Ich habe darauf hingewiesen, daß die Zwangsvollstreckung erst eingestellt und die nachstehende Pfändung erst aufgehoben werden kann, wenn der Gegenwert des Schecks eingegangen ist oder der Gläubiger zugestimmt hat. Der Schuldner verlangte Weitergabe des Schecks an den Gläubiger. Der Schuldner wurde gem. § 106 Abs. 3 S. 2 GVGA belehrt.

Gezahlter Betrag ____ DM
Vorschuß ____ DM
Einnahme ____ DM

Gläubiger – vertreter erhält ____ DM
Vollstreckungskosten ____ DM
KB II ______ zus. ____ DM

Quittung habe ich erteilt.

Barzahlung 13) Der nebenstehende Betrag wurde an mich bar gezahlt und wie angegeben verrechnet. Den Schuldtitel – und den – Wechsel – Scheck – habe ich ausgehändigt. Die Vollstreckung wurde auf den Restbetrag beschränkt.

Ausbleiben der Zahlung 14) D. Angetroffene erklärte, – nicht zahlen ~~– keine weitere Zahlung leisten~~ – zu können. Ich forderte nunmehr dazu auf, mir zur Pfändung die bewegliche Habe des Schuldners, und zwar zunächst die entbehrlichsten Sachen, vorzuzeigen sowie alle Räume und Behältnisse, soweit erforderlich, zu öffnen. Die richterliche Durchsuchungsanordnung ~~– und – der Beschluß nach § 761 ZPO –~~ wurde vorgelegt.

Widerspruch 15) D. Angetroffene widersprach der Durchsuchung – nicht – und führte zur Begründung aus:

______

Einstellung 16) Hierauf habe ich die Zwangsvollstreckung – vorläufig – eingestellt.

______ (Ober- Gerichtsvollzieher)

Zwangs-öffnung 17) Da Gefahr im Verzuge war, habe ich – den Gemeinde- Polizei – Beamten – zwei erwachsene Zeugen –, nämlich:

1. ______
2. ______

- zugezogen – und die Räume durch den Schlosser öffnen lassen – und – ohne Durchsuchungsanordnung vollstreckt –
- nach vorheriger schriftlicher Ankündigung vollstreckt.

Pfändung 18) Dann habe ich – ______ ~~DM bares Geld – und~~ – folgende Sache(n) ~~– im Wege der – Anschluß- – Doppel- vorläufigen – Austausch – Vorweg – Hilfs – Pfändung – (nachrangig zu – gleichrangig mit DR II ______) – für alle Gläubiger gleichzeitig~~ – gepfändet, indem ich sie in Besitz genommen habe:

Lfd. Nr.	Gepfändete Sache(n) 19) (Wert geschätzt nach § 813 ZPO)	Gewöhnlicher Verkaufswert DM	Voraussichtlicher Erlös DM
1	Orientläufer aus Seide 1 x 0,5 m, blau-rot	1500.–	800.–
2	ZPO-Kommentar 1996	250.–	50.–

Der Schuldner erklärte auf Befragen, die gepfändete(n) Sache(n) sei(en) noch nicht vorgepfändet.

20) - Die Sache(n) Nr. 1 habe ich nach § 808 Abs. 2 ~~– § 811 a Abs. 4 – § 811 d –~~ ZPO im Gewahrsam des Schuldners belassen, – weil hierdurch die Befriedigung des Gläubigers nicht gefährdet wird. –

21) - Die Sache(n) Nr. 2 habe ich – in meine Verwahrung genommen ~~– alsbald in die Pfandkammer gebracht~~, weil der Schuldner drohte, Teile aus dem Buch herauszureißen (Kommentierung des § 766 ZPO) ; die Befriedigung des Gläubigers wäre daher gefährdet.

Pfandzeichen Die Pfändung der Sache(n) Nr. 1 habe ich durch Anlegen von – einer – Siegelmarke(n) kenntlich gemacht -.

Pfandanzeige Die Pfändung der Sache(n) Nr. ________ habe ich dadurch kenntlich gemacht, daß ich an dem Ort, an dem sie sich gesondert gelagert befinde -t- -n-, nämlich ________

22) eine Pfandanzeige an ________ befestigt habe. Die Anzeige habe ich unterschrieben und mit dem Dienststempel gestempelt. Ihr Inhalt ergibt sich aus der Anzeige.

Anschluß- Die Sache(n) Nr. ________ – ist – sind – nach meinen Feststellungen bereits – von mir – dem

Gerichtsvollzieher

pfändung ________ in ________ gepfändet, und zwar

für	am	Forderung DM	DR- Nr.

Diese Sachen habe ich daher für den Gläubiger heute um ________ Uhr im Anschluß gepfändet und dies dem

23) Angetroffenen mitgeteilt. Ich habe darauf hingewiesen, daß der Auftrag bei Anschlußpfändungen auf den Gerichtsvollzieher oder die Dienststelle der Erstpfändung übergeht.

Versteigerungstermin Zur öffentlichen Versteigerung der Pfandstücke habe ich Termin bestimmt auf den

26. Juni 1997 , 10.00 Uhr

in Herrenstr. 21, 44287 Dortmund ~~– am Ort der Pfändung –~~.

24) Die gepfändete~~(n)~~ Sache~~(n)~~ – wird – ~~werden~~ – am 23. Juni 1997 abgeholt.

Notfalls werden verschlossene Räume geöffnet. Die öffentliche Bekanntmachung der Versteigerung erfolgt am 18. Juni 1997 .

~~Wegen der Vorpfändung(en) steht am ________ – am gleichen Tag – Versteigerungstermin an.~~

Mitteilung an Schuldner D. Angetroffenen habe ich mitgeteilt, daß der Besitz an ~~der~~ – den – gepfändeten Sache(n) auf mich übergegangen – sei. Niemand dürfe den Besitz beeinträchtigen. Eine gepfändete Sache dürfe nicht veräußert, weggeschafft oder

25) verbraucht werden. Jede Beschädigung oder Entfernung eines Pfandsiegels sei untersagt.

Zuwiderhandlungen seien strafbar.

____

____

Hinweis Da d. Angetroffene die Bewilligung von Zahlungsfristen und die Aussetzung der Verwertung der gepfändeten Sache(n) beantragen will, habe ich auf § 813 a ZPO hingewiesen.

Anspruch Dritter D. Angetroffene erklärte, die Sache(n) Nr. 1 stehe im Eigentum ihrer Schwiegermutter Frau Kunigunde Müller, Bahnstr. 125, Unna

26) Ich habe darauf hingewiesen, daß sich der Eigentümer wegen der Freigabe dieser Sache(n) an den Gläubiger, notfalls an das Gericht wenden und daß ich das Vollstreckungsverfahren einstweilen fortsetzen müsse.

Erfolglose Pfändung
27) D. Schuldner~~(in)~~ bewohnt – mit seiner ~~– ihrer –~~ aus 5 Personen bestehenden Familie – eine Wohnung mit 2 Zimmern – Küche – und Nebenräumen. – ~~ein möbliertes Zimmer – hat nur eine Schlafstelle inne – ein Zimmer im elterlichen Haushalt.~~ Bei der Durchsuchung der – Wohnung – ~~Geschäftsräume~~ – und der Behältnisse habe ich außer - der – den – gepfändeten Sache(n) nur vorgefunden, aber nicht gepfändet:

28) 1. die für den Schuldner – und seine Familie – notwendigen Kleidungs- und Wäschestücke;

29) 2. an Hausrat und Küchengeräten die zu einer Berufstätigkeit und der Verschuldung angemessenen bescheidenen Lebens- und Haushaltsführung notwendigen Sachen, insbesondere:
1 Fernsehgerät, schwarz-weiß

30) 3. Sachen zur Fortsetzung der Berufstätigkeit als Handelsvertreter, insbesondere
1 PKW Mercedes 180 D, Baujahr 1958
4. Vorräte – und Vieh – ______

31) 5. Sachen, die zum gewöhnlichen Hausrat gehören und im Haushalt benötigt werden ______ Wert: ______ DM
6. Sonstige Sachen ______ Wert: ______ DM

32) 7. Die Sachen zu ______ unterliegen als Zubehör nicht der Zwangsvollstreckung in das bewegliche Vermögen (§ 865 Abs. 2 ZPO).

33) Die Sachen zu 1. bis 4. sind für den Schuldner und seine Familie unentbehrlich, insbesondere sind von den Sachen zu 4. nur die Menge vorhanden, die § 811 Nr. 2 bis 5 ZPO dem Schuldner als pfandfrei beläßt. – Die Verwertung der Sachen zu 5. würde nur einen Erlös erbringen, der außer Verhältnis zu ihrem Wert steht (§ 812 ZPO). – Bei der Verwertung der Sachen zu 6. ist kein Überschuß über die Kosten der Vollstreckung zu erwarten (§ 803 Abs. 2 ZPO).

34) **Die Zwangsvollstreckung war hiernach – in der Wohnung – ~~im Geschäftslokal~~ – teilweise – erfolglos.**

Kostenrechnung Wert 2000,– DM 35)

I. Gebühren	**GVKostG**	**DM**
1. Zustellung	§ 16 I/II	10,00
2. Versuchte Zustellung	§ 16 IV	
3. Rücknahme d. Zust.- Auftrags	§ 16 V	
4. Beglaubigung (___ Seiten)	§ 16 VII	
5. Vorpfändung	§ 16 a	
6. Erledigung vor Antritt	§ 20 I	
7. Erledigung an Ort und Stelle	§ 20 II	
8. Hebegebühr	§ 27 I	
9. Pfändung (1 Stunde-n-)	§ 17 I/II/III	30,00
10. Erfolglose Pfändung	§ 17 IV	
II. Auslagen		
1. Schreibauslagen für		
a) Protokollabschrift (8 Seiten)	§ 36	8,00
b) Titelabschrift. (___ Seiten)	§ 36	
c) Hinterlegungsanzeige (___ Seiten)	§ 36	
d) ______ (___ Seiten)	§ 36	
2. Wegegeld (12 km) § 37		6,00
erfolglos versuchte Amtshandlungen am 23. 5. 1997		
3. Vordruckpauschsatz	§ 35 I 2	
4. Postgebühren für		
a) Zustellung	§ 35 I 3	
b) Protokollabschrift	§ 35 I 3	4,00
c) Mitteilung an	§ 35 I 3	
d) Geldsendung	§ 35 I 3	
e) Nachnahmesendung	§ 35 I 3	
5. Fernsprechgebühren	§ 35 I 3	
6. Zeugen und Sachverständige	§ 35 I 5	
7. Transportkosten (______ km)	§ 35 I 8, 11	
8. Arbeitshilfe	§ 35 I 11	
9. Pfandkammerkosten	§ 35 I 8	
10. Schlosserlohn	§ 35 I 6	
III. Vorbehaltene Kosten		
vom ______	(KR Bl. ______)	
	Zusammen:	58, 00
Nachnahme-/Zahlkartengebühr		
KB II ______	**insgesamt**	58, 00

~~Von der Vollstreckungshandlung wird der abwesende Schuldner durch Protokollabschrift benachrichtigt. Die – Wohnung – Geschäftsräume habe ich wieder verschließen lassen.~~ – Der Schuldner beantragte eine Protokollabschrift.

36) Die Vollstreckungshandlung war um 10.25 Uhr beendet.

-Vorgelesen – ~~Zur Durchsicht vorgelegt – genehmigt und unterschrieben.~~ – D. Angetroffene unterließ die Unterschrift – ohne Angabe von Gründen – ~~weil~~

______ 37)

______ -
(Unterschrift d. Angetroffenen)

Klose
(Ober) Gerichtsvollzieher

Hinweise für den Gläubiger 38)
Schuldner arbeitet angeblich als freier Handelsvertreter
Angebliche Bankverbindung(en) ______

~~Schuldner – ist angeblich arbeitslos – bezieht angeblich – Sozialhilfe – Arbeitslosengeld – -hilfe – Rente~~

Schuldner hat die eidesst. Versicherung abgegeben am ______ (Az ______ AG ______)

Verfügung 39)
1. Kosten angefordert durch – ~~Nachnahme –~~
~~PS Überweisungsauftrag –~~ Zahlungsaufforderung – Ablichtung – des Protokolls
~~Mitteilung – und –~~ Schuldtitel nebst Anlagen
~~Bar – Verrechnungsscheck~~
an Gläubiger – Vertreter
2.- Ablichtung – des Protokolls
~~– Mitteilung –~~ an Schuldner
3. ~~Vorpfändungsnachricht gem. § 845 ZPO fertigen und zustellen.~~

Zu 1 und 2 ab am 10. 6. 1997

Dortmund, 10. 6. 1997
(Ort und Tag)

Klose
(Ober) Gerichtsvollzieher

Anmerkungen zum Gerichtsvollzieherprotokoll

1) Name, Dienstbezeichnung und Dienstsitz des Gerichtsvollziehers.
2) Aktenzeichen des Gerichtsvollziehers.
3) Bezeichnung der Parteien des Vollstreckungsverfahrens, Gläubiger und Schuldner, nebst Bevollmächtigten.
4) Bezeichnung des Vollstreckungstitels.
5) Wiedergabe der Zustellungsdaten; dies ersetzt den Zustellungsnachweis nicht (s. Rn. 87).
6) Urkunden über eine nach dem Titel erforderliche und erbrachte Sicherheitsleistung, § 751 II.
7) Bezeichnung eines evtl. Durchsuchungs-/Nachtbeschlusses (altes Recht).
8) Berechnung der Forderung des Gläubigers nach dem Titel einschließlich jetziger und früherer Vollstreckungskosten; bei eingeschränktem Antrag des Gläubigers (wie hier) nur Teilforderung.
9) Auszufüllen, wenn Schuldner nicht zu ermitteln. Das Protokoll würde dann hier mit der Unterschrift des Gerichtsvollziehers enden.
10) Aufforderung zur freiwilligen Leistung.
11) Zahlungsnachweise im Sinne des § 774 Nr. 4, 5.
12) Vermerk einer Scheck- und folgend Barzahlung des Schuldners.
13) Quittierung einer Zahlung oder Aushändigung des Titels bei vollständiger Zahlung.
14) Aufforderung, mangels Zahlung die Durchsuchung der Wohnung zu gestatten.
15) Gestattet der Schuldner die Durchsuchung nicht, ist der Grund hier anzugeben. Die Durchsuchung darf dann nur durchgeführt werden bei Gefahr im Verzuge oder wenn eine richterliche Durchsuchungsanordnung vorliegt.
16) Einstellung der Zwangsvollstreckung, wenn die Voraussetzungen für eine Durchsuchung nicht vorliegen.
17) §§ 758ff.
18) Bezeichnung der Pfändungsart: Anschlußpfändung (§ 826), Doppelpfändung (für mehrere Gläubiger gleichzeitig), (vorläufige) Austauschpfändung (§ 811a, b), Vorwegpfändung (§ 811d) oder Hilfspfändung (zB § 836 III 2).
19) Bezeichnung der gepfändeten Sachen mit Wertschätzung nach § 813.
20) Angabe, ob die gepfändete Sache beim Schuldner verblieben ist (s. insbes. § 808 II).
21) Begründung für die Wegnahme der Sache entgegen § 808 II.
22) Kenntlichmachung der Pfändung durch Pfandsiegel oder -anzeige.
23) Anschlußpfändung durch Aufnahme ihrer Erklärung in das Protokoll nach § 826.
24) Anberaumung des Versteigerungstermins, § 816.
25) Hinweis auf die Verstrickung und deren Folgen.
26) Verweis auf die Drittwiderspruchsklage bei behauptetem Dritteigentum.
27) Pfändungsverbote nach §§ 811f.
28) § 811 Nr. 1.
29) § 811 Nr. 1.
30) § 811 Nr. 5.
31) § 812.
32) Aufzählung des nicht gepfändeten Grundstückszubehörs, § 865 II.
33) Hinweise gem. §§ 811 Nr. 2–5, 812, 803 II.
34) Fruchtlosigkeitsbescheinigung (§ 807 I 1), Voraussetzung des Verfahrens auf Abgabe der eidesstattlichen Versicherung.
35) Kostenansatz des Gerichtsvollziehers nach dem GVKostG.
36) § 808 III.
37) § 762 II Nr. 4, III.
38) Hinweise für den Gläubiger auf erteilte Auskünfte des Schuldners.
39) Interne Verfügung des Gerichtsvollziehers.

Paragraphenregister

Die Angaben beziehen sich auf die Randnummern. Die Kurzzusammenfassungen sind nicht erfaßt.

Zivilprozeßordnung

Zivilprozeßordnung

Zwangsversteigerungsgesetz

Sachregister

Die Angaben beziehen sich auf die Randnummern

Buchanzeigen

Erfurter Kommentar zum Arbeitsrecht

(Beck'sche Kurzkommentare, Bd. 51)

Herausgeber: Dr. Thomas Dieterich, Präsident des Bundesarbeitsgerichts, Honorarprofessor an der Universität Göttingen; Dr. Dr. h. c. mult. Peter Hanau, Professor an der Universität Köln, und Dr. h. c. Günter Schaub, Vorsitzender Richter am Bundesarbeitsgericht a. D.

Redaktoren: Dr. Rudi Müller-Glöge, Richter am Bundesarbeitsgericht; Dr. Ulrich Preis, Professor an der Universität Düsseldorf und an der Fernuniversität Hagen

1998, XXXVI, 2735 Seiten. In Leinen DM 298,–. ISBN 3-406-43604-8

Das Buch: Erfurter Kommentar zum Arbeitsrecht

Renommierte Spezialisten erläutern in nur einem Band detailliert die rund 40 wichtigsten arbeitsrechtlichen Gesetze wie zum Beispiel • GG • BGB • EG-Vertrag • KSchG • BetrVG • EFZG • BUrlG • MuSchG • SGB III • SGB V • SGB VI • SGB VII • TVG, zum Teil in Auszügen.
Das Werk basiert auf den jüngsten arbeits- und sozialrechtlichen Gesetzesnovellen. Damit verbundene erste Erfahrungen sind bereits ausgewertet.

Die weiteren Vorteile:

- Vernetzte Darstellung von Arbeits- und Sozialversicherungsrecht;
- Brandaktuelle Auswertung der Rechtsprechung von BAG, BSG, EuGH u. a. mit Stand August 1998;
- Zuverlässiger Überblick über die maßgebliche Literatur;
- Hervorragendes Preis-/Leistungsverhältnis;
- Effektives Arbeiten mit der CD;
- Preisgünstiger Zugriff auf mehr als 20 000 arbeitsrechtliche Entscheidungen der AP-CD.

Die CD-ROM: Erfurter Kommentar zum Arbeitsrecht

Die Vorteile:

- Die CD-ROM erschließt Ihnen den kompletten Inhalt des gedruckten Werkes durch die komfortable Volltext-Suche
- Blitzschneller Zugriff
- Einfachste Bedienung
- Ideal für die Textverarbeitung am PC
- Direkte Verbindung zur AP-CD für Windows.

Buch und CD-ROM DM 448,–. Die CD ist nicht gesondert erhältlich.
ISBN 3-406-44571-3

Hard-/Softwarebedingungen
Mindestens PC 80386, 4 MB RAM, ca. 2 MB freier Platz auf der Festplatte, CD-ROM Laufwerk, Maus empfohlen, Windows 3.11, Windows 95/98 oder Windows NT.
Buch mit CD-ROM + AP-CD DM 898,–
Buch mit CD und Jahresabonnement der AP-CD* zum Einstiegspreis von nur DM 698,–
bei 4 Aktualisierungen/Jahr zu je DM 219,– = **DM 1 574,–/Jahr**

Verlag C. H. Beck · 80791 München